Ulrich Mählert/Gerd-Rüdiger Stephan

Blaue Hemden – Rote Fahnen

Edition
Deutschland
Archiv

Ulrich Mählert/Gerd-Rüdiger Stephan

Blaue Hemden – Rote Fahnen

Die Geschichte der Freien Deutschen Jugend

Leske + Budrich, Opladen 1996

ISBN 3-8100-1714-0

herausgegeben von Ilse Spittmann und Gisela Helwig

Satz: Werbedruck Zünkler, Bielefeld
Druck: Bercker, Kevelaer
Printed in Germany

Inhalt

Vorwort

Zu DDR-Zeiten war die Freie Deutsche Jugend ein Zweimillionenverband. Die meisten DDR-Bürger wurden als Heranwachsende Mitglieder, viele auch Funktionäre; die FDJ war ein Teil ihrer Jugend, mit dem Erinnerungen an viele Gemeinschaftserlebnisse verbunden sind. Schon ein Jahr nach der Wende blieb von der FDJ nur noch eine linke Splittergruppe übrig. Die Feier des fünfzigjährigen Jubiläums am 6. März 1996 in der Kongreßhalle Berlin Alexanderplatz geriet zum Veteranentreffen. Die einst so stolze »Kaderschmiede«, die Partei, Staat und Armee mit Führungsnachwuchs versorgt hatte, schrumpfte in kurzer Zeit zur Bedeutungslosigkeit.

Als Gegenstand der historischen Analyse bietet die FDJ ein wesentlich anderes Bild als in der Memoirenliteratur und in der Erinnerung von Zeitgenossen. Insbesondere über die FDJ der Gründerzeit sind zwei Lesarten in Umlauf, die schwer miteinander in Einklang zu bringen sind, und doch ist keine falsch: einerseits selbstbestimmte, pluralistische Gemeinschaft junger Menschen, die einen demokratischen Ausweg aus den vom Hitlerreich hinterlassenen Trümmern auf den Straßen und in den Köpfen suchten; andererseits ferngesteuertes Instrument kommunistischer Machtpolitik. Wer wie ich mit vierzehn, fünfzehn Jahren das Kriegsende und die Anfänge gesellschaftlicher Neuorganisation mitgemacht hat, wird seine eigenen Erfahrungen eher in der ersten Version wiedererkennen. Ich erinnere mich gut an die schockartigen Erlebnisse, die damals das Leben völlig veränderten und mich, obwohl ich im Westteil Berlins lebte, in die Reihen der FDJ führten.

Am 26. April 1945 rollten die ersten Panzer mit dem roten Stern durch Wilmersdorf in Richtung Berliner Innenstadt. Der Traum von der sagenhaften Entsatzarmee Wenck war ausgeträumt, die »bolschewistischen Untermenschen« hatten Hitlerdeutschland besiegt. Binnen kurzem hingen aus den Häusern rote Fahnen mit dem verräterischen hellen Kreis an der Stelle, wo das weiße Feld mit dem Hakenkreuz gewesen war.

Der nächste Schock kam mit den grausigen Fotos aus den befreiten Konzentrationslagern, die im Großformat an allen Litfaßsäulen hingen, und mit der authentischen Aufklärung über die Verbrechen des Nationalsozialismus. Zusammen mit anderen Jugendlichen, die wie ich erst bei Kriegsende erfuhren, daß sie aus antifaschistischen Familien kamen, lernte ich Menschen aus dem Widerstand kennen, politisch und rassisch Verfolgte, die die Lager überlebt hatten oder aus der Emigration heimkehrten. Ihr persönliches Schicksal überzeugte uns nachhaltiger als alle Umerziehungsversuche. Sie erschlossen uns neue Dimensionen der deutschen Geschichte. Wir lernten bislang verbotene deutsche Autoren kennen, Heinrich Heine, Erich Kästner, Bert Brecht, Egon Erwin Kisch. Höhepunkte unserer wöchentlichen Zusammenkünfte waren die Schallplattenkonzerte mit den Songs aus Brechts »Dreigroschenoper«, mit Ernst Busch, der die Ballade von den Säckeschmeißern sang, das Stempellied »Wer hat dir, du armer Mann, abjebaut so hoch da droben«, das Einheitsfrontlied »Und weil der Mensch ein Mensch ist«, die Revolutionsromantik aus dem Spanischen Bürgerkrieg »Wir kämpfen und siegen für dich, Freiheit«.

Wir begriffen, was die Nationalsozialisten auch in unserem Namen angerichtet hatten. Wir wollten die schreckliche Vergangenheit überwinden und eine neue, bessere Gesellschaft aufbauen, in der Faschismus und Krieg mit der Wurzel ausgerottet sein sollten. Mit diesem Bewußtsein gingen wir in die Jugendausschüsse und später in die FDJ. Das Pathos dieser Jahre speiste sich aus der Überzeugung, diesmal auf der richtigen Seite zu stehen und aktiv eingreifen, mitgestalten zu können. Brechts Aufbaulied von 1947 erfaßte genau diese Stimmung: »Besser als gerührt sein, ist: sich rühren, denn kein Führer führt aus dem Salat! Selber müssen wir uns endlich führen: Weg der alte, her der neue Staat!«

In Wirklichkeit wurden wir schon wieder geführt, wenn auch vorerst am langen Zügel. Was für uns wie die unabweisbare Folgerung aus dem Zusammenbruch des Naziregimes aussah, wie die Verwirklichung eigener Überlegungen und Wünsche, war tatsächlich Teil einer langfristigen

Strategie der deutschen Kommunisten. Bis Kriegsende hatten sie keine detaillierten Pläne für die spätere Jugendpolitik, nur ein 1935 im Rahmen der Volksfrontpolitik beschlossenes Konzept: Verzicht auf eine eigene Parteijugendorganisation zugunsten eines überparteilichen Einheitsverbandes unter kommunistischer Führung. Diese Linie wurde nach dem Krieg im sowjetisch besetzten Teil Deutschlands mit Hilfe der Besatzungsmacht konsequent und zügig durchgesetzt. Die hoffnungsvolle Aufbruchzeit 1945/46, als der Weg in eine freiheitliche, demokratische Zukunft noch offen schien, war nur ein wohlberechneter Übergang, der mit Ausbruch des Kalten Krieges zu Ende war. Die FDJ, die im Unterschied zu den westlichen Besatzungszonen und West-Berlin im Osten als einzige Jugendorganisation zugelassen war, streifte innerhalb von drei Jahren die pluralistischen Elemente des Anfangs ab.

Das III. Parlament der FDJ 1949 in Leipzig demonstrierte die Umwandlung des Jugendverbandes in eine Massenorganisation der SED. Ein neues Statut enthielt das Bekenntnis zur Sowjetunion als Führungsmacht des östlichen »Friedenslagers«. Mit penetranten Huldigungen hielt der Stalin-Kult Einzug, der bejubelte Einmarsch einer uniformierten Volkspolizeieinheit kündigte die Militarisierung an. Die Instrumentalisierung der Jugendorganisation für die Zwecke der SED wurde von nun an nicht mehr verschleiert. Ob es sich um die Hexenjagd gegen die Junge Gemeinde 1953 handelte, um die Ausschreitungen gegen Bauern bei der Zwangskollektivierung 1960 oder den Terror gegen Andersdenkende nach dem Mauerbau, die FDJ war stets in der ersten Reihe. Gerade die Generation, die mit dem Gelöbnis »Nie wieder Diktatur, nie wieder Krieg« die FDJ aufgebaut hatte, verfiel so bald einem neuen Führerkult, neuer Haßpropaganda, neuer Uniformierung und Militarisierung des Denkens.

Die Legende vom guten Anfang, der durch den Kalten Krieg ruiniert wurde, ist im Licht der heutigen Aktenkenntnis unhaltbar. Der Weg zur Partei- und Staatsjugend war vorprogrammiert. Das war es aber nicht allein. Das zentralistische Einheitsjugendkonzept als solches war strukturell auf Gleichschaltung angelegt. Eine demokratische Chance hätte die FDJ allenfalls mit einer pluralistischen Organisationsstruktur gehabt, etwa als Dachverband selbständiger Jugendverbände. Dies hat die sowjetische Besatzungsmacht wohlweislich nicht zugelassen.

Das Monopol der FDJ war notwendig für eine einheitliche politische Sozialisation der jungen Generation, aus der das SED-Regime seinen Führungsnachwuchs rekrutieren mußte. Das gelang am besten in den ersten anderthalb Jahrzehnten, als der Bedarf an neuen, politisch zuverlässigen Kadern groß und die soziale Mobilität hoch war. Der verstörten, orientierungslosen Nachkriegsjugend wurden unabhängig von Stand und Status der Eltern ungeahnte Bildungsmöglichkeiten und soziale Aufstiegschancen geboten in der richtigen Erwartung, daß sie es mit politischer Loyalität danken würde. Später, mit zunehmender Bürokratisierung des Systems und der Etablierung einer privilegierten Oberschicht, degenerierte die FDJ zur Karriereleiter. In der Schule, im Studium, in der Ausbildung, wo die Chancen für Beruf und Laufbahn oder wenigstens einen warmen Platz in der Gesellschaft vergeben wurden, rächten sich die Kinder der neuen Elite für politische Instrumentalisierung und Reglementierung mit opportunistischer Anpassung und Heuchelei. Die Jugend entfernte sich mehr und mehr von der FDJ und hatte schließlich einen wesentlichen Anteil am Sturz des SED-Regimes.

Dieses Buch über die Geschichte der FDJ profitiert von der inzwischen reichhaltigen Quellenlage, die Einblick in bis zur Wende geheimgehaltene Einschätzungen, Richtlinien und Statistiken ermöglicht. Sowjetische Archive standen für diese Arbeit nicht zur Verfügung. Die im Detail widersprüchliche, in der Tendenz geradlinig verlaufene Entwicklung vom formal überparteilichen Interessenverband der Jugend zur Kaderschmiede der SED wird mit zahlreichen Dokumenten und historischen Fotos belegt. Die FDJ im Westen Deutschlands wurde nur mit Schwerpunkten, die die Gesamtorganisation tangierten, berücksichtigt; die Forschungsarbeiten haben hier erst begonnen.

Die Zeit von 1945 bis zum Mauerbau 1961 hat Ulrich Mählert, Mannheim, dargestellt, die Phase von 1961 bis zur Wende 1989 Gerd-Rüdiger Stephan, Berlin. Diese Aufteilung entspricht den Arbeitsschwerpunkten der Autoren.

Köln, August 1996 — *Ilse Spittmann*

Prolog

»Stürmischer Beifall« und »lebhafte Hochrufe« empfangen Erich Honecker, als dieser am Dienstag, den 27. Mai 1952, um 10 Uhr morgens das IV. Parlament der Freien Deutschen Jugend eröffnet. Über 2500 Jugendfunktionäre, einheitlich im blauen Hemd, sowie zahlreiche prominente Gäste hatten sich in der mit Fahnen und Losungen geschmückten Leipziger Messehalle eingefunden. Nach dem von Erich Honekker vorgetragenen Rechenschaftsbericht überbringt am Nachmittag der zweite Sekretär des sowjetischen Komsomol, Scheljepin, ein Grußwort seines Jugendverbandes. Am Ende seiner Rede ruft er den Delegierten zu: *»Es lebe der Führer des deutschen Volkes, Wilhelm Pieck! Ruhm dem großen Führer der Werktätigen, dem heißgeliebten Genossen Stalin!«* Brach das Auditorium bereits bei der Erwähnung Piecks in *»stürmischen, lang anhaltenden Beifall«* aus, so gibt es bei der Nennung Stalins für die Delegierten kein Halten mehr. Im später veröffentlichten Protokoll wird die Szene geschildert:

»Nach den letzten Worten des zweiten Sekretärs des Zentralkomitees des Komsomol, Scheljepin, durchbrauste stürmischer Beifall den großen Tagungsraum. Im Chor wurden Bravo- und Hurrarufe ausgebracht. Minutenlang und begeistert riefen die Delegierten unter rhythmischem Klatschen: Stalin! – Pieck! – Stalin! – Pieck! Als ein rotes Banner des ruhmreichen Lenin-Stalinschen Komsomol vor das Rednerpult gebracht wird, schwillt der tosende Beifall zu einem mächtigen Orkan an. Die große Halle, in der die Kampfberatung der deutschen Jugend stattfindet, ist minutenlang von stürmischem Jubel und Beifallklatschen erfüllt. Unzählige ›Komsomol!‹-Rufe dröhnen durch den Tagungsraum. Der zweite Sekretär des Zentralkomitees des Komsomol, Scheljepin, übergibt dem Vorsitzenden der Freien Deutschen Jugend, Erich Honecker, das rote Banner mit folgenden Worten: ›Gestattet mir, im Namen und im Auftrage des Zentralkomitees des Leninschen Kommunistischen Jugendverbandes der Sowjetunion dem Verband der Freien Deutschen Jugend ein rotes Banner des Lenin-Stalinschen Komsomol zu überreichen.‹ Wieder branden Bravorufe und lang anhaltender Beifall auf. Jedes Mädchen, jeder Junge ruft mit im Chor: Drushba! (Freundschaft!) ›Möge dieses Banner das Symbol einer weiteren Festigung der Freundschaft zwischen der sowjetischen und der deutschen Jugend sein. [. . .] Es lebe die Freie Deutsche Jugend, die Vorhut der deutschen Jugend!‹ Die letzten Worte gehen in tosendem Beifall unter. Im Chor rufen die Delegierten ›Komsomol!‹ und ›Hurra!‹. Jeder der Anwesenden ist fester denn je entschlossen, die Freundschaft zwischen der sowjetischen und deutschen Jugend nicht nur von niemandem zerstören zu lassen, sondern noch enger und unlösbarer zu knüpfen. Der Vorsitzende der Freien Deutschen Jugend brachte seinen Dank in den Worten zum Ausdruck: ›Liebe Genossen des Lenin-Stalinschen Komsomol! Unsere Freie Deutsche Jugend betrachtet die Verleihung der Fahne des Lenin-Stalinschen Komsomol an die jungen Friedenskämpfer Deutschlands als eine außerordentlich hohe Auszeichnung. (Stürmischer Beifall.) [. . .] Es lebe der Lenin-Stalinsche Komosomol! Es lebe der beste Freund des deutschen Volkes und der deutschen Jugend, der große Stalin! Hurra!‹ Der Hurraruf wird von allen begeistert aufgenommen und im Chor mehrfach wiederholt. [. . .] Minutenlang erdröhnt die Halle von Begeisterungs- und Freundschaftsrufen. Spontan stimmen die Delegierten das Lied vom

Heinz Lippmann, Zentralratssekretär für Westarbeit, und Erich Honecker, IV. Parlament der FDJ 1952

geliebten Vaterland an, und mächtig klingt es durch die Halle: ›Vaterland, kein Feind soll dich gefährden!‹
Das rote Banner des Lenin-Stalinschen Komsomol hat einen Ehrenplatz im Tagungsraum erhalten, und eine Ehrenwache der jungen Friedenskämpfer wird während der Tage des Parlaments als Ausdruck der tiefen Liebe zu den Völkern der Sowjetunion und ihrem weisen Führer Stalin, als Ausdruck der Kampfentschlossenheit der jungen Generation Deutschlands, den Frieden bis zum Äußersten zu verteidigen, bei diesem Ehrenbanner stehen.«[1]

Am Nachmittag des dritten Tages stellen die Regisseure des Politspektakels ihr Können erneut unter Beweis. Zuvor hat der SED-Generalsekretär Walter Ulbricht die Stimmung unter den Delegierten nach Kräften angeheizt. In seiner Rede greift er die Adenauer-Regierung wegen der zwei Tage zuvor erfolgten Unterzeichnung des »Generalkriegsvertrages« – so bezeichnete die SED die Europäische Verteidigungsgemeinschaft – scharf an und spricht *»den Wunsch aus, daß aus der Freien Deutschen Jugend recht viele Jugendliche hervorgehen, die die Auszeichnung als tüchtige Scharfschützen erhalten werden«*[2]. Louis Fürnbergs Lied »Die Partei, die Partei, die hat immer recht« brandet auf. In diesem Augenblick richtet sich ein riesiger Scheinwerfer auf den Eingang des Saales. *»Im Schein der Strahlenbündel marschierten festen Schrittes Einheiten der Volkspolizei und der Deutschen Seepolizei in die Tagungshalle. ›Es lebe unsere Volkspolizei!‹ hallte es immer wieder durch den Raum. Im Karree nehmen sie vor dem Präsidium Aufstellung, die entschlossenen Gesichter den 2900 Delegierten zugewandt.«* So schildert es anderentags das Zentralorgan der FDJ, die »Junge Welt«.[3] Unterbrochen von Sprechchören und Beifallsjubel gelobt ein Polizeioffizier, die *»Republik mit der Waffe in der Hand unter Einsatz unseres Lebens zu verteidigen«*, und übergibt der FDJ 100 Kleinkalibergewehre. Die Jugendlichen skandieren: *»Vorwärts, vorwärts, zurück*

IV. Parlament der FDJ, Leipzig 1952

nicht einen Schritt, die Verteidigung der Heimat ist unsere höchste Pflicht!« Angesichts *»dieser gewaltigen Manifestation der Freundschaft der deutschen Jugend zu unserer stolzen Volkspolizei«* beantragt der 1. Sekretär der FDJ Sachsen-Anhalts unter *»nicht enden wollenden Beifallsstürmen«* die *»Übernahme der Patenschaft über die Deutsche Volkspolizei durch die Freie Deutsche Jugend«*.[4] Die Delegierten stimmen per Akklamation zu.

Widerspruch regt sich nicht. Die Organisatoren des 12 Millionen Mark teuren Aufmarsches haben nichts dem Zufall überlassen. Seit dem 20. Mai steht ihnen ein Einsatzstab des Ministeriums für Staatssicherheit zur Seite. Eventuelle *»Sabotage und Störungsversuche der verbrecherischen Agentenzentralen des Feindes«* sollen im Keime erstickt werden. Unter den Delegierten und den Betreuern sowie dem technischen Personal sind im Vorfeld *»Informatoren«* geworben worden. Eine eigene Abteilung zeichnet für *»die Organisierung der Grenzübergänge für die westdeutschen FDJ'ler und Werbung von Informatoren in der Volkspolizei und für die Maßnahmen zur Rückführung der erkannten feindlichen Elemente«* verantwortlich. So steht es in dem von Erich Mielke unterzeichneten »Einsatzplan für das IV. Parlament der FDJ zu Pfingsten 1952 in Leipzig« vom 17. April 1952.[5] Tatsächlich stellen die Spitzel der Staatssicherheit fest, daß die Militarisierung der FDJ keineswegs auf ungeteilte Zustimmung an der Basis stößt. Nach einem »Bericht über das Zeltlager ›Philipp Müller‹ im Volkspark Knautkleeberg«, wo Lehrer und Schüler von FDJ-Schulen untergebracht worden waren, gibt *»es bei einigen Freunden noch Unklarheiten, über die Notwendigkeit der bewaffneten Verteidigung und den Charakter nationaler Streitkräfte. So sind zum Beispiel die Jugendfreundinnen* [. . .] *Veronika und* [. . .] *Helga* [. . .] *der Meinung, daß sie kein Gewehr in die Hände nehmen, da derjenige, auf den sie schießen, auch ein Mensch ist.* [. . .] *Zwei Mädels von der Bezirksjugendschule Hartenstein weinten und wollten nach Hause fahren, als sie erfuhren, daß wir uns mit Schießsport beschäftigen.* [. . .]«[6]

Die Jugendfreundin Meta schrieb an ihre Eltern folgenden Brief, der von anderen Jugendfreundinnen gesehen und ihr abgenommen wurde:

»Leipzig, den 27. 5. 52

Liebe Eltern und Geschwister!
Drei Tage sind wir jetzt schon in Leipzig, Arbeit haben wir mehr als genug, es geht immer im Wettbewerb. Nachts haben wir meistens Dienst und am Tage auch, also zur Besinnung kommen wir kaum. Heute haben wir auch wieder praktische Schießübungen, das ist immer eine Aufregung. Beim ersten Mal habe ich angelegt, dabei gezielt, und als ich schoß, flog ich 3 mtr. zurück, Gott sei Dank, daß ich gelegen habe. Ja so geht das hier zu. Der Schlaf fehlt uns in Leipzig sehr.«

Quelle: BStU, MfS/Zentralarchiv, Allg. S. 6/52, Band 16.

Als Heinz Lippmann am Abend des 30. Mai das Parlament schließt, können die Organisatoren mit dessen Verlauf dennoch mehr als zufrieden sein. Erich Honecker war einstimmig zum Vorsitzenden der FDJ wiedergewählt worden, und die Delegierten hatten programmgemäß die Abänderung der erst 1949 neu gefaßten Verfassung des Jugendverbandes verabschiedet. Darin hieß es nunmehr:

»Die Freie Deutsche Jugend kämpft unermüdlich und entschlossen für die ständige Festigung der demokratischen Ordnung der Deutschen Demokratischen Republik [. . .].
Die Freie Deutsche Jugend steht fest im Lager des Friedens, der Demokratie und des Sozialismus, an dessen Spitze die große Sozialistische Sowjetunion steht. Sie tritt für die unverbrüchliche Freundschaft zur Sowjetunion ein, die die wahren Interessen des deutschen Volkes unbeirrbar vertritt und unser Aufbauwerk uneigennützig unterstützt. [. . .]
Sie kämpft in den Reihen der Nationalen Front des demokratischen Deutschland und anerkennt die führende Rolle der Arbeiterklasse und der großen Sozialistischen Einheitspartei Deutschlands auf allen Gebieten des demokratischen Aufbaues in der Deutschen Demokratischen Republik [. . .].
Der Dienst in der Deutschen Volkspolizei ist für die Mitglieder der Freien Deutschen Jugend Ehrendienst. Jedes Mitglied der Freien Deutschen Jugend ist verpflichtet, aktiven Anteil an der Patenschaft des Verbandes über die Deutsche Volkspolizei zu nehmen. [. . .]
Auf der Grundlage der gesellschaftlichen Veränderung erzieht sie die Jugend zu einer neuen Einstellung zur Arbeit und weckt ihre schöpferischen Kräfte. Sie entwickelt in den volkseigenen und ihnen gleichgestellten Betrieben der Industrie und Landwirtschaft die Bewegung der Brigaden, Aktivisten, der Anwendung der fortgeschrittensten Arbeitsmethoden, der Neuerer in der Produktion,

der Sparsamkeit, stärkt die Arbeitsdisziplin der Jugend, schützt das Eigentum des Volkes und unterstützt im Dorf die Genossenschaftsbewegung. [. . .]
Die Freie Deutsche Jugend ergreift und fördert alle Maßnahmen, um der Jugend bessere wissenschaftliche, kulturelle und technische Kenntnisse zu vermitteln. [. . .] Sie eignet sich besonders die Lehre von den Entwicklungsgesetzen in Natur und Gesellschaft, die Lehren von Marx, Engels, Lenin und Stalin an. [. . .] Sie erzieht die Schüler und Studenten zum hartnäckigen und entschlossenen Studium zur Aneignung der wissenschaftlichen Kenntnisse und führt sie an die gesellschaftlich notwendige Arbeit heran.«[7]

Drei Jahre nach Gründung der DDR steht der Stalinismus im ostdeutschen Teilstaat in voller Blüte. Unter dem Schutz der sowjetischen Führungsmacht ist es der SED gelungen, in der DDR eine Diktatur zu errichten. Offener Widerspruch ist verstummt. Die anderen Parteien und Organisationen der DDR haben sich dem Führungsanspruch der Einheitspartei unterworfen.
Mit der Leipziger Heerschau einer uniformierten Jugend will die SED-Führung nach innen und nach außen dokumentieren, daß es ihr gelungen ist, die Jugend der DDR für ihre Ziele zu begeistern. Zwei Millionen Mitglieder, das sind fast zwei Drittel aller Vierzehn- bis Fünfundzwanzigjährigen, zählt der Verband nach eigenen Angaben zum Zeitpunkt des IV. Parlaments in seinen Reihen.[8]
Wer die Jugend hat, hat die Zukunft: Der Aufbau des Sozialismus in der DDR, zwei Monate später auf der II. Parteikonferenz der SED proklamiert, schien gesichert.

Von den antifaschistischen Jugendausschüssen zur Freien Deutschen Jugend (1945–1947)

I

Als im Mai 1945 die Waffen auf dem europäischen Kriegsschauplatz endlich schwiegen, vermochte auch der hellsichtigste Beobachter nicht zu erahnen, welchen Weg die deutsche Nachkriegsgeschichte einmal nehmen sollte. Das Schicksal des in vier Besatzungszonen aufgeteilten Deutschlands lag in den Händen der Siegermächte USA, Sowjetunion, Großbritannien und Frankreich. Durch Krieg und Völkermord hatte das deutsche Volk das Recht auf politische Selbstbestimmung für viele Jahre verspielt. Auf der Potsdamer Konferenz von Anfang August 1945 bekundeten die alliierten Siegermächte zwar ihre Absicht, die oberste Regierungsgewalt bei allen »Deutschland als Ganzes betreffenden Angelegenheiten« gemeinsam auszuüben. Diese Einigkeit sollte jedoch nicht lange vorhalten. Die jeweiligen Besatzungsbehörden begannen bald damit, ihr eigenes System auf ihren Herrschaftsbereich zu übertragen. In der Sowjetischen Besatzungszone (SBZ) übernahm diesen Part die am 9. Juni 1945 gegründete Sowjetische Militäradministration in Deutschland (SMAD).

Die Vernichtung des Nationalsozialismus, die Zerstörung des militärischen Potentials in Deutschland sowie eine nicht näher definierte Demokratisierung des Landes gehörten, zunächst in Übereinstimmung mit den Westalliierten, zu den sowjetischen Kriegszielen. Die Skala der sowjetischen Deutschland- und Europapolitik der ersten Nachkriegsjahre schien vom Minimalziel, der Schaffung einer Sicherheitszone aus neutralen, der Sowjetunion zumindest nicht feindlich gesonnenen Staaten, bis zum Maximalziel, der Installierung des eigenen Systems in einer größtmöglichen Zahl von Staaten, zu reichen. Dies versetzte die Sowjetunion anfangs in die Lage, flexibel auf die Politik der anderen Siegermächte zu reagieren.

Letztlich schufen die von der Sowjetunion ab Sommer 1945 unter dem Leitsatz der »antifaschistisch-demokratischen Umwälzung« unternommenen strukturverändernden Maßnahmen in der SBZ jedoch die Grundlage für das kommunistische Herrschaftssystem, auch wenn viele Zeitgenossen in der Boden- oder der Bildungsreform vom Herbst 1945 die Verwirklichung alter sozialistischer Forderungen gesehen haben mögen.

Politischer Neubeginn

Mit ihrem Befehl Nr. 2 vom 10. Juni gestattete die SMAD bereits fünf Wochen nach der Kapitulation die Gründung von Parteien und Gewerkschaften in ihrer Zone. Innerhalb weniger Wochen formierten sich die KPD, die SPD, die CDU sowie die LDP. Ein demokratischer Neubeginn schien möglich. Die KPD verzichtete in ihrem Gründungsaufruf vom 11. Juni auf jegliche revolutionäre Rhetorik. Statt Sozialismus forderte sie die *»Vollendung«* der vom Bürgertum getragenen Revolution von 1848. Die Partei bekannte sich zu *»allen Rechten und Freiheiten für das Volk«* und trat für die *»völlig ungehinderte Entfaltung des freien Handels und der privaten Unternehmerinitiative«* ein. Die Einführung des Sowjetsystems schloß die Partei zum damaligen Zeitpunkt ausdrücklich aus. Dies entsprach der bereits 1935 von der Kommunistischen Internationale propagierten Volksfront-Politik.

Anders als die taktierenden Kommunisten setzten sich die Sozialdemokraten in ihrem Gründungsdokument klar für *»Demokratie in Staat und Gemeinde und Sozialismus in Wirtschaft und Gesellschaft«* ein. Die CDU empfahl sich als Sammlungspartei des protestantisch-konservativen Lagers. Sie bekannte sich zu einer christlich-sozialen und demokratischen Politik und befürwortete die Verstaatlichung der Schlüsselindustrien sowie der Bodenschätze. Dabei stellte sie das Privateigentum jedoch nicht prinzipiell in Frage. Die LDP knüpfte an

die liberalen parteipolitischen Strömungen der Weimarer Republik an. Aufgrund ihrer ablehnenden Haltung gegenüber einer sozialistischen Politik fand sie vergleichsweise schnell großen Rückhalt in der Bevölkerung.
Mitte Juli bildeten die Parteien die von der KPD vorgeschlagene und von der SMAD geförderte »Einheitsfront der antifaschistisch-demokratischen Parteien«. In diesem Gremium galt das Prinzip der Einstimmigkeit. Dort sollten sich die Parteien auf eine gemeinsame Politik verständigen. Angesichts der drängenden Probleme und Aufgaben hielten viele Zeitgenossen eine enge Zusammenarbeit aller Kräfte für notwendig.
Die Startbedingungen der Parteien waren von Beginn an unterschiedlich. In den letzten Kriegstagen hatte die Sowjetarmee drei Gruppen deutscher Kommunisten nach Deutschland eingeflogen. Die KPD-Emigranten waren auf ihren Einsatz nach Kriegsende gut vorbereitet. Wolfgang Leonhard, das jüngste Mitglied der »Gruppe Ulbricht«, berichtete später: *»Wir sollten in Berlin die Bezirksverwaltungen aufbauen und dazu die geeigneten Antifaschisten auswählen.«* Dabei galt die Direktive Walter Ulbrichts: *»Es muß demokratisch aussehen, aber wir müssen alles in der Hand haben.«*[9] Zielstrebig besetzten die Kommunisten die wichtigsten Schlüsselstellungen innerhalb der Verwaltung mit den eigenen Leuten. Dazu zählten der 2. Bürgermeister, der für die Personalpolitik verantwortlich zeichnete, der Bereich Inneres mit der Polizeigewalt, aber auch die Volksbildungsämter, die für die Schulen und die Jugendarbeit zuständig waren. Hinzu kam, daß die Besatzungsmacht die KPD auch materiell – d. h. mit Papier für Zeitungen, Flugblätter etc. – bevorzugte.
Im Sommer 1945 wünschten sich viele Sozialdemokraten und Kommunisten, die schmerzlich empfundene Spaltung der Arbeiterbewegung zu überwinden. Nicht wenige sahen in ihr den Grund für den verhängnisvollen Siegeszug des Nationalsozialismus. Doch die KPD-Führung lehnte das Angebot der SPD, eine einheitliche Arbeiterpartei zu bilden, Ende Juni 1945 ab. Sie hoffte, aus eigener Kraft stärkste politische Partei zu werden. SPD und KPD bildeten jedoch einen Gemeinsamen Ausschuß, der »Ausdruck der Aktionseinheit der Arbeiterparteien« sein sollte und ein Aktionsprogramm formulierte.

Kriegsjugend

Dem politischen Werben der neugegründeten Parteien stand eine von den Auswirkungen des Krieges und der NS-Diktatur gezeichnete Jugendgeneration gegenüber. Im Nachkriegschaos lebten Ende 1945 rund zweieinhalb Millionen Vierzehn- bis Fünfundzwanzigjährige. Bis Ende 1946 ließen Flüchtlinge und Kriegsheimkehrer die Zahl auf 2,8 Millionen ansteigen. Der Krieg hatte von den Jahrgängen 1920 bis 1928 einen hohen Tribut gefordert. Statistisch kam auf drei junge Frauen im Alter zwischen 17 und 25 Jahren lediglich ein männlicher Altersgenosse.
Die Heranwachsenden litten besonders unter den Versorgungsmängeln und den durch Krieg und Flucht zerrütteten häuslichen Verhältnissen. In den letzten Kriegswochen war das Versorgungs- und Rationierungssystem zusammengebrochen. Die Lebensmittelversorgung erfolgte bis Herbst 1945 nur unregelmäßig. Kinder und Jugendliche litten an Unterernährung. Hunger war ihr täglicher Begleiter. Viele Familien boten keinen Halt mehr. Jedes fünfte Schulkind hatte seinen Vater im Krieg verloren. Jedes zehnte wartete auf dessen Heimkehr aus der Kriegsgefangenschaft. Tausende von Müttern hatten in den Bombennächten ihr Leben gelassen. Rund ein Drittel aller Kinder wuchs nach Kriegsende in unvollständigen Familien auf. Gehörte man nicht selbst zu den Ausgebombten oder Flüchtlingen, teilte man den zumeist beschädigten Wohnraum mit Obdachlosen.
Da Autoritäten in der Erwachsenenwelt fehlten, blieb die Jugend sich selbst überlassen. Hamsterfahrten auf das Land, Schiebereien auf dem Schwarzmarkt und Diebstahl gehörten zum Alltag. Prostitution und Geschlechtskrankheiten breiteten sich aus. Es galt, das eigene Überleben und das seiner Familie zu sichern. Was gestern war, wurde zur Vergangenheit. *»Denken, Nachdenken, Umdenken gar wurde nicht von ihm gefordert«*, berichtete der Schriftsteller Erich Loest fast vier Jahrzehnte später:
»Er war betrogen worden, das hörte er allenthalben, und gewiß hörte er es gern. Hitler war vom geliebten Führer zum Popanz geworden. Geblieben war Vakuum, Stille. Im Hof nebenan wurde ein Schwein gestohlen. Gerede, Gerüchte: Die KZ, und was man mit den Juden gemacht

hatte. Die Frauen auf dem Felde zählten her, wer aus dem Dorf gefallen war; der hatte aus der Gefangenschaft geschrieben, der nicht. Buchenwald – im KZ wären Leute umgekommen, hörte er, an der Front auch. Und mehr als im KZ! Schlimmer als in Stalingrad konnte es in Buchenwald auch nicht gewesen sein!
Ein Dorf richtete sich aufs moralische Überleben ein. Wer einen Sohn an der Front verloren hatte, und das waren viele, pflasterte mit seinem Leid alles Versäumen zu. Eigene Schuld konnte in Massenschuld untergehen, jeder konnte sich an einen anlehnen, der genauso geflaggt, gespendet, Siege gefeiert und Fremdarbeiter ausgebeutet hatte. Jetzt wurden alle Hände gebraucht außer denen, an denen Mörderblut sichtbar klebte.«[10]

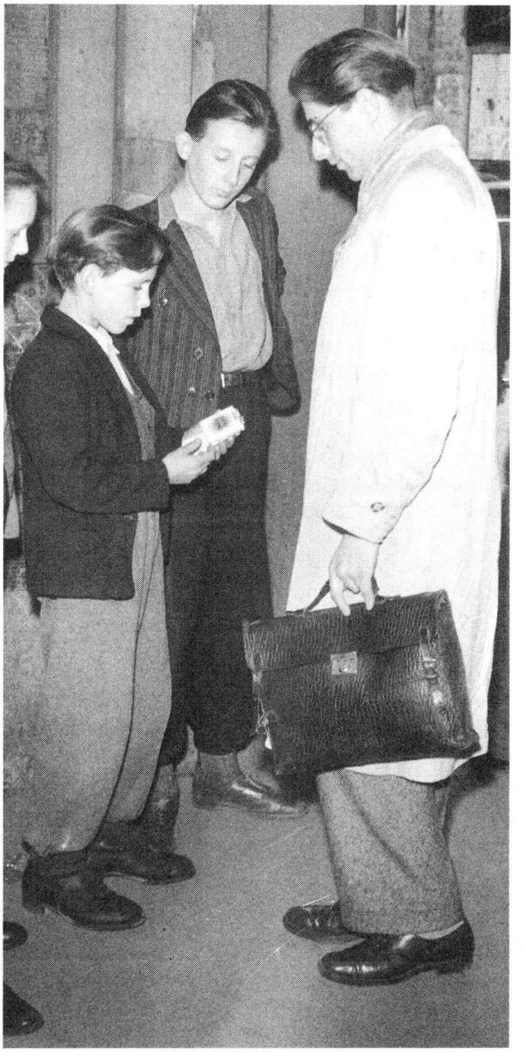
Jugendliche Schwarzhändler in Berlin

Hitlerjugend

Fast alle Jugendlichen hatten vor 1945 der Hitlerjugend (HJ) angehört.[11] Allenfalls die Älteren unter ihnen konnten sich noch an die Vielfalt der Kinder- und Jugendbewegung vor 1933 erinnern.
Nur wenige hatten sich am Vorabend des Zweiten Weltkrieges dem Dienst in der HJ zu entziehen vermocht, der zwei Nachmittage oder Abende in der Woche in Anspruch nahm. Die wenigsten werden es überhaupt versucht haben. Dort hatte man die Kinder und Jugendlichen nicht nur körperlich auf den Krieg vorbereitet. In der »weltanschaulichen Schulung« während der Heimabende der HJ standen die »Rassenlehre und Bevölkerungspolitik« der Nationalsozialisten, ihre Umdeutung der deutschen Geschichte sowie »politische Auslandskunde« auf dem Lehrplan.
Nur eine verschwindend kleine Minderheit der Jugendlichen hatte sich dem totalen Herrschaftsanspruch zu widersetzen gewagt. Sie trafen sich in losen Gruppen, um gemeinsam ihre Freizeit zu gestalten, zu wandern oder Sport zu treiben. Kaum einer nahm aktiv am Widerstand teil. Der kam im wesentlichen aus den verbotenen Organisationen der Arbeiterjugend, umfaßte aber auch bürgerliche Jugendliche.
Einzig die katholische Kirche konnte ihre Jugendverbände aufgrund des Reichskonkordats vom 20. Juli 1933 zunächst erhalten. Mitte der dreißiger Jahre wurden aber auch diese mehr und mehr in den kirchlichen Raum zurückgedrängt und schließlich verboten. Trotz Verfolgung durch Gestapo und Sicherheitsdienst gelang es den Kirchen jedoch, bis zum Ende der Diktatur auf der lokalen Ebene Formen christlicher Jugendarbeit aufrechtzuerhalten.

Neubeginn von unten

In den Tagen und Wochen zwischen dem Zusammenbruch der nationalsozialistischen Herrschaftsstrukturen und der Etablierung eines funktionsfähigen Besatzungsregimes entstanden überall im Deutschen Reich Ausschüsse, Ligen, Komitees, Bewegungen, deren gemeinsames Kennzeichen die Selbstbezeichnung als »antifaschistisch« war. Zu den Initiatoren dieser Zusammenschlüsse zählten meist Überlebende der Arbeiterbewegung vor 1933, aber auch bürgerliche und christliche Demokraten. Im entstandenen Machtvakuum begannen die Ausschüsse mit der Auflösung des lokalen nationalsozialistischen Machtapparats, der Entnazifizierung der Verwaltung sowie der Wiederherstellung der öffentlichen Ordnung. Es galt, die Nahrungsmittelversorgung zu sichern, die lethargische Bevölkerung zu ersten Wiederaufbauarbeiten heranzuziehen, Wohnraum für Obdachlose zu beschaffen sowie zur Ingangsetzung der örtlichen Wirtschaft beizutragen.

Jugendgruppen, die im Umfeld der spontan gebildeten KPD- und SPD-Büros, der Antifa-Ausschüsse oder in bürgerlich dominierten Stadtteilen oder Regionen entstanden, ähnelten in ihrem Erscheinungsbild dem ehemaligen Kommunistischen Jugendverband (KJVD), der Sozialdemokratischen Arbeiterjugend (SAJ) oder der Bündischen Jugend. Allen gemeinsam war der Versuch, die Jugend im demokratischen, meist auch sozialistischen Geiste zu erziehen und für den Wiederaufbau zu gewinnen. Diese von aktuellen politischen Generallinien und Exilplanungen unbeeinflußten Initiativen zu einem politischen Neuanfang von unten liefen den Planungen der aus Moskau heimgekehrten KPD-Führung zuwider.

Aus deren Sicht war es erforderlich, die eigene Anhängerschaft, die im Widerstand, KZ und Zuchthaus zwölf Jahre lang von den programmatischen Kursschwankungen des internationalen Kommunismus abgeschnitten war, auf die aktuell gültige Linie zu bringen. Was dies für die Jugendpolitik bedeutete, erklärte Walter Ulbricht auf der 1. Funktionärskonferenz der Berliner KPD am 25. Juni 1945: Die KPD habe *»das Vertrauen zur deutschen Jugend, daß sie mit Hilfe der erfahrenen Antifaschisten aus der Katastrophe, in die Hitler Deutschland getrieben hat, lernen«* werde. Daher begrüße sie ausdrücklich *»die Beschlüsse verschiedener Stadt- und Gemeindeverwaltungen, die bei den Besatzungsbehörden um die Genehmigung von Jugendausschüssen«* nachgesucht hätten. Von antifaschistischen Jugendlichen geführt, sollte die Jugend dort *»zu ehrlich denkenden Menschen«* erzogen werden, *»die mit jugendlicher Begeisterung an der Säuberung vom nazistischen Unrat und am Aufbau einer sauberen, antifaschistisch-demokratischen Ordnung mitarbeiten«*. Für jene Genossen, die die nationalsozialistische Diktatur in Deutschland überlebt hatten und nun erst mühsam Anschluß an die programmatische Entwicklung der Exil-KPD suchten, mochte die dann folgende Erklärung Ulbrichts die eigentliche Sensation gewesen sein. Lapidar teilte dieser mit: *»Wir verzichten auf die Schaffung eines kommunistischen Jugendverbandes, denn wir wollen, daß eine einheitliche, freie Jugendbewegung entsteht.«*[12]

Der jugendpolitische Kurs der KPD im Exil

Ulbrichts jugendpolitische Kursbestimmung entsprach einer Konzeption, die die KPD-Führung bereits Mitte der dreißiger Jahre im sowjetischen Exil entwickelt hatte. Angesichts des Siegeszuges des Faschismus und Nationalsozialismus in Europa hatte die Kommunistische Internationale auf ihrem VII. Weltkongreß 1935 in Moskau einen abrupten politischen Kurswechsel vollzogen. Statt wie bis dahin den »Hauptfeind Sozialdemokratie« zu bekämpfen, wollte man nun mit der Einheits- und Volksfront-Politik die eigene Isolation überwinden. Ziel war es, mit allen »fortschrittlichen Kräften« dem Vordringen des Faschismus Einhalt zu gebieten. Der neue Kominternvorsitzende Georgi Dimitroff unterzog auch die damalige kommunistische Jugendpolitik einer heftigen Kritik: *»Unsere kommunistischen Jugendverbände sind in den meisten kapitalistischen Ländern immer noch vorwiegend sektiererische, von den Massen losgelöste Organisationen. Ihre Hauptschwäche besteht darin, daß sie immer noch bestrebt sind, die kommunistischen Parteien und ihre Formen und Methoden der Arbeit zu kopieren, und vergessen, daß der kommunistische Jugendverband nicht die kommunistische*

Partei der Jugend ist.« Künftig müßten die Parteijugendverbände *»in jeder Weise die Vereinigung der Kräfte aller nichtfaschistischen Massenorganisationen der Jugend anstreben, bis* [hin] *zur Bildung verschiedener gemeinsamer Organisationen«.*[13]
Auf ihrer im Anschluß an den Weltkongreß tagenden »Brüsseler« Parteikonferenz (tatsächlich fand sie in der Nähe von Moskau statt) stimmte die KPD allen Beschlüssen der Komintern zu.[14] Wilhelm Pieck gestand ein, daß der Kommunistische Jugendverband Deutschlands *»seine große Aufgabe, entscheidende Teile der werktätigen Jugend für den Kommunismus zu gewinnen, nicht gelöst hat«.* Demgegenüber sei es der *»faschistischen Bewegung sehr viel besser gelungen* [. . .], *die Jugend in ihren Bann zu ziehen«.*[15] Im Einklang mit der Kominternlinie forderte Anton Ackermann daraufhin die Vereinigung der sozialdemokratischen SAJ und des KJVD zu einer *»einheitlichen Arbeiterjugendorganisation«.* Deren Mitgliedern sprach er *»das volle demokratische Recht«* zu, den Namen der Organisation wie auch das innere Leben frei zu gestalten. Der Einheitsverband brauche auch nicht die Diktatur des Proletariats anzuerkennen. Mitglied könne jeder werden, erklärte der Parteistratege, der für eine *»loyale Mitarbeit an der Sache des Wohles und der Freiheit der jungen Generation der Werktätigen«* eintrete. Auf diese Weise werde die Jugendbewegung zu einer breiten *»Erziehungsorganisation«, »die möglichst große Massen der werktätigen Jugend«* erfasse. Keinesfalls dürfe *»Politik den ganzen Charakter, das Leben des Jugendverbandes«* bestimmen. *»Heißt das, daß sich das Verhältnis zwischen Partei und Jugend lockert?«* fragte Ackermann rhetorisch, um sogleich etwaige Bedenken seiner Genossen zu zerstreuen: *»Keinesfalls. Die Partei wird gute Kader im Jugendverband haben, deren Aufgabe es ist, jugendgemäß ihre Pflichten als Kommunisten zu erfüllen.«*[16] Ein Jahrzehnt vor dem Ende des Krieges hatte die KPD damit bereits ein zentrales Element ihrer späteren Jugendarbeit formuliert.
Im Gefolge dieser neuen jugendpolitischen Linie kam es im deutschen Exil zu einer partiellen Zusammenarbeit von kommunistischen und sozialdemokratischen Jugendfunktionären. Zunächst in Prag und Paris gründeten junge Emigranten aus unterschiedlichen politischen Lagern die »Freie Deutsche Jugend«. Nach dem deutschen Einmarsch in die Tschechoslowakei reorganisierten sie sich 1939 in Großbritannien. Dort konnte die FDJ zeitweilig rund 600 deutsche Flüchtlinge organisieren. Einen entscheidenden Einfluß auf die Entwicklung der Jugendarbeit in der SBZ sollte die Exilorganisation jedoch nicht gewinnen.

Nachkriegsplanungen

Als die militärische Niederlage Deutschlands in greifbare Nähe rückte, begann eine Kommission der Moskauer Exil-KPD im Februar 1944 damit, konkrete Pläne für das Nachkriegsdeutschland zu erarbeiten. Das im Oktober 1944 vorgelegte »Aktionsprogramm des Blocks der kämpferischen Demokratie« forderte zunächst ganz allgemein die *»Erziehung der Jugend im Geiste der wahren nationalen Ehre und des allgemeinen menschlichen Fortschritts, für das brüderliche, friedliche Zusammenleben der Nationen. Staatliche Förderung der Begabten und der allgemeinen Bildungs- und Aufstiegsmöglichkeiten der Jugend. Gewährung von Freistellen an den Höheren Schulen und Universitäten. Gründliche Berufsausbildung unter staatlicher Beihilfe. Verbot der Erwerbsarbeit für Kinder und energischer Schutz der Jungarbeiter. Kräftiger Ausbau der Jugend-Gesundheitspflege und des Jugendsports.«*[17]
In einem Referat über Organisationsfragen der KPD präzisierte Wilhelm Pieck die Planungen für die Nachkriegsjugendarbeit (zitiert nach dessen Notizen):
»Frage der Schaffung einer einheitlichen antifaschistischen, antimilitaristischen, antiimperialistischen Organisation der Jugend zur Erfassung u. Vereinigung der fortschrittlichen Jugend nicht auf parteimäßiger Grundlage, sondern eine breite, außerparteiliche Massenorganisation. Einheitl.[iche] *Kampffront der Jugend mit breitem nationalem, politischem, wirtsch.*[aftlichem] *u. kulturellem Aktionsprogramm.*
Kampf- u. Erziehungsorganisation, von der Jugend selbst geschaffen, selbst organisiert u. geleitet.
Hilfe durch Erwachsene, dauerndes festes

Freundschaftsbündnis Erwachsene u. Jugend. Auch in bezug auf die Massenorganisationen und eine möglichst enge Verbindung u. Beeinflussung durch die Partei werden wir sehr ernste Überlegungen anstellen müssen: Näher heran an [die] *Massen!«*[18]
Auf der Brüsseler Konferenz 1935 hatte die Partei lediglich zur Bildung eines »einheitlichen proletarischen« Jugendverbandes aufgerufen und sich nicht explizit zur Zukunft des KJVD geäußert. Von nun an strebte sie eine aus der Konzeption eines »Blocks der kämpferischen Demokratie« abgeleitete einheitliche Massenorganisation aller Jugendlichen an.
In den ersten Monaten des Jahres 1945 liefen die Vorbereitungen für die Rückkehr der Emigranten nach Deutschland auf Hochtouren. Eine »Übersicht über die Aufgaben« der KPD in den besetzten Gebieten vom 18. Februar 1945 enthält eine deutliche Absage an die Wiederbelebung des KJVD. Es gelte nunmehr, *»keinen kommunistischen Jugendverband zu schaffen, sondern eine breite antiimperialistische demokratische Jugendorganisation unter der Bezeichnung ›Freie Deutsche Jugend‹ oder so ähnlich«*[19]. Tatsächlich nahm die KPD-Führung in den Wochen nach Kriegsende jedoch von der sofortigen Schaffung einer Jugendorganisation Abstand. Ihre weiteren Schritte waren dabei von höchster sowjetischer Stelle abgesegnet worden. Im Nachlaß Wilhelm Piecks fanden sich handschriftliche Notizen, die Auskunft über die Beratung der KPD-Führung mit Stalin, Molotow und Shdanow am 4. Juni 1945 geben. Dort heißt es unter Punkt 6: *»Jugendausschüsse // Jugendkader 1 Monat schulen // Schaffung freie Jugendorganisation.«*[20] In der historischen Rückschau liest sich die Notiz wie eine Richtlinie für die weitere Vorgehensweise. Zunächst mußten Jugendausschüsse gebildet werden, für die oder in denen der Funktionärsnachwuchs geschult werden sollte. Das Ziel war die Schaffung einer formal von der KPD unabhängigen Jugendorganisation entsprechend der im Exil entwickelten Konzeption.
Mehrere Umstände werden bei der Entscheidung für eine Übergangslösung eine Rolle gespielt haben. Die politischen Akteure mißtrauten der nationalsozialistisch erzogenen Jugend. In den Köpfen der Besatzungsmacht geisterte das Gespenst des »Werwolfs« herum. Zudem standen unmittelbar nach Kriegsende längst nicht genügend zuverlässige Genossen zur Verfügung, die in der Lage und vor allem willens gewesen wären, eine solche Organisation zu leiten und zu kontrollieren.

Die antifaschistischen Jugendausschüsse

Kaum drei Monate nach Kriegsende sollte die KPD bei der Realisierung ihrer Vorstellungen einen wichtigen Schritt vorankommen. Dies verdankte sie nicht allein dem Umstand, daß die Sozialdemokraten und die bürgerlichen Parteien im Sommer 1945 noch keine jugendpolitischen

Mitteilung über die
Schaffung antifaschistischer
Jugendkomitees

In Verbindung mit den an die Sowjetische Militärverwaltung gerichteten Anfragen über die Schaffung von Jugendorganisationen hat der Oberste Chef der Sowjetischen Militärverwaltung, Marschall der Sowjetunion, Shukow, die Schaffung von antifaschistischen Jugendkomitees bei den Bürgermeistereien der großen und mittleren Städte gestattet, welche aus den aktivsten antifaschistischen Jungen und Mädel gebildet werden sollen.
Die antifaschistischen Jugendkomitees befinden sich bei den Bürgermeistereien und werden auf deren Kosten unterhalten. Die Jugendkomitees arbeiten in enger Fühlungnahme mit der ›Abteilung Volksbildung‹ der Bürgermeistereien.
Alle anderen Jugendorganisationen: gewerkschaftliche und Sportvereine, sozialistische und ähnliche gemeinschaftliche Organisationen sind außer den oben erwähnten antifaschistischen Jugendkomitees verboten.

Die sowjetische Militärverwaltung
in Deutschland

(Quelle: Landesarchiv Berlin, zeitgeschichtliche Sammlung)

Konzeptionen ausgearbeitet hatten. Bei der politischen Umgestaltung Ostdeutschlands agierte die KPD als Juniorpartner der Sowjetischen Militäradministration. Diese schuf mit einer am 31. Juli 1945 im gleichen Wortlaut in der von der SMAD herausgegebenen Tageszeitung »Tägliche Rundschau« und im KPD-Zentralorgan »Deutsche Volkszeitung« veröffentlichten »Mitteilung« vollendete Tatsachen (siehe Kasten, S. 18).

Eine Erklärung des Nachrichtenbüros der sowjetischen Militärverwaltung, am 1. August von der überregionalen Presse der SBZ abgedruckt, beschrieb die Aufgaben dieser Ausschüsse. Sie sollten die Jugend in Veranstaltungen über die Verbrechen des Nationalsozialismus aufklären, sie zur Völkerfreundschaft, dabei insbesondere zur Freundschaft mit der Sowjetunion erziehen und an jene *»Kulturgüter des deutschen Volkes und anderer Völker«* heranführen, *»welche die Nazis der deutschen Jugend vorenthalten«* hätten. Darüber hinaus galt es, die Jugendlichen für den Wiederaufbau zu mobilisieren und bei ihnen um Verständnis *»für die Wiedergutmachung«*, daß heißt, für die überall einsetzenden Reparationen zu werben. Die Erfahrungen bereits bestehender kommunaler Gruppen hätten gezeigt, daß der überwiegende Teil *»der Jugend* [. . .] *nur antifaschistisch fortschrittlich denken lernen* [wird], *wenn antifaschistische Jugendliche die Führung selbst in den Händen haben und lernen, mit eigener Kraft die Aufgaben zu lösen«*. Dabei würden *»ein bis zwei erfahrene Antifaschisten genügen«*, um die Jugendlichen bei ihrer Arbeit zu unterstützen. Die Heranwachsenden sollten sich *»schöne Jugendheime« »mit Räumen für Musik, Gesellschaftsspiele, Vorlesungen und Vorträge«* schaffen. Darüber hinaus zählten die Ausrichtung von *»Sport- und Tanzveranstaltungen, der Besuch von Kino und Theater«* zu den Tätigkeitsfeldern der kommunalen Gruppen.

Der Zentrale Jugendausschuß in Berlin

Parallel zum Aufbau der lokalen Jugendausschüsse beeilte sich die KPD mit der Bildung zentraler Strukturen. Am 1. September 1945 trafen sich Vertreter der KPD und der SPD sowie der Berliner Jugendarbeit, um einen vorbereitenden »Ausschuß zur Schaffung des Jugendausschusses für die gesamte sowjetische Besatzungszone«[21] zu konstituieren. Paul Wandel, der Präsident der Zentralverwaltung für Volksbildung, erläuterte eingangs die Haltung seiner Behörde zur Frage der Jugendarbeit. Er wies dabei die in der öffentlichen Debatte vertretene Auffassung zurück, daß Politik *»kein Betätigungsgebiet der Jugend«* sei. *»Das Recht der Jugend auf eine selbständige Jugendbewegung ist unverrückbar«*, erklärte der vierzigjährige Moskau-Remigrant. Aus der Tätigkeit der Jugendausschüsse müsse eine *»freiheitliche deutsche Jugendbewegung«* erwachsen. Dabei wolle die Zentralverwaltung die Jugend unterstützen.

Der Jugendpolitiker, dem die Aufgabe zufiel, das weitere Vorgehen zu skizzieren, war zum damaligen Zeitpunkt auf der politischen Bühne noch weithin unbekannt. Vor 1933 hatte er zunächst in seiner saarländischen Heimat als hauptamtlicher Funktionär des kommunistischen Jugendverbandes gearbeitet. Im Dritten Reich im Widerstand, saß er zehn seiner dreiunddreißig Lebensjahre in nationalsozialistischen Zuchthäusern ein. Walter Ulbricht hatte ihn persönlich für die kommunistische Parteijugendarbeit rekrutiert. – Beginn einer steilen Karriere, den der spätere Staats- und Parteichef der DDR, Erich Honecker, nach seinem Sturz folgendermaßen schildern sollte:

»Er [Richard Gyptner] lud mich ein zur Prenzlauer Allee, dem Sitz der KPD, dem damaligen Sitz des Zentralkomitees. Ich machte mich auf den Weg und traf dort viele Bekannte wie Hans Mahle, Gretel Kaiser und so weiter. Sie luden mich zu einer Begegnung mit anderen Parteiarbeitern und Genossen ein, die aus den Gefängnissen und Konzentrationslagern entkommen waren. Zum Teil führende Genossen der KPD, und ein Teil war von Brandenburg-Görden. Es kam auch so zu einer Begegnung mit Walter Ulbricht. Das war ungefähr Mitte Mai 1945.

Walter Ulbricht, den ich persönlich bisher nicht kannte, ging von Tisch zu Tisch und wurde begleitet von Waldemar Schmidt. Er kam auch an den Tisch, an dem ich mit einigen Genossen saß, und erkundigte sich nach unserer Vergangenheit, soweit er sie nicht kannte, und welche Pläne wir hatten. Er kam dann mit mir ins Gespräch. Offensichtlich kannte er die Arbeit, die ich im faschistischen Deutschland geleistet hatte, und wußte auch, daß ich zehn Jahre Zuchthaus verbüßt hatte.

ORGANISATIONSPLAN
DER JUGENDAUSSCHÜSSE DER STADT BERLIN

Jugendausschuß beim Magistrat von Groß-Berlin
- Leiter des Jugendausschusses
- Stellvertretender Leiter des Jugendausschusses
- Referent für Mädelfragen
- Referent für kulturelle Veranstaltungen
- Referent für die Presse

Erweiterter Jugendausschuß
- Vertreter des Arbeitsamtes
- Vertreter der Gewerkschaften
- Vertreter der Studenten
- Vertreter des Schulamtes
- Vertreter des Hauptjugendamtes im Sozialamt
- Vertreter des Sportamtes
- Vertreter aller Jugendlichen
- Vertreter der Presse

Berlin hat 20 Verwaltungsbezirke. Ein Bezirksjugendausschuß entspricht einem Verwaltungsbezirk.

Bezirksjugendausschuß
- Leiter des Jugendausschusses
- Stellvertreter
- Kulturreferent
- Sportreferent
- Referent für Mädelfragen
- Referent für Arbeitseinsatz
- Referent für die Presse

Erweiterter Bezirksjugendausschuß
- Vertreter aller Jugendlichen

Ein Verwaltungsbezirk ist in verschiedene Unterbezirke eingeteilt. Ein Abschnitt entspricht einem Unterbezirk

Abschnitt
- Abschnittsleiter
- Sportreferent
- Referent für Mädelfragen
- Referent für den Arbeitseinsatz
- Kulturreferent

Abschnitt
- Abschnittsleiter
- Sportreferent
- Referent für Mädelfragen
- Referent für den Arbeitseinsatz
- Kulturreferent

Jugendheime
- Leiter des Jugendheimes
- Leiterin des Jugendheimes
- Laienspielgruppe
- Bewegungschor
- Volkstanzgruppe
- Gesellschaftstanz
- Bastelgruppe
- Schachspielen

Jugendheime
- Leiter des Jugendheimes
- Leiterin des Jugendheimes
- Sprechchor
- Jugendchor
- Sprachkurse
- Ballettgruppe
- Tischtennis
- Spieltruppe

(Quelle: Neues Leben 1/1945)

Er wurde wohl vorher darüber informiert. Jedenfalls fragte er mich, was für Absichten ich hätte, jetzt nach der Befreiung. Ich habe gesagt: ›Weißt Du, ich möchte jetzt vor allen Dingen zurück nach Hause fahren, ins Saargebiet, um meine Eltern zu sehen und mich dann in die Arbeit der Partei an der Saar einzureihen.‹ Er sagte, ›Bleib mal lieber hier. Das Saargebiet bekommen sowieso die Franzosen. Hier kannst Du jetzt nützlicher sein, du kannst beim Zentralkomitee der Partei eine gute Arbeit machen. Bist du einverstanden?‹ Was heißt einverstanden. – Ich habe gesagt, ich bin mit jeder Arbeit einverstanden.«

Aus: Reinhold Andert/ Wolfgang Herzberg: Der Sturz. Erich Honecker im Kreuzverhör, Berlin – Weimar 1990, S. 200.

Die KPD war sich wohl bewußt, daß sie ihre jugendpolitischen Vorstellungen ohne die Unterstützung der SPD kaum verwirklichen konnte. Ihr kam dabei im Sommer 1945 zugute, daß die SPD-Führung in Berlin ein außerordentlich heterogenes Bild bot. Anders als die KPD-Führung konnten die Sozialdemokraten, die die nationalsozialistische Diktatur in Deutschland überlebt hatten, auf keine jugendpolitischen Konzepte aus dem Exil zurückgreifen. In einer am 7. September im SPD-Organ »Das Volk« veröffentlichten Erklärung zur »Jugendarbeit der Gegenwart« formulierte Fritz Schreiber das ambivalente Verhältnis der SPD zur Frage der künftigen Parteijugendarbeit. Wohl erklärte er für die Sozialdemokratie, diese wolle keine *»Fortsetzung der Arbeit dort, wo sie 1933 durch die brutale Unterdrückung des Hitlerismus beendet werden mußte«*. Die Jugendarbeit der Gegenwart müsse sich an den *»Zeitaufgaben«* orientieren und es als ihre *»Hauptaufgabe«* betrachten, *»die Jugend aus ihrer ideologischen Abhängigkeit zum Nazismus herauszulösen«*. Daher gelte für alle Antifaschisten und Sozialisten: *»Hinein in die kommunalen Jugendausschüsse und mitarbeiten«*. Schreiber betonte jedoch zugleich, daß *»der Tatsache Rechnung zu tragen ist, daß den politischen Parteien eine ihnen gemäße selbständige Jugendarbeit zur Zeit noch nicht gestattet ist«*.

Zu der Zeit war die anfängliche Einheitseuphorie der Sozialdemokraten bereits deutlich am Abklingen. Trotzdem schien eine einheitliche Position der beiden Arbeiterparteien zur Wahrung ihrer gemeinsamen Interessen gegenüber der CDU und der LDP geboten. Die Befürwortung einer Gemeinschaftsanstrengung aller Antifaschisten zur Umerziehung der nationalsozialistisch sozialisierten Jugend in den Jugendausschüssen schloß die Überzeugung nicht aus, daß mittelfristig wieder ein pluralistisches Jugendverbandswesen entstehen müsse. Und so beteiligte sich die SPD einerseits am Aufbau der Jugendausschüsse, andererseits begann sie vielerorts damit, eigene Parteijugendgruppen ins Leben zu rufen.

Auf der Gründungssitzung des Zentralen Antifaschistischen Jugendausschusses einigte man sich schließlich darauf, daß diesem drei Kommunisten, darunter Erich Honecker als Leiter des Gremiums, und drei Sozialdemokraten angehören sollten. Die drei weiteren Mitglieder, die die Berliner Jugendausschüsse, die Jugendzeitschrift »Neues Leben« und den Berliner Jugendfunk vertreten sollten, gehörten ebenfalls der KPD an. So verfügten die Kommunisten im Zentralen Jugendausschuß von Beginn an über eine Majorität.

Auf der Suche nach Bündnispartnern

Mit der Einbindung der SPD in den Zentralen Jugendausschuß war die KPD einen weiteren Schritt vorangekommen. Jetzt bemühte sie sich, dessen formale Überparteilichkeit herzustellen. Wie dies vor sich ging, schilderte Manfred Klein. Ihn hatte Honecker im September 1945 als Katholiken für den Zentralen Jugendausschuß rekrutiert.

Der damals zwanzigjährige Klein, der während der NS-Zeit aufgrund seines Engagements in der katholischen Jugendarbeit Schwierigkeiten mit der Gestapo bekommen hatte, war in den letzten Kriegstagen in sowjetische Gefangenschaft geraten. Mehr durch Zufall hatte man ihn für den Besuch einer Antifa-Schule des Nationalkomitees Freies Deutschland ausgewählt. Dort sollte er gemeinsam mit anderen deutschen Kriegsgefangenen binnen sechs Wochen im Schnellverfahren politisch geschult und auf die Übernahme von Funktionen in der Berliner Verwaltung vorbereitet werden. Nach Abschluß des Lehrgangs besuchte eine Delegation des ZK der KPD, darunter Erich Honecker, die Schule, um über den Einsatz der Absolventen zu befinden. Klein erinnert sich:

»Und so saß ich plötzlich vor einem Tisch, mir gegenüber die Lehrer der Schule und mehrere Herren des Zentralkomitees, von denen mir Erich Honecker in fester Erinnerung geblieben ist.
Man hatte bereits ein festes Konzept. Mir wurde verkündet, daß ich geeignet sei zum Aufbau des Jugendfunks in Berlin. Das erste Mal reagierte ich grundfalsch: mit Heftigkeit widersprach ich diesem Auftrag, da ich doch keinerlei Erfahrung mit dem Rundfunk hätte. Sofort erfuhr ich eine wichtige Belehrung: Ein Genosse habe nicht nach Erfahrung zu fragen, sondern den Parteiauftrag anzunehmen, das Handwerkszeug würde er sich später leicht erarbeiten, wenn er nur die richtige ideologische Grundeinstellung hätte!
Vielleicht war es ein Zufall, vielleicht eine menschliche Regung, daß Honecker mich plötzlich fragte, wo ich denn Erfahrung zu haben glaubte. Wo kann ein 20jähriger, der seit dem 17. Lebensjahr Soldat ist, Erfahrung haben? – ›In der Jugendarbeit!‹ schoß ich hervor.
Da ging ein Leuchten über Honeckers Gesicht: ›Du hast ja recht, Genosse, darauf hätte ich auch selber kommen können. Natürlich hier steht es ja, du kommst aus der katholischen Jugend! Genau so einen brauchen wir. Du wirst im Zentraljugendausschuß die katholische Jugend vertreten. Melde dich am 23. September bei mir in der Wallstraße.‹«[22]

Mitte Oktober berichtete Honecker seinem Parteivorsitzenden Wilhelm Pieck ausführlich über den Stand der Jugendarbeit in der sowjetischen Besatzungszone.[23] Die Zusammenarbeit mit den Sozialdemokraten gestaltete sich danach *»im großen und ganzen als günstig«*. Die SPD sei im Zentralen Jugendausschuß mit Funktionären vertreten, die *»alle einheitsfrontfreundlich eingestellt«* seien.
Trotzdem bot das Verhalten der Sozialdemokraten für die Kommunisten Grund zur Sorge. Zwar trete die Partei *»in allen offiziellen Sitzungen und Besprechungen* [. . .] *für gemeinsame Jugendarbeit«* ein, gleichzeitig würden jedoch innerhalb der SPD *»Vorbereitungen getroffen, eine eigene SAJ zu schaffen«*. Man fördere zudem *»die Hoffnung, aus den nächsten Wahlen als weitaus stärkste Partei hervorzugehen und gleichzeitig damit eine eigene Jugendorganisation zu schaffen«*. Die Politik der kommunistischen Jugendfunktionäre ziele daher darauf ab, so Honecker, *»durch Herstellung eines guten politischen und persönlichen Verhältnisses mit den jungen Sozialdemokraten in den Jugendausschüssen die Voraussetzung für eine starke Bindung in der Zukunft zu schaffen«*.
Als weitaus schwieriger erwiesen sich die Bemühungen, die Kirchen und die bürgerlichen Parteien zur Mitarbeit zu gewinnen. *»Von Seiten der katholischen und evangelischen Kirche sind Bestrebungen im Gange, konfessionelle Jugendorganisationen zu schaffen«*, mußte Honecker vermelden. Dies gelte insbesondere für die evangelische Kirche. Der Jugendreferent des evangelischen Bischofs von Berlin, Hildebrandt, habe offen erklärt, *»daß die Vorbereitungen eigener evangelischer Jugendorganisationen abgeschlossen sind und nur noch auf die offizielle Genehmigung warten«*. Dagegen hatte die katholische Kirche, seit Anfang Oktober durch den Leiter des bischöflichen Seelsorgeamtes, Robert Lange, sowie – zumindest aus der Sicht der KPD – durch Manfred Klein im Zentralen Jugendausschuß vertreten, größeres Entgegenkommen gezeigt. Die kommunistischen Parteistrategen maßen insbesondere der Einbindung der Kirchen in die kommunale Jugendarbeit größte Bedeutung zu. Die Kirchen waren im Sommer 1945 die einzigen Institutionen, die das »Dritte Reich« nahezu unbeschadet überlebt hatten. Von den Besatzungsmächten in ihrer Eigenständigkeit respektiert und als Gesprächspartner gesucht, schien die Unterstützung oder zumindest Duldung der Kirchen für die Realisierung gesellschaftlicher Reformprojekte unverzichtbar.
Die Kirchenpolitik der sowjetischen Besatzungsmacht kennzeichnete in der Anfangszeit großes Entgegenkommen. Allerdings verwahrte sich die SMAD gegen die Wiedereinrichtung des umfangreichen kirchlichen Verbands- und Vereinswesens von vor 1933. Diese von der Kirche akzeptierte Maßgabe führte später im Bereich der evangelischen Jugendarbeit zu einem dauerhaften Konflikt. Immer wieder mußten die protestantischen Kirchen die Jugendarbeit in der »Jungen Gemeinde« gegen staatliche Angriffe und Repressalien verteidigen:
»Die kirchliche Jugendarbeit geschieht als rein kirchliche Arbeit, ohne jede bündische oder vereinsmäßige Form auf dem Boden der Ge-

meinde unter der Bezeichnung ›Junge Gemeinde‹. Zum Aufgabenbereich der ›Jungen Gemeinde‹ gehört neben der Betreuung der Jugend in besonderen Gottesdiensten und Jugendversammlungen mit Bibelarbeit, Singen, Verkündigungsspiel und Aussprachen über die Fragen christlicher Lebensgestaltung auch die Sammlung der Jugend in Bibelfreizeiten von kürzerer und längerer Dauer.«[24]

Unzufrieden war Honecker auch mit der Haltung der CDU und der LDP. Von deren Seite sei *»bis jetzt keine Stellungnahme zu den Jugendausschüssen erfolgt«*, obwohl man in einigen Städten eine Zusammenarbeit verzeichnen könne. Tatsächlich entwickele sich gegenwärtig in deren Parteiorganen *»eine starke Diskussion über Jugendfragen, die eher dazu angetan ist, die Arbeit der Jugendausschüsse zu sabotieren«*. Vielerorts hatten die beiden Parteien damit begonnen, eigene Jugendgruppen ins Leben zu rufen.

Trotzdem glaubte Honecker, eine positive Bilanz ziehen zu können. Die Jugendausschüsse böten sehr wohl die Möglichkeit, *»breiteste Schichten«* der Jugend *»zur Lösung der großen Aufbauarbeiten, die vor dem gesamten deutschen Volke stehen«*, zu mobilisieren. *»Voraussetzung dafür ist, daß unsere Genossen jegliche sektiererische Einstellung abwerfen (z. B. Anrede: Genossen und Genossinnen, Diskussion: Rote Fahne oder Stadtfahne, Gesang: Internationale, Sozialistenmarsch).«* Schließlich fördere ein solches Verhalten geradezu *»die Spaltungsbestrebungen«*.[25]

Die kommunistische Strategie

Der KPD kam im zweiten Halbjahr 1945 der Doppelcharakter der Jugendausschüsse zugute. Im Sommer 1945 werden die meisten politischen Protagonisten diese in erster Linie als kommunale Einrichtungen mit Übergangscharakter wahrgenommen haben. Sie hatten orientierungslose Jugendliche von der Straße zu holen, umzuerziehen und sinnvoll zu beschäftigen. Die darüber hinausgehende Dimension, die mittelfristig auf die Gründung einer Monopolorganisation mit gesamtdeutschem Anspruch abzielte, war nicht ohne weiteres erkennbar. Schließlich hatte die SMAD keinen Hinweis darauf gegeben, wie die Jugendarbeit gestaltet werden sollte, wenn die Jugendausschüsse ihren Erziehungsauftrag erfüllt hatten.

Darüber hinaus profitierte die Partei in zweierlei Hinsicht von der kommunalen Organisation der Jugendarbeit. Nicht genug, daß die Jugendausschüsse der jeweiligen Abteilung für Volksbildung unterstanden. Diesen stand in der Regel ein Kommunist – allenfalls ein Sozialdemokrat – vor. Das Verbot von Jugendorganisationen und die scheinbar unpolitische Anbindung der Jugendarbeit an die Verwaltung unterstützte die in allen Parteien verbreitete Tendenz, sich vermeintlich wichtigeren Fragen als der Jugendpolitik zuzuwenden. So widmeten sich die Gegner einer Einheitsjugendorganisation ihrer eigenen jugendlichen Anhängerschaft und vertagten die Frage nach der Neuorganisation des Jugendverbandswesens auf eine spätere gesamtdeutsche Regelung.

Der Landesjugendsekretär der KPD Sachsen, Robert Bialek, formulierte auf einer Konferenz kommunistischer Jugendfunktionäre Mitte Oktober 1945 die Quintessenz der kommunistischen Jugendpolitik im Nachkriegsdeutschland:

»Genossen, es ist notwendig, daß die gesamte Jugendarbeit eine breite Basis hat. Das heißt aber auf keinen Fall Parität! Wir sehen als Kommunisten die Einheitsfront nicht vom Standpunkt der Parität, (und dies vor allen Dingen in der Jugendfrage nicht) sondern müssen die Dinge politisch sehen, d.h. die wichtigsten Hebel der praktischen Arbeit müssen in den Händen der Kommunisten sein, also müssen in den Jugendausschüssen:
1. Der Leiter
2. der Verantwortliche für Kultur und Propaganda
3. für Betriebe und Gewerkschaften und
4. der Verantwortliche für Schulen
Kommunisten sein.
Wichtig hierbei ist noch, daß die einzelnen Heimleiter bzw. Jugendgruppenleiter Kommunisten oder von uns beeinflußte Jugendliche sind.
[. . .]
Ich will hier einmal unsere ganze Arbeit in der freien deutschen Jugendbewegung technisch darstellen. Ich betrachte:
1. den Heimabend als Saugrohr einer Maschine, das einen unpolitischen Jugendlichen anzieht
2. Als ersten Arbeitsvorgang der Maschine, das Jugendaktiv
3. Als zweiten Arbeitsvorgang dieser Maschine, die Arbeitsgemeinschaften, und
4. Die individuelle Bearbeitung der Jugendlichen

durch unsere Genossen in der Jugend und durch die Partei als letzter Arbeitsvorgang der Maschine, und schwupp, da marschiert der Parteianwärter und werdende Kommunist in die KPD. [. . .]
Die Zerschlagung der revolutionären, antifaschistischen Arbeiterorganisationen brachte mit sich eine fast 100prozentige Isolierung der deutschen Jugend vom marxistischen Gedankengut und selbstverständlich auch eine gewaltige Reduzierung des Nachwuchses für die KPD. Durch diese Tatsache bedingt, spiegelt sich das Bild in der Partei wider
1. im Fehlen an jungen Mitgliedern
2. am völligen Mangel geschulter Jugendfunktionäre.
Vor allen Dingen fallen die Jahrgänge vom 26. bis 35. Lebensjahr fast ganz aus. Diese Situation ist für unsere Partei eine große Gefahr, da wir praktisch in ein paar Jahren vor der Tatsache einer Vergreisung des Mitglieder- und Funktionärbundes der KPD stehen können.
Es gilt deshalb für uns die Aufgabe zu lösen, unseren Mitgliederbestand zu verjüngen und einen aktiven und geschulten jungen Funktionärkader zu schaffen.
Aus der Erkenntnis dieser Sachlage und der Tatsache, daß ein KJVD als politisch unzweckmäßig nicht zu existieren hat, können Jugendliche vom 16. Lebensjahr an in die Partei aufgenommen werden. Es gilt für uns, die aktivsten und charakterlich besten Jugendlichen in die Partei zu bringen und hier in die allgemeine Schulung einzureihen.«

Quelle: Referat des Genossen Robert Bialek auf der Bezirkskonferenz der Jugendausschußleiter und Jugendsekretäre aller Kreise am 10. Oktober 1945; SAPMO-BArch, NY 4036/726.

Jugend nach Kriegsende: desillusioniert, hoffnungslos

Auseinandersetzungen über die Schuldfrage

Wollte die KPD die Mehrheit der Jugendlichen für ihre Ideen gewinnen, so bedurfte es bei der Bewältigung der unmittelbaren Vergangenheit großer Sensibilität. Bereits im Juli 1945 hatte die Partei, die aufgrund ihres Widerstandes gegen den Nationalsozialismus den größten Blutzoll zu entrichten hatte, der Jugend die Hand zur Versöhnung gereicht. »Neues Leben – Neue Jugend« titelte das kommunistische Zentralorgan »Deutsche Volkszeitung« am 7. Juli 1945. Die Jugend – so hieß es da – sei *»durch die verbrecherische Schule Hitlers gegangen. Ihr Tatendrang, ihr Glaube, ihre Hingabe und Begeisterungsfähigkeit«* seien *»zu Schandtaten mißbraucht worden«*. Der *»Einsatz der Jugend bei den Aufräumungs- und Instandsetzungsarbeiten, bei der Umschulung aufs Bauhandwerk, bei der Einbringung der Ernte, bei der Ingangsetzung des gesamten wirtschaftlichen und kulturellen Lebens«* sei das *»Spiegelbild der Umformung der jungen Generation«* und ein Beitrag dazu, *»den deutschen Namen wieder rein*[zu]*waschen«*.
»Hitler hat unser Volk, unsere Jugend ins Verderben und ins Elend gestürzt. Gibt es für die deutschen Jungen und Mädel eine höhere Pflicht, aber auch etwas Schöneres und Reineres, als durch gemeinsame angestrengte Arbeit mitzuhelfen beim Bau eines sauberen Heims für die deutsche Nation und die Generation zu sein, die gutmacht, was die Naziführer an unserem Volk und der ganzen Welt versündigt haben?«

Eine im Oktober 1945 angefertigte Analyse über die »Lage und die Stimmung der Berliner Jugend« verdeutlichte den Standpunkt der Partei[26]: *»Wir waren und sind uns darüber im klaren, die Jugend ist ein Teil des deutschen Volkes und hat somit ebenfalls einen Teil der Mitschuld an dem, was unter Hitler geschehen ist.«* Die Genossen hätten es jedoch nicht immer verstanden, dies *»jugendgemäß«* zu formulieren: *»Wir wiederholten sehr schematisch das, was in der Presse stand, das, was man in dieser Frage der älteren Generation sagte. Man braucht nicht lange darüber nachzudenken, daß man eben so bei der Jugend niemals einen Einbruch erzielen kann, oder nur bei einem ganz geringen Prozentsatz. Wir zogen daraus unsere Lehre und gingen andere Wege.«* Welche, verdeutlichte Heinz Keßler vor dem Zentralen Jugendausschuß am 16. Oktober 1945: In den ersten Anfängen der Jugendarbeit in Berlin sei man nach *»vielen Diskussionen«* zu dem Ergebnis gekommen, *»die Jugend in ihrer Gesamtheit zu mobilisieren. Dabei spielte die Frage der Mitschuld der Jugend am Krieg eine große Rolle. Was für die Erwachsenen richtig ist, gilt nicht immer in gleichem Maße für die Jugend. Würde man den Jugendlichen grob beschuldigen, daß auch er an dem Hitlersystem und seinen verheerenden Auswirkungen schuld hätte, so würde er vielleicht nicht mit Unrecht sagen, daß vielmehr die alte Generation den Faschismus ermöglicht hat und sie, die Jugend, nur vor die vollendete Tatsache gestellt hat. Wir müssen in dieser Beziehung sehr vorsichtig sein, um nicht durch unbedachte Äußerungen die Bereitwilligkeit und Freude der Jugend zur Mitarbeit zu untergraben.«*[27]

In der nachfolgenden Debatte verwies Honecker darauf, daß die Frage der Mitschuld nicht nur in Deutschland, sondern auch im Ausland kontrovers diskutiert werde. Außerhalb Deutschlands halte man *»die deutsche Jugend für mitschuldig an dem Elend, was die einzelnen Nationen durch den Krieg erfahren haben, und hält es für notwendig, in der deutschen Jugend diese Erkenntnis wachzurufen«*. Demgegenüber müsse man jedoch berücksichtigen, daß der Jugendliche, *»der nichts anderes kannte als faschistische Herrschaft,* [. . .] *natürlich bei einer plumpen Feststellung, du bist mitschuldig, mit völliger Verständnislosigkeit reagieren«* würde. Sage man jedoch: *»Ihr seid unschuldig, so würde man ihn damit sofort in einen Gegensatz zur älteren Generation bringen. Geeignet erscheint vielmehr: Da wir die Jugend zum Neuaufbau gewinnen wollen, ist es ratsam, die Frage der Mitschuld nicht in den Vordergrund zu stellen. Erst auf Grund systematischer Schulung und Aussprache muß sie zu der Einsicht kommen, daß der bisherige Weg falsch war, daß man die, welche Deutschland in diese verderbliche Lage brachten, hassen muß.«*[28]

Am 27. September 1945 veröffentlichte das KPD-Zentralorgan »Deutsche Volkszeitung« den Leitartikel »Offene Tore für die Jugend«. Darin gab die KPD bekannt, daß fortan »ehemalige einfache Mitglieder und untere unbesoldete Funktionäre der HJ und des BDM Mitglieder unserer Partei werden« konnten. Jugendliche, die »im Rahmen der Überführung ganzer Jugendverbände in die Partei [i.e. die NSDAP] *überwiesen worden sind, wie das beispielsweise in der HJ und im BDM der Fall war, sollen von nun an nicht mehr als Parteigenossen angesehen und behandelt werden.* [. . .] *Sie können sich einreihen in die Schar der aktiv am Aufbau Beteiligten.« Diese Initiative stieß bei nicht wenigen Jugendlichen auf positive Resonanz. Das zeigen die Zuschriften auf den Artikel, die damals bis hinauf zum Parteivorsitzenden Pieck gereicht wurden:*

»Auch ich war Mitglied der H. J. Ich kann auch heute noch nicht sagen, daß alles in Deutschland schlecht war. Die NSDAP hat nur alles so übertrieben. Dieser Zwang für Andersdenkende – der immer stärker werdende Militarismus, er hat Deutschland geschadet. Von der anderen Seite haben wir nichts erfahren. Wir haben nur die eine Seite gesehen und das war unser Unglück ... Daß wir nun die Möglichkeit haben, frei mitzuarbeiten, das freut mich. In dieser Notzeit müssen wir alle zusammenstehen. Wenn das alles auf Wahrheit beruht, was man uns jetzt sagt – dann ist die NSDAP nur zu verabscheuen. Viele rückkehrende Soldaten sagen jetzt, daß sie nicht so in Rußland gehaust hätten? Was ist die Wahrheit? [. . .] Es ist nur zu begrüßen, wenn die D. V. Z. schreibt, daß die frühere Mitgliedschaft zur HJ und des BDM kein Hinderungsgrund sein soll zur Mitarbeit für die Zukunft. [. . .]

Gerhard B., 17 Jahre, kaufm. Lehrling

Wir wurden von keiner Seite aufgeklärt. Unsere Eltern verboten uns die Teilnahme an der HJ. Dann wurde ich Lehrling und ich mußte in die HJ eintreten. Mir hat es dann gefallen – die Kameradschaft. Mein Bruder hat schon gesagt, daß das, was die

Berlin 1945

NSDAP machte, falsch war. Macht man es aber jetzt besser, wenn man uns abstößt, weil wir bei den Nazis waren?
Norbert K., 16 Jahre, Banklehrling, Friedrichshain

Ich war Scharführer der HJ. In den letzten 2 Jahren war auf Grund des Krieges kein regelmäßiger HJ-Dienst. Wir sind immer zusammengekommen, weil wir unter uns sein wollten. Die Heimabende waren schön. Es hat uns gefallen. Mit Politik hatten wir zum Schluß schon die Nase voll. Das was die NSDAP gemacht hat, war nicht richtig. Man liest es jetzt in allen Zeitungen. Wenn das alles stimmt. – Überall schreibt man jetzt über uns Jugendliche. Wir sind doch nicht Schuld an allem. Die Jugend hat Hitler nicht gewählt, sondern die Eltern haben ihn gewählt. Wir wurden früher nicht angestellt, wenn wir nicht in der HJ waren. – Jetzt schmeißt man uns raus, weil wir in der HJ waren. Wer soll sich da noch auskennen. Den Artikel »Offene Tore für die Jugend« in der D.V.Z. kann ich nur begrüßen. Hoffentlich wird es auch so gemacht.
Manfred K., 17 Jahre, Verwaltungslehrling

Ich wurde mit meinem 10. Lebensjahr durch die Schule in die HJ bzw. in den Jungmädel-Bund überwiesen. Die ganze Überweisung ging an sich ziemlich systematisch vor sich. Wir mußten ein Formular ausfüllen, und schon waren wir Angehörige der Hitler-Jugend.
Als ich 16 Jahre alt wurde, kam ich in ein Lager und zwar zu einem Gesundheits-Dienst-Kurs. Danach war ich Führerinanwärterin. Mir hat mein Dienst sehr viel Freude gemacht, denn wir betreuten ja die Soldaten, halfen den Bombengeschädigten und den Flüchtlingen. Nach einem vierten Jahr Anwärterschaft wurde ich Mädelschafts-Führerin. Ich dachte immer, daß wir mit unserer Hilfe etwas Gutes tun. Als ich aber aus dem Arbeitsamt entlassen wurde, da ich BDM-Führerin war, wurde mir erklärt, ich hätte damit, daß ich diesen Menschen geholfen habe, den Krieg verlängert. Eigentlich bin ich über diese Ansicht etwas enttäuscht. Jetzt bin ich schon seit Mitte Juni in der Jugendgruppe Steglitz. Mir machen die Jugendabende sehr viel Freude. Ich glaube sie sind das einzige Schöne, was ich jetzt im Augenblick habe.

Neulich las ich in der DVZ den Artikel ›Offene Tore für die Jugend‹. Ich habe mich sehr darüber gefreut, denn hoffentlich wird nun auch nach diesem Artikel gehandelt. Es wäre für manche Jugendliche, denen es so ging wie mir, sehr gut.
Ruth F., Berlin-Steglitz.«

Quelle: SAPMO-BArch, HY 4036/726.

Machtpolitische sowie – vom Kadermangel diktierte – pragmatische Erwägungen ließen manchen Funktionär jegliche Zurückhaltung in dieser Frage verlieren. Am drastischsten war wiederum Robert Bialek, der erklärte, daß *»80% aller aktiven und wertvollen Jugendlichen bei der HJ bzw. beim BDM und zum größten Teil sogar Führer waren, oder wenn sie älter sind, der Partei angehörten. Hier wird man nach einer schnellen Umschulung oder persönlichen Rücksprache* [. . .] *diese Kräfte 100 % einzusetzen haben.«* Noch stünden *»größere Teile der Jugend* [. . .] *hinter ihren ehemaligen Vorbildern«*, die man *»mit der restlosen Gewinnung der kleineren HJ- und BDM-Führer«* für die Jugendausschüsse rekrutieren könne. *»Wir wollen auch, daß sich dieses junge, z. T. sehr wertvolle Menschenmaterial in unseren Reihen befindet, und nachdem Gewähr für ihre politische Sicherheit besteht, sie auch in den Funktionärskörper der freien deutschen Jugendbewegung einreihen. Die Frage wird immer ganz individuell entschieden werden müssen. Grundsätzlich hierzu ist zu sagen, jeder Jugendliche, gleich was er vorher war oder welche Funktion er hatte (wenn es sich nicht um besondere Jugendschinder, kriminelle Delikte, Grausamkeiten oder besoldete höhere Jugendführer usw. handelt), ist uns willkommen, wenn er den ehrlichen Willen hat, am Neuaufbau Deutschlands im Rahmen der freien deutschen Jugendbewegung mitzuwirken.«*[29]
Daß diese Haltung unter den kommunistischen Jugendfunktionären nicht auf ungeteilte Zustimmung stieß, verdeutlicht Honeckers Reaktion auf die im Jahresabschlußbericht 1945 der Jugendabteilung der KPD Sachsens von Bialek vertretene Auffassung, die *»HJ-Führerfrage«* sei *»wiederum eine Kaderfrage der Freien Deutschen Jugendbewegung«*. *»Unmöglich, EH«* vermerkte der Leiter des Zentralen Jugendausschusses handschriftlich und reichte den Text an den Parteivorsitzenden Pieck weiter.[30]

Jugendarbeit vor Ort

Die »große Politik« und das Ränkespiel in Berlin hatten für die lokale Jugendarbeit kaum eine Bedeutung. Erfolg oder Mißerfolg eines Jugendausschusses hing vom Elan der Jugendfunktionäre vor Ort sowie von der Unterstützung durch die Stadtverwaltung, die Parteien und den lokalen Militärkommandanten ab.
Das »Programm der Jugendgruppen des Antifaschistischen Jugendausschusses der Stadt Leipzig für Monat November« erlaubt einen Einblick in die Arbeit eines – außerordentlich aktiven – Jugendausschusses.[31] Die Jugendarbeit hatte sich in der einstigen Hochburg der Arbeiterbewegung rasch entwickelt. Die 41 Gruppen der acht Leipziger Verwaltungsbezirke boten der örtlichen Jugend im sechsten Friedensmonat insgesamt 312 Veranstaltungen an. Spiel- und Liederabende, Musizieren, Volkstanzgruppen, Gesellschaftsspiele, Sport, Bastel-, Heim-, Film- und Diaabende machten über die Hälfte der Aktivitäten aus. Hinzu kamen rund 50 Gruppenstunden, die kulturellen Themen gewidmet waren. Literaturfreunde trafen sich zu Themenabenden, brachten ihre Lieblingsbücher mit, der Besuch von Opernaufführungen wurde vorbereitet, während der Zeit des Nationalsozialismus verbotene Dichter vorgestellt, Referate informierten beispielsweise über die griechische und römische Kultur. Rund 70 Programmangebote bezogen sich auf die Vergangenheit und das Zeitgeschehen. Zeitzeugen erzählten vom Spanischen Bürgerkrieg, vom Widerstand gegen die braune Diktatur oder berichteten über die Nürnberger Kriegsverbrecherprozesse. Die Hälfte aller politischen Beiträge widmete sich dem 28. Jahrestag der Oktoberrevolution sowie der kurz zuvor in der SBZ eingeleiteten Bodenreform. Die wenigen Vorträge zur politischen Theorie beschäftigten sich zumeist mit den Klassikern des Marxismus. Eine untergeordnete Rolle spielten offenkundig die Arbeitseinsätze, sei es für die Errichtung von Jugendheimen, die Flüchtlingsbetreuung oder die Enttrümmerung. Lediglich an dreizehn Tagen hatten die immerhin 41 Jugendgruppen derartige Aktivitäten angesetzt.
Auch die zentralen Veranstaltungen des Jugendausschusses hatten ausschließlich kulturellen Charakter. Sie reichten von einer »Filmmati-

nee ›Tschaikowsky‹« über eine Schiller-Feier bis hin zur Opernvorstellung »Die verkaufte Braut«.

Irene Böhme: Jugendbande oder der mißbrauchte Idealismus. 1. Teil:

»Nachkriegszeit, Schulunterricht im ungeheizten Museum, eine Woche vormittags, die nächste nachmittags. Ins Gemeindehaus bringen wir geklaute Briketts, die Luft bleibt dennoch klamm. Die Vereine sind verboten und enteignet; kein Wandern, kein Rudern und Schwimmen mehr. Unerlaubt hocken wir noch zwei Sommer auf dem Schwimmclubgelände am Fluß, zwei Winter in Schuppen der leergeräumten Sodafabrik. Alle Gleise, Maschinen, Gerätschaften als Reparationen nach Rußland. Die Iwans werden keine Freude dran haben, wir haben's zerkloppt beim Einkisten. Arbeit nirgendwo, Lehrstellen wenige, Aushilfen beim Bauern für einen Beutel Gerste. Die Lieblingspuppe gegen ein Karnickel auf dem schwarzen Markt eingetauscht. Mantelaufschlitzer in dunklen Straßen, wer sich abends allein hinauswagt, verliert die Unschuld, die Lebensmittelkarte, die Stiefel, das Leben.
Um den Grudeofen hocken Frauen, Greise, Kinder. Es stinkt nach Kohlengruß, Windeln und Kohlsuppe. Im Wrasen [i. e. Dampf, dichter Dunst] verschwimmen die Gesichter. Die Älteren erzählen vom Gutshaus in der alten Heimat, vom Kotillon auf dem Tanzstundenball, vom Rotweingelage beim Erbfeind anno 15. Wer jung ist, kann da nicht mitreden. Das Wohnzimmer, die gute Stube, der Salon sind requiriert für Ausgebombte, Flüchtlinge, Umsiedler. Das Schlafzimmer ist nachts belegt mit sechs Personen in Doppelstockbetten, tagsüber ein Refugium, aus dem man verjagt wird. Zum Lesen bleibt die Toilette.
Das ehemalige HJ-Heim ist geheizt. Dort singen sie Volkslieder, nennen sich Freunde der Jugend, später Freie Deutsche Jugend. Dort meckert kein Erwachsener, niemand befiehlt. Jungen und Mädchen unter sich. Da kannste mal offen reden. Nach dem Heimabend in bunter Reihe durch die nächtlichen Straßen: ›Wessen Straße ist die Straße, wessen Welt ist die Welt!‹«

Aus: Kursbuch, Februar 1993, Heft 111, S. 13 f.

Doch immer war es nur eine Minderheit der Heranwachsenden, die von den Jugendausschüssen erreicht wurde. Wie ein roter Faden durchzog die Feststellung, die Jugend sei *»organisationsunlustig«*[32], die Berichte aus den Ländern und Provinzen. Die Bemühungen der Kommunisten, eine einheitliche Jugendorganisation zu schaffen, betrachteten manche *»als eine neue Auflage in rot, von dem was gestern war«*, wie Hermann Axen auf einer Tagung von Vertretern der Landesjugendausschüsse am 3. Dezember 1945 in Berlin feststellen mußte.[33] In aller Munde war damals das Schlagwort von der Verwahrlosung der Jugend, die es – statt bei der Enttrümmerung mitzuhelfen – vorziehe, *»auf schwarzen Märkten, in Tanzbars herumzubummeln, Tauschgeschäfte zu tätigen«*.[34]

Die Jugendzeitschrift »Horizont« schrieb im Dezember 1945 unter der Überschrift »Es geht nicht anders«:

»Zur Zeit gibt es in Berlin etwa 30 000 Jugendliche ohne Arbeit. Es soll kaum die Möglichkeit bestehen, sie in absehbarer Zeit einer normalen Beschäftigung zuzuführen. Sie sollen jedoch restlos in einem Jugendnotprogramm für Aufräumungsarbeiten usw. eingesetzt werden. Auch in Näh- und Bastelstuben arbeiten heute bereits Tausende von Jugendlichen für die Aktion ›Rettet die Kinder!‹
Es wird für viele Jugendliche gewiß hart sein, daß sie zunächst ihren eigenen Berufswünschen nicht folgen können und im Dienste des Wiederaufbaus eingesetzt werden. Sie sollen sich mit dem Gedanken trösten, daß bei jeder Arbeit und überall zu lernen und daß keine Zeit als verloren zu betrachten ist, wenn man das auferlegte Tagwerk gründlich und mit Liebe verrichtet. [. . .]
So widersinnig es klingen mag: einige handwerkliche Berufe können dem Kriege dankbar sein, denn er hat ihnen für lange Zeit Verdienstmöglichkeiten gebracht. Für diese Berufe sich jetzt zu entscheiden, ist ein kluger Entschluß, den man nicht bereuen wird!
Zehntausende von Häusern liegen in Trümmern. Maurer, Zimmerleute, Rohrleger und Klempner werden sie wieder aufbauen.
Hunderttausenden von Dächern fehlen die Ziegel. Dachdecker werden sie wieder zuhängen.
Hunderttausende von Wohnungen sind stark demoliert oder ausgebrannt. Tischler, Polsterer, Maler und Töpfer werden mit ihrer Arbeit vielen Familien wieder ein menschenwürdiges Zuhause schaffen.
Millionen von Fensterrahmen sind leer. Glaser werden sie wieder füllen und dicht machen.
Weniger aussichtsreich steht es um die Metallberufe. Kanonen und Gewehre, Panzerschiffe und Bombenflugzeuge wird Deutschland nicht mehr herstellen. Hitler hatte durch seine wahnsinnige Aufrüstung dem Millionenheer der Arbeitslosen Arbeit gegeben. Diese Massen müssen mit der Zeit anderen Produktionsprozessen zugeführt werden.

Trotzdem drängen sich immer noch allzu viele Jugendliche um die wenigen Lehrstellen für Maschinenschlosserei, Mechanik usw. Ferner werden heute bei weitem nicht mehr in dem Maße wie früher gebraucht: Kaufmännische Angestellte, Stenotypistinnen, Rundfunktechniker, Nachwuchs für das Bankgewerbe und ähnliche ›bequeme‹ Berufe. Auch zur Herrenschneiderei müßte der Andrang abebben. Dagegen herrscht Mangel an Herrenfriseuren und Schuhmachern.
Der allergrößte Andrang ist natürlich bei den ›nahrhaften‹ Berufen wie Fleischerei und Bäckerei zu verzeichnen, deren neue Lehrlinge sich vielfach nicht nur aus Liebe zum Fach entschieden haben. Hier steht aber zu bedenken, daß in absehbarer Zeit die Lebensmittellage sich lockern und bessern könne. Jedenfalls hoffen wir das alle.«

Quelle: Horizont, Heft 2, Jg. 1945/46, S. 13 f.

Die teilweise zu beobachtende Ablehnung der Jugendausschüsse äußerte sich vom bloßen Desinteresse bis hin zu Tätlichkeiten gegenüber dort aktiven Altersgenossen. Aus Mecklenburg-Vorpommern wurde berichtet, daß die *»Mädels [. . .] stark geschminkt und die Jungen im Smoking«* zu den Gründungsveranstaltungen der Jugendausschüsse gekommen seien. *»Sie interessierten sich nicht für die ganze Veranstaltung, sondern warteten nur darauf, daß der Tanz einsetzte.«* Andernorts *»haben sie die Lichtleitung durchgeschnitten und den Jugendreferenten mit Kartoffeln beworfen«.* In Thüringen konnten Jugendliche die Heimabende nur in Gruppen verlassen, *»weil sie sonst vermöbelt wurden«,* wie ein Mitarbeiter des dortigen Landesjugendausschusses klagte.[35]

Neue Linie der KPD: rasche Vereinigung

Mittlerweile bahnte sich eine grundlegende Veränderung im Parteiensystem an. Besorgt hatten die aus Moskau zurückgekehrten kommunistischen Parteiführer feststellen müssen, daß die KPD nicht über den erwarteten großen Rückhalt in der Bevölkerung verfügte, während die Sozialdemokratie zunehmend erstarkte. Die SPD formulierte mit wachsendem Selbstbewußtsein ihren politischen Führungsanspruch. Gleichzeitig verstärkten die Erfahrungen, die Sozialdemokraten an der Basis mit der KPD und der sowjetischen Besatzungsmacht machen mußten, die Zweifel an der aufrichtigen Bereitschaft der Kommunisten, nach demokratischen Spielregeln gleichberechtigt mit den Sozialdemokraten zusammenzuarbeiten. Die Anfangskonstellation, in der die Sozialdemokraten als Lehre aus den zwölf Jahren Nationalsozialismus eine einheitliche sozialistische Arbeiterpartei anstrebten, während die Kommunisten zunächst in getrennten Parteien die eigenen Kräfte sammeln und in Stellung bringen wollten, kehrte sich allmählich um. In der Sozialdemokratie mehrte sich die Kritik an den Kommunisten, die Gegner einer raschen Vereinigung gewannen an Boden. Die Kommunisten dagegen fürchteten, ihre mit Hilfe der Besatzungsmacht errungene Hegemonie zu verlieren, und drängten deshalb ab September 1945 immer intensiver auf eine schnelle Vereinigung der beiden Parteien. In der Berliner SPD-Zentrale häuften sich die Berichte, daß Einheitsgegner von der Besatzungsmacht drangsaliert und verhaftet wurden. Die SPD in den Westzonen unter Kurt Schumacher lehnte eine Vereinigung kategorisch ab und forderte die Auflösung der SPD in der SBZ. Der Jahreswechsel stand im Zeichen massiven Drucks insbesondere der Besatzungsmacht auf die SPD und ausgeklügelter Täuschungsmanöver der KPD, um die Vereinigung rechtzeitig vor den ersten Wahlen in der SBZ zuwege zu bringen.
Auch für die kommunistische Jugendpolitik schien zum Jahreswechsel 1945/46 Eile geboten. Die KPD mußte befürchten, daß sich die in der Jugendfrage uneinheitliche SPD aus der gemeinsamen Jugendarbeit zurückziehen könnte. Damit hätte das Projekt einer Einheitsjugendorganisation vor dem Aus gestanden. Die Jugendausschüsse schienen aus der Sicht der KPD an ihre Grenzen gestoßen zu sein. Die Mitarbeit blieb unverbindlich, und die kommunale Anbindung erwies sich als Hindernis für eine zentrale Steuerung. Zudem waren nicht nur die bürgerlichen Parteien und die Kirchen sowie die Sozialdemokraten, sondern auch die eigene Parteibasis ungeachtet des sowjetischen Verbotes daran gegangen, eigene Parteijugendgruppen zu gründen. Schließlich häuften sich Meldungen aus dem Westen Deutschlands, die von zahlreichen Initiativen zum Neuaufbau eines pluralistischen Jugendverbandswesens berichteten.

So begann die KPD unverzüglich damit, eine Einheitskampagne an der Basis zu inszenieren. Die Landes- bzw. Provinzialjugendausschüsse sowie die Jugendsekretäre bei den Parteileitungen sorgten nach Kräften für Resolutionen, die die Gründung einer einheitlichen Jugendorganisation forderten.

Öffentlicher Widerspruch gegen das Konzept einer Einheitsjugendorganisation konnte sich Anfang 1946 nur in den Westsektoren Berlins regen. Die amerikanisch lizenzierte Jugendzeitschrift »Horizont« veröffentlichte im Januar 1946 folgenden Beitrag:

»Wir wollen keine Staatsjugend

Augenblicklich beginnt nahezu jeder Artikel und jedes Plakat mit den Worten: hinter uns liegen zwölf furchtbare Jahre. So will auch ich damit anfangen. – Und weiter möchte ich fortfahren: zwölf Jahre sogenannter Einheit, für die der Einzelmensch getreten, geknebelt und ausgelöscht wurde. Auch wir jungen Menschen lebten in dieser Zeit, auch wir wurden getreten, geknebelt und angeödet. Aus diesem Grunde, und aus jenem, daß wir wieder ein bißchen denken können und mittlerweile auch etwas anderes gesehen haben, sind wir dieser Einheitszwangsjacke endgültig müde.

Wir wünschen in der neuen Zeit, die einmal die unsere sein soll, endlich das zu tun, was wir wirklich wollen. So wollen wir endlich Menschen sein. Menschen, die ihre Liebhabereien, ihre besonderen Wünsche und privaten Schwächen besitzen dürfen. Wir haben die Uniform ausgezogen, sie auf den Misthaufen geworfen und strecken uns behaglich in unserem Zivilkleid, das zwar etwas zerschlissen, aber unser ist. Und nun dachten wir, sowas wie Uniform, Zwang und ›Einheit‹, das läge ein für allemal hinter uns.

Da hören wir wieder lockende Stimmen, die von der großen herrlichen Einheit und Gleichheit schwärmen, die uns junge Menschen wieder zu Parolenausträgern und Befehlsempfängern abstempeln wollen. Man fordert uns zum Eintritt in eine Jugendbewegung auf und gibt uns dabei zu verstehen: dies ist die einzig maßgebliche Jugendorganisation für euch, alle anderen, die nicht nach unseren Wünschen und Vorstellungen arbeiten, sind überflüssig und daher zu verbieten. Diejenigen Jugendlichen aber, die nicht bei uns mitmachen, sind entweder dumm oder Faschisten. – Sollte man nicht etwas duldsamer sein gegen alle anderen, die nicht so denken wie man selber? Weshalb diese Kommandosprache? Hat man etwa Angst vor der freien Entwicklung einer Jugend, die sich ihrer Freiheit bewußt ist? Wenn 10 oder 20 oder 50 Jugendliche sich zusammentun, um meinetwegen einen ›Demokratischen Jugendklub‹ zu gründen, weshalb sollten sie nicht? Ist Freiheit oder eigene Initiative etwa schädlich? Wollen denn die augenblicklichen ›Jugendführer‹, die von keinem Jugendlichen gewählt oder eingesetzt wurden, wieder die Jugend nur nach ihrem Willen ›ausrichten‹? Sie sollten es sich gut überlegen mit ihrer Freien Deutschen Jugendbewegung, die ihnen, den Nichtgewählten, einen überwältigenden Einfluß auf die Jugend sichern soll. Denn es gibt schon wieder junge Deutsche, die nicht auf Jugendkonferenzen in ein allzu pünktlich einsetzendes Beifallsgeschrei miteinstimmen, die vielmehr offen zu kritisieren wagen, ganz so, als wenn wir schon in einer Demokratie lebten. Und das ist gut so – auch für die ›Jugendführer‹.«

Quelle: Horizont, Nr. 3, Jg. 1945/1946, S. 10.

Widerstand gegen Einheitsorganisation

Parallel zur Einheitskampagne an der Basis holte sich die KPD-Führung zunächst Ende Januar in Karlshorst und schließlich Anfang Februar in Moskau die Genehmigung zur Gründung der Freien Deutschen Jugend ein. Dabei bemühten sich die kommunistischen Parteistrategen erfolgreich um die Unterstützung durch die SPD. Wenige Tage vor dem ersten Friedensweihnachtsfest hatte deren Führung dem vereinten Druck von SMAD und KPD sowie von einheitswilligen Parteiverbänden auf Bezirks- und Landesebene nachgegeben. Mit der These vom »besonderen deutschen« und »demokratischen« Weg zum Sozialismus schien die KPD den Sozialdemokraten ideologisch entgegengekommen zu sein. Zu einem Zeitpunkt, als die Einheitsgegner unter den Sozialdemokraten ihre Handlungsfreiheit völlig eingebüßt hatten, erklärten sich Otto Grotewohl, Max Fechner und Fritz Schreiber mit der Gründung der FDJ *»im Prinzip einverstanden«*. Allerdings forderte Grotewohl, daß man die Funktionen innerhalb des Jugendverbandes paritätisch mit Funktionären beider Parteien besetzen müsse.[36]

Erst als Moskau »grünes Licht« gab, wurden die Kirchenvertreter sowie der Christdemokrat Manfred Klein (er war im November der CDU beigetreten) über die unmittelbar bevorstehende Gründung der FDJ informiert. Als Gründungsdatum hatte das Sekretariat des ZK der KPD den 24. Februar bestimmt. Da stellte unerwartet hef-

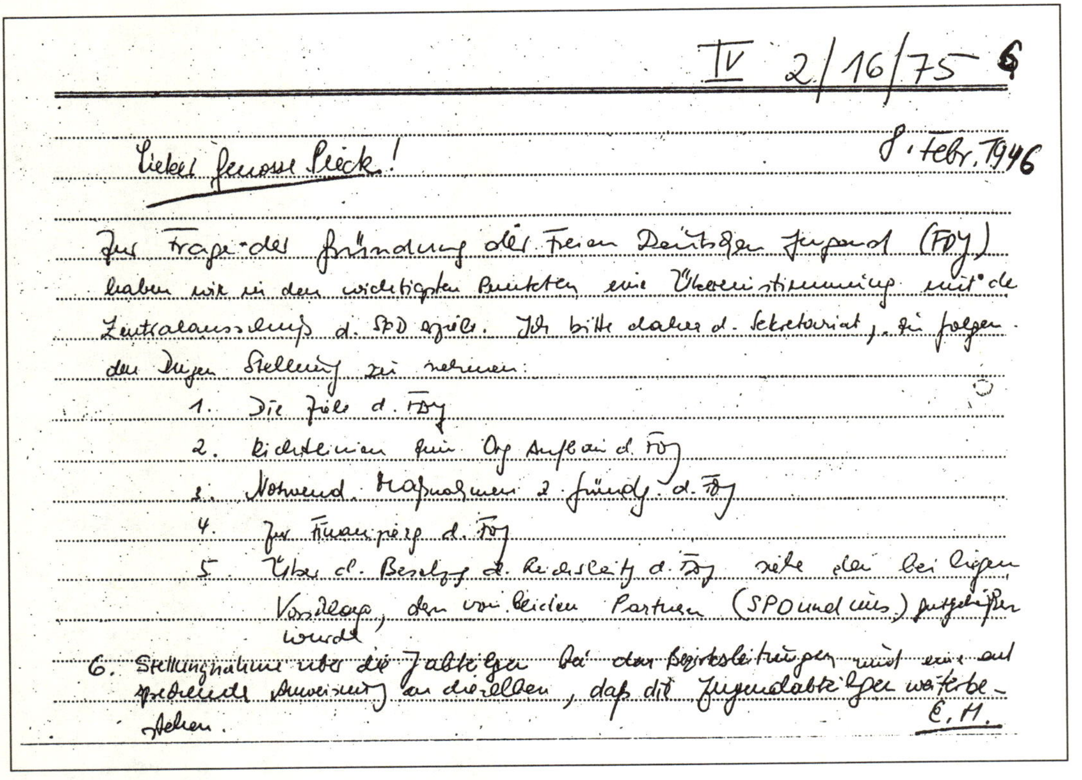
IV 2/16/75 6

Lieber Genosse Pieck! 8. Febr. 1946

Zur Frage der Gründung der Freien Deutschen Jugend (FDJ) haben wir in den wichtigsten Punkten eine Übereinstimmung mit dem Zentralausschuß d. SPD erzielt. Ich bitte daher d. Sekretariat, zu folgenden Fragen Stellung zu nehmen:

1. Die Ziele d. FDJ
2. Richtlinien für Org. Aufbau d. FDJ
3. Notwend. Maßnahmen z. Gründg. d. FDJ
4. Zur Finanzierung d. FDJ
5. Über d. Besetzg. d. Leitung d. FDJ siehe den beiliegenden Vorschlag, der von beiden Parteien (SPD und uns) gutgeheißen wurde.
6. Stellungnahme über die Jugendabteilungen bei den Bezirksleitungen und eine entsprechende Anweisung an dieselben, daß die Jugendabteilungen weiterbestehen.

E. H.

Honecker stimmte FDJ-Gründung mit KPD-Führung ab

(Quelle: SAPMO-BArch, DY 2/16/75)

tiger Widerstand der Kirchen die bevorstehende Verbandsgründung in Frage. Die Vertreter der beiden großen Glaubensgemeinschaften formulierten fünf Bedingungen, die alle auf die Gründung eines bloßen Dachverbandes hinausliefen. Erst nach heftigen Auseinandersetzungen unterzeichneten die Vertreter der Kirchen und der CDU gemeinsam mit elf weiteren Mitgliedern des Zentralen Jugendausschusses am 26. Februar den Gründungsbeschluß für eine einheitliche Jugendorganisation. Die sowjetische Besatzungsmacht wurde ersucht, die Freie Deutsche Jugend zu lizenzieren.

In einer gemeinsamen Erklärung hatten die evangelische und die katholische Kirche vor der Unterzeichnung des FDJ-Gründungsbeschlusses ihre kritische Einstellung zur Einheitsjugendorganisation zum Ausdruck gebracht (Auszug):

»Die katholische und evangelische Kirche haben ihre Bereitwilligkeit zu gemeinsamer Vorarbeit für die Schaffung der Einheit der Deutschen Jugend ausgesprochen. Wenn auch, wie es zu erwarten war, bei der Durchsprache der sich bei der Vorarbeit ergebenden Fragen einige Schwierigkeiten entstanden waren, ist diese bereits ausgesprochene Bereitschaft auch heute noch in gleichem Maße vorhanden. [. . .]

Es ist nicht tragbar, daß bei den Verhandlungen der Eindruck entsteht, daß die Kirchen etwa nur zu der einen oder anderen Frage mal gehört werden sollen. Auf Grund ihrer Arbeit an der Jugend, die einen viel größeren Umfang hat, als anscheinend gesehen wird, will und muß die Kirche entscheidend mitgestalten und nicht nur gelegentlich als Beirat mitsprechen.

Die Durchberatung aller Fragen kann auch nicht in der Form geschehen, daß die kirchlichen Vertreter plötzlich, also unvorbereitet vor Fragen gestellt werden, die in anderem Kreise, der ebenfalls an

Gründungsbeschluß

Die am 26. Februar 1946 im Sitzungssaal des Magistrats der Stadt Berlin, Parochialstraße, anwesenden Mitglieder des Zentralen Jugendausschusses für die sowjetische Besatzungszone Deutschlands bekunden hiermit einmütig ihren Willen, sich zwecks Gründung einer überparteilichen, einigen, demokratischen Jugendorganisation

"Freie Deutsche Jugend"

an die sowjetische Militärverwaltung in Deutschland zu wenden.

Die Grundlagen hierzu bilden die von allen Unterzeichneten angenommenen und der Urkunde beigefügten Ziele und Satzungen der Freien Deutschen Jugend.

Berlin, den 26. 2. 1946

der Beratung teilnimmt, schon so durchgesprochen sind, daß man mit fertig gedachten Dingen Entscheidungen erzwingen möchte, statt sie in gemeinsamer Beratung herbeizuführen.
Es darf nicht so sein, daß die von seiten der Kirchen vorgebrachten Argumente, die doch aus der Verantwortung für das Ganze geboren sind, nur als lästige und nun einmal nicht zu umgehende Beiträge nebenher entgegengenommen werden, so wie die Kirchen 1933 vor Baldur v. Schirach zitiert wurden, als man dort sich noch den Anschein gab, etwas Gutes mit ihnen im Schilde zu führen. [. . .]
Wir stellen fest, daß das Verbot katholischer und evangelischer Jugendarbeit im Lande Sachsen, daß ganz besonders die Auflösung der kirchlichen Jugendarbeit in Sangerhausen und der Eingriff des Jugendausschusses Altranstädt in Sachsen nicht nur völlig undemokratisch, sondern darüber hinaus, was hier besonders betont werden muß, ausgesprochen in der Methode der Gestapo durchgeführt wurde. [. . .]
Wenn wir im Gegensatz zum Westen mehr die Einheit betonen, so dürfen wir doch nicht leugnen, daß auch die freie Entfaltung aller guten Kräfte nicht unterbunden werden darf nach autoritativfaschistischer Art. Wir müssen also die Möglichkeit zur eigenen Entwicklung geben, damit wir alle erfassen können. Tun wir das nicht, und geben wir im Gegensatz dazu Unbesonnenen, die es immer in der Jugend geben wird, Möglichkeit und Handhaben, von sich aus oder durch Stellen der Besatzungsmächte Verbote zu erlassen gegen alles, was nicht in ihre eigenen Gedankengänge paßt, dann wird die Freie Deutsche Jugend in weitesten Kreisen trotz aller betonten Freiwilligkeit für eine Zwangsjugend bzw. Staatsjugend in neuer Aufmachung gehalten werden.
Dies zu verhindern, ist unsere gemeinsame Aufgabe im Zentraljugendausschuß, wenn wir die Freie Deutsche Jugend vorbereiten.«

Quelle: »Erklärung der kirchlichen Vertreter zu den Verhandlungen über die Freie Deutsche Jugend« vom 26. 2. 1946, SAPMO-BArch, DY 30, NY 4036/726.

Mehrere Gründe werden die bürgerlichen Parteien sowie die Kirchen bewogen haben, sich trotz ihrer offen ablehnenden Haltung gegenüber dem Einheitsjugendkonzept schließlich dennoch an der Arbeit in den Leitungsgremien der FDJ zu beteiligen. Die SMAD war offenkundig nicht dazu bereit, in absehbarer Zeit weitere Jugendorganisationen zu lizenzieren. Darüber hinaus schien der Alleingang in der SBZ unter dem Vorbehalt einer späteren gesamtdeutschen Lösung zu stehen. Für die CDU und die LDP wird schließlich die Überlegung bestimmend gewesen sein, zu diesem Zeitpunkt keine Möglichkeit außer acht zu lassen, die eigenen Vorstellungen und Interessen zur Geltung zu bringen. Auch hatte zu diesem Zeitpunkt der Gedanke, daß die vom Nationalsozialismus beeinflußte Jugend vor einer Einbeziehung in die Parteipolitik einer demokratischen Erziehung bedurfte, seine Glaubwürdigkeit noch nicht gänzlich eingebüßt. Dieses Ziel schien durch das allgemein gehaltene Programm der vor der Gründung stehenden Jugendorganisation und die vermeintlich demokratische Wandlung der KPD gewährleistet zu sein.
Die bürgerlichen Parteien betrachteten ihre Mitarbeit in den Leitungsgremien der FDJ in erster Linie als eine Form der Fortsetzung ihrer Arbeit im Parteienblock. Der Jugendverband sollte keine den eigenen Auffassungen zuwiderlaufenden Positionen einnehmen. Im übrigen konzentrierte man sich auf die Betreuung und Schulung des eigenen Parteinachwuchses.
Versuche, die kirchliche Jugendarbeit in die FDJ einzubinden, hatten die Kirchen erfolgreich abgewehrt. Die Zusicherung, »evangelische bzw. katholische Verbindungsstellen der kirchlichen Jugendarbeit« in den Leitungsgremien des Einheitsverbandes zu etablieren, dokumentierte nach außen hin deren Recht auf eine eigene Jugendarbeit. Zudem schien den Kirchen damit Einfluß auf die FDJ eingeräumt worden zu sein.

Heinz Baer, Jg. 1923, der bereits unter dem Nationalsozialismus an der illegalen evangelischen Jugendarbeit teilgenommen hatte, erinnert sich:

»Die Versuche, uns in die – wieder gleichgeschaltete – allgemeine Jugendarbeit einzugliedern, gab es schon durch die Jugendausschüsse. Mit der Lage in der sowjetisch besetzten Zone mußten wir uns abfinden. Das heißt, wir mußten auch zur Kenntnis nehmen, daß die FDJ die einzige in der SBZ zugelassene Jugendorganisation war. Wir hatten die Erhaltung unserer christlichen Jugendarbeit vor Augen. Deshalb sagten wir uns, wenn wir uns dort nicht beteiligen, sind wir von vornherein in einer schlechten Position. Wir haben zunächst angenommen, daß eine Zusammenarbeit möglich wäre und glaubten an eine gewisse Bewegungsfreiheit. Damit, daß wir völlig eingeordnet werden sollten, haben wir nicht gerechnet. Das zeigte sich dann allerdings schon bald in Brandenburg auf dem Parlament der FDJ.«

Aus: Roland Gröschel/Michael Schmidt: Trümmerkids und Gruppenstunde. Zwischen Romantik und Politik: Jugend und Jugendverbandsarbeit in Berlin im ersten Nachkriegsjahrzehnt. Hrsg. vom Landesjugendring Berlin, Berlin 1990, S. 38.

Die Gründung der FDJ im sowjetischen Besatzungsgebiet

Bereits am Tag nach dem Gründungsbeschluß, noch vor der Lizenzierung durch die SMAD, informierte die Abteilung Jugend der KPD-Führung die Bezirksleitungen der Partei, daß die Gründung der FDJ *»unmittelbar in Angriff genommen werden«* könne. Deren kommissarische Leitung sollte von den bisherigen Jugendausschüssen übernommen werden.[37] Auf diese Weise blieb die Vorherrschaft der kommunistischen Jugendfunktionäre gewahrt.

Aus den Notizen Wilhelm Piecks geht hervor, daß er am 6. März 1946 über die Genehmigung der FDJ informiert wurde. Einen Tag später, am 7. März 1946, gab die Sowjetische Militäradministration in der »Täglichen Rundschau« die Lizenzierung der »Freien Deutschen Jugend« bekannt.

In den »Grundsätzen und Zielen«, die die programmatische Grundlage des Lizenzantrags darstellten, erklärten die *»Jungen und Mädel der Freien Deutschen Jugend«*, es vereine sie der *»heilige Wille«*, *»durch gemeinsame Anstrengungen die vom Nazismus verschuldete Not unseres Volkes überwinden zu helfen«* und zum *»Neuaufbau«* ihrer *»Heimat auf antifaschistisch-demokratischer Grundlage«* beizutragen. Die Mitglieder des Jugendverbandes wollten:

»1. die Erhaltung der Einheit Deutschlands; 2. die Gewinnung der deutschen Jugend für die großen Ideale der Freiheit, des Humanismus, einer kämpferischen Demokratie, des Völkerfriedens und der Völkerfreundschaft; 3. die aktive Teilnahme aller Jungen und Mädel beim Neuaufbau unseres Vaterlandes; 4. die Schaffung eines neuen Deutschlands, das der Jugend das Mitbestimmungsrecht durch ihre aktive Teilnahme an der Verwaltung des öffentlichen Lebens einräumt, das allen Jungen und Mädel ohne Unterschied ihrer Herkunft, des Vermögens und des Glaubens eine gute Berufsausbildung, Zutritt zu allen Bildungs- und Kulturstätten, gleiche Entlohnung für gleiche Arbeit, ausreichenden Urlaub und Erholung sichert; 5. die Förderung unseres jugendlichen Zusammengehörigkeitsgefühls durch die Entwicklung aller Interessengebiete; die Bildung von Arbeits- und Interessengemeinschaften sozialer, kultureller und sportlicher Art sowie des Jugendwanderns.«[38]

Der ursprünglich in den Statuten vorgesehene dezidiert gesamtdeutsche Anspruch der FDJ – die Verbandsleitung sollte ursprünglich die Bezeichnung »Reichsleitung« tragen, und eine eigene Abteilung sollte die Arbeit in den Westzonen koordinieren – war wohl auf Weisung der SMAD aufgegeben worden. Für die Gründung einer gesamtdeutschen Jugendorganisation wäre die Zustimmung der westlichen Alliierten erforderlich gewesen. Diese hätten ihre Zustimmung jedoch zweifellos von der Aufgabe des Monopolanspruches in der sowjetischen Zone abhängig gemacht.

Trotz allem konnte die FDJ im Frühjahr 1946 für sich in Anspruch nehmen, als einzige Jugendorganisation in ganz Deutschland präsent zu sein. Erste FDJ-Gruppen hatten sich bereits 1945 in den Westzonen und hier vor allem in der britischen Besatzungszone gebildet. Zu Zentren dieser Arbeit entwickelten sich Hamburg und das Rhein-Ruhr-Gebiet. An diesen Gründungen waren kommunistische Remigranten und ehemalige Widerstandskämpfer ebenso beteiligt wie vormalige Jugendführer der konfessionellen bzw. der bündischen Jugend. Die Gruppen trugen nicht immer die Bezeichnung »Freie Deutsche Jugend«. So gab es die »Deutsche Volksjugend« (Köln) oder den »Bund junger Schwaben« (Augsburg), die »Freie Deutsche Jugendbewegung« (Westfalen) und die »Freie Demokratische Jugend« (Saarland). Zunächst arbeiteten diese Gruppen voneinander isoliert auf lokaler Ebene. Erst mit dem Zusammenschluß auf Zonenebene 1946/47 vermochte es die Berliner FDJ-Führung, ihren Einfluß auf die anfänglich politisch heterogenen Gruppen im Westen auszuweiten. Die Mitgliederzahl der westdeutschen FDJ lag auch zu deren Hochzeiten nie über 50 000. Eine eigenständige politische Relevanz konnte die Organisation im Westen Deutschlands nicht erlangen. Ab 1948/49

Westdeutsche FDJler beim II. Parlament der FDJ, Meißen 1947

erfolgte deren Stalinisierung. Die westdeutsche FDJ wurde – bis zu ihrem Verbot im Jahre 1951 – zum verlängerten Arm der ostdeutschen FDJ in der Bundesrepublik. Dabei hatte sie stets den Erfordernissen der SED-Politik zu entsprechen.[39]
Zehn Monate nach Kriegsende hatte die KPD ihr Ziel zumindest auf dem Territorium der SBZ erreicht. Der Aufbau der FDJ als einzige zugelassene Jugendorganisation konnte in Angriff genommen werden. Ein Wermutstropfen trübte jedoch das Bild. Dem Antrag des Hauptjugendausschusses Berlin, dessen Vorsitzender Heinz Keßler war, auf Zulassung des Jugendverbandes in der Viermächtestadt vom 28. Februar 1946 hatte die Alliierte Kommandantur nicht stattgegeben. Der Ost-West-Konflikt überlagerte bald die Frage, ob die sowjetische Konzeption einer Einheitsjugendorganisation im Westen Berlins übernommen oder ob dort die FDJ nur gemeinsam mit anderen Jugendorganisationen zugelassen werden sollte. Erst nach zähen Verhandlungen lizenzierten die westlichen Alliierten im Oktober 1947 zunächst die Falken und die FDJ und wenig später zwei weitere Jugendorganisationen.[40]

Programm und Organisation

Sieben Wochen nach der Lizensierung der Freien Deutschen Jugend durch die SMAD fand am 26. und 27. April 1946 im Berliner Casino-Mitte die erste zentrale Konferenz der Freien Deutschen Jugend statt.[41] In seinem Eröffnungsreferat äußerte Erich Honecker die Hoffnung, daß die Freie Deutsche Jugend auch die Jugendorganisation der westdeutschen Altersgenossen werden würde, und betonte deren überparteilichen Anspruch. Gleichzeitig erläuterte er den vorgelegten Entwurf der »Grundrechte der jungen Generation«, die wenig später das Programm der Freien Deutschen Jugend bilden sollten.

Die Grundrechte der jungen Generation

»[. . .]
Die junge Generation erhebt Anspruch auf vier Rechte, die zu gewähren Pflicht aller demokratischen Organe ist:

die politischen Rechte;
das Recht auf Arbeit und Erholung;
das Recht auf Bildung;
das Recht auf Freude und Frohsinn.

Die Gewährung politischer Grundrechte
Um zu gewährleisten, daß die junge Generation tätig am Neuaufbau des demokratischen Staates mithilft, wollen wir, daß befähigte Jugendliche zur Bekleidung öffentlicher Ämter herangezogen werden.
Jene öffentlichen Organe (z. B. Jugendämter), die die Probleme der Jugend zu entscheiden haben, sollen überwiegend mit Jugendlichen selbst besetzt werden.
Die aktive Mitarbeit der Jugend an den demokratischen Organen des neuen Deutschlands muß sichergestellt werden. Daher möge zum Gesetz erhoben werden, daß allen Jugendlichen vom 18. Lebensjahr an das Wahlrecht zu den Gemeinde-, Stadt-, Kreis- und anderen Volksvertretungen sowie zu allen übrigen Volksabstimmungen zugebilligt wird. Jugendliche, die das 21. Lebensjahr vollendet haben, sollen wählbar sein. [. . .]

Das Recht auf Arbeit und Erholung
Um das Recht auf Arbeit und Erholung für die junge Generation zu garantieren, fordern wir:
die 42-Stunden Woche für Jugendliche im Alter von 14 bis 16 Jahren einschließlich der Berufsschulzeit;
die 45-Stunden-Woche für Jugendliche im Alter von 16 bis 18 Jahren einschließlich der Berufsschulzeit;
die Mehrarbeit der Landjugend während der Saat und Ernte durch verkürzte Arbeitszeit oder erhöhten Urlaub in den Wintermonaten auszugleichen;
gleichen Lohn für gleiche Arbeit und Leistung; die Umwandlung des Lehrvertrages in einen Ausbildungsvertrag mit dem Ziel, die schnelle Heranbildung eines tüchtigen Facharbeiternachwuchses zu gewährleisten; [. . .]
die generelle Erhöhung der Lehrlingsvergütung durch Abschluß von neuen Tarifverträgen unter Berücksichtigung der verteuerten Lebensverhältnisse; [. . .]
die Verbesserung des bestehenden Jugendschutzes durch Schaffung eines neuen Jugendschutzgesetzes;
das Verbot jeder Kinderarbeit;
das Verbot von Nachtarbeit für Jugendliche bis zum vollendeten 18. Lebensjahr. Jugendliche bis zum vollendeten 17. Lebensjahr dürfen nicht unter Tage beschäftigt werden;
das Verbot der Lehrlingsmißhandlung und die strenge Bestrafung bei Mißachtung des Verbotes;
[. . .]
Als dringende Maßnahmen für die Arbeitsbeschaffung fordern wir:
die Gründung von produktiven Ausbildungswerkstätten durch die kommunale Selbstverwaltung und die Industrie unter Kontrolle der Gewerkschaften und der Jugend;
die allgemeine und vorbehaltlose Zulassung der Mädel zu allen Berufen, die sie ausführen können;
[. . .]
die planmäßige Lenkung der jugendlichen Arbeitskräfte für solche Berufe, die eine Zukunft haben;
[. . .]

Das Recht auf Erholung
Das Recht auf Erholung wird garantiert durch:
die Gewährung von bezahltem Erholungsurlaub in der Höhe von 24 Arbeitstagen bis zum vollendeten 16. Lebensjahr bzw. bis zum vollendeten 2. Lehrjahr und 18 Arbeitstagen für Jugendliche vom 16. bis 18. Lebensjahr, das heißt bis zur Vollendung des dritten Lehrjahres bzw. bis zur Vollendung der Lehre;
die Einrichtung von Jugenderholungsheimen in den Schlössern der Junker und der Kriegsverbrecher;
den Ausbau von Jugendheimen.

Das Recht auf Bildung
Das demokratische Recht auf Bildung wird garantiert durch den unentgeltlichen Besuch und die Gewährung von ausreichenden Stipendien für Minderbemittelte an Mittel-, Fach- und Hochschulen sowie den Universitäten;
die Gewährung einer besonderen Beihilfe für befähigte Jugendliche, die für den Unterhalt der Geschwister bzw. erwerbsunfähiger Eltern zu sorgen haben;
den Ausbau des Berufsschulwesens;
die Durchführung von Vorbereitungskursen für befähigte Jugendliche, die unter Hitler keine Möglichkeiten zum Studium hatten; [. . .]

Das Recht auf Freude und Frohsinn
Den Jugendlichen soll die Möglichkeit gegeben werden, Theater, Konzerte, Kinos und sonstige kulturelle Veranstaltungen zu verbilligten Preisen besuchen zu können.
Es ist anzustreben, daß für die Jugend besondere Theater und Kinos eingerichtet und die Jugendlichen zur Mitwirkung bei der Programmgestaltung herangezogen werden. Einrichtung von Wanderkinos für die Landjugend.
Maßnahmen zur Entwicklung des Jugendwan-

derns und des ausgleichenden Jugendsports sind unverzüglich durchzuführen.
Gewährung von 50 Prozent Fahrpreisermäßigung auf allen öffentlichen Verkehrsmitteln bei Gemeinschaftsfahrten.
Den kulturellen Bestrebungen der Jugend soll stärkste Unterstützung zuteil werden durch Überlassung von der Jugend dienenden Anlagen, Einrichtungen und Geräten, wie z. B. Jugendherbergen, Sportanlagen, Bootshäusern und so weiter. [. . .]«

Quelle: Erstes Parlament der Freien Deutschen Jugend. Brandenburg an der Havel, Pfingsten 1946, Berlin o. J. [1947], S. 204 ff.

Am Ende seiner Ausführungen schlug Honekker den Konferenzteilnehmern vor, zu Pfingsten in Brandenburg/ Havel das erste »Parlament der Freien Deutschen Jugend« einzuberufen.
Hermann Axen erläuterte den geplanten Organisationsaufbau des Jugendverbandes. Wohnbezirks-, Schul- und Betriebsgruppen bildeten die untersten Einheiten der Jugendorganisation. Ihnen sollten jeweils nicht mehr als 25 bis 30, örtlich bedingt höchstens 50 Mitglieder angehören. Der Gruppenleiter, der Schriftführer und der Kassierer bildeten die Gruppenleitung. Die Leiter der FDJ-Interessengemeinschaften und die engagiertesten Jungen und Mädchen sollten als *»Gruppenaktiv«*, das *»über alle politischen, organisatorischen und kulturellen Arbeiten beraten und bestimmen«* sollte, in die Arbeit der FDJ-Gruppe einbezogen werden. Entsprechend der einige Wochen später vom FDJ-Parlament verabschiedeten Satzung war die Jugendorganisation *»gemäß dem demokratischen Mitbestimmungsrecht der Mitglieder von unten nach oben«*, mittels geheimer Wahlen aufzubauen. Die Wahlen konnten mit Zustimmung von zwei Dritteln der Wahlberechtigten auch offen erfolgen. Die einzelnen Wohn-, Schul- und Betriebsgruppen schlossen sich zu Ortsgruppen zusammen. Die nächsthöheren Verbandsebenen bildeten die Kreis-, die Bezirks- sowie die Landes- bzw. die Provinzialleitungen. Das *»in der Regel jährlich«* tagende *»Parlament«* des Einheitsjugendverbandes stellte *»das höchste Organ der Freien Deutschen Jugend«* dar. Es bestimmte den mindestens 60 Mitglieder umfassenden Zentralrat der FDJ, der in seinem Auftrag *»die Tätigkeit der FDJ zwischen den Parlamentstagungen«* zu leiten hatte. *»Zur Führung der laufenden Geschäfte«* wählte der Zentralrat ein fünfzehnköpfiges Sekretariat.[42]
Die von 1946 bis 1949 gültigen Statuten des Jugendverbandes charakterisierten die FDJ als *»eine auf demokratischer Grundlage gebildete Organisation«*, die auf jegliche Ausschließlichkeit, die einem *»Totalitätsanspruch«* gleichkommen würde, verzichtete. Der Verband stand allen Jugendlichen im Alter zwischen 14 und 25 Jahren offen, mit Ausnahme ehemals besoldeter HJ-Führer oder BDM-Führerinnen. In Abgrenzung zur NS-Jugendorganisation wurde das Postulat der Freiwilligkeit des Beitritts explizit in die Statuten aufgenommen, ebenso die Möglichkeit des Austritts aus der Jugendorganisation.
Die Statuten der FDJ entsprachen damit durchaus westlichen Demokratievorstellungen. Darin enthaltene Regelungen, die den Ausschluß aus der FDJ ermöglichten, *»wenn ein Mitglied gegen die Grundsätze und Ziele der FDJ wiederholt gröblich verstößt oder durch ehrloses Verhalten das Ansehen der FDJ in der Öffentlichkeit schädigt«*, oder die besagten, daß nur solche Personen in FDJ-Funktionen gewählt und entsandt werden dürfen, *»die auf dem Boden der Ziele der FDJ stehen und charakterlich dazu geeignet sind«*, finden sich in dieser oder anderer Form in jedem Vereinsstatut. Dies gilt auch für die Bestimmung, daß besoldete Kräfte einer Leitung immer nur mit Zustimmung der nächsthöheren FDJ-Leitung angestellt werden durften. Diese Regelungen sollten jedoch bald gegen politisch Andersdenkende im Verband instrumentalisiert werden. Letztlich entscheiden allein die gesellschaftlichen Rahmenbedingungen und das Demokratieverständnis der Funktionäre und Mitglieder einer Organisation über eine demokratische oder undemokratische Auslegung eines Statuts. Angesichts der die FDJ bereits zum Zeitpunkt ihrer Gründung belastenden Hypothek, daß sowohl ihre Klientel als auch ihre kommunistischen Förderer und Initiatoren Demokratie bis dahin weder erlebt hatten, geschweige denn sich ihren Prinzipien verpflichtet fühlten, war dem Mißbrauch dieser Regularien Tür und Tor geöffnet.

I. Parlament der FDJ in Brandenburg

Mit dem »Ersten Parlament der Freien Deutschen Jugend«, das vom 8. bis zum 10. Juni

Oberst Sergej Tulpanow, SMAD, auf dem I. Parlament

1946, an Pfingsten, in Brandenburg/Havel tagte, endete der Gründungsprozeß des Jugendverbandes.
Die 50 Kilometer vor den Toren Berlins gelegene Havelstadt empfing die 633 stimmberechtigten Delegierten des Parlaments – darunter auch einige aus den Westzonen – mit Fahnen, Transparenten und Plakaten festlich geschmückt. Die junge Organisation hatte keine Kosten und Mühen gescheut und für die Anreise der Berliner sowie der rund 170 sächsischen Delegierten je einen Dampfer gechartert. Zu Schiff, in Bussen und Sonderzügen erreichten die meisten Delegierten wie geplant am Freitag, den 7. Juni, den Parlamentsort.[43]
Am Morgen des 8. Juni um 9 Uhr eröffnete Hermann Axen das Parlament und hieß die Delegierten und Gäste namens des Organisationskomitees der Freien Deutschen Jugend herzlich willkommen.[44] Axen beschwor das Bild von den *»fortschrittlichsten Kräften der Generationen, die auf den Schlachtfeldern des Hitlerkrieges das Meiste geopfert haben«* und die nach *»zwölf Jahren blutiger Nacht der faschistischen Barbarei und eines mörderischen Krieges«* sich in Brandenburg versammelt hätten, *»um den Weg zum Frieden zurückzufinden«.*
Den Morgen des ersten Beratungstages bestimmten Begrüßungsansprachen der sowjetischen Besatzungsmacht, der Parteien und der Verwaltungsbehörden, die die von Axen proklamierte *»nationale Bedeutung des ersten Parlaments«* unterstrichen. Dreizehn Monate nach dem Ende des Zweiten Weltkrieges in Europa erklärte Oberst Tulpanow, die sowjetische Besatzungsmacht bringe der deutschen Jugend weitestgehendes Vertrauen entgegen. Er forderte die Jugendlichen auf, ihren Verband zu *»festigen und alle Versuche, die Spaltung in Eure Reihen zu tragen, Zwietracht und gegenseitiges Mißtrauen zu säen, zunichte«* zu machen. Die *»Schaffung einer einheitlichen Jugendorganisation«* bedeute jedoch *»keinesfalls, daß es in den verschiedenen Schichten der Jugend an unterschiedlichen Meinungen und Gesichtspunkten den mannigfachsten Fragen gegenüber mangele«.*
Für die SED begrüßte Otto Grotewohl, einer der beiden Parteivorsitzenden, das Parlament. Unter großem Beifall hielt er ein Plädoyer für die Einheit der Jugend. Für die CDU und die LDP sprachen weniger prominente Vertreter. Die Distanz der bürgerlichen Parteien zur FDJ war unübersehbar. Während der Liberaldemokrat in seinem Grußwort mit keinem Wort auf den Verband, sondern ganz allgemein auf die Bedeutung der Jugend beim Neuaufbau einging, rang sich der Christdemokrat zu einem mahnenden Bekenntnis zur Jugendorganisation durch: *»Freie Deutsche Jugend! Dieser Name sei Symbol und Begriff: Frei von jeder Form eines parteipolitischen Geistes oder eines seelischen Zwanges, frei von jedem irgendwie gearteten Druck, gleich von welcher Seite – und deutsch über die Zonengrenzen hinweg mit dem Ziel, auch ihrerseits für ein geeintes, glückliches, freies Deutschland zu arbeiten.«*
Nach einer zweistündigen Mittagspause versammelten sich die Delegierten erneut in der Stadthalle, um Erich Honeckers Grundsatzreferat zu hören. Voller Stolz berichtete der kommunistische Jugendfunktionär, daß die Freie Deutsche Jugend mittlerweile eine viertel Million Mitglieder in ihren Reihen zähle. Er verwies auf jene Jugendlichen, die in freiwilliger Mehrarbeit in »Jugendstoßbrigaden« auf dem Lande landwirtschaftliches Gerät wiederherstellten, Patenschaften für Dörfer übernahmen und in Tag- und Nachtarbeit Felder für die Frühjahrsbestellung pflügten, um die Ernährung der Be-

Tagungsstätte des I. FDJ-Parlaments 1946 in Brandenburg/Havel

völkerung sicherzustellen. Die Hälfte der im Rahmen der Schulreform neu ausgebildeten Lehrer Sachsens stammten aus *»Handwerkerkreisen und sonstigen Arbeiterschichten«*. Dies belege, daß *»für talentierte Kräfte«* aus allen *»Schichten unseres Volkes breiteste Entfaltungsmöglichkeiten geschaffen«* worden seien. *»Zum erstenmal in der Geschichte der deutschen Jugendbewegung«* besitze die Jugend *»Jugendheime und Erholungsheime, die sich nicht nur sehen lassen können, sondern die auch die Möglichkeit geben, eine gute Freizeitgestaltung und wirkliche Erholung zu gewährleisten«*. Vielfach seien ihnen *»Schlösser und Villen der Kriegsverbrecher zur Verfügung gestellt«* worden.

Noch weise die Arbeit der FDJ jedoch Mängel und Schwächen auf, herrsche *»noch hier und dort ein gewisser Befehlston«*, den die Jugendorganisation *»restlos überwinden«* müsse.

An die Adresse jener, die dem Einheitsjugendkonzept skeptisch gegenüberstanden, erklärte Honecker:

»Wir haben den Beweis erbracht, daß eine überparteiliche demokratische Organisation möglich ist, haben den Beweis erbracht, daß an einer solchen überparteilichen demokratischen Organisation alle positiven Kräfte mitarbeiten können. Ich glaube auch, daß unsere Organisation breit genug ist, um den einzelnen Interessen der Jugendlichen weitestgehend Spielraum lassen zu können. Daher haben wir im Interesse der weiteren Entwicklung auch die Verpflichtung, den überparteilichen Charakter unserer Organisation wie unseren eigenen Augapfel zu hüten.«[45]

Eine einheitliche Jugendorganisation sei angesichts der zeitgenössischen wie auch der zukünftigen Aufgaben dem *»System vieler, zersplitterter Jugendorganisationen«* überlegen. Er räumte ein, daß es unter den Älteren Fragen geben möge, die man nach einem *»parteipolitischen oder anderen Gesichtspunkt«* messen müsse. Dies gelte aber keineswegs für die Jugend, deren Probleme wie Berufsausbildung, Freizeit, Erholung, Bildung und Vorwärtskommen *»die gemeinsame Arbeit erst recht als Notwendigkeit zur Voraussetzung«* hätten.

Affront gegen die Kirchen

Doch am Nachmittag des zweiten Verhandlungstages kam es im Verlauf und im Anschluß an die von Robert Bialek geleitete Sitzung der Statutenkommission zu einer Zerreißprobe, die alle bis dahin aufgetretenen Spannungen geradezu banal erscheinen ließ.
Ein aus der Feder eines unbekannten christlichen Teilnehmers stammender Bericht über das Brandenburger Parlament schildert die Angelegenheit ausführlich.[46]
In der Statutenkommission *»wurde ein scharfer Angriff von den Delegierten der Provinz Sachsen gegen die Kirche unternommen: sie habe kein Recht auf eigene Verbindungsstellen. Nach 1½ stündiger Diskussion, in der der Vertreter der Kirchen, Herr Jugendpfarrer Hanisch, nochmals ganz klar das Recht und die Pflicht der Kirchen aussprach, kam man auf Annahme der Statuten nach einigen formalen Änderungen. Nachdem die Kommission beendet war, schloß sich eine erregte Diskussion zwischen den linksgerichteten Marxisten an.«*
Der Kirchenvertreter der FDJ-Landesleitung Thüringens, der zufällig Zeuge dieser Debatte war, berichtete wenig später einem kleinen Kreis kirchlicher Delegierter, die sich im Hotelzimmer Oswald Hanischs versammelt hatten, über den Inhalt dieser Auseinandersetzung:
»Als diese Statutenkommission [. . .] *ihre Arbeitssitzung beendet hatte und nur noch ein kleinerer Teil der Kommissionsmitglieder sich nach Weggang des kirchlichen Vertreters zusammenfand, wurden von dem Jugendleiter der Provinz Sachsen, Hans Gerats, noch einmal grundsätzliche Bedenken gegen die Entsendung kirchlicher Mitarbeiter in die Leitungen erhoben.*
Der Vorsitzende der Kommission, der Landesjugendleiter Robert Bialek, bemühte sich, die Bedenken des Herrn Gerats zu zerstreuen. Er führte dabei aus, daß doch Gerats sich nicht einbilden solle, daß seine Zustimmung bedeute, den kirchlichen Stellen damit politische Rechte einzuräumen.
›Wir werden‹, so sagte er, ›den Kirchen im Gegenteil täglich 10 Nackenschläge geben, bis sie am Boden liegen, und wenn wir sie wieder brauchen, streicheln wir sie ein wenig, bis die Wunden geheilt sind. Dann schicken sie wieder ein Rundschreiben aus, welches uns Mitglieder einbringt, und dann schlagen wir wieder ihnen in den Nacken, bis sie am Boden liegen. So machen wir es bei uns in Sachsen‹.«
Nach einer fünfstündigen Aussprache entschieden Lange, Hanisch, Jugendpfarrer Schröder, Manfred Klein, Waldemar Pilatzek aus Sachsen und der Vertreter des Hauses Altenberg in der Nähe von Köln, dem Zentrum des Bundes der Katholischen Jugend, *»daß es unmöglich sei, weiter mitzuarbeiten«*. Sie formulierten eine dementsprechende Erklärung, die am darauffolgenden Morgen verlesen werden sollte und mit der sie die Mitarbeit in der FDJ aufkündigen wollten.
Am Pfingstmontag hielt Domvikar Lange zunächst, wie im Programm vorgesehen, die Gedenkrede zu Ehren der 2000 in Brandenburg ermordeten KZ-Häftlinge. Bei einer weiteren Besprechung der kirchlichen Vertreter kamen diese überein, zuerst die russische Besatzungsbehörde von dem geplanten Schritt in Kenntnis zu setzen. Diese reagierte brüsk:
»Major Bejdin ließ keine Sekunde einen Zweifel offen, daß – falls wir diesen Schritt durchführen würden – der Kampf gegen die Kirche unausbleiblich sei. Er versprach, alle Schwierigkeiten an Ort und Stelle aus dem Weg zu räumen und die Schuldigen zur Rechenschaft zu ziehen, und wünschte und versprach erneut, der Kirche alle Freiheiten und Rechte der Jugendarbeit einzuräumen und alle Elemente, die diese Arbeit stören wollen, auszuscheiden.
Herr Jugendpfarrer Hanisch gab dann dem versammelten Parlament bekannt, was man vorgehabt hatte, daß man aber erneut bereit sei, mitzuarbeiten, nachdem man die Versicherung erhalten habe, daß gegen die Schuldigen vorgegangen würde. Seine Ausführungen riefen sehr große Verwunderung bei den Delegierten hervor, bei den Vertretern der christlichen Jugend aber helle Empörung, daß man sich habe erneut überreden lassen.«
Mit der tatkräftigen Unterstützung der sowjetischen Besatzungsmacht gelang es den SED-Jugendpolitikern, das Parlament zu einem erfolgreichen Abschluß zu bringen. Die Delegier-

ten verabschiedeten einmütig die Grundrechte der jungen Generation sowie die Grundsätze und Ziele des Jugendverbandes und wählten dann den Zentralrat. Nach kurzer Diskussion billigten die stimmberechtigten Teilnehmer bei zwei Stimmenthaltungen die zuvor von der Wahlkommission ausgearbeitete und vor dem Plenum verlesene Kandidatenliste. Anschließend wählten sie Erich Honecker unter *»stürmischem minutenlangen Beifall«* zum Vorsitzenden der Freien Deutschen Jugend.[47] Unter Hochrufen und Gesang konnte der erste Vorsitzende des Einheitsjugendverbandes um 13 Uhr das erste Parlament der Freien Deutschen Jugend für beendet erklären.

Das Führungskorps

Unmittelbar im Anschluß an das Parlament wählte der Zentralrat auf seiner halbstündigen konstituierenden Sitzung im Haus des Magistrats von Brandenburg sein Sekretariat. Auf den ersten Blick schien das Leitungsgremium die vom Jugendverband proklamierte Überparteilichkeit widerzuspiegeln. Neben neun SED-Mitgliedern gehörten immerhin zwei junge Christdemokraten, ein junger Liberaler sowie die beiden Kirchenvertreter dazu.
Doch das überparteiliche Bild wurde bereits bei der Geschäftsverteilung getrübt.[48]

Vorsitzender: Erich Honecker (KPD/SED)
Generalsekretärin: Edith Baumann (SAPD/SED), Jg. 1909, von Beruf Stenotypistin, hatte bis zu ihrem SPD-Ausschluß 1931 dem SAJ-Vorstand, dann dem Reichsvorstand der Sozialistischen Arbeiterpartei Deutschlands (SAPD), einer SPD-Abspaltung, angehört. Von 1933 bis 1936 inhaftiert. Nach einer internen Einschätzung der KPD vom Januar 1945 eine »leidenschaftliche Vertreterin der Einheitsfront«[49]. 1949 Heirat mit Erich Honekker.
Organisationsbüro: Hermann Axen (KPD/SED), Jg. 1916, Arbeiter, vor 1933 KPD. Nach 1945 zunächst Leiter des Landesjugendausschusses Sachsen.
Abteilung für Presse, Rundfunk, Film: Paul Verner (KPD/SED), Jg. 1911, von Beruf Dreher, vor 1933 Kommunistischer Jugendverband Deutschlands (KJVD), ab 1929 KPD. Teilnahme am Spanischen Bürgerkrieg. Januar 1946 Rückkehr aus dem schwedischen Exil nach Deutschland. Die Funktion Paul Verners, der gleichzeitig Leiter der Abteilung Jugend beim SED-Parteivorstand war, sollte bald *Horst Brasch (KPD/SED)* einnehmen, Jg. 1922, von Beruf Metallarbeiter. Er war über die katholische Jugendbewegung im britischen Exil zur KPD gekommen. Vorsitzender der FDJ in England.
Abteilung für Finanzen: Gerhard Rolack (KPD/SED), Jg. 1914, ungelernter Arbeiter. 1932 KJVD, Widerstand gegen den Nationalsozialismus. Rolack lief im Februar 1945 an der Ostfront zur Roten Armee über. Antifaschistische Propaganda im Kriegsgefangenenlager, im September aus der Gefangenschaft entlassen, arbeitete er im Zentralen Jugendausschuß mit. Rolack wurde bald darauf von *Anni Strauß (SED),* Jg. 1923, von Beruf Dentistin, abgelöst.
Abteilung für Schulung: Werner Ruprecht (KPD/SED), Jg. 1918, Widerstand gegen den Nationalsozialismus, Soldat an der Ostfront, Übertritt zur Roten Armee.
Abteilung für Arbeit und Sozialfürsorge: Ernst Müller (KPD/SED), Jg. 1915, von Beruf Schriftsetzer, KJVD, nach 1933 fünf Jahre Zuchthaus bzw. KZ. Nach seiner Gefangennahme schloß sich Müller der sowjetischen Armee an. Ab 1946 Leiter der »Hauptabteilung 10 – Jugend« beim Bundessekretariat des FDGB.
Abteilung für Studentenarbeit: Rudolf Böhm (KPD/SED), Jg. 1917, kam aus der katholisch-bündischen Jugendbewegung und studierte vor dem Zweiten Weltkrieg Kunstgeschichte, Philosophie und Geschichte. In Stalingrad geriet er in sowjetische Gefangenschaft und schloß sich dem Nationalkomitee Freies Deutschland (NKFD) an. Im August 1945 Rückkehr nach Deutschland, Beitritt zur KPD. Mitarbeiter der Zentralverwaltung für Volksbildung, verantwortlich für studentische Fragen.
Abteilung für Kinderarbeit: Fridl Lewin (SPD/SED), Jg. 1911, Buchbinderin. Vor 1933 SPD. Lewin hatte als »Halbjüdin« das »Dritte Reich« unter ständiger Angst vor Verhaftung durchlebt. Nach 1945 zunächst in der SPD, ab 1946 SED.
Abteilung für Kultur: Manfred Klein (CDU) [vgl. unten, S. 22 f.]
Abteilung für Mädelfragen: Rita Wrusch (CDU), Jg. 1923, von Beruf Schneiderin.
Abteilung für Sport, Jugendheime, Wandern: Herbert Geisler (LDP), Jg. 1921, hatte vor 1945 Philosophie studiert, als Redaktionsvolontär gearbeitet und als Angehöriger der Wehrmacht am Zweiten Weltkrieg teilgenommen.
Abteilung für Landjugend blieb zunächst unbesetzt.
Evangelische' Verbindungsstelle der kirchlichen Jugendarbeit: Oswald Hanisch, Jg. 1904, von Beruf ursprünglich Diplom-Ingenieur, war als Anhänger der Bekennenden Kirche während des Dritten Reichs mehrfach verhaftet worden.

Erstes Sekretariat des FDJ-Zentralrats 1946 (1. Reihe v. r.: Otto Wiesner, Erich Honecker, Edith Baumann, Gerhard Rolack, Hermann Axen)

Katholische Verbindungsstelle der kirchlichen Jugendarbeit: Robert Lange, Jg. 1908, Direktor des bischöflichen Jugendamtes.

Die wichtigsten Positionen waren mit bewährten Funktionären aus der Zeit des Zentralen Jugendausschusses besetzt. Acht der elf SED-Mitglieder kamen aus der KPD, von ihnen hatten fünf bereits vor 1933 der Partei bzw. dem KJVD angehört, zwei verfügten über Organisationserfahrung aus der SPD bzw. der SAPD von vor 1933. Für eindeutige Mehrheitsverhältnisse im Sinne der SED sorgte der damals noch einflußreiche Zentralrat. Hier standen acht CDU-, drei LDP-Mitglieder, zwei Kirchenvertreter sowie zwei Parteilose 47 SED-Mitgliedern gegenüber.[50]
Ähnlich sah es in den Landes- bzw. Provinzialleitungen aus.

Stürmisches Wachstum

Der rasante Mitgliederzuwachs, den die Freie Deutsche Jugend bis zum Jahresende 1946 verzeichnen konnte, schien den Verfechtern einer Einheitsjugend recht zu geben. So traten allein im Juli 50 000 Jungen und Mädchen dem neuen Jugendverband bei. Zum Jahreswechsel zählte die FDJ rund 400 000 Jugendliche in ihren Reihen.[51] Etwa die Hälfte der Mitglieder entfiel auf Sachsen und Sachsen-Anhalt. Der Rest verteilte sich weitgehend gleichmäßig auf Brandenburg, Thüringen und Mecklenburg. Gemessen am Anteil der jugendlichen Bevölkerung hatte sich der Jugendverband in allen Ländern und Provinzen ähnlich stark entwickelt. Die Vierzehn- bis Fünfzehnjährigen sowie die Sechzehn- bis Siebzehnjährigen stellten je ein Drittel der Mitglieder. Am schwächsten waren die über Einundzwanzigjährigen vertreten.[52]
Mit 34 und 20 Prozent stellten junge Industrie- sowie Landarbeiter über die Hälfte der FDJ-Anhängerschaft. 18 Prozent aller FDJler standen in einem Angestelltenverhältnis, fünf Prozent waren Jungbauern, vier Prozent übten freie Berufe aus. Der Anteil der Erwerbslosen lag am Jahresende bei rund fünf Prozent. Schüler waren mit 12, Studenten lediglich mit einem Prozent vertreten. Mit 53 Prozent waren männliche Jugendliche in Relation zu ihrem Bevölkerungsanteil deutlich überrepräsentiert.

Du hast ja ein Ziel vor den Augen

2. Und hast du dich einmal entschlossen,
dann darfst du nicht mehr rückwärts gehn,
dann müssen wir alle für Frieden
und in Freundschaft zusammenstehn.
Denn wir brauchen dich, genau wie du uns,
du bist Quelle, und wir schöpfen aus dir Kraft.
Drum geh' voran und erfrische uns,
Kamerad, dann wird's geschafft.
Allen die Welt...

Text: Louis Fürnberg – Musik: Gerhard Hadda
Satz: Eberhard Schmidt

(Quelle: Leben – Singen – Kämpfen. Liederbuch der FDJ, Berlin 1952)

Die Arbeit in den Wohngruppen

Dem Jugendlichen konnte die FDJ damals gemeinhin in dreierlei Gestalt begegnen: in der Regel als Organisator von Freizeitangeboten in den Stadt-, Wohngebiets- bzw. Dorfgruppen, seltener in Form einer Schulgruppe, in der Berufswelt als Betriebsgruppe. Die Einschränkung »konnte« soll daran erinnern, daß die FDJ in den vierziger Jahren noch weit davon entfernt war, flächendeckend in der SBZ präsent zu sein.

Die Organisationsstatistiken der FDJ zeigen, daß der Schwerpunkt der FDJ-Arbeit 1946/47 eindeutig im Bereich der Wohngruppen lag. Rund drei Viertel der Ende 1946 rund 11 500 FDJ-Gruppen in der SBZ entfielen auf diese Kategorie.[53] Davon waren zwischen 75 und 80 Prozent Dorfgruppen. Dies macht deutlich, daß die FDJ in ländlichen Regionen auf größere Resonanz stieß als in der Stadt.

Die kleineren Städte und ländlichen Regionen boten den Jugendlichen nur wenig Freizeitmöglichkeiten. Abgesehen von Kneipen gab es im besten Fall ein Kino. Beider Besuch kostete Geld, worüber die wenigsten Jugendlichen in ausreichendem Maße verfügten. Hier lag die Attraktivität der FDJ. Im Idealfall hatte der lokale sowjetische Militärkommandant oder die Kommunalverwaltung dem Verband ein Gebäude zur Verfügung gestellt, das von den Jugendlichen in Eigenarbeit zu einem Jugendheim ausgebaut wurde. Hier waren die Jugendlichen unter sich, konnten den beengten, vielfach mit Flüchtlingen überbelegten Wohnungen und dem unmittelbaren Einfluß der Erwachsenen entfliehen.

Im wesentlichen hing das Erscheinungsbild einer FDJ-Gruppe vom Engagement ihrer Mitglieder und deren Leitung ab. Neben dem verbandsinternen Prozedere, wie Mitgliederversammlungen mit Wahlen, Aussprachen etc., stand die Freizeitgestaltung im Zentrum der Aktivitäten. Ein wichtiges Element bildete dabei der sogenannte Heimabend. Für dessen Gestaltung gab der Zentralrat im Verlag Neues Leben eine Reihe von Heimabendheften heraus. Ein solcher Heimabend widmete sich zumeist einem bestimmten Thema. Sollte der Abend das Leben und Werk eines Schriftstellers[54] dokumentieren, so mochte auf die Rezitation eines seiner Gedichte ein kurzes szenisches Spiel, diesem ein gemeinsames zeitgenössisches Lied und dem wiederum eine Lesung folgen. Kennzeichnend für die Auswahl der Themen in den Jahren 1946/47 war ihr aufklärerischer Charakter, ohne dezidiert sozialistische Propaganda zu betreiben. Derartige Veranstaltungen, die die aktive Einbeziehung einer Vielzahl von Gruppenmitgliedern ermöglichten, erwiesen sich zugleich als ein wichtiges Werbemittel für abseits stehende Jugendliche. Neben den Heimabenden erfreuten sich offenbar auch Laienspiele bei den Jugendlichen großer Beliebtheit.

Sport, Wandern

Bei vielen Jugendlichen gab der Sport den Ausschlag für den Beitritt zum Jugendverband. Allerdings war dieser noch von zahlreichen Unzulänglichkeiten geprägt. Bis zum Sommer 1947 hielt die SMAD ihr Verbot jeglichen Sports über den Kreismaßstab hinaus aufrecht. Deshalb hatte sich der Sport in den einzelnen Ländern und Provinzen unterschiedlich entwickelt. Vielfach kam es zu einem Nebeneinander von kommunalen und FDJ-Sportgruppen. Wo die FDJ im Rahmen ihrer Sportgemeinschaften Sportmaterial, -plätze und -bekleidung zur Verfügung stellen konnte, stieg ihre Anziehungskraft auf die örtliche Jugend.

Edith Baumann benannte in ihrem Rechenschaftsbericht vor dem II. Parlament der FDJ im Frühsommer 1947 einen weiteren Anreiz für die Teilnahme am FDJ-Leben: *»Wir vergaßen* [. . .] *auch nicht die Jugendherbergen und die Entwicklung des Jugendwanderns. Gerade die Statistik zeigt, daß die Mitgliederzahl in den Sommermonaten am stärksten steigt, unsere Werbekraft am stärksten ist, und wir bereiteten Schritte vor, daß die Jugendherbergen in wachsendem Maße für die Jugendarbeit zur Verfügung gestellt werden.«*[55] Allerdings stieß die FDJ auch dabei auf Vorbehalte seitens der SMAD. Die Besatzungsmacht befürchtete, werwolfähnliche Gruppen könnten sich unter dem Deckmantel von Wanderungen überregional vernetzen und die Jugendherbergen für ihre konspirativen Treffen nutzen. Aus diesen Erwägungen unterstellte die SMAD die bestehenden Herbergen den Volksbildungsämtern, die diese häufig zweckentfremdeten. Dadurch kamen die Bemühungen der FDJ, in der SBZ ein Jugendherbergswesen unter eigener Regie aufzubauen, abrupt zu einem Ende.[56]

Kindergruppen

Weitgehend als Initiative von unten hatte sich seit 1945 auf lokaler Ebene die Arbeit mit Kindern entwickelt. Zu den Initiatoren zählten Veteraninnen der sozialistischen Kinderlandbewegung von vor 1933. Die FDJ vereinnahmte deren Arbeit bereitwillig als »Kinderbewegung der FDJ«. Nach dem I. Parlament bemühte sich der Zentralrat, die Kindergruppen organisatorisch dem eigenen Einfluß zu unterstellen. Deren Arbeit konzentrierte sich damals auf die »Kinderlandarbeit« während der Ferienmonate, die von der Volkssolidarität und den Frauenausschüssen getragen wurde. Darunter fiel sowohl die Verschickung erholungsbedürftiger Kinder in Erholungsheime als auch die Ausarbeitung von örtlichen Ferienprogrammen. Daneben wurden die Kinder auch zur freiwilligen Mitarbeit etwa bei der Ernte angehalten. Nach vorsichtigen Schätzungen arbeiteten Ende 1946 in der gesamten sowjetischen Zone 79 000 Kinder in entsprechenden Gruppen mit, eine Zahl, mit der die kommunistischen Jugendpolitiker nicht zufrieden sein konnten.
Im Dezember 1946 stellte der FDJ-Zentralrat einen Antrag auf Genehmigung einer selbständigen Kinderbewegung der FDJ.[57] Man wollte sich der Sache selbst annehmen. Doch es sollte bis zum Jahreswechsel 1948/49 dauern, bis der Durchbruch hin zu einer bald totalen organisatorischen Erfassung der Kinder in der SBZ/DDR gelang.

Erich Honecker, Vorsitzender der FDJ bzw. 1. Sekretär des Zentralrats 1946–1955

Jugend und Freizeit

Letztlich waren es wohl vor allem die Tanzveranstaltungen, in den siebziger und achtziger Jahren sollten sie »Diskos« heißen, zu denen – unter FDJ-Regie – in das Jugendheim oder in den Festsaal des Dorfes eingeladen wurde, denen das größte Interesse der Heranwachsenden galt. Sie bildeten den Kern des damals viel beschworenen »frohen Jugendlebens«. Doch Freizeit um der Freizeit willen, ohne pädagogisch-belehrenden Charakter, hatte im Weltbild vieler Jugendfunktionäre in den Leitungsgremien der FDJ keinen Platz. So mag es nicht verwundern, daß derartige Anlässe, bei denen Musik, Tanz und das andere Geschlecht im Vordergrund standen, in den zahlreichen Tätigkeitsberichten der FDJ höchstens als kaum zu vermeidendes Übel Erwähnung fanden. Unter Tanz verstanden viele SED-Genossen allenfalls den organisierten Volkstanz, also die Pflege eines Brauchtums, möglichst mit einem vermeintlich »fortschrittlichen« Hintergrund. Die Basis begegnete der Angelegenheit wenig dogmatisch. Hier hatte man schnell erkannt, daß mit Bildungsabenden allein nur wenige Jugendliche den Weg zur FDJ fanden. Lud die FDJ zu einem Vortrag, hieß es in der Ankündigung in der Regel, daß im Anschluß die Möglichkeit zum Tanz bestehe. Auf diese Weise konnten auch politisch desinteressierte Altersgenossen mit dem politischen Gedankengut des Jugendverbandes in Berührung gebracht werden. Es wäre jedoch verfehlt, darin lediglich einen taktischen Schachzug zu sehen. Auch für jenen kleineren Teil der politisch bewußten FDJler an der Basis war das »frohe Jugendleben« mindestens ein ebenso wichtiges Motiv für ihr Engagement im Jugendverband wie der Wunsch, am politischen Neuanfang teilzuhaben.

Heinrich Külckens, dessen Vater im Februar 1946 zu den Unterzeichnern des FDJ-Gründungsdokuments zählte, hatte den Anfang der Jugendorganisation im sächsischen Zschopau erlebt:

»Als wir dort begannen, eine einheitliche Jugendorganisation aufzubauen, spielten ideologische Fragen kaum eine Rolle. Bis auf die eine, ob nämlich jemand bereit war, mit der braunen Vergangenheit zu brechen und mitzuhelfen, aus diesem kaputten und schuldigen Deutschland etwas anderes, besseres zu machen. Wir bekamen eine leerstehende Villa als Klubhaus zugewiesen, und dort hatten alle Zutritt, die es interessierte. Geboten wurden zur gefälligen Verwendung Boxhandschuhe, eine Tischtennisplatte, ein Radio, mit dem wir montags die anglo-amerikanische Tanzmusik empfingen, welche regelmäßig vom Berliner Rundfunk ausgestrahlt wurde, und einiges mehr. Anwesend waren u. a. die Töchter des Zahnarztes, der Leiter der neugegründeten Tanzkapelle – heute würden wir uns als seine Fans bezeichnen – bis hin zu den Mitgliedern unserer Clique aus Kriegszeiten, sofern sie einigermaßen heil zurückgekommen waren. Und wir gehörten nicht zu den bislang Privilegierten. Wir hüpften in einer sogenannten Volkstanzgruppe entsetzliche Schmarren, entdeckten tiefgründig das andere Geschlecht, gingen 3mal in der Woche tanzen, aber auch mitten im Winter per Ski über die Dörfer, um dort für die [. . .] FDJ zu werben. Mit Erfolg übrigens. [. . .] Die Atmosphäre war locker, es gab das, was heutzutage ›Basisdemokratie‹ genannt wird, Parteizugehörigkeit spielte höchstens eine Rolle, wenn irgendetwas im Rathaus organisiert werden sollte, was für uns von Nutzen war. Wobei der jeweilige Mandatsträger zweckgebunden angesprochen wurde.«

Zitiert nach: Ulrich Mählert: Die Freie Deutsche Jugend, 1945–1949, Paderborn u. a. 1995, S. 196.

»Das neue Leben muß anders werden . . .«

Für die Mehrzahl der in der FDJ organisierten Jugendlichen mag das Motiv der »Nützlichkeit«[58] für den Beitritt ausschlaggebend gewesen sein. Diese Feststellung darf jedoch nicht den Blick auf jene verstellen, die ihre Mitarbeit in der FDJ als bewußtes politisches Handeln verstanden. Mit ihrem zweifellos ehrlich gemeinten Engagement bildeten sie das Rückgrat des Verbandes.

Zu ihnen zählten Jugendliche aus antifaschistisch gesinnten Familien, die von ihren Eltern vor 1945 bei aller Vorsicht in kritischer Distanz zum Nationalsozialismus erzogen worden waren und die von diesen nunmehr zur Mitarbeit in der FDJ angehalten wurden. Das Bedürfnis, einen persönlichen Beitrag zum Wiederaufbau Deutschlands zu leisten, sei es aus Scham ob der Verbrechen der vergangenen Diktatur oder der eigenen Verstrickung in das System als Soldat, Flakhelfer oder HJ-Führer, mochte für manch anderen maßgeblich gewesen sein. Während viele Jugendliche aus dem Gefühl des Betrogenseins den Rückzug ins Private antraten, entdeckten einzelne im zukunftsbejahenden Optimismus der FDJ für sich einen neuen Lebenssinn. Die SED, die sich aufgrund des hohen Blutzolls, den Sozialdemokraten und Kommunisten im Widerstand gegen den Nationalsozialismus hatten bezahlen müssen, nicht nur in ihrem eigenen Selbstverständnis moralisch auf der Seite der Sieger des Zweiten Weltkrieges sah, suggerierte den Jugendlichen bewußt die Möglichkeit, durch einen Beitritt zur FDJ nachträglich in dieses Lager überzuwechseln.

Irene Böhme: Jugendbande oder der mißbrauchte Idealismus. Teil II:

»Erwachsene haben abgewirtschaftet. Die Väter sind tot, sind kriegsgefangen oder schweigen sich

2. Seht, wie die Einheit der Millionen
des Lebens Dunkel auf immer bannt.
Wenn wir uns alle die Hände geben,
kommt neues Leben auch in unser Land!
Komm mit, Kamerad...

(Quelle: Leben – Singen – Kämpfen. Liederbuch der FDJ, Berlin 1952)

zu Hause aus. Die Mütter hamstern Kartoffeln und Kohlen, warnen ihre Kinder vor der Politik. Die einen behaupten, den Namen Adolf Hitler noch nie gehört zu haben, die anderen wußten nichts vom nahegelegenen Konzentrationslager. Keiner weiß etwas von Euthanasie in der Landes-Heil- und Pflegeanstalt, obwohl der Leichengeruch fast täglich zum Himmel stank. Nur Kinder sahen die Männer im gestreiften ›Schlafanzug‹, die von Hunden über das Kopfsteinpflaster getrieben wurden. Nur Kinder vergessen das Klappern und Schurren der Holzpantinen nicht, flüstern im Halbdunkel von ihren Ängsten. Flakhelfer, Pflichtjahrmädchen, Fähnleinführer und kinderlandverschickte Jungmädel sahen, was ihre Eltern nicht gesehen haben wollen. Sie schämen sich, weil jene scheinbar unbeeindruckt zur Tagesordnung übergehen. Andererseits begreifen sie nicht, warum ihre Aufmärsche mit Trommeln und Fanfaren, ihre Heimabende und Geländespiele verwerflich und falsch gewesen sein sollen. Eine verstörte Generation.

Die Freie Deutsche Jugend wird sie aus ihren Gewissensqualen erlösen, sie weiß auf alles eine Antwort. Schuld am Unglück ist der Faschismus, das höchste Stadium des Kapitalismus. Die Welt zerfällt nicht mehr in Rassen, sondern in Klassen. Die Mehrheit ist arm dran, man braucht sich nur umzusehen. Reich sind der Fleischermeister, der Schnapsfabrikant, der Bauer und alle jene, die etwas über den Krieg gerettet haben. Freiwillig geben die nichts her. Also muß Klassenkampf sein. Der Lebensmittelhändler wird für drei Tage in seinem Schaufenster ausgestellt. An den Stuhl gefesselt sitzt er da, um ihn herum die gehorteten Waren, vor seiner Brust das Schild: ›Ich bin ein Schieber, Saboteur und Volksfeind‹. Die Passanten amüsieren sich. Die jungen Leute sind stolz auf ihren Klassenkampftag, die Stadt hat ihren Pranger wieder. Der Kaufmann verschwindet wegen Sabotage im Lager.

Nach derlei Scharmützeln zieht die ›junge Garde des Proletariats‹ landesweit in Feldzüge gegen Pfaffen, Fabrikanten, Handwerker und ›Kulaken‹. Kanalisiert sind somit jugendlicher Tatendrang, Widerspruchsgeist und Abenteuerlust. Abgeschafft werden bürgerliche Umgangsformen, religiöse Bindungen, Familienverpflichtungen. Das Immunsystem der jungen Leute, in zwölf braunen Jahren geschwächt, widersteht den neuerlichen Verführungen nicht. ›Auf, auf zum Kampf, zum Kampf, zum Kampf sind wir geboren . . .‹«

Aus: Kursbuch, Februar 1993, Heft 111, S. 15.

Die aktive Mitarbeit in der FDJ eröffnete vielen den Zugang zu völlig neuen Erfahrungen und Entwicklungschancen. Auf allen Ebenen herrschte Funktionärsmangel. Der Wahl zum FDJ-Gruppenleiter konnte rasch ein Kreis- oder gar Landesdelegiertenmandat nachfolgen. Man organisierte die Freizeitaktivitäten der eigenen Gruppe, hatte eigenverantwortlich mit der örtlichen Verwaltung, den Parteien oder der sowjetischen Militärverwaltung zu verhandeln, wurde z. T. für mehrere Wochen und Monate auf Verbandsschulen entsandt. Dort referierten hohe Funktionäre – anfangs – aller Parteien über ihr Programm. In der SED vereinte Sozialdemokraten und Kommunisten erklärten die Wurzeln des Faschismus, berichteten vom Kampf der Arbeiterklasse um soziale Gerechtigkeit. Die Dynamik und Überzeugungskraft der sozialistischen Idee ließ vielen den Beitritt zur SED bald folgerichtig erscheinen. Schließlich schien sich Deutschland auf dem besonderen Weg zum Sozialismus zu befinden. Sprach dafür nicht der Umstand, daß sich im Februar 1947 bereits jeder fünfte Arbeiter, jeder vierte Angestellte, überhaupt jeder fünfte männliche Einwohner über 14 Jahre der SED angeschlossen hatte[59], daß selbst die CDU vom christlichen Sozialismus sprach und daß jene, die dem Sozialismus kritisch gegenüberstanden, allzuoft den Eindruck der Besitzstandswahrung erweckten? Gleichzeitig bot das Engagement in der Jugendorganisation ungeahnte Berufschancen. Die Entnazifizierung und der Aufbau von Verwaltung, Planwirtschaft, der Polizei etc. erforderten eine Vielzahl von neuen Kräften, die die SED mehr und mehr aus der FDJ rekrutierte.

Wo es der FDJ zunächst gelang, das sogenannte »rege Jugendleben« zu entfalten, verband sie in ihrer Symbolik und in ihrem Verbandsleben 1946/47 vielerorts durchaus die von Edith Baumann beschworene *»politische Aufgeschlossenheit und jugendliche Kampfbereitschaft, die sich von den Burschenschaften bis zum kommunistischen Jugendverband erhalten hat, mit dem naturverbundenen Leben der Wandervogelgruppen und der christlichen Toleranz der konfessionellen Verbände (Quickborn) zu einer einheitlichen, freien, die gesamtdeutsche Jugend umfassenden Jugendorganisation«.*[60]

An der Verbandsbasis spiegelte sich die Heterogenität nicht nur der politischen Kultur als solcher, sondern auch die der SED wider. Auch dort konkurrierten anfangs kommunistisches und sozialdemokratisches Gedankengut miteinander. Entsprechend den örtlichen Traditionen und dem sozialen und politischen Umfeld dominierten in einzelnen Gruppen der FDJ das Erbe der sozialistischen bzw. der kommunistischen Arbeiterjugendbewegung, aber auch des Wandervogels und der bündischen Jugend.

Überparteilich und doch kommunistisch geführt

Bis Sommer 1947 entsprach die Jugendpolitik der SED ihrem in allen politischen Bereichen zu verzeichnenden – vergeblichen – Bemühen, den eigenen Herrschaftsanspruch in der SBZ mit primär politischen Mitteln im Wettbewerb konkurrierender Weltanschauungen durchzusetzen. Dabei konnte die Einheitspartei mit den Resultaten ihrer Jugendpolitik auf den ersten Blick durchaus zufrieden sein. Nahezu eine halbe Million Jugendliche trat in diesem Zeitraum der FDJ bei. SED-Mitglieder dominierten von den Kreisleitungen aufwärts ihren Funktionärskörper. Die weitreichenden und in der unmittelbaren Nachkriegszeit kaum realisierbaren politischen und sozialen Forderungen des Verbandes waren mit dem jugendpolitischen Programm der KPD/SED abgestimmt. So versuchten Einheitspartei und Einheitsjugend nicht ohne Erfolg, sich als Interessenvertreter der Jugend zu profilieren. Die Identität der jugendpolitischen Forderungen von FDJ und SED ermöglichte es der einheitssozialistischen Mehrheit in der FDJ-Führung, mit den politischen Kampagnen des Jugendverbandes die Einheitspartei zu unterstützen, ohne die eigene programmatische Grundlage zu verlassen bzw. explizit für die SED Stellung zu nehmen.

Auf der 1. Konferenz der SED-Jugendfunktionäre in Kühlungsborn vom 30. 7.–1. 8. 1946, im Vorfeld der Kommunal-, Kreis- und Landtagswahlen in der SBZ, ließ Paul Verner, Jugendsekretär beim SED-Parteivorstand, an den von der SED der FDJ zugedachten Aufgaben keine Zweifel:

»Die Frage, wer die Politik der FDJ bestimmt, die Überparteilichkeit der FDJ, darf kein Diskussionsproblem mehr sein. Sie ist niedergelegt in den Grundsätzen der FDJ, in den Statuten dieser Organisation. Diese Überparteilichkeit der FDJ ist von uns aus betrachtet kein Manöver und keine Taktik, sondern es ist unser ernsthafter Wille, daß die FDJ als einheitliche Jugendorganisation überparteilich sein soll, wenn wir die verschiedenen Schichten gewinnen wollen. Wir sollen sehr genau die FDJ dahingehend überprüfen, ob diese Überparteilichkeit immer gewahrt wird. Man wird mir nun, wenn ich das Nächste sage, vorwerfen, ich beginge einen Widerspruch, indem ich sage, daß die Politik der FDJ im wesentlichen mit von uns bestimmt wird. Es ist die allgemeine Politik der SED, die auch für die FDJ maßgeblich ist, und keine andere Politik. D. h. die allgemeinen Grundsätze, die allgemeinen Forderungen, die die SED hat, aufgestellt zu gewissen Zeitabschnitten für gewisse Kampagnen usw., gelten im Prinzip für die FDJ. Wer aber glaubt, diese Forderungen schematisch übertragen zu können, hat geirrt. Darin besteht eigentlich

die größere Verantwortung unserer Genossen, die in der FDJ arbeiten, daß sie die Parteipolitik nicht nur auf die Jugend übertragen müssen, sondern insofern umzuformen haben, daß sie für die Jugendorganisation der FDJ tragbar ist und den überparteilichen Charakter dieser Organisation nicht gefährdet. Wir sind – um ein konkretes Beispiel zu nehmen – alle daran interessiert, daß die SED in dieser Wahl siegt, und wir können, wie ganz richtig in den Richtlinien der FDJ gesagt wird, für keine der drei antifaschistischen Parteien besondere Propaganda machen. Wir sind also vor die große Aufgabe gestellt, uns den Kopf darüber zu zerbrechen, wie wir, ohne die Überparteilichkeit der Organisation zu gefährden, die Methoden finden, damit die SED trotzdem als Sieger aus diesen Wahlen hervorgeht und wie wir als FDJ sie am stärksten unterstützen. Dieses Problem wird Erich Honecker morgen lösen. (Heiterkeit und Zurufe.) Man könnte eine ganze Reihe solcher Beispiele anführen. Aber klar ist: unsere Genossen Funktionäre in der FDJ müssen sich dort als Funktionäre der Partei fühlen. Sie sind letztlich der Partei verantwortlich. [. . .]
Natürlich soll die FDJ – ich möchte es etwas zugespitzt sagen – eine Schule des Sozialismus sein. [. . .] Es bedeutet nicht, daß unsere Genossen im wesentlichen sozialistische Themen stellen, sondern es ist die Frage, daß ja der Sozialismus sozusagen nicht von heute auf morgen geschaffen wird, sondern daß er, wie die Partei sagt, über die Schaffung der parlamentarischen, demokratischen Republik geht. Deshalb erziehen wir die Jugendlichen in der FDJ zu einer solchen kämpferischen Demokratie, und dann ist diese Arbeit gleichzeitig eine sozialistische Arbeit, gleichzeitig damit aber auch eine Schule des Sozialismus.«

Quelle: Stenographisches Protokoll der 1. Konferenz der Jugendsekretäre der Sozialistischen Einheitspartei Deutschlands vom 30. Juli bis 1. August 1946 in Kühlungsborn, SAPMO-BArch, DY 30/ IV 2/16/197.

So rief die FDJ etwa bei den Kommunal- und Landtagswahlen 1946 dazu auf, die Kandidaten zu unterstützen, »die die Grundrechte der jungen Generation befürworten«. Mit dieser Strategie überschritt die FDJ bis 1947 nie jene Schmerzgrenze, die den bürgerlichen Parteien und den Kirchen einen Anlaß geboten hätte, ihre Mitarbeit in der Jugendorganisation einzustellen. Diese standen der FDJ nach wie vor ablehnend gegenüber. Allerdings hatte der Jugendverband im Kalkül der meisten nichtkommunistischen politischen Akteure offenbar nur einen geringen Stellenwert.
Selbst innerhalb der SED stieß die FDJ trotz gegenteiliger öffentlicher Bekundungen nach wie vor auf Kritik.

Auszug aus dem Protokoll einer Besprechung der Landes- und Provinzialjugendleiter der FDJ, die alle der SED angehörten, am 22. Oktober 1946 in Berlin:

»Ernst Horn, FDJ-Vorsitzender in Thüringen: [. . .] Man betrachtet die FDJ als überflüssige Organisation, weil man eine eigene sozialistische Jugendbewegung haben will. Das kommt gerade stark bei den Genossen zum Ausdruck, die von der ehemaligen SPD mit zu unserer Partei gekommen sind. Das ist eine große Gefahr, der man ernst begegnen muß. [. . .] Die Vertreter der katholischen Kirche lehnen den Totalitätsanspruch der FDJ ab. Ich habe diese Äußerung widerlegt mit unseren Satzungen. Sie lehnen eine Zusammenarbeit mit der FDJ ab, weil sie für eine eigene katholische Jugendorganistion kämpfen. Unter einer Dachorganisation würden sie mit uns zusammenarbeiten.
Otto Wiesner, Landesvorsitzender der FDJ in Brandenburg: [. . .] Wir konnten feststellen, daß es doch schon eine CDU-Jugend gibt. Bei einer Versammlung in Potsdam waren von ca. 350 anwesenden Jugendlichen die Hälfte von der CDU. [. . .] In Bernau hat diese Partei [i. e. LDP] von uns verlangt, daß wir die Leitungen paritätisch besetzen sollen und dann werden sie uns 300 Mitglieder zuführen. Wir haben ihnen zur Antwort gegeben, daß sie erst mal Mitglieder der LDP zur FDJ schikken sollen, die aktiv mitarbeiten, dann haben diese Jugendlichen auch die Möglichkeiten gewählt zu werden. [. . .] Die Partei [SED] schwankt, die FDJ als Organisation anzuerkennen oder sie abzulehnen, weil sie eine eigene sozialistische Jugendbewegung haben will.
Robert Menzel, FDJ-Landesvorsitzender aus Sachsen-Anhalt: [. . .] [Die] LDP führt den aktivsten Kampf. Sie muß Anweisung haben, führende Funktionen innerhalb der FDJ an sich zu bringen. In Köthen hat man versucht, den Kreisleiter der FDJ zu überfahren und legte schon einen Plan vor, wie man die Kreisleitung besetzt haben wollte. Wenn wir nicht aufpassen, wird uns diese Partei nicht nur einholen sondern sogar überholen. Sie schicken uns nicht die schlechtesten Mitglieder ihrer Partei in die FDJ.
Waldemar Borde, FDJ-Landesvorsitzender in Mecklenburg-Vorpommern: Ich bin der Meinung, daß wir eine Jungsozialistische Bewegung schaffen müßten, in der die gesamten jungen Parteimitglieder erfaßt werden. Ich bin auf diesen Gedanken gekommen durch die Tatsache, daß z. B. in Rostock von 800 jungen Parteimitgliedern von 16 bis 25 Jahren, nicht ganz 80 davon in der FDJ organisiert sind. Es ist einfach nicht möglich, die übrigen zu bewegen, in unserer Organisation mit-

zuarbeiten oder in die Versammlungen zu gehen. Die Partei ist nicht in der Lage, jene Jugendlichen, die die Auseinandersetzungen einer ganzen Generation in sich tragen, anzusprechen.
Wir müssen Formen und Mittel finden, um diese noch brachliegenden jungen Kräfte zu revolutionieren. Die neu zu schaffende Organisation kann vielleicht den Namen ›SED-Jungsozialistengruppe‹ bekommen. Einen anderen Weg gibt es meiner Ansicht nicht. Wir bekommen diese Jugendlichen nicht für die FDJ und die Partei hat sie nur nominell.«

Quelle: SAPMO-BArch, DY 24/ A 3.822.

Zwei Tage später beschwor Erich Honecker den SED-Parteivorstand:

»Wenn wir die Entwicklung auf Schaffung eines sozialistischen Jugendverbandes treiben ließen, würden viele Jugendliche in der FDJ sagen: Da seht ihr den Betrug; man ändert nur den Namen! und wir würden viele Jugendliche verlieren. Dann würde sich ein großer Teil der Jugend in den gegnerischen Verbänden sammeln [. . .] Wir dürfen deshalb solchen Tendenzen in der Partei nicht nachgeben.«

Quelle: Protokoll der 6. Tagung des SED-Parteivorstandes vom 24.–25. Oktober 1946, SAPMO-BArch, DY 30/ IV 2/1/10.

Nichtsdestotrotz standen der SED von Beginn an die wichtigsten Mechanismen zur Anleitung der FDJ zur Verfügung, die über Jahrzehnte Bestand haben sollten. Die *»Herrschaft durch Kader«* erfolgte über die *»Genossen Funktionäre in der FDJ«*, die sich als *»Funktionäre der Partei«* zu betrachten hatten, wie Paul Verner im Sommer 1946 intern unmißverständlich klarstellte.[61] Die horizontale Anleitung gewährleistete eine auf allen Ebenen vollzogene personelle Verflechtung von FDJ und SED. Der »Demokratische Zentralismus«, der die unbedingte Unterordnung unter die Beschlüsse der übergeordneten Verbandsebenen verlangte, sorgte für die vertikale Durchsetzung der in Berlin formulierten Zielvorgaben. *»Daß für uns als Kommunisten das Prinzip des ›Demokratischen Zentralismus‹ auch in der neuen Jugendorganisation Geltung hat, halten wir für selbstverständlich, und daß wir die Pflicht haben, dieses Prinzip innerhalb der Jugendorganisation ohne viel vom ›Demokratischen Zentralismus‹ zu reden, zur allgemeinen Grundlage der Organisation zu machen, ist selbstverständlich«*, hieß es bereits im Frühjahr 1946 in einem Schreiben der KPD-Bezirksleitung Sachsen.[62]
Hinzu kamen die dauerhafte finanzielle Abhängigkeit des Jugendverbandes von der SED und – in den ersten Nachkriegsjahren – die sowjetische Besatzungsmacht als letzte Instanz in allen kontroversen Fragen.

Gegenströmung

Zwei Jahre nach Kriegsende zeichnete sich in der SBZ innenpolitisch ein Patt ab. Einerseits war es der SED mit Hilfe der SMAD gelungen, im Osten Deutschlands eine tiefgreifende Umstrukturierung der Gesellschaftsordnung einzuleiten und ihre Hegemonie im politischen System auszubauen. Andererseits waren die bürgerlichen Parteien gestärkt aus den Landtagswahlen im Herbst 1946 hervorgegangen. Nachdem die Kommunisten bei den Wahlen in den Westzonen eine herbe Niederlage einstecken mußten, schienen die politischen Entscheidungen in der SBZ mehr denn je unter dem Vorbehalt einer gesamtdeutschen Regelung zu stehen. Diese Situation spiegelte sich im Bereich der Jugendpolitik der SBZ wider. Dort gelang es der SED mit der FDJ nur formal, ihr Einheitsjugendkonzept zu verwirklichen.
Für viele Jugendliche aus der bürgerlichen Mittelschicht bot die in den Mittel- und Großstädten vor allem im Arbeitermilieu verankerte FDJ keine politische und organisatorische Heimat. So entstand nicht nur unter dem Dach der bürgerlichen Parteien sowie der Kirchen eine rege, von der SMAD zunächst geduldete Jugendarbeit. Selbst die in ihrer politischen Ausrichtung mit der SED weitgehend konform gehenden gesellschaftlichen Organisationen wie die Gewerkschaften, der Kulturbund oder die Vereinigung der gegenseitigen Bauernhilfe gründeten eigene Jugendgruppen. Mittlerweile hatte sich in den drei Westzonen ein pluralistisches Verbandswesen herausgebildet, das in einem einheitlichen Deutschland kaum mehr revidierbar erschien. Im Verlauf der ersten Jahreshälfte 1947 mehrten sich die Anzeichen, daß die FDJ ungeachtet ihrer organisatorischen Erfolge bald auch in der SBZ nur eine unter vielen Jugendorganisationen sein würde.

II Transformation zur SED-Massenorganisation (1947–1953)

Der scheinbar unaufhaltsame Siegeszug des Kommunismus in Osteuropa war – zwei Jahre nach Kriegsende – ins Stocken geraten. Nachdem die Sowjetunion zur Weltmacht aufgestiegen war, konnte sie – zunächst mit Billigung des Westens – einen Gürtel befreundeter Staaten aufbauen, in denen Kommunisten von Beginn an starke Positionen innehielten. Unter der Losung der »besonderen Wege zum Sozialismus« schienen diese einst militanten Gegner einer als »bürgerlich« denunzierten Demokratie, ihre politischen Ziele auf parlamentarischem Wege verwirklichen zu wollen. Doch der politische Frühling im Osten Europas sollte nicht lange währen.

Als die kommunistischen Parteien ihren Vormachtanspruch demokratisch nicht behaupten konnten, erfolgte zwischen Sommer 1947 und Frühjahr 1948 teilweise staatsstreichartig die Machtübernahme in Osteuropa. Zur gleichen Zeit begann mit der Einführung der Planwirtschaft die ökonomische Einbindung der osteuropäischen Staaten in den Machtbereich der Sowjetunion.

Zuvor war als Voraussetzung der staatlichen bereits eine politisch-ideologische Blockbildung vollzogen worden. Diese hatte sich im September 1947 in der Gründung des Kommunistischen Informationsbüros (Kominform) manifestiert, das an die 1943 aus Rücksicht auf die westlichen Alliierten von Stalin aufgelöste Kommunistische Internationale anknüpfte. Der Zusammenschluß kommunistischer Parteien unter der Führung der KPdSU sollte dem Moskauer Führungsanspruch sowohl außerhalb als auch innerhalb des kommunistischen Lagers den Nimbus der Übereinstimmung mit der kommunistischen Weltbewegung verleihen. Gleichzeitig gab er das Signal zur Beschleunigung jenes Transformationsprozesses in Osteuropa, der mit der Säuberung und Gleichschaltung der nichtsozialistischen Regierungsparteien, der Auflösung der Oppositionsparteien und der endgültigen Zerschlagung der Sozialdemokratie die Grundlage für den Aufbau der euphemistisch als »Volksdemokratien« charakterisierten kommunistischen Diktaturen schuf.

Die internationalen Rahmenbedingungen – West und Ost befanden sich ab 1947 in einem kalten Kriegszustand – waren gleichzeitig Ursache und Folge dieser Entwicklung gewesen. Für die Sowjetunion hatte Andrej Shdanow bereits auf der Gründungssitzung des Kominform die Zwei-Lager-Theorie formuliert. Danach hatte sich in der Welt ein »imperialistisches« und »antidemokratisches« Lager unter der Führung der USA und ein »antiimperialistisches« und »demokratisches« mit der Sowjetunion an der Spitze herausgebildet. Die Amerikaner hatten bereits im Vorfeld mit dem Marshallplan und der Verkündung der »Eindämmungs-Doktrin« signalisiert, daß ihr Engagement in Europa von Dauer sein würde.

SED verlangt politische Profilierung

Auf einer Konferenz ihrer Jugendfunktionäre Mitte Oktober 1947 paßte die SED ihre Parteijugendpolitik den neuen politischen Gegebenheiten an. Vier zentrale Aufgaben rückten nun in den Mittelpunkt. Sie wurden in dem damals mehr und mehr um sich greifenden Parteichinesisch als »Kampf«-Ziele formuliert: 1. Kampf für die Wiederherstellung der Einheit Deutschlands – die Partei inszenierte Kampagnen, mit denen sie ihre Politik legitimieren, gesamtdeutsch für sich um Zustimmung werben sowie die Haltung der Sowjetunion bei den Beratungen der Siegermächte stärken wollte; 2. Kampf gegen den Antisowjetismus, der tatsächlich auf eine prosowjetische Propaganda abzielte, um die Einbindung der SBZ in das östliche Lager ideologisch vorzubereiten; 3. Kampf für das politische Mitbestimmungsrecht der Jugend – mit Hilfe von Kampagnen zur Herabsetzung des Wahlalters und zur Beteiligung der FDJ an den Blockausschüssen sollte die Transformation des Parteiensystems beschleunigt werden. Nach wie vor herrschte in den Blockausschüssen der Parteien auf allen politischen Ebenen ein Patt. Durch die Kooption von Vertretern des FDGB und der FDJ hoffte die SED, ihre politischen Gegner majorisieren zu können; 4. Kampf für wirtschaftliche Erfolge – die FDJ wurde erstmals als Mobilisator ökonomisch verwertbarer Mehrleistungen der Jugend in den Betrieben eingesetzt.

Auf der Konferenz von Jugendfunktionären der SED am 21. Oktober 1947 im Haus des SED-Parteivorstandes zog Paul Verner die Schlußfolgerungen aus der neuen internationalen Lage für die weitere SED-Jugendpolitik und damit für die FDJ:

»Wer heute noch der Auffassung ist, daß die Überparteilichkeit z. B. der FDJ mit Neutralität gleichzusetzen ist, oder wer glaubt, daß die Einheit der jungen Generation von links bis rechts sagen wir in der FDJ hergestellt werden kann, jagt doch einer Illusion nach. Vielmehr sollten wir die Frage der Einheit der jungen Generation unter folgenden Gesichtspunkten sehen: In dem Maße, wie wir den Flügel (linken) innerhalb der deutschen jungen Generation stark machen und auch hier in der sowjetischen Besatzungszone eine unerschütterliche Einheit der Arbeiter- und Bauernjugend zusammen mit den Angestellten usw. schaffen, daß sie ein Magnet wird für den großen Teil der noch unentschlossenen Kräfte in der jungen Generation in Deutschland, betrachten wir auch die Entwicklung und das Wesen unserer FDJ richtig. Nur so stark, wie der linke Flügel der Arbeiter-, Bauern- und Angestelltenjugend ist, so stark wird auch unser Anziehungsvermögen und unsere magnetische Wirkung auf den zwischen den beiden Lagern hin und her pendelnden Teil der jungen Generation sein. Das bedeutet aber, daß wir als FDJ eine sehr klare und entschiedene Stellung zu den großen Problemen unseres Volkes einnehmen müssen. Jede Verwaschenheit und jeder Versuch zu lavieren, zu manövrieren und zu entscheidenden Fragen der jungen Generation und unseres Volkes nicht Stellung nehmen zu wollen, führt zu einer Schwächung. Wir müssen daran interessiert sein, den Klärungsprozeß innerhalb der jungen Generation voranzutreiben und zum Abschluß zu bringen.«

Quelle: SAPMO-BArch, DY 24/ A 11.910.

Der Große Bruder tritt auf

In der FDJ leitete der »Friedensflug nach Osten« die Sowjetisierung des Jugendverbandes ein. Es handelte sich um die erste Reise einer FDJ-Delegation in die Sowjetunion. Über zwei Wochen, vom 20. Juli bis zum 5. August 1947, dauerte der Aufenthalt, der fünf Jugendfunktionäre nach Moskau, Leningrad und in das zerstörte Stalingrad führte. Die FDJ bewertete diese Einladung sowohl in internen Einschätzungen als auch in ihrer Propaganda als große Anerkennung ihrer bisherigen Arbeit. Nach einer SED-Delegation im Januar 1947 war sie die zweite deutsche Gruppe, die nach Kriegsende die UdSSR offiziell besuchen durfte. Im Verlauf des umfangreichen Besuchsprogramms, das Universitäten, Schulen, Betriebe, Verlage und selbst das Gespräch mit einem Vertreter der orthodoxen Kirche umfaßte, sollten die FDJ-Führer die Gelegenheit erhalten, sich mit eigenen Augen von den Vorzügen des sowjetischen Systems zu überzeugen.
Bei einem Treffen mit der Komsomol-Führung wurden die Delegationsleiter Erich Honecker und Edith Baumann über die unmittelbar bevorstehenden Aufgaben der FDJ instruiert.[63] Hauptaufgabe sei es nun, die deutsche Jugend davon zu überzeugen, daß der seitens der Sowjetunion in der SBZ eingeschlagene Weg der bessere zu einem einheitlichen und demokratischen Deutschland sei.
Dergestalt angeleitet, hieß es *»im Sommer 1947 für die FDJ, verstärkt Partei zu ergreifen in den sich zuspitzenden Auseinandersetzungen zwischen den Kräften des Weltimperialismus und den Kräften des gesellschaftlichen Fortschritts, an deren Spitze die Sowjetunion stand«*, wie es in einer DDR-Darstellung über die »Herausbildung freundschaftlicher Beziehungen zwischen der FDJ und dem Leninschen Komsomol« später heißen sollte.[64]

»Friedensflug nach Osten«

Im ehemaligen Archiv des sowjetischen Jugendverbandes Komsomol in Moskau fand sich ein ausführlicher Bericht vom 18. August 1947 über die Reise der FDJ-Delegation. Verfasser war der Redakteur der Pressegruppe des Antifaschistischen Komitees der Sowjetischen Jugend, der die Deutschen während ihrer Reise begleitet hatte.

Das Dokument wird hier in Auszügen wiedergegeben:

»BERICHT

über die Arbeit mit der Delegation des Verbandes der Freien Deutschen Jugend [. . .]

Am 19. Juli 1947 kam die Delegation aus Berlin auf dem Flughafen Vnukovo an.

Schon am Flughafen und auf dem Weg ins Hotel fielen die Schüchternheit, Unsicherheit und sogar Angst ins Auge, die sich im Verhalten einiger Delegationsmitglieder zeigten. Besonders gezwungen benahm sich H. Geisler, und E. Baumann war äußerst aufgeregt. Ungeachtet dessen, daß die zum Empfang erschienenen sowjetischen Vertreter keinerlei Anlaß für solch eine Stimmung gaben, sondern im Gegenteil höflich und gastfreundlich waren und offen freundschaftliche Gefühle zeigten, konnten sie (die Delegierten) sich nicht vorstellen, daß all das ohne irgendeine böse Absicht geschah.

Abends machten die Delegierten einen Spaziergang durch Moskau. Besonders beeindruckte sie der lebhafte Verkehr auf den Straßen der Hauptstadt, die Massen von Moskauern, die gut gekleideten Jungen und Mädchen und sogar die Tatsache, daß auf der Straße an Verkaufsständen Massen von Eiscreme verkauft werden. [. . .]

Mittags nahmen die Delegierten an der Parade der Sportler im ›Dynamo‹-Stadion teil (die Beurteilungen der Parade werden [noch] gesondert betrachtet). Hier kam es zu einem interessanten Vorfall, der davon zeugt, in welchem Maße sogar inmitten progressiver und demokratischer Kreise in Deutschland noch immer wilde und unsinnige Vorstellungen über unser Land lebendig sind. Als es zu regnen begann, nahm ich E. Honecker, H. Kessler, R. Menzel und H. Geisler mit mir (sie hatten keine Regenmäntel). Wir verließen die Tribüne und stellten uns innerhalb des Gebäudes unter. E. Baumann blieb beim Übersetzer. Bald hörte der Regen auf; ich nutzte das, um mir gemeinsam mit den Delegierten so gut wie möglich einen Weg zur Regierungsloge zu bahnen. Nachdem sie die Führer der Partei und der Regierung aus der Entfernung kennengelernt hatten, konnte ich die Delegierten lange Zeit nicht dazu bringen, auf ihren Plätzen sitzenzubleiben: Sie hatten nicht geglaubt, daß sie jemals in ihrem Leben Stalin so nah zu Gesicht bekommen würden und machten sich durch langes Beobachten mit jeder Bewegung, mit jeder Geste von ihm vertraut.

Zu dieser Zeit war E. Baumann sehr aufgeregt. Jede Minute fragte sie den Übersetzer, wo ihre Genossen seien, und wie sich dann herausstellte, dachte sie, daß man die Delegierten zum NKWD gebracht hätte, daß sie sie nie wiedersieht.

Das war wohl das letzte Bekunden von Mißtrauen und Angespanntheit ihrerseits. Die übrigen Mitglieder der Delegation hatten sich bis zu diesem Vorfall schon völlig an die Situation gewöhnt und verhielten sich so, wie es ihnen ihr Gewissen und ihr Gefühl der Parteizugehörigkeit empfahl. [. . .]

Am 25. Juli arbeitete die Delegation entsprechend dem vorher ausgearbeiteten Plan und bereitete sich auf die Fahrt nach Stalingrad vor.

Mit großer Rührung flogen die Delegierten am nächsten Tag in die Heldenstadt; in der Schlacht um diese [Stadt] vollzog sich eine große Wende im Verlauf des Krieges. Die Überraschungen für die Delegierten begannen ab dem Stalingrader Flughafen. Dort wurden sie vom Sekretär des Gebietskomitees des Leninschen Kommunistischen Jugendverbandes der Sowjetunion, Genossen Eršov, dem Sekretär des Staatskomitees des Leninschen Kommunistischen Jugendverbandes der Sowjetunion, Semenov, einem Vertreter des Stadtsowjets, Genossen Pogorelov und anderen erwartet. Es gab keine Grußbotschaften und keine Reden, aber das Treffen mit den Leitern der Stalingrader Jugend war für die Delegation der deutschen Jugend sehr bedeutsam.

Der Weg zum Hotel führte durch Straßen, in denen die Häuser in Schutthaufen aus Stein und Eisen verwandelt waren. Und als die Delegierten in den vorbildlich eingerichteten Zimmern erschienen, war das für sie ein neues Erlebnis. Gerade in Stalingrad machte das auf die Delegierten einen riesigen Eindruck.

(Es bleibt noch hinzuzufügen, daß anfangs seitens der Leiter des städtischen Komsomols [und sogar des Gebietskomitees der Sowjetischen Kommunistischen Partei der Bolschewiki] das Verhältnis gegenüber den Delegierten folgendes war: Deutsche wie [alle anderen] Deutschen [auch], ein und dieselben ›Fritz'‹, die es [nur] zufälligerweise nicht in der Eigenschaft als Kriegsgefangene nach Stalingrad verschlagen hat; man zeigt ihnen nichts, und man erzählt ihnen nichts – laß' sie [ein wenig] in den Ruinen herumlaufen, dann sollen sie sich wieder ›verziehen‹.

Dann, nachdem man sich mit der Zusammensetzung der Delegation bekanntgemacht hatte, änderte sich das Verhältnis zu ihnen stark, und ich mußte mit viel Mühe die Bekundung ›russischer‹ Gastfreundschaft zügeln).

Dort versammelte E. Honecker alle Delegierten in einem Zimmer. Sie hatten eine ernste Unterredung, die 30 bis 40 Minuten dauerte. Später gelang es mir zu klären – sie diskutierten die Möglichkeit der Organisation deutscher Arbeitsbrigaden von Jugendlichen für die Arbeit in Stalingrad. Als sie sich mit dieser Frage an uns wandten, da antworteten wir, daß die Zahl der sowjetischen Jungen und Mädchen, die in Stalingrad zu arbeiten wünschen, so groß ist, daß das städtische Komitee gezwungen ist, ihnen abzusagen. Sie sollten noch ein bißchen warten.

[. . .] Während des Besuches im Werk ›Roter Oktober‹ machten die Delegierten sich mit dem gesamten Produktionszyklus vertraut. Beim Gang über das Werksgelände trafen wir auf eine Gruppe Kriegsgefangener, die mit Hilfsarbeiten beschäftigt waren. Seitens der Delegierten gab es nicht einen einzigen Versuch, mit ihnen zu reden, mehr noch: Sie stellten weder dem Direktor Fragen über die Lage der Kriegsgefangenen, noch denen, die uns begleiteten. Sie sprachen darüber, daß sie hoffen, sich mit dieser Frage in Moskau zu beschäftigen. [. . .]
Leningrad schauten sich die Delegierten ›im Galopp‹ an (die Delegation war dort vom 1.8. 14 Uhr bis 2.8. 20 Uhr).
Es bleiben zwei Momente hinzuzufügen:
1) Bei der Besichtigung der Stadt fuhren wir auf Bitte Geislers, der schon lange danach gefragt hatte, bei einer ›wirkenden‹ Kirche vorbei. Nachdem wir einige Minuten in der unteren Etage gestanden hatten, gingen wir in die zweite. Dort waren große Restaurations- und Wiederherstellungsarbeiten im Gange. Prof. Udalenkov machte die Delegierten mit dem Plan der Arbeiten vertraut. In der Zeit trat ein Priester an uns heran, der sich beim Vorstellen als höherer Geistlicher dieser Eparchie und als Sekretär Grigorijs erwies – dem Metropoliten von Leningrad und Pskow (wenn ich mich nicht irre), Pavel Tarasov. E. Honecker bat um die Erlaubnis, einige Fragen stellen zu dürfen. Die erste Frage war, ob es wirklich so sei, wie die Katholiken und manche bourgeoisen Journalisten behaupten, daß die Religion in der UdSSR verfolgt wird. Mit unnachahmlicher Entrüstung nannte Pavel Tarasov solche Äußerungen Verleumdung, bewies anhand von Fakten die Nichteinmischung des Staates in Angelegenheiten der Kirche und die Freiheit religiöser Glaubensbekenntnisse in der UdSSR.
Die zweite Frage handelte davon, ob nicht die Tatsache der Existenz der Kirchen in der UdSSR, wie die antisowjetisch eingestellten Elemente in Europa behaupten, ein Deckmantel sei, unter dem sich der Einfluß des Staates auf das Volk durch die Religion versteckt.
Pavel Tarasov empörte sich noch mehr, und anhand von Fakten – freie Ausübung aller religiösen Zeremonien, die Abwesenheit von Kontrolle über die Predigten u.s.w., u.s.w. – widerlegte er diese Behauptung.
Diese Fragen wurden von Honecker nur deswegen gestellt, um Geisler mit den Worten Tarasovs die wahre Lage der Dinge zu zeigen. Für Geisler hatte diese kurze Unterredung eine kolossale Bedeutung.
Am 3. August nahmen die Delegierten in Tušino an der Parade zu Ehren des Tages der Luftwaffe der UdSSR teil. Diese Parade war symbolisch. Im Verlauf von fast zwei Wochen hatten sie das Leben und den Alltag des sowjetischen Volkes, der sowjetischen Jugend studiert. Sie hatten sich von der Friedensliebe der sowjetischen Menschen und davon, daß die sowjetischen Menschen etwas zu schützen haben, überzeugt. Hier auf der Parade überzeugten sie sich auch davon, daß, falls es erforderlich sein sollte, das sowjetische Volk seine Errungenschaften und Reichtümer mit etwas zu schützen vermag.
Am 5. August flogen die Delegierten nach Berlin zurück. [. . .]«

Quelle: Zentrum zur Aufbewahrung von Dokumenten der Jugendorganisationen (CChDMO), Fonds 4, Bestand 1, Mappe 575, Blatt 16-36. Übersetzt von Saška Bujić und Rolf Peter.

Zwei Jahre nach Kriegsende stießen die Jugendfunktionäre jedoch auf einen tiefsitzenden Antisowjetismus innerhalb der ostdeutschen Jugend. Er war von der nationalsozialistischen Propaganda aufgebaut und später durch eigene Erfahrungen und Kolportagen genährt worden. Viele hatten selbst am Überfall auf die Sowjetunion teilgenommen oder ihre Freunde, Brüder, Väter hatten auf diese Weise das Land »kennengelernt«. Unvergessen blieben die Gewalttätigkeiten der Besatzungssoldaten in den ersten Monaten nach Kriegsende. In den Köpfen geisterte nach wie vor die Mär vom deutschen »Herrenmenschentum«. Die Geschichten von jungen Soldaten, die noch keine Wasserspülung gesehen hatten, die nicht wußten, daß eine Armbanduhr nicht »kaputt« war, sondern nur aufgezogen werden mußte, verselbständigten sich und wurden zum Synonym für russische Rückständigkeit. Die Angst vor der sowjetischen Geheimpolizei, Erfahrungen mit willkürlichen Verhaftungen, Mißhandlungen, Vergewaltigungen, Deportationen blieben jahrzehntelang ein Trauma.

Der Kalte Krieg zieht herauf

Am 15. Dezember 1947 scheiterte die Londoner Außenministerkonferenz der vier Siegermächte. Nach wochenlangen Beratungen vertagte man sich auf unbestimmte Zeit. Eine Einigung auf eine gemeinsame Deutschlandpolitik rückte in weite Ferne. Die dauerhafte Teilung Deutschlands schien unvermeidlich. *»An der Zerreißung Deutschlands in zwei Zonen kann nicht mehr gezweifelt werden«,* konstatierte Grotewohl in der Parteivorstandssitzung vom 14./15. Januar 1948.[65] Gegenüber jugoslawischen und bulgarischen KP-Funktionären prophezeite Stalin im Februar 1948: *»Der Westen wird sich Westdeutschland zu eigen machen, und wir werden aus Ostdeutschland unseren eigenen Staat machen.«*[66]

Die zunehmende Konfrontation zwischen den einstigen Alliierten hatte in der zweiten Jahreshälfte 1947 immer stärker auf die Innenpolitik der SBZ zurückgewirkt.

Im Herbst 1947 stilisierten die SMAD und die SED die Teilnahme an der »Volkskongreßbewegung« zur Nagelprobe für die Bereitschaft, eine »antifaschistisch-demokratische« Politik zu vertreten. Mit der Kampagne sollte die Verhandlungsposition der Sowjets auf der Londoner Außenministerkonferenz propagandistisch unterstützt und die SED-Politik in der SBZ legitimiert werden. Als der CDU-Vorsitzende Jakob Kaiser und sein Stellvertreter Ernst Lemmer dem nicht Folge leisten wollten, wurden sie auf massiven Druck der SMAD ihrer Ämter enthoben.

In der Frage der Volkskongreßbewegung wurde die SED erstmals in einer zentralen politischen Frage ohne die förmliche Zustimmung der Blockpartner aktiv. Trotzdem schloß sich die FDJ-Führung dem Aufruf bereits einen Tag nach dessen Veröffentlichung an. Damit war auch die SED-Mehrheit in der FDJ-Führung zum ersten Mal von ihrer bisherigen Praxis abgewichen, die zentralen politischen Kampagnen des Jugendverbandes entweder im Sinne der Überparteilichkeit oder im Rahmen eines – wenn auch häufig weit ausgelegten – Blockkonsenses zu führen.

Die Auseinandersetzungen um die Volkskongreßbewegung markieren den Beginn des offenen Transformationsprozesses des politischen Systems der SBZ. In dessen Verlauf wandelte sich die SED zu einer marxistisch-leninistischen Hegemonialpartei und reduzierte die Rolle der Parteien und Verbände auf die von Transmissionsriemen ihrer Interessen.

Ausschaltung und Verfolgung der bürgerlichen Konkurrenz

Seit der FDJ-Gründung hatte sich bei den bürgerlichen Parteien ein Nebeneinander von zögerlicher Mitarbeit in der FDJ und dem Versuch, eigenständige Parteijugendarbeit zu leisten, entwickelt.

Vor allem die LDP konnte an den Oberschulen und Universitäten große Erfolge verzeichnen. In manchen Landesverbänden war rund ein Viertel der Mitglieder fünfundzwanzig Jahre und jünger.

Die Parteijugend gab in nicht wenigen Ortsgruppen den Ton an. Sie betrachtete sich zunehmend als Konkurrenz zur FDJ. Die Jugendarbeit gestaltete sich zu einem Katz-und-Maus-Spiel mit der Besatzungsmacht. Offiziell war den Arbeitsgemeinschaften »Junger Liberal-Demokraten« lediglich gestattet, die eigene Mitgliedschaft zu betreuen und zu schulen. Je nach persönlichem Mut der Funktionäre und der politischen Situation vor Ort führten diese jedoch öffentliche Veranstaltungen durch, in denen neben Politik auch Theater, Musik und Tanz geboten wurde.

Die SMAD mußte auch die CDU wiederholt ermahnen, sich in ihrer Jugendarbeit strikt auf die Betreuung der eigenen Mitgliedschaft zu beschränken. Die Haltung der Sowjets gegenüber der CDU-Jugend war jedoch zunächst durchaus zwiespältig. So konnten sich die Arbeitsgemeinschaften der Jungen Union in der SBZ im März 1946 zu einem »Arbeitsausschuß Junge Union für die sowjetische Besatzungszone und Berlin« zusammenschließen. Im Mai 1947 empfing die SMAD sogar die gesamtdeutsche JU-Leitung, die ihren »2. Deutschlandtag« im sowjetischen Sektor von Berlin durchführen durfte, zu einem Gespräch.

Zum damaligen Zeitpunkt hoffte die Besatzungsmacht noch, mittels der jugendlichen Christdemokraten gesamtdeutsch auf die Mutterpartei Einfluß nehmen zu können.

Großes Aufsehen erregte im März 1947 die Festnahme von FDJ-Mitbegründer Manfred Klein und von Georg Wrazidlo. Unter dem Vorwand »geheimer faschistischer Tätigkeit« und »Waffenbesitzes« wurden die beiden Christdemokraten, die im Studentenrat der Humboldt-Universität der SED im Wege standen, zusammen mit etwa zwanzig weiteren Kommilitonen verhaftet und später verurteilt. Klein wurde erst 1956 aus der Haft in die Bundesrepublik entlassen.

Über die Verhaftungen schrieb die West-Berliner Jugendzeitschrift »Horizont« im April 1947:

»Freiheit von Furcht!

Seit dem 22. März 1947 meldet die Berliner Presse Verhaftungen von Studenten der Berliner Universität, die – mit zwei Ausnahmen – sämtlich der CDU angehören und vom Sekretariat der ›Jungen Union‹ als politisch einwandfrei und zuverlässig erklärt werden. – SNB* bestätigt am 27. 3. 1947 die Verhaftung von sechs Personen ›wegen geheimer faschistischer Tätigkeit, Aufbewahrung von Waffen und anderer Verbrechen gegen die Besatzungsbehörden‹ und nennt die Studenten Wrazidlo, Gerda Rösch, Klein und Probst. Von letzterem – der der CDU nicht angehört und ihr unbekannt ist – wurde laut SNB festgestellt, daß er ehemaliger aktiver SS-Angehöriger war und durch betrügerische Manipulationen an die Universität gelangte. SNB schließt die Meldung mit der Erklärung, daß ein ›vielfaches Verschwinden‹ erdichtet sei und anscheinend nur darauf hinziele, die öffentliche Meinung zu irritieren und Unruhe unter den Berliner Studenten hervorzurufen.

Wir sind in der Lage, zu den bereits genannten Studenten die folgenden Angaben zu machen und die obige Liste durch einige weitere Namen, z. T. aus der Ostzone, zu ergänzen:

1. Der 26jährige Ewald Ernst, Mitglied des Vorstandes der Christlich-Demokratischen Union und Landtagsabgeordneter in der Provinz Sachsen-Anhalt, der in Halle am 17. 3., von einer Reichsvorstandssitzung kommend, beim Betreten seiner Wohnung in Berlin in der Friesenstr. 16 durch zwei Zivilisten weggeführt wurde. Er ist auch über CDU-Kreise hinaus als aufrechter Demokrat und Pazifist bekannt.

2. Der 21jährige stud. phil. Manfred Klein, Leiter der Jungen Union im Kreisverband Prenzlauer Berg, Mitglied des Zentralrates der Freien Deutschen Jugend und des Studentenrates der Berliner Universität, der in Berlin am 13. 3. verschwunden ist. Klein ist nach Absolvierung einer Leninschule der Sowjetarmee nach Kriegsende entlassen worden und als christlicher Vertreter am Aufbau der FDJ maßgeblich beteiligt gewesen.

3. Der 29jährige cand. med. Georg Wrazidlo aus Berlin-Reinickendorf, CDU-Mitglied und ehemaliger Leiter der Studentischen Arbeitsgemeinschaft der Universität Berlin, der am 13. 3. im Café ›Kranzler‹ Unter den Linden von zwei Zivilisten nach Kontrolle seiner Papiere verhaftet wurde, obwohl diese in Ordnung waren. Wrazidlo ist anerkanntes Opfer des Faschismus und schloß sich 1942 in Breslau der Widerstandsgruppe um Schulze-Boysen und Harnack an. Von 1944 bis Kriegsende war er im KZ Buchenwald mit dem kommunistischen Ministerpräsidenten Sievert in Einzelhaft. Er stammt aus einer streng katholischen Familie und erhielt seine Erziehung auf kirchlichen Schulen.

Manfred Klein, CDU, Mitgründer der FDJ, 1947 verhaftet

4. Der 23jährige Journalist Joachim Wolf aus Berlin-Oberschöneweide, Griechische Allee 58. Leiter der Jungen Union der Ortsgruppe Oberschöneweide, der seit dem 11. 3. verschwunden ist. Eine Überprüfung seiner politischen Vergangenheit und Haltung durch eine Alliierte Behörde ergab, daß sich Wolf niemals im nationalsozialistischen Sinn betätigt hat.

5. Der 25jährige stud. phil. Alfred Schipke, Mitglied der CDU, der am 10. 3. von Berlin nach Halle fuhr, um von dort am 12. 3. seine Reise nach Naumburg fortzusetzen. Er wurde noch am 12. 3. in Halle gesehen und ist seither spurlos verschwunden.

6. Die 22jährige Gerda Rösch, Mitglied des Zulassungsausschusses der Universität Berlin, die sich sehr stark für die katholische Jugendarbeit einsetzte. Sie wurde am 8. 3. abends im Foyer der Kammerspiele des Deutschen Theaters durch Kriminalbeamte abgeführt. Nicht Mitglied der CDU.

7. Der Student Horst-Ernst Probst aus Berlin-Lichtenberg, über den keine näheren Angaben zu erlangen waren. Nicht Mitglied der CDU.
8. Der 19jährige stud. vet. med. Günther Soegtrop, Mitglied der CDU, der von Halle nach Berlin kam und durch besondere Befürwortung seitens der Sowjetischen Militärverwaltung in Karlshorst an der Universität Berlin immatrikuliert wurde. Er gehört zu den ältesten Unions-Mitgliedern in Halle. Nähere Umstände des Verschwindens unbekannt.
9. Herr Schmidt-Stölting (CDU), früherer Wirtschaftsredakteur der CDU-Zeitung ›Neuer Weg‹, der in den gleichen Tagen in Halle verschwunden ist.
10. und 11. Außerdem sind bereits seit dem 6. 9. 1946 der 26jährige Günther Kusch, Kreisjugendreferent der CDU in Mühlhausen/Thüringen (wohnhaft Schadebergstr. 42) und der 37jährige Lothar Flock, Kandidat der CDU für die Gemeindewahlen, aus Mühlhausen/Thüringen, Wilhelmstr. 19b, mit der Begründung ›illegaler Zusammenkünfte‹ verhaftet, ohne daß bisher eine ordentliche Gerichtsverhandlung stattgefunden hat. Aus CDU-Kreisen wird erklärt, daß sich die Genannten mit ehemaligen Schulkameraden in einem Restaurant zu einem geselligen Zusammensein getroffen haben.
Die Festnahme in der Öffentlichkeit von Jugendlichen, die das Vertrauen einer großen antifaschistischen Partei sowie jenes ihrer studentischen Kameraden besitzen, die Verweigerung von Auskünften über ihren Verbleib und über die näheren Gründe – bis auf die knappe Mitteilung von SNB vom 27. 3. – sowie die Verweigerung eines öffentlichen Verfahrens: das alles kann nicht dazu angetan sein, in der deutschen Jugend den Glauben an die Demokratie zu befestigen. Wir haben uns in dieser Zeitschrift mit leidenschaftlicher Überzeugung für die demokratischen Grundrechte und Ideale eingesetzt. Das wird sinnlos, wenn solche Methoden weiterhin angewandt werden, Methoden, über die sich nur eine einzige Schicht triumphierend ins Fäustchen lacht: die unbelehrbaren und unheilbaren Nazis! Was bedeuten alle demokratischen Freiheiten, wenn wir ohnmächtig und rechtlos mitansehen müssen, daß die Maßnahmen an Jugendlichen, die in der Ostzone seit dem Sommer 1945 durchgeführt wurden, nunmehr auch in Berlin ihre Fortsetzung finden.«

* SNB: Sowjetisches Nachrichten-Büro
Quelle: Horizont, Nr. 8., 2. Jg., April 1947, S. 11.

Im Verlauf der Jahre 1946/47 zeigte sich die Einflußlosigkeit der bürgerlichen Vertreter in der FDJ-Führung. Günther Hahn (CDU) zog im April 1947 daraus seine Konsequenzen. Er schied aus der Redaktion der FDJ-Zeitschrift »Neues Leben« aus, da er die fortgesetzte *»Sabotage der mit der politischen Linie der SED nicht vereinbarungsfähigen Beiträge«* nicht mehr akzeptieren wollte.[67]
Als die Auseinandersetzungen um die Volkskongreßbewegung Ende 1947 eskalierten, forderte der Nachwuchs in beiden bürgerlichen Parteien eine stärkere Anlehnung an den Westen. Nachdem die SMAD die Absetzung des CDU-Vorsitzenden Jakob Kaiser erzwungen hatte und mittlerweile 32 Funktionäre der CDU-Jugend in Ostdeutschland inhaftiert waren, erklärte die Junge Union zum Jahreswechsel 1947/48, daß nunmehr eine Situation erreicht sei, in der für den politisch Handelnden *»der nächste Schritt entweder Aufgabe entscheidender politischer Grundsätze oder den Märtyrerweg«* bedeuten würde. Am 17./18. Januar 1948 beschloß der »Deutschlandrat der Jungen Union«, die Jugendarbeit in der SBZ einzustellen.[68]
In der LDP schwelte seit Sommer 1947 ein Konflikt zwischen dem Gesamtberliner LDP-Verband und der Zonenleitung. Letzterem warfen die Berliner vor, gegenüber der SED mit dem »Odium des Opportunismus« behaftet zu sein. Die Parteijugend schloß sich im Verlauf des Jahres 1947 der Berliner Linie an.
Die Auseinandersetzungen kulminierten auf der 11. Tagung des FDJ-Zentralrates am 28./29. Januar 1948. Dort traten die letzten von der SED unabhängigen Vertreter der bürgerlich-demokratischen Parteien demonstrativ aus der Verbandsführung aus.

Die Christdemokratin Marga Lindner ergriff nach dem von Edith Baumann vorgetragenen Rechenschaftsbericht des Sekretariats des Zentralrates das Wort und erklärte:

»Vielleicht kann man nicht rundweg behaupten, die FDJ sei eine kommunistische Jugendorganisation; es ist aber nicht abzuleugnen, daß alle Leitungen und vor allem auch der Zentralrat in überwältigender Mehrheit von Funktionären einer Partei besetzt sind. [. . .] Der politische Weg, den die FDJ nun geht und zu dem ihre Erklärungen und Beschlüsse die Richtung weisen, ist so eindeutig, so einheitssozialistisch, daß es für mich unmöglich ist, ihn weiter mitzugehen. Ich sehe mich daher gezwungen, mein Mandat im Zentralrat niederzulegen und meinen Austritt aus der FDJ zu erklären.«

Wenig später erklärte der Liberaldemokrat Herbert Geisler auf der gleichen Sitzung:

»Die Stellungnahmen der FDJ und die der SED gleichen sich wie ein Ei dem anderen. Ich kann das verstehen. Wenn ich SED-Mitglied wäre, würde es schließlich auch mein Bestreben sein, meine Parteiziele durchzusetzen. Bloß dann würde ich eben auf die Mitarbeit der anderen Parteien in der Spitze doch verzichten.«

Quelle: Protokoll der 11. Sitzung des Zentralrates der FDJ am 28./29. Januar 1948, SAPMO-BArch, DY 24/ A 2.109.

FDJ, SED und SMAD reagierten unverzüglich. Am 31. Januar 1948 veröffentlichte das Zentralorgan der SED, »Neues Deutschland«, Auszüge aus einem ADN-Interview mit Honecker, in dem dieser versicherte, daß *»das Ausscheiden der CDU- und LDP-Vertreter aus dem Zentralrat* [. . .] *keinerlei Einfluß auf den Kurs der freien deutschen Jugend«* habe. Die Überparteilichkeit der FDJ sei schon deshalb gewährleistet, weil 85 Prozent ihrer Mitglieder und 60 Prozent der Funktionäre keiner politischen Partei angehörten.

Bereits zwei Monate später war die »Überparteilichkeit« des Jugendverbandes wiederhergestellt. Der Zentralrat hatte willfährige Mitglieder der CDU und LDP kooptiert. Die SMAD erhöhte ihrerseits den Druck auf jene, die glaubten, in der SBZ sei trotz alledem noch Platz für alternative Politikvorstellungen.

Der spätere parlamentarische Geschäftsführer der FDP und Bundesminister für Vertriebene, Wolfgang Mischnick, der zwischen 1945 und 1948 mit großem Erfolg in der liberaldemokratischen Jugendarbeit in Sachsen tätig war, berichtet über vier Jahrzehnte später über die Umstände, die zu seiner Flucht nach Westdeutschland geführt hatten:

»Schließlich fand am 10. Februar 1948 in Halle eine erweiterte Parteivorstandssitzung der LDP statt, die in erster Linie dazu dienen sollte, die Auseinandersetzungen mit dem Berliner Landesverband, soweit er in den westlichen Sektoren beheimatet war, und dem Zentralvorstand zu beenden. [. . .] Während dieser Sitzung wurde ich vom Oberstleutnant Nasarow ›ins Gebet genommen‹. [. . .] Für den Fall, daß ich meine Haltung ändern, daß ich die in der FDJ tätigen LDP-Mitglieder unterstützen und öffentlich dazu aufrufen würde, daß die jungen Mitglieder der LDP in der FDJ mitarbeiten sollten, stellte man mir ganz neue Perspektiven in Aussicht. Man bot mir an, daß ich ein Studium aufnehmen könne, was bisher immer abgelehnt worden war. Nur in Dresden sollte ich nicht studieren, nicht in Sachsen. Ich antwortete, daran hätte ich kein Interesse.

Als nächstes kam das Angebot, in Brandenburg Leiter des Landesjugendamtes zu werden. Wieder lehnte ich ab. Wenn ich eine öffentliche Aufgabe übernähme, dann würde ich das gerne in Dresden tun, zum Beispiel als Bürgermeister. Doch erneut hieß es, Sachsen käme nicht in Frage. Schließlich kam noch Oberst Tulpanow dazu, und man bot mir den Posten eines stellvertretenden Ministers im Land Brandenburg mit dem Aufgabengebiet Jugend und Sport an. Aber immer lautete die gleiche Bedingung: eine positive Erklärung zur FDJ.

Ich wußte, daß ich nunmehr für mich selbst die letzte Entscheidung fällen mußte, und erklärte, ich würde mir alles noch einmal durch den Kopf gehen lassen. Die SMA-Vertreter fügten gleich hinzu: Sollte ich bei meinem Nein bleiben, hätten sie auch andere Möglichkeiten.

Am 13. März 1948 wurde ich in Dresden wieder einmal vom NKWD einvernommen. Das geschah in unregelmäßigen Abständen. In dem Gespräch eröffnete man mir, daß ich ›für sie ein nasser Fleck sei, den sie vertrocknen ließen, wenn sie es für richtig hielten‹. Außerdem sei ich ihnen zu geschickt, zu raffiniert. Sie hätten es satt, überhaupt mit mir zu reden. Sie wüßten, daß ich in den Westen abhauen wollte, aber das könnten sie verhindern.

[. . .]

Ende März hatte ich noch eine zusätzliche Warnung erhalten, die SMA plane eine Aktion gegen mich. Ein Parteifreund hatte zufällig mitgehört, wie ein bei ihm einquartierter sowjetischer Offizier einem FDJ-Vertreter zusicherte, ich würde bald endgültig ausgeschaltet.«

Aus: Wolfgang Mischnick: Von Dresden nach Bonn. Erlebnisse – jetzt aufgeschrieben, Stuttgart 1991, S. 290 ff.

Planerfüllung wird Hauptaufgabe der FDJ

Mit der sich abzeichnenden Teilung Deutschlands und der Einbindung der SBZ in das östliche Herrschaftssystem ging der Übergang zur Planwirtschaft einher. Es galt dabei nicht nur, die Reparationsforderungen der Sowjetunion zu befriedigen. Auch die Versorgung der eigenen Bevölkerung mußte verbessert werden. Dafür mußte die Produktivität der Wirtschaft, die 1947 erst 56 Prozent des Vorkriegsstandes erreicht hatte, dringend erhöht werden. Neben der Wiedereinführung des als »Leistungslohn« verbrämten Akkordprinzips durch den Befehl Nr. 234 im Herbst 1947 sollte durch innerbetriebli-

Schwerpunkt der FDJ-Arbeit: Planerfüllung

chen Wettbewerb nach sowjetischem Vorbild kollektive Mehrleistung erreicht werden. Dabei setzte die Parteiführung große Hoffnungen in die FDJ.

Der »Kongreß junger Arbeiter der volkseigenen Betriebe«, den die FDJ und der FDGB am 10. und 11. April 1948 in Zeitz veranstalteten, propagierte die neuen Aufgaben. Hatte das Aktionsfeld der FDJ bis dahin weitgehend außerhalb der Betriebstore gelegen, so wurde der Jugendverband von nun an massiv auf die Erhöhung der Produktion in den Betrieben angesetzt. In einer programmatischen Erklärung »An die arbeitende Jugend Deutschlands« verpflichteten sich die versammelten Jungarbeiterinnen und -arbeiter zu verstärkten wirtschaftlichen Anstrengungen: *»Wir kämpfen für die Erfüllung und Übererfüllung des Plansolls und des Produktionsprogramms. Wir richten unsere Aufmerksamkeit auf die Erhöhung der Produktivität, das sparsame Umgehen mit den Rohstoffen, die Senkung der Selbstkosten und die Erhöhung der Qualität. Wir wollen mit den Maschinen und Werkzeugen sorgfältig und mit der elektrischen Kraft sparsam umgehen. Wir kämpfen um die Senkung des Ausschusses in der Produktion. In unseren Reihen gibt es keinen Platz für Arbeitsbummelanten und Drückeberger.«*[69]

Erich Honecker bei Maurerlehrlingen

Walter Ulbricht auf dem 1. Jungaktivistenkongreß in Zeitz:

»Liebe Freunde! [. . .] Durch Eure Arbeit wird mitgeholfen und muß bewiesen werden, daß die volkseigenen Betriebe den kapitalistischen Konzernbetrieben in Westdeutschland überlegen sind. Das ist die große Aufgabe, die zu lösen ist, und ihr als Aktivisten der Freien Deutschen Jugend steht mit an der Spitze dieses großen Kampfes. Es geht also nicht nur um Produktionsverbesserungen in diesen Betrieben, es geht darum, daß durch die Produktionssteigerung in diesen Betrieben zur gleichen Zeit schrittweise die gesellschaftlichen Veränderungen in Deutschland wirksam werden. [. . .] Daß heißt: die wichtigste Aufgabe der Freien Deutschen Jugend bei der Förderung des Neuaufbaus besteht darin, mitzuhelfen, damit alle jugendlichen Arbeiter einen richtigen Beruf erlernen oder den Weg des Hochschulstudiums gehen. Das ist für die Durchführung des Wirtschaftsplanes gegenwärtig notwendig, aber erst recht notwendig für die weitere Entwicklung unserer gesamten Aufgaben in der Zukunft. Denn aus euren Reihen müssen die künftigen Betriebsleiter hervorgehen. *(Beifall)* Ihr müßt so lernen, daß aus euren Reihen die Ingenieure und Techniker, aber auch die Lehrer und Volksrichter kommen. Ihr werdet in Zukunft die Kommandeure der Volkspolizei stellen. Ihr seht also, welche großen Aufgaben vor euch stehen und welche große Verantwortung ihr für den endgültigen Sieg des Fortschritts in Deutschland habt.«

Quelle: Kongreß junger Arbeiter der volkseigenen Betriebe. Zeitz 10. und 11. April 1948, Berlin 1949, S. 36 ff.

Als die SED Ende Juni 1948 den ersten Zweijahrplan eingeleitet hatte, erklärte der Zentralrat der FDJ den *»Kampf für die Erfüllung und Übererfüllung«* des Plans zur *»entscheidenden Aufgabe im Leben der Jugend der sowjetischen Besatzungszone«*.[70] Allein der persönliche Einsatz für den Plan könne fortan Kriterium für die Beurteilung eines FDJlers sein. Als wichtigsten Hebel zur Auslösung einer *»starken Massenbewegung der Jugend in Stadt und Land für die Planerfüllung«* bezeichnete der Zentralrat den innerbetrieblichen Wettbewerb. Voraussetzung dafür sei etwa die ständige Berichterstattung über die *»Erfüllung und Übererfüllung der täglichen Produktionsaufgaben«*, die kontinuierliche Verbesserung der Fertigungsmethoden sowie der Ausbau der Jungaktivistenbewegung. Die Jugendlichen sollten auf betrieblicher oder örtlicher Ebene propagandistisch verwertbare, im Plan vorgesehene »Aufbauvorhaben« übernehmen. Darüber hinaus kündigte der Zentralrat an, er werde *»dem Gesamtverband ein zentrales Aufbauvorhaben vorschlagen«*. Damit war die Idee der zentralen Jugendobjekte geboren. Zudem müsse sich die Jugend in die *»Volkskontrolle einschalten«* und zur *»Aufdeckung von Lagern gehorteter Rohstoffe und sonstiger Waren«* beitragen. Die Jugendorganisation lobte ein »Ehrenzeichen für Jungaktivisten« aus, welches für »hervorragende Leistung« bei der Planerfüllung verliehen werden sollte.[71]

»Wir brauchen die Initiative der Jugend«

Auf der April-Tagung des SED-Parteivorstandes formulierte Walter Ulbricht die hohen Erwartungen der SED-Führung an die Jugend: *»Wir brauchen zur Durchführung unserer Gesamtpolitik der Partei und unserer Staatspolitik diese Initiative der Jugend, damit sie uns mithilft, den großen Umschwung herbeizuführen, was mit den Erwachsenen allein nicht möglich ist.«*[72]

Der Parteivorstand befaßte sich auf dieser Tagung zum zweiten Mal seit Sommer 1946 mit der eigenen Jugendpolitik. Erstmals war in einer öffentlichen Erklärung von der Bedeutung der FDJ als Verbündete im politischen Kampf die Rede. Die Parteiführer klagten, daß die führende Rolle der Partei in der *»gesamten Jugendarbeit [. . .] nicht hinreichend zum Ausdruck«* komme.

Paul Verner konstatierte auf der April-Tagung des SED-Parteivorstandes einen »erbitterten Kampf um die Jugend [. . .], der sich gegenwärtig und überall in Deutschland abspielt«:

»Dieser Kampf tobt ebenso im Westen wie im Osten, nur mit verschiedenen Vorzeichen und entgegengesetzten Ausgangspunkten. Die politische Linie und die Arbeitsmethoden der Jugendpolitik der reaktionären Kräfte im Westen werden entscheidend bestimmt durch die angloamerikanische Militärregierung, durch die Händler in Kaugummi, in Atombomben und in Amerikanismen, die immer stärker in die deutsche Jugend eingeführt werden. Das sogenannte German YOUTH ACTIVITY-Programm, [. . .] das die Amerikaner selbst als Coca-Cola-Programm bezeichnen, dient vor allem der Einführung der Amerikanismen in das Leben der deutschen Jugend und ihrer Entpolitisierung. Die Perspektiven, die sich aus der Durchführung dieses Programmes ergeben, sind gefährlich genug; aber die Linie der rückschrittlichen deutschen Jugendpolitiker [. . .] ist noch weit gefährlicher. Sie verfolgt die Zersplitterung und Atomisierung der deutschen Jugendbewegung in hunderte und aberhunderte verschiedene Jugendorganisationen, um dadurch die jungen Menschen ihren ureigensten Aufgaben zu entfremden und das Bewußtsein ihrer gesellschaftlichen Kraft zu verhindern. [. . .] Da es unmöglich ist, im Westen und Süden Deutschlands der Jugend eine klare Perspektive über ihre Zukunft zu entwickeln, vertröstet man sie – neben der uns bekannten Hetze gegen alles was fortschrittlich ist und dem Kriegsgeschrei – auf eine Hilfe aus Amerika und predigt ihr einen Nihilismus, eine Ausweglosigkeit, die frivol und außerordentlich verderbbringend ist. [. . .]
Neben einer Perspektivlosigkeit erwächst der deutschen Jugend eine weitere ernste Gefahr [. . .]. Das ist [die] Verpflanzung gewisser Amerikanismen in die deutsche Jugend. Damit sind natürlich nicht etwa die fortschrittlichen Anschauungen eines Franklin Roosevelt oder Jefferson oder Abraham Lincolns gemeint, sondern es handelt sich um solche Lebensformen, die zum Schaden gereichen. Es ist nicht nur so, daß man in den Städten der amerikanischen Zone eine große Anzahl junger Menschen trifft, die zu eifrigen Lesern der gutgemachten, aber dadurch nicht weniger gefährlichen reaktionären amerikanischen Zeitschriften und Bolderzeitungen [sic!] wurden, sondern wer sich einmal die Mühe gemacht hat, ein Lokal im Westen Deutschlands oder auch im westlichen Sektor Berlins zu besuchen, wo sich die Jugend amüsiert, der wird feststellen, daß man amerikanisch tanzt, daß man sich betont lässig, also amerikanisch aufführt, wie diese jungen Menschen glauben, da sie es von gewissen amerikanischen Soldaten abgesehen haben. [. . .]
Die Jugendpolitik unserer Partei und der Freien Deutschen Jugend muß sich in drei Richtungen bewegen, wenn Demokratie und Fortschritt eine noch wesentlich breitere Basis in der Jugend finden sollen. Einmal in der Richtung der politischen Aufklärung und Erziehung, zweitens in der Richtung der stärkeren Einbeziehung der Jugend für die Lösung der Aufgaben des wirtschaftlichen Aufbaus und zwar unter dem Gesichtspunkt, daß

die junge Generation selbst handelnde und gestaltende Kraft in den Betrieben, der Landwirtschaft und Verwaltung sein muß. Drittens in der Richtung der wesentlich breiteren Entfaltung der kulturellen Tätigkeit, denn ohne die Einbeziehung der Jugend in die kulturelle Arbeit und ihre Durchdringung mit dem fortschrittlichen Kulturgut ist eine geistige Erneuerung Deutschlands unmöglich. [. . .] Dem reaktionären Gedankengut müssen wir stärker als bisher das neue, das bessere und erstrebenswertere Ideal gegenüberstellen, um das Sehnen der Jugend zu entfachen und ihnen einen neuen Weg zu zeigen. Das Bessere und Höhere, das wir vor sie stellen müssen, kann nur unsere sozialistische Weltanschauung, unser Weltbild sein. [. . .]«

Quelle: Protokoll der 9. (23.) Tagung des Parteivorstandes der Sozialistischen Einheitspartei Deutschlands am 14./15. April 1948 im »Zentralhaus der Einheit«, SAPMO-BArch, DY 30/ IV 2/1/44.

Auf ihrem II. Parteitag im September 1947 hatte die SED-Spitze die Aufforderung an ihre Anhängerschaft, in den »demokratischen Massenorganisationen« mitzuarbeiten, noch mit der euphemistischen Einschränkung verbunden, die Überparteilichkeit der Verbände dürfe nicht beeinträchtigt werden. Jetzt paßte sie ihren Sprachgebrauch dem von ihr intendierten Ziel an. Auf einer Parteivorstandssitzung am 29. Juni 1948 erklärte es Walter Ulbricht zur Aufgabe der SED, *»als Avantgarde die Lösung der Gesamtheit der demokratischen, wirtschaftlichen und organisatorischen Aufgaben zu leiten und die ganze Initiative der Arbeiterklasse und der Bevölkerung mit Hilfe der Massenorganisationen zu entfalten«.*[73] Die Parteijugendpolitik hatte seit Herbst 1947 einen grundlegenden Wandel erfahren. Bis dahin hatte sich die SED bemüht, mit jugendspezifischen, vermeintlich ideologiefernen Forderungen unter der Jugend für sich zu werben. Damit entsprach die Partei zunächst einem Jugendkonzept, das die Angehörigen dieser Altersphase als spezielle soziale Gruppe mit eigenen Interessen wahrnahm. Ab 1948 richtete die SED ihr Jugendbild an der marxistisch-leninistischen Vorstellung aus. Diese sprach der Jugend jeden Anspruch auf Eigenständigkeit ab und ging von einer klassenspezifischen Interessenübereinstimmung mit der Erwachsenenwelt aus. Die Jugendpolitik wurde auf diese Weise zu einem *»Bestandteil der Gesamtpolitik«* der SED.[74] In deren Zentrum stand 1948/49 die Verwirklichung des im Sommer 1948 vorgestellten Zweijahrplans. Die offenen Instrumentalisierungsbestrebungen verliefen jedoch alles andere als reibungslos.

»Verstärkte FDJ-feindliche Bewegung«

In dem Maße, wie die SED die FDJ offen instrumentalisierte, öffnete sich in der Jugendorganisation die Schere zwischen der politisch und sozial heterogenen Basis und den davon abgehobenen, politisierten und von der SED kontrollierten Führungsgremien. Der großen Zahl parteiloser FDJ-Gruppenleiter stand der fast vollständig mit SED-Mitgliedern besetzte Apparat des Jugendverbandes gegenüber. Da sich das Verbandsleben immer stärker an KJVD-Traditionen sowie am sowjetischen Komsomol orientierte, verlor die FDJ innerhalb der Jugend an Attraktivität. Dies führte zu einem Rückgang der Mitgliederzahlen, woran auch das der FDJ für kurze Zeit übertragene Sportmonopol nichts änderte.

Mitgliederzahlen der FDJ

	1946	1947	1948
Januar		419 829	486 548
Februar		431 159	479 640
März		439 704	473 609
April		454 231	453 309
Mai		462 591	435 615
Juni		473 097	436 386
Juli	306 779	478 355	425 628
August	334 174	482 423	426 734
September	354 414	487 235	430 276
Oktober	377 184	489 333	431 718
November	395 500	491 440	445 362
Dezember	404 000	492 000	454 092

Ab Juni 1947 beziehen sich die Zahlenwerte auf das Gebiet SBZ + Berlin. Quelle: Statistische Monatsberichte der FDJ, SAPMO-BArch, DY 24/ A 9.161.

Die Schlagkraft des Jugendverbandes litt zudem im Jahr 1948 unter finanziellen Schwierigkeiten sowie an einer enormen Kaderfluktuation. Rund 4500 Jugendfunktionäre rekrutierte die SED für Aufgaben in der Partei, der Verwaltung, in den VEB und vor allem für die Volkspolizei. Die Umformung der FDJ verstärkte den Zulauf zu den Jugendgruppen der bürgerlichen Parteien, der Verbände und Kirchen.

Auszug aus einem Protokoll der Konferenz der FDJ-Landesvorsitzenden, die alle SED-Mitglieder waren, vom 12. November 1948

»Verstärkung unseres Kampfes für die Einheit der Jugend

Erich Honecker führte aus, daß sich infolge des verstärkten Klassenkampfes in der Ostzone eine verstärkte FDJ-feindliche Bewegung bemerkbar mache. Wir sind zwar tolerant gegen andere Auffassungen, aber nicht gegen Feinde unserer Organisation und der Einheit der Jugend. Wir müssen eine organisierte Kampagne gegen diese Elemente führen.

Heinz Keßler wies darauf hin, daß es vor allem auf die Beschaffung konkreten Beweismaterials und eine sehr geschickte taktisch kluge Arbeit ankäme.

Horst Brasch meinte, es sei wichtig, die Jugendlichen aus diesen – vor allem kirchlichen – FDJ-feindlichen Kreisen zu gewinnen, die schon erkannt haben oder wenigstens zu überlegen beginnen, wohin sie geführt werden. Wir müssen ihnen zeigen, daß wir nicht gegen die Religion, sondern gegen die Feinde der Jugend kämpfen.

Gerhard Heidenreich berichtete, daß man in Sachsen von Anfang an hinsichtlich der Kirchen sehr taktisch gearbeitet hätte mit dem Erfolg, daß die Kirchen immer stärker geworden sind und die kirchliche Jugendorganisation heute praktisch besteht. Die Jugendlichen unterliegen immer stärker den Einflüssen der Kirchen und Sekten. [. . .] Der Landesvorstand hat bereits Anweisung gegeben, daß unsere Heime und Herbergen den kirchlichen Gruppen und Sekten nicht mehr zur Verfügung gestellt werden dürfen.

Wilhelm Koenen [Landesvorsitzender der SED in Sachsen] hatte bereits eine Aussprache mit Vertretern der Kirche, denen er sehr klar und deutlich gesagt hat, daß sie in unserem Sinne zu arbeiten haben.

Es ist an der Zeit, daß wir ganz ernsthaft mit den zentralen Kirchenstellen verhandeln und ihnen zu verstehen geben, daß wir nicht mehr länger mit ansehen können, wie sie gegen Anordnungen der Militärverwaltung verstoßen.

Im allgemeinen berufen sich diese Leute darauf, daß FDGB und SED ihre Jugendlichen ebenfalls kulturell betreuen. Es bleibt überhaupt zu überlegen, ob man es billigen kann, daß die Gewerkschaften solche Aufgaben durchführen. Alle fortschrittlichen Kräfte, die an einer Jugendarbeit interessiert sind, sollten sich in der FDJ sammeln, anstatt ihre Kräfte zu verzetteln. Die Gefahr der Verzettelung ist sowieso bei uns sehr groß. Die Genossen reiben sich in den Massenorganisationen auf. [. . .]

Erich Honecker erklärte zusammenfassend, daß wir die Angriffe der Kirche nicht mehr ohne Erwiderung hinnehmen können.

Viel hängt in dieser Beziehung von einer guten Arbeit unsererseits ab, sowohl in ideologischer als auch in kultureller Hinsicht. Man hat die Erfahrung gemacht, daß in einem unter starkem kirchlichem Einfluß stehenden Ort durch eine von einigen Instrukteuren veranlaßte gute Kulturarbeit fast alle Jugendlichen für die FDJ-Arbeit gewonnen wurden. Wir müssen die etwas in den Hintergrund geratene Frage der Einheit der Jugend wieder verstärkt propagieren.

Der unterirdische Kampf wird von diesen kirchlichen Kräften geführt, um die Entwicklung der sowjetischen Zone zur Volksdemokratie und zum Sozialismus zu verhindern. Initiator und Lenker dieses Kampfes ist die amerikanische Militärregierung.

[. . .] Die von Gerhard Heidenreich aufgezeigte Zersplitterung der Kräfte unserer Genossen bedeutet durchaus eine ernste Beschwernis, die aber leider im Augenblick nicht zu vermeiden ist. Der Zeitpunkt der ~~Gleichschaltung~~* ist noch nicht gekommen. Dazu ist die Entwicklung noch nicht reif genug. Vorerst muß die Partei noch in allen Massenorganisationen stärkstens mitarbeiten.«

* Im Protokoll wurde der Begriff »Gleichschaltung« nachträglich per Hand durchgestrichen und am Rande »Änderung« vermerkt.

Quelle: SAPMO-BArch, DY 24/ A 3.822.

Der Monopolanspruch wird durchgesetzt

Während die SED ihren Vormachtanspruch in der FDJ auf der Landes- bzw. Zentralebene im Herbst 1947 längst durchgesetzt hatte, galt dies für die Basis allenfalls eingeschränkt. Dieser Gegensatz kennzeichnete die bis zum Herbst 1948 andauernde erste Phase der offenen Umwandlung der FDJ zur SED-Massenorganisation. Dieses Phänomen fand in der SED seine Entsprechung. Deren Parteiführung nahm ab Sommer 1948, nach der Kominformresolution gegen Jugoslawien, Kurs auf die Umformung der SED zur »Partei neuen Typus«. Ihr stand ebenfalls eine heterogene Parteibasis gegenüber. Die 1,8 Millionen Mitglieder hatten 1945 in etwa zu gleichen Teilen der SPD, der KPD bzw. keiner der beiden Arbeiterparteien angehört. Die Stalinisierung der SED vollzog sich im wesentlichen zwischen Sommer 1948 und Frühjahr 1949. Sie ging mit der Liquidierung des sozialdemokratischen Einflusses innerhalb der Partei sowie der organisatorischen und pro-

grammatischen Angleichung an das Vorbild KPdSU einher.
Die 16. Tagung des FDJ-Zentralrats im November 1948 markiert im Transformationsprozeß der Jugendorganisation den Beginn der zweiten Phase. Neue Organisationsrichtlinien sollten die Arbeit des Jugendverbandes effizienter gestalten. Diese lehnten sich an die vom SED-Parteivorstand in den vorausgegangenen Monaten gefaßten Beschlüsse an. Die Betriebsgruppen rückten in den Mittelpunkt der Verbandsarbeit. Mit der Einführung des Instrukteurprinzips hob die FDJ-Führung die bis dahin existierende faktische Autonomie der Basisgruppen auf. *»Unklarheiten«* über *»die führende Rolle der Sowjetunion und der volksdemokratischen Länder im Kampf für Frieden und Demokratie«* sollten überwunden, der *»Kampf gegen die Kriegshetzer und feindliche Agenten«* verstärkt werden.
Zwei strukturelle Faktoren bedingten den 1949 einsetzenden organisatorischen Aufschwung des Jugendverbandes.
Als wesentliches Moment erwies sich die deutlichere Funktions- und Kompetenzabgrenzung der Massenorganisationen, die von der SED-Führung ab dem Jahreswechsel 1948/49 durchgesetzt werden konnte. Am deutlichsten wird dies am Beispiel des Freien Deutschen Gewerkschaftsbundes. Mit seinen »Bitterfelder Beschlüssen« vom November 1948 ordnete sich dieser programmatisch und ideologisch der Politik der SED förmlich unter. Die Zentrale Jugendkommission des FDGB zog daraus Mitte Dezember Konsequenzen für die gewerkschaftliche Jugendarbeit. In einer »Entschließung über die Jugendarbeit des FDGB« forderte die Jugendkommission dazu auf, vorhandene *»Unklarheiten über das Verhältnis der Gewerkschaften zur FDJ«* zu beseitigen. Die jungen Kollegen sollten *»in der Freien Deutschen Jugend einen starken und zuverlässigen Verbündeten in ihrem gemeinsamen Kampf sehen und ihre Kraft dafür einsetzen, die Freie Deutsche Jugend in dem Betrieb stärker als bisher zu verankern«.*[75]
Auch die anderen Massenorganisationen sowie die beiden von der SED und der SMAD gegründeten »bürgerlichen« Parteien NDPD und DBD akzeptierten nach und nach die ihnen zugewiesenen Funktionen und Kompetenzen. Schrittweise – und nicht ohne Widerstände an der Basis – zogen sie sich in der Folgezeit aus der Jugendarbeit zurück.
Der zweite Faktor war die ebenfalls zum Jahreswechsel 1948/49 beginnende Institutionalisierung der FDJ im Bildungswesen.

Seid bereit! – Immer bereit! Junge Pioniere werden Vorfeldorganisation der FDJ

Im Verlauf des Jahres 1948 mußte die FDJ mit großer Sorge einen zehnprozentigen Rückgang unter den vierzehn- bis sechzehnjährigen Mitgliedern konstatieren. Gerade auf jene Jahrgänge, *»die in den Tagen des Zusammenbruchs des Dritten Reiches dem Kindesalter noch nicht entwachsen waren«,* hatte der Jugendverband große Hoffnungen gesetzt. Schließlich habe man feststellen können, daß sich diese Jugendlichen *»in der Regel schneller und unvoreingenommener* [. . .] *in die neue Zeit einfügen und*

Pionierzeitung für das 1. Pioniertreffen, Dresden 1952

sich in sie hineinfinden« als jene mit HJ- oder BDM-Vergangenheit.[76]
Mitte Oktober 1948 klagte Ernst Hoffmann vor dem SED-Parteivorstand, daß sich von den 2,5 Millionen Kindern im Alter von sechs bis 14 Jahren erst 180 000 an der Arbeit der FDJ-Kindervereinigung beteiligten.[77] Ein im Frühjahr 1948 unternommener Versuch, die Arbeit der Kindervereinigung effizienter und vor allem auch politischer zu gestalten, war versandet. Der Jugendverband mußte einen Weg finden, bereits an den Grundschulen für ein späteres Engagement in der FDJ zu werben. Bis zum Jahreswechsel 1948/49 verließen die meisten Kinder die Schulen, wenn sie das für die FDJ erforderliche Beitrittsalter von 14 Jahren erreicht hatten. Die FDJ bemühte sich redlich, aber offenkundig vergeblich, auf Schulentlassungsfeiern die eigenen Reihen zu füllen. In der Realität stand sie vor dem Problem, die in alle Winde verstreuten Jugendlichen in den Betrieben und Büros, in den Wohngebieten oder an den weiterführenden Schulen überhaupt zu erreichen.
Da beschloß der FDJ-Zentralrat auf seiner 17. Tagung am 11./12. Dezember 1948 die Gründung der »Jungen Pioniere«. Sie sollten formal als eigenständige Organisation unter direkter Anleitung der FDJ die Massenorganisation der Kinder in der SBZ/DDR werden. Bereits am 19. Dezember begrüßte die Konferenz der Volksbildungsminister der SBZ die organisatorische Verankerung der Pionierorganisation an den Schulen und genehmigte die Einstellung *»hauptamtlicher Pionierleiter an den größeren Schulen«.*[78] Die neue Organisation sollte sich von der alten Kindervereinigung abheben, in der zuviel Wert auf Betreuung gelegt worden sei und der spielerische Charakter dominiert habe. Anders als die Kindervereinigung, die ihre Gruppen in den Wohngebieten organisierte, wurde der Pionierverband an den Schulen aufgebaut. Die Leitung der Pioniergruppen oblag in der Regel einem (Neu-)Lehrer. Er mußte von der FDJ-Kreisleitung bestätigt werden. Trotz des hinhaltenden Widerstandes von Teilen der Lehrerschaft, die die Arbeit des Pionierverbandes als Einmischung in ihre Zuständigkeit betrachteten, konnte die junge Organisation rasch exorbitante Erfolge verzeichnen. Bereits im April 1949 zählte sie fast 500 000 Mitglieder. Damit war beinahe jedes fünfte schulpflichtige Kind im Alter zwischen sechs und 14 Jahren dem Verband beigetreten.[79] Im Dezember 1949 trug jeder dritte, im Dezember 1950 bereits jeder zweite Pennäler das blaue Halstuch.[80]

»In der 4. Volksschulklasse, im Jahr 1949, fanden an der Schule, die ich besuchte, die ersten Werbeaktionen der FDJ statt. [. . .] [Es] wurde die Parole ausgegeben, die ganze Schule werde geschlossen der FDJ bzw. den Jungen Pionieren beitreten. Dagegen wurde zuerst massiver Protest der Elternschaft laut, der über den Elternbeirat der Schule vorgebracht wurde und auch Erfolg hatte. Als einige Jungen aus meiner Klasse zu den Veranstaltungen der Jungen Pioniere gingen, gab es bei ihnen daheim mit den Eltern Ärger. Meine Mitschüler betrachteten die Heimabende als Abwechslung, als Möglichkeit zum Spielen oder zur Ausübung einer Sportart, wie sie ihnen sonst nirgends geboten wurde. Nur deswegen wollten sie gerne mitmachen. Die Eltern sahen in den Jungen Pionieren eine Art neues Jungvolk unter kommunistischen Vorzeichen. Einige Väter und Mütter nahmen ihren Söhnen sogar das blaue Halstuch weg und sperrten sie ein, wenn sie zu Veranstaltungen der Jungen Pioniere oder der FDJ gehen wollten. Daraufhin mischte sich der Direktor der Volksschule ein, bestellte die Eltern zu sich und versuchte ihnen klar zu machen, sie hätten kein Recht, ihre Kinder an einer ›fortschrittlichen, gesellschaftlichen Verhaltensweise‹ zu hindern.«

Frederik Hetmann: enteignete Jahre. junge Leute berichten von drüben, München 1961, S. 22 f.

Die Lehrer konnten sich auf Dauer dem Verlangen von Partei und Staat, die Pionierorganisation zu unterstützen, nicht entziehen, zumal die vielfältigen Freizeitmöglichkeiten des Verbandes von den Kindern gern wahrgenommen wurden. Die zahlreichen Arbeitsgemeinschaften, die zunächst in den Schulen und schließlich in besonderen Pionierhäusern angeboten wurden – das erste wurde im Mai 1949 in Berlin-Lichtenberg eröffnet –, monopolisierten die organisierte Beschäftigung mit Natur, Technik, Geschichte, Theater, Volkstanz und Sport und trugen entscheidend zur erfolgreichen Etablierung des Pionierverbandes bei. Scheinbar unerschöpfliche Ressourcen ermöglichten Freizeitaktivitäten, die für viele Kinder in materieller Hinsicht sonst unerschwinglich gewesen wären. Dies erhöhte die Akzeptanz der Organisation in Teilen der Bevölkerung. Viele Eltern nahmen den politisch instrumentalisierenden Aspekt der Freizeitgruppen, deren politische Ausrichtung an den Interessen der SED unverkennbar war, in Kauf. Immerhin konnten die Kinder dort einer sinnvollen Freizeitbeschäftigung nachgehen und blieben nicht sich selbst überlassen.

Kampf um die Oberschulen

An den Oberschulen hatte es die FDJ ungleich schwerer. Die Oberschüler stammten damals noch überwiegend aus bürgerlichen und kleinbürgerlichen Elternhäusern. Sie reagierten auf den von der SED und ihren Verbündeten propagierten Führungsanspruch der Arbeiter und Bauern mit Ablehnung. Die im Bildungswesen angelaufene Förderung von Arbeiter- und Bauernkindern, deren Karrieresprünge in Politik, Verwaltung und Ökonomie wurden einerseits als Eingriff in angestammte Besitzstände und anderseits als neue Diskriminierung, diesmal unter umgekehrten Vorzeichen, empfunden. Die Produktionspropaganda der FDJ trug ebenfalls kaum zu deren Attraktivität bei. Hilflos mußte die FDJ erleben, daß sich an den Oberschulen nicht nur *»Kleinbürger, sondern auch die jetzt vorwärts strebenden Jahrgänge der Arbeiter- und Bauernkinder«* von den *»antidemokratischen«* Argumenten der *»Reaktion«* beeinflussen ließen.[81]

Seit 1946 hatten sich an zahlreichen Oberschulen Schülerausschüsse bzw. -räte gebildet. Die FDJ konnte in diesen Gremien kaum Fuß fassen. Im Verlauf des Jahres 1948 begannen die Oberschüler, die bestehenden Schülerräte auf kommunaler Ebene zusammenzufassen, Konferenzen abzuhalten und die Forderung zu formulieren, diese zu einer sozialen Interessenorganisation auszubauen. Einige erklärten sich dazu bereit, mit der FDJ zusammenzuarbeiten, ohne dieser jedoch beitreten zu wollen. Andere, wie etwa in Leipzig, beschlossen, jegliche Zusammenarbeit mit dem Einheitsjugendverband einzustellen.

Eine Aktennotiz der FDJ-Führung illustriert die Differenz zwischen den Schülervertretern und dem Jugendverband:

»Bericht

Am Montag, den 6. 12. 1948 fand im Haus der DWK eine Sitzung von Schülervertretern des Landes Brandenburg statt. Die Anwesenden waren zum großen Teil Schülerräte der verschiedenen Schulen. Sie waren in der DWK zusammengekommen, um der DWK eine gemeinsame Resolution zur Erhöhung der Lebensmittelrationen und zur Durchführung der Schulspeisung zu überreichen. Zunächst wurde in der Diskussion sehr ausführlich über die Verpflegung der Oberschüler diskutiert. Dabei wurden Klagen über die Brötchenverteilung erhoben und die Brötchen als ›Wasserkugeln‹ bezeichnet. Die Schulspeisung, die an vielen Schulen durchgeführt wird, wurde sehr scharf diskutiert. Dieses Essen wurde als ›schlammender Nil‹ bezeichnet. [. . .]

Von einem Vertreter der DWK wurde darauf hingewiesen, daß ein Antrag auf Erhöhung der Lebensmittelrationen bereits vorliegt und daß er, sobald die Möglichkeit besteht, berücksichtigt wird.

Die Bemerkungen der FDJ, daß man, wenn man Forderungen stellen will, auch gewisse Leistungen zeigen müsse, wurden abgelehnt. In der Diskussion, die sich den Ausführungen von Peter Heilmann anschloß, wurden unter anderem folgende Äußerungen getan: »Aktivistenbewegung in der Schule, das ist viel schwieriger als in der Fabrik, denn so ein Lehrling, der haut eben auf das Stück Eisen drauf und dann kommt was bei raus. So leicht geht das aber bei uns nicht‹. ›Wir wollen uns ja bei den Arbeitseinsätzen mit betätigen, aber dazu braucht man keine politische Organisation.‹

Argumente der Schüler:

1.) Die Schülerräte haben die Mehrzahl der Schüler hinter sich und vertreten als die demokratisch gewählte Körperschaft der Schüler die Interessen der Schüler in der Wirklichkeit.

2.) In die FDJ eintreten? – – – Ha, ha, ha! Damit verlieren wir das Vertrauen der Schüler und gewinnen es nicht.

3.) Bei uns in Belzig beruht alles auf Diktatur. Der Kommandant hat gesagt: Der Schülerrat darf nur aus FDJ'lern bestehen, die Schule hat sich danach zu richten! Der Direktor bestimmte also, daß nur FDJ'ler in den Schülerrat dürfen. Also wurde gehandelt, obwohl diese FDJ'ler nicht das Vertrauen der Schüler haben.

4.) Die DWK hat uns ermutigt – die FDJ wollte uns entmutigen. Daran sieht man ja wie die FDJ die Interessen der Jugend vertritt.

5.) Wir müssen endlich ein festes Programm für die Schülerräte aufstellen.

6.) Wir und die FDJ haben verschiedene Ansichten. Wir wollen den Willen der Schüler auf demokratische Weise durchsetzen – die FDJ will von oben bestimmen und tut es auch.«

Quelle: SAPMO-BArch, DY 24/ A 6.094.

Noch im November 1948 schien die FDJ-Führung wenig Hoffnung zu haben, das Nebeneinander von Jugendorganisation und Schüler-

Berliner Universität 1945

selbstverwaltung und damit die faktische Bedeutungslosigkeit der FDJ an den Oberschulen in absehbarer Zeit zu überwinden. Die Zentralratsrichtlinien »für die organisatorische Festigung der Schulgruppen der FDJ« von Mitte November 1948 empfahlen lediglich, die Arbeit des Jugendverbandes stärker an den Interessen der Schüler zu orientieren und die Wahlen zu den Selbstverwaltungsorganen *»gründlich und ausführlich«* vorzubereiten.[82] Eine gemeinsame Konferenz der Volksbildungsminister der SBZ mit der FDJ-Führung am 19. Dezember 1948 in Berlin sollte die Situation grundlegend ändern. In einer Aktennotiz über diese Zusammenkunft hieß es unter Punkt 1:

»Nach Unterstreichung der Bedeutung der FDJ für die Schulreform und die Entwicklung der Volksbildung durch Präsident Wandel beschloß die Ministerkonferenz die sofortige Abschaffung der Schülerräte als unvereinbar mit dem Gesetz über die Schulreform. Als Vertreter der Interessen der Schülerschaft gilt die FDJ bzw. der Verband der jungen Pioniere. [. . .] *Die Schulabteilung der SMAD ist von der Notwendigkeit dieser Maßnahme zu überzeugen.«*[83]

Im Gegenzug erklärte sich die FDJ dazu bereit, im Verlauf des Jahres 1949 3000 Funktionäre für den Lehrerberuf freizustellen.

Auf diese Weise wurde die demokratische Konkurrenz der FDJ an den Oberschulen per Dekret ausgeschaltet.

Stürmt die Festung Wissenschaft!

Bereits im September 1946 hatte Hermann Axen die Hochschularbeit der FDJ als *»Achillesferse«* auf dem Weg *»zur Organisation der* *jungen Generation«* charakterisiert.[84] Der Aufbau der Universitäten und des Studienbetriebs in der SBZ vollzog sich zunächst entsprechend der Tradition des deutschen Hochschulwesens. Die Studentenschaft der Nachkriegszeit stammte ganz überwiegend aus der Mittelschicht. Zwar lag der Anteil der Studenten aus Arbeiter- und Bauern-Elternhäusern bald über den Zahlen der Vorkriegszeit. Doch die alten Bildungsprivilegien waren noch lange nicht gebrochen. Daher mag es nicht verwundern, daß die Universitäten und Hochschulen zu einer Hochburg der bürgerlichen Parteien wurden. Dies schlug sich insbesondere bei den Wahlen zu den Studentenräten in den Wintersemestern 1946/47 und 1947/48 nieder. Beide Male gingen parteilose Studenten bzw. solche mit CDU- und LDP-Parteibüchern als Sieger hervor. Anton Ackermann bewertete das Abschneiden der SED-Kandidaten, die Ende 1947 im Durchschnitt lediglich rund 40 Prozent der Stimmen auf sich vereinigen konnten[85], vor dem Zentralen Hochschulausschuß der SED als *»geradezu alarmierend«*. Die Hoffnung der SED, mit Hilfe der Vorstudienanstalten[86] nicht nur die Sozialstruktur, sondern auch die politische Ausrichtung der Studentenschaft in ihrem Sinne zu verändern, erfüllte sich nicht im gewünschten Tempo. Die SED mußte zur Kenntnis nehmen, daß *»trotz der weitgehenden sozialen Umschichtung der Studentenschaft durch die vermehrte Zulassung der Arbeiter- und Bauernstudenten zur Universität, durch die Eingliederung der Vorstudienanstalten und trotz maßgeblichen Einflusses«* auf die Auswahl der Erstsemester die Kandidaten der SED *»nicht einmal so viele Stimmen«* für sich verbuchen konnten, wie die Fakultätsgruppen der SED Mitglieder zählten.[87] Viele frühere Arbeiter oder Bauern verloren im liberalen geistigen Klima der Universität das von ihnen erwartete »Klassenbewußtsein« und verweigerten sich dem politischen Führungsanspruch der SED.

Irene Böhme: Jugendbande oder der mißbrauchte Idealismus. Teil III:

»›Die Arbeiterklasse bricht das Bildungsprivileg‹. Nun dürfen die Mittellosen studieren. Mittellos ist in der Nachkriegszeit fast jeder. Einige Jahre erhalten nur Arbeiter- und Kleinbauernkinder Zutritt zu Oberschulen und Universitäten. Arbeiter- oder Bauernkind läßt sich leicht werden. Erstens sind viele Familienpapiere verschollen, zweitens sind viele Väter tot, drittens ist aus einem Maurermeister mit kleinem Baugeschäft schnell ein schlichter Maurer gemacht, also Arbeiterklasse. Wer keine Chance hat, seine Ahnengalerie zu frisieren, also Kinder von Steuerbeamten und Versicherungsangestellten, erlernt einen Arbeiterberuf. Als Köchin oder Elektriker gewinnt man die Möglichkeit, im Zweijahresschnellkurs das Abitur abzulegen, der Weg zur Hochschule ist geebnet.

Das Bildungsprivileg wird nicht gebrochen, es wird verschärft. Richtige Abstammung allein genügt nicht, es bedarf auch der richtigen Gesinnung. Die wird in der Delegierung bescheinigt. Dieses Papier stellen SED, FDJ oder Staatsbetrieb aus. Wer was lernen will, muß sich arrangieren. Die erste Lebenslüge ist fällig. So wird der Fragebogen manipuliert, die Staatstreue geheuchelt oder aufgebauscht, eventuelle Westverwandtschaft verleugnet oder geschworen, jeglichen Kontakt zu dem beim Klassenfeind lebenden Großvater abzubrechen. Wer eine höhere Bildungsstufe erklimmt, lernt in einer Welt des Scheins zu leben. Wer lernen darf, ist auserkoren, muß jedoch so tun, als lebe er ganz gewöhnlich, so wie ein Fabrikarbeiter oder eine Putzfrau. Wer lernen darf, ist privilegiert, muß lebenslänglich dafür dankbar sein, daß die Arbeiterklasse ihm das ermöglichte. Sozialer Abstieg lauert allenthalben. Relegierung ist angedroht, falls jemand zum Rübenziehen nicht antritt, Orwells *1984* liest, die Tante in West-Berlin besucht, Uwe Seeler für einen erstklassigen Fußballspieler hält oder nicht weitermeldet, was die Kommilitonen beim abendlichen Bier so besprachen. Die fortgesetzte Erpressung der Lernenden findet durch Honeckers Jugend-Gang statt.

So hoch der Einsatz, so niedrig die Bildung. Sie hält sich zunächst an das Niveau der kaiserlichen Klippschule, weil es den alten Herren im Politbüro vertraut ist. Ein Drittel der Zeit wird zum Erlernen des aktuellen Glaubensbekenntnisses aufgewendet, das wechselnd STALIN, ÖKONOMISCHE HAUPTAUFGABE oder KONVERGENZTHEORIE und beständig MARXENGELSLENINSTALIN heißt. Geisteswissenschaftler sind aufgefordert, die Quellen zu meiden und sich an der Sekundärliteratur zu orientieren. Auf Fremdsprachenkenntnis wird wenig Wert gelegt. Der Fachmann soll zu Hause werkeln, nicht in der Welt herumreisen. Wer beispielsweise intensiv Englisch oder Französisch lernt, gilt als verdächtiger Außenseiter. Fachwissen vermitteln in den ersten Jahren bürgerliche Wissenschaftler, später selbstgezüchtete Experten. Die Sorge, bürgerliches Denken könne durch Bildung einsickern, hält den geheimen Staatsapparat auf Trab, läßt ihn unter Studenten und Studienabgängern um Nachwuchs buhlen. Ganze Fakultäten, die journalistische und die juristische zuvörderst, sind mit Spitzeln durchsetzt. Doch alle revolutionäre Wachsamkeit nützt nichts. Die neue Elite des Landes gerät nicht reinrassig proletarisch-revolutionär, sondern mehrheitlich spießbürgerlich-erfolgsorientiert; gelegentlich mendeln sich aus ihr Zweifler und Renegaten.«

Aus: Kursbuch, Februar 1993, Heft 111, S. 16 f.

Die Einheitspartei bedurfte des Terrors und administrativer Eingriffe in die universitäre Selbstverwaltung, um ihre Vormacht an den Universitäten durchzusetzen. Die Verhaftung des liberaldemokratischen Leipziger Studentenratsvorsitzenden Wolfgang Natonek und weiterer Mitstreiter durch die sowjetische Geheimpolizei am 11. November 1948 machte deutlich, daß sich die SED dabei auf die Unterstützung der Besatzungsmacht verlassen konnte.[88] Wenige Tage vor den Studentenratswahlen an der Leipziger Universität war sie ein deutliches Signal an jene bürgerlich-demokratischen Studentenpolitiker, die sich dem Druck der SED widersetzt hatten. Erst jetzt gelang es der SED, bei fast allen im Verlauf der folgenden Wochen und Monate stattfindenden Studentenratswahlen eine Mehrheit zu erringen.[89]

Obwohl zum Zeitpunkt des II. FDJ-Parlaments im Sommer 1947 immerhin ein Drittel der rund 13 000 Studentinnen und Studenten ein Mitgliedsbuch der FDJ besaßen[90], existierten damals lediglich an den Universitäten Halle und Leipzig eigene FDJ-Gruppen.[91] Dieser scheinbare Widerspruch resultierte aus dem Umstand, daß die FDJ in den Zulassungskommissionen der Universitäten und in den Vergabeausschüssen für Stipendien vertreten war. Eine Mitgliedschaft in der Einheitsorganisation dokumentierte jenes Mindestmaß an gesellschaftlichem Bewußtsein, das für den Universitätsbesuch bereits damals obligatorisch war.

Der spätere Präsident des Bundesverfassungsgerichtes, Ernst Benda, zählte Anfang 1946 zu den ersten Studenten an der wiedereröffneten Berliner Universität. Fünfzig Jahre später erinnert er sich an die heftigen politischen Auseinandersetzungen, die schließlich zur Gründung der Freien Universität in West-Berlin führten:

»Die Auseinandersetzung begann schon im Frühjahr 1946, als eine Gruppe von 30 Studenten in einem Schreiben an den Rektor gegen das Hissen von Fahnen der KPD und einem Transparent mit dem Symbol der SED protestierte: ›Die Universität dient der Wissenschaft und Bildung und ist keine Parteiinstitution.‹ Damit war der Kern des Konfliktes bezeichnet, der bis zum Sommer 1948 die Berliner Universität beherrschen sollte. Die Zentralverwaltung reagierte mit einem von Professor Brugsch unterzeichneten Schreiben vom 23. Mai 1946 an den Rektor der Universität: Der Vorfall gebe Anlaß, ›sie und besonders auch die Herren des Lehrkörpers auf die übernommene Verpflichtung hinzuweisen, alle Kräfte in den Dienst der großen Erziehungsarbeit an den Studenten zu stellen, damit ein wahrhaftes Vertrauensverhältnis zwischen der Universität und der demokratischen Öffentlichkeit hergestellt wird‹. [. . .] Die Unterzeichner des Schreibens – sämtlich anerkannte Opfer des Faschismus oder Widerstandskämpfer gegen den Nationalsozialismus – wurden in die Zentralverwaltung geladen und dort befragt und verwarnt. Eine weitere Folge war die Absetzung des Vorsitzenden der Studentischen Arbeitsgemeinschaft, Georg Wrazidlo, der CDU-Mitglied war, durch die Zentralverwaltung für Volksbildung und seine provisorische Ersetzung durch einen der SED angehörenden Studenten. Erst im Herbst fand dann eine Wahl statt, bei der Otto H. Hess (SPD) siegte. Die Studentische Arbeitsgemeinschaft hatte damals 850 Mitglieder, von denen 80 Prozent keine Kommunisten waren.

In den folgenden Monaten verschärfte sich der Konflikt. Die Praxis der Zulassung zum Studium bevorzugte einseitig SED-Mitglieder. [. . .]

Im März 1947 wurden Georg Wrazidlo, die Studentin Gerda Rösch und Manfred Klein – Mitglied des Studentenrates und Angehöriger der CDU-Hochschulgruppe – sowie drei weitere Studenten von sowjetischen Stellen verhaftet. Sie wurden von sowjetischen Gerichten in geheimer Sitzung zu Gefängnisstrafen von 10 bis 35 Jahren wegen ›faschistischer Geheimbetätigung‹ verurteilt. [. . .] Mit den Verhaftungen war die Zeit der Plänkeleien vorbei. Das Regime zeigte, daß es entschlossen war, seinen Willen auch an der Universität durchzusetzen. Aber die Mehrzahl der Studenten war auch nach diesem Vorgang nicht bereit, sich einschüchtern zu lassen. Die Studentenratswahlen im Februar 1947 führten zu einer Niederlage der kommunistischen Bewerber; von 28 Mitgliedern des Studentenrates gingen nur drei Sitze an Vertreter der SED. Als im Dezember 1947 wiederum Studentenratswahlen stattfanden, errang die SED wiederum nur drei von 30 Sitzen, die SPD zwei, die CDU drei und die LDP einen; alle anderen waren parteipolitisch ungebunden, aber sie sympathisierten ganz überwiegend nicht mit den Kommunisten, sondern mit den Oppositionellen der anderen Parteien.

Am 16. April 1948 teilte der Rektor Dersch den Studenten Otto Hess und Joachim Schwarz als den Herausgebern des ›Colloquiums‹ und Otto Stolz als dessen Kommentator mit, daß die Zentralverwaltung für Volksbildung ›ihr Einverständnis mit Ihrer Zulassung zum Studium an der Universität Berlin im Hinblick auf die in Ihrer publizistischen Tätigkeit liegenden Verletzung von Anstand und Würde eines Studierenden hiermit widerrufe‹. Jetzt war klar Position zu beziehen. Der Studentenrat stimmte wenige Tage später mit 18 zu drei Stimmen einer von mir entworfenen Entschließung zu, mit der die willkürlichen Entlassungen verurteilt wurden und die Zentralverwaltung aufgefordert wurde, ihre Entscheidung rückgängig zu machen. Mit 19 gegen 2 Stimmen wurde beschlossen, die Zentralverwaltung von der Absicht zu unterrichten, die Studentenschaft zum Streik aufzurufen, falls die Forderungen nicht umgehend erfüllt würden. Das geschah in einer turbulenten Sitzung, die mit Zuschauern, Sympathisanten wie auch lautstarken Abgesandten der SED überfüllt war. [. . .] Die nachfolgenden Wochen führten schließlich zur Gründung der Freien Universität in den Westsektoren Berlins.«

Aus: Frankfurter Allgemeine Zeitung vom 1. Februar 1996.

Wolfgang Natonek, LDP, Vorsitzender des Studentenrats der Universität Leipzig, 1948 von den Sowjets verhaftet

Bis zum III. Parlament im Sommer 1949 gelang es der FDJ, an allen Universitäten und Hochschulen FDJ-Gruppen zu gründen.

Auf dem FDJ-Parlament zeichnete Honecker ein Bild vom *»Kampf um die Leistungssteigerung«* beim Studium, der zwar noch im Anfangsstadium stecke, aber dennoch erkennen lasse, daß mit der FDJ *»ein neuer Geist«* in die Hochschulen einziehe.[92] Diese Darstellung muß auf die meisten Studenten angesichts der kläglichen Rolle, die die FDJ bis dahin an den Universitäten gespielt hatte, gleichermaßen vermessen wie bedrohlich gewirkt haben. Die manipulierten Rahmenbedingungen bei den Studentenratswahlen hatten demonstriert, wie leicht sich die herrschenden politischen Kräfte über den demokratischen Mehrheitswillen hinwegsetzten. Mit der Forderung nach besserer Disziplin, genauerer Einhaltung der Vorlesungen, der Einrichtung von Zirkeln *»mit dem Ziel, bei der Durchführung des Zweijahrplans zu helfen«,* der Mitarbeit der Studenten bei Jugendobjekten der FDJ wie der Bau der Wasserleitung für die Maxhütte und einer *»verstärkten ideologischen Arbeit«* glaubte die FDJ-Führung, *»daß in kurzer Zeit unsere Freie Deutsche Jugend die Mehrheit der Studenten in ihren Reihen vereinigt«.*

Angesichts dieser wenig attraktiven Perspektive für die Studierenden bedurfte die FDJ weiterhin der massiven Unterstützung durch die SED. Doch erst der Terror der Besatzungsmacht konnte die bis dahin erfolgreiche Selbstbehauptung der Studentenschaft gegen den Vormachtanspruch der SED brechen. Die Demokraten hatten sich auch durch die Verhaftung Natoneks im November 1948 nicht abschrecken lassen. Mit der Verhaftung des Rostocker Studenten und Mitglieds des LDP-Landesvorstandes Mecklenburg, Arno Esch, sowie 13 weiterer Liberaldemokraten demonstrierte die sowjetische Besatzungsmacht im Oktober 1949 mit neuer Härte, daß der *»Sturm auf die Festung Wissenschaft«* notfalls auch mit Gewalt erfolgen würde. Esch, der bereits am 14. Juni 1946 der FDJ beigetreten war und bei jeder sich bietenden Gelegenheit öffentlich die Überparteilichkeit der FDJ angemahnt hatte, war aufgrund seiner Erfolge in der liberaldemokrati-

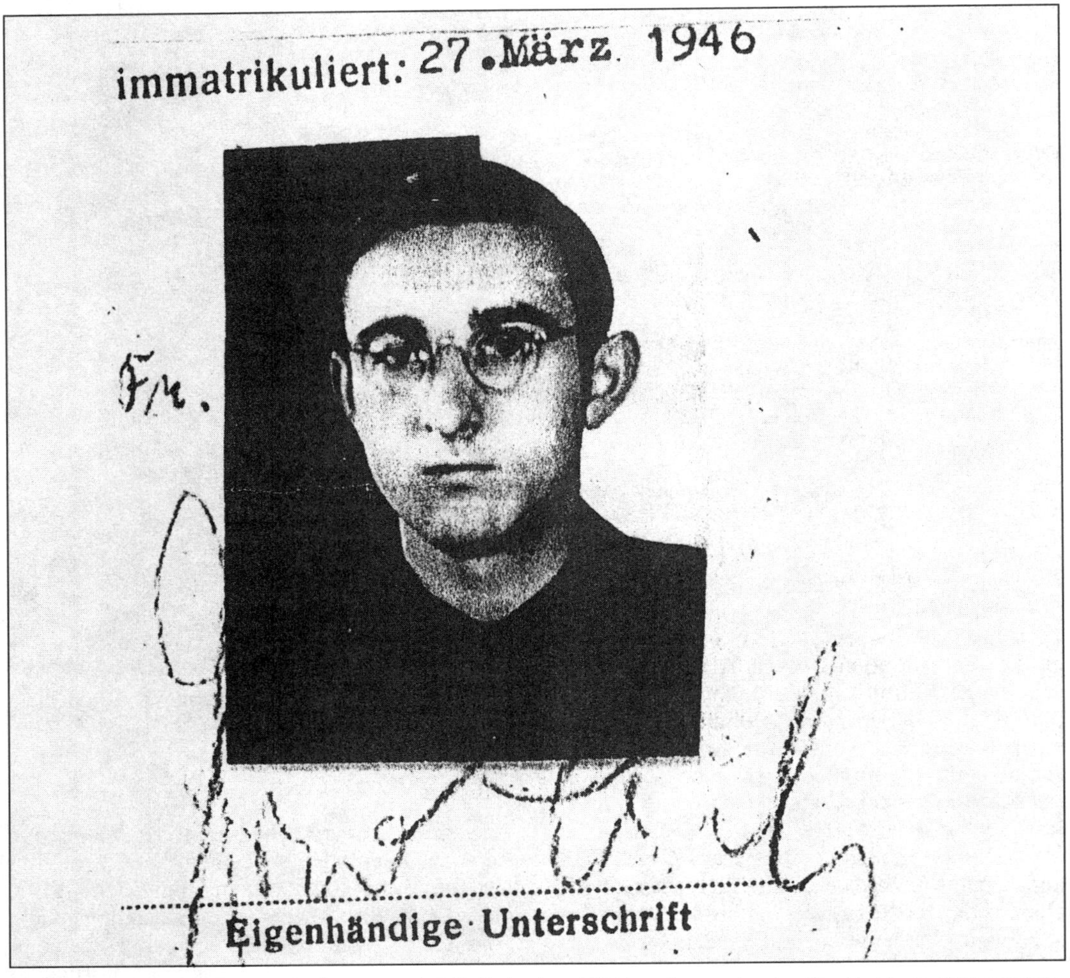

Arno Esch, LDP, Hochschulreferent und Mitglied des LDP-Landesvorstands Mecklenburg-Vorpommern, 1949 verhaftet, 1950 von einem sowjetischen Militärtribunal zum Tode verurteilt, 1951 in der Sowjetunion hingerichtet

schen Jugendarbeit ein beständiges Ärgernis für den Einheitsverband geworden. In einem Geheimprozeß vor einem sowjetischen Militärgericht im Sommer 1950 wurden er und viele seiner Mitstreiter zum Tode verurteilt.[93]

Trotz aller Repressionen formierte sich an der Universität Rostock weiterer Widerstand:

»Schon Ende 1949 begannen die bisher zur Opposition gehörenden Studenten zu erkennen, daß der Studentenrat und die Hochschulgruppen der CDU und LDP bald keine Grundlage mehr für die Vertretung der Interessen der Studentenschaft darstellen konnten, daß die FDJ in Zukunft die einzige von den Behörden akzeptierte und geduldete studentische Organisation sein würde. Nach dieser Erkenntnis lag der Gedanke gar nicht mehr so fern, die FDJ an der Universität wirklich zu einer Studentenorganisation zu machen, und zwar dadurch, daß man selbst in die FDJ eintrat, auch wenn man ihren politischen Zielen ablehnend gegenüberstand, und zum anderen Kommilitonen, die man als Gegner des SED-Regimes kannte, gleichfalls zum Beitritt aufforderte. [. . .]
Die Unterwanderung der unteren FDJ-Funktionen

durch Studenten, die dem Regime ablehnend gegenüberstanden, geschah anfangs meist unbewußt und aus dem einfachen Schutzbedürfnis heraus, sich nicht unter das Kommando besonders scharfmacherischer Funktionäre begeben zu wollen, also notfalls diese Funktionen und damit zusätzliche Arbeit, den Zwang zur Heuchelei und die Abneigung eines Teils der Kommilitonen auf sich zu nehmen. Die Unterwanderung war zunächst in keiner Weise organisiert oder systematisch durchgeführt. [. . .] Die Zahl dieser Studenten wuchs aber rasch an, als der Erfolg der Unterwanderungsmethode für alle Nichtkommunisten spürbar wurde. Das erforderte nun eine gewisse Zusammenarbeit der Studenten, die die FDJ für die Vertretung studentischer Interessen nutzen wollten, vor allem als sie darangingen, auch Funktionen in der FDJ-Hochschulgruppenleitung zu besetzen. So entstand etwa im Januar 1950, beginnend mit informellen Absprachen von Studenten aus verschiedenen Fakultäten, eine Art Widerstandsgruppe, die im ersten Halbjahr 1950 etwa 20 Mitglieder umfaßte. [. . .] Dem erst wenige Wochen bestehenden Kreis gelang es schon in den ersten Monaten des Jahres 1950, eine Anzahl wichtiger Funktionen im Studentenrat, den Fakultätsräten und vor allem in der FDJ-Hochschulgruppenleitung zu übernehmen. Einige dieser Gruppe nahestehende Studenten ließen sich auf die Einheitsliste für die Studentenratswahl im Februar 1950 setzen, erhielten bei der Wahl eine große Zahl von Stimmen und zogen in den Studentenrat ein.«

Aus: Thomas Ammer: Universität zwischen Demokratie und Diktatur, Köln 1969, S. 64 ff.

Währenddessen veröffentlichte das Ministerium für Volksbildung der DDR im Dezember 1949 eine für alle Universitäten einheitliche Wahlordnung. Danach waren lediglich die an der Universität vertretenen Massenorganisationen, nämlich die FDJ, der FDGB, die Gesellschaft für Deutsch-Sowjetische Freundschaft und der Kulturbund, dazu berechtigt, Kandidaten für eine studentische Einheitsliste zu nominieren. Begründet wurde dies zynischerweise mit dem Wunsch, jedes »Parteiengezänk« auszuschalten. Bei den Wahlen 1950 sprachen sich rund 70 Prozent für die »Kandidaten der Nationalen Front« aus, die restlichen protestierten mit der Abgabe eines ungültigen Stimmzettels gegen den Handstreich der Einheitssozialisten.[94]
Eine Konferenz der Vorsitzenden der Studentenräte der DDR beschloß schließlich am 1. August 1950 die Selbstauflösung der Studentenräte. Ein Jahr später, mit dem Beginn der »sozialistischen Hochschulreform« der DDR, traten die FDJ-Hochschulgruppen offiziell an deren Stelle.
Erst als Opportunität im Sinne einer Chancensicherung zum Moment der Überzeugung als Motiv für einen FDJ-Beitritt hinzukam und dieses im Verlauf der folgenden Jahre überlagerte, entwickelte sich der Jugendverband zur Massenorganisation der SBZ- und schließlich der DDR-Jugend.

Mitgliederbewegung der FDJ im Jahre 1949

Januar	464 821
Februar	522 130
März	565 730
April	610 782
Mai	659 831
Juni	695 831
Juli	790 346
August	892 526
September	923 846
Oktober	936 460
November	949 927
Dezember	981 000

Quelle: Statistische Monatsberichte der FDJ, SAPMO-BArch, DY 24/ A 9.161.

Es lebe Generalissimus Stalin! Das III. Parlament der FDJ in Leipzig

Mit dem III. Parlament, das vom 1. bis 5. Juni 1949 in Leipzig tagte, war der Transformationsprozeß der FDJ zu einer SED-Massenorganisation in seinen Grundzügen abgeschlossen.
Der Ablauf der viertägigen Beratungen spiegelte den Wandel wider, der sich im Jugendverband seit seinem Ersten Parlament wie auch in der politischen Kultur der sowjetischen Besatzungszone vollzogen hatte. Brach unter den Delegierten bei der Begrüßung der SMAD-Vertreter durch Honecker bereits *»starker, anhaltender Beifall«* aus, so verzeichnete das Protokoll nach der Nennung des anwesenden Wilhelm Pieck *»Bravorufe und langanhaltenden Beifall«* sowie einen *»Sprechchor aus den Reihen der Delegierten: ›Vorwärts, vorwärts, zurück nicht einen Schritt!‹«*.[95] Der Forderung Erich Honeckers nach der Freilassung des damals zeitweilig in den Westzonen inhaftierten KPD-Vorsitzenden Max Reimann zollten die Delegierten sogar stehenden Beifall. Große Aufmerksamkeit wurde der Anwesenheit der

ausländischen Gäste beigemessen, die als internationale Aufwertung des Jugendverbandes betrachtet wurde. *»Starker Beifall«* empfing sechs sowjetische Jugendfunktionäre sowie die Repräsentanten der volksdemokratischen Jugendorganisationen Polens, Ungarns und Bulgariens und der mehr oder weniger offen kommunistisch auftretenden Jugendverbände Frankreichs, Griechenlands, Norwegens, Dänemarks, der Niederlande, Spaniens und Österreichs. Insgesamt waren Jugendfunktionäre aus 19 Ländern auf dem Parlament vertreten.

Der Rechenschaftsbericht des Zentralrates, den Erich Honecker verlas, nimmt im Protokoll mehr als zwei Drittel der Vormittagssitzung des ersten Beratungstages ein, die von 10 Uhr bis 14.30 Uhr dauerte. Um 16.30 Uhr versammelten sich die Delegierten zur »Aussprache« über Honeckers Bericht erneut in der Kongreßhalle. Sie sollte sich über den zweiten und dritten Tag ausdehnen. Die Regie der Aussprache folgte einem immer gleichen Muster. Nach einer Reihe von vorbereiteten Redebeiträgen von Parlamentsdelegierten, wobei hier auf eine möglichst ausgewogene Mischung aus bekannten Funktionären und Stimmen von der Basis geachtet wurde, kamen als dramaturgische Höhepunkte Vertreter der SED, der Massenorganisationen, der Besatzungsmacht und immer wieder der ausländischen Jugendorganisationen zu Wort. So sprachen neben Otto Grotewohl und Bernhard Göring, zweiter Vorsitzender des FDGB, der Präsident der Zentralverwaltung für Volksbildung, Paul Wandel, der einstige Sozialdemokrat Otto Buchwitz, Präsident des sächsischen Landtages, der Ministerpräsident Sachsens, Max Seydewitz, der Schriftsteller Alexander Abusch für den Kulturbund, Sergej Tulpanow für die SMAD und Otto Nuschke, der Vorsitzende der CDU.

Das Parlament sollte längst nicht mehr Plenum einer innerorganisatorischen Aussprache sein. Es hatte sich auf ein Politspektakel reduziert, das bis zum Ende der DDR als propagandistischer End- und Ausgangspunkt der Kampagnen des Jugendverbandes diente.

Neben der politischen Prominenz waren visuelle Ereignisse in den Veranstaltungsablauf eingestreut. So rief Edith Baumann unmittelbar im Anschluß an den durch zahllose Beifallsbekundungen unterbrochenen Redebeitrag Otto Grotewohls am Nachmittag des ersten Verhandlungsstages: *»Jetzt haben unsere Pioniere das Wort«*. Unter den Klängen einer Pionierkapelle, die das Lied »Jugend voran« intonierte, marschierten von verschiedenen Eingängen des Saales aus Junge Pioniere vor das Präsidium des Parlaments. Ein Junger Pionier lief zum Rednerpult und verkündete den anwesenden FDJlern: *»Liebe Freunde! Wir grüßen euch im Namen aller Jungen Pioniere. Wir wünschen eurer Arbeit viel Erfolg, weil wir wissen, daß ihr unsere Vorbilder seid und das Beste für alle Kinder wollt. Wir können ja gar nicht erwarten, bis wir Jungen Pioniere FDJler sind. Wir arbeiten jetzt schon fleißig, damit wir später einmal gute FDJler werden.«* Der Auftritt der Pioniere, der von nun an fester Bestandteil der FDJ-Parlamente sein würde, war Ausdruck des Wunschdenkens der einheitssozialistischen Jugendfunktionäre, in dem selbst kleine Kinder als Garanten der eigenen Politik erschienen.

Der zweite Verhandlungstag begann mit dem Auftritt Gerhart Eislers, den die Presse der SBZ in den vorausgegangen Wochen zum Helden stilisiert hatte. Er war aus seinem Exilland USA, das er lange Zeit vergeblich zu verlassen versucht hatte, auf einem polnischen Dampfer nach Großbritannien geflohen. Nachdem man ihn dort kurzzeitig inhaftiert hatte, war er schließlich über Prag unmittelbar zum III. Parlament gereist. Den nächsten dramaturgischen Höhepunkt bildete die Rede des Leiters der sowjetischen Delegation, bei dessen Ankündigung die Delegierten sich von ihren Plätzen erhoben und mit *»brausendem Beifall«* die sowjetische Jugend hochleben ließen. Daraufhin sangen sie *»spontan das Komsomollied«*, wie das Protokoll vermerkt, und unter *»tosendem, stürmischen, langanhaltenden Beifall«* rief Paul Verner in den Saal: *»Es lebe die sowjetische Jugend, die Vorhut der Jugend im Kampf für den Frieden in der ganzen Welt! Es lebe der Führer der mächtigen Weltfriedensfront, unser großer Freund, Generalissimus Stalin«*.

Der Schriftsteller Dieter Borkowski erinnert sich an das III. Parlament der FDJ in Leipzig:

»Während der Tagung rief mich Heinz Keßler [. . .] ins Organisationsbüro und erteilte mir einen ›Spezialauftrag‹, wie er das nannte. ›Du hast ja gute Beziehungen zu Bert Brecht und Paul Dessau. Würdest du dich um die beiden kümmern, die für einen Tag als Ehrengäste der FDJ in Leipzig

sind und heute unser Parlament besuchen?‹
[. . .]
Tatsächlich waren Brecht und Dessau nachmittags nur eine Stunde im Kongreßsaal. Sie wollten die vorgesehenen Ehrenplätze im Präsidium nicht einnehmen. Brecht wurde rot im Gesicht vor Verlegenheit, und Paul Dessau (der wieder in einem seltsam geschneiderten grauen Anzug ohne Kragen, wie ihn Brecht auch trägt, wie dessen Bruder aussah) brummte böse: ›Verschont mich mit dem Rummel!‹ Beide setzten sich in eine der hintersten Reihen und beobachteten aufmerksam den Tagungsablauf, hatten aber nach einer Stunde wohl genug gesehen und gehört. Ich besaß Verpflegungsbons für sie und brachte sie in einen stillen Raum des Restaurants, wo ich das Essen bestellte. Brecht sagte wenig, hingegen redete Paul Dessau wie ein Wasserfall. Ihm schien das FDJ-Parlament nicht gefallen zu haben. ›Eure neue Uniform, ganz scheußlich, geradezu widerwärtig! Und was soll das viele Klatschen, so im Rhythmus, schlimm, schlimm! Das wirkt ja wie einstudiert, so als ob alles vorbereitet ist. Habt ihr denn an Hitler nicht genug Massenrummel gehabt?‹«

Aus: Dieter Borkowski: Für jeden kommt der Tag . . . Stationen einer Jugend in der DDR, Berlin 1990, S. 188 ff.

Den dritten Verhandlungstag eröffnete ein Vertreter der griechischen kommunistischen Partisanen, die in den Medien der SBZ als die Spanienkämpfer der Gegenwart dargestellt wurden. Erwähnung finden soll hier noch ein Auftritt, der ebenso wie der der Pioniere in den folgenden Jahrzehnten einen festen Platz im Ablauf der FDJ-Parlamente haben sollte. In der Sonderausgabe Nr. 5 des FDJ-Zentralorgans »Junge Welt« hieß es dazu:
»Dieser letzte Tag, dieser Sonnabend, der 4. Juni 1949, wird allen Parlamentsteilnehmern immer in Erinnerung bleiben. Als die Delegation der Volkspolizei in den Saal marschierte unter den Klängen einer Polizeikapelle, herrschte ein ungeheurer Jubel im Kongreßsaal. Der Jugendfreund Fred Müller, früher Bundesvorsitzender unseres Verbandes[96]*, heute stellvertretender Chef der Landespolizei Mecklenburg, rief den Delegierten der Freien Deutschen Jugend unter begeisterter Zustimmung zu: ›Solange es eine demokratische Ordnung bei uns gibt, wird es auch eine Volkspolizei geben. Und solange es eine Volkspolizei gibt, wird es eine demokratische Ordnung in unserem Lande geben!‹ – Unter dem brausenden Beifall der Parlamentsteilnehmer übergab dann eine Freundin unserer Volkspolizei unseren*

III. Parlament der FDJ, Leipzig 1949: erster Fanfarenzug

FDJlern aus Schleswig-Holstein eine FDJ-Fahne, die bisher unsere jungen Leipziger Volkspolizisten auf ihren Fahrten begleitet hat. Der Freund aus dem Westen, der die Fahne übernahm, betonte in seinen Dankesworten, daß sie die Fahne so lange aufbewahren werden, bis es auch im Westen Deutschlands eine Volkspolizei gibt, die FDJ-Kameraden in ihren Reihen hat.«
Nachdem Horst Brasch den Entwurf der neuen FDJ-Verfassung kommentiert hatte und dieser ohne weitere Diskussion bei vier Stimmenthaltungen angenommen worden war, glich die von Grußbotschaften eines Hauptvorstandsmitglieds der NDPD und des Delegierten der bulgarischen Volksjugend eingerahmte Wortmeldung des evangelischen Pfarrers Oswald Hanisch einer anachronistischen Reminiszenz aus frühen FDJ-Tagen. Hanisch hatte seit der Gründung der FDJ gemeinsam mit seinem katholi-

schen Kollegen Robert Lange die »Verbindungsstellen zur kirchlichen Jugendarbeit« in der FDJ-Führung geleitet, die mit dem III. Parlament aufgelöst wurden. Horst Brasch hatte diesen Schritt verschleiernd damit begründet, daß sich die *»bisher gehandhabte Methode der Entsendung von offiziellen Vertretern der Kirche in die Leitungen«* der FDJ nicht mit dem *»Prinzip der Wählbarkeit aller Leitungen«* vereinbaren lasse. Hanisch nutzte diese letzte Gelegenheit vor seinem Ausscheiden aus der FDJ-Führung, um in einer persönlichen Erklärung an die vierjährige Zusammenarbeit zu erinnern, die im Zentralen Jugendausschuß begonnen hatte und in der FDJ weitergeführt wurde. Er erklärte, die evangelische Jugend sei zu einem freundschaftlichen Miteinander mit der FDJ bereit, mahnte zugleich jedoch, daß diese Freundschaft auf der Basis gegenseitiger *»Achtung, Zusammenarbeit und Verbundenheit«* beruhen müsse. Es dürfe nicht versucht werden, die Jugend für ein politisches Ziel zu vereinnahmen und zu instrumentalisieren. Unter der gegenseitigen Versicherung, auch über das Parlament hinaus den Kontakt weiter pflegen zu wollen, verließen mit Hanisch und Lange die letzten von der SED unabhängigen Persönlichkeiten die FDJ-Spitze.

Schließlich bestätigte das Parlament nicht nur die vorgelegten Beschlußvorlagen, sondern auch den neunzigköpfigen Zentralrat einstimmig und in offener Abstimmung. Danach rief der Leiter der Wahlkommission, Helmut Hartwig, zur Wahl des Verbandsvorsitzenden auf und unterstrich unter dem Beifall der Delegierten, daß dafür nur Erich Honecker in Frage komme. *»Um Unstimmigkeiten zu vermeiden, wollen wir doch abstimmen lassen«,* rief Edith Baumann, woraufhin die Delegierten den FDJ-Vorsitzenden einstimmig in seinem Amt bestätigten.

Neue FDJ-Verfassung sichert Führungsposition der SED

Hatten FDJ-Führung und SED anfangs zumindest verbal die Überparteilichkeit der FDJ beschworen, brachte das III. Parlament auch formal die Abkehr von diesem von der Realität längst dementierten Postulat. In ihrer neuen »Verfassung« definierte sich die FDJ als *»einheitliche, unabhängige, demokratische Organisation«,* die – vier Monate vor Gründung der DDR – *»entschieden für die Festigung und Entwicklung der neuen demokratischen Ordnung im Osten Deutschlands«* kämpft. Der Jugendverband, so hieß es weiter, *»steht im Lager des Friedens und der Demokratie, an dessen Spitze die Sowjet-Union steht«.* Noch fehlte das Bekenntnis zur führenden Rolle der SED. Die FDJ erklärte es jedoch zur Pflicht eines jeden Mitglieds, *»ein aktiver Kämpfer für die Einheit Deutschlands und einen gerechten Frieden, gegen Kriegshetze, Imperialismus und Faschismus zu sein, und stets für den Sieg der fortschrittlichen Sache des Volkes einzutreten«.*[97] Zugleich wurde das für kommunistische Organisationen konstitutive Prinzip des Demokratischen Zentralismus auf die FDJ übertragen. *»Leitende Grundsätze für den organisatorischen Aufbau der Freien Deutschen Jugend sind: [. . .] c) Disziplin und Einordnung der Minderheit unter die Mehrheit; d) die Beschlüsse der jeweils übergeordneten Leitungen sind für alle Organisationseinheiten und die Mitglieder der Freien Deutschen Jugend bindend.«*
Anders als im Statut von 1946 waren der freiwillige Austritt aus der FDJ überhaupt nicht, dafür die Sanktionsmöglichkeiten gegenüber unbotmäßigen Mitgliedern um so detaillierter geregelt. Wahlen hatten von nun an in offener Form stattzufinden.

Damit sicherte die SED ihre Hegemonie im Funktionärskörper der FDJ auch statutarisch ab. Alle Mitglieder des vom Zentralrat im Anschluß an das III. Parlament gewählten Sekretariats gehörten der SED an, ebenso 28 Prozent aller im Frühjahr 1949 gewählten Funktionäre. Lediglich zwei Prozent zählten zu bürgerlichen Parteien. Während die Einheitssozialisten »nur« rund 38 Prozent der Funktionäre in den Gruppenleitungen an der Basis stellten, garantierte bereits die Ebene der durchschnittlich 25 Mitglieder umfassenden Kreisvorstände die Vorherrschaft der SED: Hier unterstanden 72 Prozent der Parteidisziplin der SED, 22 Prozent hatten kein Parteibuch, die restlichen Prozentpunkte verteilten sich auf CDU, LDP und auf die 1948 von der SED ins Leben gerufene Nationaldemokratische Partei Deutschlands (NDPD) und die Demokratische Bauernpartei (DBD).[98]

Fackelzug der FDJ am 11. Oktober 1949 anläßlich der Gründung der DDR

Am Vorabend der DDR-Gründung galt es aus der Sicht der SED-Führung nunmehr, das Erreichte auszubauen und zu festigen. Auch die FDJ sollte ihren Teil dazu beitragen, die im östlichen Teil Deutschlands in greifbare Nähe gerückte staatliche Macht zu ergreifen und zu sichern. Denn darüber, daß die Partei die einmal errungene Herrschaft um jeden Preis behalten würde, gab es auf der Führungsebene keinen Zweifel. Wenige Tage vor Gründung der DDR im Oktober 1949 hatte Gerhart Eisler auf einer SED-Parteivorstandssitzung unter dem Beifall seiner Genossen unmißverständlich erklärt: *»Wenn wir eine Regierung gründen, geben wir sie niemals wieder auf, weder durch Wahlen noch andere Methoden.«*[99]

Heinz Lippmann, damals zweiter Mann in der FDJ, zu den Aufgaben des Jugendverbandes während der Gründung der DDR:

»Erich Honecker, der FDJ-Vorsitzende, war von Walter Ulbricht ausersehen, am 4. Oktober 1949 im Namen des Zentralrates das Sekretariat des Deutschen Volksrates aufzufordern, ›sofort Schritte zur Bildung einer gesamtdeutschen Regierung einzuleiten‹. Als in den Abendstunden des 7. Oktober, nach der Gründung der DDR, die eilig auf Lkws nach Berlin gefahrenen Zehntausende von FDJ-lern in einem Fackelzug vor der gerade gebildeten Regierung Grotewohl und dem Präsidenten Wilhelm Pieck vorbeizogen, nahm Honecker der ›deutschen Jugend‹ das ›Gelöbnis‹ ab: ›Wir, die deutsche Jugend, geloben der Deutschen Demokratischen Republik Treue, weil sie der Jugend Frieden und ein besseres Leben bringen will und bringen wird!‹

Einen Monat später erklärte Honecker in einem Leitartikel der Funktionärszeitschrift ›Junge Generation‹ unter anderem:

›Es ist daher erforderlich, daß unsere Freie Deutsche Jugend, die sich in der Vergangenheit so oft als Vortrupp der deutschen Jugend an der Seite der fortschrittlichen und führenden Kräfte unseres Volkes bewährt hat, nunmehr dazu übergeht, auf der Grundlage des vom Deutschen Volksrat angenommenen Dokumentes der Nationalen Front des Demokratischen Deutschland die gesamte deutsche Jugend für die Erfüllung ihrer historischen

I. Funktionärskonferenz der FDJ, November 1950 (v. l.: Heinz Lippmann, Walter Ulbricht, Erich Honecker)

Aufgabe zu gewinnen.‹ Diese ›historischen Aufgaben‹ bestanden für die FDJ damals in erster Linie darin, den Verband durch eine Intensivierung der Schulungsarbeit ideologisch zu festigen und eine arbeitsfähige Führung zu schaffen, die sich an dem bolschewistischen Arbeitsstil orientieren sollte.«

Aus: Heinz Lippmann: Honecker. Porträt eines Nachfolgers, Köln 1971, S. 114 f.

Die Gründung der DDR erschwerte eine interalliierte Verständigung über ein einheitliches Deutschland, das zwangsläufig mit einem Bedeutungsverlust der SED einhergegangen wäre. Die ostdeutschen Staats- und Parteiführer bemühten sich mit deutscher Gründlichkeit, die DDR zu einem festen Bestandteil des »Weltfriedenslagers« unter der Führung der Sowjetunion zu machen. Die nunmehr von Rücksichtnahmen kaum mehr gezügelte Politik der »Sowjetisierung« des eigenen Staatswesens ging mit einer weitgehenden ideologischen und programmatischen Angleichung der FDJ an das sowjetische Vorbild Komsomol einher.

Im Zeichen des Stalin-Kults

In Anlehnung an die SED, die ihre im Jahre 1948 eingeleitete Umwandlung zur Partei Neuen Typus im Januar 1949 von einer außerordentlichen Parteikonferenz bestätigen ließ, berief die FDJ im November 1950 eine in den Statuten gar nicht vorgesehene »I. Funktionärskonferenz« ein. Anlaß bot der auf den 1. Januar 1951 festgesetzte Beginn des ersten Fünfjahrplans, auf dessen Erfüllung der Millionenverband FDJ eingeschworen werden sollte. Gleichzeitig hatten die rund 8000 Delegierten die ideologische Ausrichtung des Verbandes auf den Marxismus-Leninismus offiziell zu bestätigen.

Der Generalsekretär der SED, Walter Ulbricht, übermittelte den Delegierten der I. Funktionärskonferenz der Freien Deutschen Jugend, November 1950, die Direktiven für die weitere Arbeit des Verbandes:

»Jeder Mensch, der schöpferische Arbeit leisten will, muß den Weg nach vorwärts kennen, sonst gleicht er einem Blinden, der mühsam mit dem

Krückstock den Weg sucht. Daraus ergibt sich, daß jeder fortschrittliche Mensch sich heute mit dem Marxismus-Leninismus vertraut machen muß, und daß die wissenschaftliche Lehre von Marx, Engels, Lenin und Stalin in jeder fortschrittlichen Massenorganisation gelehrt werden muß, daß heißt in erster Linie auch in der Freien Deutschen Jugend, aber auch in dem Freien Deutschen Gewerkschaftsbund und den anderen Massenorganisationen. (Starker Beifall) [. . .]
Liebe Freunde! Die Freie Deutsche Jugend hat bereits große Erfolge zu verzeichnen. Sie ist eine Millionenorganisation. Mir scheint, daß jetzt die Zeit gekommen ist, das ganze Gewicht der Arbeit auf die ideologische Schulung, auf die politische und moralische Erziehung, auf die Hebung des Niveaus der kulturellen Arbeit zu legen. (Lebhafter Beifall)
Wir ziehen in dem jetzigen Entwicklungsstadium der Freien Deutschen Jugend die Schlußfolgerung, daß es notwendig ist, die größten Anstrengungen zu unternehmen, um die junge Generation im Geiste der Demokratie und des Sozialismus zu erziehen, sie mit den Lehren von Marx, Engels, Lenin und Stalin vertraut zu machen. (Erneuter Beifall) [. . .]
Die Freie Deutsche Jugend kann ihre Aufgabe nur erfüllen, wenn sie die führende Rolle der Sozialistischen Einheitspartei erkennt, der einzigen Partei, die sich von der wissenschaftlichen Lehre von Marx, Engels, Lenin und Stalin leiten läßt, (starker, langanhaltender Beifall) der Partei, die durch die Ausarbeitung der großen Gesetze der neuen demokratischen Staatsordnung, des Zweijahrplans und des Fünfjahrplans bewiesen hat, daß sie die höchste Organisation unter allen Organisationen ist. (Erneuter starker Beifall) [. . .]«

Quelle: Stenographische Niederschrift der Ersten Funktionärskonferenz der Freien Deutschen Jugend am Sonntag, den 26. November 1950 in der Seelenbinderhalle zu Berlin, SAPMO-BArch, DY 24/ A 3.445.

Pflichtschuldig gelobten die Delegierten in einer Entschließung, die FDJ zu einer *»in der Geschichte der deutschen Jugendbewegung noch nicht dagewesenen Lernbewegung«* zu entwickeln, die im *»Feldzug für Wissenschaft und Kultur«* die Voraussetzungen für die erfolgreiche Verwirklichung des Plans schaffen werde. Gleichzeitig forderten sie die Mitglieder und Funktionäre des Verbandes auf, *»die fortgeschrittenste Wissenschaft, die Lehre des Marxismus-Leninismus zu studieren und sie entsprechend ihren Grundsätzen in enger Verbindung von Theorie und Praxis auf allen Gebieten des gesellschaftlichen Lebens anzuwenden«.*[100]

In der FDJ kam damit jedoch lediglich eine Entwicklung zum Abschluß, die bereits 1948/49 eingesetzt hatte. Die Ideologisierung des Jugendverbandes im Sinne des Marxismus-Leninismus (ML) erfolgte vor allem durch die Übernahme des Stalin-Kultes. Dieser hatte in den ausgehenden vierziger und beginnenden fünfziger Jahren die politische Propaganda in der DDR gekennzeichnet. Wenige Jahre nach dem Zusammenbruch des Nationalsozialismus zwang die SED der deutschen Bevölkerung eine neue, diesmal marxistisch-leninistische Heilslehre und mit Stalin eine übermenschliche Führerfigur zur Identifikation und Unterordnung auf. Im Sommer 1949 begann die FDJ-Führung, die Verherrlichung Stalins systematisch vorzubereiten. Auf der Sitzung des Sekretariats des Zentralrates vom 12. Juli 1949 fand sich zum ersten Mal der Tagesordnungspunkt »Plan zur feierlichen Begehung des 70. Geburtstages J.W. Stalins« am 21. Dezember 1949.[101] Am 24. August stand das Konzept:
»Die Grundeinheiten der FDJ beschäftigen sich ab September laufend mit dem Studium der Tätigkeit und den Lehren J.W. Stalins. [. . .] *Die Grundeinheiten der FDJ, besonders die Betriebs- und Schulgruppen, fertigen Geschenke an, die von ihrem Können und Lernen Zeugnis ablegen.* [. . .] *Diese Geschenke werden an einem Wochenende im Dezember, das noch näher festgelegt wird, in Sternfahrten oder in gebirgigen Gegenden durch Skistafetten durch die Dörfer gebracht, der Bevölkerung mit aufklärenden Worten gezeigt und, in den Kreisstädten oder Landeshauptstädten oder zentral, Vertretern der kommunistischen Partei der Sowjetunion der Besatzungsmacht übergeben.«*[102]
Seinen vorläufigen Höhepunkt erreichte der Stalin-Kult Anfang Juni 1950. Als Antwort auf einen telegrafischen Gruß der 500 000 »jungen Friedenskämpfer« an Stalin, die Ende Mai auf Einladung der FDJ am ersten »Deutschlandtreffen der Jugend« in Berlin teilgenommen hatten, sandte der Generalissimus eine zwei Sätze umfassende Antwort an den Zentralrat:
»Ich danke für die Grüße der jungen deutschen Friedenskämpfer, Teilnehmer an dem gesamtdeutschen Treffen. Ich wünsche der deutschen Jugend, dem aktiven Erbauer des einheitlichen, demokratischen und friedliebenden Deutschlands, neue Erfolge bei diesem großen Werk.«[103]

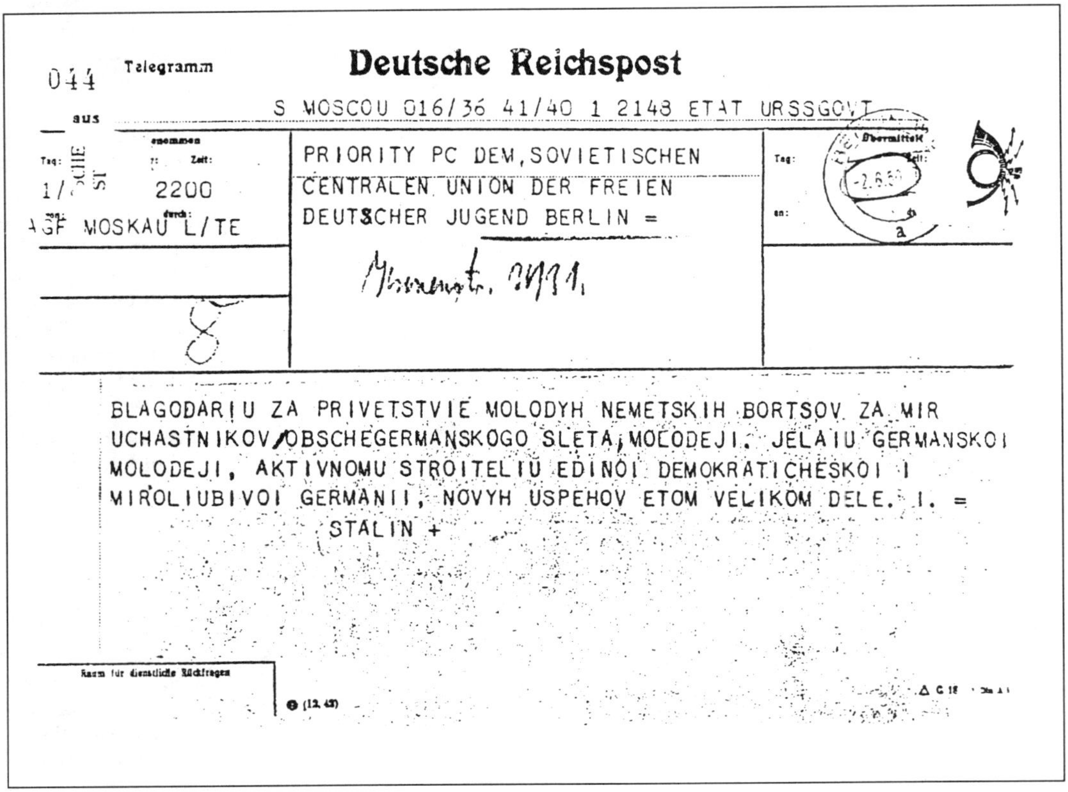

044 Telegramm **Deutsche Reichspost**

S MOSCOU 016/36 41/40 1 2148 ETAT URSSGOVT

aus

1/ 2200

AGF MOSKAU L/TE

PRIORITY PC DEM,SOVIETISCHEN
CENTRALEN UNION DER FREIEN
DEUTSCHER JUGEND BERLIN =

BLAGODARIU ZA PRIVETSTVIE MOLODYH NEMETSKIH BORTSOV ZA MIR
UCHASTNIKOV/OBSCHEGERMANSKOGO SLETA, MOLODEJI. JELAIU GERMANSKOI
MOLODEJI, AKTIVNOMU STROITELIU EDINOI DEMOKRATICHESKOI I
MIROLIUBIVOI GERMANII, NOVYH USPEHOV ETOM VELIKOM DELE. I. =
STALIN +

(Quelle: Dokumente zur Geschichte der Freien Deutschen Jugend, Bd. 2, Berlin 1960, S. 85)

Am 5. Juni 1950, einen Tag vor der Veröffentlichung des Telegramms in der »Jungen Welt«, beschloß die FDJ-Führung eine angesichts der dürren Zeilen absurd anmutende Propagandakampagne. In einer Auflage von 800 000 Exemplaren überschwemmte eine Sondernummer der »Jungen Welt« mit einem Bildnis Stalins auf der Titelseite die Republik. 300 000 Plakate sowie 100 000 Wandzeitungen, Rundfunk und Presse sollten von diesem denkwürdigen Telegramm berichten.[104]
Der Stalin-Kult wurde zu einem Vehikel, durch das die SED- und FDJ-Führung den Jugendverband organisatorisch und inhaltlich am Beispiel des sowjetischen Komsomol ausrichteten. Zwischen Ende 1949 und Anfang 1951 reisten Pionierleiter- und FDJ-Delegationen, eine Gruppe von Hochschulfunktionären, Redakteure der »Jungen Welt«, Sportfunktionäre und junge Bergarbeiter in die Sowjetunion, um dort die überlegenen Methoden der Verbandsarbeit des Komsomol zu studieren. In hoher Auflage verbreitete der FDJ-Verlag Neues Leben Bücher und Broschüren über die Sowjetunion und die Arbeit des Komsomol sowie die Schriften Stalins und Lenins.

Kampagnen

Mit der Inszenierung des ersten Deutschlandtreffens der Jugend im Mai 1950 knüpften die kommunistischen Jugendpolitiker sowohl an sowjetische Vorbilder als auch an traditionelle Mobilisierungsstrategien der deutschen Jugendbewegung an. Bereits in Weimar traten die Massenorganisationen unter den Jugendverbänden vor allem bei Großveranstaltungen in Erscheinung. Schließlich hatten der Nationalsozialismus wie auch der Stalinismus die Fackelzüge, Stafettenläufe, Aufmärsche und sportlichen Großveranstaltungen zur Perfektion weiterentwickelt und in den Dienst der eigenen Politik gestellt.[105]

Frontstadt Berlin wird Aufmarschfeld im Kalten Krieg

Der ehrgeizige Jugendführer Honecker hoffte, während des ersten Deutschlandtreffens die Schlagkraft der FDJ in der Ost-West-Auseinandersetzung demonstrieren zu können. Uniformiert im Blauhemd sollten Tausende von FDJlern über die Sektorengrenzen nach West-Berlin marschieren. Dieter Borkowski, der damals der FDJ in Berlin angehört hatte, erinnert sich:

»Berlin-Stadtmitte, 21. April 1950
[. . .] Der Plan Erich Honeckers, in fünf Marschsäulen nach Westberlin einzumarschieren, ist plötzlich abgeblasen. Bevor wir etwas Genaueres erfahren, wurde der FDJ-Chor des Zentralrates in das Rundfunkhaus bestellt. Ich traf im Sender Paul Rahner, den Chorleiter, der mir verschmitzt lachend sagte: ›Schade, daß du Deine Stimme nun nicht mehr korrigieren kannst, weil du den Chor verlassen hast!‹ Vermutlich habe ich ihn ziemlich dumm angesehen und begriff nicht, wovon er sprach. ›Stell dir vor‹, erklärte Rahner, ›wir müssen Kubas* Lied neu produzieren. *Ein* Wort, das seit Wochen täglich als Ohrwurm über alle DDR-Sender geht, muß verändert werden – du wirst sicher nicht raten, welches!‹ Einen Augeblick glaubte ich an einen Witz. Aber Paul Rahner meinte es ernst, er verriet nichts, ich sollte raten. Im kleinen Sendesaal Drei versammelten sich meine alten Freunde des Chores. Hier erfuhr ich endlich den Grund, warum die Aufnahme wiederholt wurde. Der Refrain des Liedes von Kuba nach der schmissigen Marschmelodie von André Asriel enthielt die Textzeile: ›Die Freie Deutsche Jugend *stürmt* Berlin . . .‹ Jetzt machte es Paul Rahner kurz: ›Freunde, ein Wunsch von Erich Honecker, der euch grüßen läßt. Wir müssen das Lied nochmals aufnehmen. Wir wollen der Propaganda einiger Westberliner Kriegshetzer vom Schlage Ernst Reuters keine Argumente liefern: Das Wort ›stürmt‹ ist falsch und bösartig interpretiert worden. Wir singen dafür jetzt ›die Freie Deutsche Jugend grüßt Berlin‹.‹ Von diesem Tag an schmetterten meine dreißig Chorfreunde ohne meinen Tenor den neuen, freundlicheren Text über den Sender.
Gestern und heute war ich mit Alfred Duchrow im

Die Freie Deutsche Jugend stürmt Berlin

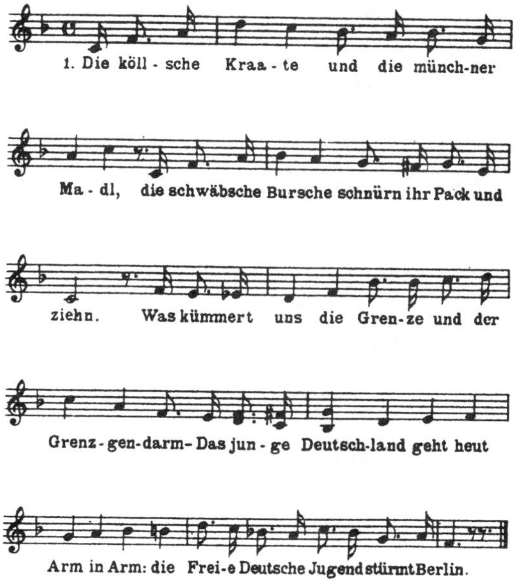

2. Berlin ist bunt vor Jugend wie ein Garten,
die Saat der Freundschaft ist uns gut gediehn.
Jung Sachsen lächelt und das junge Hamburg lacht.
Heut wird aus Deutschland wieder eins gemacht;
die Freie Deutsche Jugend stürmt Berlin.

3. Denn Deutschlands gute Mutter hat uns allen
die große Kraft der Einigkeit verliehn.
Und immer wird sie unsre deutsche Hauptstadt sein
das junge Deutschland nimmt ihr Herze ein;
die Freie Deutsche Jugend stürmt Berlin.

(Quelle: Leben – Singen – Kämpfen. Liederbuch der FDJ, Berlin 1952)

DDR-Parlament, der Volkskammer, die Arbeits- und Finanzgesetze verabschiedete. Auf der Pressebank sah ich meinen Freund Bruno Pioch, der jetzt Chefredakteur der FDJ-Studentenzeitschrift Forum ist. Wir gingen nach der Sitzung zusammen ins Pressecafé an der Friedrichstraße. Bruno erzählte mir allerlei Interessantes, natürlich unter dem Siegel der Verschwiegenheit.
›Erich Honecker bekam Schwierigkeiten, er wird im Moment von zwei Seiten unter Feuer genommen. Ulbricht war in Moskau und hörte von höchster sowjetischer Stelle Ärgerliches wegen des geplanten Einmarsches in Westberlin. Stalin will nach der gescheiterten Blockade keinen neuen

Zwist mit den Westmächten wegen Westberlin, vor allem keinen Bürgerkrieg. Die Jugendoffiziere der sowjetischen Kontrollkommission in Karlshorst waren vorgestern im Zentralrat, wo eine Sondersitzung des Sekretariats einberufen wurde. Auch der Chef der Jungen Welt, Heinz Stern, und ich für das Forum waren zugegen. Oberst Otschkin und Major Bejdin referierten kurz und bündig. Erich wurde gerügt, sein Einmarschprojekt gleiche einem Zirkus, es ist alles abgesagt. Kein einziger Angehöriger der FDJ darf während des Pfingsttreffens nach Westberlin. Die Russen sagten, unsere Propaganda für den Marsch nach Schöneberg sei geradezu primitiv, sie habe den Kriegshetzern im Westen Wasser auf ihre Mühlen geleitet. Weißt du, daß die Amerikaner und Engländer ihre Garnisonen in Zehlendorf und Spandau verstärkt haben? Und Kurt Schumachers Wunsch nach Panzern haben die Amerikaner auch erfüllt. Erich Honecker ist sehr bedrückt. Das für ihn Unangenehmste ist jedoch, daß im Politbüro der Partei eine wichtige Gruppe gegen ihn auftritt. Hans Jendretzki, der Berliner Parteichef, und Rudolf Herrnstadt, der Chefideologe, haben ihn zusammen mit Staatssicherheitsminister Wilhelm Zaisser gerügt. Otto Grotewohl und Max Fechner unterstützen diese Kritik noch. Erich sei seiner Verantwortung als Jugendführer in fast sträflicher Weise nicht gerecht geworden.‹«

* Kuba = Kurt Barthel (1914–1967), Schriftsteller, 1952–1954 Erster Sekretär des Deutschen Schriftstellerverbandes.

Aus: Dieter Borkowski: Für jeden kommt der Tag . . . Stationen einer Jugend in der DDR, Berlin 1990, S. 230 ff.

Westlicher Aufkleber zum Deutschlandtreffen der FDJ 1950

Ob nun Deutschlandtreffen oder Weltfestspiele der Jugend, Parlamente der FDJ, Turn- und Sportfeste oder Pioniertreffen – kein Jahr sollte in den fünfziger Jahren vergehen, ohne daß der Jugendverband mit Massenaufmärschen und ungeheurem finanziellen Aufwand seine Stärke nach innen und nach außen demonstrierte.
Auf den Produktionswettbewerb »Bereit zur Arbeit und zur Verteidigung des Friedens – Vorwärts zum Deutschlandtreffen der Jugend!« sollten unzählige weitere folgen. Die Meldungen über steigende Mitgliederzahlen schienen den Verfechtern der Kampagnen recht zu geben. Nicht wenige Jugendliche wurden vom Aktionismus der Einheitsjugendorganisation mitgerissen, ergriffen die Gelegenheit, nach Berlin auf die Festivals zu reisen oder vor dem Elternhaus an die »Aufbaufront« zu fliehen.

Bernd Rabehl, in den sechziger Jahren einer der Wortführer der Studentenbewegung in der Bundesrepublik, erinnert sich an diese Zeit in der DDR:

»Eine Familie im traditionellen Sinn existierte zu diesem Zeitpunkt kaum. Die Väter waren in Gefangeschaft, verschollen, gefallen, abgehauen oder selbst in einer moralischen Krise, die alle väterlichen Funktionen unterlief. Die Mütter sorgten für die Ernährung. Durch ihre produktive Tätigkeit in den Fabriken und Büros oder als Hilfskräfte und Trümmerfrauen wurde die Wirtschaft in Gang gesetzt, auferstand aus den Trümmern ein ›neues‹ Deutschland. Die Mütter waren ausgepowert, gezeichnet von den Alltagssorgen, müde und kaum noch fähig, durch ihre mütterliche Obhut das individuelle Fortkommen und die Persönlichkeitsentwicklung ihrer Kinder zu beeinflussen oder zu erdrücken bzw. mit dem Bleigewicht der Traditionen zu beschweren.
Wir waren frei, auf uns selbst gestellt, frei von unmittelbaren Disziplinzwängen der Schule, frei auch weitgehend von dem familiären Druck, keineswegs frei von Ängsten und Aggressionen. Aber immerhin, eine ›verrückte‹ Generation wuchs heran, die irgendwann irgendwas anstellen mußte.
In solch einer Situation ging ich zu den Jungen

Pionieren. Es gab mehrere Gründe. Ich hatte die Befürchtung, daß meine kleinen Diebstähle, mein ›Handel‹ mit Alkohol vor den Kasernen der sowjetischen Truppen, meine Streiche, der Krieg der einzelnen Jugendbanden gegeneinander und später gemeinsam gegen die ›Russenjungs‹ aus den Offiziersfamilien, kurz – daß alle diese Aktivitäten mich auf die schiefe Bahn bringen konnten. Ich suchte einen Halt, den ich sonst nirgendwo fand. Vielleicht zog mich auch die Tatsache an, daß in dieser Organisation Mädchen auftauchten, die sonst hinter Verschluß gehalten wurden. Es kann auch sein, daß mich der Kult der Fahnen, der Schwüre, der Aufzüge, aber auch die organisierte Kurzweil anzogen. Außerdem fand ich Anerkennung. Ich konnte gut Sprüche aufsagen, und über meine Knabenstimme klang das Lob an den weisen Generalissimus Josef Wissarionovich Stalin sehr echt und dramatisch.

[. . .] Ab Herbst 1954 besuchte ich die Oberschule. Ich wurde Mitglied der FDJ. Ich sang und agitierte in einem FDJ-Chor. Wir tingelten durch die Dörfer des Kreises, wir traten in den FDJ- und Pionierlagern des Bezirkes auf. Wir wurden sogar zu Westeinsätzen in Westberlin herangezogen. Auf den verschiedenen Pfingst- und Deutschlandtreffen der FDJ gehörten wir zum politischen und kulturellen Programm.

Diese Mobilisierung der Jugendlichen löste durchaus Begeisterung aus. Wir kamen heraus aus dem Alltag der Kleinstädte. Wir lernten das Land und Jugendliche aus anderen Regionen der Republik kennen. Wir waren unter uns, ohne die direkte Aufsicht der Lehrer oder der Partei zu verspüren. Erste Flirts zu den Mädchen oder entsprechend zu den Jungen wurden gewagt. Die Älteren nutzten die Gunst der Stunde und verschönten die politischen Aufmärsche durch die erotischen Spannungen, die zwischen den Frauen und Männern aufkamen. Die Sexualmoral, durch die Kriegsereignisse und durch die Nachkriegszeit aufgebrochen, gewann in diesem Jugendleben keine konservativen Züge, auch wenn das Zusammensein der beiden Geschlechter durch Hemmungen gestört und verkrampft wurde.

Trotzdem, das Mißtrauen der Partei und der Freunde der Jugend, der dreißig- und vierzigjährigen FDJ-Sekretäre, würgte Begeisterung und Engagement immer wieder ab. Das blieb typisch für diese Jahre. Große Mobilisierungskampagnen wurden

»Haus der Jugend«, Berlin, Unter den Linden; ab 1950 Sitz des FDJ-Zentralrats

aufgeboten, die dann abrupt durch bürokratische Direktiven wieder erdrückt wurden.«

Aus: Bernd Rabehl: »Schattenspiele. Mühseliges Erinnern an die fünfziger Jahre«, in: Götz Eisenberg/Hans-Jürgen Linke (Hrsg.): Fuffziger Jahre, Gießen 1980, S. 116 ff.

Kaderreserve für Partei, Staat und Wirtschaft

Die FDJ hatte nicht nur für das richtige Bewußtsein der Jugend in der damals noch jungen DDR zu sorgen. Zwei Monate vor Gründung der DDR hatte Walter Ulbricht am 2. August 1949 in einer Arbeitsbesprechung mit der Personal-Politischen Abteilung (PPA) der SED die Direktiven für die künftige Kaderarbeit gegeben, die sich auch auf die FDJ auswirken sollten: *»Die Hauptaufgabe, von der jetzt alles abgeleitet wird, ist: ›Wie leitet die Partei den Staatsapparat‹.«*[106] Für den Aufbau ihres Staates benötigte die SED eine Vielzahl von zuverlässigen Kadern, um die Vormachtstellung in allen Bereichen gewährleisten zu können. Die FDJ mußte dafür als Kaderreservoir dienen. Schon im Rechenschaftsbericht des Zentralrates an die Delegierten des III. Parlaments hatte Erich Honecker stolz verkünden können, daß aus der FDJ seit Frühjahr 1948 *»über 3000 bewährte Funktionäre unseres Verbandes, vom Gruppenleiter bis zum Mitglied des Zentralrates, in verantwortliche Funktionen in Parteien, Gewerkschaften und staatlichen Verwaltungen aufgerückt«* waren.[107] Die personalpolitische Arbeit erwies sich jedoch als unsystematisch und nur bedingt erfolgreich. Dies mußte auf einer Besprechung mit Vertretern der FDJ-Landesverbände eingeräumt werden. Während die Werbung für die Volkspolizei anfangs auf ausreichend Zuspruch bei den FDJlern stieß, hätten sich zwar auch ausreichend viele Jugendliche als *»Zugbegleitpersonal für die Züge ins Ausland«* gemeldet, aber *»leider nicht die jungen Menschen* [. . .], *die auch die politische Qualifikation«* dafür besäßen. Schwierigkeiten bereitete auch die Werbung für den Besuch der Arbeiter- und Bauern-Fakultäten, die Jugendliche ohne Hochschulreife aus diesen Schichten für ein Studium qualifizieren sollten: *»Arbeiter- und Bauern-Kinder sind nur schwer zu bewegen, sich zum Studium zu melden.* [. . .] *Als Aktivisten verdienen diese jungen Menschen viel Geld und geniessen Ansehen, während sie als Studenten vor jahrelangen Entbehrungen stehen.«*[108] Die zum Teil geringe Allgemeinbildung der eigenen Funktionäre hatte die Arbeit zudem nicht erleichtert: *»Von den 55 Plätzen auf der Landesjugendschule werden 45 von hauptamtlichen Funktionären der FDJ eingenommen,«* so wurde auf der Besprechung geklagt. *»Diese jungen Menschen erklären in Aufsätzen oder beim Unterricht Rostock zur Hauptstadt von England, Japan zur Volksdemokratie und Jendretzki und Schumacher zu Vorsitzenden des FDGB usw.«*

In einem »Bericht über die bisherige Kaderarbeit der FDJ« von Mai 1950 mußte Lore Albrecht, Mitarbeiterin der Kaderabteilung der SED-Führung, feststellen:

»Daß die FDJ als Massenorganisation die Aufgabe hat, Kräfte für Partei, Staat und Wirtschaft heranzubilden, ist den leitenden Kadern der FDJ zwar bekannt, sie wußten aber nicht, wie man diese Aufgabe lösen könne. Nach wie vor war die Abgabe und Entwicklung von Funktionären dem Zufall überlassen.
Der größte Teil der leitenden FDJ-Funktionäre im zentralen wie im Landesmaßstab hat keine Verbindung zur unteren Parteieinheit. Die Betriebsgruppen vegetieren nur und spielen keine Rolle. Für die Wohnbezirksgruppen haben die Jugendfunktionäre keine Zeit.
Das ist eine große Gefahr, da bei jungen Menschen, die verhältnismäßig schnell in leitende Funktionen kommen, sowieso die Gefahr der Überheblichkeit besteht.
Die schnelle und kühne Beförderung neuer junger Kader ist in der FDJ in gewissem Grade gewährleistet. Allerdings erfolgt diese Beförderung nicht bewußt und allzu oft kommen Schönredner in leitende Funktionen, während tüchtige Funktionäre jahrelang am selben Platz bleiben und nicht einmal zur Schulung geschickt werden, weil man glaubt, sie auch nicht einen Tag entbehren zu können.«

Quelle: SAPMO-BArch, DY 30/ IV 2/16/96.

Im März 1950 paßte die FDJ ihre personalpolitische Arbeit der kommunistischen Organisationspraxis an. Die Personalpolitischen Abteilungen hießen von nun an *»Kaderabteilungen«*, die für die *»Koordination und operative Lenkung der Kaderpolitik und für die Überprüfung und* *unmittelbare Entwicklung der in die Nomenklatur fallenden Funktionäre verantwortlich«* zeichneten.[109] Die »Nomenklatur für die Bestätigung von Funktionären durch das Sekretariat und die Kaderabteilung des Zentralrates« vom August 1950 erfaßte von den FDJ-Volkskammerabgeordneten über die Mitglieder der Leitung des Deutschen Sportausschusses, von der Redaktionssekretärin der »Jungen Welt«, den Mitgliedern der FDJ-Landesleitungen, den Vorsitzenden der FDJ-Hochschulgruppen bis hin zu den FDJ-Kreisvorsitzenden und den Kreissekretären insgesamt rund 150 Nomenklaturpositionen.[110]

Im Frühjahr 1950 konnte die FDJ melden, daß sie seit dem III. Parlament allein durch die Kaderabteilung des Zentralrats 440 Funktionäre für *»verantwortliche Funktionen«* in Regierung und Wirtschaft abgegeben hatte.[111] 1951 waren es 70 Funktionäre aus dem Apparat des Zentralrats, 206 Funktionäre aus den Landesvorständen und 139 Kreissekretäre.[112]

SED-Angebote an die Jugend

Die Bemühungen der Ost-Berliner Machthaber, die DDR mit großem propagandistischen Aufwand als »Staat der Jugend« zu profilieren, zeigten offenbar Wirkung. 1 200 856 Blauhemden oder 38,5 Prozent aller Jugendlichen zwischen 14 und 25 Jahren wollten die Verbandsstatistiker im Sommer 1950 erfaßt haben. Ein weiteres Wachstum schien vorprogrammiert. Der Organisationsgrad der Vierzehn- bis Einundzwanzigjährigen lag bei 46 Prozent.[113] Westdeutsche Beobachter sahen in der FDJ die *»verläßlichste und schlagkräftigste sowjetdeutsche Organisation«*[114]. Es war nicht allein der antibürgerliche, revolutionäre Aktionismus, der Bann der Fahnen und Aufmärsche, der viele Heranwachsende in der DDR die Zukunft sehen ließ. Tatsächlich bot die junge DDR vielen Jugendlichen aus Arbeiter- und Bauern-Elternhäusern ungeahnte Aufstiegschancen, sorgte das Kaderreservoir FDJ für eine neue soziale Mobilität. Das 1. Jugendgesetz der DDR vom 8. Februar 1950 schrieb nicht nur den Monopolanspruch der FDJ auf die Interessenvertretung der DDR-Jugend fest. Zumindest formal fixierte es auch das Recht der Jugend auf Mitwirkung im öffentlichen Leben. Es regelte die Mitwirkung der FDJ an jugendpolitischen Entscheidungen staatlicher Stellen, in Betrieben sowie im Bildungswesen. Gleichzeitig erhob das Gesetz die FDJ zur Ordnungsmacht im Kampf gegen Bürokratismus und Schlamperei im Wirtschaftsleben. Die SED formulierte hier sowohl ihre Forderungen als auch ihre Angebote an die Jugend der DDR. Schon damals glaubte die Partei, sie könne alle Bereiche des gesellschaftlichen Lebens von Berlin aus steuern:

»1. Im Jahre 1950 ist ein ›Sportleistungsabzeichen der Deutschen Demokratischen Republik‹ zu schaffen. Dieses Abzeichen soll ein Ansporn zur Entfaltung der Körperkultur in der Republik werden. [. . .]

2. Im Jahre 1950 ist die Produktion von Sportgeräten, Sportbekleidung und Sportschuhen erheblich zu erhöhen.

3. Im Volkswirtschaftsplan 1950 sind folgende Bauten vorzusehen:

Hochschule für Körperkultur Leipzig, Sprungschanze Aschberg-Mühlleiten, Sportschule Bad Blankenburg (Thür.)

Mecklenburg: Hallenschwimmbad Rostock, Stadion Schwerin, Stadion Anker-Wismar, Sportschule Hamberge

Brandenburg: Stadion Frankfurt (Oder), Stadion Cottbus, Stadion Finsterwalde

Sachsen: Ilgenkampfbahn Dresden, Sportschule Werdau

Sachsen-Anhalt: Kampfbahn und Umkleideräume Halle, ehemalige Segelflug-Sportplatzanlagen, Kampfbahn und Umkleideräume Magdeburg

Thüringen: Sportanlage Gera, Sportanlagen Gotha

Berlin: Eissporthalle, Stadion

[. . .]

7. Im Jahre 1950 sind in der Republik 16 neue Jugendherbergen zu schaffen, davon in Sachsen 4, in Sachsen-Anhalt 3, in Thüringen 3, in Brandenburg 3 und in Mecklenburg 3.«[115]

Politische Schulung

Im Januar 1950 begann das erste »Schuljahr der FDJ«. In dessen Rahmen waren alle Mitglieder aufgefordert, die Biographien Stalins und

Piecks sowie die Geschichte und den gesellschaftlichen Aufbau der Sowjetunion zu studieren. Bereits im Februar des Vorjahres hatten die ersten FDJler die Prüfungen für das Abzeichen »Für gutes Wissen« abgelegt, das die Resultate der ideologischen Indoktrinationsbemühungen meßbar machen sollte.

Auszug aus den vom Sekretariat des FDJ-Zentralrats ausgearbeiteten Prüfungsfragen für das Abzeichen »Für gutes Wissen« in Bronze von Mai 1951:

I. Jugendbewegung
a) Welche wichtigen Lehren zog die FDJ aus dem Kampf der deutschen Arbeiterjugendbewegung in den Jahren vor 1945 für die Festigung und Stärkung unseres Verbandes?
b) Worin besteht die Bedeutung der Verfassung der FDJ?
c) Welches sind die Erziehungsziele der FDJ und wie werden sie verwirklicht? [. . .]
g) Welche Aufgaben stellte der Generalsekretär der SED, Walter Ulbricht, auf seiner Rede zur I. Funktionärskonferenz der FDJ für die Jugend zur Erfüllung und Übererfüllung des 5-Jahrplans?
i) Welche wichtigen Abschnitte enthält das Gesetz zur Förderung der Jugend und was wurde bisher für die Verwirklichung getan? [. . .]
l) Warum sehen wir im Lenin-Stalinschen-Komsomol die Avantgarde der fortschrittlichen Jugend der Welt?
m) Welche Aufgaben stellte J.W. Stalin dem Komsomol auf dem 8. Komsomolkongreß und welche Bedeutung hat diese Aufgabenstellung für unseren Verband?
n) Für welche besonderen Leistungen wurde der Komsomol von der Regierung der UdSSR mit dem Lenin-Orden ausgezeichnet?
o) Was gab den Mitgliedern des Komsomol die Kraft, die Unerschrockenheit und den Kampfesmut

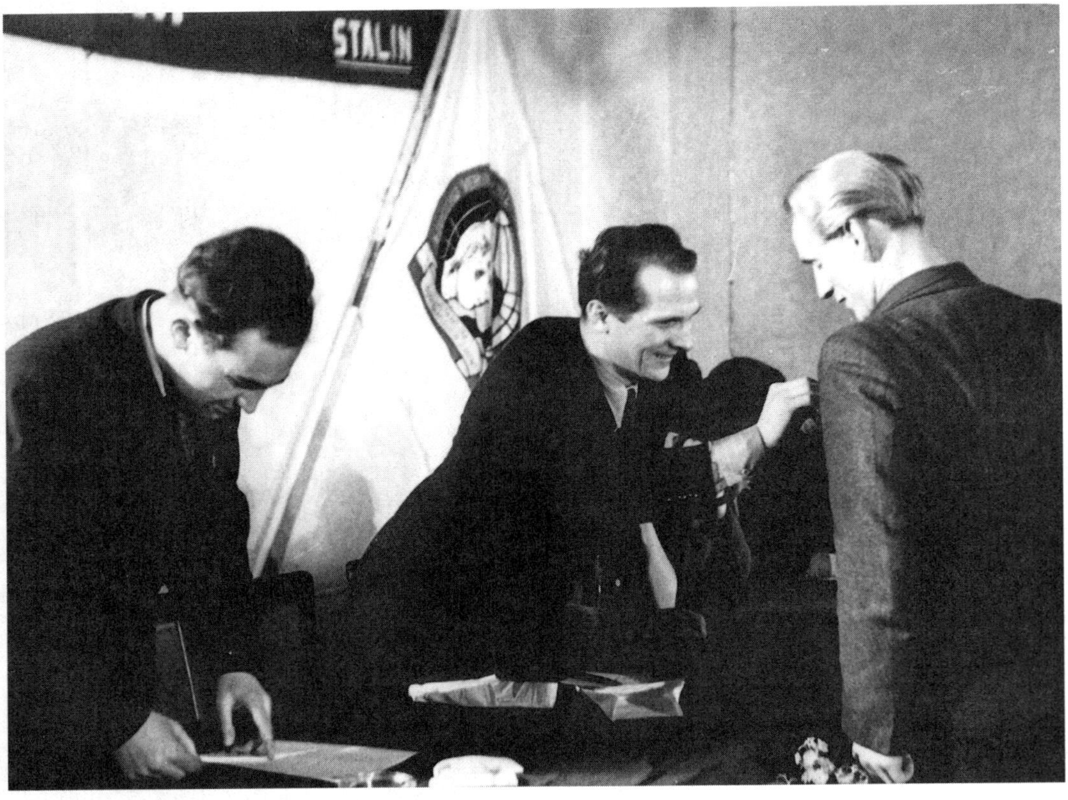

Honecker verleiht erste Abzeichen »Für gutes Wissen«

Wilhelm Pieck 1950 an der nach ihm benannten FDJ-Hochschule am Bogensee bei Berlin

zur Vollbringung der heldenhaften Taten im Großen Vaterländischen Krieg?
p) Welche Lehren können wir für unseren Kampf um die Einheit Deutschlands und den Frieden daraus ziehen?

II.) Deutsche Geschichte:
a) Welche Auswirkungen hatte die Große Sozialistische Oktoberrevolution auf Deutschland?
b) Wie wirkten Karl Liebknecht, Rosa Luxemburg, Ernst Thälmann und Wilhelm Pieck in der Revolution von 1918? Was waren ihre Verdienste?
c) Warum führte die Revolution von 1918 nicht zum vollen Sieg für die Werktätigen?
d) Welche Lehren zog Ernst Thälmann aus dem Kampf der Arbeiterklasse der Sowjetunion und wie wirkten sich seine Erkenntnisse auf die Politik der KPD aus?
e) Welche Stellung bezog Ernst Thälmann zum Bündnis mit den Bauern? Warum ist es notwendig, die Bauern als Verbündete für die Arbeiterklasse zu gewinnen?
f) Was sind die großen Verdienste Ernst Thälmanns für die deutsche Arbeiterklasse? [. . .]
k) Was zeichnet Wilhelm Pieck als besten Freund und Lehrer der Jugend aus? Wodurch zeigt sich heute die Hilfe und Unterstützung der Jugend durch die Sozialistische Einheitspartei Deutschlands, an deren Spitze Wilhelm Pieck steht? [. . .]
l) Warum bezeichnet J.W. Stalin die Existenz eines friedliebenden, demokratischen Deutschlands neben dem Bestehen der friedliebenden Sowjetunion als die Garantie für die Sicherung des Friedens in Europa?
n) Warum ist die Gründung der Deutschen Demokratischen Republik ein Wendepunkt in der Geschichte Europas? [. . .]

III. Geschichte der Sowjetunion:
a) Worin liegt die internationale Bedeutung der Großen Sozialistischen Oktoberrevolution und was waren die Ursachen ihres Sieges? [. . .]
g) Worin kommt Stalins Rolle als treuer Schüler Lenins zum Ausdruck?
h) Wie kommt in der Politik der Sowjetunion die Freundschaft und Hilfsbereitschaft gegenüber den deutschen Werktätigen zum Ausdruck?
i) Was weißt Du über die Außenpolitik der Sowjetunion?
j) Warum ist die Sowjetunion das Bollwerk des Friedens? [. . .]

IV. Schöngeistige Literatur:
a) Was beinhaltet das Buch Fadejews ›Die junge Garde‹?

b) Was befähigte die jungen Sowjetmenschen zu diesen heroischen Leistungen?
c) Welche Lehren ziehst Du für Deine eigenen Aufgaben im Kampf um den Frieden aus dem Leben der Mitglieder der Jungen Garde?«

Quelle: SAPMO-BArch, DY 24/ 3.417.

2. Parteikonferenz der SED: Planmäßiger Aufbau des Sozialismus

Die Stalinisierung der DDR erfuhr im Jahre 1952 ihren Höhepunkt. Willig hatte die Partei- und Staatsführung jede Wendung der sowjetischen Politik nachvollzogen und die Strukturen des eigenen Staatswesens dem sowjetischen Modell angeglichen. Die jeweils gültige Lesart des »Marxismus-Leninismus« war zur alles bestimmenden Ideologie geworden. Der SED war es zwischen 1949 und 1952 gelungen, ihre »führende Rolle« in allen Bereichen von Staat, Wirtschaft und Gesellschaft schrittweise durchzusetzen. Die fortschreitenden Verstaatlichungen in Industrie und Handel gingen mit dem Aufbau einer zentralgeleiteten Planwirtschaft einher.
1952 standen die internationalen Koordinaten auf Sturm. In Korea war seit zwei Jahren der kalte zu einem heißen Krieg zwischen Ost und West eskaliert. Eine Verständigung zwischen den beiden Deutschland schien auf absehbare Zeit nicht mehr möglich. Der Westen war fest entschlossen, die Westintegration der Bundesrepublik fortzusetzen und den westdeutschen Staat auch militärisch in eine Europäische Verteidigungsgemeinschaft einzubinden. Nachdem der als »Stalin-Note« in die Geschichte eingegangene Vorstoß der Sowjetunion vom 10. März 1952 mit dem Ziel, die Westbindung der Bundesrepublik in letzter Minute abzuwenden, gescheitert war, stand der demonstrativen Integration der DDR in den Ostblock nichts mehr entgegen.
Die 2. Parteikonferenz der SED vom 9. bis 12. Juli 1952 gab mit der Parole vom »Aufbau des Sozialismus« in der DDR das Signal zur Angleichung der DDR an die übrigen Volksdemokratien in Ost- und Südosteuropa. Die Parteikonferenz erklärte den *»Sturz der Bonner Regierung«* zur Voraussetzung für die deutsche Einheit. Vorhandenen Widerständen in der Gesellschaft gegen den eingeschlagenen Weg sollte mit einer

»Verschärfung des Klassenkampfes« begegnet werden. Um den *»feindlichen Widerstand zu brechen und die feindlichen Agenten unschädlich zu machen«*, galt es, *»die Heimat und das Werk des sozialistischen Aufbaus durch die Organisierung bewaffneter Streitkräfte zu schützen«*.[116] Bereits im Vorfeld der Parteikonferenz hatte die SED auf Anweisung der Sowjets mit dem Aufbau der Kasernierten Volkspolizei, dem Vorläufer der Nationalen Volksarmee begonnen. Nach einem Befehlsempfang bei Stalin am 1. April 1952 hatte sich Wilhelm Pieck notiert: *»Volksarmee schaffen – ohne Geschrei«* und *»pazifistische Periode ist vorbei«*.[117]
Die Abriegelung der innerdeutschen Grenze und die Auflösung der fünf Länder zugunsten von 14 zentral angeleiteten Verwaltungsbezirken stellten weitere Etappen bei der Umformung der DDR nach sowjetischem Vorbild dar.

Irene Böhme: Jugendbande oder der mißbrauchte Idealismus. Teil IV:

»Eine Mutter beschwert sich beim Schulrat. Der Neulehrer strich ihrem Kind einen Fehler an, verlangte ›Bluhme‹ statt ›Blume‹ zu schreiben. Der Schulrat, ein ehemaliger KZler, erklärt der Frau die politische Lage, den Mangel an gesinnungstreuen Pädagogen, vertröstet auf den Kommunismus und entscheidet lächelnd: ›Und darum wird Bluhme bis auf weiteres mit h geschrieben.‹ Die Szene spielt in einem DDR-Fernsehfilm. Mit Verschwörerlächeln wird sie oft und gern zitiert. Was sind wir doch für Kerle, selbst die deutsche Rechtschreibung mißachten wir. ›Das Sichere ist nicht sicher‹, schreibt Bertolt Brecht. ›Das neue Leben muß anders werden‹, singt die FDJ. Der alteingesessene Tischlermeister an der Ecke bekommt so lange so hohe Steuern aufgebrummt, bis er sie nicht mehr bezahlen kann und wegen Steuerhinterziehung im Gefängnis landet. Danach tritt er freiwillig in die Produktionsgenossenschaft des Handwerks ein. Der Filmkritiker wird entlassen, weil er einen schlechten russischen Film nicht lobt. Der durch die Antifa-Schule geläuterte Naziflieger wird Planungsleiter, obwohl er seine ersten Sporen bei der Legion Condor verdiente. Als Auffangbecken für ehemalige Offiziere und national gesinnte Bürger werden ein Offiziersverein und eine neue Partei gegründet. SED-Genossen erhalten den Parteiauftrag, dort Mitglied zu werden. Fabrikdirektoren und Ingenieure werden der Sabotage verdächtigt und wandern ins Zuchthaus. Ehemalige SPD-Mitglieder gelten als jugoslawische Agenten und verschwinden in Lagern. Emigration oder Gefangeschaft in England oder den USA ist grundsätzlich verdächtig, dort wurden Bombenleger und Brandstifter ausgebildet. Wer vom Westen heimkehrt, hat jahrelang schlechte Karten. Wer sich in sowjetischer Kriegsgefangenschaft für die höhere Verpflegungsrate entschied, sich deshalb zur Umschulung meldete, eine Antifa-Schule besuchte, der gilt als vertrauenswürdig. So einer ist Kader, erhält Posten in Staatsapparat und Wirtschaft. Der erste, der zweite Fünfjahrplan ist angesagt. Doch der Neuaufbau stockt. Allerorts Brückensprengungen, Stallbrände, Warenverschiebungen. Sprengsätze am neuen Rundfunkhaus in Berlin. Feinde allüberall. Unter zehn Jahren Zuchthaus geht's nie ab. Hilde Benjamin, die Generalstaatsanwältin, später Justizministerin, wütet im Freisler-Jargon. Jeder kann's hören. Viele hören lieber nicht hin. Die Kunst des Wegsehens, Weghörens wird fleißig weiter geübt. Honeckers junge Garde ist dabei, die Talsperre in Sosa zu bauen, die Höhen der Wissenschaft zu stürmen, im ›Nationalen Aufbauprogramm‹ allsonntäglich die Städte zu enttrümmern, die Aktivistenbewegung anzukurbeln. Sie schaut in die lichte Zukunft des Sozialismus und nicht links, nichts rechts. Ist Unrecht unübersehbar und wird danach gefragt, erklären alte Genossen den jungen Leuten die Notwendigkeiten des Klassenkampfes und reden sich auf Übergangsschwierigkeiten heraus. Die jungen Weltverbesserer müssen jetzt lernen, die ›führende Rolle der Partei‹ anzuerkennen, sich keinen Kopf über Dinge zu machen, die nicht zu ihrem Arbeitsbereich gehören, denn die Partei hat immer recht. Das klappt geschwind. Die Leute haben noch nationalsozialistische Disziplin in den Knochen. Gelernt wird: ›Wer nicht für uns ist, ist gegen uns.‹ Und wer mit uns in die neue Zeit zieht, dem geht es von Tag zu Tag etwas besser. Er darf glauben, der persönliche Aufschwung sei sein eigenes Werk, nicht der Lohn fürs Schweigen, fürs Wegsehen, fürs Mitmachen

Wilhelm Pieck 1952: »FDJ muß schießen lernen«

und dafür, daß er seine kleinbürgerliche Humanitätsduselei gegenüber Klassenfeinden abtötet.«

Aus: Kursbuch, Februar 1993, Heft 111, S. 17 f.

Militarisierung der Einheitsjugend

Die Indienstnahme der FDJ für die propagandistische und organisatorische Unterstützung der militärischen Aufrüstung der DDR kam von höchster Stelle. In den bereits zitierten Pieck-Notizen vom 1. April 1952 heißt es: *»Jugenddienst – vormilitärische Erziehung«* und *»FDJ muß schießen lernen«*. Vor diesem Hintergrund ist die im »Prolog« beschriebene Übernahme der KVP-Patenschaft durch die FDJ auf dem IV. Parlament zu sehen. Noch im Jahr zuvor hatten die Blauhemden als *»Friedenskämpfer«* die Bemühungen Moskaus unterstützen sollen, die pa-

zifistische Stimmung in Westdeutschland zur Verhinderung der westdeutschen Wiederbewaffnung zu instrumentalisieren.
Von nun an hatte die FDJ nicht mehr nur für ökonomische Mehrleistungen einzustehen. Bis zur Einführung der Wehrpflicht im Jahre 1962 gehörte die Rekrutierung von Freiwilligen für Polizei und Militär fortan zu den zentralen Aufgaben der FDJ.

Sieben Jahre nach Kriegsende waren viele Jugendliche nicht bereit, dem Aufruf »zur Fahne« Folge zu leisten, wie folgender Auszug aus einem Informationsbericht des sächsischen FDJ-Landesvorstandes vom 22. Mai 1952 »über gegnerische Arbeit« deutlich macht:

»Die Werbung für die Volkspolizei ist ein großer Erfolg, auch in den letzten Tagen. Trotzdem zeigt es sich, daß der Feind versucht, mit allen Mitteln durch seine Argumente, unsere Freunde vom Beitritt in die Volkspolizei zurückzuhalten.
So z. B. in Chemnitz im SAG-Thalheim:
›Bei der Einladung zu einer Jugendversammlung durch den Jugendfreund Hans E. schreiben diese Freunde nicht ihren eigenen Namen, sondern folgendes:
Der Jugendfreund Armin K. schrieb: ›Max Senf‹, der Freund Lothar H. schrieb: ›Fickt euch selber!‹, der Freund Manfred S. schrieb den Namen unseres Staatspräsidenten auf die Einladungsliste. An den Aborttüren hing ein Plakat mit folgendem Inhalt: ›Kollegen, weigert euch, zur VP zu gehen. Ihr seid stärker als die jetzige Regierung.‹
Die Arbeit der bestimmten Personen ging soweit, daß sie eine Wandzeitung errichteten, auf der ein Artikel aus der Tribüne ersichtlich war: ›Zerreißt die Gestellungsbefehle!‹
An Aborttüren und dergleichen steht mit Bleistift geschrieben: ›Weigert Euch, zur VP zu gehen!‹
[. . .]
Karl-Marx-Schule,Klasse 12/2:
Hier wurde von den Oberschülern das Argument gebracht: ›Wir haben sowieso 50 Jahre Besatzungszeit, lassen wir doch die Amis rein in die DDR, dann haben wir wenigstens kein Blutvergießen zu verzeichnen.‹ [. . .]
In Chemnitz taucht ebenfalls die Meinung auf: ›Ohne uns.‹ und ›So lange es freiwillig ist, brauchen wir auch noch nicht zu gehen!‹
In Döbeln wurden der Kommission u. a. folgende Argumente entgegengehalten:
›Wozu brauchen wir in der FDJ Schießsport, Fallschirmspringen usw.? Das ist wie bei den Nazis Wehrertüchtigung‹. Man wolle nur die Mäuse mit Speck fangen. Im allgemeinen wird gesagt, freiwillig gehen wir nicht, wenn wir aber müssen, dann werden wir uns nicht weigern.
Oder wie in Hainichen (Framo[-Werk]), wo ein Zug mit Artillerie und Pakgeschützen auf dem Bahnhof in Frankenburg durch die VP abgeladen wurde und [diese] zur VP-Schule gebracht wurden, kam man mit dem Argument: ›Kanonen statt Butter!‹ ›Nennt ihr dies eure Friedenstauben oder besseren Lebensstandard?‹
Ein Lehrling aus dem GUS-Ausbildungswerk Freiberg wollte vor 6 Tagen nach dem Westen gehen, wurde jedoch an der Zonengrenze von unserer Volkspolizei aufgehalten und zurückgebracht. Der Grund hierfür ist folgender:
Ein Funktionär unseres Verbandes hatte ihm gesagt, ›Wenn wir die Sollzahl nicht vollbekommen, dann werden eben alle Freunde ab 17 Jahren mit dem Einberufungsbescheid rechnen müssen.‹ Der Name dieses Funktionärs konnte noch nicht ermittelt werden, wurde der Staatssicherheit übergeben. [. . .]«

Quelle: SAPMO-BArch, DY 24/ A 2.729.

Eine wichtige Rolle bei der Wehrpropaganda spielte die im August 1952 gegründete Gesellschaft für Sport und Technik (GST), die bis zum Ende der DDR maßgeblich an der vormilitärischen Ausbildung der Jugendlichen beteiligt war. Ende des Jahres 1952 zählte die junge Organisation bereits über 450 000 Mitglieder. Die Fünfzehn- bis Fünfundzwanzigjährigen hatten sich von der Möglichkeit, das Segelfliegen oder Fallschirmspringen zu erlernen oder eine Fahrerlaubnis für Autos und Motorräder zu erwerben, anlocken lassen. Offenbar waren sich viele Mitglieder *»über das Wesen der GST«* im unklaren und brachten *»ihre alten pazifistischen Auffassungen in die Organisation«,* wie die Verbandsführung intern konstatieren mußte. Der Vermittlung militärischer Grundkenntnisse standen diese Jugendliche ablehnend gegenüber. Sie hatten hinter der Gesellschaft einen eher sportlichen Hintergrund vermutet, der in der Propaganda für die GST herausgestellt worden war.[118]

»Dienst für Deutschland«

Ebenfalls im Sommer 1952 wurde die von der FDJ-Geschichtspropaganda später gänzlich totgeschwiegene Organisation »Dienst für Deutschland« ins Leben gerufen. Nach Plänen der SED sollten in dieser von der FDJ betreuten paramilitärischen Verfügungstruppe, die fatal an den Reichsarbeitsdienst der Nationalsozialisten erinnerte, bis zu 100 000 Jugendliche den Aufbau der für die Streitkräfte notwendigen Infrastruktur bewerkstelligen. Die überstürzte Aufrüstung hatte die Partei- und Staatsführung der DDR vor schier unüberwindliche Probleme gestellt. Zum einen standen der im Korsett des ersten Fünfjahrplans befindlichen DDR-Wirtschaft keine freien Kapazitäten zur Verfügung, um die materiellen Voraussetzungen für den Aufbau des Militärs zu schaffen. Zum anderen verzeichneten die Informationsberichte der Partei- und Staatsbürokratie eine breite Ablehnung in der Bevölkerung, sieben Jahre nach Ende des Zweiten Weltkrieges eine neue Aufrüstung mitzutragen, die zudem offensichtlich gegen den anderen Teil Deutschlands gerichtet sein würde. Hier hoffte man, mit dem in Moskau angeordneten »Jugenddienst« Abhilfe zu schaffen. Als kasernierte Kaderschmiede sollte der Dienst zudem Kämpfer für den Sozialismus entwikkeln. Doch der wirtschaftliche Nutzen stand, wie sich bald herausstellte, in keinem Verhältnis zum tatsächlichen finanziellen Aufwand für die Organisation. Hinzu kam, daß eine Abordnung des Politbüros bereits im September 1952 katastrophale Verhältnisse bei der Unterbringung und Versorgung der Jugendlichen feststellen mußte. Im Frühjahr 1953 löste die SED die Organisation, in der rund 7000 Jugendliche »dienten«, stillschweigend auf.

Briefe junger Mädchen an ihre Angehörigen, die sich in den Akten des Parteiarchivs fanden, sind ein beredtes Zeugnis von den Lebensumständen im Arbeitslager:

»Liebe Mutti und Geschwister! Heute ist herrliches Wetter, die Sonne scheint so schön, richtiges Herbstwetter ... Zur Baustelle kann ich heute nicht mitgehen, da mir nicht ganz gut ist! Liebe Mutti, wenn man bei so schönem Wetter hier im Zelt sitzt, bekommt man Heimweh. Ringsrum ist Wald, aber wir dürfen nicht im Wald spazierengehen, es ist hier verboten. Hier ist überhaupt alles verboten, überall Wachposten, wie im Gefängnis. Warum werden wir nur so behandelt, haben wir das verdient?
Stell Dir das Leben vor: um 5.00 Uhr Wecken, 6.00 Uhr Frühstück, zum Waschen muß man Glück haben, daß wir ein bißchen Kaffee bekommen. 7.00 Uhr Appell, 7.30 Uhr – 11.00 Uhr Marschübung. 11.00 – 12.00 Uhr oder 12.30 Uhr anstellen zum Mittagessen. 13.00 Abmarsch zur Baustelle, 13.30 – 18.30 Uhr Arbeitszeit, 19.00 – 20.00 Uhr Abendessen und 21.00 Uhr Nachtruhe.
So geht es Tag für Tag. Einmal bekommen wir in der Woche Ausgang von 18.00 – 24.00 Uhr. Heute sitze ich nun im Zelt mit noch zwei Mädels, die krank sind. Und wenn hier ein Mädel wirklich ernstlich krank ist, kümmert sich niemand darum; z. B. bei uns im Zelt lag gestern ein Mädel mit Magenkrämpfen, ich bin schnell zum Sanitäter gelaufen. Er sagte, keine Zeit, komm in einer Stunde wieder. Nun sag Du, Mutti, sind das Zustände. Hier kann ein Mädel noch so krank sein, sie ist sich selbst überlassen. Da haben wir es der Abteilungsleiterin gesagt. Jetzt fängt das dumme Ding von 18 Jahren an: ›Aber Kollegin, in welchem Ton sprechen Sie mit mir, nehmen Sie die Hände aus den Taschen, wenn Sie mit mir sprechen!‹ [. . .]
Liebe Mutti, Du wirst jetzt wieder denken, ich bin von jemand überredet worden und habe keine richtige Aufklärung. Aber so ist es nicht, denn was ich Dir hier geschrieben habe, entspricht der Wahrheit und ist keine Lüge. Schreibe mir bitte, wie Du über diese Verhältnisse denkst. Ich muß schließen, denn der Bogen ist voll, und außerdem habe ich eiskalte Füße.
Viele Grüße aus der Taiga sendet Euch Waltraut.«

»Mein Lieber Hans!
[. . .] Für mich persönlich ist das Leben hier einfach grausam. Wir leben hier mit 14 Kameradinnen in einem Zelt und liegen auf Stroh. Tag und Nacht suchst Du Deine Klamotten zusammen, denn alles wird, wenn Du nicht aufpaßt, durcheinander geschmissen oder kommt ganz weg. Wenn etwas im Zelt vorfällt, heißt es immer gleich, die Neuen, womit man Gisela und mich meint.
Wir haben fast keine Gelegenheit, uns zu waschen. Die Wäsche fällt mir beinahe vom Körper. An Läuse und Lagerkrätze haben wir uns schon längst gewöhnt. Ob Jungen oder Mädchen, viele sind geschlechtskrank, denn sobald es dunkel ist, liegen die Pärchen im Straßengraben. [. . .]
Arbeiten tun wir auf dem Bau. Wir bauen die Häuser des Sozialismus, mit anderen Worten, die Kasernen für unsere Volkspolizisten. Jetzt ist es ja unsere Volksarmee, denn sie ist seit dem 7. Oktober neu eingekleidet. Für mich ist die Arbeit furchtbar, denn ich bin die Arbeit nicht gewöhnt. Schmeiße ich mal einen Stein nicht richtig, so werde ich angebrüllt wie ein Stück Vieh. Schmeißen sie mir die Steine zu, so kann ich sie wieder nicht auffangen vor Unterleibschmerzen, und die Hände bluten mir auch. Zur Arbeit marschieren wir geschlossen in unseren dreckigen und speckigen Arbeitsanzügen, manchmal ungewaschen und ohne Essen. (Wenn es Essen gibt, ist es sehr gut, was ich zugeben muß.)

Ich selbst bin dauernd krank. Vorgestern bin ich aus der Sanitätsbaracke entlassen worden, doch es geht mir saumäßig. Mir ist jeder Tag eine Qual. Tag und Nacht frieren wir uns halb tot. Des nachts wird die Bereitschaft gepfiffen, und die Rufe: ›Sani, im Graben liegt einer erstochen‹ gellen durch die Nacht. Volkspolizisten murksen sich gegenseitig ab. Das alles sind Dinge, die uns schon zur Gewohnheit geworden sind.
Das ganze Gebiet hier ist Sperrgebiet. Ganz in unserer Nähe ist ein großes VP-Lager. Jede Menge Geschütze sind aufgefahren. Die Volkspolizei steht mit aufgepflanztem Bajonett Wache. Gehen wir einen Schritt außerhalb des Lagers, so wird scharf geschossen. Jungen und Mädchen versuchen täglich aus diesem Hexenkessel auszureißen. Natürlich vergebens. Auch ich grüble Tag und Nacht, wie ich nur wieder nach Hause kann. Ein halbes Jahr halte ich nicht aus, lieber nehme ich mir das Leben.
[. . .]
In einigen Tagen bekommen wir unsere neue Uniform, dann geht der Militärdienst los. Marschieren, Strammstehen und Grüßen. Ich kann nicht mehr, Hans . . . Für heute muß ich schließen, denn im Zelt ist es stockdunkel, und ich sehe nicht mehr, was ich schreibe. Auch habe ich wieder jede Menge Schmerzen.
Schreibe mir bald wieder, Hans, denn es ist der einzige Trost, wenn ich auch jedes Mal weinen muß. Es grüßt Dich herzlich Deine Ilse.«

Aus: Michael Buddrus: Die Organisation »Dienst für Deutschland«. Arbeitsdienst und Militarisierung in der DDR, Weinheim und München 1994, S. 145 f., 183 ff.

Der Kampf gegen die Junge Gemeinde

70 Prozent aller Jugendlichen im Alter zwischen 14 und 25 Jahren – über zwei Millionen Blauhemden ! – wollte der Verband Ende 1952 in seinen Reihen gezählt haben. Im siebten Jahr ihres Bestehens schien die FDJ *»zugleich als Lern- und Arbeitsorganisator in den Schulen und Betrieben, als gigantischer Freizeitverein mitsamt der Sportförderung und der Massenkultur, als politische Weiterbildungseinrichtung und als politischer Vortrupp die Jugend an sich zu ziehen und zu überzeugtem Handeln zu mobilisieren.«*[119]
Tatsächlich mehrten sich jedoch in der Verbandsführung im Verlaufe des Jahres 1952 die Berichte, daß sich immer mehr Jugendliche dem »verschärften Klassenkampf« entzogen. So mußte die Abteilung Verbandsorgane des FDJ-Zentralrates, die auf allen Ebenen Informationen über die Arbeit des Verbandes sammelte und auswertete, im Sommer 1952 konstatieren, daß die evangelische »Junge Gemeinde« in vielen kleineren Ortschaften und Dörfern *»der Mitgliederzahl der Grundeinheiten der FDJ gleichkommt«.* Vor allem Oberschüler bzw. Jugendliche aus »kleinbürgerlichem« oder »bürgerlichem« Elternhaus, wie es in den FDJ-Berichten abwertend hieß, fanden sich in den kirchlichen Jugendgruppen.[120]

Auszug aus einem Informationsbericht der Abteilung Leitende Organe der Partei und Massenorganisationen beim ZK der SED vom 16. Dezember 1952 über »Die Tätigkeit der Jungen Gemeinde an den Oberschulen der DDR«:

Organisatorische Stärke der Jungen Gemeinde
Die Junge Gemeinde hat in ihrer zahlenmäßigen Stärke im letzten Schuljahr zugenommen. Gegenwärtig gibt es nicht wenige Oberschulen, an denen 50 bis 70 % aller Schüler der Jungen Gemeinde angehören. Davon ist auch ein erheblicher Teil Mitglieder der FDJ.
Nach den Feststellungen des Zentralrates der FDJ konzentriert sich die Tätigkeit der Jungen Gemeinde besonders auf den Oberschulen entlang der D[emarkations]-Linie, auf die Oberschulen Mecklenburgs, Ost-Sachsens und des Wismutgebietes. An den Oberschulen treten 2 konfessionelle Gruppierungen auf, die Junge Gemeinde (ev. Jugendl.) und die Junge Union (kath. Jugendl.). Die Junge Union ist sowohl zahlenmäßig als auch in ihrer Aktivität wesentlich unbedeutender als die Junge Gemeinde.
An einigen Grundschulen werden die Kinder im »Kinderkreis«, der auch »Jungschar« genannt wird, zusammengefaßt.
Es ist zu erkennen, daß feste Organisationsformen der Jungen Gemeinde bestehen. So bestehen geschlechtlich und altersmäßig aufgegliederte Gruppen, vornehmlich für die 14- bis 16jährigen und 16- bis 18jährigen Schüler.
Die Gruppen an den Oberschulen besitzen Verbindung zu den Gruppen in den Ortschaften oder Stadtteilen über die verantwortlichen Leiter der Jungen Gemeinde.
Die Anleitung der Jungen Gemeinde liegt in den Händen der für die Jugendarbeit verantwortlichen Personen der Kirchenvorstände, sowie von besonderen Pfarrern, Katecheten, von sogenannten barmherzigen Schwestern. [. . .]

Politische Tätigkeit der Jungen Gemeinde
Die Junge Gemeinde verfolgt ihr Ziel, nämlich die Störung des Unterrichtsablaufes und die Spaltung

der Jugend an den Oberschulen, in 2 Hauptrichtungen.
1.) offene Provokationen und Störungen im Unterricht und in der FDJ-Arbeit. Die weitverbreitete Methode dabei ist das Aufzwingen von Diskussionen, die die Lehrer und Schüler von anderen wichtigen Dingen ablenken sollen.
2.) Die Arbeit der Jungen Gemeinde zeigt sich an den Oberschulen auch durch die Veröffentlichung pazifistischer Losungen, die auf Bibelsprüchen basieren. [. . .]
Es gelingt ihnen auch durch eine raffinierte Taktik, als scheinbare aktive FDJler in die Leitungen der Grundeinheiten der FDJ einzuschleichen. Die Tätigkeit der Jungen Gemeinde geht auch über den Rahmen örtlicher Arbeit hinaus. Es finden Treffen der Jungen Gemeinde im Kreis- und Landesmaßstab statt, die immer von verantwortlichen Personen der höheren Kirchenleitung geleitet werden.
Wie reagieren die Betriebsparteiorganisationen der SED und die Leitungen der FDJ an den Schulen auf die Tätigkeit der Jungen Gemeinde.
Im allgemeinen wird der Tätigkeit der Jungen Gemeinde von seiten der Betriebsparteiorganisationen der SED, der Leitungen der FDJ sowie von dem Lehrkörper wenig Aufmerksamkeit geschenkt.
Die Tätigkeit der Jungen Gemeinde wird von ihnen bagatellisiert und eine Diskussion darüber abgewehrt mit der Bemerkung: ›die sind ja sowieso verrückt und deshalb ungefährlich‹.«

Quelle: SAPMO-BArch, DY 30/ NL NY 4182/1097.

In lichten Momenten muß sich die FDJ-Führung durchaus im klaren darüber gewesen sein, daß die Stärke der Jungen Gemeinde in der Regel unmittelbar aus der mangelnden Attraktivität der FDJ-Arbeit an der Basis resultierte. Ein Informationsbericht von Mai 1952 hob hervor, *»daß dort, wo eine gute FDJ-Arbeit geleistet wird, ein frohes und interessantes Jugendleben entfaltet wird, die ›Junge Gemeinde‹ wenig Anhänger hat. In Schwarzbach, Kreis Hoyerswerda, sagten Jugendliche, die Anhänger der ›Jungen Gemeinde‹ sind: ›Wenn Ihr jetzt bei der Freien Deutschen Jugend auch singt, tanzt und wandert, dann kommen wir lieber wieder zu Euch, als daß wir zum Pfarrer gehen‹.«*[121]
Doch die Erfordernisse des »Aufbaus des Sozialismus« ließen einer Rückbesinnung auf eine an den Interessen der Jugendlichen ausgerichtete Jugendarbeit offenbar keinen Raum. Bereits im März 1952 hatte Walter Ulbricht ein Schreiben des Generalinspekteurs der Volkspolizei, Seifert, an Erich Honecker weitergeleitet, in dem Seifert über die Tätigkeit der »Jungen Gemeinde« in Brandenburg berichtete. In dem als *»streng vertraulich!«* und *»persönlich!«* klassifizierten Begleitschreiben hieß es knapp: *»Lieber Genosse Honecker! Anliegend ein Schreiben der HV Deutsche Volkspolizei. Ich bitte Dich um Mitteilung, welche Maßnahmen Ihr vorschlagt.«*[122]

Es sollte bis Januar 1953 dauern, bis die Partei- und Verbandsführung eine ihr geeignet erscheinende Antwort auf die Erfolge der Jungen Gemeinde fand:

»Maßnahmen gegen die ›Junge Gemeinde‹: Beschluß des Politbüros, 27. 1. 1953

I. Entlarvung der Jungen Gemeinde in der Öffentlichkeit als einer Tarnorganisation für Kriegshetze, Sabotage und Spionage, die von westdeutschen und amerikanischen imperialistischen Kräften dirigiert wird.
1. Der Genosse Generalstaatsanwalt beim Obersten Gericht der DDR wird beauftragt, in einigen Bezirks- bzw. Kreisstädten der DDR – nicht in Berlin – in kurzen Zeitabständen hintereinander (Zeitdauer insgesamt 14 Tage) drei bis vier öffentliche Prozesse anhand des entsprechenden Beweismaterials durchzuführen, in denen klar die kriegshetzerische und Agenten- und Sabotagetätigkeit von Mitgliedern und Funktionären der Jungen Gemeinde nachgewiesen wird.
2. In den Kreisausgaben der Bezirkspresse der SED und der übrigen Blockparteien sind solche Dokumente bzw. Briefe zu veröffentlichen, aus denen die staatsfeindliche Tätigkeit der Jungen Gemeinde hervorgeht. [. . .]
7. Es sind Stellungnahmen der Leitungen der CDU, der LDP, der NDP und der DBD sowie danach der Ausschüsse des Blocks in den Gemeinden und Kreisen, später in den Bezirken gegen die staatsfeindliche Tätigkeit der Jungen Gemeinde anzunehmen und einige, besonders die Stellungnahmen der CDU und LDP, in der Bezirkspresse zu veröffentlichen.
II. Verstärkung der ideologisch-politischen und kulturellen Arbeit der FDJ, der Sportorganisationen, des DFD, der VdgB (BHG).
1. Die Genossen im Zentralrat der FDJ werden beauftragt:
a) beschleunigt populär-wissenschaftliche Schriftenreihen in Massenauflagen herauszugeben und für ihre breiteste Propagierung zu sorgen.
b) Es sind populär-wissenschaftliche Vorträge unter besonderer Berücksichtigung bestimmter Städ-

te, Dörfer und Schulen durchzuführen. Bei den Themen sollen Fragen der Moral, der Ehe, der Liebe, der Familie, des Glücks, Fragen der Erkennbarkeit der Welt, Materie und Idee usw. besonders in den Vordergrund gestellt werden. [. . .]
e) gerade in der entsprechenden Zeit der Durchführung der Prozesse und der Maßnahmen mit der bedeutenden Verstärkung der Arbeit der FDJ auf dem Gebiet des frohen Jugendlebens durch die Organisierung von Winterwanderungen, Pferde- und Motorschlittenfahrten, Faschings- und Frühlingsbällen, Zeitungsfesten usw. zu beginnen.
f) in jeder Oberschule einen hauptamtlichen FDJ-Funktionär einzustellen. [. . .]
III. Administrative Maßnahmen.
1. Die Genossen im Ministerium für Volksbildung werden beauftragt:
a) durch die Schulinspektoren und die Direktoren der allgemeinbildenden Schulen wirksame Kontrollmaßnahmen festzulegen, damit sich der Religionsunterricht nicht hindernd für den allgemeinen Unterricht und die Mitarbeit der Kinder in der Organisation Thälmann-Pioniere auswirkt.
b) zu überprüfen, ob der Unterricht in den Alt-Sprachen – lateinisch, griechisch -, der bisher an den Oberschulen erteilt wird, nicht generell im Rahmen des entsprechenden Universitätsstudiums durchgeführt werden kann.
c) in den neuen 10-Klassenschulen keinen Religionsunterricht mehr durchführen zu lassen.
2. Die Genossen im Ministerium für Staatssicherheit und in der Hauptverwaltung der Deutschen Volkspolizei werden beauftragt, dem Presseamt beim Ministerpräsidenten Material über die feindliche Tätigkeit der Jungen Gemeinde zwecks Übergabe an die demokratische Presse zur Verfügung zu stellen.
3. Die Genossen im Staatssekretariat für Hochschulwesen werden beauftragt, geeignete Maßnahmen zu treffen und zu kontrollieren, um ab sofort jede Zulassung von aktiven Mitgliedern und Funktionären der Jungen Gemeinde zu den Universitäten und Hochschulen zu unterbinden.
4. Seitens der Regierung ist nach Durchführung der Prozesse der Leitung der Evangelischen Kirche mitzuteilen, daß
a) die sogenannte Jugendkammer Ost in Westberlin von der Regierung der DDR als eine unter religiösem Deckmantel arbeitende, gegen die DDR gerichtete Organisation entlarvt ist, und jede Tätigkeit dieser Jugendkammer im Gebiet der DDR streng untersagt wird. Die der Westberliner Jugendkammer unterstehenden Landes- und Kreisjugendkammern sind sofort aufzulösen. Jede weitere Tätigkeit ist zu unterbinden.
b) Jede Tätigkeit der sogenannten Jungen Gemeinde wird verboten. Die Leiter der sogenannten Jugendkreise werden ihrer Funktion enthoben.
5. [. . .] Die Genossen im Ministerium des Innern und die Genossen Vorsitzenden der Räte der Bezirke und Kreise haben jede Zusammenfassung und Tätigkeit von Jugendlichen aller Religionsgemeinschaften im Gebiet der DDR und im demokratischen Sektor von Berlin, die über den Rahmen der in der Verfassung garantierten Religionsausübung hinausgeht (wie z. B. Jugendwanderungen, Zeltlager, Rüstzeitlager, Laienspiele, Laienchöre, christliche Akademien usw.) zu verbieten. Dies gilt auch für die Tätigkeit innerhalb der Kirche. Das Tragen des sogenannten Bekenntniszeichens wird verboten. Die Herausgabe und Verbreitung von kirchlichen Jugendzeitschriften wird eingestellt.
6. Die Leiter ehemaliger kirchlicher Jugendgruppen, Pfarrer usw., die gegen die Anordnungen der staatlichen Organe verstoßen, sind auf der Grundlage des Gesetzes zum Schutze des Friedens und der anderen demokratischen gesetzlichen Bestimmungen strafrechtlich zur Verantwortung zu ziehen.«

Quelle: SAPMO-BArch, DY 30/ J IV 2/2/259. Zit. nach: Die DDR vor dem Mauerbau. Dokumente zur Geschichte des anderen deutschen Staates 1949–1961. Hrsg. von Dierk Hoffmann, Karl-Heinz Schmidt und Peter Skyba, München – Zürich 1993, S. 138 ff.

In den ersten Monaten des Jahres 1953 entfachten Partei und Jugendverband eine Kampagne, mit der festen Absicht, die ungeliebte Junge Gemeinde zu *»liquidieren«*[123] und deren Mitglieder zu kriminalisieren. Wunschgemäß erklärte etwa die CDU-Führung in einer vertraulichen Mitteilung an ihre Bezirksvorstände vom 26. März 1953:
»Es kann [. . .] überhaupt keine Diskussion in den Parteiorganisationen darüber geben, wie sich die Christlich-Demokratische Union zu den Jungen Gemeinden verhält. Sie verhält sich so, wie es ihr als Regierungspartei einerseits und als Partei, die die christlichen Forderungen und Verpflichtungen ernst nimmt und für die gegenwärtige Situation des entscheidenden Kampfes um den Frieden praktiziert, geziemt, d. h. sie wird alle staatsfeindliche Tätigkeit von Pfarrern und bestimmten kirchlichen Gruppen, beispielsweise der sogenannten Jungen Gemeinde verurteilen, den prinzipiellen ideologischen Standpunkt der fortschrittlichen Christen vertreten und sich den gesetzlichen Maßnahmen der demokratischen Staatsmacht anschließen und ihre Verwirklichung unterstützen.«[124]

Bevorzugte Opfer des staatlich organisierten Terrors waren Oberschüler, die in den vorausgegangenen Monaten die Arbeit der Jungen Gemeinde getragen hatten. Für die Minderheit der dogmatischen FDJler, die bis dahin an den Schulen kaum Gehör gefunden hatte, schlug nun die Stunde der Abrechnung.

Auszug aus einem Informationsbericht der Abteilung Verbandsorgane beim Zentralrat der FDJ vom 11. April 1953:

»Im Zuge der Entlarvung und Zerschlagung der staatsfeindlichen Organisation der sogenannten ›Jungen Gemeinde‹ wurden folgende Maßnahmen durchgeführt:
Die Schüler der Oberschule Neustrelitz stellten auf einer Versammlung den Antrag, fünf Jugendliche von der Schule zu verweisen, (schon erfolgt) und faßten den Beschluß, dieselben aus dem Verband auszuschließen. Diese Schüler [. . .] trieben systematische Hetze gegen die Deutsche Demokratische Republik, gegen Verordnungen und Institutionen der DDR sowie gegen die Friedensbewegung. [. . .]
An der Oberschule Nord in Dresden wurde der Jugendliche Hans H. als Feind der Republik und der FDJ entlarvt.
In der Hansa-Oberschule in Stralsund wurden 6 Anhänger der ›Jungen Gemeinde‹ im Laufe des Dezembers 1952 von der Oberschule verwiesen. 42 Anhänger der ›Jungen Gemeinde‹ haben durch die Versammlung, in der das Wesen der ›Jungen Gemeinde‹ entlarvt wurde, das schändliche Treiben der ›Jungen Gemeinde‹ erkannt und arbeiten nicht mehr in der ›Jungen Gemeinde‹ mit.
In der Oberschule ›Zum grauen Kloster‹ in Berlin beschlossen die Mitglieder der FDJ in einer Versammlung am 28. 3. 1953 die Schüler Sabine S. und G. aus der FDJ auszuschließen. Sie stellten den Antrag, den Schüler K. von der Schule zu verweisen. K. war ein Rädelsführer der ›Jungen Gemeinde‹ und trieb Hetze gegen die Staatsordnung in der Deutschen Demokratischen Republik. [. . .]
Im Rahmen einer Versammlung am 31. 3. 1953 beschlossen die Schüler der Oberschule Wittstock, wegen störender Wühlarbeit gegen die FDJ und ständiger Hetze gegen die Deutsche Demokratische Republik, 19 Mitglieder der ›Jungen Gemeinde‹ aus der FDJ auszuschließen. Diese 19 Mitglieder der ›Jungen Gemeinde‹ wurden von der Schule verwiesen.
In der Theodor-Neubauerschule in Brandenburg/Havel wurden 38 Jugendliche wegen ihres republikfeindlichen Verhaltens von der Schule verwiesen.
Aus der Goethe-Oberschule Brandenburg/Havel wurden 19 Schüler von der Oberschule verwiesen [. . .].«

Quelle: SAPMO-BArch, DY 24/ A 11.887.

Daß es zu den geplanten Schauprozessen nicht mehr kommen sollte und die Kampagne im Juni 1953 abrupt endete, resultierte nicht aus der plötzlichen Einsicht der SED-Führung in die Absurdität der Vorwürfe, sondern entsprach einer Direktive der sowjetischen Führungsmacht vom 2. Juni 1953. Darin wurde der seit der 2. Parteikonferenz von der SED verfolgte politische Kurs einer vernichtenden Kritik unterzogen. *»Die Verfolgung der einfachen Teilnehmer der kirchlichen Jugendorganisation ›Junge Gemeinde‹ ist einzustellen und die politische Arbeit unter ihnen zum Schwerpunkt zu machen«*, hieß es da. *»Es ist im Auge zu halten, daß Repressalien gegenüber der Kirche und den Geistlichen nur dazu beitragen können, den religiösen Fanatismus der rückständigen Schichten der Bevölkerung zu stärken und ihre Unzufriedenheit zu vergrößern.«*[125]
Eine Vereinbarung zwischen FDJ und Kirche vom 11. Juli 1953 beendete die offenen Auseinandersetzungen zwischen Staat und Junger Gemeinde. Darin hieß es, daß es *»sich bei der Jungen Gemeinde und bei der evangelischen Studentengemeinschaft nicht um Organisationen handelt, sondern um eine Lebensäußerung der Kirche im Raum der Kirche und ihrer Gemeinde«*.[126] Nichtsdestotrotz blieb das Verhältnis zwischen den beiden Lagern auf Dauer gespannt. Die kirchliche Jugendarbeit blieb im ersten Jahrzehnt der DDR eine feste Größe, die den Anspruch der FDJ, alle Jugendlichen der DDR zu erfassen, stets in Frage stellte.

Die Arbeiter revoltieren: der 17. Juni 1953

Die Kriminalisierung der Jungen Gemeinde gehörte zu jenen Tropfen, die das Faß der Unzufriedenheit in der DDR zum Überlaufen brachten. Im Juni 1953 führte der Aufstand der Arbeiter, dem sich weite Teile der Bevölkerung anschlossen, der SED-Führung deutlich vor Augen, daß es ihr trotz intensiver Propaganda, trotz aller Massenaufmärsche und Kampagnen nicht gelungen war, die Mehrheit der Bevölkerung für ihre Politik zu gewinnen.

17. Juni 1953, Berlin, Leipziger Straße: Steine gegen Panzer

Die Vorgeschichte des 17. Juni hatte spätestens im Sommer 1952 mit dem damals proklamierten »Aufbau des Sozialismus« begonnen. Mit immer höheren Akkordzahlen sollte seitdem in der Industrie die Produktivität gesteigert werden. Gleichzeitig führte die Vernachlässigung der Verbrauchsgüterindustrie zugunsten der Schwerindustrie zu erheblichen Problemen bei der Versorgung der Bevölkerung. Diese verschärften sich durch die Versuche, die privaten Bauern in Landwirtschaftliche Produktionsgenossenschaften zu pressen. In der Bevölkerung, aber auch in der Partei gärte es angesichts dieser Politik des »verschärften Klassenkampfes« zunehmend. Trotz ihres Überwachungs- und Spitzelapparats verkannte die SED die Situation völlig. Noch Ende Mai 1953 erhöhte sie die Arbeitsnormen in der Industrie und im Bauwesen. Als die sowjetische Führung, von den Berichten aus Ostdeutschland alarmiert, ihre deutschen Vasallen zur Mäßigung anwies, war es bereits zu spät. Die Entscheidung der SED, am 9. Juni weisungsgemäß einen »Neuen Kurs« zu verkünden und »eine Reihe von Fehlern« einzugestehen, ohne jedoch die Normenerhöhung zurückzunehmen, endete in offenem Aufruhr. Aus den internen Berichten der SED geht hervor, daß die Bevölkerung den abrupten Kurswechsel als Bankrotterklärung der Einheitspartei verstand. Die Gerüchteküche kochte: *»Otto Grotewohl habe sich vergiftet, Walter Ulbricht sei nicht aufzufinden, Wilhelm Pieck seien beide Beine abgeschossen. 70 Mann von der Regierung sind verhaftet, in Berlin und in den Leuna-Werken sind Unruhen ausgebrochen«,* berichtete man sich etwa im Bezirk Gera.[127] Der Aus-

stand der Berliner Bauarbeiter, deren Protestmarsch von der Stalinallee durch die Innenstadt zum Gebäude des Ministerrates am 16. Juni zur Massendemonstration anschwoll, wurde zum Auslöser republikweiter Aktionen gegen die SED-Herrschaft. Aus dem Aufbegehren der Arbeiter drohte ein Volksaufstand zu werden. Nur durch die Verhängung des Ausnahmezustandes über 167 von 217 Stadt- und Landkreisen und mit der Unterstützung sowjetischer Truppen gelang es, den offenen Protest gegen die SED-Führung einzudämmen.
Der »stolze Millionenverband« FDJ war von den Ereignissen nicht minder überrascht. Insbesondere Jugendliche hatten sich in großer Zahl den aufständischen Arbeitern angeschlossen. Die Schlagkraft der FDJ erwies sich als eine Schimäre.

Auszug aus einem Informationsbericht der Abteilung Verbandsorgane beim Zentralrat der FDJ vom 27. Juni 1953:

»1.) Verhalten der Jugend am 17. und 18. 6. 1953:
Teilnahme der Jugend an Arbeitsniederlegungen: Stahl- und Walzwerk Hennigsdorf 90 % der Früh- und Normalschicht, LEW* außer Lehrwerkstatt 95 %, Betonbau Hennigsdorf 180 Jugendliche, Bau-Union Brandenburg 90 %, Walzwerk Willi Bekker 90 %, Schwermaschinenbau ›Heinrich Rau‹ Mehrheit der Jugend der ersten Schicht, Kunstseidenwerk Premnitz große Teile der Jugend.
Bezirk Neubrandenburg berichtet, daß es in einem Teil der Berufsschulen zu Unruhen kam. So versuchten die Jungen der Klasse 10b aus der Berufsschule Ückermünde, den Unterricht gewaltsam zu sabotieren. Im Bezirk Potsdam kam es besonders in den Oberschulen Brandenburg, Potsdam und Gransee dazu, daß Bilder und Losungen entfernt wurden.
Positives Verhalten:
Die Jugendbrigade am Ofen Georgi Dimitroff im SWH** hat während des Streiks von Mittwoch bis Donnerstag mittag ohne Unterbrechung gearbeitet. Im Walzwerk ›Willi Becker‹ blieb der Jgfr. M. als einziger in der Glühhalle zurück. Die Jugendlichen der MTS*** Nedlitz wiesen die Aufforderung von vier Provokateuren, sich am Streik zu beteiligen, entschieden zurück. 20 Freunde in der Abteilung 700 Karl-Marx-Werk Magdeburg haben Provokateure von ihren Maschinen vertrieben und beteiligten sich an Wachen. Lehrlinge im SWB**** übernahmen die Arbeit der Kollegen der Spätschicht, die nicht erschienen waren.
Zum Schutz der Betriebe und von Volkseigentum verpflichteten sich Jugendfreunde in der Perlon-Tüllfabrik Plaue, in dem VEB Muskau und ein Jugendlicher in der Möbelfabrik Anklam. Die gesamten Studenten der ABF Görlitz verteidigten ihr Gebäude gegen Provokateure.

2.) Das Verhalten der Kader:
Das gute Verantwortungsbewußtsein von gewählten Leitungsmitgliedern zeigte sich beim Kandidat der Bezirksleitung Dresden, Helfried Sch. von der Oberschule Nord und dem Kreisleitungsmitglied Görlitz – Stadt von der ABF, die sich sofort nach den ersten Ereignissen in den Apparaten der Leitungen zur Verfügung stellten. [. . .]
In dem Verhalten der Funktionäre in den Großbetrieben im Bezirk Potsdam zeigte sich anfangs eine starke Hilflosigkeit gegenüber den Ereignissen. Obwohl die meisten Freunde Verbandsschulen, Gewerkschafts- und Parteischulen mit gutem und sehr gutem Erfolg absolviert hatten, verstanden sie es nicht, größere Teile der Jugendlichen von der Demonstration abzuhalten. Von einer Reihe von Freunden des Aktivs der Kreisleitung Senftenberg wird noch nicht erkannt, daß es sich um eine faschistische Provokation handelte. Einige Pionierleiter stimmten sogar gegen die Bestrafung von Funktionären, die sich in diesen Tagen eines Funktionärs unwürdig verhalten haben.
Eine unkonsequente Stellung nahm der 1. Sekretär der Kreisleitung Dresden Stadt, Gerhard O. ein, als er an einer Versammlung im Sachsenwerk Niedersedlitz teilnahm, wo der Genosse Otto Buchwitz sprach. Obwohl die Versammlung von Provokateuren gesprengt wurde, setzte er sich nicht mit den Genossen in Verbindung.
Der Instrukteur der Kreisleitung Gransee M. verließ den Bauplatz Vogelsang fluchtartig, als er merkte, daß die Arbeiter ihre Arbeit niederlegten.
Am 17. und 18. 6. zeigte sich, daß einige Gruppenfunktionäre, die bisher in Wirklichkeit niemals auf dem Boden unseres Verbandes gestanden haben, in den Tagen der faschistischen Provokation ihre wirkliche Haltung gezeigt haben.
So erklärte der hauptamtliche Funktionär für Agit.-Prop. im LEW Hennigsdorf, Olav P., daß er mit unserer Regierung nichts mehr zu tun haben wolle, und verbrannte sein Parteidokument und das Mitgliedsbuch unseres Verbandes.
Das Kreisleitungsmitglied von Brandenburg, Herbert F. vom Schlepperwerk Brandenburg sagte: ›Ehe die Schweinehunde (gemeint waren die Genossen der KVP) nicht den Betrieb verlassen, nehme ich keine Arbeit auf.‹
Der ehemalige Org.-Leiter der Lehrwerkstatt im Stahlwerk Brandenburg (hauptamtlich), jetzt Leitungsmitglied der Grundeinheit DHZ***** Chemie, griff Volkspolizisten an und hetzte Arbeiter auf sie.
Ein Teil von Funktionären beteiligte sich aktiv an den Demonstrationen sowie bei deren Organisierung, wie z. B. Mitglied der Bezirksleitung Dresden

FDJ demonstriert am 26. Juni 1953 für die Regierung

Günter H. vom Stahl- und Walzwerk Riesa, Kreisleitungsmitglied Pirna Peter K., Funktionäre der untergliederten Grundeinheiten in den Städten Gera und Jena wie z. B. vom Textilveredlungswerk Gera, Roto-Rekord Gera, WMF****** Union Gera und Zeiß-Jena.«

* LEW: Lokomotivbau – Elektrotechnische Werke
** SWH: Stahl- und Walzwerk Hennigsdorf
*** MTS: Maschinen- und Traktoren-Station
**** SWB: Stahl- und Walzwerke Brandenburg
***** DHZ: Deutsche Handelszentrale
****** WMF: Werkzeugmaschinenfabrik

Quelle: SAPMO-BArch, DY 24/ A 3.666.

FDJ unter Beschuß der Parteiführung

Brachte der Juni-Schock auch keine grundsätzliche Kehrtwende in der SED-Politik, so bewiesen einige Parteiführer in der zweiten Jahreshälfte 1953 zumindest vorübergehend einen geschärften Blick für die gesellschaftliche Realität in der DDR.

Eine im Nachlaß Grotewohl im Zentralen Parteiarchiv der SED gefundene Analyse vom 27. Oktober 1953 fällte ein vernichtendes Urteil über den Jugendverband:

»Für die Mehrzahl der Jugendlichen in der Deutschen Demokratischen Republik ist die Zugehörigkeit zur Freien Deutschen Jugend keine Herzenssache. [. . .] Eine kritische Betrachtung der FDJ-Arbeit offenbart auf den ersten Blick, daß diese viel zu starr, schematisch und eingeschachtelt ist, um den vielseitigen Interessen und Bedürfnissen der Jugend gerecht werden zu können. Es gibt zuviel trockene Anweisungen und Direktiven und deshalb zu wenig Möglichkeiten der freien Entfaltung eines natürlichen Jugendlebens. Der Apparat der Freien Deutschen Jugend ist steif, träge und verbürokratisiert. Er entspricht keinesfalls den Anforderungen einer schwungvollen, energischen und zielbewußten Jugendbewegung. Die Arbeit wird nicht planmäßig, nicht kontinuierlich, sondern fast ausschließlich kampagnemäßig durchgeführt. [. . .] Hinzu kommt, daß die Fluktuation der Jugendfunktionäre seit Jahren sehr stark ist. Es gibt nur wenige Kreissekretäre, die länger als ein halbes Jahr dieselbe Funktion ausüben.

Einmütig beschweren sich die Kreisleitungen über die schlechte Anleitung und Unterstützung von Seiten des Zentralrates und der Bezirksleitungen. [. . .] Die rasche Entwicklung vieler junger Menschen hat eine starke Tendenz zum Karrierismus unter den FDJ-Funktionären ausgelöst. Daraus entwickelte sich ein großes Geltungsbedürfnis und die Neigung zur 150%igkeit. Eine besonders häßliche Form des Parteijargons und Kaltschnäuzigkeit gegenüber den ›Unwissenden‹ gehören zu ihren Umgangsformen. Ihre Art ist anmaßend, bürokratisch, verkrampft und herzlos. Es fehlt ihnen an warmer Herzlichkeit und vielfach sogar an gesundem Humor. Die kühne Leidenschaftlichkeit ist ihnen fremd. Viele machen auch den Eindruck von ständig gehetzten, furchtbar wichtigen Funktionären, die unter der Last ihrer Arbeit zusammenbrechen. Es ist klar, daß sie in dieser Art niemals Vorbilder der Jugend sein können. [. . .] Das Jugendleben in der FDJ ist für die Mehrheit der Jugendlichen kein Anziehungspunkt, hat keine Zugkraft. Das sogenannte frohe Jugendleben ist verkrampft oder artet aus. Selten ist es normal und ungezwungen fröhlich. [. . .] Wenn die FDJ den Jugendlichen etwas Besseres und Anziehenderes bietet als die ortsüblichen Tanzgaststätten, dann wird sie einen regen Zuspruch der Jugend erhalten. Die Jugendlichen gehen lieber ins Jugendclubhaus als in irgendeine Gaststätte, weil dort Jugend unter Jugend ist, nur muß es dort eben auch schöner sein.

Es ist nicht so, daß die Mehrheit der Jugendlichen begeisterte Ami-Jünglinge sind. Sehr oft ist diese Anbetung der Ami-Kultur nur ein Mangel an besserer Gelegenheit. Am stärksten sind die westlichen Einflüsse unter der bürgerlichen Jugend. Demnach üben die Jugendlichen aus der Produktion noch nicht überall den bestimmenden Einfluß aus. Quellen der Verbreitung westlicher Einflüsse sind besonders die Hochschulen und Universitäten. Dort gibt es auch die meisten Rias-Hörer unter der Jugend. [. . .] Daß der westliche Einfluß in seinen häßlichen Ausartungen zu dämmen ist, zeigt die Arbeit der Jungen Gemeinde. Dort nehmen die Jugendlichen sehr gern am Jugendleben teil. Sie betonen, daß es ihnen besonders deshalb gut gefällt, weil alles gut organisiert, sowie erfahren und umsichtig geleitet wird. Das Jugendleben ist dort natürlich und unbeschwert. Vor allem beschränkt es sich nicht nur auf gesellige Veranstaltungen, sondern es werden viele Wanderungen gemacht, wobei sie praktische Naturkunde und Heimatgeschichte betreiben. Sie berücksichtigen die Interessen der Jugend in jeder Weise. Bei uns herrscht noch immer große Scheu, über Fragen der Moral offen zu sprechen. Die Pfaffen dagegen verstehen es ausgezeichnet, die Jugendlichen vor Ausschweifungen jeder Art eindringlich und erfolgreich zu warnen. Schon die Auswahl der Themen spricht die Jugendlichen sehr verschieden an. In der FDJ behandelt man wochenlang ein Thema unter dem Titel: ›Auswertung der 6. Zentralratstagung‹. In der Jungen Gemeinde dagegen werden die Vortragsabende unter folgenden Titeln popularisiert: ›Kann denn Liebe Sünde sein?‹ – ›Aufmachen! Kriminalpolizei‹ – ›Soll sich ein Mädchen schminken?‹ usw.

Als die FDJ in Weimar einen Jugendvortragsabend organisierte über den Kapp-Putsch und ihn unter dem Titel ›Schüsse in Weimar‹ bekanntmachte, da war die Veranstaltung überfüllt.

Am besten können die westlichen Einflüsse durch die Weckung des Hasses gegen die amerikanischen Monopolisten eingedämmt werden. Die Jugend hat eine natürliche Veranlagung zur Begeisterung und zur Liebe, aber auch zum Haß. [. . .] Eine wesentliche Ursache für die schlechte Lage in der Freien Deutschen Jugend ist die Überbetonung der Losung: Jugend soll von Jugend geleitet werden. [. . .] Es muß festgestellt werden, daß sich die Partei ungenügend um die Jugend kümmert. Die meisten Mitglieder und Funktionäre der Partei sind der Meinung, daß sie mit der Jugendarbeit nichts zu tun haben, daß es allein Sache der Genossen FDJ-Funktionäre ist, sich darum zu kümmern. Vielfach haben ältere Parteimitglieder gegenüber der Freien Deutschen Jugend eine sektiererische Einstellung; sie erkennen den Massencharakter der FDJ nicht, sondern ziehen schematische Vergleiche zum ehemaligen KJVD und zur SAJ. [. . .] In den Grundorganisationen der Freien Deutschen Jugend machen sich die angeführten Mängel am stärksten bemerkbar. Die Partei nimmt nur wenig Einfluß auf das Gruppenleben. Eine statistische Überprüfung im Kreis Weimar z.B. ergab folgendes Bild. In 40 % aller Grundorganisationen der FDJ gibt es keine Mitglieder und Kandidaten unserer Partei. In weiteren 30 % aller Grundeinheiten gibt es nur 1–2 Mitglieder oder Kandidaten der SED. Überall dort, wo ältere Genossen die Arbeit der FDJ-Gruppen unterstützen, anleiten und individuell Einfluß auf die Jugendlichen nehmen, ist die Arbeit der Freien Deutschen Jugend gut. Nicht nur, daß die Jugendlichen interessierter sind, sondern auch die Gruppenfunktionäre strengen sich mehr an, haben ein Vorbild, werden erzogen und erhalten wertvolle Hilfe und Anleitung. Natürlich ist die Arbeit in der FDJ besonders schwer, man muß viel Zeit und viel Geduld aufbringen, aber es ist auch eine sehr dankbare Aufgabe.

Einige Vorschläge für die Verbesserung der Jugendarbeit:
Die FDJ-Führung, vom Zentralrat bis zu den Kreisleitungen, muß verändert werden. Es fehlen vor allem reife Menschen. Einige qualifizierte, vorbildliche ältere Genossen, von denen etwas Strahlendes, Warmherziges ausgeht, müssen im Kreis-, Bezirks- und Zentralmaßstab eingesetzt werden. Es darf keine Leitung geben, in der nicht mindestens ein älterer, erfahrener Genosse den entscheidenden Einfluß ausübt. Ehemalige gute FDJ-Funktionäre müssen, wenn irgend möglich, in die Jugendarbeit zurückbeordert werden. [. . .]
In nächster Zeit müßte in der gesamten Partei eine Mitgliederversammlung durchgeführt werden mit dem Thema:
›Die Bedeutung der Freien Deutschen Jugend für unsere Partei und für die Zukunft unseres Volkes‹.
Es ist notwendig, den aufgeblähten, bürokratischen Apparat der Freien Deutschen Jugend sofort zu verändern. Dafür müßte eine besondere Untersuchungskommission von Seiten der Partei eingesetzt werden.
Meiner Auffassung nach wäre es sehr zweckmäßig, den Genossen Honecker durch einen anderen, fähigeren, erfahreneren Genossen zu ersetzen. Genosse Honecker genießt nach meinen Informationen kein großes Ansehen.«

Quelle: SAPMO-BArch, ZPA, NL 90/516. Mit wenigen Kürzungen abgedruckt in: Dierk Hoffmann/Karl-Heinz Schmidt/Peter Skyba (Hrsg.): Die DDR vor dem Mauerbau. Dokumente zur Geschichte des anderen deutschen Staates 1949–1961, München–Zürich 1993, S. 188 ff.

Ende 1953 legte eine Kommission des Zentralkomitees der SED einen umfangreichen »Bericht zur Überprüfung der Arbeit der Freien Deutschen Jugend« vor. Er schilderte die Lage der FDJ in düsteren Farben. Zwischen der Minderheit der politisch konformen FDJler und der Mehrheit der Jugend innerhalb und außerhalb des Verbandes habe sich eine schier unüberwindliche Kluft aufgetan. Letztere mißtrauten der Beständigkeit des »neuen«, moderateren Kurses, den die SED seit den Juni-Tagen verfolgte. Auf die Westorientierung der Jugendlichen, die sich in Texashemden, Texasschlipsen, Bürstenhaarschnitt, amerikanischer Tanzweise und Lesen von Schundliteratur ausdrückte, reagierten die politisch Verantwortlichen mit *»administrativen Maßnahmen«*. Der Untersuchungsbericht hob hervor, daß die von der FDJ-Führung propagierten *»Rollkommandos«* und *»Kampftruppen der Jugend«*, die die Tanzsäle von *»Texashemdenträgern«* zu räumen hatten, *»die FDJ immer weiter von der Masse der Jugend«* entfernten. Nominell zählte die FDJ im Herbst 1953 noch 1,16 Millionen Mitglieder, 42 Prozent weniger als im Dezember des Vorjahres. Doch auch diese Zahl zog die Untersuchungskommission in Zweifel.
Als nicht minder bedenklich erachtete sie den *»schwachen Parteikern im Verband«*. Offenkundig stieß die FDJ selbst bei jugendlichen SED-Mitgliedern auf Zurückhaltung. So besaßen von den fast 14 000 FDJ-Mitgliedern in Rostock lediglich drei- bis viertausend ein SED-Parteibuch. Dabei zählte die Partei in der Hansestadt über 1100 Mitglieder im FDJ-Alter in ihren Reihen. Unter diesen Umständen konnte die FDJ weder wirkungsvoll als Transmissionsriemen der SED-Interessen noch als Kaderreservoir für die Partei eingesetzt werden.
Die leitenden Kader des Jugendverbandes *»berauschen sich selbstzufrieden an Demonstrationen und phrasenhaften Losungen und leisten nach wie vor Kampagnenarbeit.* [. . .] *Die Führung des Jugendverbandes, vor allem das Sekretariat des ZR der FDJ und Genosse Erich Honecker persönlich, schätzen all diese Tatsachen politisch nicht richtig ein, begnügen sich mit schönfärberischen Berichten, ja, man hat den Eindruck, daß sie politisch sorglos und blind solchen alarmierenden Zuständen gegenüberstehen.«*[128]
Erich Honecker verdankte es vermutlich allein der Protektion Ulbrichts, daß er diese Generalkritik an seiner Arbeit politisch überlebte.

Der ehemalige Pressesprecher des Generalstaatsanwalts der DDR, Peter Przybylski, charakterisiert in dem Dokumentenband »Tatort Politbüro« das Verhältnis zwischen Ulbricht und Honecker:

»Die besondere Beziehung zwischen Ulbricht und Honecker hatte dem Selbstbewußtsein des FDJ-Chefs mehr und mehr zur Selbstherrlichkeit verholfen. Das Verhältnis zum 1. Sekretär der Partei beruhte auf totalem Gehorsam und bedingungsloser Subordination. Die Liaison der beiden mußte den anderen Mitgliedern des Politbüros zunehmend ins Auge stechen. Als dann im Zusammenhang mit dem Aufstand am 17. Juni 1953 Ulbrichts Stuhl wankte, geriet auch Honecker ins Kreuzfeuer der Kritik. [. . .] Unter dem Eindruck der Krise des Sommers 1953 war sich die Mehrheit im Politbüro einig, daß der in der Bevölkerung extrem unbeliebte Ulbricht als 1. Sekretär der Partei nicht länger

tragbar sei. Diese Erkenntnis hätte eigentlich auch den Abgang Honeckers als engstem Intimus von Ulbricht zur Konsequenz haben müssen.
Als – wahrscheinlich am 2. Juli – die Kommission des Politbüros zur Ausarbeitung von Vorschlägen für Veränderungen in der Parteiführung zu ihrer 2. Sitzung zusammentrat, stand auch Honeckers Schicksal zur Debatte. Von Otto Grotewohl kam die Frage, ob Honeckers Verbleiben im Politbüro noch zweckmäßig sei: ›Wenn ich in den ganzen Jahren auch nur die geringste Tendenz zu einer Entwicklung bei ihm beobachtet hätte, würde ich die Frage nicht stellen.‹ Und wieder sprang Ulbricht, dessen Wort trotz allem noch immer Gewicht hatte, Honekker zur Seite. Ulbricht: ›Die Frage ist schon erledigt: der geht auf Schule.‹
Honecker war gerettet, wenn er auch erst zwei Jahre später nach Moskau ging. Allerdings hatte es mit Grotewohls Vorstoß noch nicht sein Bewenden. Als man das Politbüro am 7. Juli zu nächtlicher Stunde zusammentrommelte, mußte auch Erich Honecker bittere Wahrheiten schlucken. Wieder ging es um die künftige Zusammensetzung der Parteiführung, und wieder stand Walter Ulbricht im Zentrum einer hitzigen Kontroverse, in die auch der FDJ-Chef einbezogen wurde. Besonders leidenschaftlich klagte Elli Schmidt, die einzige Frau im Politbüro, Ulbricht an: ›Der ganze Geist, der in unserer Partei eingerissen ist, das Schnellfertige, das Unehrliche, das Wegspringen über die Menschen und ihre Sorgen, das Drohen und Prahlen – das erst hat uns soweit gebracht und daran, lieber Walter, hast Du die meiste Schuld . . . Wer Dir zum Munde redet und immer hübsch artig ist, der kann sich viel erlauben. Honecker, zum Beispiel, das liebe Kind.‹
Daß Honecker so tief in den Strudel der auf Ulbricht konzentrierten Kritik hineingeriet, lag nicht allein an seiner Sonderstellung und seinem unterwürfigen Verhältnis zum starken Mann der Partei. Man hatte auch seine Fehlleistungen und -entscheidungen als FDJ-Vorsitzender noch gut in Erinnerung [. . .]. In den Tagen um den 17. Juni herum hatte Honekker zum ersten Mal zu spüren bekommen, wie leicht man auf dem glatten Parkett des Politbüros trotz Ulbrichts Rückendeckung ausrutschen, sogar lebensgefährlich stürzen konnte. Obgleich Ulbricht sich dank seiner Gönner im Kreml durchzusetzen vermocht hatte, [. . .] war Honecker auch in den folgenden zwei Jahren noch häufig genug Anfechtungen und Anfeindungen ausgesetzt.«

Aus: Peter Przybylski: Tatort Politbüro. Die Akte Honecker, Berlin 1991, S. 80 ff.

Die Schwächen und Fehler der FDJ stellten die SED-Jugendpolitiker vor ein unlösbares Problem. Sie waren Ausdruck der Janusköpfigkeit der FDJ, die zeit ihrer Existenz unter den Widersprüchen litt, die sich aus den divergierenden Interessen von Partei und Jugend ergaben.
Es war die Partei, die Anfang der fünfziger Jahre ihren Kaderbedarf oft rücksichtslos aus den Reihen der FDJ stillte und dabei in Kauf nahm, daß die Jugendarbeit dadurch auf lokaler Ebene vielfach zum Erliegen kam. Der kritisierte kampagnenhafte Charakter der FDJ-Arbeit entsprach letztlich der Politik der SED mit ihren häufig abrupten Kurskorrekturen.
Einerseits hatte es die FDJ zur Aufgabe eines jeden Mitglieds erklären müssen, *»das Wesen und die Gesetze des Aufbaus des Sozialismus zu studieren«*[129], andererseits beklagte die SED ein unterentwickeltes frohes Jugendleben. Die Partei konnte den Widerspruch nicht auflösen. In dem Maße, in dem sie die Verbandsarbeit auf Kosten der Erfüllung jugendspezifischer Interessen ihrer Politik unterordnete, schwanden die Motive für die Mitgliedschaft in der FDJ. Umgekehrt lief eine an den Jugendinteressen ausgerichtete Verbandsarbeit den politischen Erwartungen der SED zuwider.

III

Aufholen ohne einzuholen – Die FDJ in den fünfziger Jahren (1954–1961)

Die staatliche Teilung fand ihr Pendant in der Gesellschaft. Nicht daß sich die junge Generation in zwei genau definierte Lager von Befürwortern und Gegnern des SED-Regimes hätte teilen lassen. Das Spektrum reichte von der überzeugten FDJlerin mit dem SED-Parteibuch bis zum oppositionell eingestellten Oberschüler, der sich in West-Berlin mit verbotener Literatur eindeckte. Dazwischen gab es die zahlenmäßig nie erfaßbaren loyalen Kritiker, Anpasser, Skeptiker, Unpolitischen, Nörgler ... Doch in der vom Schwarz-Weiß-Denken geprägten politischen Kultur der DDR zwangen die von der Obrigkeit ständig eingeforderten öffentlichen Loyalitätsbekundungen weit größere Teile der Bevölkerung dazu, sich für oder gegen das System zu entscheiden, als dies in Demokratien der Fall ist. So durchzog auch die Jugend der DDR ein Riß, den die SED überwinden mußte, wollte sie nicht auf Dauer von den Panzern der sowjetischen Schutzmacht abhängig sein.

Während der überwiegende Teil der Jugendlichen offenkundig von der FDJ nicht erreicht werden konnte, nahm eine allerdings nicht unbeträchtliche Minderheit die bis dahin ungekannten Aufstiegsmöglichkeiten wahr, die die Mitarbeit im Jugendverband bot. So zog sich die SED eine neue, loyale Elite heran. Sie sollte später das Rückgrat des Systems bilden. Allein von den 50 Sekretären des Zentralrates zwischen 1945 und 1955 wurden neun im Laufe ihrer Karriere Politbüromitglieder, fünfzehn gelangten in hohe Partei- und Staatsfunktionen bzw. wurden hochrangige Generäle des Ministeriums für Staatssicherheit.[130]

Für diese FDJ-Generation galt die prägende Erfahrung, daß sie sich von Beginn an in einer ihr mindestens mißtrauisch, vielfach feindlich gesonnenen Gesellschaft engagierte.

Günter Schabowski, Politbüromitglied und letzter Berliner SED-Chef, erinnert sich an seine politische Sozialisation in der frühen DDR:

»Die frühe Begegnung mit Kommunisten in der Redaktion der Gewerkschaftszeitung eröffnete mir ungeahnte Quellen, um meinen Wissensdrang und Erklärungsbedarf zu stillen. Es waren glaubwürdige Menschen. Sie hatten für ihre Überzeugungen gelitten, Zuchthaus und KZ durchgestanden. Vor allem aber hatten sie schlüssige Antworten parat auf die Fragen jener Zeit. Die generelle Erkenntnis, die uns wie eine Erleuchtung vorkam, besagte, daß alle gesellschaftlichen Erscheinungen, die dem Einzelnen unbegreiflich und undurchschaubar scheinen, ihre Wurzel in den ökonomischen Verhältnissen haben. Hinter der Fassade der Politik haust und herrscht das große Kapital. Profit ist sein Lebensgesetz. Um seinetwillen wird im mörderischen Kampf gegen die Konkurrenten eine anarchische Produktion betrieben, die sich immer wieder in Krisen mit verheerenden sozialen Folgen für die arbeitende Mehrheit festläuft. Der dem Kapitalismus innewohnende Zwang, sich ständig neue Absatz- und Anlagemärkte zu erschließen, ist die Ursache der Kriegstendenz des Systems. Allem in der Gesellschaft, der Moral, der Kunst, der Bildung, den zwischenmenschlichen Beziehungen usw., drücken die kapitalistischen Verhältnisse ihren Stempel auf. Nimmt der Sozialismus die Dinge in die Hand, wird alles ins menschliche Lot gebracht. Elend, Krisen und Krieg gehören ein für allemal der Vergangenheit an. Ein neues Zeitalter der Menschlichkeit bricht an.

Die Geschlossenheit der Weltanschauung – heute für mich das erste Symptom einer suspekten Heilslehre – faszinierte mich. Sie beantwortete mehr Fragen, als wir Jungen damals zu formulieren imstande waren. Es war ein ökonomistisches Weltbild. Es verachtete Anthropologie, Psychologie, ja sogar die Soziologie als pseudowissenschaftliche Versuche, als Flickschneiderei an der kapitalistischen Montur, ohne dem System ernstlich auf den Leib zu rücken. Günter Kunert charakterisiert Wirkung und Fiasko der ›wissenschaftlichen Utopie‹ aus eigener Kenntnis:

›Die sich da Marxisten nannten, waren wohl in ihrer Jugend oder in sonst einem Augenblick geistiger Ratlosigkeit dem überwältigenden Zauber der inneren logischen Geschlossenheit des Marxismus erlegen, ohne sich freilich je darüber klar geworden zu sein, daß zwischen Theorie und Praxis, zwischen hypothetischen Annahmen gesellschaftlicher Entwicklung und der real existierenden Wirklichkeit kein ›ewger Bund zu flechten‹ ist ... Hat man sich erst einmal den Gedanken zu eigen gemacht, daß ›dem Sozialismus die Zukunft gehöre‹, unterwirft man sich zwangsläufig einem Evolutionsmodell, durch das man sich zu allen Taten und Untaten legitimiert hält, da man selber ja nur im Sinne dieses höheren und unabweichlichen Prinzips agiert, das an seinem Happy-End alle Opfer rechtfertigt.‹

[...]

Die Wirkung der Utopie und ihrer ebenso beredsamen wie gläubigen Verkünder potenzierte sich durch die Begleitumstände des Kalten Krieges. Ihre Verteufelung durch die andere Seite machte ihre Rechtmäßigkeit zweifelsfrei und bestärkte uns wiederum in der Überzeugung, zu Recht die andere Seite zu verteufeln. Für die überlegte, wägende Ortung von politischen Standpunkten blieb kein Raum. Wir fühlten uns als die Underdogs, die der reiche antikommunistische und antisoziale Westen mit Marshallplan und Konsumwalze an die Wand drücken wollte.

Wir waren reif und bereit für die Indoktrination, die Ende der vierziger und Anfang der fünfziger Jahre unter dem Motto des ›sich verschärfenden Klassenkampfes‹ von Stalin betrieben wurde. In der SED galt der Kampf dem Sozialdemokratismus als einer kleinbürgerlichen Ideologie, die in sozialer Verbrämung dem Kapital Hilfestellung leistet. In Wahrheit wurde damit der sozialdemokratischen Tradition, die mit der Vereinigung der beiden Arbeiterparteien scheinbar als paritätisches Erbe und Element der neuen Partei sanktioniert wurde, ein gewaltsames Ende bereitet und die SED zur marxistisch-leninistischen Partei ›neuen Typus‹ formiert. Zugleich wurde – nach dem Muster der Moskauer Schauprozesse von 1937 – eine unbarmherzige ideologische Ausmerzungskampagne gegen sogenannte titoistisch-zionistische Agenten des Imperialismus in der internationalen Bewegung geführt, um die mörderische These von der Zuspitzung der internationalen Klassenauseinandersetzung zu ›belegen‹. Mit derselben Gläubigkeit, mit der wir die ›Theorie‹ inhalierten, vernahmen wir schaudernd die Schuldbekenntnisse der hochrangigen ›Agenten‹ in den eigenen Reihen und zweifelten desto weniger an der Heimtükke des Klassenfeindes.

Die Selbstverweigerung gegenüber der Wahrheit, auch wenn sie in Gestalt westlicher Medien, durch Beschaffung von Büchern bei Auslandsreisen u. ä. bedingt verfügbar war, ist das typische Symptom der Indoktrination, der ich mich einsichtig oder willig unterwarf. Entmannung aus Furcht vor der Sünde. Hermlin sagte dazu, er habe grundsätzlich nicht die Bücher etwa von Arthur Koestler gelesen, auch nicht die Darstellungen von Trotzki, die im Exil von Mexiko geschrieben und in allen großen Sprachen verbreitet wurden. Er habe das alles von vornherein als Lüge bezeichnet, ohne es zur Kenntnis zu nehmen.«

Aus: Günter Schabowski: »Selbstblendung. Über den Realitätsverlust der Funktionärselite«, Kursbuch, Februar 1993, Heft 111, S. 112 ff.

Vergebliche Bemühungen, Partei- und Jugendinteressen zu verschmelzen

Die Konsequenzen, die die einheitssozialistischen Jugendpolitiker aus dem Desaster der bisherigen Jugendpolitik zu ziehen versuchten, glichen einem Spagat. Einerseits sollten mit administrativen Mitteln die aus ihrer Sicht allzu losen Verbindungen zwischen der Partei und der FDJ gefestigt und ausgebaut, andererseits die Attraktivität des Verbandes für Jugendliche erhöht werden.

Zu den zuerst genannten Bemühungen zählte etwa der Versuch, die Arbeit der Parteigruppen der SED in den FDJ-Leitungen zu beleben. Diese hatten bis dahin im Apparat des Verbandes ein Schattendasein gefristet. Im Sekretariat des Zentralrates wurden einige Funktionäre ausgetauscht, doch Erich Honecker blieb zunächst FDJ-Vorsitzender.

Im Frühjahr 1954 verabschiedete der IV. Parteitag der SED ein neues Statut. Darin bekannte sich die Partei förmlich zum instrumentellen Charakter der Jugendarbeit in der DDR.

»Die Freie Deutsche Jugend erkennt in ihren Beschlüssen die führende Rolle der Partei der Arbeiterklasse an und hat sich in ihrer Arbeit als aktiver Helfer der Partei im Aufbau, der Festigung und Verteidigung der Arbeiter- und Bauernmacht in der Deutschen Demokratischen Republik erwiesen und auf allen Gebieten des gesellschaftlichen Lebens viele Kader entwikkelt.

Es ist die Pflicht der leitenden Parteiorgane der Sozialistischen Einheitspartei Deutschlands, die in der Freien Deutschen Jugend tätigen Parteimitglieder ständig und sorgfältig anzulei-

ten und zu kontrollieren, ihre Erziehung zu organisieren und damit zu gewährleisten, daß die Parteikader im Jugendverband die Parteidirektiven auf allen Gebieten des Aufbaus durchführen.
Die Parteiorganisationen und Parteiorgane lenken über die Parteimitglieder und Kandidaten in den Leitungen der Freien Deutschen Jugend die Erziehung der Jugend, die Vertretung ihrer Rechte und die Entfaltung ihrer Initiative im Kampf um die Verbesserung der Arbeit der volkseigenen Betriebe, der landwirtschaftlichen Produktionsgenossenschaften, der volkseigenen Güter, der Maschinentraktorenstationen, um die Erfüllung der Volkswirtschaftspläne, bei der Entfaltung des Wettbewerbs und zur Entwicklung eines inhaltsreichen und interessanten Jugendlebens. Die Gruppen und Leitungen der Freien Deutschen Jugend können Fragen ihrer Arbeit vor den entsprechenden Parteiorganisationen und leitenden Parteiorganen aufwerfen. [. . .]«[131]

Alle Appelle der Partei- und Jugendführer, das »frohe Jugendleben« fröhlicher zu gestalten und sich stärker an den Interessen und Wünschen der Jugendlichen zu orientieren, versandeten. Walter Ulbricht persönlich schrieb den Delegierten des V. Parlaments der FDJ im Mai 1955 ins Stammbuch:

»Ich war kürzlich in einer Stadt, und da sah ich, wie Sonnabend abends ganze Scharen von Mädchen zum Tanzsaal gingen, alle in schönen langen Kleidern. Sie sahen aus, als ob wir bei uns schon den vollendeten Kommunismus haben. Offenkundig geht es ihnen allen sehr gut. Aber ich habe jetzt die FDJ-Genossen dort gefragt: Das sind doch zum großen Teil Mädchen, die irgendwo in einem Betrieb oder einem Geschäft arbeiten – was denken denn diese Jugendlichen, was haben sie für Wünsche, was haben sie für falsche [!] *Meinungen? Das konnte ich von den leitenden Genossen der FDJ nicht herausbekommen. Ist es nicht an der Zeit, daß die FDJ die Arbeit mit diesen jungen Menschen verbessert?*
Wir haben einige dieser Jugendlichen gefragt, sie haben uns gesagt: Ja, FDJ ist sehr gut, aber die Zusammenkünfte der FDJ sind nicht lebendig, nicht interessant. Das trifft nicht auf alle Veranstaltungen, aber doch auf viele zu. Ist es nicht notwendig, die Zusammenkünfte lebendiger zu gestalten, damit ein Interesse zum Besuch der Jugendheime usw. entfaltet wird? Wir haben solche Tatsachen, daß Jugendbrigaden, von denen ein Teil der jungen Kollegen der FDJ angehört, privat zusammenkommen und irgendwelche Veranstaltungen unabhängig von der FDJ durchführen. Ich stelle euch jetzt die Frage: Ist es nicht höchste Zeit, daß sich die Leitungen der FDJ in den Betrieben mit den Jugendbrigaden ernst beschäftigen? Wie wollt ihr mit den Jugendbrigaden, die solche großen Leistungen vollbringen, Wanderungen, Spiele usw. organisieren? Wie können wir helfen, ihre Freizeit schöner zu gestalten? Das ist die Frage, die die Jugendlichen selbst vor uns gestellt haben.«[132]

Der Journalist Heinz Kersten, seit den fünfziger Jahren ein aufmerksamer Beobachter der FDJ, illustrierte 1954 die Bemühungen der FDJ, ein »frohes Jugendleben« zu entwickeln, anhand zeitgenössischer Beiträge aus der FDJ-Presse:

»Die Jugendheime und Klubhäuser sollen Zentren des ›frohen Jugendlebens‹ sein. Hier finden Tanzabende und bunte Veranstaltungen statt; 38 Interessengemeinschaften bieten Gelegenheit, persönlichen Liebhabereien nachzugehen, sei es Malerei, Briefmarkensammeln, Säuglingspflege oder Segelflugmodellbau. Das Zentralorgan der FDJ ›Junge Welt‹ bringt für die Mädchen sogar Kosmetikratschläge und Kochrezepte. Große Aufmerksamkeit wird der Erziehung zu ›sozialistischer Moral‹ gewidmet, wozu u. a. Beiträge über ›Liebe und Ehe‹ im Funktionärsorgan veröffentlicht werden. Die Einmischung in persönliche Dinge geht so weit, daß ›unkultiviertes Tanzen‹ oder das Tragen eines Texashemdes als ›Verletzung unserer Grundsätze‹ geahndet werden und fast zur Beschuldigung des ›Agententums‹ führen können. Bei keiner Gelegenheit wird auf die politische Beeinflussung verzichtet: ›*Jede Wanderung, jede Reise, jede Fahrt sind dazu angetan, der Jugend die revolutionären Taten unserer Vorfahren vor Augen zu führen und in ihnen den Haß gegen die Feinde unseres Volkes in Vergangenheit und Gegenwart zu wecken.*‹ Gleiche Ziele werden selbst mit den Faschingsvergnügungen verbunden. Als Kostüme empfiehlt die ›Junge Welt‹: ›*Die verschiedenartigsten Trachten aus deutschen Landen, Berufskleidungen und Kostüme der Städte sollen sich an diesem Abend vereinen, so, wie Deutschland eins ist. Uniformen Lützowscher Jäger aus den Befreiungskriegen oder die Kleidung aus den Bauernaufständen deuten auf die großen Traditionen unseres Volkes im Kampf um seine*

Freiheit hin.‹ Und die Redaktion der ›Jungen Generation‹ gibt folgenden Rat für die Gestaltung von Karnevalsabenden: ›*Durch kleine Sketche können die Mißstände in der Arbeit des Verbandes und in der Produktion angeprangert werden, wie z. B. der Bürokratismus, die Selbstherrlichkeit einiger Funktionäre, die Angst vor der eigenen Verantwortung und anderes mehr. Doch auch die Lächerlichmachung der Adenauer-Clique sollte einen großen Raum in einer Karnevalsveranstaltung der Jugend einnehmen. Das kann durch das Aufstellen von überlebensgroßen Karikaturen oder die Verkleidung eines Freundes als Adenauer, der dann mit vereinter Kraft aus dem Saal befördert wird, geschehen. Auch die Bonner Bundesregierung als Trauergemeinde, die in einem Pappsarg ihre Hoffnungen auf ewige Spaltung Deutschlands zu Grabe tragen muß, trägt zur allgemeinen Erheiterung, doch auch zum Nachdenken bei.*‹«

Aus: Heinz Kersten: »Die FDJ nach acht Jahren. Zur gegenwärtigen Situation der sowjetzonalen Jugendorganisation«, SBZ-Archiv 5/1954, S. 72 ff., hier: S. 74.

»Seid bereit zur Arbeit und zur Verteidigung der Heimat«

Die Parteiführer konterkarierten ihre eigenen Appelle, indem sie die FDJ seit dem Jahreswechsel 1954/55 wiederum rücksichtslos für die eigene Politik instrumentalisierten. Zehn Jahre nach Kriegsende rückten die einheitssozialistischen Jugendführer die »patriotische Erziehung« der ostdeutschen Heranwachsenden an die Spitze der Tagesordnung der Monopolorganisation. Dahinter verbarg sich neben einem erneuten Anlauf zur politischen Indoktrination der Jugendlichen die Aufgabe, deren »Verteidigungsbereitschaft« zu stärken und die jungen Männer zum Dienst in der Kasernierten Volkspolizei (KVP), ab 1956 Nationale Volksarmee, zu gewinnen. Entgegen den nach wie vor lautstarken Einheitsbekundungen galt es zudem, die eigene Jugend gegen westliche Einflüsse zu immunisieren, ein DDR-Bewußtsein zu entwickeln und pazifistische Tendenzen zu überwinden.

Auf dem V. Parlament der FDJ vom 25. bis 27. Mai 1955 in Erfurt zeichnete Erich Honecker das Bild eines von westdeutschen Militaristen bedrohten Arbeiter-und-Bauern-Paradieses, das zu verteidigen die größte Pflicht jedes jungen Menschen sei:

»*Wir sagen der Jugend: Seid bereit zur Arbeit und zur Verteidigung der Heimat, stärkt die Reihen der bewaffneten Kräfte unserer Republik. Aber noch nicht alle Jugendlichen, darunter auch viele Arbeiterjungen, verstehen den tiefen Sinn dieses Rufes von Partei und Regierung, den sie nicht um ihrer selbst willen, sondern im Interesse einer glücklichen Zukunft der Jugend ganz Deutschlands an unsere jungen Menschen gerichtet haben. Es gibt Jugendliche, die sagen: ›Ich verdiene gut, mein Leben ist angenehm, ich werde mir bald ein Motorrad kaufen können. Was soll ich in der KVP?‹ Müssen wir ihnen nicht sagen, daß gerade deshalb, weil das Leben schöner geworden ist, weil viele die Aussicht haben, ein Motorrad zu erwerben, es erforderlich ist, die bewaffneten Kräfte der Republik zu stärken, um zu verhindern, daß die westdeutschen Militaristen zum Kriege provozieren, weil sie annehmen, daß wir nicht genügend in Bereitschaft sind: Eben weil unser Leben schöner und reicher geworden ist, müssen wir alles tun, um unsere Errungenschaften durch die Stärkung der bewaffneten Kräfte unserer Republik zu sichern. Die Militaristen fragen nicht danach, ob der junge Kumpel morgen mit Motorrad und Braut ins Grüne fahren will. Sie sind nur an ihrem Profit, an der Befriedigung ihrer Raubgier interessiert. Wir müssen der Jugend verständlich machen, daß ein Arbeiter-und-Bauern-Staat zu keiner Stunde wehrlos sein darf. Deshab ist es durchaus normal, daß ein Jugendlicher, der unter der Arbeiter-und-Bauern-Macht lebt, das Waffenhandwerk erlernt. Schon jetzt haben die besten jungen Arbeiter verstanden, daß sich ein bewußter Erbauer der neuen Gesellschaft auch dadurch auszeichnet, daß er durch seinen zweijährigen Ehrendienst in den Reihen der KVP sich Kenntnisse für den bewaffneten Schutz der Heimat aneignet.*«[133]

Es sollte der letzte Rechenschaftsbericht sein, den Erich Honecker in seiner Funktion als FDJ-Vorsitzender verlas. Nach der Wahl des Zentralrats gab Heinz Keßler für die meisten Delegierten wohl überraschend bekannt, daß Erich Honecker darum gebeten habe, »*ihn für die Funktion des 1. Sekretärs nicht zu nominieren, da er im Auftrage seiner Partei, der Sozialistischen Einheitspartei Deutschlands, mit anderen verantwortlichen Aufgaben betraut wird*«.[134] Zu

Karl Namokel (links), 1. Sekretär des FDJ-Zentralrats 1955–1959

seinem Nachfolger wurde der bis dahin weithin unbekannte Karl Namokel bestimmt.

Karl Namokel
Geb. am 9. August 1927 in Demmin, gest. am 25. Juli 1988; Vater Arbeiter; Volksschule, 1942–1944 Ausbildung zum Schiffbauer in Stettin; 1944/45 Soldat. 1945 Gelegenheitsarbeiter; 1945 KPD, 1946 SED, FDJ; 1947/48 1. Sekretär der FDJ-Kreisleitung Demmin; 1949/50 Sekretär der FDJ-Grundorganisation und 1950/51 1. Sekretär der SED-Parteiorganisation der Volkswerft Stralsund. 1951/52 Besuch der SED-Parteihochschule; 1952–55 Sekretär für Wirtschaft der SED-Bezirksleitung Rostock. Mai 1955–1959 1. Sekretär des Zentralrats der FDJ; 1958–1963 Mitglied des ZK der SED. Ab 1959 Ingenieurstudium Schiffbau in Rostock-Warnemünde, anschließend Mitarbeiter im Bereich Berufsausbildung der VVB Schiffbau u. der Nachfolgeeinrichtung.

Quelle: DDR: Wer war wer? 2146 Biographien zur DDR-Geschichte. Ein elektronisches Lexikon unter Windows, hrsg. von Bernd-Rainer Barth/ Christoph Links/ Helmut Müller-Enbergs/ Jan Wielgohs, Berlin 1994.

Die Delegierten des V. Parlaments der FDJ verabschiedeten ein neues Statut des Jugendverbandes. Heinz Kersten machte damals in der westdeutschen Zeitschrift SBZ-Archiv auf die wesentlichen Veränderungen seit 1952 aufmerksam:

»Ein Vergleich mit der 1952 verabschiedeten Verfassung hat folgendes Ergebnis. War damals die FDJ in der Präambel noch als ›einheitliche, unabhängige, demokratische Organisation‹ angesprochen worden, so wird sie jetzt nur noch als ›einheitliche Massenorganisation‹ bezeichnet. In dem den Pflichten und Rechten der Mitglieder gewidmeten Abschnitt rangieren jetzt die neun Pflichten vor den sechs Rechten. Dazu gehören neu die Verpflichtung, auch ›für richtungweisende Entscheidungen der Sozialistischen Einheitspartei Deutschlands und der Regierung der Deutschen Demokratischen Republik zu kämpfen‹, ›aktiv an der Arbeit aller Einrichtungen und Organisationen, die der vormilitärischen Ausbildung dienen, teilzunehmen‹ und nicht nur staatliche, sondern auch ›militärische Geheimnisse zu wahren‹. Neu aufgenommen wurden an dieser Stelle auch die bisher nur allgemein in den ›Grundsätzen und Zielen‹ erwähnten Pflichten zur Freundschaft mit der Sowjetunion, Beachtung der internationalen Solidarität und Unterstützung der ›um ihre demokratischen und sozialen Rechte kämpfenden Volksmassen der kapitalistischen Länder‹ und der ›um ihre Befreiung vom Joch des Kolonialismus kämpfenden Völker‹. Neu ist ebenfalls die Pflicht, ›gegen Erscheinungen der kapitalistischen Unmoral im Bewußtsein der Jugend, gegen Flegelei, Trunksucht, Aberglauben und unkameradschaftliches Verhalten zur Frau zu kämpfen‹ – eine Folge der sich in letzter Zeit häufenden Kritik an derartigen Erscheinungen. Schließlich wird erstmalig Kritik und Selbstkritik sowie die Informierung der leitenden Organe über festgestellte Mängel als Pflicht bezeichnet. Die Altersgrenze der Mitgliedschaft wird von 25 auf 26 Jahre heraufgesetzt. Das gilt aber weiterhin nicht für gewählte und hauptamtliche Funktionäre. Die Aufnahme der aktivsten und besten Mitglieder in das Aktiv wird zur Pflicht. Auch dessen kaderbildende Aufgaben sind jetzt im Statut festgelegt.

Beachtenswert sind weiter einige Veränderungen im Organisationsaufbau. An Stelle des Parlaments tritt künftig der Verbandskongreß, der ›in der Regel‹ nur noch alle vier Jahre statt bisher zwei Jahre zusammentritt. Er wählt wie bisher den Zentralrat, aber nicht mehr dessen 1. Sekretär, der gemäß dem Prinzip der ›kollektiven Führung‹ künftig den 1. Vorsitzenden ersetzt. Auch die 1. Sekretäre der Bezirks- und Kreisleitungen werden nicht mehr unmittelbar gewählt. Die Tagungen des Zentralrates finden nach den Bestimmungen des neuen Statuts alle vier statt bisher alle drei Monate statt. Das gleiche gilt für die Bezirksleitungen. Der Abstand zwischen den Bezirksdelegiertenkonferenzen vergrößert sich ebenfalls von einem auf zwei Jahre. Neu ist die Bestimmung, daß in Großbetrieben, Universitäten, Hochschulen und Verwaltungen mit mehr als 200 Mitgliedern eigene FDJ-Leitungen gebildet werden können. Neu aufgenommen wurde auch ein Abschnitt über ›Die FDJ-Organisationen in den bewaffneten Kräften der Deutschen Demokratischen Republik‹. Von ihnen wird gesagt, daß sie ›den Kommandeuren und Politorganen bei der Stärkung der Kampfbereitschaft‹ helfen und ihre Mitglieder es als ›ehrenvolle patriotische Pflicht‹ betrachten, ›in der militärischen und politischen Ausbildung Vorbild zu sein‹. Der Zentralrat hat nicht mehr das Recht, Organisatoren in der KVP einzusetzen, sondern seine Beschlüsse werden hier ›unter der unmittelbaren Anleitung der Politorgane der bewaffneten Kräfte‹ verwirklicht. Wesentlichste Merkmale des neuen Statuts sind die Festlegung militärischer Verpflichtungen für alle Mitglieder in einer noch nachdrücklicheren und umfassenderen Form, als dies bereits die bisher gültige Verfassung von 1952 forderte, und die Stärkung des Apparats, der vor allem in seinen Spitzen jeder demokratischen Kontrolle entzogen ist. Praktisch bedeutet das natürlich nur die Legalisierung eines längst bestehenden Zustandes.«

Aus: Heinz Kersten: »Militarisierung der Jugend in der ›DDR‹. Das V. Parlament der FDJ und seine Ergebnisse«, SBZ-Archiv 12/1955, S. 181 ff., hier: S. 184.

Abstimmung mit den Füßen

Die aufmunternden Worte Ulbrichts an die Delegierten des V. Parlaments über die »bedeutenden Fortschritte«, die die FDJ in den letzten Jahren erreicht habe, entsprachen vermutlich einem aus Wunschdenken resultierenden Zweckoptimismus.[135] Daß es der FDJ nicht gelungen war, die Jugendlichen mehrheitlich für den eigenen Verband geschweige denn für die DDR zu gewinnen, erwies sich als unübersehbar. Waren die Flüchtlingszahlen nach dem Krisenjahr 1953 zunächst um 106 602 auf 173 348 DDR-Bürger im Jahre 1954 zurückgegangen, kehrten im Verlaufe des Jahres 1955 270 115 Personen dem Arbeiter-und-Bauern-Staat den Rücken.[136] Mit rund 40 Prozent stellten dabei Jugendliche unter 25 Jahren einen für die SED besorgniserregenden Anteil.[137] Die Gründe für den Weggang so vieler junger Menschen waren vielfältiger Natur. Da spielten die Hoffnung auf eine bessere Zukunft im Wirtschaftswunderland Bundesrepublik, berufliche oder familiäre Probleme ebenso eine Rolle wie – unterschiedlich gelagerte – politische Gründe. Diese mochten vom Widerwillen gegen die Uniformität des »realsozialistischen« Alltags bis hin zur bewußten Ablehnung des politischen Systems und dem Gefühl, »unterdrückt« zu werden, reichen. Hinzu kam der Umstand, daß 1955 sowohl die Bundesrepublik als auch die DDR von ihren Schutzmächten in die – allerdings nach wie vor eingeschränkte – Souveränität entlassen und ins jeweilige militärische Bündnis eingegliedert wurden. Damit schwand für viele endgültig die Hoffnung auf eine baldige Wiedervereinigung der beiden deutschen Staaten, die manchen bis dahin ausharren ließ. SED und FDJ standen dem Flüchtlingsphänomen hilflos gegenüber. Noch war der Westteil Berlins nahezu problemlos mit der S-Bahn zu erreichen. Die Lage wurde immer dramatischer. Vom ersten bis zum vierten Quartal 1955 stieg die »Republikflucht« um 131 Prozent an.[138] Am 5. Oktober 1955 übermittelte die ZK-Abteilung Leitende Organe im ZK der SED einen Instrukteursbericht über Aussprachen mit Jugendlichen am Kontrollpunkt Schönefeld, *»die im Begriff waren, die DDR zu verlassen«*, an die Parteispitze. Darin hieß es:

»Gegenwärtig ist die Lage in Schönefeld so, daß oft mehr festgenommen werden, als überhaupt Grenzpolizisten in der Bereitschaft sind und sie mit der Untersuchung der Gründe der Republikflucht nicht fertig werden. Die Festgenommenen werden registriert und mit dem LKW zum KPA [Kriminalpolizeiamt] *Königs Wusterhausen gebracht. Dort wird meistens festgestellt, daß gegen sie nichts vorliege und sie nach Hause geschickt werden. Dabei kommt es oft vor, daß sie mit der S-Bahn von Königs Wusterhausen in den Westsektor fahren.«*[139]

Der Instrukteursbericht macht deutlich, daß auch die von der FDJ und SED besonders umworbenen Arbeiterjugendlichen die DDR verließen:

»Der größte Teil versuchte zu schwindeln und sagt nicht die offene Meinung. Die Hauptargumente sind, daß sie sich Berlin ansehen wollen, oder Bekannte besuchen wollen. Oft kommen die Jugendlichen zu zweit oder zu dritt. Z. B. 3 Jugendliche, die Mitglieder der FDJ sind und als Werkzeugmacher im VEB Füllhalterwerk Singwitz, Kreis Bautzen arbeiten. Der Jugendliche T., Siegfried aus Münchwalde 42, sagt sinngemäß: ›Ich habe den Abschluß des Staatsvertrages zwischen der UdSSR und DDR gelesen und will nicht zur KVP gehen, ich will mir im Westen neue Arbeit suchen und auch dort nicht in die NATO-Armee gehen. Es ist am besten, wenn man sich überall heraushält. Mir gefällt es im Betrieb nicht mehr, und ich will mich auch weiterentwickeln.‹ Er ist 21 Jahre und verdient monatlich 420.-DM. Sein Vater ist Sprengmeister im Sprengstoffwerk Knerschwitz, Kreis Bautzen. Lediglich seine Mutter wurde von ihm informiert, daß er für längere Zeit wegmacht und wahrscheinlich nicht wiederkommt.

Der Jugendliche Werner J. aus dem gleichen Betrieb sagt, er wollte sich in Wildau Arbeit suchen, obwohl er noch im festen Arbeitsverhältnis steht. In seinem Betrieb hat er keine Perspektive. Er selbst schwindelte hartnäckig und wollte nicht eingestehen, daß er nach Westen wollte.

[. . .]

Der Jugendliche K., Rainer, 17 Jahre, aus dem gleichen Betrieb wohnhaft in Arnsdorf, [. . .], hatte vor wenigen Tagen erst den Facharbeiterbrief erhalten. Er sagt selbst, daß es ihm im Betrieb nicht mehr gefällt und er sich arbeitsmäßig verändern will. Sein Vater wäre ein großer Schuft und habe seine Mutter ruiniert. Er konnte es nicht verstehen, daß solche Leute wie sein Vater heute Oberrichter beim obersten Gericht sind, und Urteile über andere Leute fällen. [. . .]

Alle 3 Jugendlichen aus dem Füllhalterwerk Singwitz hatten Arbeitswerkzeuge (Schublehre usw.) bei sich, die sie bei der Kontrolle in Schönefeld weggeworfen haben.

Alle 3 Jugendlichen hatten den festen Vorsatz nach Westdeutschland zu gehen. Ein anderer Jugendlicher aus Magdeburg, von Beruf Zimmermann und im Alter von 17 Jahren, hatte die Absicht, nach Hannover zu gehen, um dort als Zimmermann Arbeit aufzunehmen. Er hatte dort einen Bekannten, der auch Arbeit und Unterkunft bekommen hatte, nach seinen Angaben war er in den letzten Wochen arbeitslos und begründete es damit, daß er als junger Zimmermann keine Arbeit bekam. Überall würde er zu hören bekommen, er wäre zu jung und könne nicht voll eingesetzt werden, weil er nur 45 Stunden in der Woche arbeiten durfte. Überall würden nur ältere gesucht werden. Er hat dann kurze Zeit als Former gearbeitet. In seinem Koffer befand sich auch Arbeitskleidung.

[. . .]

Bei dem größten Teil der Jugendlichen, mit denen wir die Aussprache führten, zeigt sich, daß die familiären Verhältnisse zu Hause oft nicht in Ordnung sind, sie selbst keinen Vater mehr haben, die Mutter selbst Arbeiterin ist und wenig Einfluß auf die Kinder hat und die FDJ sich in den Betrieben nicht um diese Jugendlichen kümmert.

Alle 5 Jugendliche waren Mitglieder der FDJ, aber keiner hatte das FDJ-Dokument bei sich.«

Quelle: SAPMO-BArch, DY 30/ IV 2/16/82.

Im Herbst 1955 wurde beschlossen, Jugendliche, die an der Grenze zu West-Berlin aufgegriffen worden waren, in die FDJ-Jugendhochschule am Bogensee und in die Zentralschule Bärenklau zu verbringen. Dort hoffte man, sie in Aussprachen über »die großen Perspektiven der Arbeiter- und Bauernmacht auf ihrem Weg zum Sozialismus und die Unvermeidlichkeit des

Untergangs des imperialistischen Systems« aufklären zu können, wie es in einer streng vertraulichen »Direktive des Zentralrats zur Frage der Republikflucht von Jugendlichen« vom 20. Oktober 1955 hieß. Die 1. Sekretäre der Bezirks- und Kreisleitungen wurden dabei *»persönlich dafür verantwortlich«* gemacht, daß die Jugendlichen – wo irgend möglich – wieder in ihre Arbeitsstellen eingesetzt werden, in denen sie vorher beschäftigt waren. In den FDJ-Betriebs-, Wohn- und Schulorganisationen müsse erklärt werden, *»daß die Maßnahmen der Staatsorgane der Deutschen Demokratischen Republik eine Folge gewissenloser westdeutscher Politiker ist, die versuchen, Teile der Jugend der DDR durch das Verlassen ihrer Heimat ins Unglück zu stürzen. Diese Jugendlichen dürfen wegen ihres beabsichtigten Schrittes nicht verurteilt werden, sondern ihnen ist zu helfen* [. . .]*«.*[140]

Der SED machte nicht allein die Abwanderung zu schaffen. Auch der Osten Deutschlands sah sich Mitte der fünfziger Jahre mit einem Phänomen konfrontiert, das im Westen als »Halbstarkenbewegung« für Furore sorgte. Die an sich unpolitische Verweigerung gegenüber gesellschaftlichen Normen stellte die bald zehnjährigen Erziehungsbemühungen der SED in Frage:

»Auch in Mitteldeutschland hat die Öffentlichkeit Sorgen wegen der Jugend. Man spricht dort nicht von einem ›Halbstarken-Problem‹, aber von ›jugendlichen Rowdies, Zynikern und sittlich-sozial Gefährdeten‹. Hinter dieser Bezeichnung verbergen sich ähnliche Erscheinungsformen jugendlichen Protestes gegen die Welt der Erwachsenen, wie sie auch in der Bundesrepublik bekannt sind. Allerdings wird in der Sowjetzone die Lage dadurch charakterisiert, daß es vornehmlich in Dörfern und Kleinstädten zu Krawallen kommt.
Besonders auf dem Land treten in der letzten Zeit sogenannte ›Eisenbahn-Gangs‹ auf. Die Mitglieder dieser Banden – Minderjährige und Halbwüchsige zwischen 11 und 17 Jahren – finden ihre Freude daran, Steine auf vorbeifahrende Güter- und Personenzüge zu werfen. Einige Reisende wurden bereits durch die vor allem zur Abend- und Nachtzeit auftretenden Wurftrupps verletzt. Die staatlichen Organe der Sowjetzone gehen gegen diese nun wirklich kriminellen Banden mit unnachsichtiger Strenge vor. Auch Eltern, die ihre Aufsichtspflicht verletzt hatten, wurden hart bestraft.
Weniger Aufhebens macht man von den Jazzfanatikern und den Fahrradklubs. Die einen fallen dadurch auf, daß sie ihrer Begeisterung für rhythmische Weisen durch Tanzen und Grölen auf den Straßen nach Tanzveranstaltungen Ausdruck verleihen. Oft kommt es auch wie in Wismar und Stralsund dazu, daß Räume, in denen Schauorchester auftreten, gewaltsam und ohne Rücksicht auf die Möbel während der Veranstaltungen zum Tanzen hergerichtet werden. In aller Stille gegen die Mutwilligen verhängte hohe Geldstrafen dämmen jedoch diese Formen der Tanzbegeisterung erheblich ein.
Das Gegenstück zu den bundesrepublikanischen und Westberliner Motorradhorden sind in der Zone die Fahrradklubs. Radfahrer haben ihre Räder (Motorfahrzeuge sind zu knapp und zu teuer) mit erschreckenden Geräuschanlagen ausgestattet. Besonders sinnreich konstruierte Sirenen und Klingeln verursachen bei den gemeinsamen Fahrten einen Höllenlärm. Auch sonst benehmen sich diese Klubs, wie der von Rostock, sehr aufrührerisch. Straßen werden versperrt, Passanten belästigt und vorbeifahrende Fahrzeuge beschädigt.
Die Volkspolizei hat für die Behandlung randalierender Jugendlicher besondere Anordnungen erhalten. Oberstes Gesetz in jedem Falle: kein Aufsehen! Beamte in Zivil sehen sich ihre Pappenheimer an und mobilisieren dann deren Eltern. Unauffällig werden Väter und Mütter zu den Radaubrüdern geschleust, bei denen elterliche Zurechtweisungen wahre Wunder wirken. Meistens setzen sich die Randalierenden beim Auftauchen ihrer Eltern sofort in Bewegung nach Hause. Handgreiflichkeiten gegenüber uniformierten oder zivilen Ordnungsorganen kommen kaum vor.
Nur die allerschlimmsten Übeltäter werden verhaftet, immer von Beamten in Zivil. Neugierige Zuschauer, die allein durch ihre Anwesenheit die Jugendlichen zu weiteren Aktionen aufstacheln, gibt es wenige.
In Rostock sehen die Stadtväter das Hauptproblem darin, die jungen, schon gut verdienenden Leute von Schlägereien in Kneipen und Gastwirtschaften abzuhalten. Immer häufiger kommt es zu solchen Szenen, bei denen sogar mit Messern und Schlagringen gekämpft wird. Hier helfen, nach Ansicht der Behörden, nur härteste gerichtliche Strafen. Sonst aber geht man in sehr kluger und überlegter Weise gegen die randalierenden Teile der Jugend vor. Wobei dann nie vergessen wird, auf die Vorzüge der kommunistischen Jugenderziehung und die schlechten Beispiele aus dem Westen hinzuweisen.«

Aus: Die Zeit vom 18. Oktober 1956, zit. nach: Das gespaltene Land. Leben in Deutschland 1945–1990. Texte und Dokumente zur Sozialgeschichte, hrsg. von Christoph Kleßmann und Georg Wagner, München 1993, S. 466 f.

Tauwetter

Im Verlauf des Jahres 1955 reifte innerhalb der SED-Führung die Einsicht, daß mit der bloßen Intensivierung überkommener Propagandaformen der Massenflucht kein Einhalt zu gebieten war. Es war die Zeit des politischen »Tauwetters«, das damals im gesamten Ostblock Hoffnungen auf umfassende Reformen geweckt hatte. Mit dem XX. Parteitag der KPdSU fand es im Februar 1956 einen ersten Höhepunkt. Es bereitete den Boden für den Versuch, die FDJ-Arbeit zu reformieren. Den Ausgangspunkt dafür bildete das 25. Plenum des SED-Zentralkomitees im Oktober 1955. Geradezu hämisch rechneten die Parteiführer dort mit der eigenen Jugendorganisation ab. Die FDJ habe sich von der Jugend isoliert, sei zu einem bürokratischen Koloß angewachsen, dessen Arbeit man grundsätzlich überdenken müsse, lauteten dabei die Vorhaltungen. In der Diskussion spielten Fragen der ideologischen Erziehung der Jugendlichen oder der Wehrpropaganda keine Rolle. Offensichtlich war man sich in der Parteiführung darüber einig, daß es zunächst darum gehen mußte, die Jugendlichen überhaupt organisatorisch zu erfassen.

Albert Norden, Mitglied und Sekretär des Zentralkomitees, eröffnete auf der 25. ZK-Tagung die Attacken auf den Einheitsjugendverband:

»Genossinnen und Genossen! An dem Tage, an dem das Plenum hier zum erstenmal zusammentrat, erschien in der besonders einflußreichen bourgeoisen Zeitung Westdeutschlands, in der ›Frankfurter Allgemeinen Zeitung‹, ein Artikel, in dem es wörtlich hieß: ›Das Wort: ›Für die Jugend ist das Beste gut genug‹ wird in der DDR verwirklicht.‹ Das Wort ›DDR‹ war sogar nicht einmal in Gänsebeine gesetzt. Der Gegner gibt also zu, daß die DDR, um es etwas übertrieben zu sagen, eine Art Paradies für die Jugend ist, und in der Tat wissen wir, daß die Jugend bei uns Existenzbedingungen hat, von denen sie früher nicht einmal träumen konnte und die sie in Westdeutschland nicht hat. Und trotzdem haben wir es mit einer Erscheinung zu tun, die jedem verantwortungsbewußten Genossen schlaflose Nächte bereitet – ich meine nicht nur die Jugendgenossen, ich meine auch uns alte Genossen –, nämlich die Republikflucht einer ernsten, nicht unbedeutenden Anzahl von Jugendlichen. Wenn Kapitalisten oder Großbauern uns verlassen, so würde das uns keine schlaflosen Nächte bereiten. Ob es im Moment für unsere Wirtschaft opportun wäre, ist eine andere Frage. Es wäre auch nicht zu verwundern. Aber nicht sie verlassen uns, sondern es verlassen uns junge werktätige Menschen in großer Zahl. [. . .]
Wollen wir die Republikflucht der Jugend - ich bin bescheiden und vorsichtig und sage: wenigstens zu einem fühlbaren Rückgang bringen, dann muß, gut vorbereitet, die große Aussprache mit der Jugend unter dem Motto beginnen: Jeder soll seine Meinung sagen. Tun wir das nicht, dann läuft der gute, starke Kern unserer FDJ Gefahr, sich von der Jugend zu isolieren, und heute gewinnt man nicht selten den Eindruck, Genossen, als ob es auf der einen Seite die FDJ und auf der anderen Seite die Jugend gibt, von der ein großer Teil in der FDJ selber organisiert ist, als ob da keine Brücke ist. [. . .]
Der FDJ-Sekretär soll den Jugendlichen nicht so sehr als Politiker entgegentreten, sondern er soll ihr Kamerad sein, er soll mit ihnen lachen, seine Reden nicht mit großen politischen Theoremen ausfüllen, sondern sie mit Witzen beginnen und würzen, und bei Tanzvergnügungen soll er sich so verhalten, nicht als ob er ein Opfer bringt, wenn er dazu erscheint, sondern soll als lustiger Freund mit dabei sein. Wie war es früher bei uns in unserer Jugend? Ich war aktiv im Kommunistischen Jugendverband. Wir hatten im Unterbezirk keinen bezahlten Funktionär. Später war es anders: dann hatten wir einen Sekretär und eine technische Kraft. Wie ist es heute? Heute gibt es allein in der Stadt Magdeburg nicht weniger als 220 hauptamtliche FDJ-Funktionäre. (Bewegung)
– Nur in einer Stadt! – und die Zahl ist offensichtlich untertrieben, denn eine junge Genossin, Mitglied des ZK, hat mir in der Pause erklärt, diese Zahl müsse man mindestens verdoppeln. Aber ich habe mich schon mit den 220 zufrieden gegeben. Wenn jeder dieser 220 Funktionäre auch nur alle drei Tage ein persönliches Gespräch mit Jugendlichen führen würde, dann würden im Monat weit über 2000 Jugendliche erfaßt sein. Das ist meiner Meinung nach nicht nur möglich, sondern auch nötig, aber es setzt voraus, daß unsere Jugendsekretäre und -instrukteure unter der Jugend leben und es nicht so machen, wie der Jugendsekretär in Magdeburg, der uns offen erklärte, er habe keine Ahnung, was die Jugend abends treibt; er ist nicht dabei.
Wie kann er auch dabei sein? Er muß doch all die Rundschreiben lesen, die vom Zentralrat der FDJ kommen und muß an den zahlreichen Sitzungen teilnehmen, die dort stattfinden.
Ich will sagen, um auch diesen Punkt abzuschließen, der Erfolg unserer politischen Erziehung der Jugend ist von dem abhängig, wie wir sie mit den Fragen verbinden, die jedem einzelnen jungen Menschen am Herzen liegen. Unsere jungen Men-

schen stellen nämlich bestimmte Forderungen, die die FDJ erfüllen muß, koste es was es wolle, und ich sage Euch, Genossinnen und Genossen, es kostet überhaupt nicht viel. Es kostet nur die Umkrempelung unserer Jugendarbeit in der Struktur und im Prinzip. [. . .]
Sie wollen mehr Wanderungen machen, Fahrten, Tanzabende, mehr Sportveranstaltungen, mehr Besichtigungen. Haben sie recht? Natürlich haben sie recht. [. . .]
Ich bin überhaupt der Meinung, es darf im Frühjahr, Sommer und Herbst keine Woche vergehen, ohne eine Großveranstaltung der FDJ. Was ist eigentlich mit dem Walter-Ulbricht-Stadion los? 10 bis 12 mal im ganzen Jahr wird es ausgenützt und es hat uns verdammt viel Geld gekostet, liegt an der Sektorengrenze. Was die anderen mit dem Olympiastadion, mit der Waldbühne machen, wo sie Tausende unserer Menschen hinziehen [. . .] – das können wir noch gerade ebenso, meine ich, machen, und wir müssen der FDJ dabei helfen, nicht nur arrangieren, bunte Veranstaltungen zu unternehmen.[. . .]
Wir lesen in einem Rundschreiben der FDJ, daß die Jugend für das Wandern gewonnen werden muß. Das ist doch lächerlich. Man braucht die Jugend doch nicht für das Wandern zu gewinnen, die wandert ohne uns. Das ist das schlechte. Der Zentralrat hat die Dinge nicht in der Hand. Ja, wir haben nachgefragt, im Zentralrat der FDJ hat man keine Ahnung über den Umfang der Wanderbewegung der Jugend, kennt sie nicht, weiß nichts über die Bewegung in den Jugendherbergen. Wir wissen, daß die Jugendherbergen alle voll sind, aber die FDJ kümmert sich nicht darum. [. . .]«

In seinem Schlußwort fordert der erste Mann der SED, Walter Ulbricht, dazu auf, aus dem Scheitern der bisherigen Jugendarbeit organisatorische Konsequenzen zu ziehen:
»Nun entsteht doch folgende Lage: einige Jugendliche, die interessiert sind, sie kommen ins Kulturhaus und die anderen Jugendlichen gehen in den Gasthof. Woanders ist ja nichts los! Genossen, so kann es nicht weiter gehen.
Nehmen wir Berlin an. In Berlin lebt eine Unzahl von Jugendlichen in Wohnblocks, in den großen Mietskasernen. Beschäftigt sich jemand in diesen Wohnblocks mit der Jugend? Niemand! Vielleicht übertreibe ich. Die Berliner Genossen können mich dann korrigieren. Aber in diesen Wohnblocks beschäftigt sich niemand mit der Jugend, was macht nun die Jugend? Es bleibt nichts anderes übrig, sie geht in die Kneipe oder ins Kino nach Westberlin. So ist hier die tatsächliche Lage.
Offenkundig muß man einige sehr weitgehende Maßnahmen durchführen. Ich gehe aber noch weiter. Ich möchte die Maßnahmen ausdehnen auf den Verband der Jungen Pioniere. Dort ist es nämlich auch nicht anders. Obwohl es einen Riesenapparat von Pionierleitern gibt. Aber diese leben doch nicht mit den Kindern zusammen. Ich habe mir einmal erlaubt, eine sehr unanständige Frage zu stellen. Ich sagte, ich möchte teilnehmen am Wettbewerb zwischen einigen Schulen in Bezug auf das Drachensteigen. Im Herbst baut man doch solche Drachen. Wenigstens war das früher so. Was ist nun los? Ich frage den Pionierleiter, ob er sich damit schon beschäftigt hat. Nein, auf diese Idee ist er überhaupt noch nicht gekommen.
Jetzt stelle ich nun die Frage, was ist das für eine Pionierorganisation? Was ist denn hier eigentlich los? Muß denn das Politbüro das Drachenfliegen organisieren? Nun, ich habe es in diesem Falle gemacht. Ich habe Drachen gebaut. Was blieb mir denn anderes übrig?
(Heiterkeit)
Wenn das die FDJ und der Pionier-Verband nicht machen, dann mache ich es eben.
Genossen, entschuldigt, das klingt vielleicht lächerlich, und doch ist es eine ernste Frage. Wozu bezahlen wir denn den Riesenapparat. Das möchte ich gern einmal wissen. In Berlin fahren die Kinder viel Rollschuhe. Wenn sie rollen, dann ist aber von der Pionier-Organisation nichts zu spüren. Nichts ist und wird organisiert. Kann man denn so weiter arbeiten? Man muß auch hier ändern. Vielleicht muß man die Form beweglicher gestalten. [. . .] In den Wohnblocks bilden wir Jugendausschüsse ohne Angestellte. Sie kriegen keinen Pfennig. Wir helfen ihnen nur. Wenn wir das machen würden, schwächt das doch nicht die Autorität der FDJ. Wenn die FDJ dort ist, wo die Jugend ist, dann ist alles gut. Wenn sie nicht da ist, geht es meist auch. Also müssen wir irgendwelche Maßnahmen, die diesen ganzen Bürokratismus durchbrechen, ausarbeiten und durchführen. [. . .] Was kann uns denn passieren. Da werden ein paar Jugendliche, die dort Autorität haben, so ein paar ›Halbstarke‹ in den Ausschuß genommen und dazu ein paar FDJler, wenn es geht. [. . .] Aber ich möchte dabei folgendes sagen: Wir sollen und wollen selbstverständlich nicht ins andere Extrem fallen und etwa die große Erziehungsarbeit, die die FDJ geleistet hat und leistet, unterschätzen.
Wir müssen etwas korrigieren: die Isolierung, in die die FDJ gekommen ist, von einem großen Teil der Jugend, muß beseitigt werden. Aus ihr müssen wir herauskommen, ohne etwa unsere Linie über die Aufgaben der FDJ zu ändern. Das schlägt niemand vor.«

Quelle: Protokoll der 25. Tagung des Zentralkomitees der SED vom 24.–27. Oktober 1955, 4. Verhandlungstag, SAPMO-BArch, IV 2/1/152.

Selbstkritik der FDJ-Führung

»An Euch alle, die Ihr jung seid« – So war der am 9. Februar 1956 in der »Jungen Welt« veröffentlichte Aufruf überschrieben, mit dem der FDJ-Zentralrat beabsichtigte, die Kritik der SED umzusetzen. Maßgeblichen Einfluß auf die Ausarbeitung dieses Papiers hatte Karl Schirdewan, der als Chef der ZK-Abteilung Leitende Organe und Mitglied des Politbüros für die Anleitung der FDJ verantwortlich zeichnete. In bis dahin nie dagewesener Form übte der »stolze Millionenverband« darin Selbstkritik. *»Wir wenden uns an Euch alle, um unter uns jungen Bürgern eines jungen Staates eine offene Aussprache über die Ideale unseres neuen Lebens, die mit dem Aufbau des Sozialismus in der Deutschen Demokratischen Republik ihre Erfüllung finden, zu führen«,* hieß es da. Das Bild des Sozialismus, das in diesem Papier gezeichnet wurde, hatte nichts gemein mit dem militanten Getöse, das die Propaganda von FDJ und SED in den Jahren zuvor gekennzeichnet hatte. Von den *»großen Gedanken der besten Söhne unseres Volkes,* [den] *genialen Ideen von Karl Marx und Friedrich Engels«,* die es zu verwirklichen gilt, war da die Rede und von der *»brüderlichen Verbundenheit«* und dem *»freundschaftlichen Gedankenaustausch mit den Völkern bis zu den Küsten des Stillen Ozeans und des Indischen Meeres«.* Vorbei schien die Zeit, da das Bekenntnis zu Lenin und Stalin die unverbrüchliche Freundschaft zur Sowjetunion zu dokumentieren hatte.

»Woran liegt es, daß es noch unter uns Menschen gibt, die bereit sind, alles zu nehmen, aber nichts zu geben, die sich an den Rand der großen Straße des sozialistischen Aufbaus stellen und die Gemeinschaft der schaffenden und um das bessere Leben ringenden Menschen an sich vorbeiziehen lassen?

Wir haben diese Frage ernsthaft geprüft und wollen mit der Kritik an uns selbst, an den Funktionären der Freien Deutschen Jugend beginnen.

Erfüllt von der Richtigkeit unseres Weges schreiten wir voran, ohne nach rechts und links zu sehen, ob auch alle mitkommen. Viele unserer Jugendfreunde in den Sekretariaten unseres Verbandes verschreiben noch zuviel Papier und Tinte, wurden zu Bürokraten und Schulmeistern. Sie glaubten, leichtfertig an jedem Jugendlichen vorbeigehen zu können, der sich noch nicht mit den großen Ideen des gesellschaftlichen Fortschritts vertraut gemacht hat.

So wurde es den Rattenfängern vom RIAS, aber auch den ewig gestrigen Überbleibseln einer kapitalistischen Epoche in unserer Republik leicht gemacht, mit ihren Verlockungen und Verleumdungen, Teile unserer Jugend zum Abwarten, manche zum feindlichen Handeln und zum Abwandern aus unserer Republik in das Gestern, wo es keine Zukunft gibt, wo die alten Kräfte herrschen, die heute locken und morgen mit der Peitsche, mit Terror und Mord kommen, zu verleiten.«

Quelle: Junge Welt vom 9. Februar 1956.

Der Jugendverband kündigte an, in *»allen Orten unserer Republik« »Jugendforen«* zu veranstalten, *»auf denen Vertreter des Verbandes, Männer und Frauen des öffentlichen Lebens, Mitarbeiter des Staatsapparates auf jede Frage junger Menschen in aller Offenheit und Klarheit die richtige Antwort geben«* sollten. Der Zentralrat rief zur Gründung von Interessengemeinschaften, Chören, Laienspiel- und Tanzgruppen auf. In den Wohngebieten plante man Sportwettkämpfe. Ein eigener Abschnitt forderte die jungen Frauen zur selbstbewußten Teilhabe an der neuen Gesellschaft auf. Entsprechend den Ausführungen Ulbrichts auf dem ZK-Plenum im Vorjahr zeigte man sich nunmehr dazu bereit, das bis dahin so eifersüchtig gehütete Organisationsmonopol des Jugendverbandes aufzuweichen: Die FDJ bot ihre Hilfe beim Aufbau von *»Jugendausschüssen* [. . .] *in den Wohngebieten, Wohnanlagen und Wohnheimen von Großbetrieben«* an. Diese sollten auch den außerhalb der FDJ stehenden Jugendlichen die Möglichkeit bieten, sich sportlich zu betätigen und sich *»entsprechend ihren Interessen im Wohngebiet wohl zu fühlen«.* Selbst die bestehenden *»Schrebergärten-, Angler- und Tierzuchtvereine«* wurden dazu angehalten, Jugendgruppen zu bilden.

Der Münchener DDR-Forscher Peter Skyba faßt die wesentlichen Momente des Aufrufes folgendermaßen zusammen:

»Auffälliger noch als die Betonung der Bereitschaft zur Auseinandersetzung mit den Meinungen und Interessen der Jugendlichen in diesem Aufruf sind Elemente, die er nicht enthält und die in anderen wichtigen Beschlüssen des Zentralrates quasi feste Bestandteile bildeten: nirgends ist die Rede von ideologischer Erziehung,

(Quelle: FDJ-Dokumentation »Vom Bau der Jugendkraftwerke Trattendorf 1954–1959«)

vom Studium des Marxismus-Leninismus, von sozialistischer Bewußtseinsbildung und von der Anerkennung der Führungsrolle der SED durch die FDJ. Im Gegenteil, der Zentralrat übte sogar vorsichtige Kritik: ›Wir können aber unseren älteren Kollegen und Freunden den Vorwurf nicht ersparen, daß sie sich nicht genügend mit den jungen Menschen in den Betrieben und Wohngebieten beschäftigt haben, daß sie die politische Arbeit unter der Jugend als eine Ressortangelegenheit der Freien Deutschen Jugend und der staatlichen Organe zur Förderung der Jugend betrachtet haben.‹
Solche Kritik, die nur an die SED gerichtet sein konnte, war zuvor allenfalls in Parteidokumenten geübt worden. Soviel Eigenständigkeit hatte die FDJ-Führung sich bis dahin nicht gestattet.«[141]
Die SED hatte jedoch damit keineswegs auf ihren ideologischen Erziehungsanspruch gegenüber der Jugend verzichtet. Wenige Tage vor der Verabschiedung der Zentralratserklärung stellte das Politbüro in seinem umfangreichen Beschluß »Der Jugend unser Herz und unsere Hilfe«[142] klar: Es gelte, den *»neuen sozialistischen Menschen«* zu schaffen, der zur »Freundschaft und Liebe zur sozialistischen Sowjetunion« und zum *»Haß gegen die Feinde unseres friedlichen Aufbauwerkes«* erzogen werden solle. Erziehung zum *»Patriotismus«* hieß danach, in der Jugend *»die grenzenlose Ergebenheit und unerschütterliche Treue zu unserer Republik, zur Sache des Sozialismus, zur Sozialistischen Einheitspartei Deutschlands«* zu wecken.

Dammbruch für offene Diskussionen im Zeichen des XX. Parteitages

Die neue Zentralratslinie überforderte den eigenen Verband. Kurzfristige Kampagnen zur Produktionssteigerung ließen sich durch materielle Anreize verwirklichen, Massenkundgebungen in Berlin mochten auf Jugendliche aus der Provinz aus mancherlei Gründen einen Reiz ausüben. Doch wie sollte in den Wohngebieten ein »frohes Jugendleben« organisiert werden? Seit Ende der vierziger Jahre hatte die FDJ ihren Arbeitsschwerpunkt in die Betriebe verlegt und dabei rasch den Kontakt zur Jugend in deren Wohnumfeld verloren. So ging die Gründung

von Jugendausschüssen nur schleppend voran. Da ließen sich die vom Zentralrat geforderten Jugendforen schon leichter verwirklichen. Allerorten, in Betrieben und Wohngebieten, auf der Ebene ganzer Städte, initiierte der Jugendverband Aussprachen, die bei der Jugend auf große Resonanz stießen. Hier bot sich endlich die Gelegenheit, über Mißstände zu diskutieren, die SED-Politik öffentlich zu hinterfragen, ohne Sanktionen befürchten zu müssen. Vielfach wurden die Aussprachen zu einem Tribunal, auf dem die Vertreter von Staat, Partei und Jugendverband von den Fragen des Publikums in die Enge getrieben wurden. Was als Ventil mit erzieherischer Wirkung gedacht war, entwickelte sich zu einem Dammbruch. Die seit Jahren unterdrückte Meinungsfreiheit suchte sich ihr Recht. Bereits im Sommer 1956 bemühte sich die FDJ-Führung, die von ihr geöffnete Büchse der Pandora wieder zu schließen.

Aus einer Einschätzung der »bisher durchgeführten Jugendforen und die sich daraus ergebenden Schlußfolgerungen für die politische Arbeit« der FDJ-Bezirksleitung Karl-Marx-Stadt vom 16. Mai 1956:

»Was ist der Hauptinhalt der Fragestellung, der in der Mehrheit der Forums [sic!] immer wiederkehrt? Einen breiten Raum in vielen Jugendforums [sic!] nehmen Fragen über Westdeutschland ein. Im Mittelpunkt stehen dabei Fragen des Reiseverkehrs zwischen der DDR und der Bundesrepublik [. . .]. In fast allen Jugendforums werden Fragen über Stalin und über den Personenkult gestellt, wobei diese Fragen auf den letzten Jugendforums stark nachlassen. [. . .] Welche Fragen sind für die Betriebe charakteristisch?

In der überwiegenden Mehrheit werden Fragen der beruflichen Weiterbildung der Jugendlichen, der Lehrausbildung, der unterschiedlichen Entlohnung in einzelnen Berufen, des Verhaltens von Wirtschaftsfunktionären und Lehrausbildern gegenüber Jugendlichen, des mangelhaften Arbeitsablaufs in der Produktion, der Materialversorgung usw. gestellt. [. . .]
In vielen Fällen stehen in den Betrieben Fragen über die Verbesserung der sportlichen und kulturellen Arbeit im Mittelpunkt. Diese Fragen sind oft an die FDJ-Leitung gerichtet und fordern den Aufbau bestimmter Interessengruppen, Tanzzirkel, Tischtennisgruppen usw. Viele dieser Fragen enthalten Forderungen nach Anschaffung neuer Sportgeräte, Bau von Volleyballplätzen, zeitmäßige Verlegung des Lehrlingssportes u. ä.[. . .]
Für die Mehrheit der Forums an den Oberschulen sind Fragen folgenden Inhalts charakteristisch: Über Nationale Volksarmee – Perspektiven der Oberschüler, Bezahlung, fachliche Weiterbildung und welche Behinderung Oberschüler haben, wenn sie nicht zur VP gehen. Sehr oft zeigt sich bei diesen Fragestellern, daß nicht in erster Linie die Bereitschaft zum Dienst in den bewaffneten Kräften der Republik steht, sondern die Frage ihrer persönlichen Entwicklung.
Charakteristisch sind Fragen, die mit Westdeutschland in Zusammenhang stehen und in sehr vielen Fällen politische Parteilosigkeit, wenig Klassenbewußtsein und Verbundenheit mit der Republik zum Ausdruck bringen. Immer wieder kehren solche Fragen: warum werden die Westsender gestört? Warum dürfen wir keine Westsender hören? Warum wird Literatur aus Paketsendungen aus Westdeutschland entnommen? Warum werden Pakete aus Westdeutschland geöffnet? Warum werden Adenauer und andere westliche Politiker in den Zeitungen als Karikaturen hingestellt? [. . .]«

Quelle: SAPMO-BArch, DY 24/7.238.

Mit einer internen »Stellungnahme und Schlußfolgerung des Sekretariats des Zentralrates der FDJ über die bis jetzt durchgeführten Jugendforen« reagierte die Verbandsführung auf die aus ihrer Sicht aus dem Ruder gelaufenen Fragestunden:

»[. . .]
a) Bisher wurde auf den Foren zu wenig erreicht, daß von uns aus die politischen Hauptfragen zur Diskussion gestellt wurden und in einer ideologischen Auseinandersetzung auf dem Forum eine Klärung über diese Fragen unter den anwesenden Jugendlichen erreicht wurde. Es war oft so, daß von Jugendlichen zum Teil solche Fragen gestellt wurden, die nicht nach vorn orientierten, und zum Teil wurden Fragen, die vom Gegner gestellt wurden, in die Diskussion getragen. Fürsprecher negativer Erscheinungen versuchten ihre Meinung durchzubringen und nutzten die Gelegenheit, sie unter den anwesenden Jugendlichen zu verbreiten.
Dadurch war oft zu verzeichnen, daß anstatt einer ideologischen, offensiven Auseinandersetzung von unserer Seite nur die vom Gegner gestellten Fragen beantwortet wurden, wir uns aber mit unseren Fragen in der Defensive, anstatt in der Offensive befanden.
b) Die erzieherische Auswirkung der Foren, besonders solch großer Jugendforen wie z.B. das Berliner Forum ist zu schwach.
In gewisser Hinsicht macht sich sogar eine negative Tendenz insofern bemerkbar, daß der Eindruck entsteht, die Jugend kontolliert bei uns in erster Linie den Staat, Staats- und Parteifunktionäre müssen Stellung nehmen und die Jugend fordert nur. [. . .]
Vorschläge zur Veränderung des gegenwärtigen Zustandes
Jugendforen müssen und sollen weiter durchgeführt werden.
[. . .] Auf den großen Jugendforen muß erreicht werden, daß von unserer Seite die ideologische Auseinandersetzung geführt wird und unsere Hauptfragen unter der Jugend geklärt werden. [. . .]
Dazu ist erforderlich, daß eine gründliche Vorbereitung der Foren erfolgt. So müßte vorher festgelegt werden, über welche Fragen im Verlauf des Forums eine Klärung erreicht werden soll. Das erfordert von den Leitungen der Freien Deutschen Jugend, in Mitgliederversammlungen und bei anderen Zusammenkünften mit den Mitgliedern des Jugendverbandes über diese Fragen zu beraten, um zu gewährleisten, daß die Mitglieder der Freien Deutschen Jugend auf dem Forum dann selbst die treibende Kraft sind, die in die Auseinandersetzungen eingreifen und die aufgeworfenen Fragen klären. [. . .]«

Quelle: SAPMO-BArch, DY 24/7.238.

Die Hoffnung der FDJ-Führung vom Jahresanfang, die Jugend würde sich voller Dankbarkeit für das von oben formulierte Reformkonzept unter die Fittiche der Monopoljugendorganisation begeben, erfüllte sich nicht. Die vom XX. Parteitag ausgelösten Diskussionen über die Verbrechen Stalins stellten im ganzen Ostblock die Macht der nationalen Potentaten in Frage. In Ungarn und Polen lösten Reformkommunisten die alte stalinistische Führungsgarde ab. In der DDR bemühte sich die Ulbricht-Riege, die Entstalinisierung abzubremsen, drohte sie doch, die eigene Macht in Frage zu stellen. Lapidar erklärte Walter Ulbricht, Stalin sei kein Klassiker des Marxismus mehr, und gedachte, zur Tagesordnung überzugehen. Die Stimmen in der DDR mehrten sich, die Kritik an der Herrschaftspraxis Ulbrichts und der SED übten. Auch viele junge SED-Genossen, deren Weltbild durch die Abkehr von Stalin und die Bekanntgabe seiner Verbrechen erschüttert worden war, gerieten in Widerspruch zur eigenen Führung. Deren Verstörung hatte Ulbricht vor Berliner SED-Delegierten zynisch folgendermaßen charakterisiert: *»Wir verstehen, daß es eine große Zahl junger Genossen bei uns gibt, die nach 1945 in die Arbeiterbewegung gekommen sind, die nicht wie wir mehr als 45 Jahre Parteikampf und innerparteilichen Kampf mitgemacht haben, sondern die im Parteilehrjahr bestimmte Dogmen auswendig gelernt haben, und nun erleben, daß einige Dogmen nicht mehr zum Leben passen. Aber jetzt sagen manche nicht etwa, der Dogmatismus ist nicht richtig, sondern da stimmt etwas im Leben nicht.«*[143]

Die FDJ wurde von den Jugendlichen als Teil des Systems identifiziert. An den Universitäten und Hochschulen, die sich zu einem Zentrum der Opposition entwickelten, wurde die Forderung nach Gründung eines unabhängigen Studentenverbandes laut.

In einem Informationsbericht faßte die ZK-Abteilung Wissenschaft und Propaganda am 29. Oktober 1956 die Stimmung an den Universitäten zusammen:

»Hauptpunkt der Unzufriedenheit der Studenten und Wissenschaftler (Genossen und Parteilose) war die angeblich fehlende bzw. ungenügende Information durch unsere Presse und unseren Rundfunk über die Ereignisse in Polen und Ungarn (besonders über Polen). Die schlechte Information zeige sich aber nicht erst dieses Mal. Darüber wurde an allen Universitäten, Hoch- und Fachschulen geschimpft. [. . .]
Es zeigt sich, daß sich *breiteste* Kreise der Studenten und Wissenschaftler bei westlichen Rundfunkstationen orientieren und dies ganz offen zugeben! Sie erklären, daß sie durch unsere mangelhafte Information darauf angewiesen wären, sich beim Westen zu informieren. [. . .]
Forderungen von Studenten und Wissenschaftlern, die mehr oder weniger geäußert werden, und Diskussionen dazu:
1. Partei und Presse sollen schnell und genau über alle wichtigen Ereignisse informieren (das ist die breiteste Forderung!).
2. Den obligatorischen russischen Sprachunterricht an den Universitäten und Hochschulen abschaffen bzw. vom bisherigen *allgemeinen* russischen Sprachunterricht, bei dem wenig herauskommt, abgehen und dafür einen Russisch-Unterricht ermöglichen, mit dem die Studenten in ihrem Fachstudium etwas anfangen können. Dazu den Unterricht in Englisch und Französisch im Interesse des Fachstudiums fördern. (Diese Forderung taucht mehr oder minder stark an den meisten Universitäten auf.) [. . .]
3. Abschaffung des Ge[sellschafts]wi[ssenschaftlichen]-Grundstudiums. (Diese Forderung taucht nur vereinzelt auf und wird nur vorsichtig geäußert.) [. . .]
4. Bildung eines Studentenverbandes an den Universitäten und Hochschulen.
[. . .] In Rostock und Greifswald wurde von den Studenten gefordert: Schafft die FDJ ab! (An den Universitäten), da sie schlecht arbeitet (und alle Versuche, ihre Arbeit zu verbessern, sowieso nichts fruchten), laßt endlich einen Studentenverband bilden.
5. Veränderungen in der Parteiführung bei uns. (Vereinzelt und sehr vorsichtig gefordert.) [. . .]«

Abgedruckt in: Die DDR vor dem Mauerbau. Dokumente zur Geschichte des anderen deutschen Staates 1949–1961, hrsg. von Dierk Hoffmann, Karl-Heinz Schmidt und Peter Skyba, München – Zürich 1993, S. 256 ff.

Folgen der Ungarn-Krise

Die Niederschlagung des Aufstandes in Ungarn durch sowjetische Truppen im Herbst 1956 gab den reformfeindlichen Kräften im gesamten Ostblock Auftrieb. Die Hardliner in der SED-Führung um Walter Ulbricht sahen die Möglichkeit, ihre ins Wanken geratene Position wieder zu festigen. Die Zeiten des Dialoges waren vorbei. Als am 31. Oktober Medizinstudenten der Humboldt-Universität eine Versammlung abhielten, ließ die SED ihre Kampfgruppen aufmarschieren. Der Einsatzleiter instruierte die etwa 200 zusammengerufenen Genossen wie folgt:
»Bei den Medizinstudenten in Berlin gibt es Unruhen. Zur Zeit haben die positiven Kräfte noch die Oberhand. Wir wollen hoffen, daß es noch gut abgeht, aber anderenfalls sind wir qualitativ und quantitativ gut vorbereitet. Wenn sie demonstrieren sollten, werden wir sie zusammenschlagen, dann können sie sich ihre

Knochen in ihren Krankenhäusern selbst zusammenflicken. Auf die Frage einiger Genossen, an die keine Gummiknüppel verteilt worden waren [. . .], *sie hätten doch keine Knüppel bekommen, erwiderte der Gen. Kommissar, wir bräuchten auch einige, die die Verwundeten zusammenlesen.«*[144]

Noch gab es Stimmen in der Parteiführung, die dieser harten Linie ablehnend gegenüberstanden. Karl Schirdewan erinnert sich: *»Auch im Politbüro entbrannten grundsätzliche Auffassungen. So warf mir Honecker vor, gegen den Einsatz der Kampfgruppen gegen Studenten zu sein. Ich fragte ihn nur, ob er vergessen habe, daß unsere Studenten in der Mehrzahl Söhne und Töchter von Arbeitern, Bauern und anderen Werktätigen sind, also auch jener Arbeiter, die nach seiner Meinung gegen ihre eigenen Kinder mit dem Knüppel einschlagen sollen. Das ist keine Lösung der politischen Probleme, die entstanden sind. Ich lehne das entschieden ab. Wir brauchen Dialog, nicht Waffengewalt.«*[145]

Von der Bevölkerung und selbst der SED-Mitgliedschaft weitgehend unbemerkt setzten sich einige Mitglieder der SED-Führung, darunter Karl Schirdewan, der damalige Staatssicherheitsminister Ernst Wollweber und der ZK-Sekretär für Wirtschaftsfragen, Gerhart Ziller, für eine Fortsetzung der Entstalinisierung und der Reformen in der DDR ein. Damit gerieten sie in einen scharfen Gegensatz zu Walter Ulbricht. Das Ende des Tauwetters zum Jahreswechsel 1956/57 hatte ihren Handlungsspielraum jedoch bereits empfindlich eingeschränkt. Mit der Verhaftung einer oppositionellen Gruppe um Wolfgang Harich und Walter Janka, deren Mitglieder zu hohen Zuchthausstrafen verurteilt wurden, signalisierte Ulbricht, daß er Diskussionen über »dritte Wege« nicht dulden werde.

Karl Schirdewan,
1953–1958 Mitglied des SED-Politbüros, zuständig u. a. für Jugendfragen; im Februar 1958 wegen Opposition gegen Ulbricht abgesetzt

FDJ: Sozialistische Jugendorganisation der DDR

Im Frühjahr 1957 nutzte Ulbricht die Abwesenheit Schirdewans, um erneut einen Kurswechsel der FDJ einzuleiten und Schirdewans Position weiter zu schwächen. Vierzehn Monate nach dem selbstkritischen Aufruf »An Euch alle, die Ihr jung seid!« verstieg sich die FDJ zu der Behauptung, *»die überwiegende Mehrheit der Jugend bejaht die Arbeiter-und-Bauernmacht«* in der DDR.[146] Der Jugendverband erklärte sich zur *»sozialistischen Jugendorganisation der Deutschen Demokratischen Republik«*. Die FDJ vereine *»in ihren Reihen alle Jugendlichen, die treu zur Arbeiter-und-Bauernmacht stehen, die die Kühnheit besitzen, unermüdlich dafür zu kämpfen, daß alle jungen Menschen in einem sozialistischen Deutschland leben.«* In seinem Referat wandte sich Karl Namokel gegen die Verwandlung der FDJ *»in einen unpolitischen Verein, einen spießbürgerlichen Jugendklub oder eine soziale Fürsorgeanstalt für die Jugend«*.[147]

Sich die Lehren von Marx, Engels und Lenin anzueignen, wurde wieder zur Pflicht eines jeden Mitglieds erklärt. Als »Reserve und zuverlässiger Helfer« der SED hatte sich der Verband der Formung des sozialistischen Bewußtseins

Wir werden unseren Arbeiter-und-Bauern-Staat zu schützen wissen!

Bereitschaftserklärung

des Jugendfreundes Gerhard Zeckay geb. 9.7.42

wohnhaft in Dresden A 27 [illegible] 40

In der Erkenntnis, daß es erforderlich ist, unsere Arbeiter-und-Bauern-Regierung zu stärken und die Errungenschaften der Arbeiterklasse zu erhalten und weiter zu festigen, gebe ich hiermit die Bereitschaftserklärung ab, nach Ablegung der Facharbeiterprüfung, bzw. nach Erreichung des Alters

mindestens 2 Jahre Dienst in der Nationalen Volksarmee zu leisten. Zur Erlernung einiger vormilitärischer Kenntnisse werde ich aktives Mitglied der GST-Sparte Motorsport

Ich bin bereit, unaufgefordert bis zum Monat März 1961 beim Kreiskommando Görlitz vorzusprechen, mich der ärztlichen Untersuchung zu unterziehen und die erforderlichen Bewerbungsunterlagen auszufüllen.
Entsprechend meiner beruflichen Tätigkeit und der persönlichen Neigung bitte ich, bei einer Panzer Einheit eingestellt zu werden.

Görlitz, den 12.9.1957 Gerhard Zeckay

FDJ-Aktion für freiwilligen Wehrdienst – Bereitschaftserklärung der Jugend zu widmen. Fragen der Kultur- und Sportarbeit und die Aufforderung, die unterschiedlichen Interessen der Jugendlichen zu berücksichtigen, spielten in dem Papier nur eine untergeordnete Rolle. Die Verbandsführung präsentierte den Jugendlichen ihr Idealbild eines jungen DDR-Bürgers:

»Ein junger Erbauer des Sozialismus, ein bewußter Bürger unseres Staates zeichnet sich durch Treue zur Sache der Republik, zur Sache der Arbeiterklasse und des Sozialismus aus. Er bringt seine eigenen Interessen mit denen des sozialistischen Aufbaus in Einklang. Er ist bereit, durch den Ehrendienst in der Nationalen Volksarmee und in anderen bewaffneten Organen unsere Arbeiter-und-Bauern-Macht schützen zu helfen. Er wahrt vorbildliche Arbeitsdisziplin, stärkt seine Gesundheit und Kraft durch Sport und Körperkultur, ist ehrlich, bescheiden und moralisch sauber im persönlichen Leben, gegenüber den Arbeitskollegen, seinen Eltern, dem anderen Geschlecht und der Familie. Er erweist den erfahrenen klassenbewußten Arbeitern Achtung, ist politisch interessiert und ergreift Partei für alles, was dem Sozialismus, unserer Republik und dem ganzen deutschen Volke dient.«[148]

Intern mußte die FDJ-Führung einräumen, daß die DDR-Jugend noch weit davon entfernt war, das formulierte Erziehungsziel zu verinnerlichen. Im Vorfeld der »Wahlen« zu den Kommunalparlamenten am 23. Juni 1957, deren Vorbereitung die FDJ als »erste Bewährungsprobe als sozialistischer Jugendverband« bewertete, faßte der Apparat die Ergebnisse der Aussprachen mit Jugendlichen in einer Sekretariatsvorlage zusammen. Die »Unklarheiten, Fragen und Argumente« der Jugend wurden in sieben Hauptgruppen zusammengefaßt. Diese werden hier auszugsweise wiedergegeben. Sie vermitteln ein dichtes Bild der politischen Themen, die die Jugendlichen Ende der fünfziger Jahre in der DDR bewegten:

»Zu 1) Unklarheiten über den Charakter unseres Staates im Gegensatz zum Bonner Staat.

Diese Unklarheiten zeigen sich vor allem in

a) Unklarheiten über den demokratischen Charakter unserer Wahlen, über die Demokratie überhaupt. Warum haben wir einheitliche Listen zur Wahl? Warum haben wir keine Oppositionspartei? Demokratisch ist eine Wahl erst dann, wenn man zwischen den Parteien auswählen kann. [. . .]

b) Unklarheiten und Argumente zu Westreisen

Warum dürfen wir nicht nach Westdeutschland fahren, hat man zu uns kein Vertrauen? Durch die Unterbindung der Westreisen werden familiäre Bande auseinandergerissen. Wenn ich nach Westdeutschland fahre, besuche ich meine Verwandten und denke nicht an Adenauer. [. . .] Wie bringen wir unseren Willen zur Wiedervereinigung mit dem Verbot der Westreisen in Übereinstimmung? Die haben Angst, daß wir die Wirklichkeit in Westdeutschland kennenlernen! [. . .]

Zu 2): Unklarheiten über den Charakter der FDJ als sozialistische Jugendorganisation der DDR

[. . .]

Jetzt sind wir wieder eine sozialistische Jugendorganisation. In der Vergangenheit waren wir nur ein Vergnügungsverein. Wir treten aus der FDJ aus, denn wir wollen keine Kommunisten sein (Mitglieder der Jungen Gemeinde). Warum ist die Arbeiterjugend der Kern der FDJ? Werden alle Jugendlichen nach Vollendung des 25. Lebensjahres automatisch in die SED aufgenommen? Was hat die FDJ mit der SED zu tun? Warum ist die FDJ uniformiert? Ist die FDJ noch eine Massenorganisation? Für uns hat es keinen Zweck mehr, in der FDJ mitzuarbeiten, da jedes Mitglied den Marxismus-Leninismus studieren muß (Mitglieder der Jungen Gemeinde). [. . .] Ich trete aus der FDJ aus, da die FDJ ja zur Partei wird, da kann ich gleich in die Partei eintreten. Wie ist das mit den Jungen Christen, die sind doch an ihren Glauben gebunden und der ist nicht vereinbar mit dem Marxismus-Leninismus, oder, erst wird die Junge Gemeinde verboten, dann können ihre Mitglieder sogar in einer sozialistischen Jugendorganisation sein. Jetzt komme ich nicht mehr klar. Jetzt gibt es doch einen Widerspruch in der Organisation. Auf der einen Seite sind wir ein sozialistischer Jugendverband und auf der anderen keine Kaderorganisation. Warum wurde nicht gleich 1946 ein sozialistischer Jugendverband gegründet. Jetzt müssen wir mindestens 50 % unserer Mitglieder rausschmeissen. [. . .]

Zu 3) Unklarheiten über die Perspektive

Die FDJ sagt, alle Jugendlichen werden im Sozialismus leben. Dabei ist das doch noch gar nicht entschieden. Handwerker-Kinder haben in der DDR keine Perspektive. [. . .] Ich werde kein FDJ-Abzeichen tragen, da man später mal fragen könnte, ob ich Mitglied der FDJ gewesen sei. Ich habe mein Fernstudium und mehr will ich nicht.[. . .] Über Westdeutschland wird geschimpft. Aber die haben schon lange keine [Lebensmittel]Karten mehr. Die Regierung hat dort etwas für die Arbeiter getan. Bei uns baut man erst große und pompöse Häuser wie die Stalinallee, aber heute baut man nur noch kleine, weil die Finanzen nicht mehr reichen. [. . .]

Zu 4): Unklarheiten im Zusammenhang mit der Rolle der Arbeiterklasse und ihrer Partei
[. . .]
Die SED ist keine Arbeiterpartei, da der größte Teil der Arbeiter nicht Mitglied der SED ist. Die Hälfte der Leute, die in der SED sind, sind nur wegen der dicken Brieftasche drin. Bei einer Einheit Deutschlands wird die SED bestimmt nicht gewinnen, sondern die SPD, weil diese schon früher eine Arbeiterpartei war. [. . .]
Zu 5) Unklarheiten über den Weg zur Einheit Deutschlands
[. . .]
Dienen denn unsere Wahlen und die Wahl in Westdeutschland der Einheit Deutschlands? Wir wählen eine Regierung und die Menschen in Westdeutschland auch. Die drüben schimpfen auf uns und wir auf sie. Da wir nun die Regierung auf ein paar Jahre wählen, bleibt dieser Zustand bestehen. Wer aber macht es nun von den beiden richtig? Eine einheitliche Regierung bekommen wir so nie. Ich bin für eine freie Wahl in ganz Deutschland. Nur dies hilft uns weiter. Wir entwickeln uns immer mehr zum Sozialismus und Westdeutschland bleibt zurück. Damit kommen wir doch nie zur Einheit Deutschlands, wenn wir uns doch immer mehr voneinander entfernen. [. . .]
Zu 6) Unklarheiten über den Begriff des Militarismus und Unterschätzung des Militarismus in Westdeutschland
In der Entschließung der 16. Zentralratstagung steht, daß wir den Militarismus und Imperialismus vernichten wollen. Aber wir können doch als sozialistischer Staat keinen Krieg anfangen. [. . .] Wir sprechen immer gegen den Militarismus in Westdeutschland und haben selbst eine Armee. Wenn die Falken [= SPD-Jugendorganisation] gegen die Nato kämpfen sollen, dann muß die FDJ auch gegen die Nationale Volksarmee auftreten.
Zu 7): Unklarheiten über das reale Kräfteverhältnis in der Welt und die Kraft der Volksmassen
Sind die Länder, die im Warschauer Vertrag vereinigt sind, in der Lage, eine Aggression der Westmächte zu verhindern? Der Krieg wird von oben bestimmt und wir können doch nichts dagegen machen. Die UdSSR konnte im 2. Weltkrieg nur siegen, weil Amerika Waffen und Munition lieferte. Heute besteht eine klare Überlegenheit des Westens. [. . .]«

Quelle: SAPMO-BArch, DY 24/ A 7.237.

Keine Experimente: Abrechnung mit der Opposition gegen Ulbricht

Die von Ulbricht forcierte Rückkehr der FDJ zur alten dogmatischen Linie war sowohl ein Schlag gegen seine parteiinternen Widersacher als auch Ausdruck seiner realistischen Einschätzung der innenpolitischen Situation. Der kurze Frühling des Jahres 1956 hatte dem Machtpolitiker gezeigt, daß die Bevölkerung auf die von oben eingeleiteten Reformansätze nicht – wie einige SED-Führer vielleicht gehofft haben mögen – mit Dankbarkeit und Loyalität reagierte. Statt dessen hatte sie die Hegemonie der SED rasch in Frage gestellt.
Diese Erkenntnis mußte die Position Ulbrichts stärken. Vor der Parteiöffentlichkeit verborgen, sollten sich die Auseinandersetzungen mit seinen Widersachern innerhalb der Parteispitze noch bis 1958 fortsetzen. Auf dem 35. ZK-Plenum im Frühjahr 1958 gelang es dem Generalsekretär, seine Gegner als »Schirdewan-Gruppe« zu stigmatisieren und zu entmachten. Schirdewan mußte sich dabei u. a. den Vorwurf gefallen lassen, er habe die FDJ zugunsten der Massenarbeit entpolitisieren wollen.
Sechs Wochen später fand das Scherbengericht auf der 20. Tagung des FDJ-Zentralrates seine Fortsetzung. Die Stunde der Abrechnung mit tatsächlichen oder angeblichen Anhängern des gestürzten SED-Funktionärs war gekommen. In Auszügen gab die »Junge Welt« den Bericht des FDJ-Vorsitzenden Karl Namokel an den Zentralrat wieder, in dem dieser die *»prinzipielle Bedeutung«* der *»Entlarvung der opportunistischen Gruppe Schirdewan, Wollweber und andere sowie die Aufdeckung ihrer fraktionellen Tätigkeit«* für die FDJ hervorhob.[149] Schirdewans Jugendpolitik sei von der These geleitet worden: *»Verbindung mit allen Schichten der Jugend um jeden Preis!«*. Die Fortführung dieses Kurses hätte mit all seinen *»Konsequenzen die Gefahr der politisch-ideologischen Aufweichung des Verbandes und die Liquidierung seiner organisationspolitischen Festigkeit heraufbeschworen. Ohne festen und schlagkräftigen Verband aber ist es nicht möglich, Einfluß im Sinne der wenn auch vielseitigen so doch immer und überall prinzipiellen sozialistischen Erziehung auf breite Schichten der Jugend, vor allem der Arbeiterjugend, zu nehmen.«*
Schirdewan habe sich besonders an jene Freunde in der FDJ gewandt, *»die – zum Teil noch unerfahren – ein besonders offenes Ohr für eine einseitig auf Breite und ›Demokratisierung‹ gerichtete Auswertung der Lehren des XX. Partei-*

tages hatten«. Zur Warnung aller, die innerlich dem Tauwetter noch nicht abgeschworen hatten, statuierte die FDJ-Führung ein Exempel. Opfer war das Zentralratsmitglied Dieter Schmotz. Dieser habe im Verlauf von nicht näher geschilderten Auseinandersetzungen die Frage gestellt, *»ob die SED den XX. Parteitag der KPdSU überhaupt richtig auswerte«,* und gefordert, *»man müsse endlich alles über den XX. Parteitag erfahren«.* Was nicht in der Zeitung stand, worüber aber der zeitgenössische Kenner der politischen Szene keinen Zweifel gehabt haben mag: Die bis dahin steile Karriere des damals dreißigjährigen Dieter Schmotz, vom HJ-Stammführer über das Sekretariat der FDJ Sachsen bis zum Abteilungsleiter des FDJ-Zentralrates, war damit beendet. Auch Hans Modrow, damals Chef der Berliner FDJ, und Joachim Herrmann, Chefredakteur der »Jungen Welt« und Mitglied der FDJ-Führung, gerieten während der Zentralratstagung unter Beschuß. Anders als bei Schmotz, der sich nur zu einer lauen Selbstkritik durchringen konnte, akzeptierte man den Kotau der beiden anderen Nachwuchsfunktionäre.

Um jegliche Zweifel zu zerstreuen, versicherte der Zentralrat, *»daß er selbst und der ganze Verband einmütig und geschlossen hinter der Sozialistischen Einheitspartei Deutschlands, ihrem Zentralkomitee und seinem 1. Sekretär, Genossen Walter Ulbricht, stehen«.*

Informationspolitik war Teil der SED-Machtpolitik. Dies kann am Beispiel der Abrechnung mit der Schirdewan-Gruppe illustriert werden. Je größer der Adressatenkreis, desto weniger Gehalt, lautete die Faustregel. So wurde die breite Anhängerschaft in der »Jungen Welt« lediglich mit Auszügen aus dem Rechenschaftsbericht Namokels an den Zentralrat bekannt gemacht. Aber selbst den handverlesenen Mitgliedern des Zentralrates, dem nach wie vor aus Alibigründen einige parteilose Jugendfunktionäre angehörten, sollten einige Aspekte der angeblichen Fraktionstätigkeit Schirdewans vorenthalten werden. Am Tag bevor Namokel den Rechenschaftsbericht vor dem Zentralrat abgab, verlas Wolfgang Steinke, seit 1951 Sekretär des Zentralrates, Passagen vor der SED-Parteigruppe des Zentralrates, die Schirdewan betrafen. Dabei führte er unter anderem aus:

»In unserer Parteigruppe müssen wir uns im Zusammenhang mit den Auswirkungen der opportunistischen Tätigkeit des Genossen Schirdewan noch mit einigen anderen Fragen beschäftigen, die morgen auf dem Plenum [des Zentralrates] nicht zur Sprache kommen sollten, weil sie parteiinterne Angelegenheiten betreffen.

Natürlich könnten Genossen die Frage stellen, ob es etwa im Sekretariat des Zentralrates verschiedene Gruppen gegeben hat. Darauf ist zu antworten, daß es zu keiner Zeit solche Gruppen gegeben hat. Es gab zu den Fragen der Verbandsarbeit natürlich manchmal verschiedene Auffassungen im Sekretariat. Das ist immer so, wenn man einen gemeinsamen Standpunkt erarbeitet. Es gab unterschiedliche Auffassungen auch zu der Grundfrage, ob die Festigung des Verbandes genügend berücksichtigt wurde [. . .]. Wir halten es nicht für nötig, hier darzulegen, welcher Genosse wann zu welchen Problemen welche Auffassung hatte.

Trotz mancher Meinungsverschiedenheiten endeten aber alle Auseinandersetzungen und Diskussionen so, daß Genosse Schirdewan seine Ansicht darlegte, die wir als Meinung eines Politbüromitgliedes akzeptierten. Dementsprechend wurde dann verfahren, so wurden die Beschlüsse gefaßt. [. . .] Er, der in vielen seiner Reden als ein geschworener Feind des Papiers auftrat, ließ von uns vor manchen Zentralratstagungen monatelang Papiere beschreiben, forderte Entwurf um Entwurf, verwarf sie wieder, änderte seine Meinung im Verlauf dieser Arbeiten, bis sich die Genossen im Sekretariat mitunter selbst als Nichtskönner und Ignoranten vorkamen. [. . .]

Man muß schließlich noch etwas sagen. Das betrifft das Verhalten des Genossen Schirdewan zu jenen Genossen, die zu den Begründern der FDJ gehörten und heute an anderer Stelle verantwortliche Funktionen ausüben.

Es ist heute offensichtlich, daß Genosse Schirdewan viele Versuche unternommen hat, um einen Keil zwischen diese Genossen, die über viele Erfahrungen in der FDJ-Arbeit verfügen, und das Sekretariat des Zentralrates zu treiben. Hier zeigte es sich, wie auch im Bericht des Politbüros, daß er versuchte, jeden gegen jeden auszuspielen. Schon als Genosse Honecker beispielsweise noch Erster Sekretär des Zentralrates war, wurde gegen ihn eine ziemlich starke Stimmung gemacht, wozu Genosse Schirdewan Mitarbeiter des Zentralkomitees ausnutzte.

Mir persönlich sagte er vor dem V. Parlament:

›Jetzt wird ja ein Führungswechsel vorgenommen. Erich Honecker geht aus der FDJ weg. Das ist gut, denn die Zeit der großen Reden ist vorbei. Jetzt brauchen wir jemand, der sachlich zu arbeiten versteht.‹

Was ist das anderes als Stimmungsmache gegen einen Kandidaten des Politbüros! Statt sachliche Kritik an der Arbeit der FDJ unter Leitung von Erich Honecker zu üben, war plötzlich alles Vergangene schlecht. Aber die Arbeit des Verbandes wurde

doch immer vom ZK angeleitet, allerdings nicht durch den Genossen Schirdewan. Warum war dann plötzlich alles falsch, alles schlecht? Warum konnte man hören, Genosse Honecker habe den ›alten Kurs‹ verkörpert, der jetzt schleunigst zu ändern sei? Das alles war doch kein Zufall! Es war auch kein Zufall, daß Genosse Schirdewan den Genossen Heinz Keßler dafür kritisierte, daß er auf dem V. Parlament Erich Honecker für seine Arbeit als Vorsitzender der FDJ gedankt und seine Verdienste gewürdigt hatte.
Es war auch kein Zufall, daß Genosse Schirdewan es uns untersagte, Erich Honecker, der damals eine Parteischule besuchte, zum 10. Jahrestag der FDJ einzuladen und daß er den Beschluß des Sekretariats des Zentralrates aufheben ließ, schon zu diesem 10. Jahrestag die Gründer der FDJ mit einer Ehrennadel des Verbandes auszuzeichnen. Das, Genossen, mußte noch gesagt werden, damit die Parteigruppe ein richtiges Bild von den Bedingungen erhält, unter denen das Sekretariat zu einer bestimmten Zeit arbeiten mußte. [. . .] Morgen sollten diese Fragen nach der Meinung des Sekretariats aber nicht mehr in die Diskussion gestellt werden. [. . .]«

Quelle: SAPMO-BArch, DY 24/ A 2.191.

Neue Maxime: Wer nicht gegen uns ist, ist für uns

Die Ausschaltung der Opposition in der SED-Führung zeigte Wirkung. Fünf Jahre nach dem Juni-Aufstand, am Ende des ersten Jahrzehnts ihrer Existenz schien sich in der DDR eine gewisse Stabilität einzustellen. Die SED bemühte sich, die Bevölkerung einerseits zu neutralisieren, um das System politisch und ökonomisch zu stabilisieren, und andererseits politisch zu indoktrinieren, um das sozialistische Experiment auch im Bewußtsein der Adressaten zu verankern. Dem kam eine 1958/59 spürbare Konsolidierung der DDR-Wirtschaft entgegen. Die Erholungs- und Ferienheime der Gewerkschaften, Kulturhäuser, Kinderhorte und Polikliniken wurden als Errungenschaften des Systems angenommen. Der Ausbau der Konsumgüterindustrie zeitigte erste Erfolge. Der Lebensstandard der Bevölkerung stieg. Die Lebensmittelkarten verschwanden. Viele Menschen begannen sich mit dem System zu arrangieren. Die Flüchtlingszahlen sanken 1959 mit 143 917 auf den tiefsten Stand seit 1949.

Auf dem V. Parteitag der SED im Juli 1958 war die Position Ulbrichts unangefochten. Seine Kritiker hatte er erfolgreich ausmanövriert. Die SED schien im Innern gefestigter denn je. Die Delegierten beschlossen die »Vollendung des sozialistischen Aufbaus«. Bis 1961 sollte die Bundesrepublik wirtschaftlich ein- und schließlich überholt werden. Nach der Lesart der marxistisch-leninistischen Parteiideologen war das Bewußtsein von weiten Teilen der Bevölkerung hinter der raschen sozio-ökonomischen Entwicklung in Richtung Sozialismus zurückgeblieben. So stand in der DDR die Umformung eben jenes Bewußtseins, die Einwirkung auf die Gedanken und Gefühle der Menschen auf der Tagesordnung. Diese Bemühungen mündeten in eine breite ideologische Propagandaoffensive. Die SED bemühte sich, ihren Vorstellungen von Ethik und Moral zum Durchbruch zu verhelfen. Dazu zählte insbesondere eine an den Erfordernissen der Planwirtschaft orientierte Arbeitsmoral.
Die Werktätigen sollten ihre persönlichen Wünsche mit den – ihnen vorgegebenen – gesellschaftlichen Interessen in Einklang bringen. Bummelantentum galt als unmoralisch, die Nichtanzeige von »Spionen, Agenten und Saboteuren« als »moralisch-politisch verwerflich«.
In Kunst und Kultur stellte man der »westlichen Dekadenz« den »sozialistischen Realismus« gegenüber. Mit der Losung »Greif zur Feder, Kumpel« und dem »Bitterfelder Weg« feierte ein neuer Proletkult Auferstehung.
Doch die Konsolidierung sollte nicht von Dauer bleiben. Wirtschaftliche Komplikationen zwangen die SED, den Fünfjahrplan 1959 abzubrechen. Ein Siebenjahrplan trat an seine Stelle. Dementsprechend überlagerten zeitweilig wieder Fragen der Planerfüllung das Moment der ideologischen Bewußtseinsbildung in der Propaganda.

Jugendpolitik zwischen Konsens und Konfrontation

Die förmliche »Rückbesinnung« der FDJ auf ihre Aufgaben als Transmissionsriemen der SED-Politik im Frühjahr 1957 sollte nach dem Willen der einheitssozialistischen Jugendpolitiker nicht dazu führen, das »frohe Jugendleben« zu vernachlässigen. Schirdewans Linie war von der Überlegung ausgegangen, die Jugend müsse zunächst von der FDJ gewonnen werden, bevor sie von dieser beeinflußt werden könne. Die wiedererstarkten Dogmatiker in der SED-Führung glaubten jedoch, auf die Transmissionsfunktion der FDJ auch temporär nicht verzichten zu können. Die FDJ sollte wieder einmal das Kunststück vollbringen, durch die Gestaltung eines attraktiven Verbandslebens die abseits stehende Jugend zu gewinnen und diese unmittelbar für die Politik der SED zu mobilisieren.

Ende der fünfziger Jahre vermochte die FDJ nur unter jenen Jugendlichen große organisatorische Erfolge zu erzielen, für die die Mitgliedschaft im Einheitsjugendverband eine Frage des beruflichen Fortkommens war. Dazu zählten insbesondere Oberschüler und Studenten, Lehrlinge, aber auch Angestellte der öffentlichen Verwaltung, Angehörige der Polizei und der Armee. Die seit Juni 1953 gesammelten Erfahrungen hatten wiederholt deutlich gemacht, daß die bloße FDJ-Mitgliedschaft wenig über das politische Bewußtsein der Jugendlichen aussagte. Die vielen Jugendlichen, die im privaten Handwerk, im Handel und im Dienstleistungsgewerbe beschäftigt waren, die jungen Landwirte und Landarbeiter konnten auf diese Weise nur schwer von der FDJ rekrutiert werden. Im privaten Sektor der Wirtschaft war die FDJ kaum präsent. Aber auch von den un- oder ausgelernten Jungarbeitern in den (halb-)staatlichen Betrieben entzogen sich die meisten dem Werben der FDJ-Propagandisten. Wer wollte sich nach stundenlangem Schuften an der Werkbank die Parolen, das Plansoll müsse übererfüllt werden, noch anhören?

Nachdem die Bemühungen des Jugendverbandes offenkundig nichts gefruchtet hatten, suchten die verantwortlichen Jugendpolitiker ihr Heil in der Sportarbeit.

Straßenzüge und Wohngebiete, Dörfer und Städte sollten in den sportlichen Wettstreit treten. Mit der Förderung des Jugendsports hofften die Verantwortlichen, den bis dahin vergeblich gesuchten Zugang zur Jugend zu finden und deren Interesse an westlicher Musik, Mode und Freizeitgestaltung entgegenzuwirken. Dabei verleugnete man nicht, daß Sport auch der vormilitärischen Ertüchtigung zu dienen hatte.

Trotz des regen Zulaufes zu den Sportgemeinschaften galt für sie das gleiche Dilemma wie für die FDJ. Die Jugendlichen zogen sich in dem Moment aus den Gruppen zurück, da deren Arbeit nicht mehr ihren Vorstellungen entsprach und keine wie auch immer gearteten Sanktionen mehr zu befürchten waren.

Ungeachtet dieser Schwierigkeiten legte die FDJ-Führung in einer Neufassung des Verbandsstatuts vom Mai 1959 ihre Vorstellung vom idealen FDJler dar, die mit der Wirklichkeit wenig zu tun hatte.[150]

Aus dem FDJ-Verbandsstatut vom Mai 1959:

»Jedes Mitglied der Freien Deutschen Jugend hat die Pflicht:

a) Aktiv an der Arbeit der Organisation sowie regelmäßig an den Versammlungen und Veranstaltungen seiner Gruppe und Grundeinheit teilzunehmen, seine Beiträge zu entrichten und die Verbandspresse zu lesen; an der vielseitigen Arbeit des Verbandes im Wohngebiet mitzuwirken; die Beschlüsse der Freien Deutschen Jugend schnell und gründlich durchzuführen und überall für die richtungsweisenden Entscheidungen der Sozialistischen Einheitspartei Deutschlands, der Regierung der Deutschen Demokratischen Republik und der nationalen Front des demokratischen Deutschland einzutreten und sie verwirklichen zu helfen.

b) Für den Frieden, den Sieg des Sozialismus in der DDR und die Wiedervereinigung Deutschlands als friedliebender, demokratischer Staat zu kämpfen, die Verfassung der Deutschen Demokratischen Republik einzuhalten und aktiv bei der Festigung der Arbeiter-und-Bauern-Macht mitzuarbeiten.

Das Volkseigentum als unantastbare Grundlage unseres Staates zu festigen, zu mehren und zu schützen, in allen volkseigenen, genossenschaftlichen und halbstaatlichen Betrieben um die Erhöhung der Arbeitsproduktivität und Qualität der Erzeugnisse zu kämpfen und die Arbeitsdisziplin einzuhalten; wachsam gegenüber den Anschlägen der Feinde des Friedens und des Sozialismus zu sein; Staats- und Militärgeheimnisse zu wahren und die bewaffneten Organe der Deutschen Demokratischen Republik in ihrer Tätigkeit zu unterstützen, sich vormilitärische Kenntnisse anzueignen bzw. seine militärischen Kenntnisse und Fähigkeiten zu erhöhen.

c) Eine kameradschaftliche Verbindung zu den Jugendlichen seiner Arbeits- und Bildungsstätte und seines Wohngebietes herzustellen, sich zu bemühen, sie von der Richtigkeit unseres Weges zu überzeugen und zu aktiver Mitarbeit beim sozia-

listischen Aufbau, beim Lernen, beim Sport und bei der Freizeitgestaltung zu gewinnen.
d) Sich mit der wissenschaftlichen Lehre der Arbeiterklasse, dem Marxismus-Leninismus, vertraut zu machen. Sich die besten Güter des deutschen und internationalen Geistesschaffens anzueignen, die Technik seines Faches immer besser beherrschen zu lernen und an der Erhöhung seines beruflichen Könnens zu arbeiten.
e) Ständig zu lernen und sich weiterzubilden, sich ein vielseitiges kulturelles und sportliches Können anzueignen, um in den Gruppen und Grundeinheiten ein den Interessen der ganzen Jugend entsprechendes Leben zu gestalten.
f) Ehrlich und offen zu sein, Kritik und Selbstkritik furchtlos, ohne Ansehen der Person, anzuwenden, für die Aufdeckung und Beseitigung aller Mängel und Fehler zu kämpfen.
g) Überall offen und parteilich für unsere Sache einzutreten, dort anzupacken, wo es Schwierigkeiten gibt, um jede begonnene Sache bis zu Ende zu führen, in der Öffentlichkeit seine Zugehörigkeit zur Organisation zu zeigen, das Abzeichen der Freien Deutschen Jugend zu tragen und zu besonderen Anlässen das Blauhemd oder die blaue Bluse.
h) Die Regeln des Gemeinschaftslebens einzuhalten, saubere und gesunde Beziehungen zwischen Jungen und Mädchen zum Gesetz seines Handelns zu machen.
Erscheinungen kapitalistischer Unmoral, Egoismus, Flegelei, Trunksucht, unkameradschaftliches Verhalten zur Frau zu bekämpfen, das Alter zu achten und seine Freunde von schlechten Taten abzuhalten. Seine körperlichen Fähigkeiten zu entwickeln und seine Gesundheit durch Sport und Spiel zu stärken.«

Der Jugendliche »neuen Typs« sollte sich also, von als »kleinbürgerlich« diffamierten traditionellen Wertvorstellungen unbelastet, ganz in den Dienst des sozialistischen Aufbaus stellen. Nicht persönliche, sondern gesellschaftliche Interessen hatten im Mittelpunkt seines Handelns zu stehen.

Die FDJ in der Arbeitswelt

Die Schwäche der FDJ in der Arbeiterjugend war für die Verbandsführung ein besonders peinliches Kapitel, sollte doch die sozialistische Organisation der Arbeitswelt am ehesten die Überlegenheit des Sozialismus über den zum Untergang verurteilten Kapitalismus beweisen. Auf der 16. Tagung des Zentralrates im Frühjahr 1957 hatte sich die FDJ zur Vorhut der Arbeiterjugend erklärt:
»Die jungen Arbeiter verkörpern nicht nur den größten Teil der Jugend unserer Republik, sondern tragen als Teil der Arbeiterklasse, der fortschrittlichsten und führenden Kraft unseres Staates, eine große Verantwortung für die Gewinnung aller jungen Menschen für unsere sozialistische Sache. [. . .] *Nur gestützt auf die gesamte Arbeiterjugend wird es dem Verband gelingen, eine feste und geschlossene Kampforganisation zu sein und seinen Einfluß unter allen anderen Schichten der jungen Generation, besonders der Bauernjugend, beständig zu erweitern.«*[151]
Im sozialistischen Betrieb sollte der »Schritt vom ›ich‹ zum ›wir‹« vollzogen werden. In Brigaden organisierte Arbeiter- und Angestelltenkollektive waren zum innerbetrieblichen Wettbewerb aufgerufen.
Der im Juni 1957 veranstaltete IV. Kongreß der Arbeiterjugend bestätigte die Beschlüsse der 16. Zentralratstagung. Nach Angaben der Veranstalter hatten im Vorfeld rund 200 000 Jungarbeiter auf 15 000 Jungarbeiterkonferenzen über die Aufgaben des sozialistischen Aufbaus beraten. Neben Kampagnen zur wirtschaftlich verwertbaren Mehrarbeit forderte der Kongreß dazu auf, im Rahmen des FDJ-Schuljahres »Zirkel junger Sozialisten« zu bilden, in denen die Ideologie vermittelt werden sollte.
Ob zu Ehren des 40. Jahrestages der »Großen Sozialistischen Oktoberrevolution«, des V. Parteitags der SED im Juli 1958 oder anläßlich des 10. Jahrestags der DDR-Gründung, immer neue Kampagnen sollten den »sozialistischen Wettbewerb« in und zwischen den Betrieben anheizen. Den seit dem Ende der vierziger Jahre propagierten und aus der Sowjetunion übernommenen kollektiven Arbeitsformen sollte damit endlich zum Durchbruch verholfen werden. Mit den ersten Ansätzen einer wirtschaftlichen Konsolidierung gab es nunmehr erstmals auch etwas zum Verteilen. Die ideellen Anreize, daß heißt Auszeichnungen und Ehrungen, aber vor allem die Prämien und Sachwerte fanden in der Jungarbeiterschaft durchaus Anklang. Die Medien der SED sorgten für öffentliche Anerkennung und Ehrung beruflicher Leistungen. Die inner- und überbetrieblichen Wettbewerbe waren Herausforderungen, die an den Teamgeist appellier-

FDJ-Brigaden übernehmen u. a. Meliorationsprojekte in Brandenburg und Mecklenburg

ten. Sie boten Selbstbestätigung und waren – anders als die unüberschaubaren und abstrakten Volkswirtschaftspläne – nachvollziehbar. In den Jugendbrigaden konnte man es den »alten Hasen«, den älteren Kollegen, die alles besser wußten, weil sie es »schon immer so« getan hatten, zeigen. Die FDJ instrumentalisierte hier nicht ohne Erfolg jugendliches Aufbegehren gegen traditionelle Autoritäten. Im Sommer 1957 begann die FDJ-Führung, die Idee der FDJ-Kontrollposten in den Betrieben wiederzubeleben. Ein erster Anlauf, diesen Import aus der Sowjetunion in Ostdeutschland zu etablieren, war Anfang der fünfziger Jahre gescheitert. Mit dieser Einrichtung verlieh der Verband seinen jugendlichen Aktivisten in den Betrieben zusätzliche Autorität im »Kampf gegen das Alte, Überlebte«, das der »Masseninitiative aller Werktätigen« im Wege stand. Die Kontrollposten hielten schließlich auch in das 1961 novellierte Arbeitsgesetzbuch der DDR[152] Einzug.

Aus den Richtlinien für die Arbeit der FDJ-Kontrollposten, beschlossen vom Sekretariat des Zentralrates am 15. Juli 1957:

»Die Jugend nimmt durch die FDJ-Kontrollposten unmittelbar an der Leitung und Lenkung ihres Betriebes, der Wirtschaft und des Staates teil, indem sie auf Mängel hinweisen und mit Unterstützung der öffentlichen Meinung und Kritik der Arbeiter und der Jugendlichen auf ihre Beseitigung dringen und sie organisieren. [. . .]
Was sind die wichtigsten Aufgaben der Kontrollposten?
a) Aktive Hilfe bei der Erziehung der Jugend zur sozialistischen Einstellung zur Arbeit und zum Volkseigentum, Kampf gegen Bummelei und

Schlamperei, gegen Verschwendung und Ausschuß.
b) Organisierung des Kampfes zur Erfüllung des Kohle- und Energieprogramms – Kampf um Einsparung von Kohle und Energie.
c) Kampf gegen das Alte, Überlebte und für die Durchsetzung des Neuen. Popularisierung guter Leistungen und Kampf um Qualitätsarbeit und Aneignung von Wissen.
d) Gestaltung enger Beziehungen zu den Staatsorganen, insbesondere zu den Volksvertretern und zu den übergeordneten Wirtschaftsleitungen.«

Quelle: Dokumente zur Geschichte der FDJ, Band 4, S. 5 ff.

Die FDJ entwickelte immer neue Initiativen und Kampagnen, um die Arbeiterjugend in den Betrieben zu mobilisieren. Zur Aktivistenbewegung kam die Neuererbewegung, die neue Arbeitsmethoden entwickeln bzw. aus der Sowjetunion übernehmen sollte. Ihre Leistungsschau wurde die »Messe der Meister von morgen«, die im Herbst 1958 erstmals in Leipzig veranstaltet wurde. Auch hier wurden Rationalisierungsvorschläge mit Prämien und Ehrungen belohnt. Die »Kompaßbewegung« forderte die jugendlichen Aktivisten dazu auf, *»ihren Kompaß auf die Marschrichtungszahl 60 – das Jahr der Erfüllung des 2. Fünfjahrplanes – einzustellen«.*[153] Nach dem Beispiel der »Komsomolsparbüchse« richtete die FDJ das »Konto junger Sozialisten« ein. Dort wurde bis zum Ende der DDR ein Teil der erwirtschafteten Überschüsse aus Rationalisierung und Mehrarbeit einbezahlt. Darüber hinaus sparte der Verband nicht mit Kampagnen, die auf die Befriedigung der jeweiligen ökonomischen Erfordernisse abzielten. Mit der Aktion »Blitz kontra Wattfraß« sollte Strom eingespart werden. Mit dem Aufruf der *»jungen Viehpflegerin Lucie Wolter«* in der »Jungen Welt«, die alle *»Jugendlichen der sozialistischen Landwirtschaft zur Erhöhung der Kälberaufzucht«* aufforderte, wurde die »Lucie-Wolter-Bewegung« ins Leben gerufen, die »dritte Aktion Blitz – Hau ruck – alle ran!« diente zur »Erfüllung des Ziegel-und Baustoffprogramms«.

Aufruf des Sekretariats des Zentralrates der FDJ vom 11. Januar 1958 zur Aktion »Blitz kontra Wattfraß«

»Der Zentralrat der Freien Deutschen Jugend erklärt den 15., 16. und 17. Januar 1958 zu Kampftagen der Jugend, der ersten Aktion ›Blitz kontra Wattfraß‹ für die Senkung des Stromverbrauches in der Spitzenbelastungszeit. Wir rufen alle jungen Menschen auf, sich dieser Aktion anzuschließen!
Am 15. Januar, Punkt 16.30 bis 18.00 Uhr, und ebenso am 16. und 17. Januar spart jedes Mitglied der FDJ und jeder Junge Pionier Strom und schaltet in seiner Wohnung, in seinem Betrieb, in seiner Schule und überall dort, wo er sich aufhält, alle Stromfresser – mindestens jedoch 40 Watt – zusätzlich aus.
Sorgt dafür, daß in Verwaltungen, öffentlichen Einrichtungen, landwirtschaftlichen Betrieben und allen volkseigenen und privaten Dienstleistungsbetrieben der Stromverbrauch in dieser Zeit auf das geringste Maß beschränkt wird.
Solche Geräte wie: Kocher, Tauchsieder, Bügeleisen, Höhensonnen, Heizöfen, elektrische Dämpfanlagen, Rübenschneider brauchen den meisten Strom! In der Spitzenzeit abschalten!
Organisiert im Laufe der Tage bis zum 15. Januar Zusammenkünfte mit allen Jugendlichen und legt dort Maßnahmen zur Durchführung der ersten Aktion ›Blitz kontra Wattfraß‹ fest! [. . .]
Tretet in den Wettbewerb um die größte Stromeinsparung von Bezirksverband zu Bezirksverband!
Am 15., 16. und 17. Januar werden wir über alle Sender des demokratischen Rundfunks die Ergebnisse der ersten Aktion ›Blitz kontra Wattfraß‹ aus den Bezirken und aus der Republik bekanntgeben.
Sagt es allen und handelt selbst!
Achtet die Arbeit der Kumpel! Spart Energie in der Spitzenzeit!
Alle Mitglieder der sozialistischen Jugendorganisation der DDR beweisen ihre Einsatzbereitschaft in der ersten Aktion ›Blitz kontra Wattfraß‹!«

Quelle: Junge Welt vom 11./12. Januar 1958.

Mitteilung des Sekretariats des Zentralrats der FDJ vom 16. Juli 1958 über die dritte Aktion Blitz:

»Die am 12. und 13. Juli auf Beschluß des Sekretariats des Zentralrats der FDJ zu Ehren des V. Parteitages der SED durchgeführte dritte Aktion Blitz Hau ruck – alle ran! hatte folgende Ergebnisse:
266 500 Jugendliche (davon mehr als 16 000 Nichtorganisierte) beteiligten sich und arbeiteten dabei 1 829 124 Stunden. Die vollbrachten freiwilligen Arbeitsleistungen entsprechen (nach vorläufigen Angaben) einem Wert von etwa 2 000 000 DM. Im einzelnen wurde geleistet:
180 000 Stunden bei der Hochwasserbekämpfung sowie der Beseitigung der Unwetterschäden;
341 259 Stunden bei der Pflege von Mais- und Zuckerrübenfeldern sowie beim Bau von Rinderoffenställen;
150 000 Stunden auf Baustellen der Industrie und

des Wohnungsbaues, in Ziegeleien und anderen Baustoffbetrieben;
710 000 Ziegelsteine produziert;
1647 Tonnen Feldsteine für den Rostocker Hafenbau gesammelt.«

Quelle: Junge Welt vom 16. Juli 1958.

Die größte Aufmerksamkeit in der FDJ-Propaganda genossen zweifellos die zahlreichen Jugendobjekte, die Ende der fünfziger Jahre in der DDR ausgelobt worden waren. Dabei handelte es sich zum einen um Großprojekte, die in Abstimmung mit der Staatlichen Plankommission dem Jugendverband übertragen wurden. Dazu zählten der Bau der Erdölpipeline und des Erdölverarbeitungswerks Schwedt/Oder, die Urbarmachung der Friedländer Großen Wiese, der Bau der Rostocker Hafenmole oder der Ausbau des Ost-Berliner Flughafens Schönefeld. Darüber hinaus gab es 1959 rund 700 größere und kleine Projekte, deren Verwirklichung der Jugendorganisation übertragen worden war. Der »Aufbau des Sozialismus« wurde zunehmend in Tonnen gemessen. Fast täglich wartete die gleichgeschaltete Presse mit neuen Produktionsrekorden auf. Über die Engpässe, die nach einer kurzen Phase der Konsolidierung in der DDR-Wirtschaft auftraten, konnte damit jedoch nicht hinweggetäuscht werden.
Das *Wörterbuch zur Sozialistischen Jugendpolitik* charakterisierte ein Jugendobjekt als eine *»exakt meß- und abrechenbare, zeitlich begrenzte Aufgabe, die einem Jugendkollektiv zur eigenverantwortlichen Lösung übertragen wird. Besonders in der sozialistischen Industrie und Landwirtschaft werden mit Hilfe von Jugendobjekten wichtige und vordringliche volkswirtschaftliche Aufgaben in die Verantwortung der Jugend übergeben. Sie erweisen sich als wirksames Mittel zur sozialistischen Erziehung der jungen Generation, zur Entwicklung ihres sozialistischen Bewußtseins. Jugendobjekte sind Schulen der sozialistischen Gemeinschaftsarbeit, in denen die Jugendlichen beweisen können, was sie gelernt haben, wie sie es verstehen, größere Objekte selbständig zu leiten, und welchen Grad der Qualität ihre Arbeit aufweist. Die Übertragung verantwortungsvoller Aufgaben als Jugendobjekte an junge Menschen gehört zu den Pflichten staatlicher Leiter bei der Verwirklichung des Jugendgesetzes der DDR. Als Jugendobjekte besonders geeignet sind solche Aufgaben, bei denen die Jugendlichen durch sozialistisches Wetteifern ihre geistigen, physischen und moralischen Potenzen voll ausschöpfen können und die es andererseits gestatten, eine große Zahl Jugendlicher zu beteiligen. Mit der Übergabe von Jugendobjekten an Jugendkollektive wird das Grundprinzip der Jugendpolitik der SED, der Jugend Vertrauen zu schenken und konkrete Verantwortung zu übertragen, verwirklicht.«*[154]

Exkurs: Die Jugendweihe

Doch auch außerhalb der Fabriktore gingen die SED und ihr Jugendverband seit Mitte der fünfziger Jahre wieder in die ideologische Offensive. Der Schock des Juni-Aufstandes von 1953 war überwunden. In einem neuen Anlauf sollte der nach wie vor starke Einfluß der Kirchen auf die Jugend gebrochen werden. Zu Beginn der fünfziger Jahre war die SED mit ihrem Versuch, die evangelische Junge Gemeinde zu liquidieren,

Das Buch »Weltall – Erde – Mensch«, mit Geleitworten von Walter Ulbricht und Erich Honecker; wurde bis 1975 jedem Teilnehmer an der Jugendweihe überreicht

gescheitert. Die Staatspartei zeigte sich lernfähig. Ein neuer offener Konflikt mit den Kirchen sollte vermieden werden. Statt dessen entwickelte die SED nun alternative Angebote, die an die Stelle kirchlicher Traditionen treten sollten.

Zu einem wichtigen Hebel bei dem Versuch, die Heranwachsenden von der Kirche zu entfremden, sollte sich die Jugendweihe entwickeln, die von der SED Ende 1954 ins Leben gerufen worden war. Die Partei knüpfte dabei an ein Ersatzritual für die katholische Firmung und die protestantische Konfirmation an, das vor 1933 in der Arbeiter- und Freidenkerbewegung verbreitet gewesen war.

Die SED argumentierte Ende 1954, daß zum damaligen Zeitpunkt *»von vielen Eltern, die keine innere Bindung zur Kirche haben, Kinder in die Kurse zur Vorbereitung der Konfirmation und der Kommunion geschickt* [werden], *da keine andere Einrichtung zur feierlichen Einführung der Kinder in den neuen Abschnitt ihres Lebens nach dem Verlassen der Grundschule vorhanden ist. Um diesen Zustand zu beenden, wird im Interesse der staatsbürgerlichen Erziehung schon in diesem Jahr mit der Vorbereitung und Durchführung von Jugendweihen ab 1955 begonnen.«*[155]

In allen Städten und Gemeinden gründete die SED daraufhin Ausschüsse zur Vorbereitung und Ausgestaltung der Jugendweihen. Am 12. November 1954 konstituierte sich der »Zentrale Ausschuß für Jugendweihe in der DDR«. Dieser koordinierte und vereinheitlichte die Arbeit der lokalen und regionalen Komitees. Der Teilnahme an einer Jugendweihefeier gingen in der Regel zehn Vorbereitungsstunden voraus. Dort sollten den Jugendlichen zentrale weltanschauliche Positionen der herrschenden Ideologie nahegebracht werden. Ein Anfang 1955 veröffentlichtes Vorbereitungsschema listete zehn Themen auf: *»die Welt im All; die Entstehung des Lebens auf der Erde; vom Werden des Menschen; von der Beherrschung der Natur durch den Menschen; die Entwicklung der menschlichen Gesellschaft; die schöpferischen Kräfte der Volksmassen und ihr Kampf um den gesellschaftlichen Fortschritt; die neue Ära in der Geschichte der Gesellschaft; die Beziehungen der Menschen untereinander, insbesondere die Stellung der Frau in der Gesellschaft; die Bedeutung der Kunst im Leben unseres Volkes; Zusammenfassung und Vorbereitung auf die Jugendweihe.«*

Im Mittelpunkt der Jugendweihefeier stand schließlich das – im Verlauf der Zeit mehrfach modifizierte – Gelöbnis, das von den 14jährigen Mädchen und Jungen im Chor gesprochen wurde. Nach einer Festrede wurden Bücher überreicht, – bis 1975 der Band *Weltall – Erde – Mensch.*

Gelöbnis zur Jugendweihe aus dem Jahre 1958:

»Frage: Liebe jungen Freunde!

Seid Ihr bereit, als treue Söhne und Töchter unseres Arbeiter- und Bauern-Staates für ein glückliches Leben des ganzen deutschen Volkes zu arbeiten und zu kämpfen, so antwortet mir!

Antwort: Ja, das geloben wir!

Frage: Seid Ihr bereit, mit uns gemeinsam Eure ganze Kraft für die große und edle Sache des Sozialismus einzusetzen, so antwortet mir!

Antwort: Ja, das geloben wir!

Frage: Seid Ihr bereit, für die Freundschaft der Völker einzutreten und mit dem Sowjetvolk und allen friedliebenden Menschen der Welt den Frieden zu sichern und zu verteidigen, so antwortet mir!

Antwort: Ja, das geloben wir!

Wir haben Euer Gelöbnis vernommen, Ihr habt Euch ein hohes und edles Ziel gesetzt. Ihr habt Euch eingereiht in die Millionenschar der Menschen, die für Frieden und Sozialismus arbeiten und kämpfen.

Feierlich nehmen wir Euch in die Gemeinschaft aller Werktätigen in unserer Deutschen Demokratischen Republik auf und versprechen Euch Unterstützung, Schutz und Hilfe.

Gemeinsam mit vereinten Kräften – vorwärts!«[156]

Die Kirchen betrachteten die Einführung der Jugendweihe als offenen Affront. Sie reagierten mit schroffer Ablehnung. Anders als die SED erklärten die Kirchenleitungen eine Teilnahme an der Jugendweihe und am kirchlichen Ritus zunächst für unvereinbar. Die vermeintliche Toleranz der SED erwies sich als ein geschickter Schachzug. Die Teilnahme an der Jugendweihe wurde offiziell immer als freiwillig ausgegeben. In den ersten Jahren sorgte jedoch eine fein dosierte Mischung aus Zuckerbrot und Peitsche dafür, daß 1959 bereits über achtzig Prozent aller Pioniere und Schüler an der Jugendweihe teilnahmen. Einerseits verzichtete man auf allzu plumpe und offene Propaganda und sorgte für eine gefällige Ausgestaltung der Feierlichkeiten, die ebenso wie Konfirmation und Kommunion mit Geschenken verbunden waren. Andererseits signalisierte man mancherorts dezent, daß eine Nichtteilnahme an der Jugendweihefeier die Zulassung zur Erweiterten Oberschule oder zum Studium nicht unbedingt befördern werde. Die Kirchen mußten ihre starre Haltung später aufgeben. Das bis dahin verlorene Terrain konnten sie jedoch nicht mehr gutmachen. Die Jugendweihe entwickelte sich rasch zum Bestandteil der Alltagskultur und trat an die Stelle der traditionellen kirchlichen Riten. Dazu trug nicht allein der Umstand bei, daß das Festhalten an den alten Bräuchen mit Nachteilen verbunden sein konnte. Die Entwicklung entsprach dem allgemeinen Trend zur Säkularisierung, der in der zweiten Hälfte des 20. Jahrhunderts in ganz Deutschland zu verzeichnen war. Gleichzeitig verlor die Entscheidung der Eltern, die Kinder an der Jugendweihe teilnehmen zu lassen, ebenso an Aussagekraft über deren Einstellung zur DDR, wie im Westen Deutschlands die Teilnahme an den kirchlichen Weihefeiern kaum noch etwas über religiöse Überzeugungen besagte.

Die Jugendweihefeiern entwickelten sich bald zum familiären Ereignis, bei dem die politische Dimension des Ritus - wenn überhaupt – nur eine untergeordnete Bedeutung hatte. Die in der DDR beliebte »Wochenpost« beschrieb im Jahre 1960 die mit der Jugendweihe verbundenen Probleme folgendermaßen:

»In vielen Familien rückt ein ganz besonderer Tag immer näher: die Jugendweihe. Fröhlich und festlich soll dieser wichtige Tag im Leben unserer Kinder begangen werden. Liebe Verwandte und Freunde aus nah und fern werden eingeladen.
Gesprächsstoff Numero eins ist zunächst die Frage: Was ziehen unsere Kinder an? Festlich gekleidet wollen und sollen die Jungen und Mächen sein, dabei aber nicht ›künstlich erwachsen‹, sondern frisch, fröhlich und jugendlich-sportlich wirken. Außerdem kann das Kleid, der Anzug nicht allein für diesen einen Tag Gültigkeit haben. Auch in den kommenden Frühjahrs- und Sommermonaten sollen die Jugendlichen damit für Theater-, Jugendklub- oder Matinee-Veranstaltungen richtig angezogen sein.
Für die Mädchen ist dieses Problem nicht ganz so schwer zu lösen, wie für die Jungen. Kleindessinierte Kunstseiden- oder Baumwollgewebe in zarter Farbigkeit sind im Handel zu finden und lassen sich leicht zu hübschen Kleidern und Jäckchenkleidern verarbeiten. Das Angebot an Fertigkleidern ist leider unterschiedlich, aber man findet leichter das Richtige für Mädchen als für Jungen. Es wäre doch zweckmäßig, wenn HO und Konsum künftig in Sonderabteilungen ganz groß anbieten würden: ›Alles für die Jugendweihe!‹ Es ist bedauerlich, daß man darauf noch nicht von allein gekommen ist. Wie gesagt, für Mädchen ist dieses Problem leichter zu lösen als für Jungen. Für meinen Sohn habe ich mich zum Beispiel für eine Kombination – schmale einfarbige Hosen, dazu ein farblich gut abgestimmtes Jackett in einem dezenten Streifen- oder Karodessin – entschlossen. Wie ich mich bei einem Bummel durch einige HO- und Konsumverkaufsstellen überzeugen konnte, ist hier einigermaßen Auswahl vorhanden.
Ist die Kleiderfrage geregelt, bleibt das Problem der lukullischen Genüsse, die nun einmal dazugehören. Viele Mütter sind berufstätig und haben wenig Zeit für eine bis ins kleinste gehende Vorbereitung in der Küche. Gespart für dieses Ereignis wurde in den meisten Familien schon das ganze vergangene Jahr über. Deshalb ist es zu überlegen, wie man diesen Tag so gestaltet, daß auch die Mutter möglichst gar nichts oder nur wenig in der Küche zu tun hat, sondern richtig mitfeiern kann.
Wie wäre es, wenn Sie sich rechtzeitig mit der HO in Verbindung setzten? Dort wird man Sie gern beraten und zur rechten Zeit beliefern. In Berlin macht das zum Beispiel die HO-Stadtküche des Restaurants ›Bukarest‹, aber auch andere Großgaststätten in den einzelnen Stadtbezirken. Dort können warme und kalte Speisen einschließlich Geschirr und Besteck bestellt werden.
Will man z. B. mittags ein Gedeck reichen, bestehend aus Champignonsuppe, Zunge in Rotwein mit Gemüse und Kartoffelbällchen, Zitronencreme als Nachspeise, dann kostet dies einschließlich Koch (ihm muß natürlich ein Herd zur Verfügung stehen), der notwendigen Töpfe, Geschirr und Besteck pro Person 9,50 DM. Der Abwasch fällt vollkommen weg, das Geschirr wird so, wie es vom Tisch kommt, abgeholt. Transportkosten entstehen nur einmal, und zwar 0,50 DM pro Kilometer. Natürlich können Sie sich das Menü nach Ihren speziellen Wünschen und nach Ihrem Geldbeutel zusammenstellen lassen. [. . .] Sicher, es wird im allgemeinen billiger sein, wenn man alles selbst einkauft, zubereitet und anrichtet. Festlicher aber ist es bestimmt durch die HO. Das Wichtigste aber ist: Mutti und auch Oma können unbeschwert mit ihren Gästen den großen Tag im Leben ihres Kindes feiern.«

Quelle: Wochenpost, Nr. 8/1960, zit. nach: Christoph Kleßmann/Georg Wagner (Hrsg.): Das gespaltene Land. Texte und Dokumente zur Sozialgeschichte, München 1993, S. 458 ff.

VI. FDJ-Parlament 1959 in Rostock

Als vom 12. bis 15. Mai 1959 das VI. Parlament der FDJ in der alten Hansestadt Rostock zusammentrat, demonstrierten Partei und Jugendverband Siegesgewißheit. Die mehr als 1,7 Millionen Mitglieder wurden von 1.833 Delegierten auf dem Massenspektakel vertreten.

»Die besten Erfolge haben wir dort, wo wir die Grundfragen unserer Politik offensiv – ausgehend von den Interessen der Jugend selbst – entwickelt haben, dort, wo wir nicht nur allgemein darüber redeten, daß sich die sozialistische Erziehung im Prozeß der Arbeit vollzieht, sondern wo wir durch die Übernahme bestimmter Objekte des sozialistischen Aufbaus diesen Prozeß organisierten«, resümierte der scheidende FDJ-Vorsitzende Karl Namokel.

Auf dem VI. Parlament wurde *Horst Schumann* zum neuen FDJ-Chef gewählt.
Geb. am 6. Februar 1924 in Berlin; sein Vater war Werkzeugschlosser und KPD-Funktionär; Volksschule, 1938–41 Ausbildung zum und Tätigkeit als Klavierbauer; 1940–45 Angehöriger einer kommunistischen Widerstandsgruppe in Leipzig; Kriegsdienst.
1945 KPD, Leiter der Antifaschistischen Jugendausschüsse in Leipzig; 1946 SED, FDJ; 1947/48 1. Kreissekretär der FDJ in Leipzig, 1949/50 Sekretär für Junge Pioniere u. Schulen der FDJ-Landesltg. Sachsen, 1950–52 dort 1. Sekretär der FDJ-Landesleitung. 1952/53 1. Sekretär der FDJ-Bezirksleitung Leipzig; 1952–67 Mitglied des FDJ-Zentralrats; 1954–56 Leiter des Sektors Jugend und Sport bzw. Jugend in der Abteilung Leitende Organe des ZK der SED; 1956–59 Studium an der Parteihochschule der KPdSU in Moskau; 1958/59 Kandidat und von 1959–89 Mitglied des ZK der SED; Mai 1959–Mai 1967 1. Sekretär des Zentralrats der FDJ; 1960–71 Mitgl. des Staatsrats, 1969/70 2. Sekretär und 1970–5. 11. 89 1. Sekretär der SED-Bezirksleitung Leipzig.

Quelle: DDR: Wer war wer? Berlin 1994.

»Wir werden alle das Jahr 2000 erleben und damit die kommunistische Gesellschaft, zu deren allmählichem Aufbau der XXI. Parteitag der KPdSU bereits der sowjetischen Jugend den Weg wies. Noch in unsere Jugendzeit wird der historische Wendepunkt fallen, da die sozialistischen Länder, allen voran die Sowjetunion, mehr als die Hälfte der Industrieproduktion der ganzen Welt erzeugen.«[157] Zwar sparte Namokel in seinem Rechenschaftsbericht Defizite in der Verbandsarbeit nicht aus, doch Zweifel an dem von der FDJ beschrittenen Weg wurden nicht angemeldet. Ein umfangreiches »Programm der jungen Generation für den Sieg des Sozialismus« sowie eine »Arbeitsentschließung des VI. Parlaments der FDJ« sollten den weiteren Einsatz der Jugendorganisation beim »Aufbauwerk« regeln.[158]

Die Präambel des auf dem VI. Parlament verabschiedeten Statuts der Jugendorganisation, dem fünften in der kurzen Geschichte des Verbandes, faßte das offizielle Selbstverständnis der Jugendorganisation zusammen:

»Die Freie Deutsche Jugend ist die sozialistische Massenorganisation der Jugend. Sie vereint in ihren Reihen auf freiwilliger Grundlage die Arbeiter- und Landjugend, die junge Intelligenz, die Schüler und Studenten und die Jugend des Mittelstandes. [. . .] *Die Freie Deutsche Jugend vertritt die politischen, ökonomischen und kulturellen Interessen aller jungen Menschen in der Deutschen Demokratischen Republik. Als Freundschaftsbund aller Jungen und Mädchen führt sie den Kampf um Frieden und Sozialismus. Sie geht der gesamten Jugend voran auf dem Weg des Kampfes um den Frieden und Sozialismus.* [. . .] *Die Freie Deutsche Jugend setzt die fortschrittlichen Traditionen der deutschen Arbeiterjugendbewegung fort.* [. . .] *In ihrer Tätigkeit läßt sich die Freie Deutsche Jugend von den richtungsweisenden Beschlüssen und Ratschlägen der Sozialistischen Einheitspartei Deutschlands leiten, weil ihre Politik, auf den Lehren von Marx, Engels und Lenin beruhend, den Lebensinteressen der Nation und der Jugend entspricht, weil die Partei der Arbeiterklasse der Jugend den richtigen Weg in eine lichtvolle Zukunft weist. Die Freie Deutsche Jugend erzieht die Jugend zur Liebe zur Arbeiterklasse und ihrer Partei. Sie läßt sich leiten vom wissenschaftlichen Sozialismus und erzieht die junge Generation auf dieser Grundlage.* [. . .] *Die Freie Deutsche Jugend ist eine Gemeinschaft von jungen Menschen, die sich mit allen Jugendlichen in der Arbeit und beim Studium, bei Sport, Musik, Gesang und Tanz, bei Wanderungen und Fahrten zusammenfindet und ein frohes Leben gestaltet. Die deutsche*

Horst Schumann,
1. Sekretär des FDJ-Zentralrats 1959–1967

Jugend hat in der Deutschen Demokratischen Republik ihr wahres Vaterland. [. . .]«[159]
Die SED-Führung zeigte sich mit der Arbeit des Verbandes demonstrativ zufrieden. *»Als Zeichen der Anerkennung überragender Verdienste beim Aufbau des Sozialismus und bei der Festigung und Stärkung der Deutschen Demokratischen Republik«* überreichte Walter Ulbricht in Rostock den »Vaterländischen Verdienstorden in Gold«, den der Präsident der DDR, Wilhelm Pieck, dem Jugendverband verliehen hatte. *»Damit wurden«,* so hieß es später in einer DDR-Darstellung der FDJ-Geschichte, *»die Leistungen des sozialistischen Jugendverbandes im Kampf für Frieden und Sozialismus, für die Erhöhung des internationalen Ansehens der DDR gewürdigt«.*[160]
Tatsächlich war es der FDJ zum Ende des ersten Jahrzehnts der DDR keineswegs gelungen, die Mehrheit der Jugendlichen der DDR in ihren Reihen zu vereinen. Die neuerliche massive Instrumentalisierung der FDJ als Transmissionsriemen der SED-Politik hatte zu einer weiteren Polarisation geführt. Zweifellos fanden sich zahlreiche junge Frauen und Männer, die sich trotz aller Widrigkeiten mit Elan und Aktivismus an die Verwirklichung der ihnen gestellten Aufgaben machten. Doch die Mehrzahl der älteren und der jungen »Werktätigen« stand den immer neuen Kampagnen der Staatspartei ablehnend gegenüber. Nur 40 Prozent der in allen Bereichen der Wirtschaft beschäftigten jungen Arbeiter und Angestellten bis 26 Jahre nahmen nach offiziellen Angaben Ende der fünfziger Jahre in irgendeiner Form am »sozialistischen Wettbewerb« teil. Die Zahl der Jugendlichen, die sich aktiv an den Kampagnen beteiligten, war weitaus geringer. Dies macht die Zahl von rund 40 000 Kämpfern um den Titel »Brigade der sozialistischen Arbeit« in den Jahren 1958/59 deutlich.[161] Trotz aller Kampagnen stagnierte der Arbeiterjugendanteil in der FDJ während der fünfziger Jahre bei rund 45 Prozent.
Eine wenige Wochen nach dem VI. Parlament abgeschlossene Überprüfung der FDJ-Mitgliedsbücher geriet zu einem Debakel. Mit 1 090 233 Mitgliedern war der Einheitsjugendverband auf den Stand des Jahreswechsels 1949/50 zurückgefallen.[162]

Opposition und Repression

Wenn selbst die viel umworbene Arbeiterjugend dem Herrschaftsanspruch von Jugendverband und Partei reserviert gegenüberstand, so galt dies erst recht für Jugendliche aus der von der SED bedrängten Mittelschicht. Eine neue Frontstellung, ähnlich der zu Beginn der fünfziger Jahre, begann sich abzuzeichnen. In der Autosuggestion der führenden Partei schien der Sieg des Sozialismus in greifbarer Nähe. Brach nicht die Sowjetunion zu kommunistischen Ufern auf? Rücksichtnahmen auf »Unbelehrbare« – auch innerhalb der Jugend – erschienen wieder einmal überflüssig. Mit *»freiwilligen Ordnungsgruppen«,* so beschloß das VI. Parlament, sollte die FDJ *»mithelfen, die Überreste der kapitalistischen Lebensweise unter der Jugend – Rowdytum, Trunksucht, flegelhaftes Verhalten gegenüber Älteren, Lektüre von Schundschriften usw. – zu beseitigen«.*[163] Jugendliche

Eiferer im Blauhemd konnten sich so zum Hüter sozialistischer Tugenden aufspielen. Dies konnte der Attraktivität des Verbandes kaum dienlich sein. Den beispielhaften Einsatz einer Ordnungsgruppe schilderte das Funktionärsorgan »Junge Generation« wie folgt:

»Eine andere Ordnungsgruppe aus Sangerhausen hat sich die Aufgabe gestellt, in einer HO-Gaststätte, in welcher des öfteren Schlägereien vorkamen und die Jugendlichen übertrieben tanzten, Ordnung zu schaffen. Die Ordnungsgruppe führte zwei Kontrollen durch und überzeugte die Kapelle, daß ihre Musik nicht dazu beiträgt, die Jugendlichen in unserem Sinne zu erziehen.

Die Tanzkapelle hat daraus die Schlußfolgerung gezogen und unterbricht sofort den Tanz, wenn einige Jugendliche aus der Rolle fallen. Freunde der Ordnungsgruppen wiesen diejenigen zurecht, die übermäßig tranken und haben all diese Jugendlichen zu einer Aussprache eingeladen, die unter dem Motto stand: ›Wie benimmt sich ein Jugendlicher auf dem [sic!] *Tanzsaal?‹«*[164]

Öffentlich oder privat geäußerter Unmut über die Gängelung wurde als »antidemokratisches Delikt« vielfach unnachsichtig geahndet. Im Frühjahr 1959 registrierte das Politbüro, daß die Zahl der bekanntgewordenen Straftaten von rund 111 000 im Jahre 1956 auf fast 189 000 im im Jahre 1958 gestiegen war. *»Gewisse Tendenzen der Liberalisierung in der Strafverfolgung«* gegenüber politischen Vergehen des Jahres 1956 seien mittlerweile überwunden, hieß es dort nicht ohne Genugtuung. Die Einführung von Abschnittsbevollmächtigten der Volkspolizei und *»weitere Möglichkeiten für die Mitwirkung der Werktätigen an der Strafverfolgung«* hätten nicht nur dazu geführt, daß in der *»Bekämpfung der kleinen Kriminalität* [. . .] *mehr Straftaten als früher aufgedeckt«* wurden. Auch *»die Anzeigen aus der Bevölkerung wegen Hetze und Staatsverleumdung«* hätten *»bedeutend zugenommen«.*[165] Schritt um Schritt gelang es der SED, die Kontrolle des privaten Lebens mit Hilfe der Partei und des Geheimdienstes auszubauen.

Auch Teile der Jugend lehnten sich gegen die Staatspartei auf. Viele entzogen sich ihrem Herrschaftsanspruch mit der Flucht nach Westdeutschland. Manche harrten aus und fanden sich im Widerstand wieder. Thomas Ammer zählte zu ihnen. Hier seine Schilderung:

»In der im Herbst 1957 einsetzenden zweijährigen Phase besonders verschärfter Repression sind in der DDR etwa acht oppositionelle Studentengruppen unterschiedlicher Größe und Lebensdauer vom Ministerium für Staatssicherheit zerschlagen worden. Zu diesen Gruppen wird der ›Eisenberger Kreis‹ gerechnet, dem nicht nur Studenten und andere Hochschulangehörige, sondern auch Handwerker, Arbeiter, Lehrlinge und Schüler angehörten. Die Bezeichnung ›Eisenberger Kreis‹ ist – nach seinem Ende – von außenstehenden, westlichen Beobachtern verwendet worden, da die meisten Mitglieder aus Eisenberg stammten oder dort lebten und ein bestimmter Name nicht bekannt war – es hatte auch keinen gegeben. [. . .]

Die politische Situation in der DDR Mitte der 50er Jahre hatte das Entstehen solcher illegaler Widerstandsgruppen provoziert. Diese Situation war charakteristisch durch das Andauern der stalinistischen Repression auch nach dem Tode Stalins am 5. 3. 1953 und dem Volksaufstand vom 17. Juni 1953, durch das Fehlen jeglicher Freiräume für eine legale Opposition, mit Ausnahme einiger Monate des Jahres 1956, einer schweren ideologischen und politischen Krise der SED, der Sowjetunion und des gesamten Ostblocks nach dem XX. Parteitag der KPdSU im Februar 1956 und nicht zuletzt scheinbarer Chancen für eine Beendigung der Teilung Deutschlands in der Zeit der alliierten Deutschlandkonferenzen 1954/55. Viele in der DDR – und nicht nur dort – glaubten unter diesen Umständen, das Licht am Ende des Tunnels zu erkennen. Wer konnte in jener Zeit angesichts der Ereignisse in Polen und Ungarn 1956 und ihrer Ausstrahlung auf weitere kommunistische Staaten erkennen, daß das ein Irrlicht war?

Zu den Motiven, die uns damals bewogen, einen organisierten Widerstand gegen das SED-Regime aufzubauen, [. . .] [gibt es] zwei Motivbündel:

– Die Kampagne gegen die christliche Junge Gemeinde an den Oberschulen im Frühjahr 1953 hatte bei den Betroffenen und bei den anderen, die diese Kampagne ablehnten, ein Gefühl der Hilflosigkeit und Ohnmacht gegenüber der scheinbaren Allmacht von SED, FDJ und Schulbehörden entstehen lassen. Aus diesem Erlebnis und nicht zuletzt unter dem Einfluß des Volksaufstandes vom 17. Juni ging der Entschluß hervor, sich in einer ähnlichen Lage nicht noch einmal überrumpeln zu lassen, sich darauf vielmehr durch Absprache unter Gleichgesinnten vorzubereiten.

– Der Widerstand gegen das nationalsozialistische Regime war uns im Schulunterricht und teilweise auch im Elternhaus intensiv nahegebracht und dabei die Einsicht vermittelt worden, daß Anpas-

Der »Eisenberger Kreis«, größte jugendliche Oppositions- und Widerstandsgruppe in der DDR, war von 1953 bis zu ihrer Zerschlagung 1958 in Thüringen aktiv

sung an ein Unrechtsregime Mitverantwortung für dessen Verbrechen bedeuten kann. Den Vorwurf, Möglichkeiten zum Widerstand gegen erkanntes Unrecht nicht genutzt zu haben, wollten wir uns nicht machen lassen.
Die politischen Ziele des Eisenberger Kreises waren zunächst sehr allgemeiner Natur. Es ging darum, das Funktionieren des stalinistischen Systems an Ort und Stelle (Schule, Wohnort, Universität) nach Kräften zu behindern und die Bürger, soweit man sie erreichen konnte, in ihrer von uns vorausgesetzten Ablehnung dieses Systems zu bestärken. Es bestand von Anfang an Einigkeit über einfache Grundziele, z. B. die Forderung nach freien Wahlen, wohl auch die Wiedervereinigung Deutschlands. Differenziertere Vorstellungen über politische Ziele bildeten sich erst im Verlauf längerer Diskussionen heraus, die nur in kleinen Kreisen (nie mehr als vier, fünf Teilnehmer) stattfanden und nicht zu allgemein akzeptierten, fest umrissenen Programmen führten, weil eine entsprechende Meinungsbildung unter allen der Gruppe angehörenden oder nahestehenden Personen aus konspirativen Gründen nicht möglich war. [. . .]
Die tatsächlich durchgeführten Widerstandshandlungen erscheinen aus heutiger Sicht als Nadelstiche:
- Verbreitung einiger Flugblätter mit der Forderung nach freien Wahlen und Aufforderung zum Wahlboykott (vor den Volkskammerwahlen 1954)
- Anbringen von entsprechenden Parolen an Mauern in Eisenberg und Umgebung
- Solidaritätsbekundungen mit ähnlichen Methoden in Polen und Ungarn, 1956
- Abbrennen der Baracke eines Schießstandes der SED-Kampfgruppen und der Gesellschaft für Sport und Technik bei Eisenberg im Januar 1956 und einige andere symbolische Aktionen.

Das übergeordnete Ziel war dabei stets, der Bevölkerung die fortdauernde Existenz und Aktivität des Widerstandes gegen das SED-Regime zu demonstrieren, deutlich zu machen, daß das Regime doch keine lückenlose Kontrolle ausüben und nicht jeden Widerstand ersticken konnte. [. . .]«

Dem Ministerium für Staatssicherheit gelang es schließlich im Februar 1958, die Gruppe auszuheben:

»Nach durchschnittlich knapp achtmonatiger Untersuchungshaft in der U-Haftanstalt des MfS in Gera hat der 1. Strafsenat des Bezirksgerichts Gera im September/Oktober 1958 vierundzwanzig tatsächliche und vermeintliche Mitglieder und Anhänger der Gruppe zu Freiheitsstrafen zwischen 18 Monaten und 15 Jahren verurteilt, darunter sechs wegen ›Staatsverrats‹ [. . .]. Von den 24 in Gera Verurteilten waren 17 bis Anfang 1961 aus der Haft entlassen, weitere vier bis Mitte 1963. Die letzten drei kamen im August 1964 über den ›Freikauf‹ durch Entlassung in die Bundesrepublik frei.«

Aus: Thomas Ammer: »Der Eisenberger Kreis. Opposition und Widerstand in Ost-Thüringen in den 50er Jahren«, in: Vergangenheitsklärung an der Friedrich-Schiller-Universität Jena. Beiträge zur Tagung »Unrecht und Aufarbeitung« am 19. und 20. 6. 1992, hrsg. vom Rektor der Friedrich-Schiller-Universität, bearbeitet und ergänzt von Hans Richard Böttcher, Leipzig 1994, S. 88 ff.

Die FDJ am Ende des gesellschaftlichen Transformationsprozesses

Doch mit staatlicher Gewalt und gelegentlichem Terror ließ sich auf Dauer kein Staat machen. Die sozialistische Umgestaltung der Wirtschaft und der Gesellschaft, die seit dem Juni-Schock ins Stocken geraten war, mußte abgeschlossen werden. Es galt, die letzten Reste der »kapitalistischen Basis« in der DDR zu beseitigen. So hoffte man, der sozialistischen Idee auch im »Überbau« zum Durchbruch zu verhelfen. Die SED kündigte den zerbrechlichen »Burgfrieden« zwischen Partei und Bevölkerung auf. Die Parteiführer fühlten sich durch die internationale Lage in ihrem Selbstvertrauen gestärkt. Die Sowjetunion hatte dem Westen mit dem ersten Sputnik (1957) ihren Vorsprung in der Raketentechnik demonstriert und zu verstehen gegeben, daß sich nun auch das amerikanische Festland in der Reichweite östlicher Atomwaffen befand. Schließlich glaubte Moskau sich durch die Bewältigung einer neuerlichen Berlin-Krise aufgewertet. Zwar war der Vorstoß der Sowjetunion vom November 1958, den Abzug der Westmächte aus West-Berlin zu erzwingen, gescheitert. Doch an der Krisensitzung der Außenminister der Großmächte in Genf im Sommer 1959 nahmen erstmals auch Delegationen der DDR und der Bundesrepublik gleichberechtigt beratend teil. Das Arrangement vieler Menschen mit dem Staat als Zustimmung fehldeutend, ging die führende Partei daran, die seit 1953 aufgeschobene »sozialistische Umgestaltung« der Landwirtschaft und des Handwerks zu vollenden. Bauern wurden zum »freiwilligen« Eintritt in die Landwirtschaftlichen Produktionsgenossenschaften genötigt, widerstrebende Hofbesitzer von der Staatssicherheit verhaftet. In den Städten und Gemeinden wurden zahlreiche Handwerker in Produktionsgenossenschaften gepreßt. Der Anteil des privaten Handwerks am handwerklichen Gesamtprodukt sank von 93 Prozent im Jahre 1958 auf 65 Prozent 1961.

Nach dem Tode Wilhelm Piecks im September 1960 übernahm Walter Ulbricht den Vorsitz des neugeschaffenen Staatsrates. Als Generalsekretär der SED und Vorsitzender des Nationalen Verteidigungsrates vereinte er damit alle entscheidenden Funktionen in der DDR in seiner Person.

Auf dem VI. Parlament hatte Namokel darauf hingewiesen, daß es der FDJ nicht gelungen sei, *»die Kluft zwischen dem fortgeschrittensten Teil und der Masse der Arbeiterjugend wesentlich zu verringern«*. Dies galt besonders für die *»über 500 000 Jugendlichen* [. . .], *die im privaten Sektor unserer Volkswirtschaft, in den halbstaatlichen Betrieben und in den Produktionsgenossenschaften des Handwerks tätig sind«*.[166] Die neuerliche SED-Offensive gegen das private Handwerk, gegen den verbliebenen Rest der privaten Klein- und Mittelbetriebe und schließlich die Zwangskollektivierung auf dem Lande sollten die Wirtschaftsstruktur der hierarischen Herrschaftspraxis der SED anpassen. Der weitere Vormarsch von Staat und Partei in der Arbeitswelt schuf gleichzeitig die strukturellen Grundlagen für eine Expansion der FDJ-Arbeit. Es war vor allem jedoch eine Reform im Bildungswesen, die der FDJ den Zugriff auf nahezu alle Heranwachsenden in der DDR gewähren sollte. Nach der 1959 beschlossenen Einführung der obligatorischen »allgemeinbildenden zehnklassigen polytechnischen Oberschule« verließ der Großteil der Schüler mit 16 anstatt wie bisher mit 14 Jahren die Schule. Und so wurde für die meisten Jugendlichen der Übergang von

den Jungen Pionieren zur Freien Deutschen Jugend zu einer Selbstverständlichkeit, die mit dem Übergang von der achten zur neunten Klasse und der Jugendweihe einherging. Bereits auf dem VI. Parlament bemerkte Namokel nachdrücklich, daß *»sich jeder von uns an seinen zehn Fingern abzählen* [könne], *daß ab 1964 ein Viertel aller Mitglieder unseres Verbandes* [...] *Oberschüler sein werden«*. Damit gewinne die FDJ an den Schulen *»ein weitaus größeres Wirkungsfeld als bisher«* und trage noch mehr *»Verantwortung für die allseitige Vorbereitung aller Schüler auf das sozialistische Leben«.*[167]
Ende der fünfziger Jahre stand jener Transformationsprozeß vor seinem Abschluß, der ein Jahrzehnt zuvor begonnen hatte. In dessen Verlauf wandelte sich die FDJ von einer organisatorisch und programmatisch in der Tradition der deutschen Jugendbewegung stehenden Jugendorganisation zu einer zentralistischen, halbstaatlichen Institution, die mit ihrer Vorfeldorganisation, den Jungen Pionieren, in allen Lebensbereichen von Kindern, Jugendlichen und jungen Erwachsenen präsent war. Ob an den Schulen oder Hochschulen, in der Arbeitswelt oder beim Militär, überall waren der FDJ Kompetenzen und Sanktionsmöglichkeiten übertragen worden, die einen Beitritt zum Jugendverband zum Vorteil gereichen ließen. Als die FDJ im September 1957 ein neues Hochschulprogramm verabschiedete, enthielt dieses eine unmißverständliche Absage an die Forderungen nach einer unabhängigen Studentenvertretung des Jahres 1956 und ein klares Bekenntnis zur SED. Gleichzeitig erweiterte es den Gestaltungsspielraum der Jugendorganisation im Studienbetrieb und kam so indirekt den Forderungen der widerspenstigen Studenten entgegen:
»Wir halten es für notwendig, das Recht der Mitbestimmung der FDJ an den Universitäten und Hochschulen besser auszunutzen. Wir treten dafür ein, daß Vertreter der FDJ Sitz und beratende Stimme in den Senaten, Räten der Fakultäten und Fachrichtungsleitungen erhalten, um die Interessen der Studenten besser wahrnehmen zu können. Wir wollen, daß die FDJ-Hochschulgruppenleitungen bei der Planung und Verteilung finanzieller Mittel für kulturelle und soziale Zwecke an den Universitäten und Hochschulen beteiligt werden. Das betrifft vor allem die Stipendieneinstufung, den Sozial- und Kulturfonds. Deshalb wollen wir in allen Hochschulen Studentenklubs der FDJ schaffen, die unter Einbeziehung der Studentenwohnheime das kulturelle Zentrum in der Freizeit werden. Dieser Klub ist Basis für eine vielseitige Tätigkeit für Interessengemeinschaften, künstlerische und wissenschaftliche Zirkel, Konzerte, Wettbewerbe, Ausstellungen, Vorträge, Foren, Filmveranstaltungen sowie Tanz- und Klubabende. Deshalb wollen wir in den Ferien Sommerlager, Touristenfahrten durch die DDR und in befreundete Länder, Exkursionen, nationale und internationale Studententreffen durchführen.«[168]
Ein Wandel vom »wer nicht für uns ist, ist gegen uns« zum »wer nicht gegen uns ist, ist für uns« rückte in greifbare Nähe. Mit der Kollektivierung der Landwirtschaft und der weitgehenden Liquidation der Privatwirtschaft waren aus der Sicht der SED die sozio-ökonomischen Grundlagen für einen konfliktärmeren Aufbau des Sozialismus geschaffen. Doch für ein unausgesprochenes Arrangement mit der Bevölkerung – politische Konformität und Einordnung in das Institutionengefüge der DDR gegen materielle Vorteile und soziale Sicherheit – war die Zeit noch nicht reif.
Die SED hatte für die letzte große Etappe der »sozialistischen Umgestaltung« einen hohen Preis bezahlen müssen. Die Versorgungsschwierigkeiten, die aus der überstürzten Kollektivierung der Landwirtschaft erwuchsen, und der verschärfte politische Kurs der Partei führten das SED-Regime in eine neue tiefe Krise. In den Junitagen des Jahres 1953 hatte die Bevölkerung erkennen müssen, daß sowjetische Panzer die Machtverhältnisse zwischen Elbe und Oder garantierten. So blieb jenen Menschen, die sich dem Druck von Staat und Partei ohnmächtig ausgesetzt sahen, nur noch ein Weg, sich diesem zu entziehen: die Flucht in die Bundesrepublik. Und so schwoll der Strom der Bürger, die ihrem Staat für immer den Rücken kehrten, zu Beginn des zweiten Jahrzehnts zu einer Massenflucht an, die die DDR in ihrem Bestand zu bedrohen begann.
Angesichts des »verschärften Klassenkampfes« und des nicht nur ideologischen Terrors der ausgehenden fünfziger Jahre war die Zahl jener Menschen, die sich dem Herrschaftsanspruch der SED durch ihre Flucht in die Bundesrepu-

blik entzogen, dramatisch angestiegen. Für die Partei- und Staatsführung besonders beunruhigend war der unvermindert hohe Anteil von Jugendlichen unter den Republikflüchtigen.
Die DDR brauchte eine Atempause, eine ökonomische Konsolidierung und gesellschaftliche Befriedung, sonst drohte der Kollaps.
Mit dem Jugendkommuniqué vom 7. Februar 1961[169] unternahm das SED-Politbüro einen neuen Versuch, in der Jugend an Boden zu gewinnen. Die Partei äußerte selbst für jene Jugendlichen Verständnis, die nur *»in den Tag hineinleben und mitunter sogar auf die schiefe Bahn geraten«*. Mit diesen Jugendlichen müßten geduldig alle Fragen geklärt werden. Keinem Jugendlichen dürften Nachteile daraus entstehen, wenn er nicht Mitglied der FDJ sei, insbesondere beim Zugang zum Studium. Der Jugend wurde *»ein Recht auf geselliges Beisammensein, auf Tanz und Musik, auf Film und Theater, auf sportliche Betätigung, auf Wandern und Touristik«* zugesprochen. Es sei nicht richtig, *»von der mitunter eigenartigen Kleidung eines Jugendlichen sofort auf sein Denken und Handeln zu schließen«*:
»Natürlich hat sich in unserer Zeit ein anderer Geschmack gebildet, andere Tänze, andere Formen der Freizeitbeschäftigung, als das bei früheren Generationen der Fall war, sind entstanden. Wir grenzen uns entschieden von der sogenannten westlichen Lebensweise ab, die die Jugendlichen moralisch verseucht und das Ziel verfolgt, die menschlichen Gefühle in ihnen abzutöten und willfährige Werkzeuge der Kriegspolitiker aus ihnen zu machen. Schundliteratur, Horrorfilme, Verstümmelung der Sprache, Musik und Tanz, Rücksichtslosigkeit gegenüber Erwachsenen sowie Roheit in den Beziehungen zwischen den Geschlechtern zeichnen diese ›abendländische Kultur‹ aus. So entschieden wir jede Erscheinung moralischer Versumpfung in unserer Jugend bekämpfen, treten wir gegen gouvernantenhaftes Verhalten gegenüber Jugendlichen auf. Unsere Jugend wächst nicht im Treibhaus und nicht im Kloster auf.
Wir beurteilen einen jungen Menschen in erster Linie danach, wie er seine Pflicht in der Arbeit für den sozialistischen Aufbau erfüllt, wie er lernt, wie er darum ringt, sich zu einem Menschen unserer sozialistischen Zeit zu entwikkeln. Wenn wir dafür sorgen, daß es in Zukunft größere Möglichkeiten für die Jugend gibt, ihre Freizeit sinnvoll zu verbringen, so wird sich auch in dieser Beziehung Schritt um Schritt der neue sozialistische Lebensstil durchsetzen.«
Die FDJ müsse ihren Einfluß auf die gesamte Jugend erhöhen, indem sie mit ihrer Arbeit *»an die Interessen und Wünsche der Jugend anknüpft«*. Doch die plötzliche Gesprächsbereitschaft der SED konnte den Flüchtlingsstrom junger Menschen nach Westdeutschland nicht mehr eindämmen. Hatten die DDR-Behörden im ersten Halbjahr 1960 78 278 Republikflüchtige erfaßt, stieg die Zahl im ersten Halbjahr 1961 auf 91 254 an.[170] Rund die Hälfte waren junge Menschen bis 25 Jahre. Weite Teile der DDR-Bevölkerung gelangten im Frühsommer 1961 zu der Überzeugung, daß die SED etwas unternehmen werde, um das Ausbluten ihres Staates zu verhindern. Immer neue Gerüchte kursierten. Nach einer internationalen Pressekonferenz mit Walter Ulbricht am 15. Juni 1961 schrillten bei vielen Bürgern die Alarmglocken. Auf die Frage einer Journalistin der »Frankfurter Rundschau«, ob die DDR plane, eine *»Staatsgrenze am Brandenburger Tor«* zu errichten, hatte dieser geantwortet: *»Ich verstehe Ihre Frage so, daß es in Westdeutschland Menschen gibt, die wünschen, daß wir die Bauarbeiter der Hauptstadt der DDR dazu mobilisieren, eine Mauer aufzurichten. Mir ist nicht bekannt, daß eine solche Absicht besteht ... Niemand hat die Absicht, eine Mauer zu errichten.«*[171]

Zwischen Mauerbau und »Kahlschlag«-Plenum (1961–1965)

IV

Heiße Tage im August

Am 14. August 1961 waren alle Zeitungen in der DDR mit aufrüttelnden Schlagzeilen erschienen. Die FDJ-Tageszeitung »Junge Welt« verkündete: »Ulbricht wird siegen, niemals Strauß!«, und: »Friede wird gesichert – der Wühltätigkeit den Weg verlegt«. Auch an den folgenden Tagen sollte sich der Ton nicht ändern. »Mit Störenfrieden abrechnen!«, »Riegel zu für Kopfjäger!« oder »Stahlharte Antwort«, hieß es da. Was war geschehen?

Am 13. August um 0 Uhr hatte in Ost-Berlin eine großangelegte militärische Aktion begonnen, mit der die bis dahin noch durchlässige Grenze zwischen der DDR und West-Berlin geschlossen wurde. Die Mauer wurde errichtet. Für Vorbereitung und Durchführung der »Maßnahme« war der frühere FDJ-Vorsitzende Erich Honecker verantwortlich, damals Mitglied des SED-Politbüros und Sekretär des Nationalen Verteidigungsrates der DDR. Unter seiner Aufsicht entstanden in den Tagen zuvor die Einsatzbefehle für die militärischen Bereiche und die Anweisungen an die verschiedenen staatlichen Dienststellen.

Für die DDR-Führung war die Abriegelung der DDR-Grenze angesichts der eskalierenden Massenflucht in der ersten Jahreshälfte 1961 zu einer existentiellen Frage geworden. Doch erst Anfang August gaben die Führer der Warschauer-Pakt-Staaten – *»im Einvernehmen mit der KPdSU«* – ihre anfänglich ablehnende Haltung zu Ulbrichts Mauerplänen auf. Der DDR-Ministerrat beschloß daraufhin am 12. August den Beginn der Aktion für die kommende Nacht. Am Nachmittag desselben Tages wurden Armee-Einheiten im Berliner Raum zusammengezogen. Um Mitternacht begannen die nach dem 17. Juni 1953 gebildeten »Kampfgruppen der Arbeiterklasse« mit der Errichtung der Absperrungen. Die anderen Verbände blieben im Hintergrund. Auch die sowjetischen Truppen griffen nicht direkt ein.

Honecker hat später mit großem Stolz auf seinen persönlichen Anteil am Gelingen der Abriegelungsaktion verwiesen. Insbesondere die Staffelung der Einsatzverbände reklamierte er als seine Idee: unmittelbar an der Grenze die paramilitärischen Kampfgruppen, gedeckt von Bereitschaften der Volkspolizei; in der zweiten Staffel, zur Unterstützung im Bedarfsfall, Einheiten der Nationalen Volksarmee und des Ministeriums für Staatssicherheit. Nur wenn westalliiertes Militär eingriff, sollten sowjetische Truppen aus den rückwärtigen Linien in Aktion treten. Honecker prägte für die immer weiter ausgebauten Grenzanlagen den Begriff »antifaschistischer Schutzwall«: *»Damit wurde der Frieden gerettet und der Grundstein für das weitere Aufblühen der Deutschen Demokratischen Republik gelegt.«*[172]

Honecker räumte ein, daß es mit der militärischen Seite der Aktion allein nicht getan war. Vielmehr erforderten die Sicherungsmaßnahmen *»umfangreiche politische, ideologische, wirtschaftliche und organisatorische Aktivitäten«*. Zu den Einheiten, die in jenen Tagen zur propagandistischen Begleitung der Grenzschließung an der »Agitationsfront« eingesetzt wurden, gehörte ganz selbstverständlich die FDJ. Noch am 13. August 1961 schickte das Sekretariat des FDJ-Zentralrats in Berlin ein vom 1. Sekretär, Horst Schumann, unterzeichnetes Schreiben an die Bezirksleitungen der Jugendorganisation. Der »Kampfauftrag für die Bezirksverbände der FDJ in den nächsten Tagen« deklarierte für den gesamten Verband den Ausnahmezustand.

»Kampfauftrag« des Sekretariats des FDJ-Zentralrats vom 13. August 1961 (Auszüge):

»[. . .] Das Sekretariat verpflichtet die Bezirksleitung(en):

1. Es ist zu sichern, daß sich die Leitungen des Verbandes auf die Arbeiterjugend und die junge Intelligenz in den Betrieben orientieren mit dem Ziel, vor allem in ihren Reihen eine solche klassenmäßige Position zu schaffen, so daß jeder weiß, wo er in diesen Tagen und Stunden hingehört.
2. Die Arbeiterjugend und alle anderen jungen Menschen sollen dem Vorsitzenden des Staatsrates, Genossen Walter Ulbricht, ihre Zustimmung zu den Maßnahmen der Regierung übermitteln und durch konkrete Aufgaben in der Produktion der Industrie und Landwirtschaft, beim Lernen und Forschen zeigen, daß sie fest zu unserer Arbeiter-und-Bauern-Macht stehen.
3. Es ist die Kampagne verstärkt weiter zu führen: Wer keinen Auftrag hat, um in Berlin für die Republik wichtige Aufgaben zu erledigen, fährt nicht nach Berlin![173]
4. Es sind sofort Maßnahmen einzuleiten, um Ordnungsgruppen aufzubauen, die als Helfer und unter Leitung der Volkspolizei besonders in den Städten sichern helfen, daß – weder in Kinos noch in Gaststätten oder anderswo – Provokateure oder Dummköpfe ungestraft ihr Unwesen treiben können; besonders sind Diskussionsgruppen nicht zuzulassen. Mit Provokateuren wird nicht diskutiert. Sie werden erst verdroschen und dann den staatliche Organen übergeben. Gegen Hamsterer ist vorzugehen.
5. Den Einheiten der Nationalen Volksarmee und den anderen bewaffneten Kräften unserer Republik ist durch die Mitglieder und Funktionäre unserer FDJ jede Unterstützung zu geben. Gleichzeitig ist die Gewinnung junger Menschen im entsprechenden Alter für die Nationale Volksarmee zu verstärken. Der Einsatz der Nationalen Volksarmee beweist, warum wir zur Sicherung des Friedens eine kampfbereite und schlagkräftige Armee brauchen.
6. Funktionäre und Mitglieder müssen mithelfen, daß die brüderliche Waffenhilfe der Sowjetarmee, die Solidarität und Unterstützung des ruhmreichen Sowjetvolkes – das vor 16 Jahren unser Volk vom Faschismus befreit hat – groß gewürdigt wird.
7. Jeder, der auch nur im geringsten abfällige Äußerungen über die Sowjetarmee, über den besten Freund des deutschen Volkes, den Genossen N. S. Chruschtschow, oder über den Vorsitzenden des Staatsrates Genossen Walter Ulbricht von sich gibt, muß in jedem Fall auf der Stelle den entsprechenden Denkzettel erhalten.
8. In den nächsten Tagen sind keine größeren Versammlungen, Foren u[nd] d[er]gl[eichen] durchzuführen. Aussprachen sind am Arbeitsplatz, in Brigaden, in den FDJ-Gruppen sowie in Hausversammlungen durchzuführen. Für Zusammenkünfte im größeren Rahmen ist die Zustimmung des 1. Sekretärs der Bezirks- oder Kreisleitung der Partei erforderlich.

15. August 1961: FDJlerinnen bei einer NVA-Panzereinheit »auf Friedenswacht« in Berlin-Mitte

9. Die Bezirksverbände müssen sichern, daß die Studenten der Universitäten, Hoch- und Fachschulen, die in den nächsten Wochen bei der Ernte helfen, fest unter der Kontrollle der Freien Deutschen Jugend sind. Es ist zu sichern, daß sie – bevor sie in die Dörfer fahren – begriffen haben, daß sie Agitatoren für die Sache des Friedensvertrages, der Lösung des Westberlinproblems, [für] die Volkswahlen und den Sieg des Sozialismus auf dem Lande sind. Ihnen sind konkrete Verbandsaufträge zu erteilen. Ihre Erfüllung ist straff zu kontrollieren. Die Oberschüler sind ebenfalls zur Mithilfe bei der Erntekampagne zu gewinnen und nach Aufnahme des Unterrichts an den Wochenenden zur Hilfe in den LPG einzusetzen.
10. Unter der Losung: ›Wenn die Jugend es will, steht kein Traktor still‹ muß die FDJ die Initiative ergreifen, daß für jeden Traktor ein Stamm- und ein Schichttraktorist vorhanden ist.

11. Es ist selbstverständlich, daß alle Mitglieder der Freien Deutschen Jugend im Blauhemd in der Öffentlichkeit erscheinen. Beispielgebend müssen die Funktionäre vorangehen. Die ersten Bezirkssekretäre sind dafür verantwortlich, daß das Schwanken bei einigen hauptamtlichen Funktionären beseitigt wird. Der Maßstab für die erfolgreiche Tätigkeit eines Funktionärs ist, was er im Betrieb, auf dem Dorf, im Wohngebiet ändert und in Ordnung bringt. Vor allem muß Schluß gemacht werden mit dem Labern, Lavieren und Fotografieren. Es ist zu überprüfen, wer zur Arbeit im Apparat unbedingt gebraucht wird. Alle anderen sind mit konkreten Aufgaben und unter straffer Kontrolle besonders in die Betriebe zu schicken. Es ist notwendig, die Wachsamkeit zu verstärken (sowohl in den Objekten unseres Verbandes als auch in bezug auf den Schutz des Staatseigentums).
Es ist Ehrensache, daß junge Arbeiter und Arbeiterinnen, junge Genossenschaftsbauern und -bäuerinnen in diesen Tagen Antrag auf Aufnahme in die Reihen der Partei der Arbeiterklasse stellen.
Über die Verwirklichung des Kampfauftrages berichten die Bezirke täglich bis auf Widerruf in der Zeit von 20.00 bis 24.00 Uhr an den Zentralrat (Berichterstattung über Fernschreiber oder Telefon). Wichtige Ereignisse oder Vorkommnisse sind selbstverständlich sofort über Fernschreiber mit Angabe eingeleiteter Maßnahmen dem Zentralrat mitzuteilen.
Das Sekretariat des Zentralrats erwartet, daß das Bezirkssekretariat den vorliegenden Kampfauftrag des Bezirksverbandes sichert und sich als treuer Helfer und Kampfreserve der Partei bewährt.«

Quelle: SAPMO-BArch, DY 24/3753-I.

Wenige Stunden nach dem Beginn der Grenzschließung traf sich in Berlin das Sekretariat des FDJ-Zentralrates zu einer Sondersitzung, um die weiteren Aktionen des Verbandes zu koordinieren.

Nach der Schließung der Grenze, der »Störfreimachung« nach außen, ging es jetzt vor allem um die »Störfreimachung« nach innen. Zunächst brauchten sich übereifrige Funktionäre von Partei und Jugendverband keine Zurückhaltung mehr gegenüber Andersdenkenden auferlegen. Jene, die mit dem DDR-System nicht einverstanden waren, konnten nun nicht mehr in den Westen fliehen. Bis zum Jahreswechsel verstärkten sich Schikanen und Repressionen.

Die Führung der Freien Deutschen Jugend konzentrierte sich, entsprechend den Vorgaben der SED, auf die Absicherung der nach dem Mauerbau entstandenen Situation und auf die Mobilisierung der DDR-Jugendlichen für den nunmehr abgeschotteten Aufbau einer sozialistischen Gesellschaft. Am 22. August 1961 berichtete der Zentralrat vor dem Politbüro über die Erfüllung des Kampfauftrages. Der Erste Sekretär des ZK der SED, Walter Ulbricht, seit September 1960 zugleich Vorsitzender des Staatsrates, also nominelles Staatsoberhaupt, hob die Notwendigkeit hervor, alle Jugendlichen im Lande für den Schutz der DDR heranzuziehen.[174] Dabei sei nicht nur die Vorhut der Jugend in die Pflicht zu nehmen. Sogar Mitglieder der bislang verfemten Jugendbanden solle man einbeziehen. Allerdings seien diese vorher vorbildlich umzuerziehen.

Parallel dazu gelte es, *»die Produktionsaufgaben zu erfüllen«*. Die DDR könne nur in dem Falle gut auf internationalem Parkett verhandeln – konkret ging es immer noch um den Abschluß eines Friedensvertrages für Deutschland –, wenn die Wirtschaft gute Ergebnisse erbringe. Ulbrichts Losungen: *»1. Stärkung der Deutschen Demokratischen Republik, sozialistischer Vormarsch; 2. Überwindung des Militarismus in Westdeutschland.«*

Ulbricht machte zwei Sorten von Deutschen aus: *»Manche sagen, Deutsche können doch nicht auf Deutsche schießen. Auf die Deutschen, die den deutschen Imperialismus vertreten, werden wir, wenn sie frech werden, schießen. Wer provoziert, auf den wird geschossen. Das muß in der FDJ klar gesagt werden.«*

Der Partei- und Staatschef merkte an, daß der Mauerbau in Moskau beschlossen worden war. Er forderte die FDJ-Führung auf, sich intensiv in einer großen Umerziehungskampagne zu engagieren. Dazu gehörten Maßnahmen gegen *»feindliche Elemente«*. Diese kämen in Arbeitslager. Gegenüber der Jungen Gemeinde, einem seiner Meinung nach fanatischen *»konterrevolutionären Zentrum«*, sollten härteste Mittel angewandt werden. Ein Kampf um die Masse der Jugend habe begonnen. Darauf müßten alle Funktionäre vorbereitet sein.

Walter Ulbrichts Konzept zielte nach dem Bau der Mauer auf den Bau einer »geschlossenen Gesellschaft« im DDR-Inneren. Vor der Leitung des Jugendverbandes artikulierte sich der SED-Chef besonders radikal, wohl im Glauben, hier eine besonders große Zustimmung zu finden.

Werbung für den Wehrdienst

Drei Tage nach der Grenzsperrung beschloß der Zentralrat in Berlin ein FDJ-Aufgebot mit dem Titel »Das Vaterland ruft! Schützt die sozialistische Republik!«. Im wesentlichen ging es dabei um die freiwilige Verpflichtung von Jugendlichen für den Dienst in der Nationalen Volksarmee, denn ganz offensichtlich war es um die Begeisterung für die bewaffneten Kräfte schlecht bestellt. Die angebliche Bedrohung der DDR durch die NATO, mit der die Abriegelungsmaßnahmen gerechtfertigt wurden, diente nun auch als Argument für die Forderung an die männlichen FDJler im Alter ab 18 Jahren, sich für den Dienst in der NVA, besonders für den Grenzdienst, zu verpflichten.

Aufgebot der FDJ vom 16. August 1961: »Das Vaterland ruft! Schützt die sozialistische Republik!«

»Jeder FDJler ist aufgerufen, sich in dieser Stunde freiwillig zum Ehrendienst in den bewaffneten Kräften der Deutschen Demokratischen Republik zu verpflichten!
Jeder, der ein ganzer Kerl ist, der das Herz auf dem richtigen Fleck hat, beweist jetzt seine Liebe zur Deutschen Demokratischen Republik und zum ganzen unbesiegbaren sozialistischen Lager, seinen unbändigen Haß gegen die Feinde des Friedens und des Glückes der jungen Generation, seine unwandelbare Treue zum sozialistischen Jugendverband, seine tiefe Liebe und Ergebenheit zur Sache der Arbeiterklasse und der Partei durch seinen Dienst in den bewaffneten Kräften der Deutschen Demokratischen Republik.
Er setzt seine Ehre daran, als Soldat des Volkes, geführt von Offizieren, die bereits in den Klassenschlachten des deutschen Proletariats erprobt sind, die in den Internationalen Brigaden des spanischen Freiheitskrieges ihre Feuertaufe erhielten, die aufrecht und ungebrochen durch die Zuchthäuser des faschistischen Regimes gingen, die sich als Aktivisten des sozialistischen Aufbaues bewährt haben, seinen Kampfplatz einzunehmen.
Jeder junge Sozialist brennt in diesen entscheidungsvollen Tagen darauf, die moderne Kampftechnik beherrschen zu lernen, Mut, Ausdauer und Disziplin zu zeigen.
Jeder junge Sozialist brennt darauf, als Angehöriger der bewaffneten Kräfte der Deutschen Demokratischen Republik den unbesiegbaren Streitkräften des sozialistischen Lagers anzugehören, an deren Spitze die stärkste Armee der Welt, die ruhmreiche Armee der sozialistischen Sowjetunion steht. Diese Streitkräfte werden jedem imperialistischen Aggressor, der sich in militärische Abenteuer stürzen und versuchen sollte, die Deutsche Demokratische Republik anzutasten, einen tödlichen Schlag versetzen.
Getreu dem Programm der jungen Generation für den Sieg des Sozialismus legt die Freie Deutsche Jugend vor der Partei der Arbeiterklasse und allen Werktätigen der Deutschen Demokratische Republik den Schwur ab:
Wir sind bereit und entschlossen, unsere sozialistische Republik, die friedliche Arbeit ihrer Bürger, das unbeschwerte Lachen der Kinder und die glückliche Zukunft der jungen Generation mit der Waffe in der Hand zu verteidigen. Jeder junge Bürger unserer Republik ein Bürge für ihre Sicherheit! Der Frieden muß bewaffnet sein!
Zentralrat der Freien Deutschen Jugend.«

Quelle: SAPMO-BArch, DY 24/3753-I.

Am 20. September 1961 verabschiedete die Volkskammer ein neues Verteidigungsgesetz. Es deklarierte den *»Schutz des Vaterlandes und der Errungenschaften der Werktätigen«* als *»nationale Pflicht der Bürger der Deutschen Demokratischen Republik«*. Der Dienst in den Einheiten der NVA, anderen bewaffneten Organen oder im Luftschutz bekam obligatorischen Charakter. Das Gesetz über die allgemeine Wehrpflicht für alle männlichen Bürger zwischen dem 18. und 50. Lebensjahr folgte am 24. Januar 1962. Offensichtlich hatte Werbung für den freiwilligen Dienst nicht genügend Zulauf gebracht.

Auf schlechte Deutsche wird geschossen:

forum
Nr. 36 – Berlin – 7. September 1961

»Liebe Freunde!
Mit diesem Brief möchte ich mich an alle Studenten der Deutschen Demokratischen Republik wenden. Wie Ihr wißt, hat uns der Jugendverband einen Kampfauftrag gegeben. Selbstverständlich habe ich diesen Auftrag ohne Zögern angenommen und meine Bereitschaft erklärt, sofort zum Dienst bei den bewaffneten Organen unserer Republik anzutreten. Und ich weiß, die Mehrheit aller Studenten hat ebenso gehandelt. Nur in den Augen weniger sah ich die bange Frage: Warum tust Du das? Willst Du als Deutscher auf Deutsche schießen?
Meine Antwort ist einfach und klar: Es gibt gute Deutsche und schlechte, ja sogar barbarische. Und auf solche, die den deutschen Imperialismus

vertreten, werden wir, wenn sie frech werden, schießen!
Ich bin als der Junge eines Kleinbauern auf die Welt gekommen, und der Kapitalismus hat es mir ›ermöglicht‹, eine zweiklassige Dorfschule zu besuchen. Aber jetzt bin ich Student der Chemie und stehe, mit 26 Jahren, vor dem Staatsexamen. Auch meine Frau hat studiert. Unser Junge wird in dieser Woche 14 Monate alt. Und bald werden wir ein zweites Kind haben.
Diejenigen, die uns mit Krieg überziehen wollen, sollen klipp und klar wissen: In punkto Frieden verstehen wir keinen Spaß! Da stehen wir wie eine Mauer aus Granit! [. . .]«

Originaltitel dieses Zeitschriftenbeitrages: Charakterstärke.

Studenten der Humboldt-Universität schmuggelten dagegen den folgenden Appell mit der Bitte um öffentliche Solidarität in den Westen:

»Zur Zeit werden alle Studenten der DDR gezwungen, folgende Bereitschaftserklärung zu unterschreiben: In der Erkenntnis, daß es notwendig ist, die Deutsche Demokratische Republik zu verteidigen, verpflichte ich mich, in die bewaffneten Kräfte der DDR einzutreten.
Die SED-Funktionäre haben uns erklärt:
Wer nicht unterschreibt, ist ein Feind des Friedens!
Wer nicht unterschreibt, will den Atomkrieg!
Wir sind weder das eine, noch wollen wir das andere.
Man versucht, uns zu überzeugen. Aber, so sagt man uns drohend, unsere Geduld ist nicht endlos.
Feinde des Staates haben an den Universitäten nichts zu suchen!
Sie drohen uns offen mit der Exmatrikulation, falls wir die Bereitschaftserklärung zum Eintritt in die Armee nicht unterschreiben.
Kommilitonen!
Zeigt Solidarität mit uns! Helft uns! Wir sind Söhne und Töchter eines Volkes!
Erhebt Eure Stimme und protestiert gegen diesen Willkürakt!
Schickt Protestnoten an unsere Universitäten!
Wir wollen nicht auf Euch schießen!«

Quelle: SBZ-Archiv 3/1962, S. 39.

Die FDJ stimmte den neuen Regelungen vorbehaltlos zu. Der Verband hatte zudem zwei eigene Beiträge zum militanten Säbelgerassel der frühen sechziger Jahre zu leisten. Im Gefolge des Mauerbaus erhielten die Ende der fünfziger Jahre ins Leben gerufenen Ordnungsgruppen eine wichtige Rolle als eine Art Gesinnungskontrollgruppe zugewiesen. Ein entsprechender, in scharfem Ton abgefaßter Beschluß des Sekretariats des Zentralrates wurde den Bezirks- und Kreisleitungen übermittelt und ideologisch wie organisatorisch erläutert. Später sollten die FDJ-Ordnungsgruppen immer dann sichtbar werden, wenn Großveranstaltungen, Aufmärsche, Demonstrationen, aber auch Rockkonzerte u. ä. stattfanden.

Beschluß über die Ordnungsgruppen der FDJ vom 22. August 1961 (Auszüge)

»Die Freie Deutsche Jugend trägt eine große Verantwortung für die Sicherung des Friedens in Deutschland, die Stärkung und den Schutz der sozialistischen Errungenschaften in der DDR. Die Freie Deutsche Jugend erzieht die junge Generation zur Liebe und Treue zur Partei der Arbeiterklasse, zur Arbeiter- und Bauernmacht und seinem Repräsentanten, dem Genossen Walter Ulbricht. Sie erzieht alle Jungen und Mädel zu unversöhnlichen Kämpfern gegen den westdeutschen Militarismus und alle Erscheinungen der psychologischen Kriegsführung. Im Aufgebot Das Vaterland ruft – schützt die sozialistische Republik sind überall Ordnungsgruppen entstanden, die von der Kampfbereitschaft der Freien Deutschen Jugend zeugen. Die Ordnungsgruppen sind Organe der Freien Deutschen Jugend; sie sind Helfer der Staats- und Sicherheitsorgane zur Aufrechterhaltung der öffentlichen Ordnung und Sicherheit. [. . .]
1. Die Aufgaben der Ordnungsgruppen. [. . .]
– Sie erhöhen die politische Wachsamkeit und Einsatzbereitschaft durch die Aneigung vormilitärischer Kenntnisse und Fertigkeiten, vervollkommen ihre politische Bildung und beteiligen sich am Kampfsport.
– Sie schlagen Provokateure und führen den Kampf gegen Rowdys, kriminelle Elemente, Spekulanten, Hamsterer und Einflüsse des Klassenfeindes (Hören von Westsendern, Lesen von Schund- und Schmutzliteratur u. ä.).
– Sie schützen die Veranstaltungen der Freien Deutschen Jugend und Objekte von besonderer politischer und wirtschaftlicher Bedeutung.
– Sie wachen über die Einhaltung der zum Schutz und zur Förderung der Jugend erlassenen sozialistischen Gesetze und sorgen dafür, daß Handlanger des Klassengegners zur Verantwortung gezogen werden.
– Sie sorgen dafür, daß arbeitsscheue Elemente, Nichtstuer und Schmarotzer eine geregelte ehrliche Arbeit aufnehmen und umdenken lernen.
– Die Mädchen in den Ordnungsgruppen sehen ihre spezifische Aufgabe darin, für Ordnung und Sauberkeit sowie für eine bessere Verkaufskultur in Gaststätten und Geschäften zu sorgen, Schieber, Hamsterer und Spekulanten zu entlarven. Sie spre-

chen mit den Verlobten und Müttern über die Gewinnung der Jugendlichen für die bewaffneten Kräfte. [. . .]
2. Bildung und Zusammensetzung der Ordnungsgruppen.
– Ordnungsgruppen der FDJ werden zu einer Stärke von 50 Freunden in der Regel auf Grundeinheits- und FDJ-Organisationsbasis gebildet. Sie setzen sich in der Regel aus Zehnergruppen zusammen.
– Als Leiter der Ordnungsgruppen werden die Sekretäre der FDJ-Grundeinheiten und FDJ-Organisationen eingesetzt. [. . .]
3. Die Ausbildung der Ordnungsgruppen.
Zur Erlangung vormilitärischer Kenntnisse und einer ständigen Einsatzbereitschaft erfolgt die Ausbildung nach einem von der Kreisleitung der FDJ in Zusammenhang mit der V[olks]p[olizei] und der GST aufgestellten Plan. In ihm sollen enthalten sein:
a) Für alle Mitglieder der Ordnungsgruppen (Mädchen und Jungen) politische Schulung und Selbstverteidigung (Judo usw.).
b) Für alle Jungen zusätzlich Grundausbildung, Ausbildung an Handfeuerwaffen und Geländeausbildung. [. . .] Die Ausbildung soll mindestens einmal im Monat, nach Möglichkeit an einem Wochenende, stattfinden. [. . .]
4. Der Einsatz der Ordnungsgruppen.
Um eine große Wirksamkeit der Ordnungsgruppen zu erreichen, sind eine straffe Organisation und militärische Disziplin notwendig. Jede Ordnungsgruppe muß sich einen Alarmplan erarbeiten, der garantiert, daß die Ordnungsgruppe in kürzester Frist, zu jeder Tages- und Nachtzeit, einsatzbereit ist. [. . .] Während des Einsatzes tragen die Mitglieder der Ordnungsgruppen das Blauhemd und eine rote Armbinde mit der Aufschrift: ›Ordnungsgruppe der FDJ‹. [. . .]«

Quelle: SAPMO-BArch, DY 24/3753-I.

Mit den Ordnungsgruppen verfügten SED und Jugendverband neben den Kampfgruppen und der GST über eine weitere vormilitärische Organisation zur Sicherung der eigenen Macht. Die jugendlichen Mitglieder dieser Formationen konnten hier zudem militärisch und ideologisch geschult werden.
Hinsichtlich einer weiteren von Ulbricht angesprochenen westlichen »Bedrohung« bekam die FDJ einen diffizilen Auftrag. Sie sollte dafür sorgen, daß der Empfang der Westmedien eingeschränkt wurde. Dies erreichte sie mit der simpelsten Methode: FDJ-Rollkommandos holten bzw. sägten (!) jene Antennen von den Dächern, die auf den westdeutschen Sender Ochsenkopf ausgerichtet waren. Diese Aktivitäten, von übereifrigen FDJ-Funktionären unter der Losung »Ochsenkopf« in manchen Gebieten großflächig ausgeführt, brachten allenfalls kurzzeitige Erfolge. Auf Dauer konnte damit der Empfang des Westrundfunks oder des Westfernsehens nicht verhindert werden.

FDJ-Zentralratsbeschluß vom 29. August 1961: »Nächste Maßnahmen zur weiteren Verwirklichung des Kampfauftrages auf ideologischem Gebiet« (Auszug)

»[. . .] 4. In der Zeit vom 5.–9. Sept[ember] 1961 wird eine Aktion ›Blitz kontra NATO-Sender – wir richten die Antennen auf die Sender des Friedens und des Sozialismus‹ durchgeführt. Der Hauptinhalt dieser Aktion besteht:
a) In der Durchführung einer umfassenden Diskussion mit der Bevölkerung über die verbrecherischen Anschläge auf den Frieden und die Deutsche Demokratische Republik von Seiten der Rundfunk- und Fernsehstationen des Kalten Krieges mit dem Ergebnis, daß niemand mehr die Sendungen der NATO-Rundfunk- und Fernsehstationen hört oder sieht.
b) Bei Unbelehrbaren, die weiter auf den Kriegswellen der NATO-Sender reiten wollen, werden die Antennen auf die Sender des Friedens und des Sozialismus gerichtet oder entfernt.
c) Fachkundige, klassenbewußte FDJler werden in Reparaturwerkstätten und Dienstleistungsgeschäften eingesetzt, um zu garantieren, daß keine Antennen mehr zum Empfang von NATO-Sendern errichtet werden. [. . .]«

Quelle: SAPMO-BArch, DY 24/3753-I.

Junge Welt
Nr. 212 – Berlin – 7. September 1961
»Mit vielen Ideen sind die FDJler überall dabei, die Aktion ›Blitz kontra NATO-Sender‹ zu einem neuen kräftigen Schlag gegen die kalten Krieger zu machen. In zahlreichen Diskussionen in Städten und Dörfern schufen unsere Freunde Klarheit darüber, daß in keinem Haus NATO-Sender gehört oder gesehen werden.
So sind in der Grenzgemeinde Harkensee, Kreis Grevesmühlen, schon seit einigen Tagen sämtliche Fernsehantennen in Richtung Frieden eingestellt.
EINE BESONDERS originelle Idee hatten die Freunde der FDJ-Organisation der Mathias-Thesen-Werft in Wismar. Sie schufen die Figur ›Tele-Conny‹, die all jenen an die Haustür geheftet bzw.

Ab morgen:

Blitz kontra NATO-Sender

Wir fragen alle FDJ-Gruppen:

Seid Ihr startklar zur großen Blitzaktion gegen Ochsenköpfe und geistiges Grenzgängertum?

Überprüft schnell noch einmal:

- Habt ihr die besten, wirkungsvollsten Argumente zusammengetragen?
- Ist organisatorisch alles vorbereitet? Kennt jeder seine Aufgabe?

Alles klar? Gut, dann an die Arbeit unter dem Motto:

Wir richten die Antennen auf die Sender des Friedens und des Sozialismus!

(Quelle: Junge Welt vom 4. September 1961)

am Arbeitsplatz angebracht wird, die noch immer die Fernsehsendungen des Westens empfangen. Sobald die Antennen aber in Richtung Sozialismus zeigen, wird ›Tele-Conny‹ wieder abgeholt.
IM ERGEBNIS der politischen Diskussion von FDJlern in Bad Düben, Kreis Eilenburg, wurde der unverbesserliche Otto Paul entlarvt. Paul, der Westfernsehen mit Jugendlichen in seiner Wohnung organisierte und sich auch des Menschenhandels mit DDR-Bürgern schuldig gemacht hat, wurde inhaftiert. Seine Antenne wurde abgesägt, auf dem Marktplatz in Bad Düben für alle Einwohner sichtbar ausgestellt und daneben auf zwei Bildern geschrieben: ›Wir dulden keine Lügen- und Hetzantennen – durch sie wurde Paul zum Verbrecher an der Arbeiterklasse.‹
IN TEMPLIN wurde besonders an den Schulen die Diskussion gegen das Hören von NATO-Sendern geführt. Im Ergebnis dieser Auseinandersetzungen verpflichteten sich viele Schüler, keine NATO-Sender zu hören und zu sehen und aktiv an der Aktion ›Blitz kontra NATO-Sender‹ teilzunehmen.«

Originaltitel dieses Zeitungsbeitrags: Unsere Blitze zünden – »Ochsenköpfe« verschwinden

Weltanschauliche Spaltung der jungen Generation vertieft

Die Bevölkerung und die Jugendlichen in der DDR bewegten im Alltag ganz andere Probleme. Im Gegensatz zu den in Betrieben, Schulen und Hochschulen von fleißigen Funktionären organisierten Zustimmungserklärungen sorgten sich viele um die längerfristigen Auswirkungen der Aktion vom 13. August. Schließlich betraf die Grenzschließung oft die persönlichen Interessen und Bindungen der Menschen. Gerade im Berliner Raum waren viele Familien und Freunde auf unabsehbare Zeit voneinander getrennt, die Einkaufsmöglichkeit war abgeschnitten, der Kinobesuch verhindert. Mit Besorgnis registrierte die Bevölkerung auch die weitere Verschärfung einer rigorosen Feindbildpropaganda.
Verbandsinterne Berichte aus den August- und Septembertagen 1961, vorwiegend von Kreisleitungen der FDJ angefertigt und an die Zentrale weitergeleitet, geben über die Stimmungen und Meinungen unter der DDR-Jugend Auskunft.
In den zusammenfassenden Berichten von unten nach oben ist der Versuch erkennbar, »überwiegende Zustimmung« zum Mauerbau zu kolportieren. Dennoch wird deutlich, daß die meisten Jugendlichen mit der Grenzschließung alles andere als einverstanden waren. Die Meinungen im Berliner Raum waren vor allem von der einschneidenden Kappung der verwandtschaftlichen Beziehungen beeinflußt. Darüber hinaus artikulierte sich die Angst vor dem Ausbruch direkter militärischer Kampfhandlungen.

Zusammenfassung der Stimmungen, Argumente und Stellungnahmen zum 13. August 1961 durch die Abteilung Organisation/Kader des FDJ-Zentralrates

»Von der überwiegenden Mehrheit aller Jugendlichen, mit denen wir als Verband das offensive politische Gespräch zu den jüngsten Maßnahmen unserer Partei und der Regierung führten, gab es wie bereits aus den Stellungnahmen und den jeweiligen Kurzinformationen ersichtlich eine breite Zustimmung.
Im Mittelpunkt der Auseinandersetzungen standen u. a. folgende Probleme:
1. Die jüngsten Maßnahmen von Partei und Regierung, die aktiv von den Vertragspartnern des Warschauer Vertrages unterstützt werden, finden ihre Zustimmung, weil sie einen entscheidenden Beitrag zur Sicherung des Friedens gegen die Bonner Militaristen und seiner Verbündeten darstellen.
2. Während es vom Prinzip her Zustimmung zu den Maßnahmen gibt, gibt es aber auch Meinungen wie z. B. in der Hinsicht:
– Wird die Lage durch die eingeleiteten Maßnahmen nicht verschärft und wird diese Entwicklung nicht zum Krieg führen? Mußten zur Durchsetzung der Maßnahmen unbedingt Panzer-Einheiten der Nationalen Volksarmee und der Kampfgruppen eingesetzt werden?
– Sollen durch diese Maßnahmen die familiären bzw. verwandtschaftlichen Verhältnisse nach Westberlin ganz abgebrochen werden oder wann wird sich das ändern?
In diesem Zusammenhang zeigten sich eine Reihe von Auffassungen besonders unter jungen Mädchen bzw. Frauen, die auf Grund der gegenwärtigen Situation von einem bevorstehenden Krieg sprechen.
Im Verlaufe der bisher geführten Auseinandersetzungen zeigte sich weiter, daß es unter Angehörigen der jungen Intelligenz, Angestellten und aber auch anderen Jugendlichen zu den bisher beschlossenen Maßnahmen eine gewisse abwartende Haltung gibt. Diese äußert sich sinngemäß darin, indem sie sagen:
›Wollen mal sehen, wie lange diese Maßnahmen durch die Partei und Regierung gehalten werden können, ob es sich nicht doch bald wieder ändert. Denn die Westmächte, Bonn und der Senat werden diese Maßnahmen niemals anerkennen, sondern werden alles unternehmen, um sie rückgängig zu machen.‹
Auf der anderen Seite gibt es aber auch solche Meinungen von Jugendlichen, die da sagen, wir sind ja auch für einen Friedensvertrag, ›aber warum sollen denn auf einmal sämtliche familiäre Bande usw. nach Westberlin nicht mehr sein?‹ [. . .]«

Informationsbericht FDJ-Kreisleitung Berlin-Lichtenberg:

»Betr[ifft].: Auszug aus dem Informationsbericht vom 15. 8. 1961 in den Abendstunden:
Besondere Vorkommnisse: [. . .] Peter L., Ingenieur, Leitungsmitglied: Ich habe gestern zwar eine Erklärung über unseren Betriebsfunk für die Beschlüsse der Regierung der DDR abgegeben, aber ich bin der Meinung, ich lehne diese Maßnahmen nicht ab, aber durch Druck und Gewalt können wir unseren Staat nicht für lange stützen. Wir müssen unsere ökonomischen Verhältnisse so gestalten, daß wir dem Westen überlegen sind. Dann ist die Westzone kein Anziehungspunkt für unsere Menschen. Ich bin der Meinung, daß das Volk die Beschlüsse der Regierung der DDR ablehnt. Es muß bei uns eine echte Oppositionspartei geben, dann würde die Entwicklung bei uns schneller gehen. [. . .]
H., Facharbeiter: Ich lehne diese Maßnahmen ab. Unsere Bevölkerung lebt nur noch unter Druck und Gewalt. Diese Maßnahmen richten sich nur gegen uns. Wir dürfen nicht ohne Passierschein nach Westberlin, nicht ins Kino, nicht einkaufen und nicht unsere Verwandten besuchen. Die Propaganda gegen die Grenzgänger ist zu vergleichen mit der Propaganda gegen die Juden 1933. Wir sollen sie hassen und dabei sind sie auch Menschen, die wie die meisten in der DDR denken. Die Menschen in der DDR werden nicht gegen diese Maßnahmen demonstrieren, weil die Panzer und die Kampfgruppen da sind. [. . .]
FDJ-Kreis Berlin-Treptow, J[u]g[end]f[reund] Sch., 10.00 Uhr:
Die Mitarbeiter und Sekretäre der Kreisleitung sind seit 6.00 Uhr in den Betrieben. Bei den geführten Aussprachen geht es um die Übernahme von ökonomischen Verpflichtungen, Beitritt zur FDJ, SED und den bewaffneten Organen. Die Freunde, die in Betrieben eingesetzt sind, berichten dreimal an die Kreisleitung.
In der Kreisleitung und in verschiedenen Betrieben wird der Verkauf von Blauhemden organisiert.
Nachmittags sind die Freunde auf den Einsatz im Wohngebiet orientiert. In den Betrieben ist alles ruhig. Die Diskussionen sind nicht mehr so stark wie gestern. Vor allem beklagen sich die Arbeiter, die in der DDR wohnen und nun z. T. lange Anmarschwege haben. Diskussionen gibt es auch darüber, warum soviel Panzer und Stacheldraht. [. . .]«

Quelle: SAPMO-BArch, DY 24/AB 522.

Unmittelbar nach dem 13. August 1961 waren besonders unter der jungen Generation heftige Reaktionen auf die Abriegelung der Grenze zu verzeichnen. Junge Menschen artikulierten ihre ehrliche Empörung in offenen Protesten und spontanen Aktionen.

»Rebellierende Jugend« – ein westlicher Beobachter beschreibt die Situation von 1961 in der DDR:

»Tausende suchten in den ersten Jahren nach dem Bau der Berliner Mauer als Sperrbrecher oder Fluchthelfer bewußt die Konfrontation. Häufig handelten die jungen Rebellen nicht einzeln, sondern schlossen sich zu Gruppen zusammen – zu ›Banden‹ im offiziel en DDR-Verständnis –, um gemeinsam das mit Lebensgefahr belastete Wagnis einer Flucht zu unternehmen oder auch anderen Menschen Fluchthilfe zu leisten.

Zwölf Mitglieder der Jungen Gemeinde aus Ost-Berlin versuchten wenige Tage nach dem 13. August 1961, während einer Fahrt vor der mecklenburgischen Küste mit dem Motorschiff ›Seebad Binz‹, eine Kursänderung nach Bornholm zu ertrotzen. Das Unternehmen mißlang.

Und fraglos war auch dies Widerstand: Am 7. September 1961 wollten fünf Jugendliche aus einer später vom Bezirksgericht Magdeburg als ›konterrevolutionäre Terrorbande‹ verunglimpften elfköpfigen Gruppe mit einem schweren Lastkraftwagen am Kontrollpunkt Marienborn die Grenzsperren durchbrechen. Sie scheiterten. Die Richter gelangten zu der Auffassung, ›daß die Terroristen unter ständigem Einfluß der Hetzsendungen des westdeutschen Fernsehens und Rundfunks standen. Ihre Verbrechen nahmen konterrevolutionären Charakter an. ›Jeden Tag etwas gegen die DDR unternehmen‹ war das politische Programm, das von einem der Rädelsführer, dem Angeklagten Hans-Jürgen Rahn, aufgestellt worden war.‹ Da der versuchte Grenzdurchbruch ein schweres Verkehrsunglück mit tödlichem Ausgang für eine unbeteiligte Person verursacht hatte, konstruierte das Gericht einen Mord und erkannte durch Urteil vom 12. Oktober 1961 auf lebenslänglich Zuchthaus in vier Fällen.

Ein drittes Beispiel: Neun junge Menschen aus Ost-Berlin, sie alle zwischen 16 und 21, versuchten in der Nacht vom 16. auf den 17. Juni 1962, zu einem ›politischen Datum‹ also, mit einem gepanzerten Fahrzeug einen Durchbruch am Grenzübergang Checkpoint Charlie – auch sie blieben im Kugelhagel der Grenzsoldaten stecken. Später wurden sie zu Freiheitsentzug bis zu zehn Jahren (für den 16jährigen Hauptangeklagten Richard Küter) bestraft.«

Aus: Karl Wilhelm Fricke: Opposition und Widerstand in der DDR. Ein politischer Report, Köln 1984, S. 140 f.

Nach dem Mauerbau traten die unterschiedlichen weltanschaulichen Ansichten unter den Jugendlichen in neuer Schärfe hervor. Zweifellos bekannte sich ein Teil durchaus zur DDR. Bei ihnen hatte die alltägliche Propaganda und die Arbeit der Bildungseinrichtungen Wirkung gezeitigt. Bei einem größeren Teil der Heranwachsenden verfestigten und verstärkten sich aber die Ablehnung von DDR und SED-Herrschaft.

Die Differenzierung kam auf der einen Seite darin zum Ausdruck, daß sich sehr junge Leute in abenteuerlichen Auseinandersetzungen um den Empfang von Westsendern hervortaten, indem sie Antennenanlagen demontierten, Rundfunk- und Fernsehgeräte konfiszierten oder gar denunzierende Steckbriefe in Umlauf brachten.[175]

Auf der anderen Seite wuchs die Mißstimmung gegen die Politik von Partei und Regierung, von der SED- und FDJ-Presse mit dem Stigma »Rowdytum und Kriminalität« belegt. Jugendlicher Protest artikulierte sich verbal gegen die Maßnahmen vom 13. August 1961, gegen die Folgeregelungen und gegen Ulbricht persönlich.

Eine »immer größere« Zustimmung zur Perspektive des Sozialismus in der DDR, auch dies in der alltäglichen FDJ-Propaganda beschworen, entsprach keinesfalls der Realität. Der Interessenlage der Jugend entsprach natürlich eine abendliche Jazzveranstaltung eher als die monatliche Mitgliederversammlung, auf der man sich über die Leistungen oder bestimmte politische Grundfragen – im Sinne der SED-Losungen – unterhalten sollte.

Insgesamt kann durchaus davon gesprochen werden, daß sich die weltanschauliche Spaltung der jungen Generation des Landes nach dem August 1961 weiter vertiefte – eine Spaltung, die auch die ca. 1,1 Millionen Mitglieder der FDJ betraf. Anders als in den fünfziger Jahren zeigte sich vor allem die Studentenschaft systemkonform. Die künftige akademische Elite hatte ihre politische Sozialisation in der DDR erfahren, war zur politischen Konformität erzogen worden und konnte nach dem Mauerbau nur mit, nicht gegen den Staat die eigenen beruflichen Ziele verwirklichen.

FDJ im Produktionsaufgebot

Wenn überhaupt, dann fand der Mauerbau aus wirtschaftspolitischen Erwägungen Verständnis. Die dauerhafte Verhinderung der Abwanderung von Fachkräften verbanden viele mit der

Hoffnung, daß der Sozialismus in der DDR nun endlich seine immer wieder beschworenen »Vorzüge« entfalten könnte.
Die sozialistische Umgestaltung der Industrie war in den fünfziger Jahren unter großen Mühen erreicht worden. 1960/61 hatte die SED auch in der Landwirtschaft das genossenschaftliche System durchgesetzt.
Die ökonomische Arbeit des Jugendverbandes erlangte in der Staatsplanwirtschaft der DDR einen eigenständigen Rang. Ihre offizielle Bilanz wies für Ende 1961 z. B. über 3200 Jugendobjekte in Industrie, Handel und Verkehr sowie über 2800 in der Landwirtschaft aus. Ca. 12 500 Jugendbrigaden sollen im industriellen Bereich, über 2000 im Agrarsektor bestanden haben.
Die Produktivität der ostdeutschen Wirtschaft war im Vergleich mit den anderen Ostblockstaaten zwar relativ hoch, einem Vergleich mit Westdeutschland hielt sie jedoch nicht stand.
Nun gaben Arbeiter im Werk Elektrokohle Berlin-Lichtenberg die Losung aus: »In der gleichen Zeit für das gleiche Geld mehr produzieren!« (Pikanterweise ging es dabei auch um die Erhöhung der Produktion von Stahlbetonteilen, die beim Bau der Grenzsicherungsanlagen in Berlin und an der Westgrenze besonders benötigt wurden.) Erklärtes Ziel war wieder einmal der Ausgleich von volkswirtschaftlichen Strukturschwächen, vor allem die Vermeidung solcher ökonomischer Verluste, wie sie in der Zeit der offenen Grenze eingetreten waren. Senkung der Selbstkosten, Erhöhung der Qualität der Endprodukte, bewußte Arbeitsdisziplin, Verbesserung der Leitungstätigkeit sowie Verstärkung der betrieblichen Kooperationsbeziehungen wurden als konkrete Aufgaben vorgegeben. Die FDJ gliederte dieses neue »Produktionsaufgebot« organisatorisch dem Kampfauftrag vom August 1961 an. Angesichts des alarmierenden Arbeitskräftemangels in der Landwirtschaft wurde 1962 eine entsprechende FDJ-Initiative ins Leben gerufen. Die Verbandsführung war von SED-Chef Ulbricht auf dem VII. Deutschen Bauernkongreß in Magdeburg direkt dazu aufgefordert worden. In Anlehnung an die Neulandkampagne des Komsomol in der Sowjetunion sollten Jugendliche für eine Arbeit auf dem Lande angeworben werden. Vor allem die Berufsausbildung beabsichtigte man zu nutzen, um junge Menschen für eine solche Tätigkeit zu gewinnen. Regionaler Schwerpunkt waren die landwirtschaftlich geprägten Nordbezirke Rostock, Schwerin und Neubrandenburg.

Beschluß des Sekretariats des Zentralrates vom 9. März 1962: »Kampfauftrag an alle FDJler, die auf dem Lande arbeiten, lernen und leben« (Auszug)

»[. . .] Es war immer eine Ehre und Verpflichtung für unsere Freie Deutsche Jugend, als treue Kampfreserve der Partei der Arbeiterklasse an den Brennpunkten des sozialistischen Aufbaus unserer Republik ihren Mann zu stehen. Heute nach dem VII. Deutschen Bauernkongreß ist der entscheidende Abschnitt für die FDJler und Jugendlichen auf dem Lande die Durchsetzung der guten genossenschaftlichen Arbeit zur Erfüllung der Produktionspläne. So, wie die Arbeiter im Produktionsaufgebot, stärken wir durch unsere Arbeit die Deutsche Demokratische Republik und leisten unseren Beitrag zur Überwindung des Imperialismus und Militarismus in Westdeutschland. [. . .]

„. . . fror in der Berichtsperiode unser Dorfteich im Vergleich zur Ostsee öfters zu. Dadurch konnten wir jeden vierten Jugendlichen dem Eislauf zuführen . . .“

(Quelle: Eulenspiegel 39/1963)

1. Jeder FDJler hilft mit, unser Neuland – die gute genossenschaftliche Arbeit – zu erschließen.
Jedes Mitglied der Freien Deutschen Jugend in der Landwirtschaft gibt durch seine vorbildliche Arbeit und sein Auftreten allen Jugendlichen das Beispiel, verbindet sich eng mit ihnen und hilft, gemeinsam mit allen Mädchen und Jungen die gute genossenschaftliche Arbeit durchzusetzen, um die Produktionspläne zu erfüllen.
Jeder FDJler wirkt dafür, daß die Jugendlichen seines Dorfes, die noch in den Hauswirtschaften tätig sind, Mitglied der LPG werden.
Jeder FDJler, der als Traktorist, landwirtschaftlicher Facharbeiter oder Agronom ausgebildet wurde und gegenwärtig in anderen Wirtschaftszweigen tätig ist, kehrt unmittelbar in die Landwirtschaft zurück.
Jeder FDJler und Jugendliche in den polytechnischen und erweiterten Oberschulen auf dem Lande ist aufgerufen, nach Abschluß der Schule in der Landwirtschaft zu arbeiten und sich bereits jetzt durch beste Lernergebnisse sowie engste Verbindung mit den LPG auf diese Tätigkeit vorzubereiten. [. . .]
2. Die FDJler im Feldbau übernehmen die Mais-, Kartoffel- und Zuckerrübenflächen von der Aussaat bis zur Ernte in persönliche Verantwortung und qualifizieren sich zu Spezialisten.
Organisiert den sozialistischen Wettbewerb von Mann zu Mann. Sorgt für die volle Auslastung der Technik, damit die Frühjahrsbestellung in kürzester Frist bei guter Qualität abgeschlossen wird.
Jeder Junge erlernt in kurzer Zeit die Bedienung des Traktors. Jeder junge Traktorist erwirbt die Bedienungsberechtigung für Großmaschinen. Jedes Mädchen qualifiziert sich, um die Technik der Innenwirtschaft bzw. des Feldbaues zu beherrschen. [. . .]
3. Jeder FDJler in der Viehwirtschaft erfüllt täglich seinen Plan und setzt sich jetzt besonders für die Steigerung der Milchproduktion ein.
Kontrolliert dazu ständig und öffentlich den Plan. Sorgt für rationelle Fütterung, vorbildliche Pflege und Haltung, für die Senkung der Tierverluste auf ein Minimum und die Anwendung der neuesten wissenschaftlichen Erkenntnisse. [. . .]
4. Entwickelt Eure Gruppen und Grundeinheiten zu festen Kampfkollektiven junger Sozialisten, die als treue Helfer der Partei der Arbeiterklasse in Eurem Betrieb den Kampf gegen alte Auffassungen und Rückständigkeit, für die gute Sache des Sozialismus führen.
Organisiert in den Mitgliederversammlungen und Zirkeln junger Sozialisten das klärende Gespräch über die politischen Grundfragen. Studiert die Dokumente des VII. Deutschen Bauernkongresses. [. . .]
Stärkt das Kollektiv Eurer Grundeinheit und gewinnt neue Mitglieder für die FDJ, besonders aus den Reihen der jungen Genossenschaftsbauern. [. . .]«

Quelle: SAPMO-BArch, DY 24/6728.

Trotz eines gewissen Enthusiasmus stellten sich keine großartigen Erfolge ein. Immerhin konnten eine Reihe von Jugendobjekten abgeschlossen werden. Dazu zählte die Nutzbarmachung von 26 000 ha Moor in der Friedländer Großen Wiese für die landwirtschaftliche Bearbeitung (nach vier Jahren Bauzeit) sowie der erste Bauabschnitt des Zentralflughafens Berlin-Schönefeld (nach drei Jahren). Die Bilanz der wirtschaftlichen Aktivitäten des Verbandes für das Jahr 1962 wies allerdings einen Rückgang der Zahl der Jugendbrigaden sowohl in der Industrie (um über 2500) als auch in der Landwirtschaft (um fast 200) aus.

Deutsche Einheit nur noch im Sozialismus

Die Mauer wurde zum Symbol der deutschen Spaltung. Es war offensichtlich, daß die DDR den forcierten sozialistischen Umbau bei offener Grenze nicht durchhalten konnte, die Menschen liefen ihr weg. Die Reaktion darauf, Mauer und Schießbefehl, belastete die SED für jeden sichtbar mit der Verantwortung für die Verschärfung der deutschen Teilung.
Die Abschottungspolitik, die der offensiven gesamtdeutschen Rhetorik widersprach, bedurfte der ideologischen Rechtfertigung. Die lieferte das »Nationale Dokument«, ein vom ZK der SED abgesegnetes Programmpapier des Nationalrates der Nationalen Front vom März 1962, das der IV. Parteitag der SED im Januar 1963 förmlich bestätigte.
Mit diesem Dokument erteilte die DDR-Führung der Einheit Deutschlands noch keine endgültige Absage. Sie ging aber, so Ulbricht bei der Begründung am 25. März 1962, davon aus, *»daß die deutsche Nation heute in zwei Staaten gespalten ist, die sich auf dem Boden Deutschlands feindlich gegenüberstehen«*. Der Sieg des Sozialismus in der DDR sei eine historische Gesetzmäßigkeit, die auch in Westdeutschland nachvollzogen werden müsse. Erst dann sei die Einheit Deutschlands wiederzuerlangen. Bis dahin sei die wirtschaftliche und politische Stär-

kung der DDR als einzig rechtmäßiger deutscher Staat der entscheidende Beitrag für die nationale Einheit.

Nationales Dokument: »Die geschichtliche Aufgabe der DDR und die Zukunft Deutschlands« vom 25. März 1962 (Auszüge)

»[. . .] Die Deutsche Demokratische Republik wird geführt von denjenigen Kräften des deutschen Volkes, die während der ganzen geschichtlichen Periode seit Gründung des deutschen Reiches, also seit 1871, bewiesen haben, daß sie Frieden, Freiheit und Demokratie, Menschlichkeit und Brüderlichkeit, Gerechtigkeit und Wohlstand für alle, d. h. die Interessen des ganzen deutschen Volkes, konsequent wollen. Es sind diejenigen Kräfte, die unter ungeheuren Opfern ihre Pflicht gegenüber dem deutschen Volk erfüllen, die den Kampf gegen die verhängnisvolle Politik der Großbourgeoisie in den verschieden Zeiträumen führten, die niemals kapitulierten, die niemals das Volk verrieten und sich damit das geschichtliche Recht auf Führung des deutschen Volkes erworben haben.
Die Deutsche Demokratische Republik ist also nicht nur völkerrechtlich unter dem Gesichtspunkt der Durchführung des Potsdamer Abkommens und somit als einziger deutscher Friedensstaaat der rechtmäßige deutsche Staat. Sie ist auch der einzige rechtmäßige deutsche Staat auf Grund der geschichtlichen Gesetzmäßigkeit und der Tatsache, daß in ihm jene Kräfte an der Macht sind, die von der Geschichte zur Führung des deutschen Volkes berufen wurden und deren Politik mit den Interessen der Nation übereinstimmt.
Als die Arbeiterklasse in einem Teil Deutschlands – im Bunde mit allen antifaschistisch-demokratischen Kräften – die Macht ergriff und den ersten deutschen Arbeiter-und-Bauern-Staat gründete, begann für das deutsche Volk ein neuer Abschnitt seiner Geschichte. Die Gründung der Deutschen Demokratischen Republik ist darin ein entscheidender Wendepunkt. Von nun an wird immer mehr die bestimmende Kraft unserer Geschichte die Deutsche Demokratische Republik, der deutsche Staat der Demokratie, des Friedens und des Sozialismus. Er ist das junge vorwärtsstrebende Element, der Motor der deutschen Geschichte. Hier in der Deutschen Demokratischen Republik wird das Gesicht der Zukunft ganz Deutschlands geformt. Die Interessen der Deutschen Demokratischen Republik stimmen völlig mit den Interessen auch der Mehrheit der friedliebenden und arbeitsamen Bürger der westdeutschen Bundesrepublik überein.
Diesen historischen Tatbestand können die in Westdeutschland herrschenden Imperialisten und Militaristen weder verleugnen noch gar aus der Welt schaffen. Und das ist ein Glück für die ganze deutsche Nation. Die friedliche und glückliche Entwicklung des deutschen Volkes hängt jetzt nicht nur von dem demokratischen Kampf der westdeutschen Friedenskräfte, sondern in entscheidendem Maße von der wirtschaftlichen und politischen Stärke der Deutschen Demokratischen Republik ab, von dem Sieg des Sozialismus in der Deutschen Demokratischen Republik. [. . .]«

Quelle: Junge Welt vom 27. März 1962.

**Der Zentralrat der FDJ begrüßte das Nationale Dokument und rief zu dessen Studium und zur Diskussion unter allen Jugendlichen auf.
In den Zeitungen und Zeitschriften des Jugendverbandes wurden in den folgenden Wochen die Probleme und Spannungsfelder zumindest ansatzweise deutlich. Wenig verwunderlich, daß die ideologische Floskel von den »guten« und den »schlechten« Deutschen die Gemüter erhitzte, und doch wiederum erstaunlich, wie intensiv der Kalte Krieg, die Systemauseinandersetzung, der Ost-West-Konflikt auf den Alltag und das politische Denken Einfluß nahmen.**

»Junge Welt«-Beiträge zur Diskussion »Sind wir die besseren Deutschen?«

»Es ist nun einmal nicht zu übersehen, daß es heute zwei verschiedene Staaten mit Menschen, die Deutsche sind, gibt. In dem einen Deutschland leben Menschen, die sich selbst Ziele stellen, die die Macht des Volkes ausüben und das tun, was sie die jahrzehntelange Erfahrung der Arbeiterklasse lehrt. In dem anderen Deutschland befinden sich wieder ehemalige Nazis in führenden Positionen, und die Revanchistenverbände brüllen nach den verlorenen Gebieten – aber nur, bis sie wieder eins auf ihre blutigen Finger bekommen. Natürlich darf man nicht alles über einen Kamm scheren. Es gibt auch in Westdeutschland Bürger, die ebenso gute Deutsche sind wie wir Bürger der DDR, z. B. die Genossen der KPD, die Freunde der FDJ und andere Patrioten. Leider gibt es aber dort auch Deutsche, die es nicht wert sind, als gute Deutsche bezeichnet zu werden.« *Jugendkorrespondent Rainer Lehmann, Rostock.*

»Ja, ich glaube, wir sind die besseren Deutschen, denn wir bauen den Sozialismus, dem einmal die Zukunft ganz Deutschlands gehört. Vieles von dem, was wir in all den Jahren geschaffen haben, wird auch den Westdeutschen einmal zugute kommen. Wir sagen doch der westdeutschen Bevölkerung jeden Tag die Wahrheit über ihren Staat. Ist es unsere Schuld, wenn sich die Mehrheit der Westdeutschen die Ausbeutung, die Hitlergenerale usw. noch länger gefallen läßt?« *Heidi Vierow, Verkäuferin, Kühlungsborn.*

»Während wir für eine gute Sache kämpfen, denkt der größte Teil der westdeutschen Bevölkerung: ›Politik? Davon will ich nichts wissen.‹ Die Menschen in Westdeutschland wünschen zwar den Frieden, aber daß man für die Erhaltung des Friedens kämpfen muß, wissen sie anscheinend noch nicht oder sie wollen es nicht wissen. Die Menschen der DDR setzen alles daran, um den Frieden in der Welt zu erhalten, denn nur im Frieden können wir froh und glücklich sein. Der Sozialismus braucht den Frieden, durch ihn gedeiht er wie die Ähre auf dem Halm.« *Jugendkorrespondent Jörg Hamann, Kaufmännischer Lehrling in der Deutschen Seereederei.*

Quelle: Junge Welt vom 13. April 1962.

Die Diskussionen wurden geradezu vehement begonnen, flachten dann aber rasch ab.
Wohl standen Lehren der Geschichte auch weiterhin auf der Tagesordnung der SED-Propaganda und damit auch der FDJ-Arbeit. Doch in den Mittelpunkt rückten zunehmend Fragen, die viel mehr den Interessen und der Lebenswelt der Jugendlichen entsprachen. Angesichts ihres stagnierenden Einflusses auf die Jugend begannen die Verantwortlichen, ihr bisheriges Konzept zu überdenken.

Start des NÖS als ökonomisches und gesellschaftliches Reformprojekt

Zwei Jahre nach dem Mauerbau schien die Zeit für grundlegende Reformen gekommen. Die Abriegelung der Grenze sicherte nicht nur die Überlebensfähigkeit der DDR, sie erweiterte auch den Handlungsspielraum der Herrschenden. Im Oktober 1961 hatte der XXII. Parteitag der KPdSU die Entstalinisierung weitergetrieben und im Ostblock Hoffnungen auf eine Liberalisierung und Reformen geweckt, die die DDR mit zweijähriger Verspätung erreichten.
Die Initialzündung zum wohl größten gesamtgesellschaftlichen Reformprojekt in der DDR-Geschichte ging von SED-Chef Walter Ulbricht bereits Ende 1962 aus. Der VI. SED-Parteitag im Januar 1963 bestätigte sein zunächst noch roh formuliertes Konzept einer Modernisierung der Planwirtschaft, das im Juli, nach einer gemeinsamen Wirtschaftskonferenz des ZK der SED und des DDR-Ministerrates, als »Richtlinie für das Neue Ökonomische System der Planung und Leitung der Volkswirtschaft« Gesetzeskraft erlangte. Kern des NÖS war die Ablösung der ineffizienten administrativen Lenkungsmechanismen durch ein System ökonomischer Anreize. Ziel war *»eine gewisse Selbstregulierung auf der Grundlage des Plans«*. Das konnte nicht mit dem bis dahin geförderten Typ des folgsamen Ausführens zentraler Weisungen erreicht werden. Gewünscht waren nun selbständig denkende, verantwortungsbewußt handelnde, entscheidungsfreudige Menschen sowie eine realistische Darstellung und Bewertung der ökonomischen Fakten und Bedingungen. Konflikte sollten nicht mehr vertuscht, sondern ausgetragen werden.
Dieses Konzept ging über eine bloße Veränderung des Wirtschaftsmechanismus hinaus. Es eröffnete Freiräume in Wissenschaft, Bildung, Kultur, deutlich wahrnehmbar in der Literatur dieser Zeit (*Der geteilte Himmel* von Christa Wolf, *Ole Bienkopp* von Erwin Strittmatter, *Spur der Steine* von Erik Neutsch). Nicht zuletzt brachte es frischen Wind in die Jugendpolitik.
In die SED-Jugendpolitik zog eine ungewohnte »neue Sachlichkeit« ein. Zunächst veranlaßte der SED-Chef persönlich die Neukonstituierung der Jugendkommission beim SED-Politbüro. Neuer Leiter wurde ein bis dahin eher am Rande der politischen Führungsgremien wirkender Praktiker: Kurt Turba, Chefredakteur der für DDR-Verhältnisse ungewöhnlich offenen und diskussionsfreudigen Studentenzeitschrift »Forum«. Ulbricht hoffte offenbar, daß die Turba nachgesagte geistige Frische auch in die Jugendpolitik Einzug halten würde.
Die Jugendkommissionen, die auch auf der Bezirks- und Kreisebene eingerichtet wurden, erhielten den Auftrag, *»neu herangereifte Probleme auf den verschiedensten Gebieten des Lebens der Jugend vor der Parteiführung aufzuwerfen, Beschlüsse zur Jugendarbeit für die Parteiführung vorzubereiten, ihre Durchführung anzuleiten und zu kontrollieren sowie die besten Erfahrungen der Jugendarbeit für die leitenden Parteiorgane in den Bezirken und*

Kreisen und für die Grundorganisationen zu verallgemeinern«.[176] Die Parteiführung erwartete konkrete Vorschläge, wie die DDR-Jugend zur »Mitgestaltung« motiviert werden könnte. In der Hoffnung auf frischen Wind durch neue Kader gewährte die SED-Führung auch einige Freiräume für personelle Veränderungen.

Das Jugendkommuniqué von 1963 verspricht neue Jugendpolitik

Am 21. September 1963 wurde ein weiteres sogenanntes Jugendkommuniqué des SED-Politbüros verabschiedet, das die neue Politik der Öffentlichkeit vorstellte. Das umfangreiche Konzept (über 30 Druckseiten) knüpfte inhaltlich an das Papier vom 7. Februar 1961 an. Es war in ziemlich kurzer Zeit von der Jugendkommission unter Kurt Turba vorbereitet worden. Eine große Rolle spielten neue Formen des Umgangs mit der jungen Generation, ohne *»Gängelei, Zeigefingerheben und Administrieren«*. Der Weg schien frei für individuelle Entwicklungen, für eine Auseinandersetzung mit abweichenden Auffassungen in fairer, faktengestützter Debatte.
Das Kommuniqué warb für Toleranz und die Achtung jugendlicher Individualität und Intimsphären. Borniertheit in Fragen der Sexualität, des Modegeschmacks und tanzmusikalischer Vorlieben sowie jugendspezifischer Formen von Vergnügen und Geselligkeit sollten der Vergangenheit angehören.[177] Dennoch negierte der Text nicht die hergebrachten sozialistischen Erziehungsgrundsätze, die in den programmatischen Materialien der SED enthalten waren. So entstand rasch ein Spannungsverhältnis zwischen dem Idealbild des fleißigen, arbeitsamen, ideologisch folgsamen Jugendlichen mit altväterlichen Moralvorstellungen und dem Angebot zur individuellen Selbstverwirklichung und moderner Lebensweise.

Kommuniqué des SED-Politbüros vom 17. September 1963: »Der Jugend Vertrauen und Verantwortung« (Auszüge)

»Liebe Mädchen und Jungen, liebe Bürger der Deutschen Demokratischen Republik!
[. . .] Es gibt in der DDR viele ältere Menschen, die der Jugend vertrauen, sie verstehen und ihr helfen. Manche ältere Bürger der DDR stehen aber der Jugend noch mit Unbehagen und einem gewissen Mißtrauen gegenüber. Sie wissen zwar, daß unsere Jugend anders ist als die Jugend Westdeutschlands. Sie glauben aber, unsere Mädchen und Jungen würden den hohen Anforderungen, die der umfassende Aufbau des Sozialismus an sie stellt, nicht genügen können. Solche Skeptiker beurteilen unsere jungen Arbeiter und Genossenschaftsbauern, unsere jungen Techniker, Ingenieure, Künstler und Wissenschaftler nach äußerlichen Erscheinungen. Sie befassen sich meist nur oberflächlich mit den Problemen der Jugend. Sie gehen mit bürokratischen Methoden an die Jugend heran und wundern sich dann, daß die Arbeit unter der Jugend ›kompliziert‹ ist. Sie kennen nicht den Hinweis Lenins, daß die Jugend anders zum Sozialismus kommt als ihre Väter. Die Sozialistische Einheitspartei Deutschlands hat mit all denen, die unserer Jugend mißtrauen, nichts gemein.
Unsere Partei geht von dem Grundsatz aus, daß hohe Anforderungen an junge Menschen zugleich das beste Vertrauen in sie darstellen.
Von Euch, den Mädchen und Jungen in der Deutschen Demokratischen Republik, wird viel verlangt: Gestützt auf die mehr als ein Jahrhundert währende Tradition der deutschen Arbeiterbewegung, getreu dem Rat und den Erfahrungen der Väter sollt Ihr mithelfen, in der DDR den Staat der deutschen Zukunft zu errichten. Jedem selbständig denkenden jungen Menschen ist es inzwischen klargeworden, daß die Zukunft ganz Deutschlands nur in einer sozialistischen Ordnung liegt. Die Mädchen und Jungen, die heute gut für die DDR arbeiten, wirken damit zugleich für die ganze Nation! [. . .]
Lernt – Ihr müßt die Verantwortung übernehmen!
Um die Hausherren der nächsten 50 Jahre, um die

(Quelle: Neues Deutschland vom 22. September 1963)

Bürger des künftigen sozialistischen Deutschlands gut auszubilden, müssen an unser sozialistisches Bildungswesen höhere Anforderungen gestellt werden. Das Niveau des Unterrichts muß steigen, es muß dem wissenschaftlichen Niveau der Zeit entsprechen. [. . .]

Die Arbeiterjugend in sozialistischen Betrieben möchte große Produktionsleistungen vollbringen.

Sie fühlt sich unwohl oder ist unzufrieden, wenn in den Betrieben Produktionsstockungen auftreten, wenn schlechte Qualität angeliefert oder produziert wird, wenn die Erzeugnisse hinter dem Weltniveau zurückbleiben, wenn eine überholte Technologie oder eine ungenügende Organisation der Produktion die Erzeugnisse ungerechtfertigt verteuern, wenn die Arbeitsproduktivität nicht gehörig ansteigt, wenn sozialistische Betriebe nicht optimal zusammenarbeiten und wenn die Beziehungen zwischen den Menschen im Betrieb ohne Grund belastet werden.

Da die Jugend die Ursachen solcher objektiv und subjektiv bedingten Erscheinungen oft nicht genügend kennt, zweifeln manche junge Arbeiterinnen und Arbeiter daran, daß sich diese Probleme lösen lassen.

Deshalb legt das Politbüro nahe, allen jungen Arbeiterinnen und Arbeitern in populärer Weise die Probleme unsere Epoche, insbesondere die im Programm der SED dargelegten Gesetze der gesellschaftlichen Entwicklung sowie die ökonomischen Gesetze des Sozialismus, zu erklären. [. . .]

Habt Mut zum eigenen Denken

[. . .] *Wir wenden uns gegen Erscheinungen des Schematismus in den Instituten, Hochschulen und Universitäten, die echte wissenschaftliche Leistungen behindern. Wir rufen alle Lehrkräfte auf, die ihnen anvertrauten jungen Menschen zu selbständig denkenden Sozialisten zu erziehen und nicht zuzulassen, daß gute Zensuren von der Festlegung auf eine subjektive Lehrmeinung abhängig gemacht werden.* [. . .]

Weder Gängeln noch Selbstlauf

[. . .] Ungenutzte Freizeit führt zu Langeweile, Lustlosigkeit, Kraftlosigkeit, Übermut und Überdruß.

Deshalb rufen wir alle Eltern, Erzieher, Meister, Klubhausleiter, FDJ-, Gewerkschafts- und Sportfunktionäre auf, der Jugend vor allem im Wohngebiet in origineller und wirksamer Weise zu helfen, ihre Freizeit sinnvoll im eigenen und im Interesse der Gesellschaft zu nutzen.

Diese Hilfe kann jedoch nicht in Gängelei, Zeigefingerheben und Administrieren bestehen. Man kann keinen jungen Menschen zu kulturellen oder sportlichen Veranstaltungen zwingen, zu denen er keine Lust hat. Es kommt vielmehr darauf an, diese Lust und Liebe zu wecken und anzuregen, damit die Jungen und Mädchen ihre Freizeit weitgehend selbst organisieren und verleben.

Sowenig wie Gängelei die Jugend zur sinnvollen Freizeitbeschäftigung führen kann, sowenig kann man diese allerdings auch dem Selbstlauf überlassen. Der psychologische Krieg, der aus Westdeutschland und Westberlin gegen unsere Republik geführt wird, geht nämlich gerade darauf hinaus, das Interesse unserer Jugend in ihrer Freizeit zu gewinnen. Die Freizeit ist aber ein wichtiger Teil des sozialistischen Lebens, deshalb sollte auch nicht eine Stunde davon dem Klassengegner überlassen werden. Durch noch interessantere kulturelle und sportliche Veranstaltungen, Vorträge, Streitgespräche usw. ist seinem Einfluß entgegenzuwirken. Das gilt namentlich für die Dörfer.

Oft wird gesagt, unsere Jugend habe kein Interesse an guten Büchern. Das ist offensichtlich nicht wahr. Es ist geradezu selbstverständlich geworden zu lesen. Gorki und Balzac, Heinrich und Thomas Mann, Becher und Brecht, Seghers, Friedrich Wolf, Bredel und Marchwitza haben ihre Heimat unter der ganzen Jugend gefunden. Die Jugend liest auch mit großer Freude und innerer Anteilnahme solche Bücher, in denen die Konflikte unseres Lebens wahrhaftig und optimistisch gestaltet sind. Das gehört heute schon zum guten Ton, darüber wird gesprochen, solche Bücher

»Mir macht's schon keinen richtigen Spaß mehr, Twist zu tanzen – wo nicht mal der Zentralrat was dagegen hat«

(Quelle: Eulenspiegel 14/1963)

werden verschlungen und gehen von Hand zu Hand.
Ohne damit eine literaturwissenschaftliche Einschätzung geben zu wollen, weisen wir die Jugend auf solche Bücher hin wie zum Beispiel Dieter Nolls ›Die Abenteuer des Werner Holt‹, Brigitte Reimanns ›Geschwister‹, Max Walter Schulz' ›Wir sind nicht Staub im Wind‹, Christa Wolfs ›Der geteilte Himmel‹, Joachim Wohlgemuths ›Egon und das achte Weltwunder‹, Erik Neutschs ›Die Spur der Steine‹, Karl-Heinz Jakobs ›Beschreibung eines Sommers‹ u. a. [. . .]
In der letzten Zeit gab es viele Diskussionen über bestimmte Tanzformen, hervorgerufen einerseits durch Einflüsse westlicher Unkultur und andererseits durch engstirnige Praktiken gegenüber Jugendlichen. Die Haltung der Partei zu diesen Fragen ist nach wie vor klar und deutlich: Wir betrachten den Tanz als einen legitimen Ausdruck von Lebensfreude und Lebenslust. Manchen Menschen fällt es schwer, den Unterschied zwischen einer Tanzveranstaltung und einer politischen Versammlung zu begreifen. Auf einer politischen Versammlung werden politische Fragen mit Verstand und Leidenschaft erörtert. Dort tritt vor allem der Kopf in Aktion. Auf einer Tanzveranstaltung ist das ein klein wenig anders. Dort bringt man zwar auch den Kopf mit, aber dort äußert man seine Gefühle und Stimmungen nicht in erster Linie durch Reden, sondern durch Bewegungen.
Niemandem fällt ein, der Jugend vorzuschreiben, sie solle ihre Gefühle und Stimmungen beim Tanz nur im Walzer- oder Tangorhythmus ausdrücken. Welchen Takt die Jugend wählt, ist ihr überlassen: Hauptsache, sie bleibt taktvoll!
Die Volkstänze aller Länder und Zeiten, die dem gesunden Lebensgefühl der arbeitenden Menschen entsprangen, kennen verschiedene Rhythmen und verschiedene Bewegungsformen. Wir sind für zündende Rhythmen, aber wir wenden uns scharf dagegen, daß mit ihnen Schlagertexte und andere Mittel ideologischer Diversion der imperialistischen Propaganda bei uns eingeführt werden. Wir bitten im Namen der Jugend alle Komponisten und Schlagerdichter, mehr phantasievollere Melodien und Texte zu produzieren, die unsere Jugend begeistern. In Zukunft wird man dann weniger in der DDR Westschlager singen als vielmehr in beiden deutschen Staaten zündende Schlager aus der DDR mit Texten, die unserem neuen Lebensgefühl entsprechen.
Echte Liebe gehört zur Jugend
Echte Liebe gehört zur Jugend, wie die Jugend zum Sozialismus gehört. Oft wird noch die Meinung vertreten, die Liebe zwischen zwei jungen Menschen sei eine nebensächliche Erscheinung, über die man sowenig wie möglich zu sprechen habe. Tatsächlich aber greifen Probleme der Liebe und der Ehe in alle gesellschaftlichen Bereiche maßgebend ein – jeder Leiter sollte sich darüber klar sein. Unglückliche Liebe kann die Entwicklung eines jungen Menschen lange Zeit lähmen, glückliche Liebe beflügelt ihn.
Deshalb sollte man über all diese Probleme offen und vorurteilslos sprechen, um den jungen Menschen bei ihren Sorgen in Liebe und Ehe zu helfen.
Weshalb tauchen die Probleme der Liebe heute früher auf als bei der älteren Generation? – Die Mädchen und Jungen von heute sind früher reif als die Generation vor Jahrzehnten. Zum anderen führt die volle Gleichberechtigung von Jungen und Mädchen die jungen Menschen im Leben und bei der Arbeit, beim Lernen und in der Freizeit – auf der Basis gemeinsamen Strebens – viel früher und viel enger zusammen als in der Vergangenheit. Verbote, Prüderie, Heimlichtuerei und Bestrafungen können diese Probleme nicht lösen.
Sozialistisch ist, jungen Menschen zum Lebensglück zu verhelfen und nicht Tragödien zu schaffen. Die Eltern, Lehrer und Erzieher sollten mit der Jugend auch über die Fragen dieses Lebensbereiches sprechen, damit negative soziale Folgen frühzeitiger Bindungen vermieden werden können. Jede echte Liebe zweier junger Menschen verdient ehrliche Anerkennung. Wir wollen echte, tiefe, saubere, menschliche Beziehungen und keine klösterliche Moral.
Je offener und verständnisvoller wir diese Probleme anpacken, desto eher können Zügellosigkeit, Zynismus, Mißachtung des anderen Geschlechts, Vernachlässigung der Kinder und unehrliche Familienverhältnisse vermieden werden. [. . .]
Dieses Kommuniqué ist eine Anleitung zum eigenen Denken und Handeln, aber kein Dogma [. . .]«

Quelle: Dokumente der Sozialistischen Einheitspartei Deutschlands. Beschlüsse und Erklärungen des Zentralkomitees sowie seines Politbüros und seines Sekretariats, Bd. 9, Berlin (Ost) 1965, S. 679 ff.

Das Jugendkommuniqué traf offenbar den Nerv jener Zeit. Es akzeptierte Realitäten, darunter den zeitgenössischen Musikgeschmack der jungen Generation, und sprach die Zielgruppe direkt und relativ offen an. Die DDR-Jugendlichen wurden auf die emanzipatorischen Ideale der »neuen Gesellschaftsordnung« hingewiesen und als »Hausherren von morgen« zumindestens verbal in die Verantwortung einbezogen. Der FDJ-Zentralrat zeigte sich zunächst hinsichtlich der neuen Bedingungen für die Jugendpolitik überfordert. Er legte am 24. September 1963 in altgewohnter Manier »Maßnahmen zur Auswertung« des Jugendkommuniqués fest.
Die agitatorisch vermittelten Schwerpunkte be-

wegten sich in Stereotypen. Um die Jugend mit dem Inhalt des Kommuniqués bekanntzumachen, *um »ihre Initiative zu fördern und ihre Fragen zu klären«,* sollte das persönliche Gespräch am Arbeitsplatz, in der Ausbildungsstätte und in der Wohnung geführt werden. Der Verband stellte die Initiative als *»Ausdruck des Vertrauens der Partei und des Staates gegenüber der Jugend«* dar und hob hervor, daß *»bei den Jugendlichen eine klassenmäßige Entscheidung für den Sozialismus und eine maximale Steigerung ihres Einsatzes für unsere Republik zu erreichen«* sei. Vor allem wurden jene Passagen unterstrichen, die bereits bekannte Erwartungshaltungen an die Jugend formulierten, z. B. die *»Klärung der sozialistischen Perspektive unter Verantwortung der Jugend für die Meisterung der Aufgaben der nächsten 50 Jahre«*. Darin bestehe der *»Sinn des Lebens unserer Jugend«*.

Das Kommuniqué fordere die Jugend auf, *»von niemandem unsere sozialistischen Errungenschaften in den Schmutz ziehen zu lassen«*. Jeder Jugendliche brauche den Marxismus-Leninismus. An den Schulen sei der Kampf um hohe Disziplin und Ordnung zu führen. Die Ideologische Kommission beim SED-Politbüro wurde gebeten, zusammen mit den Chefredakteuren der Jugendpresse einen Plan für die weitere publizistische Tätigkeit zu erarbeiten.[178]

In der politischen Führung der FDJ wirkten die Ereignisse und Richtlinien der Jahre 1961 und 1962 deutlich nach. In dieser Zeit hatten sich die Funktionäre jeglichen Einflüssen aus dem Westen widersetzt. Besonders die Versuche, jugendspezifische kulturelle Strömungen, wie z. B. den Jazz, in der DDR eigenständig zu adaptieren, wurden mit Verboten der regionalen staatlichen Stellen bekämpft. Als nun von höchster Ebene aus neue Töne anklangen, nahm die FDJ erst einmal eine abwartende Haltung ein. Kam Zeit, kam vermutlich Rat . . .

Leserzuschrift aus dem VEB Vereinigte Hutwerke Guben an die »Junge Generation«: »›Für‹ und ›wider‹ Heimatschnulzen«, Mai 1962

»Sicher gibt es dieses Problem nicht nur in unserem Betrieb. Wenn die Rede auf flotte Tanzmusik und in diesem Zusammenhang – es kann auch nicht anders sein – auf den Sender Luxemburg kommt, dann gibt es nicht nur heftige Diskussionen, sondern oftmals den häßlichsten Streit.

Diese Feststellung traf unsere neugewählte FDJ-Leitung schon bei der Wahlversammlung zu Beginn dieses Jahres. Damals nahmen wir in unserem Kompaß die Verpflichtung auf, keine westlichen Sender zu hören. Nach den damaligen heftigen Diskussionen nahm sich die neugewählte Leitung vor, für die Unbelehrbaren einen Vortrag über dieses Problem zu organisieren.

Im September konnten wir in unserer Mitte einen Offizier der NVA begrüßen, der uns an Hand von Tonbändern den ›Sinn‹ der westlichen Tanzmusik und speziell die Aufgabe des Senders Luxemburg erklärte. Das war eine sehr interessante Sache und auch die Freunde, die bisher auf Radio Luxemburg schwörten, bekamen bei der näheren Betrachtung der Texte sehr nachdenkliche Gesichter. Sie mußten einsehen, daß die Musik zwar sehr flott ist und ins Ohr geht, die Texte aber einen ganz bestimmten Zweck verfolgen, nämlich den, die Jugend zum Stehlen und Morden anzuregen, falsche Ideale zu schaffen und die Revanchepolitik der westdeutschen Militaristen zu unterstützen.

Im Gegensatz zu diesen Schlagern hörten wir auch Tanzmusik aus der Produktion der DDR. Alle mußten erkennen, daß in diesen Texten die schönsten und saubersten Beziehungen der Menschen zum Ausdruck kommen. Wir sind uns darüber im klaren, daß nicht alle Freunde restlos von der feindlichen Tätigkeit des Senders Luxemburg, der doch ›nur Tanzmusik‹ bringt, überzeugt sind. Aber wir glauben, doch schon einen Erfolg erzielt zu haben.«

Quelle: Junge Generation, Berlin (Ost), 21/1962, S. 94.

Doch bald war der gute Rat teuer. Die herbeigerufenen Geister wurde man nämlich nicht gleich wieder los. Formen eines freieren, ungezwungeneren Jugendlebens, wie dies offiziell beschrieben worden war, wollten nun auch ausprobiert sein. Das Kommuniqué von 1963 erfuhr ein anderes Schicksal als die ungezählten Resolutionen, Entschließungen oder Beschlüsse der SED und der Massenorganisationen. Es wurde von den Jugendlichen beim Wort genommen.

Ein weites Feld tat sich im Sektor der Tanz- und Rockmusik auf. Dem Siegeszug des Beat wollte sich die FDJ-Führung nicht länger entgegenstellen. Diese Musik avancierte zum Statussymbol auch der DDR-Jugendlichen. Sie verkörperte Spontaneität und Emotionalität weitab von Enge und Selbstbescheidung der Erwachsenenwelt. Als klar war, daß die FDJ den Kampf gegen den Beat nicht gewinnen konnte, ver-

suchten die Verantwortlichen, ihn im Sinne der Jugendpolitik wenigstens zu instrumentalisieren.
Der Erste Sekretär des Zentralrats tanzte bei einer Jugendtanzveranstaltung mit und setzte so ein deutlich sichtbares Zeichen. Hauptsache, alles blieb in einem »ordentlichen«, kontrollierbaren Rahmen.
Diese Entwicklung mündete in einen bemerkenswerten Aufruf, den der FDJ-Zentralrat, das Zentralhaus für Kulturarbeit und eine Zentrale Arbeitsgruppe Tanzmusik am 9. Juli 1965 in der »Jungen Welt« veröffentlichten. Er betraf einen Laienkunstwettbewerb der Gitarrengruppen für den Zeitraum 1965/66. Der »zentrale Leistungsvergleich« sollte nach regionalen Ausscheidungen mit einem Auftritt der besten Gruppen in Berlin gekrönt werden.
Zur Überraschung der Initiatoren löste dieser Aufruf eine ganze Reihe von spontanen Aktivitäten aus. Hunderte Gruppen beteiligten sich an den Wettbewerben. Dem Verband bereitete es sichtlich Mühe, die Konzerte und anderen Initiativen »von unten« unter Kontrolle zu behalten.
Die Resonanz war nicht verwunderlich. Eine Großveranstaltung der FDJ im Frühsommer 1964 hatte bereits einen Vorgeschmack auf die in der Jugend wirklich herrschende Stimmung abseits der Verbandsdisziplin gegeben.

»Deutschlandtreffen der Jugend« 1964

Vom 16. bis 18. Mai 1964 fand das Deutschlandtreffen der Jugend in Berlin statt. Die FDJ knüpfte dabei ausdrücklich an derartige Veranstaltungen der Jahre 1950 und 1954 an. Das SED-Politbüro hatte die Planungen abgesegnet und ein vielfältiges, im wesentlichen allerdings

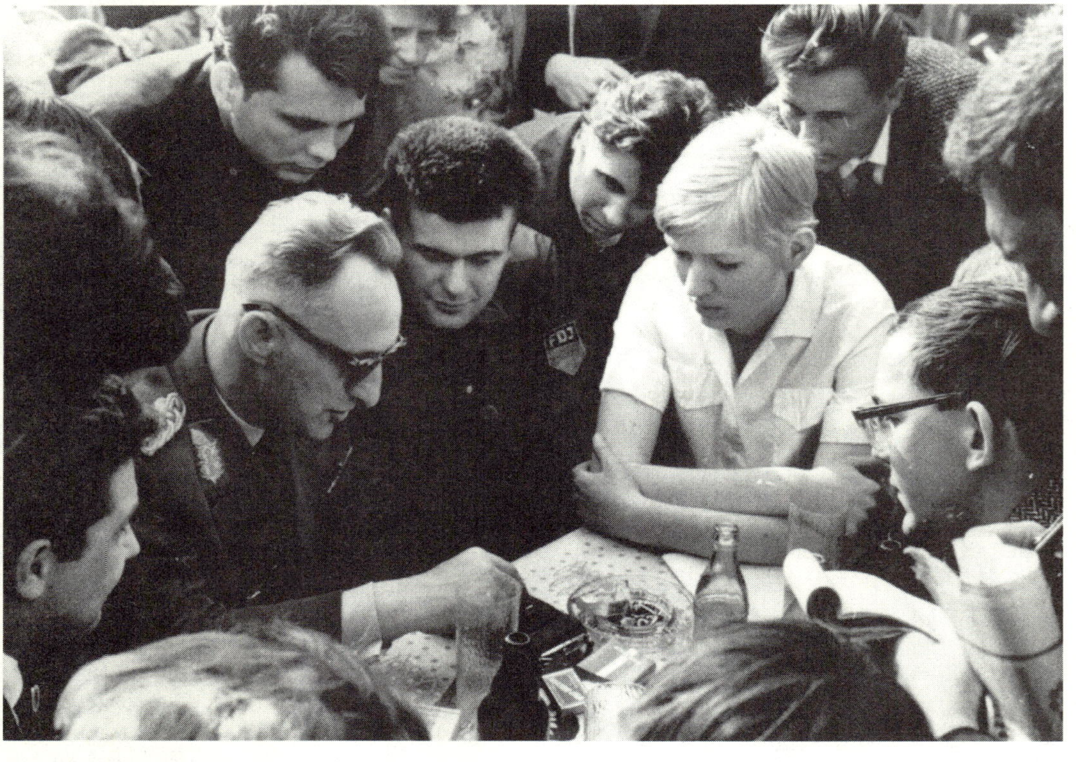

Generalleutnant Heinz Keßler, stellv. Verteidigungsminister der DDR, 1946–1948 FDJ-Vorsitzender von Groß-Berlin, beim Deutschlandtreffen 1964

politisch-ideologisch ausgerichtetes Programm formuliert. Eine große Rolle spielten dabei die zu erwartenden Diskussionen mit westdeutschen Teilnehmern.

Beschluß des SED-Politbüros vom 12. November 1963: »Durchführung des Deutschlandtreffens der Jugend in der Hauptstadt der Deutschen Demokratischen Republik, Berlin«

»[. . .] Das Deutschlandtreffen der Jugend wird im Geiste des auf dem VI. Parteitag der SED beschlossenen Programms für den umfassenden und vollständigen Aufbau des Sozialismus in der DDR und dem Kommuniqué des Politbüros des ZK der SED zu Problemen der Jugend vorbereitet und durchgeführt. [. . .]

Die deutsche Jugend trifft sich Pfingsten 1964 in der Hauptstadt der DDR, Berlin, weil sie über den Sinn ihres Lebens, die Größe ihrer Verantwortung für die Nation und für sich selbst nur in dem ersten deutschen Friedensstaat, der DDR, frei und ohne Gewissenszwang den Meinungsaustausch führen kann.

Die deutsche Jugend trifft sich Pfingsten 1964 in der Hauptstadt der DDR, Berlin, um bei Sport, Tanz und Spiel, durch das große Gespräch über die die junge Generation bewegende Fragen, für den Kampf um den umfassenden und vollständigen Aufbau des Sozialismus, besonders die Erfüllung der Volkswirtschaftspläne in der DDR, für Frieden, für die Durchsetzung der Demokratie und des sozialen Fortschritts, gegen die atomare Aufrüstung, gegen Notstandsgesetzgebung und Verschlechterung der Lebenslage in Westdeutschland neue Kraft zu schöpfen. [. . .]

Der westdeutschen Jugend, insbesondere den westdeutschen Teilnehmern am Deutschlandtreffen soll in einer Situation, in der unter dem Einfluß des sich verändernden internationalen Kräfteverhältnisses zugunsten der Kräfte des Friedens und des Sozialismus auch in Westdeutschland die Politik in Bewegung kommt, geholfen werden, den Weg zu wirklicher Freiheit und Demokratie, zu Frieden und gesellschaftlichem Fortschritt auch in Westdeutschland zu finden. [. . .]

Die große Aussprache muß deshalb aussagen: Wenn die westdeutsche Jugend in Frieden leben will, ist es höchste Zeit, daß sie sich offen gegen die gewissenlose Politik der Militaristen und Revanchisten zur Wehr setzt und mithilft, diese von den Hebeln der Macht zu entfernen.

Das Deutschlandtreffen soll dazu beitragen, bei der westdeutschen Jugend die Erkenntnis zu wekken und zu vertiefen, daß die Errichtung der sozialistischen Gesellschaftsordnung in der DDR und der Kampf für den Frieden, Demokratie und sozialen Fortschritt, wie er besonders von der Gewerkschaftsjugend geführt wird, zusammengehören, daß jeder Erfolg der DDR auf politischem, ökonomischem und kulturellem Gebiet den Kampf der westdeutschen Jugend unterstützt und zugleich auch ihr Erfolg ist, daß die DDR die Zukunft Deutschlands ist, daß es deshalb eine Lebensfrage für die westdeutsche Jugend ist, sich in ihrem Handeln auf die DDR zu stützen und dem Antikommunismus, der Hetze gegen die DDR, der Verleumdung von Persönlichkeiten der DDR entschieden entgegen zu treten ist, daß vor allem die westdeutsche Arbeiterjugend ein enges Verhältnis zu ihren jungen Klassengenossen in der DDR herstellt und energisch darum ringt, daß Schritte zur Normalisierung der Beziehungen zwischen den beiden deutschen Staaten hergestellt werden. Dabei muß hervorgehoben werden, daß das zugleich ein wichtiger Schritt auf dem Wege zur Wiedervereinigung Deutschlands wäre, daß ohne friedliche Koexistenz, ohne Abrüstung, ohne die Brechung der Macht der Militaristen und Revanchisten in Westdeutschland die Überwindung der Spaltung Deutschlands nicht möglich ist. [. . .]«

Quelle: SAPMO-BArch, DY 24/1613.

---

25 000 Teilnehmer aus der Bundesrepublik und aus West-Berlin kamen zum Deutschlandtreffen. Drei Jahre nach dem Mauerbau wollten FDJ und SED vor Augen führen, wie gut und richtig die damalige Entscheidung gewesen war und wie weit man inzwischen vorangekommen sei.

Am 16. Mai 1964 begann das Deutschlandtreffen. Nach offiziellen Angaben waren 535 000 Jugendliche in die DDR-Hauptstadt gekommen. An der Eröffnungsfeier nahm die gesamte Partei- und Staatsführung teil. Es gab eine Vielzahl von Kulturveranstaltungen, Lesungen von Schriftstellern wie Brigitte Reimann, Christa Wolf, Hermann Kant und Dieter Noll, Auftritte von DDR-Beatgruppen. Der Berliner Rundfunk sendete erstmals rund um die Uhr ein eigenes Jugendprogramm, welches großen Anklang fand und selbst von den politischen Verantwortlichen positiv aufgenommen wurde. Nach dem Jugendtreffen bekam »DT 64« einen festen Sendeplatz.

Am 29. Juni 1964 nahm es den regulären Betrieb auf, und bis in die achtziger Jahre entwikkelte sich »DT 64« zu einem bei der Jugend beliebten Vollprogramm.

Niederschrift des Berichtes über das »Deutschlandtreffen 1964« in Berlin an das SED-Politbüro (Auszug)

»[. . .] In dem Zusammenhang möchten wir die große Wirkung des Senders ›DT 64‹ hervorheben. Dieser Sender, der ununterbrochen 99 Stunden ausstrahlte, hatte eine große Wirkung auf die Teilnehmer am Treffen, auf die Berliner, auf viele Menschen in unserer Republik, aber auch über die Grenzen unserer Republik nach Westdeutschland und dem Ausland. Unserer Auffassung nach war dieser Sender ein wirkungsvolles Mittel, um die Jugend an das Geschehen des Treffens zu binden und die Versuche der Einwirkung der NATO-Sender auf das Treffen auszuschalten.
Seine Ursache hatte die Wirkung des Senders besonders im Arbeitsstil und dem Einfallsreichtum der Genossen und Freunde, die an diesem Sender mitarbeiteten. Durch lebendige und operative Arbeit mit Übertragungswagen und Reportern war der Sender an den Ereignissen des Treffens dran, konterte populär und lebendig Verleumdungen des Feindes und vermittelte schnell lebendige Argumentationen an die Teilnehmer des Treffens. [. . .]
Als die von DPA-Vertretern erfundene Lüge – Teilnehmer am Deutschlandtreffen seien bei der Demonstration mehrere Male an der Tribüne vorbei marschiert, um eine große Beteiligung vorzutäuschen – konterte der Sender mit Spott und Hohn und erklärte: Es ist besonders schwierig für die Organisatoren gewesen, die Pioniere dreimal umzuziehen, einmal als Pioniere, dann als Volkspolizei und schließlich als Freiwillige Feuerwehr.
10 Minuten, nachdem der Sender das gebracht hatte, wurde von den Teilnehmern dieses Argument auf den Straßen und Plätzen bei den Auseinandersetzungen mit den von Westberlin aus eingeschleusten Diskutierern wirkungsvoll verwendet.
Aus dieser Erfahrung heraus schlagen wir vor, in unserer Republik einen Jugendsender zusätzlich einzurichten. Wir sind uns darüber im klaren, daß das zusätzliche geldliche und materielle Mittel erfordert. Es wäre aber eine gute Methode, um die Einwirkung bürgerlich-ideologischer Auffassungen weiter zurückzudrängen und unsererseits nach Westdeutschland wirkungsvoll auf die Jugend auszustrahlen. [. . .]«

Quelle: SAPMO-BArch, DY 24/A 10.879.

Die DDR-Presse berichtete über zahllose Diskussionen mit den Jugendlichen aus der Bundesrepublik, wobei die ostdeutschen Jugendlichen ein »offenes Gespräch« mit ihren westdeutschen Altersgefährten führten. »Provokateuren«, die angeblich speziell in West-Berlin geschult worden waren, um brisante Themen anzusprechen, habe man selbstverständlich »eine Abfuhr erteilt«. Doch die Realität war viel differenzierter. Die »Lebensfragen der Jugend« in Deutschland erschöpften sich nicht in politischen Deklamationen.
Bei vielen Westdeutschen dürfte ein modifiziertes Bild von der DDR zurückgeblieben sein. Inmitten einer Phase des Aufbruchs stellte sich die Szene in Ost-Berlin anders dar, als sie gerade zu dieser Zeit in Bonn gezeichnet wurde. Das bunte Programm des Deutschlandtreffens jedenfalls gefiel den meisten Teilnehmern. Das Spektakel in Ost-Berlin verdrängte den tristen Alltag und prägte sich manchem FDJler als ein Schlüsselerlebnis für die persönliche »Biographie« ein.
300 000 Jungen und Mädchen waren zur abschließenden Kampfdemonstration am Pfingstsonntag mobilisiert worden. Sie defilierten wie immer stundenlang an der versammelten Führung des Landes vorbei. Ulbricht, Honecker und Schumann – die Fotos zeigen die höchsten Repräsentanten des sozialistischen »Arbeiter- und Bauernstaates« sichtlich begeistert vom jubelnden Zuspruch der Transparent- und Fähnchenträger. Tatsächlich bewies die Großveranstaltung im Mai 1964, drei Jahre nach dem Mauerbau, daß größere Teile der ostdeutschen Jugend durchaus loyal zum Regime in der DDR standen.
Das Deutschlandtreffen bekam eine positive Gesamtnote. Im Parteiapparat war man zufrieden, daß ein solches Fest von so vielen Jugendlichen angenommen worden war und keine Anti-DDR-Stimmung aufkam. Die verfahrene Situation, wie sie vor allem bis zum August 1961 geherrscht hatte, schien überwunden.

Beschluß des SED-Politbüros: »Probleme, die sich aus der Einschätzung des Deutschlandtreffens ergeben«, Juni 1964 (Auszüge)

»1. Das Deutschlandtreffen hat gezeigt, daß die Jugend der Deutschen Demokratischen Republik ein gesundes Verhältnis zu ihrem Staat hat. Das kam nicht nur in den vielen offenen Gesprächen mit jungen Westdeutschen, im ›Abblitzenlassen‹ so manchen Provokateurs, sondern vor allem in den Leistungen der Jugend zum Ausdruck, die sie in sozialistischen Brigaden und Arbeitsgemeinschaften in Industrie und Landwirtschaft, in Schu-

Deutschlandtreffen 1964

len und Hochschulen zur Vorbereitung auf das Treffen vollbrachte. [. . .]
2. Für die beachtliche sozialistische Bewußtseinsentwicklung unter der Jugend der DDR war vor allem der neue Stil der Argumentation gegenüber der Jugend ausschlaggebend, den Genosse Walter Ulbricht auf dem VI. Parteitag begründet und zielstrebig im Zusammenhang mit dem Jugendkommuniqué des Politbüros, dem Jugendgesetz und dem Deutschlandtreffen entwickelt hat. [. . .]
3. Die ganze bunte Palette des künstlerischen Schaffens, die die neuen Probleme unseres Lebens zum Ausdruck brachte, stieß auf gewaltiges Interesse bei den Teilnehmern des Deutschlandtreffens. Diese Erscheinung ist etwas Neues im Leben der Jugend; auf ihr großes Interesse an der Entwicklung unserer sozialistischen Nationalkultur kommt es an. Das Deutschlandtreffen bewies, daß das neue Schaffen der Schriftsteller, Lyriker, Bildhauer, Maler, der Ensembles und Solisten der ernsten und heiteren Muse mehr und mehr fester Bestandteil des Lebens der Jugend wird.
Die jungen Besucher von Bechers ›Der große Plan‹ waren tief ergriffen; die Mädchen und Jungen ›stürmten‹ im wahrsten Sinne des Wortes den Schriftstellerbasar, tanzten anschließend bis in die Nacht hinein Twist, blieben dabei taktvoll und sagten zwischendurch einigen Provokateuren ›ein paar Takte‹. [. . .]
4. Alle Spekulationen darauf, daß die Jugend der DDR gegen ihren Staat eingestellt sei und dieser Staat dogmatisch sei, sind durch das Deutschlandtreffen sinnfällig widerlegt worden. [. . .]
5. Der sozialistische Jugendverband hat in Vorbe-

reitung des Deutschlandtreffens, vor allem in der letzten Phase, einen lebendigen Stil entwickelt und ist dabei sichtlich gewachsen. [. . .]
Die Entwicklung der weiteren Arbeit der Genossen in der FDJ und der Jugendarbeit überhaupt muß davon ausgehen, daß eine neue Generation junger Menschen bei uns herangewachsen ist, die den Kapitalismus nicht mehr kennengelernt hat, aber – wie das Auftreten der Teilnehmer am Deutschlandtreffen zeigte – dennoch gut über die Unterschiede zwischen Sozialismus und Imperialismus informiert ist und hohe Anforderungen stellt. Wir berücksichtigen dabei, daß am Treffen in der Regel die besten und aktivsten Jugendlichen teilnahmen. Es ist notwendig, jetzt mit allen Jugendlichen so zu arbeiten. [. . .]
6. Auf die Mehrheit der westdeutschen Teilnehmer machte das Deutschlandtreffen, sein buntes lebensfrohes Bild wie die Geschlossenheit von Partei, Staat und Jugend, die Zusammenarbeit von Jung und Alt in der DDR einen großen Eindruck. Im Mittelpunkt der weiteren Diskussion mit westdeutschen Jugendlichen muß die Frage stehen: ›Wer herrscht, wer leitet in beiden deutschen Staaten?‹ Es ist der Nachweis zu erbringen, daß der westdeutsche Staat des Rüstungskapitals, der alten Nazis und des Profitmachens den Interessen der westdeutschen Jugend zuwider läuft. [. . .]«

Quelle: SAPMO-BArch, DY 24/6030.

In den Monaten nach dem Deutschlandtreffen standen weitere Bemühungen um eine politische Einbindung der Jugendlichen in die Gesellschaft im Vordergrund. Insbesondere die während des Treffens beobachteten Interessen der FDJler für Musik, Literatur und Kunst sollten dafür genutzt werden.
Die Jugendlichen nahmen sehr aufmerksam wahr, was sich in der Tanz- und Rockmusik, im Spielfilm und in der Belletristik so alles tat. Verschiedene Formen eines freieren, ungezwungenen Jugendlebens – immer im Rahmen des herrschenden Systems – bekamen eine Chance.
Als besonders massenwirksam erwies sich die Musikszene. Die Gründung des Radio-Jugendprogramms »DT 64« setzte ein unübersehbares Zeichen. Auch in den anderen Medien gab es zu dieser Zeit kaum Widerstand gegen Beat, Rock und anderen überwiegend aus dem Westen einströmenden Richtungen. Der institutionelle Beistand, den die FDJ mit der Gitarrenbewegung gewährt hatte, weckte den Ehrgeiz tausender Teenager, sich musikalisch zu betätigen. Die

Deutschlandtreffen 1964

Kulturhäuser in der DDR erlebten Auftritte einheimischer, osteuropäischer und einiger weniger westeuropäischer Gruppen bzw. Bands.
Die Livepräsentationen hatten einen großen Publikumszuspruch. In den Sälen und unter freiem Himmel gab es oft ausverkaufte Veranstaltungen. Die beteiligten Gruppen beklagten eher den Mangel an Terminen als den Mangel an Auftrittsgelegenheiten.
Nach dem Mauerbau war es den DDR-Jugendlichen, vor allem aus dem Berliner Raum, nicht mehr möglich, die westliche Filmproduktion in West-Berliner Kinos unmittelbar und ohne die ideologischen Auswahlprinzipien der staatlichen Zensoren anzusehen. Das war die Chance für die einheimische Produktion. Das Babelsberger Spielfilmstudio der DEFA griff aktuelle politische Probleme auf, so auch den 13. August 1961 und die Folgen, fand jedoch keine erkennbar größere Publikumsresonanz. Offensichtlich blieben die Zielgruppen lieber zu Hause und sahen fern, natürlich »west«-fern (das ARD-Programm war allerdings nicht überall in der DDR zu empfangen). 1963 begann insbesondere im Film eine Hinwendung zur kritischen Gestaltung des Alltags, gesellschaftlicher Konflikte und persönlicher Probleme inmitten des »umfassenden Aufbaus des Sozialismus«. Die

Künstler nutzten die Phase der Liberalisierung, um die individuelle Position der Menschen und besonders auch von Jugendlichen im DDR-System zu zeigen und zur Diskussion zu stellen. Der Film »Das Kaninchen bin ich« von Kurt Maetzig und Manfred Bieler, der das Tabu-Thema politische Justiz aufs Korn nahm, gab der ganzen Gattung den Namen. Weitere »Kaninchen«-Filme waren »Der Frühling braucht Zeit« (Regie: Günter Stahnke) über die Vereinsamung des Menschen in der sozialistischen Welt oder »Denk bloß nicht ich heule« (Regie: Frank Vogel) über einen 18jährigen Oberschüler, der von der Schule gewiesen wird. Wenn diese Filme überhaupt in die Kinos kamen, war ihnen nur eine kurze Spielzeit beschieden bis zum 11. ZK-Plenum im Dezember 1965, dem berüchtigten »Kahlschlag«-Plenum. Danach wurde fast eine ganze Jahresproduktion der Defa aus dem Verkehr gezogen oder gar nicht zu Ende gedreht.

Im Unterschied zum Film wurde die ostdeutsche Literatur durchgehend aufmerksamer verfolgt und besonders von der Jugend wahrgenommen. Die bekannten Schriftsteller traten, gewissermaßen im Schatten der Parteilinie, des öfteren in das Licht der Öffentlichkeit, so auf dem FDJ-Deutschlandtreffen 1964 in Berlin. Christa Wolf war 1963 sogar zur Kandidatin des SED-Zentralkomitees gewählt worden, ebenso Helmut Sakowski. Die Werke der prominentesten Autoren (bei aller Unterschiedlichkeit ihrer Stile und Anschauungen) – Stephan Hermlin, Sarah Kirsch, Günter Kunert, Erwin Strittmatter, auch Brigitte Reimann – wurden in hohen Auflagen publiziert. Die Literatur spielte in der DDR eine ungewöhnlich große Rolle. In einer abgeschotteten, zugleich aber auf ein relativ hohes Bildungsniveau setzenden Gesellschaft mag dies eine zwangsläufige Folge sein. Gerade Jugendliche fanden ihre Sorgen und Nöte, ihre Begeisterung und Euphorie, ihre Zweifel und Hoffnungen in den Romanen und Erzählungen wieder. Auch die Lyrik erlebte in jener Zeit großen Zuspruch. Die Aufbruchstimmung war überall spürbar.

„Da Eulenspiegel seit mehr als einem Jahr die einschlägigen Rubriken der Zeitungen nur flüchtig gelesen hat und auch den Prager Veranstaltungsplan nicht kennt, ist er immer noch gegen die Beatles."

(Quelle: Eulenspiegel 17/1965)

Emanzipationsprozeß droht außer Kontrolle zu geraten

Unter dem Eindruck der neuen Freiheiten, der gesellschaftlichen Aufwertung der Jugend, einer Akzentverschiebung hin zu Individualität und Selbstbestimmung wurde die Kontinuität des ideologischen Herrschaftsanspruchs der SED fast übersehen. Aber der politischen Führung des Landes war nicht daran gelegen, Entwicklungen, die eine Verwestlichung, eine Demokratisierung im Sinne hatten, auch nur partiell zuzulassen. Es war ein Irrtum zu glauben, die Partei und der Verband hätten zu irgendeinem Zeitpunkt ihren Vormundschaftsanspruch gegenüber der Jugend aufgegeben.

Die Befreiung der Jugend von Gängelei und kleinlicher Bevormundung hatte einen Emanzipationsprozeß in Gang gesetzt, der das Wahrheitsmonopol der Partei, die in der Gesellschaft alles wußte und alles festlegte, infrage zu stellen begann. Auf ideologischem Gebiet hatte es keine Diskussionen zu geben. Wenn auch nur in einem Teilbereich des Systems den Mächtigen die Kontrolle zu entgleiten schien, mußte sofort die Notbremse gezogen werden. Deshalb wur-

»Nächste Woche kann mir die FDJ endgültig den Buckel runterrutschen.«
»Wieso, wirst du dann 25?«
»Nein, aber dann habe ich mein Staatsexamen in der Tasche.«

(Quelle: Eulenspiegel 33/1964)

de, parallel zu den Öffnungstendenzen, ein entsprechendes Instrumentarium im politischen System etabliert.

Das im Mai 1964 verabschiedete Jugendgesetz der DDR, offiziell »Gesetz über die Teilnahme der Jugend der Deutschen Demokratischen Republik am Kampf um den umfassenden Aufbau des Sozialismus und die allseitige Förderung ihrer Initiative bei der Leitung der Volkswirtschaft und des Staates, in Beruf und Schule, bei Kultur und Sport«, trug zwar einen anspruchsvollen Namen, setzte den neuen Freiheiten aber sogleich Grenzen. In der drögen Sprache des SED-Parteideutsch wurde der einzelne Jugendliche verpflichtet, der Republik seine Dankbarkeit mit fleißigen, heroischen Taten zu beweisen und dem Sozialismus als Gesellschaftsordnung ohne Wenn und Aber zu dienen: *»Im Leben und Schaffen für das Glück der Gesellschaft erfüllt sich zugleich das persönliche Glück jedes jungen Bürgers unserer Republik«.*[179] Der Normenkatalog ließ keine großen Spielräume.

Jugendgesetz der DDR vom 4. Mai 1964 (Auszug)

»Die Jugend unserer Republik erkennt den Sinn ihres Lebens in den Idealen des Sozialismus, in der fleißigen Arbeit, die dem Frieden dient und neue Werte schafft, in einer hohen Bildung und im Schaffen für den Wohlstand und das Glück aller. Immer stärker bilden sich solche moralischen Eigenschaften der jungen Generation heraus wie sozialistischer Patriotismus und Internationalismus, Kollektivgeist, humanistisches Denken, hohes Verantwortungsbewußtsein, Disziplin und das Bestreben, das eigene Fach zu meistern und kulturvoll und gesund zu leben. [. . .]
Sozialistische Jugendpolitik in der Deutschen Demokratischen Republik bedeutet:
– das selbständige Denken und Handeln der Jugendlichen in allen Bereichen des gesellschaftlichen Lebens zu fördern und sie kameradschaftlich bei der Überwindung der Schwierigkeiten zu unterstützen;
– den Jugendlichen entsprechend ihren Kenntnissen und Fähigkeiten ständig höhere Verantwortung in der Arbeit, beim Lernen, Lehren und Forschen zu übertragen und ihren Sinn für die sozialistische Gemeinschaftsarbeit auszubilden;
– die aktive Mitwirkung der Jugend bei der Leitung des Staates und der Volkswirtschaft zu gewährleisten;
– der Jugend bei der Gestaltung eines interessanten und inhaltsvollen geistigen, kulturellen und sportlichen Lebens zu helfen;
– das eigenen Bemühen der Jugend, moralische und charakterliche Eigenschaften zu erwerben, die dem sozialistischen Menschenbild und einer gesunden Lebensführung entsprechen, zu fördern;
– die Beziehungen zwischen Mädchen und Jungen sowie zwischen alt und jung auf der Grundlage menschlicher Anerkennung und Achtung und des Grundsatzes der Gleichberechtigung zu gestalten.«

Quelle: Staatliche Dokumente zur sozialistischen Jugendpolitik in der Deutschen Demokratischen Republik, Berlin o. J. [1971], S. 19 ff.

Am 25. Februar 1965 folgte das Gesetz über das »einheitliche sozialistische Bildungssystem«. Von der Wiege bis zur Bahre reichte die Fürsorge, aber auch die Aufsicht und Kontrolle über die Bürger. Das Gesetz definierte Organisation, Aufgaben und Pflichten der Vorschulerziehung (Kinderkrippen bis zum dritten Lebensjahr, Kindergärten bis zum sechsten Lebensjahr), des Oberschulsystems (zehn Klassen, »allgemeinbildend«, »polytechnisch«), der Berufsausbildung, der zur Hochschulreife führenden Einrichtungen (vor allem Erweiterte Oberschulen), der Ingenieur- und Fachschulen, Universitäten und Hochschulen sowie der Aus- und Weiterbildung der Berufstätigen. Die Bemühungen um ein hohes, vom sozialen Status unabhängiges Bildungsniveau waren zweifellos ein noch heute wirkender Gewinn für die in der DDR Aufgewachsenen, auch wenn die Kehrseite in der völligen Einbindung des einzelnen in das politisch-ideologische System bestand.

Das Gesetz sicherte Ausbildung und gesellschaftliche Integration jedes Heranwachsenden in der DDR. Es nahm allerdings auf subjektive Interessen und Ansprüche wenig Rücksicht. Großer Wert wurde auf eine Einheit von fachlicher und politischer Ausbildung gelegt. Das war aus der Logik der sozialistischen Gesellschaft heraus verständlich, entsprach den Normen des Marxismus-Leninismus sowie den Anforderungen der wissenschaftlich-technischen Revolution.

Jeder Jugendliche wurde »allumfassend« geschult, erzogen, gebildet und – faßt man dies zusammen – indoktriniert, so wie es von der SED festgelegt war. Das »sozialistische Menschenbild« war der von der Parteiführung gewünschte, völlig an das politische System angepaßte Mensch. Damit wurden zugleich die individuellen Möglichkeiten des einzelnen erheblich eingeschränkt und so eine der wichtigsten Quellen für produktive gesellschaftliche Beziehungen verstopft. »Aus der Norm ausbrechen« gestaltete sich fortan für den einzelnen noch schwieriger. In der zweiten Hälfte der sechziger Jahre wurde mit einem »Hochschulgesetz« das Bildungssystem weiter ausgebaut.

„Nicht eingestellt! Wahrscheinlich, weil ich nicht in der Partei bin."

(Quelle: Eulenspiegel 41/1965)

Disziplinierungsbemühungen des Zentralrats

Während sich in der DDR im Gefolge des SED-Jugendkommuniqués eine vielfältige, lebendige Jugendkultur in- und außerhalb der FDJ entwikkelte, bewegte sich die politische Arbeit der Verbandsleitung in eingefahrenen Gleisen. Der Zentralrat wurde frühzeitig in die Bemühungen der SED um eine Begrenzung und Festschreibung der Spielräume in der Jugendpolitik einbezogen. Er folgte beflissen allen Wendungen des Parteikurses.

Im Oktober 1964 hatte die FDJ eine »Kontrollpostenaktion« in verschiedenen Bereichen der Volkswirtschaft durchgeführt. Im November beschäftigte sich der Zentralrat mit der Moral und den Rechtsnormen. Anlaß waren Vorfälle von Rowdytum und Bandenkriminalität unter Jugendlichen, die für Aufsehen gesorgt hatten. Die 1961 bereits aktivierten Ordnungsgruppen wurden reorganisiert, wobei ein zunehmender harter Kurs bei den »Normen und Werten« auffiel.[180]

Beschluß des Sekretariats des Zentralrats der FDJ über die Ordnungsgruppen vom 10. November 1964

»Die Mitwirkung der gesellschaftlichen Kräfte zur Durchsetzung unserer sozialistischen Moral- und Gesetzesnormen, besonders im Kampf gegen die Kriminalität und andere, das Zusammenleben der Bürger störende Handlungen, vervollkommnet sich ständig. Die Jugendorganisation trägt in diesem Zusammenhang für die Bekämpfung der Kriminalität unter der Jugend eine besondere Verantwortung. [. . .] Die Tatsache, daß die Verletzung der sozialistischen Moral- und Rechtsnormen durch junge Menschen bedeutende Auswirkungen auf andere, in ihrer Disziplin noch nicht gefestigte Mädchen und Jungen hat und eine mangelnde gesellschaftliche Disziplin letzten Endes ein Hemmnis für die Entwicklung der Produktivkräfte ist, verlangt von den Leitungen der FDJ und der Pionierorganisation, der Erziehung der gesamten Jugend zur bewußten Disziplin und Ordnung und der Einhaltung der sozialistischen Gesetzlichkeit eine größere Aufmerksamkeit zu widmen. Zur Verstärkung des Einflusses der FDJ auf die Durchsetzung der sozialistischen Rechtspflege beschließt das Sekretariat des Zentralrats:

1. In der ideologischen Arbeit ist verstärkt auf die Festigung und Entwicklung des sozialistischen Rechtsbewußtseins unter der Jugend Einfluß zu nehmen. [. . .]

2. a) Die Leitungen der Grundorganisationen der FDJ werden beauftragt, auf der Grundlage des Statuts der FDJ, sich mit Mitgliedern der FDJ auseinanderzusetzen, die die Arbeitsdisziplin verletzen, sich ungebührlich während der Arbeit und in ihrer Freizeit benehmen. Solchen Mitgliedern gegenüber sind Maßnahmen zu ergreifen, die ihnen helfen, nach den Grundsätzen der sozialistischen Moral und Ethik zu leben und zu arbeiten.

b) Die Leitungen der FDJ-Grundorganisationen nehmen darauf Einfluß, daß sich ebenso Jugendbrigaden und andere Arbeitskollektive verstärkt mit solchen Jugendlichen auseinandersetzen.

c) Die Leitungen der Grundorganisationen der FDJ berichten über solche Auseinandersetzungen, festgelegte Maßnahmen und erzielte Erziehungsergebnisse an die ihnen übergeordneten Leitungen.

3. Die Leitungen der Grundorganisationen der FDJ helfen den Rechtspflegeorganen auf der Grundlage des Staatsratserlasses zur Rechtspflege, bei der Lösung ihrer Aufgaben. Sie unterstützen die staatlichen Organe bei der Ermittlungstätigkeit, durch die aktive Teilnahme an Gerichtsverhandlungen, als gesellschaftliche Ankläger oder Verteidiger und durch ihre Mitwirkung bei der Betreuung verurteilter oder aus der Haft entlassener Jugendlicher.

4. Die Leitungen der FDJ delegieren Mitglieder der FDJ zur Mitarbeit in die ständige Kommission für Ordnung und Sicherheit und deren Aktivs der örtlichen Volksvertretungen bzw. der Wohngebietsausschüsse der Nationalen Front, in Verkehrssicherheitsaktivs, in die Konflikt- und Schiedskommissionen, als freiwillige Helfer der Deutschen Volkspolizei bzw. der Grenztruppe der NVA, in die Freiwillige Feuerwehr und Einrichtungen des Luftschutzes. [. . .]

5. Leitungen der FDJ, in deren Bereich Strafvollzugsanstalten bestehen, sollen, im Rahmen der durch die Vollzugsordnung gegebenen Möglichkeiten, aktiv an der Umerziehung der Strafgefangenen durch Vorträge, Diskussionen u. ä. mitwirken.

6. Ordnungsgruppen werden in einer Stärke von 25–30 Freunden bei den Kreis- und Stadtleitungen der FDJ gebildet. Mit Zustimmung der Kreis- und Stadtleitung können in Grundorganisationen Ordnungsgruppen gebildet werden. Bei der Leitung der Ordnungsgruppe gilt das Prinzip der Einzelleitung. Ihr Aufgabenbereich umfaßt die Sicherung von Veranstaltungen der FDJ, z. B. Kreisdelegiertenkonferenzen, Kreistreffen, Jugenddemonstrationen, Kundgebungen und andere Großveranstaltungen. [. . .]«

Quelle: SAPMO-BArch, DY 24/2835.

Der Alltag des Verbandes spielte sich Mitte der sechziger Jahre in mehr oder weniger starren Formen ab. Der FDJ gehörten immerhin ca. 1,3 Millionen Mitglieder an. Ihr Organisationsgrad lag bei etwa 50 Prozent, d. h. nur jeder zweite Jugendliche der 14- bis unter 26jährigen DDR-Bürger gehörte dem Verband an. Zu diesem Zeitpunkt waren ca. 36 Prozent der Gesamtmitglieder Schüler, etwa 6 Prozent Studenten. Die Gruppe der Arbeiterjugend (einschließlich der Lehrlinge) machte ca. 40 Prozent der Mitglieder aus, lediglich etwa ein Prozent waren junge Landarbeiter.[181]

Monatlich trafen sich die Mitglieder an einem Nachmittag in ihrer Grundorganisation in den Schulen oder Betrieben. Daneben gab es eine politische Schulungsveranstaltung im Rahmen des »Studienjahrs«, nach einem von der Abteilung Propaganda des Zentralrates bestätigten Programm. Die geforderte marxistisch-leninistische Bildung löste verständlicherweise wenig Begeisterung beim potentiellen Teilnehmerkreis aus. Am Anfang der sechziger Jahren kamen aber zuweilen interessante Diskussionen auf, da sich der Streit um weltanschauliche

Horst Schumann, 1. Sekretär des Zentralrats, überreicht in der Gedenkstätte Buchenwald FDJ-Mitgliedsbücher

Positionen angesichts brisanter innen- und außenpolitischer Entwicklungen sozusagen von selbst ergab. Als dann solche Dispute zunehmend abgewürgt wurden und Unmengen von Propagandamaterialien für die Studienjahr-Seminare gelesen werden mußten, nahmen die Veranstaltungen zumeist einen trostlosen Charakter an.
Die Langeweile des offiziellen FDJ-Lebens machte die Teilnahme immer mehr zu einer lästigen Pflicht, vor allem in den Schulen und im akademischen Bereich. Diesem Trend entsprach das Ergebnis einer Befragung von Jugendlichen 1962, bei der eine hohe Bereitschaft zum Arrangement mit der DDR, aber nur eine geringe Akzeptanz der SED-Politik festgestellt worden war.[182] Außerhalb der politisch und ideologisch geprägten Veranstaltungen der FDJ spielte sich das »normale« Jugendleben ab. Im Kulturbereich, an den Oberschulen, in Jugendklubs oder in »Häusern der Jungen Talente« bildete der Jugendverband zwar weiterhin den organisatorischen Rahmen, für die praktische Arbeit fühlten sich jedoch viele jungen Menschen unabhängig von ihrer Zugehörigkeit zur FDJ verantwortlich.
Ein Großteil der Bemühungen der FDJ-Leitungen aller Ebenen war überwiegend in der Organisation, Durchführung und Auswertung von Großveranstaltungen und Massenaktionen gebunden. Innerhalb kurzer Frist mußen beispielsweise die 6. Arbeiterfestspiele in Gera, die Woche der Jugend und Sportler der DDR und ein Internationales Sommerlager der Jugend und Studenten in Graal-Müritz organisiert werden (Juni/Juli 1964). Bis zum Jahresende 1964 folgten das V. Pioniertreffen in Karl-Marx-Stadt (Chemnitz), die internationale Jugendkonferenz »Nie wieder Krieg und Faschismus« in Berlin und die VII. Zentrale Messe der Meister von morgen in Leipzig (als Leistungsschau junger Wissenschaftler und Techniker). Im folgen-

den Jahr konzentrierten sich die Anstrengungen auf den VII. Kongreß der Arbeiterjugend der DDR und der Bundesrepublik in Magdeburg, auf die 7. Arbeiterfestspiele in Frankfurt/Oder (jeweils Juni) sowie auf die Beteiligung an den turnusmäßigen Kommunalwahlen (Oktober). Viel Zeit für inhaltliche Fragen und Probleme blieb dabei nicht. Angesichts solcher Anspannungsphasen, die den gesamten Apparat und die Mitglieder des Verbandes enorm belasteten, kamen immer wieder Forderungen auf, das »frohe Jugendleben« endlich zu aktivieren.

Die Funktionäre der FDJ von der Grundorganisation bis zum Zentralrat wurden ideell und indirekt natürlich auch materiell stimuliert. An der Basis überwog durchaus noch die Motivation, am Aufbau einer neuen, besseren Gesellschaft beteiligt zu sein. Dies vermittelte die Schule, manchmal auch das Elternhaus, ständig aufs neue. Immer wieder wurde den Jugendlichen suggeriert, sie seien direkt und persönlich am »Menschheitsfortschritt« beteiligt. Der bewußte FDJler sei seiner Zeit, und manchem seiner Altersgenossen, voraus. Für Jugendliche, die in den FDJ-Apparat aufstiegen (Kreis, Bezirk), kamen dann sehr handfeste materielle Argumente hinzu. Dieser Personenkreis war zu Höherem berufen, ihn erwartete im Bewährungsfalle eine Karriere in Staat und Partei. Die Bereitschaft, kleine Funktionen zu übernehmen, verbesserte die Aussichten auf einen Studien- bzw. Ausbildungsplatz.

Die 9. Tagung des FDJ-Zentralrates vom 9./10. Juli 1965 über die Aufgaben im Schuljahr 1965/66

»Die Hauptaufgabe der Freien Deutschen Jugend besteht darin, alle Mädchen und Jungen zu überzeugten Sozialisten zu erziehen. [. . .]

Wir wollen erreichen:

– daß jeder versteht: die Deutsche Demokratische Republik hat das Recht, im Namen aller Deutschen zu sprechen; sie unternimmt alles, damit von deutschem Boden nie wieder ein Krieg ausgeht;

– daß jeder weiß: was ich heute lerne, hilft mir, mein Leben richtig zu gestalten und meine Republik zu festigen;

– daß jeder bereit ist: seine sozialistische Heimat zu verteidigen und sich gewissenhaft auf den Militärdienst vorbereitet;

– daß jeder begreift: mein Wissen, meine Fähigkeiten und Leistungen bestimmen die Zukunft unseres sozialistischen Deutschlands;

– daß jeder darauf stolz ist: durch seine hervorragenden Leistungen in der Schule, tagtäglich die Überlegenheit unserer sozialistischen Heimat gegenüber dem imperialistischen westdeutschen Staat zu dokumentieren. [. . .]

Im Schuljahr 1965/66 geht es darum, in jeder Grundorganisation und FDJ-Organisation an den Oberschulen und erweiterten Oberschulen einige wichtige Schritte auf dem Wege eines geregelten und interessanten FDJ-Lebens durchzusetzen, über deren Erfüllung ständig abgerechnet werden muß.

Sie bestehen in folgendem: 1. Jede Grundorganisation der Freien Deutschen Jugend an den allgemeinbildenden polytechnischen Oberschulen hat den Auftrag, bis November 1965 in allen 8. Klassen FDJ-Organisationen zu bilden. [. . .]

2. Die wichtigsten Aufgaben, die zur Entwicklung eines inhaltsreichen Lebens der FDJ-Grundorganisationen und der Aktivität jedes Einzelnen führen:

a) Jede Leitung der Grundorganisation der Schule sollte echte, kameradschaftliche und lebendige Beziehungen zu den Leitungen der FDJ-Organisationen der Klassen herstellen und sich in ihrer Tätigkeit, bei der Lösung jeder Aufgabe, auf die Leitungen in den FDJ-Organisationen stützen. [. . .]

b) Die Leitungen der Grundorganisationen gestalten die monatlichen Mitgliederversammlungen zu Stätten echter politischer Auseinandersetzungen aller FDJler. [. . .]«

Quelle: SAPMO-BArch, DY 24/8420.

Der FDJ-Zentralrat brachte Mitte der sechziger Jahre nur wenige konzeptionelle Materialien in diejenigen Gremien ein, die ihm eigentlich im Rahmen des politischen Systems zur »Mitgestaltung« zur Verfügung standen. Immer wieder befolgte er willfährig die Vorgaben von Partei und staatlichen Stellen, ohne die eigenen Interessen artikuliert und diskutiert zu haben. Sein Renommee verbesserte sich damit weder bei den Mitgliedern noch bei den anderen politischen Institutionen und Organisationen in der DDR.

Der Jugendverband hatte zwar versucht, die modernen Trends vor allem im Kultur-, Kunst- und Freizeitbereich nachzuvollziehen und auszunutzen, fand damit aber wenig Resonanz. Die junge Generation in der DDR emanzipierte sich mehr und mehr von ihrer »politischen Vorhut«. Inzwischen zeichnete sich vorwiegend im kulturpolitischen Bereich eine Entwicklung ab, welche die in Fragen der »Einheit und Reinheit« ihrer Theorie und Praxis permanent nervöse

SED-Führung förmlich elektrisierte. Intellektuelle und Künstler begannen, Alltagsprobleme des DDR-Sozialismus öffentlich zu diskutieren. Das betraf ganz verschiedene Punkte, darunter zunächst die einfache Benennung von Problemfeldern in der Innenpolitik, in der Wirtschaft oder in der Wissenschaft. An den Hochschulen und unter Künstlern, aber auch in Kreisen der Arbeiterschaft schärfte sich das subjektive Wahrnehmungsvermögen für gesellschaftliche Widersprüche. Sehr bald traten hohe SED-Funktionäre auf den Plan, die die Öffnung von Anfang an mißbilligt hatten.

»Sag' mir, wo du stehst«

Bereits zwei Jahre nach Beginn der Reformen standen diese bereits wieder zur Disposition. Die Unsicherheit in Ost-Berlin verstärkte sich nach einem Führungswechsel in Moskau. Dort hatte am 14. Oktober 1964 Nikita Chruschtschow alle seine Ämter abgeben müssen. Als neuer KPdSU-Generalsekretär war ihm Leonid Breshnew gefolgt, von dem man sich zunächst kein genaues Bild machen konnte. Der unter Chruschtschow zwar nicht beständig konsequent weitergeführte, aber erfolgversprechende Kurs der Entstalinisierung wurde jedenfalls für beendet erklärt.
Immer, wenn im Kreml ein personeller Wechsel stattfand, kam auch die Deutschlandpolitik ins Spiel. So blieb es nach Breshnews Inthronisierung nicht aus, daß der Zustand der deutsch-deutschen Beziehungen einer Prüfung unterzogen wurde. In Ost-Berlin mußten die Verantwortlichen damit rechnen, danach gefragt zu werden, inwieweit sie dem Gegner gewachsen geblieben waren. Im bayerischen Tutzing hatte der SPD-Politiker Egon Bahr bereits 1963 die Strategie »Wandel durch Annäherung« empfohlen. Im ZK der SED warteten die Verantwortlichen erst einmal ab, wie sich die Lage weiter entwickelte.
Die Exponenten eines harten Kurses in der SED wurden von Erich Honecker angeführt, dem bereits als potentiellen Nachfolger Ulbrichts auszumachenden Karrierekommunisten. Seine Parteigänger, dazu gehörten die Spitzenfunktionäre Horst Sindermann, Paul Fröhlich, Otto

Sag mir, wo du stehst

2. Sag mir, wo du stehst ... / Du gibst, wenn du redest, vielleicht dir die Blöße, / noch nie überlegt zu haben, wohin. / Du schmälerst durch Schweigen die eigene Größe. / Ich sag dir: Dann fehlt deinem Leben der Sinn!

3. Sag mir wo du stehst ... / Wir haben ein Recht darauf, dich zu erkennen, / auch nickende Masken nützen uns nicht. / Ich will beim richtigen Namen dich nennen. / Und darum zeig mir dein wahres Gesicht!
Sag mir, wo du stehst ...

Worte und Weise: Hartmut König

(Quelle: Leben – Singen – Kämpfen. FDJ-Liederbuch, Leipzig 1985)

Gotsche, Alfred Kurella und Alexander Abusch, versuchten jede wie auch immer geartete Reform der SED-Herrschaft rigoros zu verhindern. Die Jugendkultur der Vorkriegs- und der unmittelbaren Nachkriegszeit war ihr Ideal. Seit 1964 sammelten sie Verbündete, um die Liberalisierung abzubrechen, die in ihrer Vorstellungswelt nur zu einer negativen Beeinflussung der Jugend geführt hatte und der Abkehr dieser Generation von der DDR-Gesellschaft Vorschub leistete. Ein Angriff auf die Politik der Parteiführung hieß, die vielbeschworene Machtfrage zu stellen.
Vor allem jene Gralshüter unter den Partei-, Staats- und Jugendfunktionären, welche die

weitere gesellschaftliche Entwicklung, ja den Sozialismus überhaupt bedroht sahen, konnten auf die Gunst der Stunde setzen. In den SED-Gremien gewannen die notorischen Skeptiker an Gehör und offensichtlich auch an Einfluß.
Einen willkommenen Anlaß boten 1965 einige Zwischenfälle auf Konzerten und Tanzveranstaltungen. Die SED-Bezirksleitung Leipzig offerierte im Oktober 1965 eine Analyse, die detailliert »Verletzungen der Gesetze auf kulturpolitischem Gebiet« auflistete. Gerade in Leipzig hatte es im September und Oktober 1965 einige Zwischenfälle gegeben. Sie waren aber vor allem darauf zurückzuführen, daß politische Funktionäre versucht hatten, Beat und Propaganda zu kombinieren. Die Musik diente als Köder, um FDJ-Versammlungen, Foren oder Filmvorführungen Attraktivität zu verleihen. Die bei solchen Veranstaltungen anwesenden Beatfans entluden ihren Unmut zuweilen in politischer Aggressivität.
Bereits nach dem Gastspiel der »Rolling Stones« in der West-Berliner Waldbühne am 15. September 1965 waren die DDR-Medien auf einen offenen Antibeatkurs umgeschwenkt. Die Ausschreitungen hinter der Mauer boten den willkommenen Anlaß, die Gefahr eines Übergreifens von Chaos und Auflehnung heraufzubeschwören. In der Presse wurden die Fans wieder als »Gammler«, »Langhaarige«, »Verwahrloste«, »Herumlungernde« diffamiert. Der FDJ-Zentralrat unterstützte plötzlich sogar Aktionen, bei denen Schülern von Klassenkameraden die langen Haare abgeschnitten wurden. In der Presse tauchten Losungen auf, daß körperliche Arbeit zu einer normalen Lebensweise zurückfinden helfe. Die Folge war, daß gerade der Beat, insbesondere sein soziales wie kulturelles Umfeld, kriminalisiert wurde. Schließlich geriet die bisherige jugendpolitische Linie unter Feuer und stand praktisch zur Disposition.

Demonstration jugendlicher Beat-Anhänger in Leipzig, 31. Oktober 1965

»[. . .]
In der Zeit von 9.00–10.00 Uhr bewegten sich kleine Gruppen von Jugendlichen und Einzelpersonen von verschiedenen Stellen der Innenstadt aus in Richtung Wilhelm-Leuschner-Platz. Ca. 500 solcher Jugendlicher machten nach ihrem Aussehen und Auftreten den Eindruck, daß sie Anhänger dieser Beat-Gruppen sind. Durch die Sicherheitsorgane wurden die Anwesenden durch Lautsprecher aufgefordert, die Straßen und den Platz zu räumen. Mehrmalige Aufforderungen wurden von einem Teil der Gruppierungen mit Pfiffen sowie Pfui- und Buhrufen beantwortet. der Aufforderung wurde keine Folge geleistet.
Einheiten der VP-Bereitschaft wurden deshalb eingesetzt, und es erfolgte eine zügige Auflösung der Ansammlung auf dem Wilhelm-Leuschner-Platz. Gegen 11.00 Uhr war die Lage auf dem Leuschner-Platz, 11.30 Uhr in der Innenstadt normal. Im Zuge der polizeilichen Maßnahmen wurden 267 Personen wegen aktiven und passivem Widerstand, Störung und Fotografieren der polizeilichen Handlungen und in einzelnen Fällen wegen Staatsverleumdungen dem VPKA [Volkspolizeikreisamt] Leipzig zugeführt. Die Zugeführten gliedern sich in 120 Personen über 18 Jahre, 140 Personen von 15 bis 18 Jahre und 7 Personen bis 15 Jahre. Die bisherigen Untersuchungen bei den Zugeführten ergaben, daß unter ihnen 16 Personen sind, die wegen Diebstahl, 7 Personen wegen schwerem Diebstahl, 7 Personen wegen Sexualverbrechen, 2 Personen nach § 19/1 StEG, 8 Personen nach § 8/ Paßgesetz, 5 Personen wegen Körperverletzung und 5 Personen wegen Sachbeschädigung schon vorbestraft waren.
In den Abendstunden des 31. 10. 1965 bewegten sich einzelne kleinere Gruppen Jugendlicher im Stadtgebiet von Leipzig. Zu größeren Konzentrationen kam es nicht mehr.
Am 31. 10. 1965, gegen 20.00 Uhr, wurden in der Oststadt Leipzig-Paunsdorf 5 Stück und in einer Telefonzelle ein Zettel verstreut festgestellt. Am 1. 11. 1965 um 0.15–0.55 Uhr wurden in der Westvorstadt Leipzig-Lindenau folgende Hetzlosungen festgestellt:
1. ›Gegen Wasserwerfer und Polizei nur noch Streik‹ (An einer Eisenbahnüberführung, 6 Meter lang, 0,20 Meter hoch, mit Ölfarbe)
2. ›Nieder mit dem Polizeiterror‹ (auf der Straße)
3. ›Nur noch Beatls!‹ [sic!] (an der Schaufensterscheibe)
Auch gibt es bereits wieder Diskussionen unter Jugendlichen, daß solche ›Demonstrationen‹ fortgesetzt werden. [. . .]«

Quelle: Information der Abteilung Parteiorgane an das Sekretariat der SED-Bezirksleitung [Leipzig] vom 31. 10. 1965; PDS-Archiv Leipzig A-2/16-464. Zit. nach: Christoph Kleßmann/Georg Wagner (Hrsg.): Das gespaltene Land. Leben in Deutschland 1945–1990, München 1993, S. 469 ff.

Beschluß der SED-Bezirksleitung Leipzig vom 13. Oktober 1965 »Zu einigen Fragen der Jugendarbeit und dem Auftreten der Rowdygruppen«

»Es darf jedoch nicht übersehen werden, daß es

einen Teil von Jugendlichen gibt, bei denen sich Tendenzen der amerikanischen Unkultur, der Texasideologie und das Rangertums zeigen, die sich in den letzten Wochen und Monaten verstärkt haben. Sie sind Ausdruck der ständigen Konfrontierung mit der bürgerlichen Ideologie, wobei die westdeutsche reaktionäre Gesellschaftsordnung versucht, ihre Unkultur auch in die DDR einzuschmuggeln. Diese Erscheinungen widersprechen zutiefst den gesitteten Anschauungen von Moral und Ethik aller anständigen Menschen.
Das Ziel des Gegners besteht darin, besonders unter der Jugend die ideologische Aufweichung zu betreiben, Zügellosigkeit und Anarchie zu entwikkeln, um Teile der Jugend gegen ihre eigene Arbeiter- und Bauern-Macht aufzuputschen und zum Landfriedensbruch aufzuhetzen. Sie betreiben diese Aufhetzung über ihre Rundfunk- und Fernsehstationen, besonders über den Deutschlandfunk, durch Einschleusung von Schund- und Hetzschriften, aber auch sehr geschickt mit Mitteln der Unkultur der Westlichen Musik und des Tanzens, der Beatle-Ideologie und des Gammlertums, der Aufhetzung zur Arbeitsbummelei. In Westdeutschland selbst brauchen sie diese Lebensweise, um die Jugend psychologisch zu verseuchen und mit allen Mitteln der Verrohung, der Aufputschung der niedrigsten Instinkte ideologisch für ihre verbrecherischen Kriegspläne reif zu machen.
Unsere Gesellschaftsordnung hat die Pflicht, alle Einflüsse und Erscheinungen westlicher Unkultur zu bekämpfen. Auswüchse, wie die in letzter Zeit in immer größeren Zahl auftretenden Beatle-Gruppen mit amerikanischen Namen, fast ausschließlich westlichem und undefinierbarem Musikrepertoire unter dem Deckmantel des Eigenarrangements haben nichts mit fortschrittlichen Lebensidealen gemein. Wir sind durchaus für eine moderne und gepflegte Tanzmusik, wir sind auch nicht gegen zündende Rhythmen, aber wir wenden uns entschieden gegen solche Gruppen, die alle Prinzipien der Moral und Ethik verletzen, barfuß und halbnackt auftreten, Körperverrenkungen vollziehen und mit ihren aufpeitschenden Rhythmen die Jugend in Ekstase bringen, um sie zu Exzessen zu verleiten.
Andere solche Auswüchse sind das rowdyhafte Auftreten eines Teils von Jugendlichen, das sich verstärkt bei öffentlichen Veranstaltungen (Sportstätten, Vergnügungsparks, Kleinmesse, Kinos, Tanzveranstaltungen, Jugendklubs u. a.) zeigt. Dort kommt es zu Verleumdungen und zur Hetze gegen führende Persönlichkeiten von Partei und Staat. Bürger werden belästigt, angepöbelt, und in einigen Fällen wurden auch Angehörige der Sicherheitsorgane, Partei-, Staats- und FDJ-Funktionäre angegriffen.
Die Häufung und der Charakter dieser Ausschreitungen in den letzten Monaten beweist, daß sie zielgerichtet organisiert und gelenkt werden, wobei die Drahtzieher und Manager im Hintergrund bleiben.«

Quelle: PDS-Archiv, Bezirksleitung Leipzig IV A-2/16-464. Zit. nach: Christoph Kleßmann/Georg Wagner (Hrsg.): Das gespaltene Land. Leben in Deutschland 1945–1990, München 1993, S. 471 f.

Im Herbst 1965 wurde immer offensichtlicher, daß die Losungen des Jugendkommuniqués von 1963 von höchster Stelle widerrufen werden sollten. Am 11. Oktober 1965 ergab sich eine günstige Gelegenheit zur Gegenoffensive. Das ZK-Sekretariat und weitere Spitzenfunktionäre berieten in Abwesenheit Walter Ulbrichts, unter Leitung des u. a. für Sicherheitsfragen zuständigen Erich Honecker in einer fünfstündigen Sitzung aktuelle Probleme der Jugendarbeit. Als Ergebnis der Diskussionen verabschiedeten die Versammelten einen Beschluß »Zu einigen Fragen der Jugendarbeit und dem Auftreten der Rowdygruppen«, mit einer klaren Absage an den Kurs von 1963. Die SED hatte *»Entstellungen der Jugendpolitik der Partei zu korrigieren«*. Im einzelnen wurde z. B. festgelegt, daß allen Gruppen, die dekadente westliche Musik spielten, die Lizenz zu entziehen sei. Die Jugendklubs müßten überprüft werden, damit sie ihren *»eigentlichen Aufgaben gerecht«* würden. *»Gammler«* und andere Personen aus dem Umfeld der Beatgruppen, die keiner geregelten Arbeit nachgingen, seien, falls sie gegen die Gesetze der DDR verstießen, in Arbeitslager einzuweisen.[183]
Zu diesem Zeitpunkt, also noch zwei Monate vor dem berüchtigten »Kahlschlag«-Plenum des SED-Zentralkomitees im Dezember 1965, war das Urteil über den jugendpolitischen Kurs faktisch bereits gesprochen. Jetzt fehlten nur noch die Ausrichtung der Transmissionsorgane, also auch der FDJ selbst, die Bestätigung durch die entsprechenden SED-Führungsgremien und die Abrechnung mit den Protagonisten der bisherigen Linie.
Der Chef der Jugendkommission des Politbüros, Kurt Turba, und seine Freunde versuchten, die Zuspitzungen abzufangen und den bisherigen Kurs wenigstens partiell zu bewahren. Im Grunde hatten diese Bemühungen aber bereits keine Chance mehr. Einen Tag nach der ZK-Sekretariatssitzung schwenkte die FDJ-Führung

in der Frage des Gitarrenwettbewerbs vollständig um. Diese Initiative wurde nun als politischer Fehler bezeichnet. Auf einer Zentralratstagung im November einigte man sich auf die Losung: »Wir sind für die Gitarrengruppen, aber ohne Pilzköpfe.« Der Liedermacher Hartmut König, später (ab 1976) Zentralratssekretär der FDJ, sang in jenen Tagen – ohne Pilzkopf, aber mit Gitarre – in deutlicher Absicht den Polit-Song »Sag' mir, wo Du stehst«.
Inzwischen waren die Vorbereitungen für das Dezemberplenum des ZK in vollem Gange. Die Kritik hatte den gesamten Bereich der Kultur und Kunst in der DDR erfaßt, vor allem die DEFA-Spielfilmproduktion. Immer stärker gerieten auch Personen ins Visier der Scharfmacher, die als Aushängeschilder der Liberalisierung galten: Schriftsteller, Schauspieler, Regisseure, Sänger, auch Bildende Künstler. Dem Dichter und Liedermacher Wolf Biermann nützte die Protektion von Stephan Hermlin wenig. Nach Gastspielen im Berliner Kabarett »Die Distel« (1964) produzierte er noch eine Schallplatte im Westteil der Stadt, bevor ihn ein Auftritts- und Publikationsverbot traf. In der Sache wurde die FDJ vorgeschickt. Horst Schumann verschickte ein Rundschreiben, sieben Wochen vor dem »Kahlschlag«-Plenum.

Auftrittsverbot für Wolf Biermann in Veranstaltungen der FDJ. Schreiben des 1. Sekretärs des FDJ-Zentralrats, Horst Schumann an alle 1. Sekretäre der Kreis- und Bezirksleitungen der FDJ, alle Abteilungsleiter des Zentralrats und die Chefredakteure der Zeitungen und Zeitschriften des Verbandes vom 1. November 1965

»Liebe Freunde!
Wir möchten Euch davon in Kenntnis setzen, daß das Sekretariat des Zentralrates folgendes beschlossen hat:
Wolf Biermann wird es nicht gestattet, in Zusammenkünften unserer Organisation sowie in den durch die FDJ für die Öffentlichkeit organisierten Veranstaltungen, gleich welcher Art, aufzutreten.
Es ist auch alles zu unterlassen, was der Propagierung irgendeines seiner Gedichte, Lieder, Songs und Chansons in Wort, Schrift und Ton dient.
Obwohl Wolf Biermann seit längerer Zeit in mehreren Aussprachen und durch öffentliche Kritik, die sich von unserer Seite durch viel Geduld und Verständnis auszeichneten, auf seine, unseren kulturpolitischen Prinzipien widersprechenden Auffassungen, die er in seinen Gedichten und Liedern äußert, hingewiesen wurde, unterläßt er es nicht, in einigen seiner künstlerischen Machwerke die Ordnung in unserer Republik zu verleumden und zu beschimpfen. Dabei scheut er nicht davor zurück, diese künstlerischen Ergebnisse in westdeutschen Zeitschriften und Zeitungen zu veröffentlichen, denen er so die Möglichkeit bietet, mit ihren Kommentaren zu diesen Arbeiten ihre Hetze gegen unsere Republik zu führen.
Wir erwarten von den Bezirks- und Kreisleitungen, daß sie alle Leitungen unseres Verbandes durch die gründliche Auswertung dieses Beschlusses in Kenntnis setzen und entsprechende Maßnahmen zur Durchsetzung treffen.
Mit freundschaftlichen Grüßen
gez. Horst Schumann
Erster Sekretär
Dieser Beschluß ist persönlich für die 1. Sekretäre der Bezirks- und Kreisleitungen, für die Abteilungsleiter im Zentralrat der FDJ, für die Chefredakteure der Zeitungen und Zeitschriften der FDJ bestimmt. Er dient als Grundlage zur mündlichen Erklärung und trägt als Schriftstück streng vertraulichen Charakter.«

Quelle: SAPMO-BArch, DY 24/3713.

Am 1. Dezember 1965 trat Horst Schumann mit einer Rede vor das sogenannte Parteiaktiv der Verbandsleitung. Wer immer noch nicht begriffen hatte, worum es ging, erhielt endlich Aufklärung.
Schumann verwies auf *»sehr ernste«* Erscheinungen, die mit der *»Absicht des Feindes«* zusammenhingen, Einfluß auf die Jugend der DDR zu gewinnen, um den *»Lauf des Sozialismus«* aufzuhalten. Zutage getreten seien Skeptizismus, *»der sozusagen alles anzweifelt und verneint«,* und Objektivismus, welcher *»sich zwischen zwei Fronten stellt«.* Die Zusammenrottungen der Jugendlichen in Leipzig unter dem Deckmantel der Beatmusik seien in Wahrheit *»gegen unsere Republik«* gerichtet gewesen. Die FDJ-Führung habe sich nicht ausreichend mit dem Klassenstandpunkt und den Anforderungen der SED an sie beschäftigt. Im Oktober 1965 sei das ZK-Sekretariat daher gezwungen gewesen, korrigierend einzugreifen. Der FDJ-Chef illustrierte seine Gardinenpredigt mit Beispielen aus der täglichen politischen Arbeit sowie mit deftigen Sprüchen.
So führte er u. a. ins Feld, daß der fehlende *»revolutionäre Schwung«* bereits den Genossen

der KPdSU bei einem Besuch im Zentralrat aufgefallen sei. Mitarbeiter des Apparats demonstrierten ihre ideologische Unreife, indem sie ungeniert auf den Fluren des Zentralrats über Sendungen des Westfernsehens räsonierten. Deshalb müsse die FDJ endlich gegen Dekadenz, Unmoral und Geschwätz vorgehen. Überhaupt stellten sich *»Gammler«, »Arbeitsscheue«* und *»Westfans«* bewußt gegen den Fortschritt der DDR-Gesellschaft. Der Verband werde gegen diese Erscheinungen jetzt endlich mobil machen.[184]

Daß der Abbruch der liberaleren Jugendpolitik von sowjetischer Seite gefordert worden sei, kann mit den zur Verfügung stehenden Quellen nicht belegt werden. Differenzen lassen sich lediglich indirekt erschließen. Eine FDJ-Zentralratsdelegation, die im Herbst 1965 die UdSSR besuchte, hielt in ihrem Reisebericht fest, Aufgabe des Komsomol sei eine *»revolutionäre patriotische Erziehung«,* er habe aber nicht *»für die ›Unterhaltung‹ der Jugend zu sorgen«.* Vielmehr müßten die Einflüsse der bürgerlichen Weltanschauung bekämpft werden.[185]

Das »Kahlschlag«-Plenum

Die politische Unterwerfung der FDJ-Spitze demonstrierte Schumann auf dem 11. Plenum des ZK der SED vom 15. bis 18. Dezember 1965 in Berlin. Diese Tagung faßte Beschlüsse, wie sie in den sechziger Jahren sonst üblicherweise nur auf den Parteitagen verabschiedet wurden. Ursprünglich sollten nur Wirtschaftsfragen behandelt werden. Walter Ulbricht widmete sich in seinem Referat »Problemen des Perspektivplans bis 1970«. Dieses Thema hatte durch den spektakulären Selbstmord des ZK-Wirtschaftssekretärs Erich Apel am 3. Dezember 1965 Brisanz erhalten. Apel war ganz offensichtlich mit seinen Politbüro-Kollegen Honecker und Mittag aneinandergeraten und soll schließlich an den am Tage seines Freitods unterzeichneten Handelsvereinbarungen mit dem »großen Bruder« schier verzweifelt sein. Doch die ungewöhnlich langen Diskussionen des Plenums drehten sich dann insbesondere um die Kultur- und Jugendpolitik. Die entsprechende Grundsatzrede hielt Erich Honecker. In seinem »Bericht des Politbüros an die 11. ZK-Tagung« wurde die offizielle Abrechnung mit der flexiblen, relativ offenen Politik seit 1963 vollzogen. Das naive Argumentationsmuster griff sogenannte Vorfälle im Laufe des Jahres 1965 auf, bei denen vermehrt Zusammenrottungen und kriminelle Handlungen von Jugendlichen festgestellt worden seien. Nicht unschuldig an den Disziplinverstößen, an *»Saufgelagen«* unter Studenten, an schlechter Arbeitsmoral seien Filme, Fernsehsendungen, Theaterstücke, literarische Arbeiten und Zeitschriftenartikel mit antihumanistischen Darstellungen, deren Propagierung von Brutalität und sexueller Triebhaftigkeit. Auch im Jugendsender »DT 64« sei Erscheinungen *»amerikanischer Unmoral und Dekadenz«* nicht entgegengetreten worden. Honecker nannte die Filme »Das Kaninchen bin ich« und »Denk bloß, nicht ich heule«, das Theaterstück »Der Bau« sowie die Romane »Sternschnuppenwünsche« und »Rummelplatz« von Werner Bräunig.

Heftigsten Vorwürfen war Wolf Biermann ausgesetzt, dem Verrat am Staat und am Leben und Tod seines von den Nazis ermordeten Vaters vorgeworfen wurde. Stefan Heyms Roman »Der Tag X«, über den 17. Juni 1953, sei eine *»Entstellung der Wahrheit«.*

Horst Sindermann, 11. ZK-Plenum, Dezember 1965:

»Könnte ein Volk den Absturz ertragen von Goethes ›Edel sei der Mensch, hilfreich und gut‹ zu Biermanns Reimerei ›Es war einmal ein Mann, der trat in einen Scheißhaufen‹? Bei einem solch geistigen Absturz muß sich eine humanistische Nationalkultur den Hals brechen – unweigerlich. Was aber ist an Biermann zu verunglimpfen, was er nicht selbst schon längst verunglimpft hätte? Angeblich haben wir seine Seele, die er als die Seele Francois Villons deklariert, auf der Mauer um Westberlin erschossen. Was legt er seine Seele zwischen Sozialismus und Imperialismus! (Lachen im Saal) Warum leidet seine Seele so großen Kummer? Nur weil wir drei imperialistische Armeen in Westberlin eingemauert haben, damit sie hier nicht das gleiche machen können wie in Vietnam?«

Quelle: Neues Deutschland vom 19. Dezember 1965.

Die Abrechnung mit der Beatmusik nahm groteske Formen an. Honecker hielt dem FDJ-

-3- **Zum Protokoll Nr. 78/65**

1. **Probleme der Jugend:**

1366 Lehmann
Verner
Bentzien PZ
Rumpf PZ
Wagner
~~Dickel~~
Bünting?
Lange?
Seidow?
Axen?
BL
Abtlg.
Dickel

Sekretäre ZK

1. ~~Die Genossen im Zentralrat der FDJ und die Abteilung Jugend des ZK werden beauftragt, die Aussprache im Sekretariat des ZK auszuwerten und die erforderlichen Schlußfolgerungen zur Veränderung ihrer Arbeit zu ziehen.~~

3. (Genosse Bentzien) Der Minister für Kultur wird beauftragt, in Verbindung mit den Räten der Bezirke und Kreise (Abteilung Kultur) zu sichern, daß solchen Laienmusikgruppen, deren Darbietungen ~~in der Hauptsache aus dekadenter~~ westlichen Musik ~~[illegible]~~ bestehen, die Lizenz entzogen wird.

Durch die Finanzorgane sind die Steuerhinterziehungen bei diesen Gruppen zu ~~überprüfen. Sie sind entsprechend den Gesetzen zu bestrafen.~~ fahnden

4. (Genosse Bentzien) Der Minister für Kultur hat zu veranlassen, daß durch die Räte der Bezirke und Kreise (Abteilung Kultur) in Zusammenarbeit mit den Kreisleitungen der FDJ der Zustand der Jugendklubs in ihrem Verantwortungsbereich überprüft wird, und entsprechende Maßnahmen getroffen werden, daß die Klubs ihren eigentlichen Aufgaben gerecht werden.

5. (Genosse Dickel) Der Minister des Innern wird beauftragt, die erforderlichen Maßnahmen einzuleiten, daß die Abteilung Inneres der Räte der Bezirke und Kreise die Mitglieder solcher Gruppen (Gammler u. ä.) ~~auf ihre Arbeitsverhältnisse hin überprüfen, ihnen Arbeitsplätze nachweisen und bei hartnäckiger Verweigerung der Annahme der Arbeitsplätze veranlassen, daß sie durch die Gerichte, entsprechend den gesetzlichen Bestimmungen, in Arbeitslager eingewiesen werden.~~

die gegen die Gesetze der DDR verstoßen, eine ernste Gefährdung der Ordnung hervorrufen durch Gerichtsverhandlung entsprechend der Verordnung vom 24. August 1961 in Arbeitslager eingewiesen werden. Das gleiche trifft auch für jene zu die keine ordentliche Arbeit aufnehmen.

Als Beschluß des ZK-Sekretariats der SED deklariertes Papier vom 11. Oktober 1965, das in der handschriftlich (wahrscheinlich von Honecker) korrigierten Fassung die Einweisung aufmüpfiger Jugendlicher in Arbeitslager vorsieht
(Quelle: SAPMO-BArch, DY30/J IV 2/3A/1232)

Zentralrat vor, er habe übersehen, in welcher Weise Beat Jugendliche zu »Exzessen« aufputsche.
»Der schädliche Einfluß solcher Musik auf das Denken und Handeln von Jugendlichen wurde grob unterschätzt. Niemand in unserem Staate hat etwas gegen eine gepflegte Beatmusik.«[186]
Entschieden und systematisch müßten allerdings deren dekadente Züge bekämpft werden, da die hektische, aufpeitschende Musik die moralische Zersetzung der Jugend begünstige.
Zum Schluß machte der Bericht die Ursachen für die angeprangerten Mißstände aus: Die Künstler hätten ein ungenügendes marxistisch-leninistisches Weltbild, zu wenig Kenntnis von der Politik der Partei und einen Hang zum philosophischen Skeptizismus – was immer dies sein sollte. All diese Erscheinungen würden *»objektiv mit der Linie des Gegners übereinstimmen«*, die DDR *»im Zuge einer sogenannten Liberalisierung«* von innen her aufzuweichen.
In der Diskussion konnte dieser Einschätzung kaum widersprochen werden. Lediglich Christa Wolf wagte es, die Formulierungen abzuschwächen und die eigentlichen Absichten der Künstler in der DDR zu thematisieren. Die »Einpeitscher« führten das Wort. Die Leiterin der Parteihochschule des ZK der SED, Hanna Wolf, und andere Gralshüter stalinistischer Auffassungen konnten ihren Zorn über die Abweichler und Verräter in den eigenen Reihen endlich wieder austoben.

Aus dem Bericht des Politbüros an die 11. Tagung des ZK der SED am 15. Dezember 1965, Berichterstatter: Erich Honecker

»[. . .] Es gibt unter unserer Jugend einen gewissen Widerspruch zwischen der hohen technisch-naturwissenschaftlichen Bildung einerseits und der geringen Lebenserfahrung in bezug auf Gefährlichkeit des deutschen Imperialismus andererseits. Dieses Problem müssen wir mit aller Klarheit ins Bewußtsein aller Mitglieder der Partei rücken. Wir müssen überlegen, wie wir die politisch-ideologische Erziehung der Jugend auf der Grundlage des Marxismus-Leninismus erfolgreich verstärken und verbessern können.
Es gibt da besonders zwei Probleme: den Kampf gegen die Ideologie des Zweifels und den Kampf gegen anarchistische Tendenzen. Wenn wir hier von Zweifel sprechen, dann meinen wir nicht den schöpferischen Zweifel, den Karl Marx seinen Kindern in der Periode des aufstrebenden Kapitalismus empfahl, sondern Erscheinungen des spießbürgerlichen Skeptizismus. Wir meinen den durch nichts begründeten Zweifel an der Überlegenheit und der Sieghaftigkeit der sozialistischen Gesellschaftsordnung gegenüber der kapitalistischen, wir meinen die nicht überall vorhandene Erkenntnis, daß alle auftretenden Schwierigkeiten beim Aufbau der neuen Gesellschaft auf Grund der Tätigkeit der Partei und des Staates gelöst werden können. Der Skeptizismus ist für uns keine Naturerscheinung. Gegen seine Einflüsse ist die Jugend jedoch nicht automatisch gefeit. Es muß uns zu denken geben, daß fachlich hochgebildete junge Menschen ohne eigene Kampferfahrung leicht in Skeptizismus verfallen, wenn die politische Erziehung ungenügend ist, wenn sie in ihrer FDJ-Gruppe nicht politisch kämpfen lernen und wenn wir nicht hohe Anforderungen an sie stellen. [. . .]
Man muß aber auch sagen: Wenn in den letzten Jahren die Partei und ihre Sekretäre in vielen Büchern und Filmen nicht im Sinne ihrer revolutionären Tradition und revolutionären Taten der Gegenwart dargestellt wurden, sondern in dem Sinne, daß der typische Parteiarbeiter ein Dogmatiker ist, der vom Leben nichts versteht, dann erklären sich bestimmte Erscheinungen unter Teilen der Jugend. Notwendig ist jedoch, dem Kampf für Anstand und Ordnung, der in einzelnen Fällen ein Kampf gegen Rowdytum, Unsittlichkeit und anarchistische Tendenzen ist, eine größere Aufmerksamkeit zu widmen.
Die Springer-Presse glaubte in den letzten Wochen frohlocken zu können, als wir einige Erscheinungsformen von unsittlichem Verhalten und Bummelantentum offen und konsequent verurteilten und sofort unterbanden. Doch die Herren in Bonn haben keinen Grund zur Freude. Ihr Bestreben, die Exzesse der ›Waldbühne‹ in der Deutschen Demokratischen Republik, zum Beispiel in Leipzig, zu wiederholen, haben Schiffbruch erlitten. Dieser Versuch wurde unterbunden, noch ehe er sich entfalten konnte. Jedermann soll wissen – und darin sind wir uns gerade mit der Mehrheit der Jugend einig –, daß sich Hausherren von morgen nicht dadurch auszeichnen, daß sie sich nicht waschen, die Haare nicht schneiden lassen und Roheiten gegenüber älteren Bürgern oder jungen Mädchen begehen. Außerdem behindern lange Haare den Blick dafür, wie sich die Welt entwickelt. Und welcher moderne junge Mensch, der im Sozialismus aufwächst, würde Geistlosigkeit und politisches Abseitsstehen auf die Dauer ertragen können. Die gesamte Öffentlichkeit in beiden deutschen Staaten und in Westberlin konnte sehen, daß in unserem Staate Anstand und Ordnung herrschen und daß wir nicht einen einzigen jungen Menschen der verrohenden Sex- und Kriminalitäts-

welle des Herrn Springer anheimfallen lassen. [. . .] Wir haben einige Jugendliche, die in zerrütteten Familien der Nachkriegszeit aufwuchsen, die den Abschluß der achten Klasse nicht erreichten, die keine ordentliche Lehre aufnehmen konnten, die von der sozialistischen Jugendorganisation kaum betreut wurden, die kaum Erfolge in ihrer Arbeit hatten, die sogar der Arbeit fernblieben und schließlich auf die schiefe Bahn gerieten. Solche jungen Menschen sind der imperialistischen Sexual- und Kriminalpropaganda gegenüber besonders anfällig, aber nicht nur sie. Auch eine Reihe von Studenten lassen sich zu Alkoholexzessen verleiten, sind sittlich verroht und glauben, sich den Anordnungen der Staatsorgane widersetzen zu können. Die Erziehung gerade solcher junger Menschen muß künftig besonders ernst genommen werden. Es muß sichergestellt sein, daß sie sich nicht der Arbeit entziehen, daß sie sich qualifizieren, daß sie anständig arbeiten.
In letzter Zeit mehrten sich Erscheinungen, daß in Werken der Literatur und Kunst, des Films sowie in Zeitschriften eine pauschale Kritik auf örtliche Leitungen unserer Partei und des Staates ausgegossen wird. Richtige Losungen unserer Partei, wie zum Beispiel die Feststellung, daß die Jugend der Hausherr von morgen sein wird, wurden entstellt. Einige Leute betrachteten das Jugendkommuniqué als Blankovollmacht für Selbstlauf und jeden Nichtstuer als Hausherren, nicht nur für morgen, sondern schon für heute. Beides wird nicht der Fall sein. In Leitungsfunktionen können bei uns nur solche jungen Menschen gelangen, die bereits beweisen haben, daß sie treu zu unserem Staat stehen, sich ein sozialistisches Weltbild angeeignet und persönliche Einsatzbereitschaft an den Tag gelegt haben. [. . .]«

Quelle: Bericht des Politbüros an die 11. Tagung des Zentralkomitees der Sozialistischen Einheitspartei Deutschlands, Berlin 1966, S. 68 ff.

In seiner Wortmeldung zur Diskussion, die das FDJ-Blatt »Junge Welt« abdruckte, folgte der Chef des Jugendverbandes beflissen der Linie des Politbüro-Berichts. Horst Schumann spitzte die Selbstkritik noch zu. Der Zentralrat habe die Zusammenhänge nicht durchschaut, erst die Hilfe aus dem ZK der SED habe den Durchbruch gebracht. Jetzt wisse man, daß der FDJ-Basis leichtfertig eine grundfalsche Orientierung vermittelt wurde. Infolge intensiven Nachdenkens liege nun klar auf der Hand: Der Jugendverband müsse ideologisch *»gestählt«* werden. Durch das Studium des »Kommunistischen Manifests« und des SED-Parteiprogramms solle die Jugend in der DDR künftig vor westlichen Einflüssen besser geschützt werden. Ein *»klarer parteilicher Standpunkt«* habe das weltanschauliche Herumirren zu ersetzen. Die Zweifel müßten aus den Köpfen, jetzt gelte es, die Größe der Errungenschaften des Sozialismus allen bewußt zu machen.
Mit den Beschlüssen des 11. ZK-Plenums konnte die ostdeutsche Jugend wenig anfangen. Die Zweifler fühlten sich nun im Recht, die von vornherein die liberalere Linie seit 1963 als taktische Finte angesehen hatten. Eine Finte war es wohl nicht gewesen. Nach dem Mauerbau, schließlich nach dem neuen SED-Parteiprogramm von 1963 bestand die Absicht, den Sozialismus »auf seinen eigenen Grundlagen« zu gestalten, wodurch neue Freiräume in der Jugendpolitik, vor allem im Kultur- und Freizeitbereich, entstehen konnten. Als die Dynamik der Entwicklung der Kontrolle der Partei entglitt und über das Ziel hinausschoß, wurde von denen, die dafür im SED-Politbüro von Anfang an bereit standen, die Notbremse gezogen.
Die Liberalisierungsphase der frühen sechziger Jahre hatte das Dilemma der Jugendpolitik offengelegt. Den Versuchen ideologischer Normierung widersetzten sich die jungen Leute immer wieder und in unterschiedlicher Weise. Ließ die SED die Jugend gewähren, stabilisierte sich zwar zunächst die Lage, der Widerstand ließ nach und die Bereitschaft zur Mitarbeit nahm zu. Doch die Jugend blieb nicht in den gesteckten Grenzen, sie definierte ihre Interessen und Freiräume selber. Damit stellte sie den Herrschaftsanspruch der Partei in Frage und löste den Gegenschlag aus. So erklärt sich das ständige Schwanken der SED und der FDJ zwischen ideologischer Indoktrination und Flexibilität.
In den Schulen, in den Einrichtungen der Berufsausbildung, in den Betrieben, an den Hoch- und Fachschulen zog allerdings auch keine Ruhe im Sinne der Hardliner an der SED-Spitze ein. Die Stimmung der Jugend war durch Partei- oder FDJ-Beschlüsse nicht beliebig regulierbar, da wirkten inzwischen schon zu viele verschiedene Einflüsse. Außerdem schaute die junge Generation aufmerksam nach Westen, vor allem aber nach Osten. In der benachbarten Tschechoslowakei wehte inzwischen ein ganz anderer Wind.

Aus der Isolation in die »Weltoffenheit« (1966–1973)

V

Jugendpolitik im Schatten des »Kahlschlags«

Ganz im Sinne der SED-Richtlinien, die im Dezember 1965 durch das »Kahlschlag«-Plenum verbindlich festgelegt worden waren, begann die FDJ-Führung unverzüglich mit einer Kampagne zur »Aneignung der marxistisch-leninistischen Weltanschauung«. Die Mitglieder des Verbandes wurden aufgefordert, sich mit dem »wissenschaftlichen Sozialismus« vertraut zu machen, die Parteibeschlüsse zu studieren und sich einen »festen Klassenstandpunkt« anzueignen. Den Verbandsfunktionären kam dabei besondere Verantwortung zu. In der politischen Erziehung sollten sie zugleich die Interessen und Bedürfnisse der Jugendlichen berücksichtigen.[187] Diese Aufgabenstellung ähnelte einem »gordischen Knoten«. Doch daran hatten sich die »Berufsjugendlichen« mittlerweile gewöhnt.
Großes Augenmerk schenkte man einer neuen Kampagne zur Steigerung der militärischen »Verteidigungsbereitschaft«. Im Oktober 1966 veranstalteten FDJ, GST und DTSB einen wehrpolitischen Tag. Die Verantwortlichen hofften, Begeisterung für einen Beruf in der Nationalen Volksarmee zu wecken. Im November wandte sich der Zentralrat mit einem entsprechenden Aufruf an die Jugendlichen. Zu wenige junge Männer wollten Verpflichtungen für einen längeren, über die gesetzlich vorgeschriebenen 18 Monate hinausgehenden Wehrdienst unterschreiben. Auch der Zulauf für den Offiziersberuf hielt sich in Grenzen.
Die FDJ setzte auf das technische Interesse der Jugend. Sie stellte die guten beruflichen Ausbildungsmöglichkeiten in der NVA in den Vordergrund. Gleichzeitig knüpfte sie an die in der Schule vermittelten ideologischen Normen an, die suggerierten, daß die männliche Jugend in der Armee die »Werte und Errungenschaften des Sozialismus« zu schützen habe. Doch allen Bemühungen zum Trotz wollte sich der erhoffte Massenandrang zur »Armee des Volkes« nicht einstellen.

Verbandsauftrag des Büros des Zentralrats der FDJ vom 9. November 1965 »Unser Beitrag zur Stärkung der Landesverteidigung: Die besten Funktionäre des Jugendverbandes werden Ausbilder der Nationalen Volksarmee«

»Die ganze Kraft und Initiative der Freien Deutschen Jugend der DDR war und ist stets darauf gerichtet, die Republik politisch, ökonomisch und militärisch zu stärken und ihrer Rolle als Helfer und Kampfreserve der SED gerecht zu werden. Unsere besondere Aufmerksamkeit gehörte dabei stets der militärischen Sicherung des Friedens und unseres sozialistischen Aufbauwerkes.
Bereits auf dem IV. Parlament übernahm die FDJ die Patenschaft über die bewaffneten Organe und dokumentierte die Bereitschaft, mit der Waffe in der Hand die DDR und den Sozialismus zu verteidigen. Diese Patenschaftsverpflichtungen haben wir stets erfüllt und auf dem VII. Parlament 1963 beschlossen:
– die bewaffneten Organe der DDR in ihrer Tätigkeit zu unterstützen
– und die besten FDJ-Mitglieder für den Dienst als Soldaten auf Zeit zu gewinnen.
Angesichts der zunehmenden Aggressivität des westdeutschen Imperialismus und in voller Erkenntnis seiner revanchistischen Forderungen gegenüber unserer Republik und dem sozialistischen Lager erwächst die Aufgabe, die Verteidigungskraft unseres Staates zu erhöhen.
Unseren Beitrag zur Stärkung der Landesverteidigung sehen wir in der Delegierung unserer besten Funktionäre als Ausbilder und Spezialisten für eine längere Dienstzeit zur Nationalen Volksarmee.
Das Büro des Zentralrats wendet sich an alle Mitglieder der FDJ, an alle Grundorganisationen und Leitungen mit dem Auftrag: ›Gegen die verstärkten westdeutschen Kriegsvorbereitungen unsere Tat. Die besten Funktionäre der FDJ werden Unteroffiziere und Spezialisten unserer Nationalen Volksarmee.‹
Das heißt: Wir erwarten von den besten und be-

wußtesten Mitgliedern der FDJ, die mutig und kühn sind und den hohen Anforderungen eines Erziehers und Spezialisten unserer sozialistischen Armee gerecht werden, als Soldat auf Zeit oder Berufssoldat den Ehrendienst in der NVA aufzunehmen.
Das heißt: Wir erwarten von den Mitgliedern und Funktionären der FDJ, die bereits über Erfahrungen bei der Führung von Kollektiven verfügen, die sich Vertrauen und Achtung bei der Leitung von Jugendbrigaden, als Aktivisten und Funktionäre der FDJ erworben haben, daß sie sich für die Unteroffizierslaufbahn in der NVA entscheiden.
Das heißt: Wir erwarten, daß die Freunde, die über gute polytechnische Bildung verfügen, die spezielle Kenntnisse in den Grundlagen der Naturwissenschaften besitzen oder sich ausgezeichnete technische Fertigkeiten in der Berufsausbildung angeeignet haben, in der NVA als Spezialisten für eine längere Dienstzeit ihren Dienst beginnen.
Die Leitungen des Verbandes fordern wir auf, daß sie gemeinsam mit den Mitgliedern der Grundorganisationen die besten und fähigsten Mitglieder der FDJ mit Verbandsauftrag in die NVA delegieren.
Unser Standpunkt als Mitglieder des sozialistischen Jugendverbandes als Helfer und Kampfreserve der SED ist klar und eindeutig: Es ist für uns eine Ehre und Verpflichtung zu helfen, die Macht der Arbeiter und Bauern in der DDR in jeder Beziehung zu sichern und zu stärken. [. . .]«

Quelle: SAPMO-BArch, DY 24/6030.

Das SED-Politbüro traf im Mai 1966 einen Beschluß zu Problemen der Jugendarbeit, der die im Dezember 1965 getroffenen Einschätzungen bestätigte. Ideologische Schulung galt als unverzichtbar. Umgehend griff die FDJ-Führung diesen Auftrag auf. In der Propaganda des Jugendverbandes, so verlautete es aus dem Zentralrat, sollten künftig die Schriften von Marx, Engels und Lenin sowie die Geschichte der deutschen Arbeiterbewegung im Mittelpunkt stehen.

VII. SED-Parteitag und VIII. FDJ-Parlament

Vom 17. bis 22. April 1967 tagte in Berlin der VII. Parteitag der SED. Traditionell wurden aus diesem Anlaß die Jugendpolitik und die Aufgaben der FDJ berücksichtigt. Ausdrücklich würdigte das formal höchste beschließende Gremium der SED die politischen, wirtschaftlichen und kulturellen Erfolge der Verbandstätigkeit. Der obligatorische Diskussionsbeitrag des FDJ-Vorsitzenden Schumann verwies auf die Leistungen der FDJ in der Wirtschaft, die nun unter der ganzen Jugend beispielgebend verbreitet werden müßten. Der letzte Parteitag unter der Führung Ulbrichts verabschiedete keine sensationellen Beschlüsse. Vollmundig verkündete die Parteiführung zwar die bevorstehende »Vollendung« des Sozialismus in der DDR. In der Honecker-Ära wurde auf diesen Parteitag jedoch nur noch selten Bezug genommen.
Die FDJ berief ihr anschließendes VIII. Parlament nicht in die Hauptstadt, sondern nach Karl-Marx-Stadt ein. Vier Tage lang, vom 10. bis zum 13. Mai, berieten 2400 Delegierte über das Referat Schumanns: »Die Verantwortung der Jugend in der sozialistischen Gesellschaft und die Aufgaben der FDJ«. Einen stärkeren Akzent legte der Bericht wiederum auf wirtschaftliche Fragen. Das energiepolitische Bauvorhaben Nr. 1, das Kernkraftwerk Nord nahe Greifswald, erhielt den Status eines zentralen Jugendobjekts.
Die Delegierten des Parlaments und die Parteiabordnung, diesmal unter Leitung Honeckers, ließen sich auf dem nachfolgenden Pfingsttreffen der FDJ feiern. Auf der Tribüne präsentierte sich der neue Erste Sekretär des Zentralrats, Günter Jahn. Schumann wurde in den SED-Apparat geschickt, wo er 1969 zum 2. Sekretär und 1970 schließlich zum 1. Sekretär der Leipziger Bezirksleitung avancierte. Höhere Weihen erlangte er nicht.

Günther Jahn
Geb. am 9. Januar 1930 in Erfurt; Oberschule, Abitur; 1946 Mitglied der KPD/SED, Mitbegründer der Antifa-Jugend und der FDJ in Erfurt; 1948–1950 Studium der Gesellschaftswissenschaften an der Universität Jena, 1951-1953 an der Hochschule für Ökonomie Berlin, Diplomwirtschaftler; 1953/54 Mitarbeiter der Staatlichen Plankommission, 1954–1956 und 1962–1966 Mitarbeiter des ZK der SED; 1956–61 Aspirant am Institut für Gesellschaftswissenschaften, Dissertation zu Wirtschaftsräten und sozialistischer Rekonstruktion in der DDR-Industrie, Dr.rer.oec., 1961/62 Wahrnehmungsdozent; 1966 Mitglied des Zentralrats der FDJ, 1966/67 2. Sekretär und 1967–1974 1. Sekretär des Zentralrats; 1967–1989 Mitglied des ZK der SED; 1967–1989 Abgeordneter der Volkskammer und bis 1976 Mitglied ihres Jugendaus-

Günther Jahn,
1. Sekretär des FDJ-Zentralrats 1967–1974

schusses; 1974–1976 2. Sekretär, 1976–1989 1. Sekretär der SED-Bezirksleitung Potsdam; 1976–1989 Abgeordneter des Bezirkstages Potsdam; November 1989 Rücktritt als 1. Sekretär der SED-Bezirksleitung Potsdam; Dezember 1989 Rücktritt mit dem gesamten ZK der SED.

Quelle: DDR: Wer war wer?, Berlin 1994.

Im Februar 1967 tagte die IV. Hochschulkonferenz. Hier stand eine Neuordnung des gesamten DDR-Hochschulsektors auf dem Programm. Althergebrachte Strukturen wurden über Bord geworfen, Lehrinhalte und Lehrprogramme dem aktuellen Stand der sozialistischen Umgestaltung angepaßt. Mit dieser 3. Hochschulreform wurde das politische System der DDR auch in den letzten Winkel der Hochschullandschaft getragen. Ohne die Partei und die sekundierende Rolle weiterer Organisationen (Gewerkschaft, Jugendverband) ging künftig nichts mehr. Die letzten organisatorischen Reste der bürgerlichen Wissenschaftslandschaft im Osten Deutschlands waren faktisch getilgt. Vervollständigt wurde die Umgestaltung der Forschungslandschaft am Ende der sechziger Jahre schließlich durch eine Reform von Struktur und Arbeitsaufgaben der allein vom Potential her gewichtigen Akademie der Wissenschaften (weit über 20 000 Beschäftigte). Von nun an oblag den Universitäten und Hochschulen vor allem die Lehre und Ausbildung, während sich die Forschung an den Akademieinstituten konzentrierte.

Seit Ende 1965 widmete der Verband der vom 11. ZK-Plenum gebeutelten Kulturlandschaft erneute Aufmerksamkeit. Im Frühjahr 1967 beriet der Zentralrat über Singebewegung, künftige Mediengestaltung und Theaterentwicklung. Die Ersatzfunktion der politischen Singebewegung war in den knapp zwei Jahren seit dem »Kahlschlag-Plenum« immer deutlicher hervorgetreten. Doch sie konnte keineswegs an den Erfolg der seitdem gegängelten Rockmusikszene anknüpfen.

»Entrée
Musik: Traditional
Text: Oktoberklub
Oktoberklub und Thomas Natschinski mit seiner Gruppe

Früher gab es Hula hupp
He lali lali lu
heut' ham wir den Oktoberklub
He lali lali lu
He lalilali lali,
he lali lali lu
he lali lali lali
He lali lali lu
Vom Zentralrat ein scharfer Blick
Und schon sprang die Republik
Ein Singeklub ist keine Pfründe
zum Singen braucht man andre Gründe
Der Text, den ich hab', gefällt mir nicht
drum mach' ich zu morgen ein andres Gedicht
Manch' Dichter sitzt im Kämmerlein
drum fällt ihm nichts Konkretes ein
Auch Kaffeesahne gibt es wieder
drum fehlen uns kritische Lieder
Komponisten gibt es zwar
doch Jugendlieder sind noch rar
Singt er noch mehr so blöde Zeilen
wird dir das Publikum enteilen
Nun hör'n wir uff und fang'n wir an
Jetzt kommt das Fest Ohokaham.«

Mitschnitt der öffentlichen Veranstaltung »2 Jahre Oktoberklub« am 25. 2. 1968, Kongreßhalle Berlin

Nach einer raschen konzeptionellen Verständigung im ZK der SED wurde dem bekannten

Berliner »Hootenanny«(Folksong)-Klub von den kulturpolitisch Verantwortlichen die Möglichkeit eingeräumt, verstärkt in der Öffentlichkeit aufzutreten. Ende Februar 1967 war die Berliner FDJ-Bezirksleitung vom ZK-Abteilungsleiter für Jugendfragen, Siegfried Lorenz, beauftragt worden, mit dem Klub verbindliche Absprachen zu treffen. Eine Auflage betraf den Namen. Die SED wollte unbedingt eine Änderung in »Oktoberklub« durchsetzen. Die Mitglieder akzeptierten schließlich den Vorschlag, naiv darauf vertrauend, daß der dubiosen Aktion eine höhere politische Notwendigkeit zugrunde liege.

Kindermund 66

(Quelle: Eulenspiegel 22/1966)

Erster Auftritt des »Oktoberklubs« 1967

»[. . .] Vor diesem Hintergrund findet am 4. März in der Volksbühne eine Veranstaltung unter dem Titel ›Kommt und singt mit!‹ statt. Der nunmehr Oktoberklub heißende Hootenanny-Klub, Dorit Gäbler vom Chansonstudio Chris Baumgarten, Hermann Hähnel und – auf Anweisung Erich Honeckers und zum Entsetzen der Klubleute – das Erich-Weinert-Ensemble der NVA treten darin auf. Es erklingen viele Kampflieder traditioneller Art, aber auch Folklore und Chansons in Hootenanny-Manier, darunter Hartmut Königs ›Sag mir, wo du stehst‹ und Kurt Demmlers ›Alptraum‹. Das Erich-Weinert-Ensemble singt Jubellieder schlimmsten Stils mit Zeilen wie: ›Und im hellen Sonnenschein zieht der Sozialismus ein‹.
Die FDJ hat Studenten der Jugendhochschule und Jugendliche, die gerade eine Begrüßungsparade für den VII. Parteitag der SED geprobt haben, als Publikum herbeibeordert. Sie wissen, was von ihnen erwartet wird, und singen schon, bevor der erste Ton von der Bühne erklingt, Arbeiter- und Kampflieder. Normale Hootenanny- und Konzertbesucher sind an diesem Abend nicht anwesend, und der Veranstalter von ›Jazz und Folksongs‹, Werner Sellhorn, wird am Betreten des Saals gehindert.
Der Veranstaltung folgt ein gigantisches Medienspektakel mit euphorischen Berichten, aus denen das Wunschdenken der Initiatoren überdeutlich hervortritt. Von einem ›begeisternden Liederabend‹, einem ›großen Erfolg der FDJ‹ ist die Rede. [. . .] Die Berliner Zeitung jubelt: ›Da sind sie, die Jugendlieder der fünfziger Jahre. Rhythmisch, mitreißend, zündend.‹ Das Neue Deutschland bezeichnet die Veranstaltung als eine ›Kampfansage gegen die Vorstellung, westliches Importgedudel sei der Jugend musikalisches Ideal‹, und liefert auch gleich die konkrete Handlungsanweisung mit; ›. . . es sollte das Bestreben in allen FDJ-Grundorganisationen der ganzen Republik sein, genauso beherzt und praktisch das Singen zu fördern‹.
Natürlich ist die Veranstaltung am 4. März manipuliert und vieles, was darüber berichtet und daraus abgeleitet wird, völlig absurd. Aber es handelt sich dennoch nicht um ein Potemkinsches Dorf und ist mehr als eine Kampagne von oben. Die Hootenanny-Bewegung existiert ja wirklich, hat einen gewissen Reifegrad erreicht und wird nun durch die Volksbühnenveranstaltung einer großen Öffentlichkeit bekannt. Das Beispiel des Oktoberklubs hat eine Signalwirkung. Vielerorts bilden sich ähnliche Singeklubs, und zwar in der Regel nicht von Musiklehrern oder FDJ-Funktionären gegründet, sondern von musikbegeisterten Jugendlichen. Einige hundert Singeklubs entstehen im Laufe des Jahres 1967, und in den Folgejahren werden es einige tausend. [. . .]«

Aus: Lutz Kirchenwitz: Folk, Chanson und Liedermacher in der DDR. Chronisten, Kritiker, Kaisergeburtstagssänger, Berlin 1993, S. 41 f.

Im Gefolge des Parlaments versuchte die FDJ, sich stärker an den kulturellen Interessen der Jugendlichen zu orientieren. So regte der Verband anläßlich der 9. Arbeiterfestspiele im Juni 1967 in der Elbmetropole Dresden ein zweitägiges Literaturfestival an. Der Zentralrat und das Radioprogramm »DT 64« unterstützten die Bemühungen um einen weiteren Aufschwung der Singebewegung. Ende 1967 wurden in Leipzig Werke der Bildenden Kunst ausgestellt, die von Pionieren und FDJlern im Rahmen eines republikweiten Wettbewerbs angefertigt worden waren. Die weiteren Aktivitäten der FDJ standen im Bann des 50. Jahrestages der russischen Oktoberrevolution.

Die Ereignisse in der Tschechoslowakei

Das Frühjahr 1968 blieb in der Welt und in der Mitte Europas als eine bewegte und bewegende Zeit in der Erinnerung haften. Am 4. April fiel der schwarze amerikanische Bürgerrechtler Martin Luther King in Memphis (Tennessee) einem Mordanschlag zum Opfer. Am 11. April wurde in der Bundesrepublik der Studentenführer Rudi Dutschke bei einem Anschlag verletzt. Daraufhin kam es in mehreren westdeutschen Städten zu schweren Auseinandersetzungen zwischen demonstrierenden Studenten und der Polizei. Im Mai erreichte in Frankreich die dortige Studentenrevolte ihren Höhepunkt. Am 6. Juni starb schließlich der populäre amerikanische Präsidentschaftskandidat Robert Kennedy bei einem Attentat in Los Angeles.
Die Auseinandersetzungen in der Bundesrepublik um die Notstandsgesetzgebung lösten in Ost-Berlin zunächst noch eine gewisse Befriedigung aus. Doch die Freude über die inneren Konflikte des westdeutschen Staates dauerte nicht lange.
Seit Mitte der sechziger Jahre gab die Entwicklung in der Tschechoslowakei den Warschauer-Pakt-Staaten Anlaß zu Sorgen. In diesem kleinen Land, Nachbar beider deutscher Staaten, versuchte eine Gruppe von Funktionären der KPTsch unter Führung des Ersten Sekretärs, Alexander Dubček, eine grundlegende Reform des politischen Systems, eine weitgehende Liberalisierung sowie eine Öffnung gegenüber dem Westen.
In der DDR richteten sich die Blicke aller derjenigen erwartungsvoll nach Prag, die einen modernen »Sozialismus mit menschlichem Antlitz« auch für den Osten Deutschlands erträumten.
Der sowjetische Partei- und Staatsführer Leonid Breshnew versuchte zunächst mit politischem Druck, die tschechoslowakische Führung zur Kurskorrektur zu bewegen. Kompromisse, zu denen sich die tschechoslowakischen Führer bei verschiedenen Treffen mit den Warschauer-Pakt-Staaten (mit Ausnahme Rumäniens) bereit fanden, genügten der Sowjetführung nicht.
Am 21. August 1968 rollten sowjetische Panzer in die Tschechoslowakei ein. Truppen des Warschauer Paktes besetzten das Land. Es kam zu bewaffneten Auseinandersetzungen zwischen den Invasionstruppen und der Bevölkerung mit Toten und Verletzten.
Die Nationale Volksarmee der DDR war an der Invasion nicht direkt beteiligt, obwohl die DDR-Medien das behaupteten. Die ostdeutschen Verbände bezogen lediglich Bereitstellungsräume an der Grenze zur ČSSR. Die FDJ organisierte erste Zustimmungserklärungen und Kulturveranstaltungen, die den Sinn der Aktion klarstellen sollten. Hervorgehoben wurde vor allem, daß eine Reform à la Prag für die DDR nicht in Frage kam. Zur Begründung der Intervention fand sie die These von einer eingeschränkten Souveränität der sozialistischen Staaten (Breshnew-Doktrin), nach der die Sowjetunion und die Warschauer-Pakt-Staaten zu militärischem Eingreifen berechtigt waren, wenn in einem Mitgliedstaat der Sozialismus bedroht schien.

»Auch im Kampf klingt unser Lied«

»Der Oktober Klub bekundete gemeinsam mit 400 FDJlern seine Solidarität mit den Klassengenossen in der ČSSR
›Sag mir, wo du stehst!‹

[. . .] In Lenz am Plauer See bekundeten die Oktober-Sänger im Zeltlager gemeinsam mit Berliner FDJlern ihre Solidarität mit den klassenbewußten tschechoslowakischen Genossen und denen der sozialistischen Bruderarmeen.
Der Saal war übervoll. Vierhundert Berliner Mädchen und Jungen waren gekommen. Diese gemeinsame Stunde mit dem Klub war Höhepunkt ihrer Diskussionen, ihrer Verpflichtungen und Resolutionen gegen die konterrevolutionären Umtriebe in unserem sozialistischen Nachbarland.
›Zurück oder vorwärts; du mußt dich entschließen!‹
Wie die Berliner FDJler in Lenz hatten sich die Berliner FDJler im Klub gründlich mit der Situation in der ČSSR auseinandergesetzt. Und als sie einen

gemeinsamen Standpunkt hatten, faßten sie den Entschluß, ihr Bekenntnis in die Öffentlichkeit zu tragen. Zwischen den Liedern sprach Lutz Kirchenwitz für alle Klubmitglieder: In dieser Stunde, in der die Konterrevolution ihr Haupt erhebt, wollen wir erneut unsere ganz normale Haltung bekunden, unser Bekenntnis zur DDR, zum Sozialismus und zur Freundschaft mit der Sowjetunion.
›Du kannst nicht bei uns und bei ihnen genießen!‹
Nach Lutz sprach Ellen Harter, FDJ-Sekretär in Berlin-Friedrichshain: Wir wollen unsere Kraft nutzen für unser glückliches Leben. Aber dieses Leben wird bedroht von einem hinterhältigen und demagogischen Feind, dem Imperialismus. Gegen diesen Feind müssen wir uns mit all unserer Macht zur Wehr setzen. Mein ganzer Haß gilt jenen, die mit allen Mitteln versuchen, die menschenunwürdigen kapitalistischen Verhältnisse zu restaurieren.
Diese zutiefst persönliche Stellungnahme wurde zum leidenschaftlichen Bekenntnis aller im Saal.
[. . .]
›Steht auf, ihr Arbeiter, steht auf Genossen! Die rote Fahne weht siegentschlossen.‹
Alle auf der Bühne und alle im Saal – sie haben sich der roten Fahne verschworen. Sie wissen, warum sie dieses Lied hier singen, dieses und vor allem auch das Lied von der Klassensolidarität.
›Ich will beim richtigen Namen dich nennen, und darum zeig mir dein wahres Gesicht!‹
Lutz, Jörn, Regina und die anderen haben ein neues Lied mitgebracht. Noch arbeiten sie daran, aber sie stellten es vor – ihr Lied, geboren in diesen Tagen der Konterrevolution in der ČSSR:
›Ich bin wie alle blind geboren, sehen lernte ich in diesem Land. Hier hab' ich keine Zeit verloren. Hier hab' ich meine Zeit erkannt. Und ich lernte: Die uns hassen, sind nicht plötzlich unser Freund. . . Und ich lernte aufzupassen. . .‹
Noch ist es nicht fertig, aber schon ist es Bekenntnis – es ist das Gesicht des Klubs, in dem sich alle im Saal wiedererkannten. In diesem neuen Lied und in den längst vertrauten, in den Melodien von Mikis Theodorakis, der erneut von den Schergen des Imperialismus verschleppt wurde, in den Liedern über Vietnam, wo die imperialistischen Söldner seit Jahren an jedem Tag den Frieden tausendmal erschießen, in den Versen vom Klassenkampf, der überall in der Welt herrscht, in Griechenland ebenso wie in Vietnam und in unserem tschechoslowakischen Bruderland.
Sag mir, wo du stehst; und welchen Weg du gehst!«

Quelle: Junge Welt vom 26. August 1968.

Die moralische Wirkung der Invasion war verheerend. Der »Sozialismus mit menschlichem Antlitz«, für den Dubček eingetreten war, wurde zu Grabe getragen. Fassungslos standen vor allem junge Menschen in der DDR – und dabei längst nicht nur Intellektuelle und Studierende – vor dem Trümmerhaufen ihrer Ideale und Hoffnungen. Der – nach 1953 in Ost-Berlin und 1956 in Budapest – erneut nur mit Hilfe von Panzern und Kalaschnikows triumphierende Realsozialismus Moskauer Prägung hinterließ Hilflosigkeit und Trauer.[188]
Tausende junge Armeeangehörige bekamen in jenen Tagen einen Marschbefehl Richtung Süden der Republik. Angesichts der angespannten Situation blieben Proteste nicht aus.

»Die Aktivität des Verbandes und die Haltung der Jugend zur Entwicklung in der ČSSR«, Information an den FDJ-Zentralrat vom 3. September 1968 (Auszug)

»Die Haltung der Mitglieder und Jugendlichen zu den Maßnahmen der 5 Bruderländer
[. . .] Wie in solcher politisch zugespitzten Situation und so komplizierten Bedingungen nicht anders zu erwarten, gab es in jeder Phase der Entwicklung der Zeit nach dem 21. 8. viele Fragen und ideologische Zweifel unter der Jugend. Fragen:
- Wie konnte es soweit kommen?
- War es unumgänglich, so vorzugehen?
- Wer sind die Kräfte, die um Hilfe gebeten haben?
- Wird es einen Weltkrieg geben?
- Kommt es zur Mobilmachung in der DDR?
- Fragen nach der Haltung von Rumänien und Jugoslawien,
- Fragen nach den Verhandlungen in Moskau, zur Rolle von Dubček, u. a.
- Werden progressive Kräfte stark genug sein?

Solche und andere Fragen werden meist aus aktivem Informationsbedürfnis oder ehrlicher Sorge um die Entwicklung gestellt (meist auch von Mitgliedern und Jugendlichen, die eine klassenmäßige Grundhaltung einnehmen).
Es werden aber auch wiederholt Zweifel sichtbar, die solche Grundfragen wie:
Charakter der Epoche, internationales Kräfteverhältnis, Einheit des sozialistischen Lagers u. ä. betreffen.
Kann man noch von Überlegenheit des Sozialismus sprechen? Gibt es überhaupt noch eine Einheit des sozialistischen Lagers? usw.
Die Rolle des westdeutschen Imperialismus bei der Organisierung und Lenkung der Konterrevolution wurde von vielen Jugendlichen nicht durchschaut.
Vor allem unter dem Einfluß der Feindarbeit (Massenmedien) kam es bei Jugendlichen zu pro-

vokatorischen Äußerungen und vereinzelten feindlichen Handlungen:
- [es wurden] Vergleiche gezogen, in dem die Maßnahmen vom 21.8. mit dem Einmarsch der Faschisten in die ČSR verglichen wurden,
- Gleichstellung mit Aggression der USA in Vietnam,
- Beschimpfung der SU,
- Schmierereien u. ä. [. . .]«

Quelle: SAPMO-BArch, DY 24/E 6039.

Die tschechoslowakische Reformbewegung war von der SED-Führung seit der Mitte der sechziger Jahre mißtrauisch beobachtet und zunehmend bekämpft worden. Die offenkundige Bereitschaft der Ost-Berliner Politiker, der Breshnew-Doktrin mit allen Konsequenzen zu folgen, bestärkte diejenigen Regimekritiker, die an eine positive Wandlung im Innern des Landes nicht glaubten. Die SED, die eine politische Opposition in ihrem Lande nicht duldete, kriminalisierte die Proteste.

Berichtsanhang der Abteilung Jugend im SED-Zentralkomitee: »Übersicht über Ansammlungen von Jugendlichen und politischen Gruppierungen Jugendlicher« vom 30. September 1968

»I. *21. 8. 1968 in Erfurt auf dem Anger:* Zirka 150 junge Menschen – provokatorische Äußerungen zu den Ereignissen in der ČSSR und zur Politik der SED – provokatorisches Auftreten einiger gegenüber den Sicherheitsorganen.
21. 8. 1968 Weimar: 6 Jugendliche riefen mittels selbst gefertigter Flugzettel zu einem Protest – Sitzstreik vor dem Hauptpostamt auf – kamen nicht zur Durchführung – Rädelsführer wurde im Schnellverfahren abgeurteilt.
22. 8. 1968 Mühlhausen: Zirka 60 Jugendliche (vorwiegend Schüler und Lehrlinge) machten provokatorische Äußerungen zu den Maßnahmen der befreundeten sozialistischen Staaten in der ČSSR – Ansammlung wurde durch VP-Kräfte zerschlagen – Rädelsführer in Haft genommen.
24. 8. 1968 Lübbenau: Zirka 50 jugendliche (Lehrlinge) zogen in zwei Gruppen demonstrierend unter Losungen rufend ›1, 2, 3, . . .Dubček‹ u. a. durch die Straßen. (Es waren Teilnehmer eines GST-Lagers.) 25 Jugendliche wurden vorübergehend dem VPKA zugeführt.
24. 8. 1968 Werder: 6 Jugendliche wurden wegen Staatsverleumdung und Rowdytum der VP zugeführt.
25. 8. 1968 Gotha: 15 Jugendliche randalierten durch die Markt- und Erfurter Straße – 4 Jugendliche in Haft genommen.
1., 2. und 3. 9. 1968 Schwerin: 50, 70 und am 3. Tag 200 Jugendliche versammelten sich auf dem Leninplatz, belästigten Passanten, spielten öffentlich westliche Tonbandmusik ab – Platz wurde wegen Verkehrsstörung von VP-Kräften geräumt. Dabei kam es zu Widerstand gegen die Staatsgewalt. Am 2. und 3. Tag wurden mit diesen Jugendlichen auf dem Leninplatz durch Genossen und FDJler Diskussionen geführt, in denen teilweise ernste Kritik an ungenügenden Freizeitmöglichkeiten in der Stadt geübt wurde.
26. 8. 1968 Halle: Unbekannte Täter hatten auf dem Rummelplatz mittels Flüsterpropaganda Jugendliche zu einer ›Protestdemonstration‹ aufgefordert – 80 Jugendliche leisteten dieser Aufforderung Folge. 51 Jugendliche wurden der VP zugeführt.
3. 9. 1968 Rathenow: Eine Gruppe von 15–20 Jugendlichen verübte eine antisowjetische Provokation vor sowjetischen Wohnobjekten. Neben Tätlichkeiten an einem sowjetischen Posten wurden sowjetische Armeeangehörige mit hetzerischen Losungen beschimpft. 11 Jugendliche wurden in Haft genommen.
Zwickau: Eine Gruppe von 50 Jugendlichen verleumdete VP-Angehörige und sowjetische Soldaten. 8 Jugendliche wurden der VP zugeführt.
13. zum 14. 9. 1968 Kyritz: Nach einer Schlägerei und der damit veranlaßten Räumung des Saales versammelten sich ca. 150–200 Jugendliche dieser Tanzveranstaltung auf dem Vorplatz. Diese Situation der vorzeitigen Beendigung der Tanzveranstaltung nutzten einige Jugendliche zu politischen Losungen ›Es lebe Dubček‹, ›Polizeibullen‹ usw. aus. Es erfolgten 7 Zuführungen – die zwei Hauptrādelsführer (ehemals Vorbestrafte) sitzen ein.
15. 9. 1968 Arnstadt: Zirka 150 Jugendliche blokkierten zeitweilig im Ergebnis einer Schlägerei zwischen 2 kongolesischen Staatsbürgern und Arnstädter Jugendlichen den Verkehr. Den VP-Kräften wurde anfangs von einem Teil der Jugendlichen aktiver Widerstand entgegengesetzt. 15 Jugendliche wurden festgenommen.
Dömitz. Hier kam es, organisiert von 3 Jugendlichen, zur Bildung eines ›RSC‹ Clubs (Rolling Stones) von 10 Mitgliedern im Alter von 17–19 Jahren. Neben Beat-Kult wählten sie zur Losung ›Früher Jäger und Sammler – heute Tanz und Gammler – wir lieben die Rolling Stones und hassen die grünen Gurken.‹ (VP) Ein Mitglied des Klubs stellte sich in einer Tanzveranstaltung als ›Sturmbannführer Hacker‹ vor.
II. *22. 8. 1968:* Gruppe Frank und Florian Havemann und Utzkereit in Berlin stellten Hetzflugblätter her – wurden jedoch an der Verbreitung durch die Sicherheitsorgane behindert.
Gruppe Thomas Brasch, Rosita Hunzinger, Erika Berthold und Sonja Weigelt in Berlin stellten ca.

450 Hetzflugblätter ›einen Dubček für die DDR‹ her und verteilten sie.
Eine Gruppe junger Studenten der TU Dresden (mechanischer Bereich) stellten Hetzflugblätter ›Es lebe Dubček‹ selbst her und verteilten sie. Mit 200 gefertigten Flugblättern auf frischer Tat ertappt – über 1.800 Exemplare Abzugspapier wurden noch in der Wohnung vorgefunden.
26. 8. 1968: der 19jährige Burghard Plath aus Berlin – beschäftigt als Rundfunkmechaniker in einer Privatfirma – wurde als Hersteller von ca. 800 Flugblättern hetzerischen Inhalts in U-Haft genommen.
28. 8. 1968: Der ehemalige Druckereiarbeiter bei der ›Märkischen Volksstimme‹ Manfred Kork und sein 15jähriger Stiefbruder Jürgen Anderle warfen aus dem Konsumkaufhaus Potsdam ca. 200 Flugblätter mit einem Aufruf zu einer Protestdemonstration für den 31. 8., 18.00 Uhr, auf dem Platz der Nation. Beide Täter wurden in Haft genommen.
III. *12. 9. 1968 Bitterfeld:* Nach einer Gründungsversammlung der FDJ wurde der Lehrausbilder Scherr auf dem Nachhauseweg von zwei Jugendlichen (einer vorbestraft) niedergeschlagen. In der Versammlung hatte sich Sch. offen zu den Hilfsmaßnahmen bekannt. Beide versuchten, das bewußtlose Opfer auf die Werkbahnschienen zu legen – verwarfen aber den Plan und warfen das Opfer kopfüber in einen abgestellten Kesselbehälter. Am nächsten Tag wurde Sch. erst gefunden – ins Krankenhaus eingeliefert und schwebt noch heute in Lebensgefahr. Beide Täter sind inhaftiert.
Zwickau: Ein Bürger wurde nach öffentlicher Versammlung, auf der er sich offen zu den Hilfsmaßnahmen bekannte, auf dem Heimweg von 3 Jugendlichen niedergeschlagen. Alle Täter wurden inhaftiert.
27. 8. 1968: Der Hilfsarbeiter Ulrich Junker hatte anläßlich einer Tanzveranstaltung in Gera ein Mitglied der FDJ-Ordnungsgruppe mehrfach provoziert und sich als Konterrevolutionär ausgegeben. Nach der Veranstaltung überfiel der Täter diesen Genossen und schlug ihn nieder. Täter wurde inhaftiert.«

Quelle: SAPMO-BArch, DY 30/IV A 2/16/170.

Nach der Intervention: Weltrevolutionäre Illusionen und Friedhofsruhe

Ungeachtet der weltweiten Kritik an der Militärintervention in der ČSSR blickten die osteuropäischen Führer Ende der sechziger Jahre erwartungsvoll in die Zukunft. Im Selbstverständnis der regierenden kommunistischen Parteien Osteuropas brach sich der »Fortschritt« der sozialistischen Ideen mehr und mehr Bahn. Viele Nationalstaaten in Asien und Afrika erlangten nach 1960 ihre politische Unabhängigkeit, manche erreichten dies vor allem durch den Kampf bewaffneter Untergrundbewegungen. Diese Staaten versprachen sich von den sozialistischen Ländern materielle Hilfe und einen praktischen Ausweg aus ihrer Unterentwicklung. In einigen Ländern hatte sich eine »sozialistische Orientierung« durchgesetzt. In Westeuropa gewannen linke, z. T. auch kommunistische Organisationen an Einfluß. Und der Westen mußte manche politische oder gar militärische Schlappen einstecken (Vietnam, Kuba, Chile). Die Isolierung Osteuropas schien in absehbarer Zeit beendet. Im Westen dagegen waren Wirtschaftskrisen ausgebrochen, das kapitalistische Gesellschaftssystem zeigte sich anfällig.
Im Juni 1969 fand eine Beratung der Vertreter von 75 kommunistischen und Arbeiterparteien in Moskau, dem »Zentrum der revolutionären Weltbewegung«, statt. Aus den Entwicklungen der letzten Jahre wurde der fatale Schluß gezogen, daß sich das Kräfteverhältnis inzwischen »grundlegend« zugunsten des »sozialistischen Weltsystems« gewandelt habe. Im Verein mit der internationalen Arbeiterbewegung des Westens und der nationalen Befreiungsbewegung der Dritten Welt erhalte nun die »antiimperialistische« Entwicklung der Menschheit entscheidende Impulse. Die militärische Intervention des Warschauer Vertrages in der Tschechoslowakei wurde im nachhinein gebilligt. Die aus dem Ostblock ausgeschiedenen chinesischen Führer wurden als »Spalter« verdammt. Das Forum legte sich auf dogmatische und starre Formeln fest. Alles, was bisher getan wurde, sei gut und richtig, »gesetzmäßig« werde der »sozialistische Vormarsch« weitergehen. Selbstzufriedenheit und Überheblichkeit bestimmten die Aussagen des Moskauer Treffens.[189]

Die DDR am Ende ihres zweiten Jahrzehnts: Stagnation

Angesichts der omnipotenten Staatsmacht verstummten Ende des Jahres 1968 in der DDR die Proteste gegen die Niederschlagung des Prager Frühlings. Friedhofsruhe kehrte ein. Angesichts

des proklamierten weltweiten Siegeszuges des Sozialismus demonstrierte die DDR Zuversicht. Das ZK der SED stimmte den Beschlüssen der Moskauer Konferenz zu, und auch die FDJ bekannte sich zum gründlichen Studium der Dokumente und zu deren Umsetzung in die politische Praxis. In Vorbereitung des nahen Lenin-Jubiläums (100. Geburtstag 1970) verstärkte sich eine realitätsferne Propaganda, die mit dem Alltag und den Gefühlen der Jugendlichen nichts zu tun hatte. Im Herbst 1969, auf einem »Treffen junger Sozialisten« anläßlich des 20. Jahrestages der DDR-Gründung in Berlin, an dem 40 000 FDJler aus den Bezirken zusammenkamen, formulierte der FDJ-Chef im obligatorischen »Gelöbnis«, daß nun alle Verbandsmitglieder *»im Geiste Lenins zu lernen, zu arbeiten und zu leben sowie hohe Leistungen für die allseitige Stärkung ihres sozialistischen Vaterlandes zu vollbringen«* hätten.
Doch der nach außen zur Schau getragene Optimismus wurde von der inneren Entwicklung ad absurdum geführt. In der Gesellschaft, insbesondere in der Wirtschaft verstärkten sich Stagnationstendenzen. Ulbrichts Reformen von Anfang der sechziger Jahre waren bis zur Unkenntlichkeit verstümmelt und zurückgenommen worden. Inzwischen war zwar der Übergang zur Fünf-Tage-Arbeitswoche vollzogen worden, eine deutliche Anhebung des Lebensstandards blieb jedoch aus. Partiell gab es sogar Versuche, bereits gewährte soziale Vergünstigungen wieder einzuschränken oder zurückzunehmen. In den Betrieben, unter den Arbeitern verbreitete sich Mißstimmung und Resignation. In der Jugend gärte es weiter. Einen Ausweg hatte die SED-Spitze nicht parat.

Bericht der FDJ-Bezirksleitung Dresden vom 7. März 1969: »Stand der Durchsetzung der Konzeption für die politische Arbeit mit den labilen und gefährdeten Jugendlichen«

»[. . .] In der politischen Arbeit mit labilen und gefährdeten Jugendlichen des Bezirkes wurden in den letzten Monaten größere Anstrengungen durch viele Leitungen der FDJ unternommen. In den Tagen und Wochen nach dem 21. 8. 68 kam es in der Bezirksorganisation zu einigen Erscheinungen, wo offensichtlich wurde, daß der Klassengegner ideologischen Einfluß nahm und die FDJ nicht in ausreichender politischer Offensive war. Solche Erscheinungen waren u. a.: das Schmieren von Hetzlosungen, das Anfertigen und Verteilen von Flugblättern, staatsverleumderische Äußerungen, Hetze gegen die Sowjetunion, tätliche Angriffe auf Funktionäre.

Die daran beteiligten Jugendlichen wurden zum größten Teil gefaßt, abgeurteilt bzw. die Auseinandersetzung mit ihnen geführt. Besondere Konzentration wurde dabei in den ländlichen Gebieten und den Schulen unseres Bezirkes sichtbar. Im Kreis Bautzen waren z. B. während dieser Zeit 18 Jugendliche an feindlichen Handlungen beteiligt, davon 1 unter 18 Jahre, 5 von 18 bis 20 Jahre, 8 von 21 bis 25 Jahre, 3 von 25 bis 30 Jahre. Die Hauptursachen für diese Handlungen bestanden im Nichtverstehen der Maßnahmen der sozialistischen Bruderländer, systematischen Abhören von Westsendern, besonders des Deutschlandfunks und Mängeln in der politischen Arbeit der entsprechenden FDJ-Grundorganisationen.

In der Mehrzahl der Kreise und der Stadt Dresden bestehen lose Gruppierungen labiler Jugendlicher, die vor allem in Zentren der Kreisstädte und größeren Gemeinden durch ihre Kleidung und Radios (lautes Anhören von Westsendern) auffallen.

Den FDJ-Kreisleitungen sind zum größten Teil diese Gruppierungen, die aus 4–6 Jugendlichen im Durchschnitt bestehen, bekannt. Es wurde begonnen, in diesen Gruppen zu arbeiten, um sie für eine aktive Arbeit im Jugendverband zu gewinnen. In der Kreisorganisation Niesky wurden dabei 2 Jugendliche für den Verband wiedergewonnen. In der FDJ Kreisorganisation Bautzen haben in den letzten Monaten 30 FDJ-Mitglieder konkrete Patenschaften über die gleiche Anzahl gefährdeter Jugendlicher übernommen. Die FDJler und Mitglieder der Jugendbrigaden im VEB Waggonbau Bautzen übernahmen die Patenschaft über 4 gefährdetete Jugendliche. Wir müssen einschätzen, daß es in einer Reihe von Gaststätten des Bezirkes, besonders zu Tanzveranstaltungen und durch unerlaubten Ausschank von Alkohol an Jugendliche zu Ausschreitungen kam. Durch einige Kapellen, die die AWA-Vorschriften* nicht einhalten, und ihren zu den Veranstaltungen mitkommenden Anhang von Jugendlichen wird oft die Atmosphäre angeheizt. Dazu kommt, daß einige Gaststättenleiter, wie z. B. in Bischofswerda, Freital und Zittau ihrer Verantwortung nicht gerecht werden. Die FDJ-Leitungen in den Grundorganisationen und verschiedene Kreisleitungen nahmen nicht immer zielgerichtet auf die labile und gefährdete Jugend Einfluß. Gute Ansätze zeigen sich in den FDJ-Kreisorganisationen Bautzen, Görlitz und Riesa. Die Reaktion auf besondere Vorkommnisse und Tendenzen des Einflusses des Klassengegners sind unterschiedlich. Bei offenen Provokationen und Handlungen gibt es eine eindeutige Verurteilung der Handlungen. Die Auseinandersetzung zum ideologischen Einfluß des Klassengegners (Westsender hören, Schundliteratur lesen u. a.) wird nicht immer progressiv in den Grundkollektiven geführt. Teilweise wird das Westsender hören stillschweigend geduldet. [. . .]«

* AWA: Anstalt zur Wahrung der Aufführungsrechte auf dem Gebiete der Musik.

Quelle: SAPMO-BArch, DY 24/8762.

»Expansion auf Filzlatschen«

Im direkten Vergleich mit dem anderen deutschen Staat schnitt die DDR nicht besonders gut ab. Zwar hatte sich z. B. der Ausstattungsgrad mit technischen Konsumgütern seit den fünfziger Jahren erheblich verbessert (von 100 Haushalten besaßen nun neun einen PKW, 54 ein Fernsehgerät, 32 eine Waschmaschine und 31 einen Kühlschrank), dennoch waren die Lebenshaltungskosten höher als in der Bundesrepublik (insbesondere bei Ernährung und für Bekleidung und Hausrat; die Miete war niedriger). Das Lohnniveau lag im Westen zudem erheblich über dem der DDR, so daß der materielle Abstand zwischen beiden deutschen Staaten bestehen geblieben war.

Doch es waren nicht allein diese für alle sichtbaren Unterschiede, die der SED-Führung zu schaffen machten. Hatte die SED sich seit fast zwei Jahrzehnten in ihrer Propaganda als Sachwalterin der deutschen Einheit dargestellt, deren Gesprächsangebote seitens der Bundesrepublik stets ignoriert worden waren, zeichneten sich in dieser Frage Mitte der sechziger Jahre beträchtliche Veränderungen ab. Am 1. Dezember 1966 wurde in der Bundesrepublik ein neuer Kanzler gewählt. Nach dem Rücktritt von Ludwig Erhard bildete wiederum ein Christdemokrat, Kurt Georg Kiesinger, das neue Kabinett, dem aber erstmals in der westdeutschen Nachkriegsgeschichte Sozialdemokraten angehörten. Als Vizekanzler und Außenminister leistete der bisherige Regierende Bürgermeister von Berlin, Willy Brandt, den Amtseid. Brandt trat für eine neue Ostpolitik ein, die Gespräche mit der DDR nicht mehr ausschloß. Als Minister für innerdeutsche Beziehungen folgte auch Herbert Wehner dieser Linie.

Welche Brisanz die Bonner Gesprächsbereitschaft besaß, sollte die SED bald erfahren. Am 11. Februar 1966 hatte die SED-Führung wieder einmal einen offenen Brief an die SPD-Parteispitze in Bonn gerichtet. Darin schlug sie einen »Redneraustausch« vor. Prominente Politiker beider Seiten sollten jeweils im anderen deutschen Staat auf Veranstaltungen auftreten und ihre Vorstellungen darlegen dürfen. Im März stimmte der SPD-Vorstand dieser Idee zu.[190]

Alarmiert von den Diskussionen und den gespannten Erwartungen, welche der bevorstehende Auftritt bundesdeutscher Sozialdemokraten in der DDR ausgelöst hatte, ließ die SED den Austausch im Juni platzen. Für den Auftritt des ZK-Sekretärs Albert Norden in Westdeutschland hatte der Bundestag eine Ausnahmeregelung verabschieden müssen. Andernfalls drohte Norden nach der bundesdeutschen Rechtslage die Verhaftung. Die SED nutzte diesen Sachverhalt, der ihr bekannt gewesen sein mußte, als Vorwand, um von ihrem Vorschlag abzurücken. Die Entwicklung am Rhein wurde von den DDR-Jugendlichen natürlich mit großer Aufmerksamkeit verfolgt. Die Sozialdemokraten verkörperten eine jüngere und flexible Politikergeneration, die auch im Osten Deutschlands auf Sympathie stieß. In der SED- und FDJ-Führung registrierte man diese Entwicklung mit großem Mißtrauen und erheblicher Besorgnis. Das für außenpolitische Fragen zuständige Politbüromitglied Hermann Axen diffamierte den von Bahr und Brandt propagierten Wandel durch Annäherung als »Expansion auf Filzlatschen« und sprach seinen Führungsgenossen damit aus der Seele. Der überwunden geglaubte »Sozialdemokratismus«, der in der Wahrnehmung der SED-Spitze ihren ideologischen Führungsanspruch bedrohte, breitete sich aus. In alter KPD-Manier bewertete Ulbricht den Regierungseintritt Brandts als typisch für die »Arbeiterverräter«.

Vor diesem Hintergrund hatten gesamtdeutsche Veranstaltungen wie der »Kongreß der Arbeiterjugend der DDR und der Bundesrepublik«, den die FDJ 1966 in Karl-Marx-Stadt zu seiner VIII. Session einberief, bald ihre Schuldigkeit getan. Die seit den fünfziger Jahren üblichen Propagandainszenierungen hatten außer vollmundigen Resolutionen keine greifbaren Resultate gebracht. So geißelte im Mai 1966 nochmals ein »Ruf an die Arbeiterjugend beider

deutscher Staaten und Westberlin« die »imperialistischen Auswüchse« und Absichten der Bonner Politik. Fortan war man auf Abgrenzung bedacht.
Der Eintritt der SPD in die Regierungsverantwortung veranlaßte die SED-Spitze zu einer deutlichen Kurskorrektur in der deutschen Frage. Hatte sie bisher in der Gewißheit der ablehnenden Haltung Bonns unentwegt die Losung »Deutsche an einen Tisch« propagiert, betonte sie fortan das Trennende zwischen den Staaten und Systemen. Dies drückte sich u. a. in einen neuen Staatsbürgerschaftsgesetz aus, welches die Volkskammer am 20. Februar 1967 verabschiedete. Das Gesetz deklarierte eine eigene DDR-Staatsbürgerschaft, die von der Bundesrepublik allerdings nie anerkannt wurde.
Im Spätherbst 1967, unmittelbar nach den mit großem Aufwand begangenen Feiern zum 50. Jahrestag der russischen Oktoberrevolution, stellte die SED der Öffentlichkeit einen neuen Verfassungsentwurf vor. Wie oft bei solchen Gelegenheiten, bemühte sich der FDJ-Zentralrat um eine medienwirksame Form der Präsentation. Diesmal war es ein »Verfassungsexpreß«, also ein Agitationskommando auf Kraftfahrzeugen, das auf eine 3200 km lange Rundfahrt durch das Land geschickt wurde. Gut zwei Wochen lang, vom 12. Februar bis zum 1. März 1968, sollen damit auf über 100 Veranstaltungen ca. 17 000 Mitglieder erreicht worden sein. Die sorgfältig geplante Wirkung spiegelte sich, ganz im Sinne der Initiatoren, in 30 000 Einzel- und Kollektivverpflichtungen zu höheren Leistungen in Schule und Beruf wider. Das hatte mit einer Diskussion des Verfassungsentwurfs nichts mehr zu tun. Dazu war die Aktion auch nicht angelegt, und diskutiert werden sollte eigentlich auch nicht. Grundsätzliche Kritik am Text äußerten lediglich die Kirchen in der DDR, doch das konnte nichts am Abstimmungsergebnis ändern. Die Verfassung wurde schließlich durch einen Volksentscheid angenommen, sie trat am 8. April 1968 in Kraft.

„Wat heeßt'n nitjehn, hier seh'ck s ja viel besser!"

(Quelle: Deutsche Lehrerzeitung 27/1966)

Jugendforschung in der DDR

Die SED mußte am Ende der sechziger Jahre eine Desillusionierung, zunehmende Politikferne, einen Rückzug aus gesellschaftlichem Engagement, vornehmlich unter der Jugend, konstatieren. Die Analysen der noch jungen DDR-Jugendforschung wiesen auf zahlreiche Probleme hin.
Das Zentralinstitut für Jugendforschung (ZIJ) wurde 1966 gegründet, zeitgleich mit der zurückhaltend begonnenen Einführung einer marxistisch-leninistischen Soziologie in die DDR-Wissenschaftslandschaft und nahezu parallel zur Einrichtung des Deutschen Jugendinstituts 1965 in München. Damit verfügte die DDR-Jugendpolitik erstmals über ein wissenschaftliche, demoskopische Verfahren anwendendes Arbeitsinstrument, welches – zuverlässiger als die früher genutzten Stimmungs- und Meinungsberichte der unteren Leitungsebenen – über Trends, Ursachen und Erscheinungen Auskünfte erteilen und politikrelevante Vorschläge unterbreiten konnte.
Die gesetzliche Grundlage der Arbeit bildete eine »Anordnung über das Statut des Zentralinstituts für Jugendforschung beim Amt für Jugendfragen« vom 22. Juni 1966. Darin wurde das ZIJ als das *»wissenschaftliche Zentrum der Jugendforschung der Deutschen Demokratischen Republik«* ausgewiesen. Seine Hauptaufgabe bestand darin, die *»Grundtendenzen, Grundprobleme und Grundprozesse der Entwicklung und sozialistischen Erziehung der jungen Generation sowie die Hauptmethoden der Jugendforschung zu erarbeiten und dadurch die Entwicklung der Jugendforschung der Deutschen Demokratischen Republik inhaltlich und methodisch zu fördern«*.[191] Das am 1. Juli 1966

in Kraft getretene Statut enthielt ausdrücklich die Maßgabe: *»Das Zentralinstitut stellt enge Beziehungen zu den für die Leitung der sozialistischen Jugendpolitik verantwortlichen zentralen staatlichen Organen und Leitungen gesellschaftlicher Organisationen her, besonders zum Zentralrat der Freien Deutschen Jugend, berät mit ihnen Grundprobleme der Entwicklung der jungen Generation und der sozialistischen Jugendpolitik.«*[192] Als Direktor wurde der Psychologe Walter Friedrich eingesetzt.

Tatsächlich wurden nunmehr die Lebensansprüche und Verhaltensweisen Heranwachsender mit den Methoden der Psychologie und der Soziologie untersucht, was schon nach kurzer Zeit wegen brisanter Untersuchungsergebnisse, die in die gefürchteten Westmedien durchgesikkert waren, Honecker veranlaßte, eine Schließung der Einrichtung in Leipzig zu erwägen. 1971 verfügte die SED-Führung eine deutliche Einschränkung seiner Möglichkeiten, das ZIJ konnte aber weiterarbeiten.

Einer Untersuchung über die Befindlichkeit der DDR-Jugend von 1969 (»U 69«) zeigte eine Reihe von Entwicklungstendenzen deutlich auf. Zu diesem Zeitpunkt widersprach es auch noch nicht den Richtlinien, wissenschaftliche Empfehlungen an die politischen Entscheidungsebenen auszusprechen, deren Nutzung allerdings den Politikern vorbehalten blieb. Die vom ZIJ am Ende der sechziger Jahre vorgeschlagenen Strategien beeinflußten weder die Jugendpolitik noch die FDJ-Verbandsarbeit unmittelbar. Sie wurden allerdings den Spitzenfunktionären bekanntgemacht und wirkten indirekt auf die konzeptionelle Arbeit 1970/71.

»Untersuchung '69« des Zentralinstituts für Jugendforschung Leipzig von 1969 (Auszüge)

»[. . .] Die Untersuchung zeigt aber auch Probleme, Rückstände, Widersprüche und damit Schwerpunkte für die künftige Arbeit. Sie führt nicht zur beschaulichen Einschätzung, sondern zwingt zur aktiven Auseinandersetzung, zur Diskussion über noch effektivere Formen der Jugendarbeit in vielen Bereichen und Fragestellungen.

Die vorliegende Untersuchung belegt exakt die allgemeine Erfahrung, daß die sozialistische Bewußtseinsentwicklung bei unserer Jugend *nicht* gleichmäßig alle Seiten erfaßt, daß sie *nicht* in großen Sprüngen erfolgt, daß es auch Stagnation und sogar rückläufige Tendenzen geben kann. Das weist der Vergleich mit unseren früheren Analysen eindeutig aus. [. . .]

43 % der Jugendlichen vertreten heute den *atheistischen Standpunkt*, 14 % den religiösen. Die Einstellung zum wissenschaftlichen Atheismus weist eine *rückläufige Tendenz* auf. Der Anteil der *überzeugten Atheisten* ist seit 1962 merklich zurückgegangen. 1969 wird die atheistische Weltanschauung etwa von 10 % weniger Jungen und Mädchen als im Jahre 1962 vertreten. Während der Anteil der Religiösen ziemlich gleich geblieben ist, hat sich der der weltanschaulich Unentschiedenen sowie der der *Anhänger anderer Auffassungen* von Umfrage zu Umfrage ständig und signifikant erhöht. Diese Erscheinung sollte sehr genau analysiert werden. Hält dieser Trend an, dann haben wir 1980 weniger als ein Drittel Atheisten! Wir halten diese Entwicklung für sehr problematisch. [. . .]

Es wird allgemein akzeptiert, daß die Bonner Nichtanerkennungspolitik friedensfeindlich und aggressiv ist. Bei einem Viertel der Jugendlichen aber ist das *Feindbild* noch nicht adäquat entwickelt. Diese jungen Menschen haben noch nicht erkannt, daß der Imperialismus die furchtbare Gefahr für die Gegenwart und Zukunft der Völker, und damit für unser Volk und für sie selbst ist.

Gerade gegenüber der Jugend, die die Verbrechen und die Brutalität des Imperialismus und seine Demagogie nicht am eigenen Schicksal erlebt hat, muß die Agitation zum imperialistischen Feindbild mit besonders hoher Emotionalität und anschaulicher Nähe geführt werden.

Ähnliche Probleme ergeben sich bei der Beurteilung der imperialistischen *Konvergenztheorie*. Nur die Hälfte der Jugendlichen ist in der Lage, diese Konzeption des Klassengegners zu durchschauen. Es ist daher dringend erforderlich, sie auf allen Gebieten der Überzeugungsbildung stärker zu entlarven. [. . .]

Die Ergebnisse der Umfrage machen deutlich, daß der Festigung der *Einstellung der Jugendlichen zum sozialistischen Jugendverband* im Perspektivzeitraum außerordentliche Bedeutung zukommt. Die FDJ ist eine *politische* Massenorganisation, sieht dementsprechend in der Entwicklung des sozialistischen Bewußtseins der Jugendlichen ihre Hauptaufgabe. Die politische *Motivierung der Mitgliedschaft* kommt z. Zt. jedoch noch zu schwach zum Tragen. Nur jeder 5. Jugendliche begründet seine FDJ-Mitgliedschaft in erster Linie politisch. Nur die Hälfte der Jugendlichen findet das FDJ-Leben vielseitig und interessant. Nur ein Drittel der Jugendlichen hat politisch-weltanschaulichen Gewinn von Veranstaltungen der FDJ. Offensichtlich fällt es vielen Leitungen schwer, wirkungsvolle, jugendgemäße *Mitgliederversammlungen* zu gestalten. Die Regelmäßigkeit dieser wichtigen Form des Verbandslebens ist stark beeinträchtigt. Jeder

vierte Jugendliche berichtet, daß keine bzw. nur eine Mitgliederversammlung im Berichtszeitraum stattfand. In vielen Gruppen ist es *stets derselbe Teil* der Mitglieder, der von den Leitungen *in die Arbeit einbezogen* wird. Der andere Teil bleibt passiv, nimmt kaum am FDJ-Leben teil. Besonders problematisch ist die Lage im Bereich der Betriebsjugend. Dabei gibt es in allen Detailbereichen negative Trends mit zunehmendem Alter der Jugendlichen und von der Schuljugend zur Betriebsjugend. Dieses im ganzen unbefriedigende Bild muß für die verantwortlichen Leitungen Anlaß sein, die Ursachen für die Lage genau zu analysieren und Formen und Methoden des Verbandslebens zu entwickeln, die einerseits das Erreichen der hohen politisch-ideologischen Ziele des Jugendverbandes sichern und andererseits jugendgemäß sind. Es sollte eine gute Synthese von kontinuierlichem *Gruppenleben* und zentralen *Höhepunkten* angestrebt werden. Die Tendenz mancher Leitungen, nur noch Höhepunkte gestalten zu wollen, hat sich ganz offensichtlich negativ auf die Entwicklung der Gruppen und Grundorganisationen als der entscheidenden Glieder des Jugendverbandes ausgewirkt. [. . .]
Im Freizeitverhalten sind *informelle Gruppierungen* Jugendlicher eine verbreitete Erscheinung. 60 % der Jugendlichen geben an, sich nach dem Unterricht bzw. nach der Arbeitszeit mit jungen Leuten zu treffen, um die Freizeit gemeinsam zu verbringen. Das gilt für Jungen mehr als für Mädchen, die wahrscheinlich häuslicherseits stärker in Anspruch genommen sind. Ideologisch unterschiedlich eingestellte Jugendliche unterscheiden sich in diesem Gesellungsstreben nicht voneinander. Allerdings wirkt sich der Besitz von Kofferradios auf die Teilnahme aus. Diese in starkem Maße vorhandene Bindung der Jugendlichen an Freizeitgruppen muß im Erziehungs- und Leitungsprozeß stärker als bisher berücksichtigt werden. Überlegungen zur Einflußnahme auf einzelne Jugendliche und auf Jugendkollektive können an der Existenz solcher informeller Gruppen mit hohem verhaltensdeterminierendem Einfluß nicht vorübergehen. [. . .]
Die Einstellung zur *Information von Funk und Fernsehen der DDR auf den Gebieten Sport, Politik, Kultur und Wissenschaft* ist sehr verschieden. Die positivste Einstellung besteht zur Sportinformation. Die politische Information wird weit weniger positiv beurteilt. Das ist ein ernstes Zeichen. Nur 40 % sind vollkommen der Meinung, daß Funk und Fernsehen der DDR über wichtige politische Ereignisse genau informieren. Dieses Resultat muß im Zusammenhang mit dem Einfluß der Westsender und mit der Einstellung zum Sehen und Hören von Westsendern gesehen werden. Es ist bei dieser Einstellung wahrscheinlich, daß politische Informationen westlicher Sender empfangen werden. Daher ist es notwendig, dieses Problem in der ideologischen Arbeit unter Jugendlichen verstärkt zu beachten. Außerdem muß diese Einstellung genauer untersucht werden. Angesichts der Versuche des Gegners, ideologischen Einfluß unter Jugendlichen zu gewinnen, muß die Frage sehr ernst genommen werden. Es wäre zu empfehlen, diese Frage in der Propaganda und Agitation der FDJ in nächster Zeit systematisch zu berücksichtigen. Es besteht die Gefahr, daß ein Teil der Jugendlichen sich »genaue« Informationen über andere Kanäle zu verschaffen sucht.
Die *Einstellung zum Sehen und Hören von Westsendern* entwickelt sich in einer Tendenz, die Anlaß zu ernsten Überlegungen werden muß: Im Vergleich zu früheren Untersuchungen geht der Anteil derjenigen, die gegen Westsender eingestellt sind, eindeutig zurück. Dafür wächst die Auffassung, das Sehen und Hören von Westsendern sei eine Angelegenheit, die jeder mit sich selbst ausmachen müsse. Das wird bestätigt durch die Tatsache, daß 67 % der Jugendlichen entweder den Deutschlandfunk oder Radio Luxemburg oder beide Sender zu ihren *beliebtesten* Rundfunksendern zählen. [. . .]«

Quelle: SAPMO-BArch, DY 24/B 6273.

Die Ergebnisse der Leipziger Jugendforschung machten deutlich, wie weit die FDJ davon entfernt war, die jungen Menschen in der DDR anzusprechen, sie in die politischen Diskussionen einzubeziehen und ihre aktive Mitwirkung in der sozialistischen Gesellschaft zu erreichen. Offenbar war der Verband weiterhin nicht in der Lage, die spezifischen Interessen der ostdeutschen Jugend umfassend aufzugreifen und politische oder kulturelle Angebote dafür zu unterbreiten. Die Mitgliedschaft war zur Formsache verflacht, nicht zuletzt durch die Einführung der obligatorischen Zehnklassenschule, die eine Aufnahme in die FDJ mit 14 Jahren nahezu reibungslos organisatorisch absicherte. Die Formen des Verbandslebens blieben zwar übersichtlich, aber starr und unmodern (Mitgliederversammlung, Studienjahr, »aktuell-politisches Gespräch«). Veranstaltungen im besonders nachgefragten Freizeitbereich (Kultur und Kunst, vor allem Musik, aber auch Sport) präsentierten sich oft nicht besonders jugendgemäß und wenig attraktiv. FDJ-Funktionäre legten großen Wert darauf, solche Aktivitäten mit politischen oder ideologischen Fragen oder Inhalten zu verbinden. Die anhaltend negative Resonanz darauf störte die Verbandsleitung scheinbar nur wenig.

„Na, wie wäre es mit einem schönen Diskussionsbeitrag?"

(Quelle: Eulenspiegel 14/1967)

Zunehmende Ausstiegs- und Verweigerungstendenzen wurden in der Öffentlichkeit unterdrückt und selbst in den Führungsgremien von Partei und FDJ nur mit äußerster Zurückhaltung behandelt. Jugendkriminalität z. B. galt als Relikt der kapitalistischen Vergangenheit. Die Einflüsse des »Klassengegners« verhinderten noch, dieses Phänomen völlig auszumerzen. Die Lösung des Problems sei jedoch nur eine Frage der Zeit. Die tatsächlichen Zahlen widersprachen dieser These. Die seltenen Analysen verwiesen auf Widersprüche, die sich in der DDR-Gesellschaft angehäuft hatten.

Vorlage der Abteilung Verbandsorgane für das Sekretariat des FDJ-Zentralrats vom 22. Januar 1970: Information über besondere Vorkommnisse im Jahr 1969 (Auszüge)

»[. . .] Nach der uns vorliegenden Übersicht traten 1969 194 besondere Vorkommnisse auf, an denen sich 4120 Jugendliche beteiligt haben. [. . .]

Ein Absinken der Jugendkriminalität gegenüber 1968 ist 1969 nicht zu erkennen. 1968 wurden uns Straftaten mit 1900 Tätern gemeldet. 1969 stieg die Zahl der uns gemeldeten Täter auf 4120 Jugendliche an. Davon entfallen 2500 auf das Vorkommnis am 7. 10. 1969 in Berlin.

Als territoriale Schwerpunkte zeichneten sich 1969 folgende Orte ab: Berlin, Leipzig, Dresden, Karl-Marx-Stadt, Schwarzenberg, Bautzen, Görlitz, Halberstadt und Rathenow.

In diesem Zusammenhang möchten wir darauf hinweisen, daß es in Rathenow Anfang September 1968 bereits zu einer Zusammenrottung von 16 Jugendlichen (11 davon inhaftiert) vor den Wohnblöcken sowjetischer Familien kam, um gegen die eingeleiteten Hilfsmaßnahmen gegenüber der ČSSR zu protestieren. [. . .]

Von den 4.120 an den Straftaten beteiligten Jugendlichen wurde gegen 567 ein Ermittlungsverfahren eingeleitet. Die prozentuale Aufgliederung der 567 Jugendlichen ergibt folgendes Bild: Schüler 15 %, Lehrlinge 38,6 %, Arbeiter und Angestellte aus der Industrie 39,2 %, Junge Genossenschaftsbauern und Landarbeiter 1,9 %, Studenten 1,0 %, z. Z. ohne Beschäftigung 4,3 %.

Von den Tätern, gegen die Ermittlungsverfahren eingeleitet wurden, waren 15 % vorbestraft, die größtenteils als Anführer von Gruppierungen wieder straffällig wurden.

Die Vorstrafen sind überwiegend ungesetzlicher Grenzübertritt, Staatsverleumdung, Eigentumsdelikte und Rowdytum.

Bei den angefallenen Tätern handelt es sich vor allem um Jugendliche mit einer geringen Bildung (nicht erreichter Abschluß der 8. Klasse) und Qualifikation (Transportarbeiter, Anlernlinge usw.). [. . .] 13,9 % der 567 Jugendlichen, gegen die ein Ermittlungsverfahren eingeleitet wurde, waren Mitglied der FDJ. Nach der Aufgliederung in Berufsgruppen betrifft das überwiegend Schüler und Lehrlinge. [. . .]

Verantwortung der Bezirksleitungen der FDJ

Die Arbeit mit den zurückgebliebenen Jugendlichen wurde auch im Jahr 1969 nicht zum festen Bestandteil der Tätigkeit der Leitungen unseres Verbandes entwickelt.

Die Auseinandersetzung mit gefährdeten Jugendlichen in den Grundorganisationen der FDJ, durch unsere Funktionäre und Mitglieder erfolgt sehr selten und oft ohne Konzeption, also spontan.

Selbst mit straffällig gewordenen ehemaligen FDJ-Mitgliedern wird nur selten konsequent gearbeitet und ihnen mit Hilfe aller Mitglieder ein fester Platz im Kollektiv eingeräumt.

Die Ursachen dafür sind einmal in der ungenügenden Führungstätigkeit, beginnend in den Bezirksleitungen der FDJ, zum anderen in der Mißachtung des Beschlusses des Zentralrates durch die Bezirksleitungen und Kreisleitungen der FDJ, zu suchen.

So nahm im Jahr 1969 kein Bezirkssekretariat regelmäßig zu diesen Problemen Berichterstattungen von Kreissekretariaten entgegen (deswegen auch kein Überblick über besondere Vorkommnisse in der Bezirksorganisation) und legte entsprechende, der konkreten Situation rechnungtragende Maßnahmen fest.

Nur die Bezirkssekretariate Potsdam, Cottbus, Magdeburg, Gera, Suhl, Frankfurt, Dresden, Karl-Marx-Stadt und Erfurt erhoben das Problem der Arbeit mit den gefährdeten Jugendlichen zu einem Tagesordnungspunkt einer bzw. zwei ihrer Sekretariatssitzungen.

Resultierend aus diesem mangelnden verantwortungsbewußten Handeln unserer Leitungen wird auch der Behandlung und Übermittlung von besonderen Vorkommnissen an den Zentralrat, an denen FDJ-ler beteiligt waren, ungenügend Beachtung geschenkt.

Völlig vernachlässigt wird die Arbeit mit besonderen Vorkommnissen, die durch nicht in der FDJ organisierte Jugendliche bzw. durch Gruppierungen solcher Jugendlicher hervorgerufen wurden. [. . .]«

Quelle: SAPMO-BArch, DY 24/6519-I.

»Antiimperialistische Solidarität«

Wenn SED und FDJ in dieser Zeit überhaupt jugendliche Zustimmung oder zumindest Loyalität gegenüber dem Staat erreichen konnten, dann war dies vor allem auf die Sympathie mit den Befreiungsbewegungen in den ehemaligen Kolonien zurückzuführen. Wie im Westen beflügelte die in Europa nicht zu stillende Sehnsucht nach Revolutionsromantik auch die Jugend der DDR, sich mit den nationalen Befreiungskämpfern in Asien, Afrika und Lateinamerika zu solidarisieren. Die FDJ münzte diese ehrliche Begeisterung, die gut in das Schwarz-Weiß-Raster vom Kampf des sowjetisch geführten Weltfriedenslagers gegen den kriegslüsternen angloamerikanischen Imperialismus paßte, in politische Aktionen um.

Im Vorfeld des VII. SED-Parteitages rechnete die FDJ Kontakte zu etwa 500 Jugend- und Studentenorganisationen in der ganzen Welt ab. 5,5 Millionen Mark waren für die Unterstützung Vietnams an Geldspenden eingegangen. In einigen Ländern der Dritten Welt (zuerst in Algerien und Guinea) befanden sich sogenannte FDJ-Freundschaftsbrigaden im Einsatz. Sie stellten im Prinzip eine ganz normale Entwicklungshilfe dar, entweder in der Industrie, in der Berufsausbildung oder – besonders naheliegend – in der Landwirtschaft.

In der alltäglichen Propaganda spielte die amerikanische Intervention in Vietnam eine immer größere Rolle. 1966 standen über eine halbe Million US-Soldaten in Südvietnam unter Waffen. Inzwischen hatten beide Seiten tausende Tote und Verwundete als Opfer zu beklagen. Die Proteste gegen die Kriegspolitik in den USA selbst und in Westeuropa fanden in den Ostblockstaaten ihr staatlich gestütztes Pendant. In der DDR kanalisierte und instrumentalisierte der FDJ-Zentralrat erfolgreich den Wunsch vieler Jugendlicher, gegen die Greuel der Amerikaner zu protestieren.

Die FDJler, gerade jene, die von der Niederschlagung des Prager Frühlings bitter enttäuscht waren, übertrugen ihre Hoffnungen auf eine bessere, sozial gerechte Gesellschaft auf den Befreiungskampf in der Dritten Welt. Die dortigen Machthaber, korrupte Diktatoren, die den Einflüssen ausländischer Interessen folgten, verdienten in den Augen der Jugendlichen kein Mitleid. Der Kampf des David gegen den Goliath weckte Leidenschaft und Begeisterung.

Zunächst bis zum Waffenstillstand von 1975, aber auch noch Jahre darüber hinaus, wurden die ostdeutschen Jugendlichen zu Solidaritäts- und

FDJ-Ausbilder in Afrika

Hilfsaktionen für Vietnam aufgerufen. Millionen Mark an Spendengeldern und Sachspenden wurden gesammelt und nach Vietnam geflogen. Später halfen Fachleute in der vietnamesischen Wirtschaft, die ersten jungen Vietnamesen kamen in die DDR zur Ausbildung und zur Arbeit. Der derart gesteuerte und emotional ansprechende Internationalismus verfehlte seine Wirkung nicht. Als die südvietnamesische Hauptstadt Saigon fiel, als das Pariser Friedensabkommen 1975 in Kraft trat und die USA ihre Niederlage vor der Weltöffentlichkeit zugaben, stand die DDR auf der Seite der Sieger.

Die Ostverträge

Das Jahr 1970 hielt Überraschungen auf einer anderen Ebene bereit. Zuerst in Erfurt, dann in Kassel trafen sich die Regierungschefs beider deutscher Staaten zu politischen Gesprächen. SPD und FDP hatten im September 1969 bei Bundestagswahlen eine knappe Mehrheit über die CDU/CSU erringen können (42,7 und 5,8 Prozent gegenüber 46,1 Prozent). Die Große Koalition wurde von einer sozialliberalen Regierung unter dem ersten sozialdemokratischen Nachkriegskanzler Willy Brandt abgelöst. Ulbricht schickte den DDR-Ministerratsvorsitzenden Willi Stoph zu den deutsch-deutschen Gipfeltreffen. Argwöhnisch von den Sowjets beobachtet, die zwar eine gesamteuropäische Entspannung befürworteten, aber einen deutschen Sonderweg kategorisch ablehnten, schlug die DDR der Bonner Seite gleichberechtigte völkerrechtliche Beziehungen vor.

Die Verhandlungen in Erfurt und Kassel erbrachten keine greifbaren Resultate, aber sie vermittelten anschaulich die politische Stimmung im geteilten Deutschland. In Erfurt konnte sich Brandt des Jubels von zahlreichen DDR-Bürgern kaum erwehren. In Kassel wurde eine DDR-Flagge heruntergerissen. Die SED-Führung sah ihre schlimmsten Befürchtungen bestätigt.[193]

Die SPD/FDP-Regierung wollte sich nicht auf irgendwelche Zugeständnisse an Ost-Berlin einlassen, welche das Offenhalten der deutschen Frage unterlaufen konnten. Beide Seiten einigten sich auf ein weiteres »Nachdenken«. Damit entglitt der SED zunächst die Verhandlungsinitiative.

In Moskau sondierte Brandts Vertrauter Egon Bahr auf höchster Ebene die Chancen für eine Neuordnung der Beziehungen zwischen der Bundesrepublik und der UdSSR. Schon am 12. August 1970 konnten der westdeutsche Kanzler und der sowjetische Ministerpräsident Alexej Kossygin ihre Unterschriften unter den Moskauer Vertrag über Gewaltverzicht und die Anerkennung der in Europa bestehenden Grenzen setzen. Im November folgte ein ähnliches Abkommen zwischen der Bundesrepublik und Polen. Die Voraussetzungen für eine Anerkennung der DDR hatten sich verbessert, doch die DDR-Bevölkerung und insbesondere die Jugend waren politisch verunsichert.

Information des FDJ-Zentralrats vom 25. August 1970: »Reaktion der Jugend zum Vertrag zwischen der UdSSR und der BRD« (Auszüge)

»1. Wertung der politischen Grundhaltung der Jugend zum Vertragsabschluß zwischen der UdSSR und der BRD

Die *Mehrzahl* der Jugendlichen betrachtet den Vertragsabschluß als einen Erfolg der konsequenten Friedenspolitik der Sowjetunion und der sozialistischen Staatengemeinschaft sowie des Kampfes der demokratischen Kräfte in Westdeutschland selbst und als einen wichtigen Beitrag für die europäische Sicherheit sowie die Normalisierung der Beziehungen zwischen beiden deutschen Staaten.

[. . .] Eine *große Anzahl* Jugendlicher äußert aber auch Bedenken zum politischen Wert der Vertragsunterzeichnung. Typische Argumente sind:

– Den Imperialisten darf man kein Vertrauen entgegenbringen, da es viele Beispiele für Vertragsbrüche in der Geschichte gab. Hitler hat auch schon mit der Sowjetunion einen Nichtangriffspakt abgeschlossen. Das Potsdamer Abkommen wurde durch die imperialistischen Kräfte auch nicht eingehalten.

– Mit dem Vertrag sollen die weiteren Ziele des westdeutschen Imperialismus verschleiert werden.

– Brandt ist gegen das Rechtskartell doch machtlos. Die Ratifizierung des Vertrages ist zweifelhaft.

– Solche Bemühungen um die europäische Sicherheit, wie sie der Vertragsabschluß darstellt, haben auch eine gefährliche Rechtsentwicklung in Westdeutschland zur Folge.

Bei einem beachtlichen Teil der Jugendlichen (besonders Angehörige der jungen Intelligenz, Lehrlinge, Jugendliche in den Klein- und Mittelbetrieben und des Handels) zeigt sich eine politische Fehleinschätzung der Brandt/Scheel-Regierung:

– Dieser Vertragsabschluß ist ein Beweis dafür, daß die Brandt/Scheel-Regierung bereit ist, den Frieden zu erhalten. Offensichtlich war die DDR bei ihren Verhandlungen mit Brandt zu stur.

– Nur weil Willy Brandt an der Regierung ist, wurde eine solche Vertragsunterzeichnung möglich.

– Der erfolgreiche Abschluß des Vertrages ist der Initiative der Brandt/Scheel-Regierung anzurechnen.

– Die Vertragsunterzeichnung wird sich wesentlich auf die gegenseitigen Beziehungen zwischen der BRD und der DDR auswirken und sie normalisieren (Anerkennung der DDR, gegenseitige erfolgreiche Verhandlungen, besonders Erleichterungen des Reiseverkehrs).

Hoffnungen und Spekulationen treten häufiger als bei den Gespräche in Erfurt und Kassel auf. Sie beziehen sich auf eine grundsätzliche Änderung der politischen Ziele der SPD und zeugen von einer Unterschätzung der Gefährlichkeit des westdeutschen Imperialismus.

Vereinzelt wurden auch solche Einschätzungen getroffen:

– Mit dem Vertrag fällt die Sowjetunion dem konsequenten Auftreten unseres Ministerpräsidenten in Erfurt und Kassel in den Rücken.

– Die Unterzeichnung solcher Verträge durch die Regierung der BRD mit den sozialistischen Staaten isoliert die DDR.

– Die Sowjetunion berücksichtigt durch ihre Aufnahme von Verhandlungen mit der BRD nicht die Interessen der DDR. [. . .]

Aus den vorliegenden Informationen läßt sich ableiten:

– Es gibt Verwunderung über den schnellen Vertragsabschluß (Universität Rostock).

– Man muß abwarten, Verträge kann die Brandt/Scheel-Regierung abschließen, aber bei der Ratifizierung sitzen sie in der Klemme.

– Westdeutschland hat an Boden gewonnen, weil sie die Ostoffensive auf diplomatischer Ebene gewonnen haben. Das wirkt sich auch auf viele andere Staaten aus [. . .].

2. Konzentrationspunkte von Argumenten
a) inhaltlich:
– Es gibt verbreitet Fehleinschätzungen über die Rolle der SPD-Regierung. Die Bonner Regierung ist doch bereit, ihren Kurs zu ändern. Vertragsabschluß ist auf die Initiative der BRD zurückzuführen.
– Es gibt Zweifel an der Geschlossenheit der sozialistischen Staatengemeinschaft.
b) territorial:
Konzentrationspunkte in bestimmten Bezirks-, Kreis- und Grundorganisationen sind gegenwärtig nicht sichtbar.
c) Teile der Jugend:
Unklarheiten treten besonders unter der jungen Intelligenz, den Jugendlichen der Klein- und Mittelbetriebe, des Handels, Gesundheitswesens und Lehrlingen auf. [. . .]«

Quelle: SAPMO-BArch, DY 24/6546-I.

Der Sturz Ulbrichts

Der gesundheitlich angeschlagene Partei- und Staatschef Walter Ulbricht hatte in SED-Führungskreisen Ende der sechziger Jahre zunehmend an Reputation verloren. Die seit 1964/65 hervorgetretene potentielle Nachfolgercrew um Erich Honecker betrieb in Moskau insgeheim seine Ablösung. Ihnen kam zugute, daß Breshnew von Anfang an Probleme mit dem Auftreten Ulbrichts hatte. Der SED-Führer wollte alles besser wissen. Er hatte sein eigenes pseudotheoretisches Konzept (»entwickeltes gesellschaftliches System des Sozialismus«, »relativ eigenständige Gesllschaftsformation«, »sozialistische Menschengemeinschaft«) formuliert, er verfolgte ein spezielles Wirtschaftsprogramm, er dozierte gern über seine persönliche Bekanntschaft mit Lenin, den die damalige KPdSU-Führungsmannschaft in der Regel bereits nicht mehr erlebt hatte, und schließlich verfolgte er eigene Wege, wenn es um die Gestaltung der deutsch-deutschen Beziehungen ging.
Ende 1970 wurde das lange vorbereitete Revirement in der Partei- und Staatsspitze der DDR schließlich in Angriff genommen. Die 14. Tagung des SED-Zentralkomitees vom 9. bis 11. Dezember leitete die Ablösung des über zwanzig Jahre lang einflußreichsten ostdeutschen Politikers ein. Ulbrichts Rede auf diesem Plenum, mit dem er die Vorwürfe gegen seine Person zurückweisen wollte, durfte nicht veröffentlicht werden. Den Ton gaben Paul Verner (Berichterstatter des Politbüros) und Erich Honecker an. Deutlich zeichnete sich eine personelle Veränderung an der Spitze von Partei und Staat ab, außerdem konkretisierten sich Korrekturen an Ulbrichts Kurs eines deutschen Sonderweges. Abteilungen und Arbeitsgruppen des Zentralrats bekamen den Auftrag, neue politische Konzepte zu erarbeiten.
Ulbricht gelang es zwar, im Januar 1971 – zu einem äußerst ungewöhnlichen Termin – noch einmal das ZK zusammenzurufen und die Beschlüsse des 14. Plenums vom Dezember 1970 abzuschwächen. Doch dieser Erfolg blieb ein vorübergehender. Ulbricht reiste im März an der Spitze einer SED-Delegation zum 24. Parteitag der KPdSU nach Moskau. Dort beging er die Unvorsichtigkeit, seine »revolutionären Erfahrungen« allzu deutlich herauszukehren. Honekker hatte leichtes Spiel, die Moskauer Genossen endgültig davon zu überzeugen, daß die Zeit für die Absetzung des »starrsinnigen Alten« gekommen sei. Die Mehrheit der Politbüromitglieder stand hinter ihm. Beim Zentralrat der FDJ konnte er zumindest auf Sympathie rechnen. Er war – für sozialistische Verhältnisse – mit 58 Jahren noch recht jung, und er galt seit seinen eigenen FDJ-Zeiten als Gönner des Jugendverbandes. Ulbrichts Politik war hingegen undurchsichtig geworden. Honecker versprach eine klare Linie, ganz in Übereinstimmung mit den sowjetischen Interessen, und außerdem eine Aufwertung des Einflusses des Verbandes. Damals war eine ganze Reihe der Funktionäre noch relativ jung und dynamisch - nicht zu vergleichen mit der Gerontokratie der späten achtziger Jahre. Honecker verkörperte tatsächlich eine jüngere Generation, und seine Karriere als erster FDJ-Vorsitzender versprach der FDJ-Führung kaderpolitische Perspektiven sowie die Berücksichtigung ihrer Meinung bei politischen Entscheidungsfindungen.
Für Honeckers Konzept, welches zum VIII. Parteitag im Juni 1971 vorbereitet wurde, lieferten Zentralratssekretäre wichtige, wenngleich oftmals die Probleme vereinfachende Zuarbeiten, u. a. Egon Krenz, der im Februar vom einfachen Sekretär zum Vorsitzenden der Pionierorganisation »Ernst Thälmann« aufgestiegen war.

Vorlage von Egon Krenz für das Sekretariat des FDJ-Zentralrats vom 22. Januar 1971:
»Die Vermittlung des Marxismus-Leninismus als Grundlage der klassenmäßigen Erziehung, die lebendige Bewahrung des revolutionären Erbes und unser Offensivkampf gegen die bürgerliche Ideologie«

»[. . .] *Wie ist die Lage und welche Schwerpunkte müssen gesetzt werden?*
Sozialistische Einstellungen und Eigenschaften prägen das Profil der Mehrzahl unserer Jugend. Die Herausbildung des sozialistischen Bewußtseins verläuft nicht widerspruchsfrei. Der erreichte Fortschritt erfaßt noch nicht alle Seiten der Bewußtseinsentwicklung und auch nicht alle Schichten der Jugend gleichermaßen.
– *Es gilt, den sozialistischen Patriotismus unserer Jugend zu vertiefen, indem wir ihre unerschütterliche Treue zum sozialistischen Vaterland im Denken und Tun fördern.* [. . .]
– *Es gilt, ein eindeutiges und geschlossenes Feindbild vom Imperialismus auszuprägen: Wer liebt, muß auch hassen können.* [. . .]
– *Es gilt, die feste Freundschaft zur Sowjetunion, zur sozialistischen Staatengemeinschaft und eine stabile internationalistische Klassenposition im Denken und Handeln der Jugend noch tiefer zu verankern.* [. . .]
– *Es gilt, alle Jugendlichen zu befähigen, sich die marxistisch-leninistische Weltanschauung zu erarbeiten.* [. . .]
Was mindert die Effektivität unserer ideologischen Arbeit noch?
– Ungenügende Konkretheit und Differenziertheit nach sozialen Schichten, Bildungsstand und Alter;
– Wir beachten zu wenig, daß wir es in der ideologischen Arbeit immer wieder mit Neuen zu tun haben. Nicht selten beschränken wir ideologische Arbeit auf jene, die es uns am leichtesten machen;
– Oft leiten wir den Inhalt einseitig von den gesellschaftlichen Anforderungen ab und berücksichtigen ungenügend die unmittelbaren Fragen und Probleme der Jugendlichen;
– Wir beschränken uns auf feste Formen wie Zirkel und Mitgliederversammlungen, ohne gleichzeitig zu berücksichtigen, daß bei Jugendlichen einfache Diskussionen zu politischen Fragen sehr beliebt sind. (Foren, Verbindung von Tanznachmittagen mit Diskussionsrunden . . .);
– Sozialistische Grundeinstellungen werden oft postuliert, nicht aber auf die konkrete Situation bezogen. (Erfahrung der Wahlbewegung).
Der Begriff lebendige ideologische Arbeit wird oft nicht geistig erarbeitet und ist noch nicht frei von Routine, einseitiger Auslegung, Überbetonung der Formen und Unterschätzung des Inhalts. [. . .]
Das Hauptaugenmerk bei der Weiterentwicklung unseres Systems der ideologischen Arbeit muß darauf gelegt werden, daß alle Elemente zu ihrer vollen Wirkung gebracht werden (besonders Traditionsbewegung und Agitation) und daß entschieden mehr Gewicht auf die aktive, selbst verarbeitete, anwendungsbereite Aneignung des Marxismus-Leninismus durch alle Jugendlichen gelegt wird. Folgende Aufgaben sind dabei zu stellen:
– *Die Qualität und Ausstrahlungskraft der Zirkel junger Sozialisten und der Prüfungen zum Abzeichen ›Für gutes Wissen‹ sind wesentlich zu erhöhen. Durch die Anwendung vielgestaltiger, jugendgemäßer Methoden sind entscheidende Fortschritte in der Massenpropaganda zu erzielen.* [. . .]
– *Die Bewegung zur lebendigen Bewahrung der revolutionären Traditionen der Arbeiterklasse muß noch stärker zum festen Bestandteil unseres FDJ-Lebens werden.* [. . .]
– *Die Agitationsarbeit ist so zu profilieren, daß die Funktionäre und Mitglieder der FDJ für die tägliche politische Argumentation gerüstet sind.* [. . .]
Es besteht ein direkter Zusammenhang zwischen einem interessanten und vielseitig gestalteten FDJ-Gruppenleben und der Wirksamkeit unserer ideologischen Arbeit. Deshalb sollte die generelle Schlußfolgerung lauten: Jede Aufgabe in der FDJ muß von ihren politisch-ideologischen Anforderungen erläutert, diskutiert und verstanden werden.«

Quelle: SAPMO-BArch, DY 24/6566-I.

Am 3. Mai 1971 trat Walter Ulbricht »aus Altersgründen« von seiner Funktion als Erster Sekretär des ZK der SED zurück. Eine Tagung des Zentralkomitees wählte Erich Honecker zu seinem Nachfolger. Honecker hatte endlich die Spitzenposition unter den Mächtigen erreicht. In der Folgezeit baute er seine Hausmacht zielstrebig aus und installierte ein nahezu unangreifbares persönliches Regime, in das sich der Jugendverband nahtlos ein- und unterordnete.

Das IX. FDJ-Parlament 1971 in Berlin

In jenem Jahr fand das FDJ-Parlament, das neunte, vor dem SED-Parteitag statt. In der Berliner Werner-Seelenbinder-Halle versammelten sich am 25. Mai 1971 über 2300 Delegierte zu viertägigen Beratungen. Honecker trat am Schlußtag vor die Parlamentsdelegierten und verkündete Grundzüge seines jugendpoliti-

Tagungsort des IX. FDJ-Parlaments

sches Konzepts, das auch in den folgenden Jahren seine Gültigkeit behalten sollte. Vor allem schwor er den Jugendverband auf die Teilnahme an der »Gestaltung der entwickelten sozialistischen Gesellschaft« in der DDR ein, ein Schlagwort, welches fast zwanzig Jahre lang in aller Ohren blieb und zum Inbegriff von Honeckers Innenpolitik wurde.

Rede Erich Honeckers auf dem IX. Parlament der FDJ, 28. Mai 1971

»[. . .] *(Die Delegierten erheben sich von den Plätzen und spenden stürmischen Beifall. Sprechchöre: ›Auf unsere bewährte Parteiführung ein dreifaches: Hurra, Hurra, Hurra!‹ – ›Der Erste Sekretär des Zentralkomitees der SED, unser Genosse Erich Honecker, er lebe hoch, hoch, hoch!‹)*
[. . .]
Liebe Freunde! Euer Parlament berät darüber, worauf die Kräfte der FDJ im Zeitraum des Fünfjahrplanes 1971 bis 1975 konzentriert werden müssen. Gestattet mir, in diesem Zusammenhang einige Gedanken zu äußern.
Die Hauptaufgabe des Fünfjahrplanes, das materielle und kulturelle Lebensniveau des Volkes weiter zu erhöhen, erfordert – wie im Entwurf der Direktive gesagt wird – ein hohes Entwicklungstempo der sozialistischen Produktion, die Erhöhung ihrer Effektivität, den wissenschaftlich-technischen Fortschritt und das ständige Wachstum der Arbeitsproduktivität. Darauf, so meinen wir, sollte die FDJ das Wissen und Können, den Tatendrang, den Neuerergeist und die Unduldsamkeit der Jugend lenken. [. . .]
Natürlich kann der Jugendverband nicht umhin,

sich immer wieder dahingehend zu überprüfen, wie er seiner politischen Funktion als einheitliche sozialistische Massenorganisation der Jugend der DDR ständig besser gerecht wird. Als das Wichtigste erscheint uns dabei, die Arbeit des Jugendverbandes so zu gestalten, daß in ihm die Jugend der DDR ihre Heimstatt findet.
Jeder von uns weiß, daß den jungen Menschen viele Fragen bewegen, auf die er Antwort sucht und bei denen er die Hilfe des sozialistischen Jugendverbandes erwartet. Großes Interesse – wie wir wissen – gibt es an Problemen der marxistisch-leninistischen Weltanschauung, an der Geschichte der deutschen und internationalen Arbeiterbewegung, der Perspektive des Klassenkampfes unserer Tage, der Entwicklung von Wissenschaft, Technik und des Militärwesens, an der Rolle von Moral und Ethik in unserem Leben. Die wachsende Bedeutung der sozialistischen Gemeinschaftsarbeit und die immer breitere Übergabe verantwortlicher Aufgaben an junge Menschen fördert den Wunsch nach umfassender Information. Aufmerksam verfolgt die Jugend den Inhalt neuer Filme, Theaterstücke, Fernsehspiele und Bücher. Sie begeistert sich für niveauvolle Kultur- und Sportveranstaltungen.
Mit vollem Recht widmet daher euer Parlament diesen Fragen große Aufmerksamkeit, denn gerade unser sozialistischer Jugendverband verfügt über ausgezeichnete Möglichkeiten einer lebendigen und vielseitigen Massenarbeit. Ihr habt vollkommen recht, wenn ihr euch die Aufgabe stellt, eure Mitgliederversammlungen und Zirkel junger Sozialisten interessanter zu gestalten. Eine massenwirksame Jugendarbeit erfordert den anschaulichen Vortrag, das Jugendforum, das Gespräch mit Arbeiterveteranen und Helden der Arbeit genauso wie den Besuch von Museen und Gedenkstätten, die Exkursion, das Fernsehspiel, das Theater, den Film und das Buch, das gemeinsame kulturelle und sportliche Erlebnis, das Spiel und den Tanz. [. . .]
Im Prozeß der schöpferischen Aneignung der Lehren von Karl Marx, Friedrich Engels und Wladimir Iljitsch Lenin wird die Jugend lernen, eine klare Klassenposition zu beziehen, standhaft zu sein und den Einflüssen der bürgerlichen, der imperialistischen Ideologie keinerlei Spielraum zu lassen. Es ist eine alte wichtige Erfahrung des Klassenkampfes: Dort, wo auf die Fragen, die das Leben stellt, keine klare Antwort von marxistisch-leninistischer Position aus gegeben wird, macht sich die bürgerliche Ideologie breit. Die Feinde der Arbeiterklasse versuchen bekanntlich unter der Jugend Zweifel an der Überlegenheit des Sozialismus über den Kapitalismus zu säen und antisozialistische Lebensziele zu propagieren. Wir sind überzeugt, daß die FDJ auch weiterhin alles tun wird, damit die junge Generation politisch und moralisch gesund heranwächst und allen Erscheinungen der bürgerlichen Ideologie und Lebensweise offensiv entgegentritt. [. . .]
Allen Mitgliedern und Leitungen des sozialistischen Jugendverbandes, allen Mädchen und Jungen wünschen wir bei ihrer Arbeit, beim Lernen und im persönlichen Leben allzeit Freude, revolutionären Schwung und vollen Erfolg! Es lebe die Freie Deutsche Jugend!
(Die Delegierten und Gäste erheben sich spontan von ihren Plätzen. Sie spenden stürmischen, lang anhaltenden Beifall, er geht über in den gemeinsamen Gesang des Liedes: ›Du hast ja ein Ziel vor den Augen!‹ Danach erklingen Hochrufe auf das Zentralkomitee der Sozialistischen Einheitspartei Deutschlands und seinen Ersten Sekretär, die von lang anhaltendem Beifall begleitet werden.) [. . .]«

Quelle: IX. Parlament der Freien Deutschen Jugend. Berlin vom 25. bis 29. Mai 1971, Berlin 1972, S. 491 ff.

Die FDJ zu Beginn der Honecker-Ära

Der VIII. Parteitag der SED tagte vom 15. bis 19. Juni 1971. Er bestätigte sowohl Honecker als neuen Ersten Sekretär als auch sein Programm. Kernstück – zunächst für den Zeitraum 1971–1975, später wurde die Definition im SED-Programm dauerhaft festgeschrieben – war die neu formulierte »Hauptaufgabe« der SED-Politik, nämlich die *»Erhöhung des materiellen und kulturellen Lebensniveaus des Volkes auf der Grundlage eines hohen Entwicklungstempos der sozialistischen Produktion, der Erhöhung der Effektivität, des wissenschaftlichen Fortschritts und des Wachstums der Arbeitsproduktivität«*. Millionen Jugendliche lernten diese Formel in den FDJ-Zirkeln, im Staatsbürgerkundeunterricht, im obligatorischen Studienfach Marxismus-Leninismus später auswendig. Honecker, bald als Mann der Losungen und Sprüche bekannt, war von einer solchen Definition begeistert und überzeugt. Es kam jetzt eigentlich nur noch darauf an, die entsprechenden Losungen bis »in die letzte Hütte« zu tragen.
Das neue sozialpolitische Konzept, eine tatsächlich deutliche Verbesserung im Vergleich zu Ulbrichts Auffassungen, sah vor, die Werktätigen, auch die Jugendlichen, stärker an den Früchten ihrer Arbeit teilhaben zu lassen. Tatsächlich erreichte die DDR am Anfang der siebziger Jahre in der Wirtschaft zunächst gute Ergebnisse. Der Lebensstandard wuchs, wenn

auch in bescheidenem Rahmen. Bald aber setzte der verhängnisvolle Schuldenkreislauf ein. Um die sozialpolitischen Leistungen (die »zweite Lohntüte« mit billigen Wohnungen und kostenloser medizinischer Versorgung, Kindergeld, Renten usw.) finanzieren zu können, mußten Kredite im westlichen Ausland aufgenommen werden. Die Zinsen waren dann mit neuen Krediten zu bezahlen. Honeckers Wirtschafts- und Sozialpolitik hatte von Anfang an ihre Tücken, zunächst fand sie aber Zustimmung, gerade von der bisher nicht so sehr begünstigten jüngeren Generation. Die neue SED-Spitze gewann durchaus an Ansehen, nicht zuletzt begleitet durch die internationale Anerkennung der DDR.

Auf dem Parteitag gab es keine wirklich neuen Aussagen zur Jugendpolitik. Die bewährte Rolle der FDJ als *»Helfer und Kampfreserve der Partei«* wurde bekräftigt. Alle Jugendlichen sollten sich künftig bewußt den Klassenstandpunkt der Arbeiterklasse aneignen, was immer auch darunter zu verstehen war.[194] Diese ideologische Aufgabe wurde auf einer Tagung des Zentralrats im Juli 1971 festgeschrieben. Die FDJ beteiligte sich an einer Massenbewegung »Meine Tat zur Verwirklichung der Beschlüsse des VIII. Parteitages der SED«.

Unter Honecker streifte der Jugendverband auch die letzten Reste der überparteilichen Jugendbewegung aus den Gründerjahren ab. Die FDJ war die Jugendorganisation der Partei, kommunistische Nachwuchsorganisation mit »Massencharakter«. Im Unterschied zur Ulbricht-Ära, als der Staats- und Wirtschaftsapparat sowie die gesellschaftlichen Organisationen noch gewisse eigene Spielräume hatten, wurde nun das gesamte politische System der Steuerung und Kontrolle durch die Partei unterworfen.

Das Politbüro der SED unter Vorsitz Honeckers traf alle innen- wie außenpolitischen Entscheidungen, vom völkerrechtlichen Vertrag bis zur Produktionsquote von Unterwäsche, die staatlichen Organe, die anderen Parteien und Massenorganisationen, die Kombinate und Betriebe hatten lediglich auszuführen. Weder der Staats- oder der Ministerrat noch die Leitungen von FDGB und FDJ noch die Betriebsdirektoren besaßen irgendwelche autonomen Entscheidungsbefugnisse von Bedeutung. Alles kam »von oben«, wurde zentralistisch dirigiert, kontrolliert und abgerechnet. Freilich entstanden bei einem solchen Prinzip wiederum Spielräume. Doch diese waren enger begrenzt denn je und vor allem davon abhängig, welches politische Augenmerk auf den entsprechenden Bereich gerade gerichtet war.

Neue Passagen im Statut der FDJ, 1971

»Die Freie Deutsche Jugend betrachtet als ihre grundlegende Aufgabe, alle Mädchen und Jungen zu klassenbewußten Sozialisten zu erziehen, die unter Führung der Arbeiterklasse und ihrer marxistisch-leninistischen Partei mit revolutionärem Schöpfertum die entwickelte sozialistische Gesellschaft in der Deutschen Demokratischen Republik mitgestalten, ihr sozialistisches Vaterland gegen alle Anschläge zuverlässig schützen und im Geiste des proletarischen Internationalismus handeln.

Sie vermittelt der Jugend die revolutionären Traditionen der deutschen und internationalen Arbeiterklasse, der Deutschen Demokratischen Republik und der Freien Deutschen Jugend.

Die Freie Deutsche Jugend sieht in der Teilnahme der Jugend an der allseitigen Stärkung der Deutschen Demokratischen Republik ihren entscheidenden Beitrag im Kampf zur Stärkung der sozialistischen Staatengemeinschaft und gegen den Imperialismus. Sie weckt in den Herzen der Jugend leidenschaftlichen Haß und Abscheu gegen Imperialismus, Faschismus, Militarismus und Revanchismus, gegen alle feindlichen Kräfte, die das Leben und die glückliche Zukunft der Jugend bedrohen.

Klassensolidarität verbindet die Freie Deutsche Jugend mit dem Kampf der Arbeiterjugend und aller fortschrittlichen Kräfte der Jugend der BRD und der selbständigen politischen Einheit Westberlin gegen das imperialistische System, gegen Ausbeutung, Militarismus und Neonazismus, für Frieden, Demokratie und Sozialismus.«

Quelle: IX. Parlament der Freien Deutschen Jugend. Berlin, vom 25. bis 29. Mai 1971, Berlin 1972, S. 533 ff.

Honecker baute seinen Herrschaftsapparat systematisch aus. Außenpolitisch hatte er die DDR wieder bedingungslos auf den Moskauer Kurs eingeschworen.

Am 3. September 1971 war das Viermächteabkommen über Berlin von den USA, Großbritannien, Frankreich und der UdSSR unterzeichnet worden. Ein wichtiger Zankapfel in den Beziehungen zwischen den beiden Blöcken in Europa war damit beseitigt. Der Kompromiß bestand darin, daß die Sowjets einerseits die Bindungen West-Berlins (in Moskauer Interpretation: Verbindungen) an die Bundesrepublik akzeptierten, und daß auf der anderen Seite die Westmächte zustimmten, daß West-Berlin kein konstitutiver Teil der Bundesrepublik sei und nicht von ihr regiert werde.

Es folgte eine Reihe von Abkommen zwischen beiden deutschen Staaten zur Regelung und Erleichterung der innerdeutschen Beziehungen und schließlich im Dezember 1972 der Grundlagenvertrag. Der Abschluß des europäischen Vertragswerkes ermöglichte die Aufnahme der beiden deutschen Staaten in die UNO am 18. September 1973.

Wenig später war die DDR von mehr als hundert Staaten diplomatisch anerkannt und hatte mit diesen den Austausch von Botschaftern vereinbart. Die Beziehungen zwischen beiden deutschen Staaten schienen normalisiert und belastungsfähig. Innerhalb des Ostblocks beanspruchte Ost-Berlin eine Sonderrolle, hier gab es den höchsten Lebensstandard, hier hatte sich politisches Gewicht herausgebildet, hier besaß man zudem das Einverständnis des Kreml.

Die frühen siebziger Jahre brachten für die DDR wirtschaftlich und sozial einen Wandel zum Besseren. Die SED hatte wirksame Maßnahmen eingeleitet (Renten, Zuschüsse für kinderreiche Familien, Kreditmöglichkeiten), das Angebot in den Geschäften hatte sich verbessert. Die deutsch-deutschen Vereinbarungen gestatteten ab 1972 die Einreise zunächst von Einwohnern West-Berlins, dann auch der Bundesrepublik, und milderten die jahrelangen Kontaktsperren. Der Reiseverkehr für DDR-Bürger in osteuropäische Staaten wurde Schritt um Schritt erleichert (1972 Paß- und Visafreiheit mit der Tschechoslowakei). Die Jugendlichen in der DDR waren von alledem durchaus beeindruckt.

Das sozialistische Modell gewann an Attraktivität, das persönliche Engagement erschien lohnend. Viele jüngere FDJ-Mitglieder, die Anfang der siebziger Jahre aktiv wurden, kannten die Zeiten der offenen Grenzen nicht mehr aus eigenem Erleben, da waren sie höchstens Kleinkinder gewesen. Nun versuchten sie, ihr eigenes Leben inmitten vorgegebener Rahmenbedingungen zu gestalten. Dazu gehörten gute Ausbildungsmöglichkeiten in Schule und Beruf, die soziale Absicherung für das ganze Leben (Arbeit, Wohnung, medizinische Betreuung) – eine fast heile Welt, allerdings um den Preis politischen Wohlverhaltens und der Loyalität gegenüber dem sozialistischen Staat. Der Grad der Zustimmung zur DDR dürfte in jenen Jahren der größte während der gesamten vierzig Jahre ihrer Existenz gewesen sein.

X. Weltjugendfestspiele 1973 in Berlin

Im Januar 1972 wurde der FDJ vom Weltbund der Demokratischen Jugend (WBDJ) der zuvor selbstverständlich mit der Führung der DDR abgestimmte Vorschlag unterbreitet, im Sommer 1973 die X. Weltfestspiele der Jugend und Studenten in Berlin auszurichten. Zu jener Zeit war das für den Jugendverband der DDR eine Herausforderung, nicht zuletzt, weil sich hier erweisen konnte, inwieweit sich die ostdeutsche Jugend mit dem Staat identifizierte. Und wie würden die ostdeutschen Organisatoren mit der Weltoffenheit der Veranstaltung zurechtkommen? Aus über 100 Ländern der Erde sollten rund 20 000 Delegierte nach Ost-Berlin kommen, nicht nur Kommunisten oder Kämpfer der nationalen Befreiungsbewegungen aus Asien, Afrika oder Lateinamerika.

Die folgenden Monate standen ganz im Zeichen der Vorbereitung des Massenspektakels. Bereits im Februar 1972 konstituierte sich ein Nationales Festivalkomitee der DDR unter Vorsitz Honeckers. In einen Rede verwies dieser auf die gelungenen III. Weltfestspiele 1951 in Berlin; er wollte das X. Festival als Möglichkeit verstanden wissen, die Jugend noch enger an die DDR zu binden.

Vorlage des Sekretariats des Zentralrates vom 3. Juni 1971: Konzeption zur Vorbereitung und Durchführung der X. Weltfestspiele der Jugend und Studenten (Auszüge)

»[. . .] Die langfristige Vorbereitung der X. Weltfestspiele als größter Höhepunkt zwischen dem IX. und X. Parlament der FDJ ist maximal für die politisch-ideologische Arbeit unter der Jugend der DDR, bei ihrer klassenmäßigen Erziehung im Geiste des proletarischen Internationalismus zu nutzen. Dabei ist der Stolz auf die Leistungen der Werktätigen der DDR weiter zu erhöhen und auf erhöhte Leistungen zur allseitigen Stärkung der DDR als Gastgeber der X. Weltfestspiele zu orientieren. Durch vielfältige Initiativen und zielgerichte-

te politisch-ideologische Arbeit ist zu erreichen, daß die gesamte Bevölkerung der DDR in die Vorbereitung der X. Weltfestspiele einbezogen wird. [. . .]
Es ist dafür Sorge zu tragen, daß sich die Jugendorganisationen der sozialistischen Staatengemeinschaft mit repräsentativen Delegationen am Festival beteiligen. Besonderer Wert sollte auf die aktive Teilnahme von Vertretern aus den jungen Nationalstaaten und den nationalen Befreiungsbewegungen gelegt werden. Die Teilnehmer aus der BRD sind wie ausländische Delegierte zu behandeln.
Es soll erreicht werden, daß die offizielle DDR-Delegation aus 3000 Teilnehmern bestehen kann. Darüber hinaus werden insgesamt an den Veranstaltungen des Festivals in der Hauptstadt der DDR, Berlin, 330 000 Jugendliche aus der DDR als organisierte Massenteilnehmer teilnehmen. [. . .]

Kulturprogramm
Bei der Vorbereitung und Durchführung des kulturellen Programms der X. Weltfestspiele ist darauf hinzuwirken, daß auf allen Gebieten der Kultur die sozialistische Kunst eindrucksvoll vertreten ist und besonders die engagierten politischen Künstler mit klassenmäßig aussagekräftigen Werken zu Wort kommen. Dabei sind unter anderem folgende Formen zu nutzen wie:

- Festival des politischen Liedes,
- thematische Ausstellung der bildenden Kunst,
- Künstlerische Wettbewerbe.

Bei der Gestaltung von Künstlerischen Wettbewerben ist dafür zu sorgen, daß Künstler aus den jungen Nationalstaaten und von nationalen Befreiungsbewegungen günstige Teilnahmebedingungen erhalten.

Offene Probleme [. . .]
1. Wie bereits in Sofia wird der Gegner auch diesmal nicht versuchen, offen gegen das Festival aufzutreten. Die politische Breite in der Zusammensetzung der ausländischen Teilnehmer wird zu entsprechenden Einflußmöglichkeiten genutzt werden, um bereits in der Vorbereitungsphase günstige Ausgangspositionen zu sichern. [. . .]
2. Wie bereits in Sofia wird die Delegation der BRD aus nahezu allen Jugendorganisationen des Bundesjugendringes bestehen. Es ist deshalb zu erreichen, daß die SDAJ gemeinsam mit anderen progressiven Jugend- und Studentenverbänden den entscheidenden Kern der BRD-Delegation bildet. Eine entsprechende Konzeption für die Vorbereitung der Weltfestspiele in der BRD ist auszuarbeiten und dem Sekretariat des ZK der SED zur Bestätigung vorzulegen.
3. Weiterhin ist damit zu rechnen, daß Westberlin zu vielfältigen Störaktionen benutzt wird. Es ist nicht unwahrscheinlich, daß in Westberlin zur Zeit des Festivals selbst größere Veranstaltungen organisiert werden, zu denen der Westberliner Senat die Teilnehmer des Festivals einlädt. Außerdem können über Westberlin ständig ›unbequeme Gäste‹ in die Hauptstadt der DDR eingeschleust werden. (Sofia konnte von den bulgarischen Behörden für die Zeit des Festivals für den normalen ausländischen Touristenverkehr gesperrt werden.) [. . .]«

Quelle: SAPMO-BArch, DY 24/8422.

Am 4. Juni 1972 wurde die amerikanische Bürgerrechtlerin und Kommunistin Angela Davis aus dem Gefängnis entlassen. Gegen ihre Inhaftierung hatte auch die FDJ mit einer großen Aktion protestiert. Tausende Karten waren nach San Jose (Kalifornien) geschickt worden. Angela Davis wurde zu einer Symbolfigur der Solidaritätsaktionen des Jugendverbandes. Weitere Kampagnen richteten sich auf die Unterstützung von Vietnam, Laos und Kambodscha im Krieg gegen die USA und auf die Hilfe für Präsident Salvador Allende in Chile.
Die US-Bürgerrechtlerin besuchte im September 1972 die DDR, wo sie mit großem Medienaufwand von höchster Prominenz persönlich empfangen wurde. Honecker verlieh ihr den »Großen Stern der Völkerfreundschaft«.
Am 20. Oktober trat Erich Honecker auf einer zentralen Funktionärskonferenz der FDJ in Berlin auf und legte die *»Grundlinie der Jugendpolitik der SED für die nächsten Jahre«* dar. Der SED-Chef appellierte an die Jugendlichen, sich aktiver am Wirtschaftsprogramm in der Industrie und in der Landwirtschaft zu beteiligen. In Vorbereitung der Weltfestspiele solle die Jugend neue Initiativen entwickeln und zum Erfolg der neuen Integrationsvorhaben des RGW ihren Beitrag leisten.
Im Januar 1973 wollte der Zentralrat die ersten Ergebnisse abrechnen. Demonstrativ wurden 14 Millionen Mark auf ein Festivalkonto eingezahlt. Im März gab es eine offizielle Bilanz. Danach hatte die FDJ am Um- und Ausbau von über 8000 Wohnungen mitgewirkt, der ökonomische Nutzen einer Aktion »Materialökonomie« betrug 31 Millionen Mark. Auf das Festivalkonto waren nun 21 Millionen eingezahlt.
Der Höhepunkt der Vorbereitung der X. Weltjugendfestspiele in Berlin war erreicht, die Medien verbreiteten eine euphorische Stimmung.

Fahrtroute des „Festivalexpreß Junger Sozialisten"

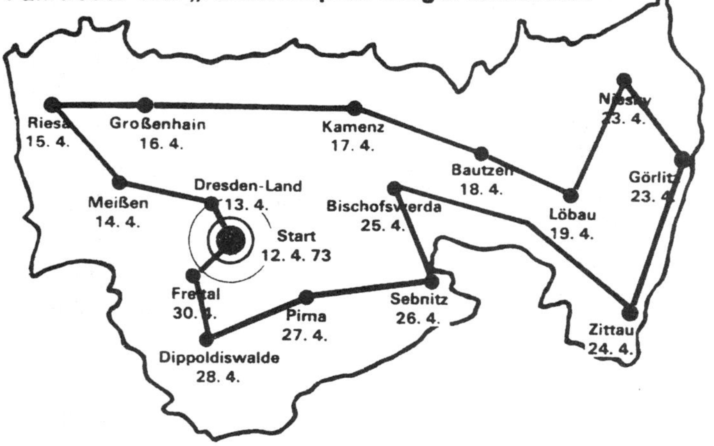

Ausschnitte aus den Programmen während des Aufenthaltes des FDJ-Festivalexpreß Junger Sozialisten in den Kreisen des Bezirks

So werden wir den „Festivalexpreß Junger Sozialisten" empfangen:

Dresden-Land 13. April 1973

Der Festivalexpreß wird empfangen im AWD, wo die Jugendobjekte Kleine Pharmazeutika und Urohrextrakteur besucht werden. Danach besucht er die Grundorganisationen Raschufa (Übergabe von angefertigten Souvenirs.

Meißen 14. April 1973

Der Festivalexpreß besucht u. a. die FDJler der Grundorganisation VEG Nieschütz, VEB Plattenwerk, Jahna, und ihm werden die Ergebnisse im Festivalaufgebot überreicht. Abends findet im Jugendklubhaus ein Diskotreff statt.

Riesa 15. April 1973

- Empfang an der Kreisgrenze durch Fanfarenzüge.
- Kampfmeeting und Subbotnik im Rohrkombinat sowie Meeting in Gröditz
- Teilnahme aller FDJ-GOs der Stadt Gröditz am Festivalball

Großenhain 16. April 1973

- Teilnahme an MV der FDJ-GO Webstuhlbau und Besuch der EOS
- Teilnahme am Leistungsvergleich der FDJ-Kreisorganisationen Großenhain und Dippoldiswalde

Kamenz 17. April 1973

- Besuch von Appellen im VEG Koitzsch, der DGO und KfL

Bautzen 18. April 1973

- Besuch des Jugendobjektes Auritzer Weg des BMK, im VEGRO Kirschau zur MV und
- Meeting am Ernst-Thälmann-Denkmal in Bautzen.

Löbau 19. April 1973

- Besuch der EOS und Meeting im Traditionszimmer der FDJ-GO Lautex Werk 7
- Teilnahme am Festivalball mit sowjetischen, polnischen und ungarischen Freunden

Niesky 23. April 1973

- Empfang der FDJ-GO Baureparatur. Meeting mit FDJlern des Waggonbaus
- Übergabe von Geschenken und Ergebnissen der FDJ-GO der Stadt Niesky.

Görlitz 23. April 1973

- Teilnahme am Leistungsvergleich der FDJ-GO Waggonbau und Maschinenbau
- Besuch des Kraftwerkes Völkerfreundschaft mit Entgegennahme der Ergebnisse der FDJ-GO Kraftwerk III, BMK und POS sowie Teilnahme am Diskotreff.

Zittau 24. April 1973

- Teilnahme am Meeting mit FDJlern und polnischen Freunden in Hirschfelde, wo Übergabe der Ergebnisse im Festivalaufgebot durch alle FDJ-GOs und Pionierfreundschaften erfolgt.
- Teilnahme am Tribunal gegen den Imperialismus und am Meeting auf dem Platz der Jugend.

Bischofswerda 25. April 1973

- Besuch der Jugendbrigade „Infrarot" im Fortschrittwerk Neukirch
- Aussprache im VEB Bandex Pulsnitz mit Rat junger Rationalisatoren
- „Treffpunkt Festivalexpreß" in Großharthau

Sebnitz 26. April 1973

- Rechenschaftslegung der FDJler über die Erfüllung des Festivalaufgebotes im VEB Fortschritt Neustadt mit Ball der Freundschaft

Pirna 27. April 1973

- Besuch der FDJler in Bad Schandau und dann in den FDJ-GOs Reifenwerk und Maschinenfabrik.
- Abends beim Festivalball im Klubhaus „Aufbau."

Dippoldiswalde 27. April 1973

- Empfang in der Ing.-Schule
- Besuch des Meetings im Jugendobjekt Konsumgüterproduktion der FDJ-GO GISAG Schmiedeberg
- Abends beim Festivalball mit Filmdiskothek in Dippoldiswalde

Freital 30. April 1973

- Teilnahme am Leistungsvergleich von FDJ-GO über Ergebnisse im Festivalaufgebot.
- Besuch einer FDJ-MV im ESW und
- Teilnahme am „Treffpunkt Festivalexpreß" im Jugendklubhaus.

Am 1. Mai nimmt der Festivalexpreß an der großen Kampfdemonstration in Dresden teil.

Dresden-Süd 2. Mai 1973

- Besuch der Organisationen Mechanik, Montage und Verwaltung im VEB Mikromat

Dresden-West 2. Mai 1973

- Besuch des Meetings der FDJler des RAW an der Emmerich-Ambroß-Gedenkstätte
- Teilnahme an Appellen im Fleischkombinat und Zentronik

Dresden-Mitte 2. Mai 1973

- Teilnahme am gemeinsamen Festivaltreff der FDJ-GO des Baukombinates Dresden mit chilenischen und vietnamesischen Studenten

Dresden-Nord 3. Mai 1973

- Teilnahme an den MV der FDJ in den Grundorganisationen OBSAD und TuR.
- Besuch in der 104. und 29. Oberschule und im Elektromat

Dresden-Ost 4. Mai 1973

- Die Freunde von Herrenmode und der umliegenden FDJ-GOs übergeben auf einem Meeting ihre Ergebnisse im Festivalaufgebot, anschließend
- Teilnahme am „Kleinen Festival" im Sachsenwerk

Festivalexpreß im Bezirk Dresden
(Quelle: Die Freie Deutsche Jugend des Bezirkes Dresden im Kampf und Frieden, Demokratie und Sozialismus (1961–1976). Dokumente zur Geschichte der FDJ, Teil III, Dresden 1981, S. 72)

Instruktion des FDJ-Zentralrats für die offiziellen Festivalteilnehmer der DDR zu den Tagen der Bereitschaft, Juli 1973 (Auszug)

»[. . .] *Wodurch zeichnet sich ein Festivalteilnehmer der DDR aus?*
Zusammenfassend wollen wir noch einmal sagen, welche politischen Anforderungen und Verhaltensgrundsätze sich für einen Festivalteilnehmer der DDR ergeben.
1. Ein Festivalteilnehmer der DDR vertritt in allen Gesprächen konsequent die Politik der SED und der DDR und hilft, die politische Losung der X. Weltfestspiele in die Tat umzusetzen.
2. Ein Festivalteilnehmer der DDR tritt gegenüber den ausländischen Gästen zuvorkommend und gastfreundlich auf, gibt Auskunft über den Sozialismus, die DDR und die FDJ, bringt Freundschaft zur Jugend der sozialistischen Bruderländer und die Verbundenheit mit allen antiimperialistischen Kräften zum Ausdruck.
3. Ein Festivalteilnehmer der DDR trägt zur Erfüllung des Programms der X. Weltfestspiele bei, beteiligt sich aktiv und politisch richtig an den Veranstaltungen und erfüllt jeden Auftrag seiner Leitung.
4. Ein Festivalteilnehmer der DDR begegnet der Berliner Bevölkerung höflich und rücksichtsvoll, dankt durch sein Verhalten für die Gastfreundschaft, achtet die Arbeit der Werktätigen Berlins und hilft, wo es zum Gelingen des Festivals erforderlich ist.
5. Ein Festivalteilnehmer der DDR tritt während der Weltfestspiele ständig in FDJ-Kleidung auf, ist als Mitglied des sozialistischen Jugendverbandes diszipliniert und fügt sich in das Kollektiv seiner 10er-Gruppe ein. [. . .]«

Quelle: SAPMO-BArch, DY 24/E 14620.

»Die junge Welt ist in Berlin zu Gast«: Erster Preis des FDJ-Wettbewerbs um das beste Festivallied (Musik: Paul Dessau, Text: Jens Gerlach)

»Freunde, euch grüßt eine sonnige Stadt!
Freunde, Berlin grüßt den Frieden!
Frieden ist gut! Freundschaft macht Mut,
und der Frieden besteht durch die Solidarität!
Die junge Welt ist in Berlin zu Gast,
und sie schert sich nicht drum, ob es den Feinden paßt!
Wenn der Tag beginnt, weht ein frischer Wind –
wir sind unbesiegbar, wenn wir einige sind!
Die junge Welt ist in Berlin zu Gast!
Unser Ziel ist erreichbar, also: Tritt gefaßt!
Wer es ehrlich meint, der ist unser Freund –
wer dem Frieden droht, wer dem Frieden droht,
wer dem Frieden droht, ist unser Feind!«

Vom 29. Juli bis zum 5. August 1973 ging das Spektakel in Berlin über die Bühne. An ihm nahmen laut amtlichen Angaben über 25 000 Jugendliche aus 140 Ländern teil. Dazu kamen über 500 000 FDJler aus allen Teilen der DDR. Die Begegnung mit dem internationalen Publikum war für sie eine ganz neue Erfahrung. Es gab über 500 Veranstaltungen im Festivalprogramm, daneben unzählige Straßentreffs, spontane musikalische Begegnungen und vieles andere.
Den Rahmen bildeten natürlich eine Eröffnungs- und eine Abschlußpräsentation in Anwesenheit der politischen Führung des Landes. Im »Stadion der Weltjugend« an der Chausseestraße im Stadtbezirk Mitte, nur wenige hundert Meter von der Mauer entfernt, fand die Eröffnungsshow statt, die ähnlich den Eröffnungsveranstaltungen Olympischer Spiele inszeniert wurde.

Rede Erich Honeckers auf dem Empfang für die Vertreter der Delegationen zu den X. Weltfestspielen der Jugend am 4. August 1973 im Schloß Niederschönhausen

»[. . .] Liebe Freunde! Nicht zufällig ist es die Hauptstadt eines sozialistischen Staates im Herzen Europas, die zum Ort eines freimütigen Austauschs von Informationen und Meinungen junger Menschen wurde, junger Menschen, die in verschiedenen Welten, in unterschiedlichen Gesellschaftsordnungen leben. Für uns ist das selbstverständlich, denn wer, wenn nicht die Jugend, sollte wißbegierig sein. Jugendliche aus kapitalistischen Staaten und den Ländern Asiens und Lateinamerikas schließen Bekanntschaft mit dem real existierenden Sozialismus und einer Jugend, die ihn gemeinsam mit den Vätern erbaut. Und man schaut hin und hört sich an, was die DDR in enger Gemeinschaft mit der Sowjetunion und den anderen Staaten der sozialistischen Gemeinschaft geschaffen hat, was sie für den Menschen tut und wie. Tag und Nacht, vieltausendfach, wird auf Straßen und Plätzen darüber debattiert, gibt es Zustimmung, Vorschläge, Fragen, auch Zweifel. Jeder spürt: Berlin ist eine weltoffene Stadt, ist ein Ort der Begegnung mit der Lebenskraft, der Menschlichkeit und der Freiheit des Sozialismus.
Die X. Weltfestspiele der Jugend und Studenten nähern sich ihrem Ende. Sie waren und sind ein Fest der Lebensfreude. Wo sich junge Menschen treffen, wird gesungen, musiziert und getanzt, wird gelacht und geküßt, lernt man sich kennen und

Autogrammstunde ausländischer Festivalteilnehmer

besser verstehen, diskutiert man, freimütig und tolerant, und man streitet sich auch im ideologischen Disput. Es gibt Wiedersehen mit alten Bekannten, und viele neue Freundschaften werden geschlossen. [. . .]
Auf einem Festival wie diesem kann selbstverständlich zwischen den Teilnehmern nicht in allen Fragen Übereinstimmung herrschen. Diese Aufgabe hat sich niemand gestellt und konnte sich auch niemand stellen, der mit beiden Beinen auf der Erde steht. Es vermittelt jedoch ein anschauliches Bild der Welt. Die X. Weltfestspiele sind ein weithin sichtbares Zeichen, daß die Erde sich bereits im Sinne des Fortschritts und des Friedens verändert hat, zum Wohle der Menschen, die auf ihr leben. Und dieses Festival kündet machtvoll davon, daß die Jugend der Welt fest entschlossen ist, sie noch weiter zu verändern, sie menschlicher, wohnlicher einzurichten.
Uns vereint gleicher Sinn, gleicher Mut!
Ich bitte Sie, liebe Freunde und Genossen, meine Damen und Herren, mit mir das Glas zu erheben

und zu trinken auf das, was uns allen sehr teuer ist: die Sicherung des Friedens, die Solidarität und die Freundschaft der Jugend aller Völker!«

Quelle: Erich Honecker: Reden und Aufsätze, Bd. 2, Berlin 1975, S. 347 ff.

Während des Festivals verstarb der pro forma noch als Staatsoberhaupt amtierende Walter Ulbricht im Alter von achtzig Jahren. Sein Tod warf für den unbeschwerten Fortgang des Festivals ein Problem auf, aber das wurde rasch aus der Welt geschafft. ADN verbreitete eine Meldung, wonach Ulbricht kurz vor seinem Tod den Wunsch geäußert habe, die Weltfestspiele mögen in jedem Falle erfolgreich zu Ende gebracht werden. Dem Wunsch des »teuren Toten« entsprach die Partei- und Staatsführung natürlich gern.

Nachhall

Hier wird nicht gespielt! Eure Zeit ist vorbei, geht nach Hause!
(Polizeistreife zu Jugendlichen, die am 8. August 1973, drei Tage nach Abschluß der Weltfestspiele, auf dem Alexanderplatz Gitarre spielten.)

Als Michael aus den Bierstuben kam, wirkte der Platz wie leergekippt. Unterhalb des Warenhauses sprang ein Motor an: Der Jugend-Müll wurde eben abgefahren. Und eine Scherbe schändete den Platz: er. Zwischen Posten, die dastanden wie schnell gewachsene Gehölze. Polizeigrün. Immergrün.
Seine Gitarre lag nicht mehr auf dem Brunnenrand. Sie hatten seine Gitarre. Sie hatten eine Geisel.
Der Polizist sagte: »Ihre Gitarre suchen Sie? Kommen Sie mit.«
Während Michael im Gang des Polizeigebäudes neben den anderen stand, das Gesicht zur Wand und die Arme erhoben, wurde der Tag ausgeschrien. »Schuhe ausziehn! Wenn du nicht sofort die Schuhe ausziehst, kriegst du eins in die Schnauze, und wo *die* Pfote hinhaut, dort wächst kein Gras mehr!«
Sie hatten auf der Brunneneinfassung gesessen: Lehrlinge, Schüler, Rentner. Viele Passanten waren stehengeblieben und hatten ihnen Beifall gespendet, vor allem den beiden Ungarn. Der eine hatte fast Funken aus den Saiten geschlagen.
Auf dem Ordnungsstrafbescheid über 10 Mark, mit dessen Entgegennahme Michael um drei Uhr morgens sein Instrument auslöste, stand: Störung des sozialistischen Zusammenlebens (Spielen mit Gitarre).

Aus: Reiner Kunze: Die wunderbaren Jahre, Frankfurt am Main 1976, S. 42 f.

Die heißen Sommertage in Berlin waren in den Augen der SED und der FDJ ein voller Erfolg. Auch den beteiligten Jugendlichen blieben die Erlebnisse lange in guter Erinnerung. Das Festival weckte den Wunsch nach weiteren internationalen Kontakten und jugendgemäßen Artikulationsmöglichkeiten. Die Zeit schien dafür nicht ungünstig. Die sowjetisch-amerikanischen Rüstungsbegrenzungsverhandlungen zeitigten erste Ergebnisse, der KSZE-Prozeß lief positiv an, die deutsch-deutschen Beziehungen verbesserten sich. Die westdeutschen Jugendlichen, die am Festival in Ost-Berlin teilgenommen hatten, konnten Optimismus und Zuversicht bei den FDJlern feststellen.
Die Leitung des Jugendverbandes resümierte einen »gestiegenen Einfluß« der FDJ unter der Jugend und ein »höheres Bewußtsein« im gesellschaftlichen Leben. In der Vorbereitung und Durchführung der Weltfestspiele habe die DDR-Jugend eine »große Bewährungsprobe bestanden« und sich als »optimistische, vorwärtsdrängende, mit dem Sozialismus verbundene Kraft« erwiesen.
Erstmals seit den frühen sechziger Jahren stellte sich eine partielle Übereinstimmung zwischen politischer Führung und jugendlicher Basis in der DDR her. Die Weltfestspiele hatten das Lebensgefühl der jungen Generation angesprochen, Optimismus verbreitet und Hoffnungen auf die Zukunft geweckt.

Abschlußbericht des ZK der SED über den Verlauf der X. Weltfestspiele der Jugend und Studenten in der Hauptstadt der Deutschen Demokratischen Republik (Auszüge)

»[. . .] Großes Interesse bestand bei den ausländischen Festivalteilnehmern, sich durch den Besuch in Betrieben und Einrichtungen der DDR mit den Erfahrungen und Ergebnissen des sozialistischen Aufbaus in der DDR vertraut zu machen. Die über 230 Exkursionen mit mehr als 8700 ausländischen Festivalteilnehmern trugen, wie vielfach betont wurde, dazu bei, bestehende Vorbehalte abzubauen und ein konkretes Bild vom Sozialismus zu vermitteln. Die Festivaldelegationen aus den kapi-

talistischen Ländern widerspiegelten eine bisher nie dagewesene Breite und umfaßten Vertreter nahezu aller politischen Richtungen. In der Mehrzahl der Delegationen aus den kapitalistischen Ländern übten die Kräfte der marxistisch-leninistischen Organisationen einen starken politischen Einfluß aus. [. . .]
Ein Beweis für die Anziehungskraft des Festivals und die Wirksamkeit des Festivalprogramms war die Tatsache, daß Besuche Westberlins durch ausländische Festivalteilnehmer keinerlei Rolle spielten. Dagegen kamen täglich zahlreiche ausländische Studenten aus Westberlin zu ihren Delegationen in die Hauptstadt der DDR, um mit ihnen an den Festivalveranstaltungen teilzunehmen. [. . .]
Die Mehrzahl der in der Koordinierungsgruppe repräsentierten sozialdemokratisch orientierten Jugendorganisationen konzentrierten sich auf die angekündigte ›Selbstdarstellung‹. Sie hoben einerseits ihre positive Haltung zur friedlichen Koexistenz und europäischen Sicherheit hervor und versuchten andererseits, verschiedene bürgerliche und antikommunistische Anschauungen zu propagieren. Durch das offensive Auftreten der Festivalteilnehmer der DDR und der Mitglieder der marxistisch-leninistischen Bruderorganisationen aus der BRD konnten sie mit diesen Auffassungen kaum Wirkung erzielen.
Provokatorisch und oftmals mit deutlicher antikommunistischer Zuspitzung traten Teile der christlich orientierten Jugendorganisationen (Junge Union, Bund der katholischen Jugend, Arbeitsgemeinschaft evangelische Jugend) auf. Ihre Aktionen blieben ohne sichtbaren Erfolg. Die sozialdemokratisch orientierten Kräfte der BRD-Delegation waren bemüht, flexibel aufzutreten. Ihre Haltung war von dem Bestreben diktiert, langfristig im Sinne des sogenannten demokratischen Sozialismus Kontakte und Einfluß zu gewinnen. Während der Weltfestspiele vollzog sich innerhalb der BRD-Delegation ein Differenzierungsprozeß. [. . .]
Die X. Weltfestspiele wurden von den *Festivalteilnehmern* aus der DDR aktiv mitgestaltet. Sie haben die Sache des Sozialismus selbstbewußt, kenntnisreich und schlagfertig vertreten. Ihre Haltung als sozialistische Patrioten und proletarische Internationalisten fand hohe Anerkennung bei den ausländischen Festivalteilnehmern und Gästen. [. . .]
In der direkten Auseinandersetzung mit ihren Gegnern bewiesen die FDJler auf dem Alexanderplatz und am Fuße des Fernsehturmes, daß sie mit Herz und Verstand hinter der Politik der SED und der DDR stehen. Da die Diskussion durch ihre Offensive bestimmt wurde, gelang es dem Gegner nicht, Sympathien und Verbündete zu gewinnen.
[. . .] Zahlreiche Kommentatoren mußten schließlich eingestehen, daß das Festival ein voller Erfolg für die DDR war. Sie waren gezwungen, darüber zu berichten, daß die Veranstalter das Festival politisch-ideologisch und psychologisch mit hoher Perfektion durchgeführt haben. [. . .]
In den großen überregionalen Zeitungen der BRD und Westberlins war eine kontinuierliche, relativ breite Berichterstattung zu verzeichnen (an manchen Tagen zum Teil mehr als eine Zeitungsseite). Folgende Haupttendenzen wurde sichtbar:
– Die Weltfestspiele waren ein großer politischer Erfolg für die Partei- und Staatsführung der DDR, der für sie innen- und außenpolitisch stark zu Buche schlagen wird. Angesichts des Selbstbewußtseins, der echten Begeisterung der Jugendlichen der DDR und der Freizügigkeit und Toleranz, die in Berlin zutage traten, müsse man im Westen von alten Klischee-Vorstellungen über die innere Stabilität des Regimes in der DDR und über die politische Haltung ihrer Jugend Abschied nehmen.
– Das Zugeständnis einer weltoffenen, freizügigen Begegnung und politischen Diskussion mit Andersdenkenden sei für die SED-Führung ein großer politischer Test gewesen, dessen Ergebnis positiv ausgefallen sei. Das Erlebnis dieses freien Meinungsaustausches, das hunderttausende Jugendliche der DDR hatten, werde es der SED andererseits schwer machen, hinter die durch das Festival gesetzten Maßstäbe zurückzugehen.
– Eine große Rolle spielten in der Presse das Auftreten der BRD-Teilnehmer, vor allem der Jungsozialisten und der Jungen Union, und die Auseinandersetzungen innerhalb der Gesamtdelegation der BRD, die nach Auffassung vieler Zeitungen nach der Rückkehr noch zu politischen Weiterungen führen werden. [. . .]«

Quelle: SAPMO-BArch, DY 24/E 7783-II.

VI Stagnation und Ungeduld (1973–1987)

Enttäuschte Hoffnung auf das Vertragswerk von Moskau, Warschau und Berlin

Das internationale Klima hatte sich nach Abschluß des europäischen Vertragswerkes für die DDR grundlegend verbessert. Anfang Juli 1973 waren in Helsinki die Sitzungen der Konferenz für Sicherheit und Zusammenarbeit in Europa (KSZE), der 35 Länder angehörten (neben den kontinentalen Staaten auch die USA und Kanada), auf Außenministerebene eröffnet worden. Sie bereiteten in langwierigen, teilweise zähen Verhandlungen jene Grundsatzvereinbarungen vor, die schließlich zwei Jahre später, unterzeichnet von den Staats- bzw. Regierungschefs der Teilnehmerstaaten, in Kraft treten sollten. Der Minister für Auswärtige Angelegenheiten der DDR, Otto Winzer, nahm an diesen Beratungen gleichberechtigt mit seinem Bonner Amtskollegen, Walter Scheel, teil. Mit der internationalen völkerrechtlichen Anerkennung der DDR verband die ostdeutsche Bevölkerung Erwartungen auf innen- und gesellschaftspolitische Verbesserungen. Vor allem die sozial- und kulturpolitischen Ansätze des VIII. SED-Parteitages von 1971 waren durchaus positiv aufgenommen worden. Wer konnte schon etwas dagegen haben, daß sich die Anzahl der Urlaubstage erhöhte, daß die Renten – allerdings in sehr bescheidenen Umfang – anstiegen oder daß die Arbeitslöhne angehoben wurden. In der Kulturpolitik hatte Erich Honecker einen »sozialistischen Realismus« propagiert, der eine Vielfalt künstlerischer Methoden einschloß, also erhebliche Toleranz gegenüber den in der DDR lebenden Künstlern demonstrierte, aber gleichzeitig an der ideologischen Abgrenzung gegenüber dem Westen festhielt. Nun verstärkten sich weitergehende Hoffnungen auf eine innenpolitische Auflockerung, auf mehr Freiraum zur Selbstverwirklichung und zur offenen Artikulation von Interessen und Meinungen im Rahmen der sozialistischen Gesellschaft. Ganz oben auf der Wunschliste stand jedoch der Wunsch nach mehr Freizügigkeit im Reiseverkehr. Nach den vertraglichen Regelungen zwischen den beiden deutschen Staaten am Anfang der siebziger Jahre, dem Transitabkommen (1971), dem Verkehrsvertrag (1972) und dem Grundlagenvertrag (1972), kamen aus der Bundesrepublik und West-Berlin jährlich Tausende zu Freunden, Bekannten und Verwandten zu Besuch. Die Reisemöglichkeiten der ostdeutschen Bürger, besonders der Jugendlichen, blieben dagegen äußerst beschränkt. Der organisierte Tourismus bot Reiseziele lediglich in anderen sozialistischen Staaten in Ost- sowie Südosteuropa (UdSSR, Polen, ČSSR, Ungarn, Rumänien, Bulgarien). Im September 1971 wurde der paß- und visafreie Reiseverkehr mit dem Nachbarland Polen vereinbart, im Januar 1972 folgte eine solche Regelung mit der Tschechoslowakei. Doch dies war angesichts der verbarrikadierten Westgrenze nur ein schwacher Trost.

Die SED hatte keineswegs eine politische Öffnung gegenüber dem Westen, konkret gegenüber der Bundesrepublik, im Sinn, im Gegenteil. Um unerwünschte Einflüsse aus den Begegnungen mit westlichen Besuchern abzuwehren, verstärkte die Partei die ideologische Abgrenzung. Friedliche Koexistenz war nur zwischen den Staaten erlaubt, nicht zwischen Ideologien.

Zunächst spielte dabei der Entwurf eines neuen Jugendgesetzes eine große Rolle. Die *»Mitgestaltung«* der *»entwickelten sozialistischen Gesellschaft«* sowie der *»feste Bruderbund«* mit der Sowjetunion und den anderen sozialistischen Staaten wurden zur *»revolutionären Aufgabe der heutigen Jugend«*, zum Recht und zur Pflicht eines jeden jungen Menschen in der DDR erklärt. Zwischen den Interessen und Zielen von Gesellschaft, Staat und Jugend gebe es nunmehr eine vollständige Übereinstimmung. Der im Spätsommer vorgelegte Entwurf wurde in den DDR-Medien wochenlang vorgestellt, interpretiert und in Zuschriften bewertet. Nach offiziellen Angaben haben sich über fünf Millionen Bürger an der Aussprache beteiligt und ihre – selbstverständlich positive – Meinung abgegeben. Tatsächlich war das Gesetz sehr differenziert zur Kenntnis genommen worden. Es war durchaus registriert worden, daß mit der neuen Fassung des Gesetzes die junge Generation zumindest formal ein höheres Maß an gesellschaftlicher Mitverantwortung übertragen bekam, allerdings im Rahmen der einschlägigen SED-Beschlüsse, überdeckt von allseits bekannten ideologischen Formeln und den tatsächlichen Bevormundungen durch die allmächtige Partei. Am deutlichsten formulierten Kirchenkreise ihre Einwände. Sie kritisierten vor allem die Einschränkung der verfassungsmäßig garantierten Glaubensfreiheit und verwiesen auf das geforderte Bekenntnis zum Sozialismus als allein »seligmachendem« Gesellschaftsmodell.

Vertrauliche Information des Amtes für Jugendfragen über Vorschläge zum Entwurf des neuen Jugendgesetzes aus kirchlichen Kreisen vom 29. September 1973

»Bis zum 21. 9. 1973 gingen der gemeinsamen Kommission in 22 Zuschriften 68 Vorschläge zu, die sich mit kirchlichen Auffassungen zur Erziehung und Entwicklung der Jugend beschäftigen. Der größte Teil der Einreicher dieser Vorschläge begrüßt die Erarbeitung eines neuen Jugendgesetzes und stellt die positiven Seiten der Jugendpolitik unseres sozialistischen Staates gegenüber denen kapitalistischer Länder heraus.
Ausgehend von Artikel 20 der Verfassung der DDR über die Gewissens- und Glaubensfreiheit äußern diese Bürger aus kirchlichen Kreisen ihre Bedenken, Anfragen, Meinungen und Änderungswünsche zum Jugendgesetz zu folgenden Problemen:
– Für Christen erscheint es unmöglich, den Sozialismus in seiner Gesamtheit zu verstehen. Daher erachten sie es für unbedingt erforderlich, im Jugendgesetz darauf einzugehen, daß junge Bürger mit anderen Weltanschauungen gleichberechtigt sind und sie in unserem Staat Gewissens- und Glaubensfreiheit haben.
– Ein Teil der Vorschläge zum Jugendgesetz bezieht sich auf die Verantwortung des Elternhauses für die Jugend. Die Christen meinen, daß sie ihre Kinder nicht im Sinne aller im Entwurf des Jugendgesetzes § 1 enthaltenen Merkmale der sozialistischen Persönlichkeit erziehen können und wollen, wie es der Gesetzentwurf vorsieht. Sie fürchten mit dem neuen Gesetz eine zu starke Einflußnahme der sozialistischen Gesellschaft auf die Kinder christlicher Eltern mit der Zielstellung, diese Jugendlichen von ihrem Glauben abzubringen. Daher fordern sie in ihren Vorschlägen und Eingaben das Mitspracherecht der Christen gleichberechtigt neben dem sozialistischen Jugendverband, bei der Erziehung und Entwicklung der Mädchen und Jungen in unserem Staat auf allen Gebieten des gesellschaftlichen Lebens.
– Sie vertreten die Auffassung, daß das Recht auf Bildung und Qualifizierung allen Bürgern unseres Staates gleichermaßen zusteht. Darum dürfen jungen Christen aus ihrem Glauben keinerlei Nachteile bei der Vergabe von Studienplätzen, bei der Wahl des Berufes u. a. entstehen.
– Es wird gefordert, Jugendlichen, die aus Gewissens- und Glaubensgründen den Dienst bei der NVA ablehnen, das Recht auf den Dienst in den Baueinheiten zuzusprechen, und das ohne jegliche Benachteiligung gegenüber anderen im Gesetz zu sichern. Mit der Formulierung über den Wehrdienst im Abschnitt IV in dieser Form erklären sich die Christen nicht einverstanden.
– Andere Einreicher von Vorschlägen stellen die Frage nach der Art der persönlichkeitsgefährdenden Einflüsse, vor denen die Jugend geschützt werden soll. Sie vermuten, daß die Gesetzesverfasser damit auch die Religion meinen können. Daher fordern sie eine genaue Definierung der persönlichkeitsgefährdenden Einflüsse.
– Die Vertreter kirchlicher Kreise halten es für erforderlich, daß Kulturveranstaltungen im Rahmen kirchlicher Jugendarbeit durch die staatlichen Leiter unterstützt werden und den Gläubigen, entsprechend der Verfassung, Informationsfreiheit garantiert wird.«

Quelle: SAPMO-BArch, DY 30/vorl. SED, 14285.

Ungeachtet solcher Kritik wurde das neue Jugendgesetz Ende Januar 1974 von der Volkskammer angenommen und in Kraft gesetzt. Die DDR-Medien bejubelten es als einen überzeugenden »Ausdruck des Vertrauens« von Partei und Regierung in die Kraft der Jugend und ihres sozialistischen Jugendverbandes.
Einige Tage zuvor war die Spitze der FDJ ausgewechselt worden. Günther Jahn verabschiedete sich als 1. Sekretär des Zentralrates. Er ging, ähnlich wie sein Vorgänger Horst Schumann, in eine Bezirksleitung der SED: In Potsdam stieg er bald zum Chef der dortigen Parteiorganisation auf. Sein Nachfolger an der Spitze

des Jugendverbandes hieß Egon Krenz, der sich als Vorsitzender der Pionierorganisation die Sporen verdient hatte.

»Gesetz über die Teilnahme der Jugend an der Gestaltung der entwickelten sozialistischen Gesellschaft und über ihre allseitige Förderung in der Deutschen Demokratischen Republik« – Jugendgesetz der DDR vom 28. Januar 1974 (Auszüge)

»§ 1
1 Vorrangige Aufgabe bei der Gestaltung der entwickelten sozialistischen Gesellschaft ist es, alle jungen Menschen zu Staatsbürgern zu erziehen, die den Ideen des Sozialismus treu ergeben sind, als Patrioten und Internationalisten denken und handeln, den Sozialismus stärken und gegen alle Feinde zuverlässig schützen. Die Jugend trägt selbst hohe Verantwortung für ihre Entwicklung zu sozialistischen Persönlichkeiten.
2 Aufgabe jedes jungen Bürgers ist es, auf sozialistische Art zu arbeiten, zu lernen und zu leben, selbstlos und beharrlich zum Wohle seines sozialistischen Vaterlandes – der Deutschen Demokratischen Republik – zu handeln, den Freundschaftsbund mit der Sowjetunion und den anderen sozialistischen Bruderländern zu stärken und für die allseitige Zusammenarbeit der sozialistischen Staatengemeinschaft zu wirken. Es ist ehrenvolle Pflicht der Jugend, die revolutionären Traditionen der Arbeiterklasse und die Errungenschaften des Sozialismus zu achten und zu verteidigen, sich für Frieden und Völkerfreundschaft einzusetzen und antiimperialistische Solidarität zu üben. Alle jungen Menschen sollen sich durch sozialistische Arbeitseinstellung und solides Wissen und Können auszeichnen, hohe moralische und kulturelle Werte ihr eigen nennen und aktiv am gesellschaftlichen und politischen Leben, an der Leitung von Staat und Gesellschaft teilnehmen. Ihr Streben, sich den Marxismus-Leninismus, die wissenschaftliche Weltanschauung der Arbeiterklasse, anzueignen und sich offensiv mit der imperialistischen Ideologie auseinanderzusetzen, wird allseitig gefördert. Die jungen Menschen sollen sich durch Eigenschaften wie Verantwortungsgefühl für sich und andere, Kollektivbewußtsein und Hilfsbereitschaft, Beharrlichkeit und Zielstrebigkeit, Ehrlichkeit und Bescheidenheit, Mut und Standhaftigkeit, Ausdauer und Disziplin, Achtung vor den Älteren, ihren Leistungen und Verdiensten sowie verantwortungsbewußtes Verhalten zum anderen Geschlecht auszeichnen. Sie sollen sich gesund und leistungsfähig halten.
§ 2
[. . .]
4 Gesellschaft und Staat fördern die Tätigkeit der Freien Deutschen Jugend. Die Staats- und Wirtschaftsfunktionäre und die Lehrer und Erzieher sind verpflichtet, bei der sozialistischen Erziehung der Jugend mit der Freien Deutschen Jugend zusammenzuwirken. Sie berücksichtigen in ihrer Tätigkeit die Beschlüsse der Freien Deutschen Jugend.
[. . .]
§ 6
1 Die Jugend achtet die Gesetze der Deutschen Demokratischen Republik und handelt entsprechend den Normen des sozialistischen Zusammenlebens der Menschen. Die Staats- und Wirtschaftsfunktionäre und die Lehrer und Erzieher vermitteln der Jugend Kenntnisse über Staat, Demokratie und Recht im Sozialismus. Sie fördern die Aktivität der Freien Deutschen Jugend bei der Verwirklichung des sozialistischen Rechts. Gemeinsam mit den Eltern und den gesellschaftlichen Organisationen erziehen sie die Jugend zur Achtung und Einhaltung der sozialistischen Gesetzlichkeit.
2 Die Staats- und Wirtschaftsfunktionäre und die Lehrer und Erzieher gewährleisten den wirksamen Schutz der Jugendlichen vor allen Einflüssen, die ihre Entwicklung zu sozialistischen Persönlichkeiten gefährden. Die örtlichen Volksvertretungen, die zentralen und örtlichen staatlichen Organe, die wirtschaftsleitenden Organe (im folgenden staatliche und wirtschaftsleitende Organe), die Betriebe, Kombinate, Einrichtungen und Genossenschaften sichern die Einhaltung der Gesetze und anderen Rechtsvorschriften zum Schutz der Jugend und üben die Kontrolle darüber aus. [. . .]
§ 24
Die Verteidigung des sozialistischen Vaterlandes und der sozialistischen Staatengemeinschaft ist Recht und Ehrenpflicht aller Jugendlichen. Aufgabe der Jugend ist es, wehrpolitische Bildung, vormilitärische Kenntnisse und Fertigkeiten zu erwerben sowie in der Nationalen Volksarmee und den anderen Organen der Landesverteidigung zu dienen. Dieser Ehrendienst wird durch die sozialistische Gesellschaft hoch geachtet.
§ 25
1 Die Staats- und Wirtschaftsfunktionäre und die Lehrer und Erzieher sind für die Vorbereitung der Jugend auf den Schutz des Sozialismus verantwortlich. Sie fördern die wehrpolitische Bildungs- und Erziehungsarbeit, die vormilitärische und Zivilverteidigungsausbildung sowie den Wehrsport an der Schule, den Einrichtungen der Berufsbildung, in der Freien Deutschen Jugend, in der Gesellschaft für Sport und Technik und die Sanitätsausbildung im Deutschen Roten Kreuz der Deutschen Demokratischen Republik. Der Gewinnung und Vorbereitung des Nachwuchses für militärische Berufe ist besondere Aufmerksamkeit zu widmen.
2 Die Staats- und Wirtschaftsfunktionäre und die Lehrer und Erzieher unterstützen die Freie Deut-

sche Jugend und die Gesellschaft für Sport und Technik bei der Organisation vielfältiger Formen der wehrpolitischen und wehrsportlichen Betätigung der Jugend. Sie fördern die Wehrspartakiaden der Gesellschaft für Sport und Technik. Hervorragende Leistungen in der sozialistischen Wehrerziehung sind durch staatliche Auszeichnungen zu würdigen.
3 Die Reservisten der Nationalen Volksarmee nehmen aktiv an der sozialistischen Wehrerziehung der Jugend teil. Ihre politischen und militärischen Kenntnisse und Erfahrungen sind besonders für die Tätigkeit als Propagandisten, Ausbilder der Gesellschaft für Sport und Technik, Leiter von Arbeitsgemeinschaften und Klubs in der Freien Deutschen Jugend und in der Pionierorganisation »Ernst Thälmann« zu nutzen.
4 Die Leiter und Vorstände sind verpflichtet, gemeinsam mit den Arbeitskollektiven und FDJ-Kollektiven ständig Verbindung mit den Jugendlichen ihrer Bereiche, die ihren Ehrendienst in den bewaffneten Organen leisten, zu halten und sich um deren Angehörige zu sorgen. Sie unterstützen die Reservisten der Nationalen Volksarmee bei der Wiederaufnahme ihrer beruflichen Tätigkeit. Soldaten auf Zeit und Berufssoldaten sind nach vorbildlicher Erfüllung ihres Dienstes im Beruf und beim Studium besonders zu fördern.
5 Die Vorgesetzten in den bewaffneten Organen sind verpflichtet, die Initiativen der Jugend zur Erhöhung der Kampfkraft und Gefechtsbereitschaft in den Truppenteilen, Einheiten und Dienststellen zu unterstützen. Dabei wirken sie eng mit den Leitungen der Freien Deutschen Jugend in den bewaffneten Organen zusammen. [. . .]
§ 54
1 Die Leitungen der Freien Deutschen Jugend haben das Recht,
- den örtlichen Volksvertretungen, den staatlichen und wirtschaftsleitenden Organen und den Leitern und Vorständen Vorschläge für Beschlüsse und Entscheidungen auf jugendpolitischem Gebiet zu unterbreiten und an der Vorbereitung von grundsätzlichen Beschlüssen und Entscheidungen, die Einfluß auf das Leben der Jugend haben, mitzuwirken;
- die Durchführung des Jugendgesetzes zu kontrollieren;
- Vorschläge für die Wahl der für Jugendfragen, Körperkultur und Sport zuständigen Mitglieder der örtlichen Räte zu unterbreiten.
Der Einsatz von Leitern der Jugendeinrichtungen erfolgt in Übereinstimmung mit der zuständigen Leitung der Freien Deutschen Jugend.
2 Die Kontrollposten der Freien Deutschen Jugend sind Bestandteil der gesellschaftlichen Kontrolle in der Deutschen Demokratischen Republik und wirken eng mit der Arbeiter-und-Bauern-Inspektion zusammen. Sie tragen dazu bei, die Initiativen der Jugend zur Erfüllung der volkswirtschaftlichen Aufgaben zu entfalten, und nehmen an der Kontrolle staatlicher Aufgaben sozialistischer Jugendpolitik teil. Die Leiter und Vorstände sind verpflichtet, die Kontrollposten der Freien Deutschen Jugend in ihrer Tätigkeit zu unterstützen. Zur Auswertung der Kontrollergebnisse haben die Leitungen der Freien Deutschen Jugend das Recht, den Leitern und Vorständen Empfehlungen und Vorschläge zu unterbreiten.«

Quelle: Jugendgesetz der Deutschen Demokratischen Republik, Berlin 1974.

Egon Krenz
Geb. am 19. März 1937 in Kolberg (heute Polen); Vater Schneider; 1944 Umsiedlung nach Damgarten; 1949–53 Grundschule; 1948 Thälmann-Pionier, Gruppen- und Freundschaftsratsvorsitzender, 1953 FDJ; kurzzeitig Ausbildung als Schlosser im Dieselmotorenwerk Rostock; 1953–57 Studium

Egon Krenz,
1. Sekretär des FDJ-Zentralrats 1974–1983

am Institut für Lehrerbildung in Putbus (Kreis Rügen), Sekretär der FDJ-Grundorganisation, 1957 Staatsexamen; 1955 SED; 1957–59 NVA; 1959/60 2. bzw. 1. Sekretär der FDJ-Kreisleitung Bergen, 1960/61 1. Sekretär der FDJ-Bezirksleitung Rostock; 1961–64 Sekretär des Zentralrates der FDJ für die Arbeit an den Universitäten, Fach- und Hochschulen; 1964–67 Studium an der Parteihochschule der KPdSU in Moskau, Diplomgesellschaftswissenschaftler; 1967–74 Sekretär des Zentralrates der FDJ, 1971–74 Vorsitzender der Pionierorganisation »Ernst Thälmann«; 1971–73 Kandidat und 1973-89 Mitglied des ZK der SED; 1971–Jan. 1990 Abgeordneter der Volkskammer und 1971–76 Vorsitzender der FDJ-Fraktion; 1974–83 1. Sekretär des Zentralrates der FDJ; 1976–83 Kandidat, 1983–89 Mitglied des SED-Politbüros und ZK-Sekretär für Sicherheit und Kaderfragen; 1981–84 Mitglied des Staatsrates und 1984–89 Stellvertreter seines Vorsitzenden; 18. Oktober – 3. Dezember 1989 Generalsekretär des ZK der SED und 24. Oktober – 6. Dezember 1989 Vorsitzender des Staatsrates sowie des Nationalen Verteidigungsrates.

Quelle: DDR: Wer war wer?, Berlin 1994.

Bei seinem Amtsantritt versicherte Egon Krenz sowohl gegenüber der SED-Führung als auch gegenüber der sowjetischen Führung (mit einem Brief an den sowjetischen Ministerpräsidenten Kossygin), er würde die gestellten Aufgaben meistern. Beim Rapport des gesamten Zentralratssekretariats vor Erich Honecker am 11. Januar 1974 versicherten alle Beteiligten nochmals die »unverbrüchliche Freundschaft« mit der UdSSR. Hoffnungen auf eine Annäherung an die Bundesrepublik sollte offensichtlich eine klare Abfuhr erteilt werden. Honeckers Forderung, die Jugend der DDR »klassenmäßig« zu erziehen, wurde als wichtigste Aufgabe der FDJ verstanden. Außerdem schlug er vor, künftig alle Mitglieder des Verbandes gründlicher mit der Geschichte ihrer Organisation vertraut zu machen. Der SED-Chef hatte deutlich die Kontinuität seiner eigenen Entwicklung – vom FDJ-Vorsitzenden zum Parteiführer – im Auge, die er als beispielgebend für die künftige Rolle der Massenorganisation betrachtete. Die Mitglieder der FDJ sollten später als treue Genossen der SED für den Sozialismus in der DDR einstehen.

Die »sozialistische Nation« auf dem Weg ins kommunistische Jahrtausend

Wie sich die SED-Führung die gesellschaftliche Perspektive der DDR vorstellte, verdeutlichte Honecker am 27. September 1974. An diesem Tage präsentierte er den Abgeordneten der Volkskammer eine Überarbeitung der erst 1968 durch Volksentscheid angenommen DDR-Verfassung; diese neue Fassung trat am 7. Oktober 1974, dem 25. Jahrestag der DDR-Gründung, in Kraft. In der völlig neuen Präambel hieß es, daß das Volk in der Deutschen Demokratischen Republik nunmehr *»in Übereinstimmung mit den Prozessen der gesellschaftlichen Entwicklung unserer Epoche sein Recht auf sozial-ökonomische, staatliche und nationale Selbstbestimmung verwirklicht und* [. . .] *die entwickelte sozialistische Gesellschaft (gestaltet)«*. Diese Verfassung gebe sich das Volk *»erfüllt von dem Willen, seine Geschicke frei zu bestimmen, unbeirrt auch weiter den Weg des Sozialismus und Kommunismus, des Friedens, der Demokratie und der Völkerfreundschaft zu gehen«*. Nach Artikel 1 war die DDR nun ein *»sozialistischer Staat der Arbeiter und Bauern«*.[195] Die alten Formulierungen, worin auf die Verantwortung für die ganze deutsche Nation verwiesen und die DDR als *»ein sozialistischer Staat deutscher Nation«* bezeichnet worden war, wurden radikal über Bord geworfen.[196] Bereits im Vorfeld der Verfassungsänderung hatten Politiker und Gesellschaftswissenschaftler diese Interpretation theoretisch vorbereitet; Die DDR sei nun eine *»sozialistische deutsche Nation«*, die mit dem anderen deutschen Staat, der Bundesrepublik, nichts mehr gemein habe.[197]

»Vorwärts zu neuen Erfolgen«

Die verbandsinterne Bilanz der FDJ wies Ende 1973 auf wirtschaftlichem Gebiet über 30 000 Jugendobjekte in der Industrie, über 4000 im Bauwesen, nahezu 3000 im Verkehrs-, Post- und Fernmeldewesen, über 3000 im Handel, 1000 im Gesundheitswesen und 9500 in der Landwirtschaft aus. Insgesamt waren über 21 000 Jugendbrigaden gebildet worden. Die FDJ-Aktion »Materialökonomie« bilanzierte

337 Millionen Mark Gewinn. Der Jugendverband war darüber hinaus in ein ehrgeiziges Wohnungsbauprogramm eingebunden, das von der 10. Tagung des ZK der SED im Oktober 1973 beschlossen worden war. Bis 1990 sollte die *»Wohnungsfrage«* in der DDR *»als soziales Problem«* gelöst sein. Das bedeutete, bis zu drei Millionen Wohnungen mußten neu gebaut bzw. modernisiert werden. Schon 1980 sollten 750 000 Wohnungen übergeben werden, damit sich für 2,1 Millionen Bürger, insbesondere Arbeiterfamilien, kinderreiche Familien und junge Ehepaare, die Wohnverhältnisse verbesserten.[198] Die FDJ wurde in dieses Programm immer stärker einbezogen. 1976 sollte damit begonnen werden. Der Jugendverband hatte bis dahin u. a. am zentralen Prestige-Bauvorhaben »Palast der Republik« in Berlin mitzuwirken. Der Zentralrat und die FDJ-Bezirksleitung der Hauptstadt sollten die Zulieferung von Baustoffen und den Einsatz von Baubrigaden koordinieren.

Ende Oktober 1974 erhielt die FDJ einen weiteren wichtigen ökonomischen Auftrag. In der Sowjetunion bauten die RGW-Länder eine Erdgasleitung, um die Versorgung der europäischen sozialistischen Staaten mit diesem wertvollen Rohstoff langfristig sicherzustellen. Jeder Mitgliedsstaat bekam einen Pipelineabschnitt zugewiesen, der als selbständige Bauleistung fertigzustellen war. Honecker und die SED-Führung hielten es für sinnvoll, daß die FDJ den DDR-Bauabschnitt als zentrales Jugendobjekt übernahm. Die Übernahme des Projektes durch den Zentralrat am 22./23. Oktober 1974 wurde medienwirksam inszeniert. Honekker empfing Jugendliche, die sich zur Mitarbeit bereit erklärt hatten, zu einem Gespräch. Der Zentralrat dankte der Parteiführung für das damit entgegengebrachte Vertrauen. Am 24. Oktober wurde das neue zentrale Jugendobjekt Erdgasleitung »Orenburg – Westgrenze UdSSR«, immerhin ein Bauvorhaben in einer Länge von 580 Kilometern, zwischen der FDJ und dem DDR-Ministerrat vereinbart. Im März 1975 verabschiedete die Verbandsführung bereits die ersten Brigaden in die Sowjetunion. Unter harten Witterungsbedingungen und produktionstechnischen Unzulänglichkeiten hatten sie fernab der Heimat ihre Arbeit zu verrichten. Bis in die achtziger Jahre hinein war der Jugendverband bei diesen und ähnlichen Großprojekten im RGW-Maßstab eingesetzt. Die notwendigen organisatorischen Maßnahmen banden erhebliche Kräftepotentiale der FDJ.

Im Oktober 1974, anläßlich des 25jährigen DDR-Jubiläums, präsentierte der Zentralrat dem SED-Politbüro eine »großartige« Bilanz seiner Taten. Das politische und wirtschaftliche Engagement der Jugend wurde in eindrucksvollen Zahlen dargestellt. Die SED-Führung lobte die Anstrengungen der jungen Menschen für die Entwicklung der sozialistischen Gesellschaft. Am 6. Oktober nahmen über 200 000 FDJler an einem Fackelzug Unter den Linden in Berlin teil, der an den Umzug vom 11. Oktober 1949 anläßlich der Staatsgründung und der Wahl des ersten Staatspräsidenten der DDR, Wilhelm Pieck, erinnern sollte. Egon Krenz bekräftigte in einem »Gelöbnis der Jugend der Deutschen Demokratischen Republik« die Treue der Jugend zum Staat und ihre Einsatzbereitschaft. Die junge Generation schlage jetzt bereits die Brücke in das kommende *»kommunistische Jahrtausend«*.

Auf einer Tagung des Zentralrates im Juni 1975 schließlich bat der Verband das SED-Zentralkomitee, die besten FDJler in Vorbereitung des IX. Parteitages, der für Mai 1976 einberufen worden war, in die SED aufzunehmen. Erich Honecker teilte daraufhin am 1. Juli 1975 mit, das Zentralkomitee entspreche diesem Wunsch gern.

Brief Erich Honeckers an den Zentralrat der FDJ vom 1. Juli 1975: »Würdigste FDJler in die Reihen der Partei«

»Liebe Freunde!
Mit großer Aufmerksamkeit haben wir den Verlauf und die Ergebnisse der 14. Tagung des Zentralrats der FDJ verfolgt. Die einmütige Beschlußfassung über die ›Parteitagsinitiative der FDJ‹ ist ein überzeugender Ausdruck dafür, daß die Freie Deutsche Jugend fest mit unserer Sozialistischen Einheitspartei Deutschlands verbunden ist und sich in Vorbereitung des IX. Parteitages der SED erneut als aktiver Helfer und zuverlässige Reserve unserer Partei erweist. Das Zentralkomitee der Sozialistischen Einheitspartei Deutschlands entspricht der Bitte des Zentralrats der FDJ, in Vorbereitung des IX. Parteitages der SED vielen aktiven Mitgliedern und Funktionären der FDJ, jungen Produktionsarbeitern, Genossenschaftsbauern, Angehö-

Abschnitt der sowjetischen Erdgasleitung »Sojus«, von der FDJ als zentrales Jugendobjekt übernommen

rigen der bewaffneten Organe, der jungen sozialistischen Intelligenz, Lehrlingen, Studenten und Oberschülern den Eintritt in die Reihen der Sozialistischen Einheitspartei Deutschland zu ermöglichen. Die Parteiführung hat dazu den entsprechenden Beschluß gefaßt. Wir wünschen dem Zentralrat, allen Funktionären und Mitgliedern der FDJ in der ›Parteitagsinitiative der FDJ‹ viel Erfolg.«

Quelle: Neues Deutschland (B) vom 2. Juli 1975.

Die sozialen Vergünstigungen, die Honecker der DDR-Bevölkerung im Gegenzug zu politischer Loyalität und wirtschaftlicher Einsatzbereitschaft seit 1971 anbot, betrafen nun erstmals die junge Generation unmittelbar. Am 4. Dezember 1975 erließ der Ministerrat eine Verordnung über die Gewährung staatlichen Kindergeldes sowie über die besondere Unterstützung kinderreicher Familien und Alleinstehender mit drei Kindern. Die Grenze für den Anspruch auf Sonderleistungen wurde von vier auf drei Kinder gesenkt. Ein kinderfreundliches Land zu sein, das sollte auch international ein Markenzeichen der DDR darstellen. Durch die Förderung junger Familien (Kindergeld, Versorgung mit Kinderkrippen und Kindergärten, Bevorzugung bei der Wohnungsvergabe) erreichte die DDR tatsächlich gewünschte Effekte. Die Drei-Kinder-Familie war keine Seltenheit, der Anteil der unter Achtzehnjährigen an der Gesamtbevölkerung wuchs zu dieser Zeit ständig.

Der IX. Parteitag der SED, der vom 18. bis zum 22. Mai 1976 in Berlin tagte, erweiterte das Angebot an sozialpolitischen Leistungen in einigen Details. Die schrittweise Einführung einer 40-Stunden-Arbeitswoche betraf auch viele junge Arbeiter. Außerdem wurde der Schwangerschafts- und Wochenurlaub von 18 auf 26 Wochen verlängert.

Im Zentrum der Beratungen standen die strategischen Aufgaben der Partei. Entwürfe für ein neues Programm und ein neues Statut der SED lagen vor. Sie wurden einstimmig angenommen. Ähnlich wie in der Verfassung enthielten die Dokumente nun die Formulierung, daß in der DDR die entwickelte sozialistische Gesellschaft gestaltet werde. Die bereits auf dem VIII. Parteitag geprägte Losung von der »Hauptaufgabe« in Gestalt der Einheit von Wirtschafts- und Sozialpolitik fand Eingang in die langfristig gültigen Materialien. In das Parteiprogramm wurde außerdem die *»sozialistische deutsche Nation«* aufgenommen.[199] Für Erich Honecker wurde der Titel Generalsekretär des ZK der SED wieder eingeführt. Im Oktober, nach den Volkskammerwahlen, übernahm er außerdem den Vorsitz des Staatsrates der DDR, wurde also Staatsoberhaupt. Damit vereinte er, zusammen mit dem Vorsitz des Nationalen Verteidigungsrates, wie einst Ulbricht alle wichtigen Funktionen in einer Hand.

Die SED sah die wichtigste Aufgabe der Freien Deutschen Jugend nunmehr darin, *»klassenbewußte Kämpfer für den gesellschaftlichen Fortschritt heranzubilden und dafür zu wirken, daß alle Jugendlichen die Möglichkeiten nutzen, Arbeit, Studium und Freizeit, ihr gesamtes Leben sinnvoll zu gestalten, daß sie zu aktiven Erbauern und standhaften Verteidigern des Sozialismus und Kommunismus werden«*.[200] Mit der Gestaltung des Sozialismus seien zugleich *»grundlegende Voraussetzungen für den allmählichen Übergang zum Kommunismus«* zu schaffen. Damit war nicht mehr nur der fortschrittliche Teil der Jugendlichen in die Verantwortung zu nehmen, sondern die gesamte Jugend habe nach den kommunistischen Idealen zu streben.[201] Diese Argumentationskette entsprach dem Selbstverständnis der »Macher« in der Führung der Partei wie der des Jugendverbandes. Sie war allerdings weit weg von der Realität des Jugendlebens und den Wertvorstellungen der Jugendlichen selbst. Die Formulierung von hehren, inhaltlich hohlen Losungen stieß auf Unverständnis und brachte keineswegs die gewünschten Anstöße.

Das X. Parlament der FDJ vom 1. bis 5. Juni 1976 jedenfalls bekannte sich zu den Beschlüssen des SED-Parteitags. Es tagte mit über 3000 Delegierten erstmals, ebenso wie der IX. SED-Parteitag wenige Tage zuvor, im neuerbauten Berliner »Palast der Republik«. Egon Krenz blieb 1. Sekretär des Zentralrates. Das FDJ-Statut wurde in einigen Passagen der SED-Rhetorik angepaßt. Beflissen wurde nachvollzogen, was die SED vorgegeben hatte.

Rede des Zentralratssekretärs Erich Postler zu Statutenveränderungen auf dem X. Parlament der FDJ 1976 (Auszüge)

»[. . .]

Der Bericht des Zentralrates an das X. Parlament bringt zum Ausdruck, daß die Kraft der Freien Deutschen Jugend in ihrer Führung durch die Sozialistische Einheitspartei Deutschlands liegt. Diese grundlegende Erfahrung der 30jährigen Geschichte unseres Jugendverbandes spiegelt sich nunmehr im vorliegenden Entwurf des überarbeiteten Statuts eindeutig wider.

Im Abschnitt I ›Ziele und Aufgaben der Freien Deutschen Jugend‹ ist daher formuliert:

›Die Freie Deutsche Jugend arbeitet unter Führung der Sozialistischen Einheitspartei Deutschlands und betrachtet sich als deren aktiver Helfer und Kampfreserve.‹

Bei der Formulierung der Aufgaben der FDJ wird von den Beschlüssen des IX. Parteitages der Sozialistischen Einheitspartei Deutschlands ausgegangen. Das Programm und die Beschlüsse der Sozialistischen Einheitspartei Deutschlands sind Grundlage für die gesamte Tätigkeit der FDJ. Der IX. Parteitag hat die Jugend unseres Landes aufgerufen, gemeinsam mit allen Werktätigen weiter

die entwickelte sozialistische Gesellschaft zu gestalten und so grundlegende Voraussetzungen für den allmählichen Übergang zum Kommunismus zu schaffen. Daraus leitet sich auch die Hauptaufgabe der FDJ ab. Sie besteht, wie der Generalsekretär des Zentralkomitees der Sozialistischen Einheitspartei Deutschlands, Genosse Erich Honekker, im Bericht des Zentralkomitees an den IX. Parteitag erklärte, darin, ›der Partei zu helfen, standhafte Kämpfer für die Errichtung der kommunistischen Gesellschaft zu erziehen, die im Geiste des Marxismus-Leninismus handeln‹.
Die Statutenkommission schlägt deshalb vor, den ersten Satz des vierten Absatzes in Teil I wie folgt zu formulieren:
›Die Freie Deutsche Jugend betrachtet es als ihre Hauptaufgabe, der Sozialistischen Einheitspartei Deutschlands zu helfen, standhafte Kämpfer für die Errichtung der kommunistischen Gesellschaft zu erziehen, die im Geiste des Marxismus-Leninismus handeln.‹
[. . .]
Erstmalig enthält das Statut einen Abschnitt zu den Jugendklubs der FDJ. Die Festlegungen hierzu sollen helfen, daß die Freie Deutsche Jugend ihre Verantwortung für die Freizeitgestaltung der Jugend noch besser wahrnimmt. Eindeutig ist damit geregelt, daß die Jugendklubs der FDJ Einrichtungen des Jugendverbandes sind, für deren politische Anleitung die Leitungen der FDJ verantwortlich sind.«

Quelle: X. Parlament der Freien Deutschen Jugend, Berlin, vom 1. bis 5. Juni 1976, Berlin 1976, S. 419 ff.

»Die Jugendklubs der Freien Deutschen Jugend

1. Der Jugendklub der FDJ ist eine Einrichtung der Freien Deutschen Jugend für die Freizeitgestaltung in städtischen und ländlichen Wohngebieten. Jugendklubs der Freien Deutschen Jugend werden in Abstimmung mit der Kreis- bzw. Stadtbezirksleitung der Freien Deutschen Jugend gebildet. Sie werden politisch durch die Leitung einer FDJ-Grundorganisation, durch die Ortsleitung oder die Kreis- bzw. Stadtbezirksleitung der Freien Deutschen Jugend angeleitet. Der Leiter des Jugendklubs der Freien Deutschen Jugend wird durch die jeweils verantwortliche Leitung der Freien Deutschen Jugend berufen und durch sie angeleitet.
2. Die Jugendklubs der Freien Deutschen Jugend haben die Aufgabe, den wachsenden Ansprüchen der Jugendlichen an ein interessantes und vielseitiges massenpolitisches, geistig-kulturelles, wehrerzieherisches, sportliches und touristisches Leben in der Freizeit gerecht zu werden. Sie arbeiten dabei eng mit den gesellschaftlichen Kräften in den Betrieben, Schulen, Einrichtungen und im jeweiligen Territorium zusammen.
Die Jugendklubs der Freien Deutschen Jugend beziehen die im Territorium wohnenden FDJ-Mitglieder und die nicht in der Freien Deutschen Jugend organisierten Jugendlichen in ihre Tätigkeit ein.«

Quelle: X. Parlament der Freien Deutschen Jugend, Berlin, vom 1. bis 5. Juni 1976, Berlin 1976, S. 463 f. (Statut der FDJ)

Immer Ärger mit den Intellektuellen

Inzwischen hatte auf dem internationalen Parkett der Helsinki-Prozeß zu einem vorläufigen Ergebnis geführt. Am 1. August 1975 setzten in der finnischen Hauptstadt 35 Staats- bzw. Regierungschefs der europäischen Länder, der USA und Kanadas ihre Unterschriften unter das Schlußdokument der KSZE. Diese Erklärung faßte ganz unterschiedliche Aspekte der internationalen Staatenbeziehungen zusammen. Abrüstung und Sicherheit waren seitens der sozialistischen Länder in den Vordergrund gerückt worden. Dazu gehörten die Anerkennung der bestehenden Grenzen in Europa, die friedliche Regelung von Streitfällen und die Nichteinmischung in die inneren Angelegenheiten fremder Staaten. Auch bei der von allen Teilnehmerstaaten angestrebten Zusammenarbeit in Wirtschaft, Wissenschaft, Technik und Umwelt gab es zunächst keine wesentlich unterschiedlichen Interpretationen. Doch der sogenannte Korb Drei, die Zusammenarbeit in humanitären und anderen Bereichen, warf in den Ländern des Ostblocks große Probleme auf.
Insbesondere die Forderungen nach menschlichen Kontakten, nach Informations- und Reisefreiheit, nach Jugend- und Sportbegegnungen waren unvereinbar mit der kommunistischen Abschottung gegen westliche Einflüsse. Da es sich bei der KSZE-Schlußakte um eine völkerrechtlich nicht verbindliche Absichtserklärung handelte, ignorierten die kommunistischen Staaten die unerwünschten Menschenrechtsprinzipien und wehrten Kritik mit dem Hinweis auf das Nichteinmischungsprinzip ab.

Die »Begegnungen der Jugend«, Auszug aus der KSZE-Schlußakte vom 1. August 1975

»Die Teilnehmerstaaten beabsichtigen, die Entwicklung von Kontakten und des Austausches unter der Jugend zu fördern, indem sie ermutigen,

– zur Vermehrung des Austausches und der Kontakte auf kurz- oder langfristiger Grundlage unter der Jugend, die in der Arbeit, in der Ausbildung oder im Studium steht, durch bilaterale oder multilaterale Abkommen oder regelmäßige Programme, in allen Fällen, in denen es möglich erscheint;
– zur Prüfung durch ihre Jugendorganisationen der Fragen möglicher Abkommen über Rahmen multilateraler Jugendzusammenarbeit;
– zu Abkommen oder regelmäßigen Programmen, die sich auf die Organisation von Studentenaustausch, internationalen Jugendseminaren, Berufsausbildungs- und Fremdsprachenkursen beziehen;
– zur weiteren Entwicklung des Jugendtourismus und der Gewährung geeigneter Erleichterungen zu diesem Zweck;
– zur Entwicklung, wo möglich, von Austausch, Kontakten und Zusammenarbeit auf bilateraler oder multilateraler Grundlage zwischen ihren Organisationen, die weite Kreise der Jugend vertreten, die in der Arbeit, in der Ausbildung oder im Studium steht;
– das Bewußtsein unter der Jugend der Bedeutung einer Entwicklung des gegenseitigen Verständnisses sowie der Stärkung freundschaftlicher Beziehungen und des Vertrauens unter den Völkern.«

Quelle: Dokumente des KSZE-Prozesses 1973–1989, Berlin 1990, S. 44.

In der DDR führte die Teilnahme am Helsinki-Prozeß zu einem scharfen gesellschaftlichen Konflikt. Die Bevölkerung hatte die Dimension der KSZE-Schlußakte zunächst nur ansatzweise erfaßt. Natürlich hielten es viele für erstrebenswert, frei reisen zu können, Zugang zu westlichen Presseerzeugnissen zu erhalten oder beruflich mit dem Ausland enger zusammenzuarbeiten. In der Realität des DDR-Alltags nahm man aber von offizieller Seite auf diese Passagen keinen Bezug. Inoffiziell wurden sie als Ergebnis eines notwendigen Kompromisses mit dem Westen interpretiert. Auch nach Monaten gab es kein Anzeichen dafür, daß die KSZE-Prinzipien im humanitären Bereich angewendet werden könnten.
Im intellektuellen Milieu hingegen, unter Künstlern und Kulturschaffenden, unter Wissenschaftlern und Kirchenleuten wurde darüber nachgedacht, wie die DDR-Gesellschaft im Sinne der Helsinki-Schlußakte reformiert, das politische System liberalisiert werden könnte. Zunächst hatten sich viele bereit gefunden, auf den frischen Wind des Machtwechsels von Ulbricht zu Honecker zu vertrauen und abzuwarten. Doch in der Mitte der siebziger Jahre war von den Öffnungstendenzen des Anfangs, gerade in Kultur und Kunst, nicht viel übrig geblieben. Die Hoffnung, daß sich bald etwas bewegen werde, schlug in Enttäuschung und Frust um. Unter den kritischen, wenngleich der sozialistischen Idee verpflichteten Intellektuellen begann es zu rumoren.
Am Fall Reiner Kunze statuierte die Partei das erste Exempel. Kunze, dessen Gedichte lange fast nur im Westen erscheinen konnten, hatte im September 1976 in Frankfurt am Main einen Band mit kurzen Prosatexten herausgebracht. Der Titel »Die wunderbaren Jahre« war pure Ironie. Kunze artikulierte darin die bedrückenden Erfahrungen junger Menschen mit der DDR-Obrigkeit und dem Jugendverband sowie seine schon 1968 öffentlich geäußerte Sympathie mit dem Prager Frühling.
Die Reaktion der DDR-Behörden war Kunzes Ausschluß aus dem Schriftstellerverband, was dauerndes Publikationsverbot bedeutete. Im Frühjahr 1977 verließ Kunze mit seiner Familie endgültig die DDR.
Als zweites Exempel wurde Wolf Biermann ausgewählt. Er verstand sich als kritischer Kommunist, der das Regime der DDR verändern, reformieren wollte. Sein Wirkungsfeld sah er in der DDR, freiwillig hätte er sie nicht verlassen. Im November 1976 durfte der seit den sechziger Jahren verfemte Poet und Liedermacher zu Auftritten in die Bundesrepublik reisen. Eine Veranstaltung in der Kölner Sporthalle wurde live von der ARD übertragen. Biermann wandte sich in seinen Liedern gegen die Art und Weise, wie der Sozialismus in der DDR »gemacht« wurde, er geißelte alltägliche Bevormundung und die ewige Besserwisserei der Politbürokraten. Die zum Teil sehr persönlichen Angriffe auf die Dogmatiker in Ost-Berlin nahmen die Angesprochenen in den Chefetagen des Zentralkomitees zum Anlaß für einen längst vorbereiteten, radikalen Schnitt.
Biermann wurde am 26. November 1976 aus der DDR ausgebürgert. Er durfte nach dem Abschluß seiner Veranstaltungsreise nicht mehr in seine Heimat zurückkehren. Doch die Erwartung der SED-Führung, innere Probleme auf

solche Weise ausgrenzen zu können, sollte sich nicht erfüllen. Kollegen und Freunde Biermanns, Schriftsteller, Liedermacher, Schauspieler solidarisierten sich mit ihm und forderten die Aufhebung der Ausbürgerung. Im Schriftstellerverband und den anderen Künstlerverbänden kam es zu heftigen Auseinandersetzungen. Kollegen, die sich für Wolf Biermann besonders eingesetzt hatten, wurden aus der Berufsorganisation ausgeschlossen.
An den Schulen, Universitäten und in den Betrieben war der »Fall Biermann« ein beherrschendes Thema. Die FDJ setzte ihre erfahrensten Agitatoren, Funktionäre aus den regionalen Leitungsebenen, sowie ihr gesamtes Schulungssystem ein, um die Gründe für die Ausbürgerung »verständlich« zu machen und Zustimmung zu den getroffenen Maßnahmen zu erheischen. Viele junge Leute hatten die Fernsehsendung aus Köln verfolgt und waren enttäuscht über das offensichtliche Unvermögen der führenden Partei- und Staatsgremien, mit dieser – wenn auch ungewohnt harschen – Kritik umzugehen.
Unmittelbar nach der Ausbürgerung Biermanns erhielt der als führender interner SED-Kritiker geltende Philosoph Robert Havemann einen unbefristeten Hausarrest auferlegt. Im August 1978 wurde ein weiterer Intellektueller, Rudolf Bahro, wegen »republikfeindlicher Hetze« inhaftiert. In seinem Buch »Die Alternative« analysierte er scharfsinnig die Schwächen des realsozialistischen Systems und entwarf einen »dritten Weg«. Das Manuskript war illegal in den Westen gebracht worden und fand bei seinem Erscheinen ein großes Medienecho. Im Oktober 1979 wurde Bahro im Rahmen einer allgemeinen Amnestie freigelassen und in den Westen abgeschoben.
In der Zwischenzeit hatten weitere prominente Künstler die DDR verlassen, die einen mit Visum oder auf Ausreiseantrag, die anderen kamen von Gastspielen oder Besuchsreisen nicht zurück. Die Situation verschärfte sich innerhalb kürzester Zeit erheblich, wozu neue internationale Spannungen nicht unwesentlich beitrugen. Die Rüstungsbegrenzungsgespräche zwischen den Supermächten stagnierten, der kalte Krieg nahm wieder an Schärfe zu. Unter der Jugend der DDR machten sich Enttäuschung und Bitternis, Pessimismus und Lethargie breit.

Information von Egon Krenz, 1. Sekretär des FDJ-Zentralrates, an SED-Generalsekretär Erich Honecker über Reaktionen von Studenten auf die Biermann-Affäre vom 29. November 1976

»[. . .] Neben der generellen Zustimmung zu den Entscheidungen unserer Regierung zeigen sich im einzelnen folgende weitere Tendenzen:
1. Der Mehrheit der Studenten war Biermann nicht bekannt. Die Unkenntnis förderte Fragen zur Person Biermann. (Wer ist Biermann? Was hat er geschrieben? Warum hatte er Auftrittsverbot? Woran erkennt man bei uns einen Feind?) Das führte bei einigen Studenten zu einem stärkeren Westfunkhören als allgemein üblich.
2. Bei einigen Studenten ist eine bestimmte zeitweilige Unsicherheit (verstärkt in kultur- und gesellschaftswissenschaftlichen Studienrichtungen) festzustellen.
Insbesondere wirken dabei die Tarnung des Biermann (›Kommunist‹, ›DDR-Liebe‹ usw.) sowie besonders der Brief prominenter Angehöriger der künstlerischen Intelligenz zur Solidarität mit Biermann. Die Stellungnahme sowie das in gleicher Weise erfolgte öffentliche Auftreten (z. B. von Jurek Becker in Jena) lassen vereinzelt Fragen dazu aufkommen, welche juristischen Grundlagen es für die Aberkennung der Staatsbürgerschaft gibt. Durch einzelne Studenten wurde die Frage aufgeworfen, ob an der Kritik Biermanns nicht im Konkreten ›etwas dran‹ sei und ob die Ausweisung angesichts der damit verbundenen antikommunistischen Welle gegen uns nicht ›zu hart‹ sei. Studenten der Filmhochschule Potsdam äußerten, ob wir uns nicht Biermann leisten könnten. Es gibt die Frage, warum wir ihn aus der DDR herausgelassen haben, ob wir nicht damit die Ausweisung planmäßig vorbereitet hätten, ob das notwendig gewesen sei.
3. Viele Studenten sind über die Stellungnahmen von Kulturschaffenden für die Entscheidung der DDR-Regierung erfreut. Allerdings löst die große Differenziertheit viele Fragen und Verwunderung über die ›recht zweideutigen‹ Äußerungen (TU Dresden) mancher prominenter Künstler im ND aus. Es treten allerdings auch sektiererische Positionen auf, die gegen die Künstler überhaupt gerichtet sind (›es geht ihnen zu gut‹, ›man müßte ihnen die Faust zeigen‹).
In diesem Zusammenhang gibt es die Frage, warum das Hören und Sehen von Westsendungen durch die Stellungnahme einiger Künstler so popularisiert wurde.
4. In einzelnen Fällen gibt es gezielte Provokationen und feindliche Aktivitäten. Sie treten in der Regel an Orten auf, wo es schon in früherer Zeit Versuche des ideologischen Einbruches gab. (Beispiele im Anhang)

Die Aktionen sind unterschiedlich in ihrer Art, zielen aber auf Studenten bestimmter Studienrichtungen. [. . .]

Folgende Einzelaktivitäten wurden festgestellt:

Humboldt-Universität [Berlin]

– Von sich aus organisierte die FDJ-Leitung des 3. Studienjahres Medizin zum Zeitpunkt, als noch vieles unklar war, eine Unterschriftensammlung gegen Biermann. 10 Studenten weigerten sich, dies zu unterschreiben.

– Seit längerer Zeit war von den FDJ-Grundorganisationen Germanistik und Geschichte eine Diskussionsveranstaltung mit Heiner Müller zu seinem Stück ›Die Schlacht‹ geplant, die in einer Gaststätte in der Borsigstraße stattfinden sollte. Entsprechend der Lage wurde diese Veranstaltung mit 150 Teilnehmern im Senatssaal der Universität mit vorbereiteten Fragen und einem gründlichen Einlaßdienst politisch ohne Komplikationen durchgeführt.

Karl-Marx-Universität [Leipzig]

– Der Physikstudent St. (seit einiger Zeit aus der SED gestrichen) versuchte, Unterschriften für Biermann zu sammeln. Die Provokation wurde sofort unterbunden.

– Im Rahmen der planmäßig durchgeführten Veranstaltung des zentralen FDJ-Studentenklubs «Durstiger Pegasus« kam es zu Provokationsversuchen, die durch die Klubleitung vereitelt wurden. In Gedichten und Aphorismen boten zwei junge Künstler Teilen des Publikums (zum großen Teil Kunststudenten Leipziger Hoch- und Fachschulen und der KMU) Anlaß für unqualifizierte Meinungsäußerungen zum Regierungsbeschluß. Einer von ihnen, der Germanistikstudent Wolfgang Feyerabend (4. Studienjahr) formulierte zum Beispiel: ›Bleibe im Lande und wehre dich redlich‹. Er betonte extra, daß er diesen bekannten Aphorismus aus aktuellem Anlaß leicht verändert habe.

– Eine Woche nach dem Beschluß der DDR-Regierung vermißten die Studenten der Fachrichtung Wissenschaftlicher Kommunismus jegliche Reaktion ihrer Hochschullehrer, obwohl Seminare stattfanden, deren Gegenstand Stellungnahmen gerade gefordert hätten.

Friedrich-Schiller-Universität [Jena]

– Theologiestudenten haben versucht, Unterschriften für Biermann zu sammeln. Unter anderem trat ihnen der Theologieprofessor H. (früher Leiter der ESG-Geschäftsstelle in Berlin, Mitglied von Leitungsgremien des internationalen ›Christlichen Studenten-Weltbundes‹) entgegen und verwies sie des Hauses.

– Am 17. 11. fand im Jenaer Klubhaus der Intelligenz eine Veranstaltung mit Jurek Becker statt, an der auch Studenten der Universität teilgenommen haben. J. Becker, der sich eindeutig für Biermann erklärte, fand unter anderem Unterstützung durch Prof. Hans Richter, Sektion Literatur- und Kunstwissenschaften. (›Ich bedaure den Vorfall auch.‹) Einige Studenten führten die Diskussion um Biermann nach der Veranstaltung im Studentenklub ›Rose‹ weiter.

Hochschule für Verkehrswesen Dresden

– Am 22. 11. wurde der Sekretär der APO* 5 vom Gruppenorganisator der Parteigruppe 1. Studienjahr, Genossen Ch. H., informiert, daß der Student K. R., Seminargruppe 76/504, beabsichtigt, ein Tonband mit Aufnahmen des Kölner Auftritts von Biermann abzuspielen, das er zu Hause in Thüringen aufgenommen hatte. Das Band wurde vor dem Abspielen während einer Aussprache mit Reichenbach eingezogen.«

* APO: Abteilungsparteiorganisation.

Quelle: SAPMO-BArch, DY 24/11230.

FDJ-Alltag Ende der siebziger Jahre

Am Ende der siebziger Jahre hatte sich die innenpolitische Situation in der DDR erheblich zugespitzt. Die Jugendlichen beobachteten aufmerksam, welche Verhärtungen auf der einen Seite einsetzten und welche Spielräume ihnen auf der anderen Seite noch zugestanden wurden. Doch jenseits der »großen Politik« verlief der Alltag in den FDJ-Gruppen und Grundorganisationen in Schule, Ausbildung und Beruf in einer mittlerweile gewohnten Gleichförmigkeit unspektakulär ab.

Wie begegnete die FDJ in den ausgehenden siebziger Jahren dem durchschnittlichen fünfzehn- bis etwa siebzehnjährigen Jugendlichen in einer kleinen oder mittleren Stadt in der DDR? Diese Jugendlichen besuchten in der Regel die 9. oder 10. Klasse der polytechnischen allgemeinbildenden Oberschule (POS). Nach Abschluß der 10. Klasse setzten 10 bis 15 Prozent die Schule fort (Erweiterte Oberschule mit Abiturabschluß). Die meisten begannen danach ihre berufliche Ausbildung, einige wiederum gekoppelt mit dem Erwerb des Abiturs, um so die Hochschulreife zu erlangen. In der DDR wurde die gesamte Studienzulassung ebenso wie die Vermittlung aller Absolventen ins Berufsleben durch zentrale ministerielle Planstellenvorgaben limitiert und von entsprechenden Gremien gesteuert.

Fast jeder POS-Schüler in diesem Alter gehörte der FDJ an. Die vierzehnjährigen Pioniere wurden im Dezember des jeweiligen achten Schuljahres offiziell in den Jugendverband übernommen, zumeist im Rahmen einer feierlichen Veranstaltung. Die Schulklasse bildete gleichzeitig die FDJ-Gruppe. Die Gruppen in einer Schule waren in einer Grundorganisation vereint, der ein FDJ-Sekretär (ein jüngerer Lehrer, der von Unterrichtsaufgaben teilweise freigestellt war) vorstand. Das FDJ-Leben machten vor allem sich regelmäßig wiederholende Veranstaltungen aus. Durchschnittlich traf man sich mindestens dreimal monatlich am Nachmittag nach dem Unterricht zur monatlichen Mitgliederversammlung, zum Zirkel im FDJ-Studienjahr und zu einer Kultur- oder Sportveranstaltung.

In der Mitgliederversammlung ging es um die schulischen Leistungen der einzelnen, um von oben verordnete aktuelle politische Themen oder Würdigungen der Traditionen der Arbeiter- und Arbeiterjugendbewegung (Jubiläen, Treffen mit Parteiveteranen oder Widerstandskämpfern aus der Hitlerzeit usw.). Am Anfang des Schuljahres wurde die FDJ-Leitung der Gruppe gewählt, zwischendurch und am Ende gab es Rechenschaftslegungen und Diskussionen über die nächsten Aufgaben.

Das FDJ-Studienjahr blieb in seinen traditionellen Formen, so wie es an den Schulen in den sechziger Jahren installiert worden war, erhalten. Die Themen hatten einen noch stärkeren theoretischen Beigeschmack bekommen. Anhand der dogmatische Lehrsätze verkündenden Begleitmaterialien konnte kaum eine lebhafte Diskussion aufkommen. Im besten Fall behalfen sich die Teilnehmer, falls ihnen die als Leiter eingesetzten älteren Schüler oder FDJ-Funktionäre keinen Strich durch die Rechnung machten, mit Debatten über politische oder ökonomische Tagesfragen, über zeithistorische Themen oder kulturelle Ereignisse. Interessant konnte es nur werden, wenn die zentral vorgegebenen Themen über den Haufen geworfen oder für Modifizierungen ausgenutzt wurden. Geschickte Diskussionsleiter setzten die Planthemen sogleich in aktuelle, brisante Fragestellungen um, ließen diskutieren und stellten am Ende »verwundert« fest, daß man leider zum eigentlichen Programm nur am Rande gekommen sei.

In den Bereich der Freizeitgestaltung reichten die Kultur- und Sportnachmittage herein. Hier war es möglich, ins Kino zu gehen (auch wenn die Filme oft einen politischen Hintergrund hatten), ein Theater zu besuchen oder Sportwettkämpfe auszutragen. Höhepunkte waren Klassendiscos, Weihnachtsfeiern oder Schuljahresabschlußfeste. Viel hing davon ab, welche Einfälle diejenigen hatten, die organisatorisch verantwortlich waren. Mit Geschick und Engagement ließ sich dieser Alltag erträglich und zumeist sogar abwechslungsreich gestalten.

Fast alle FDJ-Gruppenmitglieder hatten oft noch eine »gesellschaftliche Funktion«. Jeder war zumindestens für einen kleinen Bereich verantwortlich. Da gab es eine Wandzeitungsredaktion, einen Beauftragten für die Arbeit der Gesellschaft für Sport und Technik, der Gesellschaft für Deutsch-Sowjetische Freundschaft, einen für den Klubrat der Schule oder einen weiteren, der die Klassenchronik betreute.

Die FDJ-Leitung der Gruppe bestand aus ca. fünf Mitgliedern. Sie wurden jeweils am Schuljahresbeginn en bloc gewählt. Die Kandidaten waren zuvor in Abstimmung mit der übergeordneten Leitung und mit dem Klassenlehrer ausgewählt worden. Dabei spielten schulische Leistungen ebenso einen Rolle wie persönliches Engagement, politisches Interesse sowie der persönliche Rückhalt in der Gruppe. Die gewählte Leitung teilte die Arbeit unter sich auf. Es gab den FDJ-Gruppensekretär, seinen Stellvertreter, den Agitator, den Kultur- und Sportverantwortlichen, einen Kassierer oder einen Schriftführer.

Aus der FDJ-Gruppe wurden ebenfalls jährlich ein oder zwei Mitglieder für die Wahl in die Grundorganisationsleitung (GOL) vorgeschlagen. Diese Wahl fand im Rahmen einer Gesamtmitgliederversammlung (kleine Schulen) oder als Delegiertenkonferenz statt. Solange alles problemlos vonstatten ging, waren bis zu dieser Ebene die Wahlen und die anderen Aktivitäten relativ frei von unmittelbarer, doktrinärer Einflußnahme der regionalen Leitungsebenen (Kreise, Bezirke). Die Leitung der Grundorganisation koordinierte die Arbeit an einer Schule. Sie bestand aus ca. 15 bis 20 Schülern. An der Spitze stand ein der FDJ-Kreisleitung unterstellter GO-Sekretär.

Die verbandsinternen Abläufe waren an den Hochschulen oder an den Stätten der Berufsausbildung ganz ähnlich geregelt, weil hier ebenfalls Klassen bzw. Studiengruppen existierten,

FDJ-Singegruppe beim Nationalen Festival 1979

die sich von der FDJ recht gut leiten ließen. Anders sah es in den Betrieben aus. Die altersmäßige Durchmischung verhinderte oft den wirksamen Einfluß des Jugendverbandes. Als Gegenmittel hatte man Jugendbrigaden, Jugendforscherkollektive u. ä. ersonnen, die mitunter auch über Fünfzigjährige organisatorisch einschlossen.

Der Freizeitbereich erlangte gerade in den siebziger Jahren einen hohen Stellenwert für die alltägliche FDJ-Arbeit. An den allgemeinbildenden Schulen, an den Berufs- und Hochschulen waren die günstigsten Rahmenbedingungen gegeben und die meisten Einrichtungen angesiedelt. Dort gab es Jugend- bzw. Schulklubs, sogenannte Interessen- oder Arbeitsgemeinschaften (oft Hobby-Gemeinschaften), Singegruppen, Chöre oder Theatergruppen. Formal trug die FDJ dabei die organisatorische Hauptverantwortung, in der Praxis kümmerten sich aber oft einzelne Personen um die zahlreichen Initiativen, die abgesehen vom Mitgliedsbuch mit den vorgesetzten Verbandsorganen nicht viel zu tun hatten.

In einigen Sektoren gab es diese Lockerheit nicht. Das betraf zum Beispiel den Sport, konkret die Auswahl und Förderung von jungen Talenten. Die DDR besaß spätestens in den siebziger Jahren ein perfekt organisiertes Spartakiadesystem, in dem vor allem der Deutsche Turn- und Sportbund (DTSB), daneben auch die FDJ, Regie führten. Die Kinder und Jugendlichen von sechs bis 18 Jahren qualifizierten sich in jährlichen Wettbewerben von der Orts- über die Kreisebene für Finalkämpfe, die auf Bezirks- und Republikebene alle zwei Jahre ausgetragen wurden. Die über 10 000 Endkampfteilnehmer an den jeweiligen Kinder- und Jugendspartakiaden in den Winter- und Sommersportarten waren somit aus fast einer Million qualifi-

zierter Bewerber hervorgegangen. In den zentralen Sportschulen (Vollinternaten) konnten sich die Begabtesten auf weitere Höchstleistungen vorbereiten.
Die Leistungen der DDR-Sportler in internationalen Wettkämpfen verbanden viele Bürger, vor allem Jugendliche, emotional mit der DDR, sie vermittelten ein Wir-Gefühl. An das Dopingproblem dachten damals wohl die wenigsten. Die Olympischen Spiele von 1976 und 1980 ergaben sowohl in den Winter- wie in den Sommersportarten eine erstaunliche Leistungsspitze für die DDR im internationalen Vergleich. Die Teilnehmer aus der kleinen DDR stritten mit den Sportlern der Supermächte UdSSR und USA erbittert um die ersten Ränge in den täglich veröffentlichten Medaillen- und Länderwertungen.
Wenn es so etwas wie DDR-Nationalismus gegeben haben sollte, dann im Sport. Die »nationale« Sportbegeisterung wurde nur noch durch die Teilnahme eines Ostdeutschen an einem sowjetischen Weltraumunternehmen übertroffen: Am 26. August 1978 startete der Vogtländer Siegmund Jähn aus der kasachischen Steppe mit einem Raumschiff in den Orbit. Die Zeitungen titelten: »Der erste Deutsche im All – ein Bürger der Deutschen Demokratischen Republik«, und vergaßen dabei die ansonsten obligate Zurückhaltung in der heiklen Staatsangehörigkeitsfrage.

Spartakiadeeid

»Wir, die Teilnehmer der [. . .] Kinder- und Jugendspartakiade der Deutschen Demokratischen Republik [. . .], geloben:
– als junge Staatsbürger unsere ganze Kraft zur Stärkung der Deutschen Demokratischen Republik, des Sozialismus und für die Erhaltung des Friedens einzusetzen,
– in der Schule, im Beruf, in der Landesverteidigung und im Sport nach hohen Leistungen zu streben und einen würdigen Beitrag zur Verwirklichung der Beschlüsse des XI. Parteitages der Sozialistischen Einheitspartei Deutschlands zu leisten.
Im fairen sportlichen Wettkampf werden wir unsere Kräfte messen und um den Sieg kämpfen, zum Ruhme des Sports und zur Ehre unseres sozialistischen Vaterlandes.«

Quelle: Neues Deutschland vom 24. Februar 1987.

Verunsicherungen in der neuen internationalen Konfrontation

Zu Beginn der achtziger Jahre hatte sich die politische Situation in Europa und der Welt weiter zugespitzt. Der NATO-Nachrüstungsbeschluß vom 12. Dezember 1979, der sowjetische Einmarsch in Afghanistan am 27. Dezember 1979, die Krise in Polen 1980/81 und der Boykott der Olympischen Spiele in Moskau 1980 durch die USA und andere westliche Staaten, darunter die Bundesrepublik, führten zu einer neuen Konfrontationsphase im Verhältnis der Supermächte. Beide deutsche Staaten waren zwar darum bemüht, ihre mit dem Grundlagenvertrag eingeleiteten vertraglichen Beziehungen trotz des verschlechterten Klimas fortzuführen. Das deutsch-deutsche Verhältnis hatte sich in den siebziger Jahren durchaus zum Positiven gewandelt. Nicht Sprachlosigkeit, sondern mehr oder weniger geregelte Vertragsbeziehungen prägten das Bild.
Im Herbst 1980 aber wurde die DDR von der Konfrontationspolitik Moskaus eingeholt. Erich Honecker verkündete am 13. Oktober 1980 in der thüringischen Bezirksstadt Gera einen Forderungskatalog für die weitere Entwicklung der Beziehungen zur Bundesrepublik. Er verlangte die Anerkennung der DDR-Staatsbürgerschaft, die Umwandlung der Ständigen Vertretungen in reguläre Botschaften, die Regelung der Elbgrenze in der Strommitte und die Auflösung der »Zentralen Erfassungsstelle« für DDR-Unrecht in Salzgitter. Einige Tage zuvor war der Mindestumtausch für Westbesucher in der DDR bereits drastisch erhöht worden.
Die Jugendlichen in der DDR reagierten auf die angespannte Weltlage und die neue Dimension des Wettrüstens mit Sorge. Selbst regionale Konflikte, wie der Krieg zwischen dem Iran und dem Irak oder militärische Scharmützel wie zwischen China und Vietnam (also zwischen zwei »sozialistischen« Staaten!), bargen die Gefahr in sich, einen Weltenbrand auszulösen. Was man persönlich dagegen tun konnte, blieb vielen zunächst unklar.
Auch andere Bedrohungen gelangten in das Massenbewußtsein. In den westeuropäischen Ländern waren in den siebziger Jahren, gerade nach der Ölkrise, Fragen der Umweltverschmutzung nicht nur öffentlich diskutiert wor-

den, sondern in eine politische Bewegung umgeschlagen, die Einzug in die Parlamente hielt. Das Phänomen »Die Grünen« nahm man in der DDR zunächst eher belustigt auf. Doch das Waldsterben machte um den Thüringer Wald und das Erzgebirge keinen Bogen, zumal das Umweltbewußtsein der sozialistischen Ökonomie völlig unterentwickelt war. Den Raubbau an Ressourcen verteidigten die östlichen Politiker mit ideologischen Parolen und Verniedlichungen. Doch diese Losungen überzeugten ebensowenig wie die im Juni 1980 beschlossene FDJ-Aktion »Gesunder Wald«, die eher als propagandistisches Feigenblatt denn als ernsthafte Beschäftigung mit den von der Zerstörung der Natur ausgehenden Gefahren wahrgenommen wurde.

Nun geriet auch noch die vielgepriesene Perspektive des sozialistischen Weltsystems ins Wanken. An die Euphorie der sechziger Jahre, als die »sozialistische Orientierung« gerade in der Dritten Welt einen ungeheuren Zulauf erfahren hatte, erinnerten sich nur noch die wenigsten. Die Wirtschaftskraft des RGW stagnierte. Die Sowjetunion war in eine politische Führungskrise geraten. Das überalterte Politbüro mit dem schwerkranken Generalsekretär Breshnew an der Spitze konnte in den komplizierten Auseinandersetzungen nur noch defensiv agieren. In der DDR nahmen die Versorgungsprobleme zu, die Außenhandelsbilanz mit dem »nichtsozialistischen Wirtschaftsgebiet« (NSW) ergab eine Verschuldung in zweistelliger Milliardenhöhe, die ständig anwuchs.

Gefahr aus Polen

Im Nachbarland Polen hatte inzwischen die Gesellschaftskrise akute Gefahren für das sozialistische Modell hervorgebracht. Eine unabhängige Gewerkschaftsbewegung, die »Solidarność«, anerkannt von einem Millionenheer der Werktätigen, setzte Partei und Regierung unter Druck. 1980 erschütterte eine Streikbewegung das Land. Das Personalkarussell in der polnischen KP-Spitze führte zu keiner Verbesserung. In Ost-Berlin beobachtete man die Entwicklung mit großer Sorge. Vor allem befürchtete die SED-Führung ein Übergreifen auf die DDR. Die Jugend galt, entgegen den offiziellen Verlautbarungen, als besonders anfällig. Die Aufhebung des paß- und visafreien Besucherverkehrs mit Polen im Oktober 1980 sollte das Schlimmste verhindern. Künftig konnten nur noch Besuchergruppen und Einzelpersonen auf eine registrierte Einladung hin aus der DDR nach Polen reisen.

Die FDJ löste eine Kampagne zur Unterstützung polnischer Kinder und Jugendlicher aus. Päckchen mit Süßigkeiten und Kleidung wurden, insbesondere nach der Ausrufung des Kriegsrechts im Dezember 1981, in das Nachbarland geschickt und dort in den Kindergärten und Schulen verteilt. Dies sollte sozialistische Solidarität der Tat demonstrieren. Mit der Demonstration eigener ökonomischer Kraft wollte die SED den Einflüssen der polnischen Oppositionsbewegung entgegenwirken. Doch die ostdeutsche Jugend verfolgte mit gespannter Sympathie die Ereignisse jenseits von Oder und Neiße, und nicht wenige bewunderten die Polen für ihre aufrechte Haltung.

Information über den Besuch einer Delegation der Bezirksleitung der FDJ Suhl in der Wojewodschaft Leszno (Polen), 1980 (Auszug)

»[. . .] *Eindrücke zur Lage in der V[olks]r[epublik] Polen und zu den Aufgaben der Partei und des Jugendverbandes*

Der Aufenthalt bzw. sämtliche Treffen und Gespräche (insbesondere mit den Genossen der PVAP) waren so vorbereitet, die Delegation der FDJ-Bezirksleitung Suhl über die Lage in der VR Polen zu informieren. Die Genossen schätzen die entstandene Situation als ernst ein und bringen insgesamt zum Ausdruck, daß unter Führung der PVAP das Leben und die Gesellschaft wieder völlig normalisiert werden. Sie sind sich bewußt, daß dies eine komplizierte Aufgabe ist und viel Kraft erfordert. Von einem Zeitpunkt für die Normalisierung wird nicht gesprochen.

Folgende Ursachen für die entstandene Situation werden genannt:

– keine Massenverbundenheit und -einfluß der PVAP. Für viele Menschen war die PVAP das ZK und die ihnen bekannten hauptamtlichen Funktionäre. Der Einfluß der Partei, insbesondere über das ständige politische Wirken der Parteimitglieder selbst, war nicht ausgeprägt.

– Fehler in der Wirtschaftspolitik insbesondere auf dem Gebiet der Investitionspolitik in der Wirtschaft, der Nichtbeachtung des Prinzips der proportionalen Entwicklung der Zweige der Volkswirt-

schaft, der Nichtbeachtung des ökonomischen Grundgesetzes des Sozialismus.
– Bürokratie im innerparteilichen Leben. Beschlüsse werden formal gefaßt, ohne die Genossen darüber ausreichend zu informieren bzw. ihre Mitwirkung bei der Realisierung zu organisieren.
[. . .]
Dabei muß sich die PVAP mit der Tatsache abfinden, daß die Gewerkschaft ›Solidarität‹ legal ist und einen großen Masseneinfluß hat. In der Gemeinde Rewicz (positives Beispiel) gehören ca. 70 % dieser Gewerkschaft an. Ein genauer zahlenmäßiger Ausdruck des Kräfteverhältnisses für die Wojewodschaft Leszno ist nicht bekannt. [. . .]
Mit dem Prozeß der Streikaktionen bzw. der Herausbildung der ›Solidarität‹ hat die Arbeiterklasse ›Minderwertigkeitsgefühle‹ abgelegt, ist ›bewußter‹ geworden, ist nicht mehr bereit, unter Sozialismus ein Leben mit vielen ungelösten Problemen zu verstehen. An dieser Haltung der Arbeiterklasse wird die PVAP anknüpfen und dabei alles Progressive unterstützen und vor allem die Arbeiterklasse lehren zu kämpfen. Dabei wird erkannt, daß starke Leitungen der Partei und des Staates notwendig sind. Die Funktionäre des Jugendverbandes stehen fest hinter den Auffassungen, Schlußfolgerungen und Maßnahmen ihrer Leitungen der Partei. Für den ZSMP* besteht eine besondere Verantwortung darin, den Einfluß der PVAP in der ›Solidarität‹ zu sichern, da zu ihr viele Jugendliche gehören und gleichzeitig viele Mitglieder des Jugendverbandes Mitglied der PVAP sind. [. . .]
Alle Genossen bringen zum Ausdruck, daß die SED, die FDJ und die Werktätigen der DDR nicht ›pessimistisch‹ sein sollen. Zur Kompliziertheit in der Versorgung der Bevölkerung mit Grundnahrungsmitteln u. a. wird der Standpunkt vertreten, daß die Hilfe der UdSSR, der DDR und anderer sozialistischer Staaten sehr wirksam und notwendig war. [. . .]
Ausgehend von der Tatsache, daß die Masse der jungen Bauern im Bereich der privaten Landwirtschaft tätig ist, orientiert sich der ZSMP auch im wesentlichen auf die Entwicklung von Aktivitäten in diesem Bereich. Der Besuch einer landwirtschaftlichen Berufsschule zeigt, daß auch in der Ausbildung und Lehre selbst keine Orientierungen zur Notwendigkeit der weiteren Kollektivierung der Landwirtschaft gegeben werden.
Aus Gesprächen mit Funktionären des ZSMP wird sichtbar, daß der Jugendverband in mannigfaltigen Aktionen versucht, Taten für das Erstarken des Sozialismus zu leisten. Es wird aber auch sichtbar, daß ein Programm im Sinne unserer ›Parteitagsinitiative der FDJ‹ fehlt. Die Initiativen zielen besonders darauf ab, Wettbewerbe zur Erhöhung der Effektivität zu führen. Das zentrale Ziel aller Initiativen ist die Finanzierung des Baues des Segelschulschiffes ›Daru Mlodzlesy‹ (›Geschenk der Jugend‹). Z. Zt. wird ein neues Statut der ZSMP diskutiert. Dabei wird darauf orientiert, daß die Mitglieder selbst die Vorschläge zur Veränderung des Statuts unterbreiten sollen. Diese zielen darauf ab, das Verbandsleben nach den Vorstellungen, Wünschen und Möglichkeiten in den Gruppen stärker zu gestalten und zu planen. Entgegen des üblichen Rhythmus beginnen jetzt Wahlen bis hin zu den Landesleitungen. Damit will der ZSMP u. a. sichern, daß antisozialistische Strömungen, z. B. die Tendenz der Bildung von ›Zirkeln junger Arbeiter‹ (analog der ›Solidarität‹) verhindert werden. [. . .]«

* ZSMP: Zwiazek Socjalistycznej Młodzieży Polskiej (Sozialistischer Jugendverband Polens).

Quelle: SAPMO-BArch, DY 24/11250.

Die Führung der Freien Deutschen Jugend entwickelte in einigen Teilbereichen eine eher taktisch als strategisch akzentuierte Linie. Der X. Parteitag der SED (11.–16. März 1981) bestätigte den generellen, stalinistisch geprägten innenpolitischen Kurs Honeckers.
In Einzelfragen versuchte die Partei, mit weiteren sozialpolitischen Leistungen Zustimmung zu finden. In der Jugendpolitik gab es keine gravierenden Veränderungen.
Ein Zugeständnis betraf die finanzielle Absicherung Jugendlicher. Noch bestehende soziale Unterschiede in der studentischen und der Lehrlingsausbildung sollten nivelliert werden. Dazu wurde im Juni 1981 eine neue Stipendienrichtlinie erlassen. Alle Studenten und Lehrlinge erhielten einen Grundbetrag (ca. 200 Mark).
Wiewohl es dafür auch Zustimmung gab, die zunehmend bedrücktere Stimmung veränderte das nicht. Die Jugend erwartete Konzepte, zumindest eine Reaktion auf die neuen Herausforderungen, auf globale Probleme wie auf Entwicklungsfragen der realsozialistischen Gesellschaft, auf Alltagssorgen (Versorgung) wie auf generationsspezifische Modetrends.
Die FDJ aber reagierte mit einem ideologisch in Dogmen erstarrten Programm, welches den Unmut herausfordern mußte.
Zunächst stellte sie sich in den Dienst eines SED-Beschlusses über den besonders sensiblen Hochschulbereich.

XI. FDJ-Parlament, Juni 1981

Beschluß des SED-Politbüros vom 18. März 1980 »über die Aufgaben der Universitäten und Hochschulen in der entwickelten sozialistischen Gesellschaft«

»[. . .]
Der sozialistische Jugendverband hilft durch sein politisch-ideologisches Wirken an den Universitäten und Hochschulen, daß die Studenten und die Angehörigen des wissenschaftlichen Nachwuchses ihre persönliche Verantwortung erkennen und tief in das wissenschaftliche Gedankengut des Marxismus-Leninismus eindringen, sich mit der Politik der Partei vertraut machen, einen klaren sozialistischen Klassenstandpunkt erlangen und am Kampf um die Entwicklung des Sozialismus aktiv teilnehmen. Dabei unterstützt der sozialistische Jugendverband in vielfältiger Weise die Aktivität der Studenten beim Studium des Marxismus-Leninismus und bei der Bewährung in der gesellschaftlichen Praxis.
[. . .]
Größere Anforderungen werden an die Universitäten und Hochschulen als geistig-kulturelle Zentren gestellt. Das entspricht dem wachsenden Bedürfnis vieler Bürger, sich unabhängig von ihrer beruflichen Tätigkeit in verschiedenartigen Veranstaltungen, wie Sonntagsvorlesungen, Schülerakademien, Veteranenkollegs und FDJ-Studentenklubs, Wissen anzueignen und ihr Leben geistig und kulturell zu bereichern. Gemeinsam mit den Universitäten und Hochschulen tragen dafür die FDJ, der Kulturbund, die URANIA und die Kammer der Technik eine große Verantwortung.
[. . .]
Das Grundanliegen des politischen Wirkens der *Freien Deutschen Jugend* an den Universitäten und Hochschulen ist es, der SED zu helfen, standhafte Kämpfer für die Errichtung der kommunisti-

schen Gesellschaft heranzubilden, die im Geiste des Marxismus-Leninismus, des sozialistischen Patriotismus und des proletarischen Internationalismus handeln. Sie fördert das Verantwortungsbewußtsein der Studenten für ihr Studium und ihre schöpferische Initiative in der politischen und wissenschaftlichen Arbeit. Sie nimmt ihre Verantwortung als Interessenvertreter der Studenten und jungen Wissenschaftler im täglichen Arbeits- und Lebensprozeß wahr.
[. . .]«

Quelle: Dokumente der Sozialistischen Einheitspartei Deutschlands. Beschlüsse und Erklärungen des Zentralkomitees sowie seines Politbüros und seines Sekretariats, Bd. 18, Berlin 1982, S. 30 ff.

Ähnlich wie an den Universitäten und Hochschulen verhielt sich die FDJ in Kultur und Kunst. Mit dem Ansprechen von Alltagsfragen und zeitgemäßen Trends gaukelten die Verbandsverantwortlichen Interesse vor, doch die politischen Rahmenbedingungen durften nicht angetastet werden. Die vielbeschworene Perspektive mußte den Jugendlichen eindeutig negativ erscheinen.

FDJ-Kulturkonferenz 1982

In dieser Situation erhielt die FDJ den Auftrag, eine Kulturkonferenz zu organisieren. Sie fand im Oktober 1982 statt. Das Hauptreferat verlas der Kultursekretär des Jugendverbandes, Hartmut König, Verfasser des Songs »Sag' mir, wo Du stehst«. König wählte eine parteikonforme, beschönigende Sichtweise, eine dogmatische Proklamation der ideologischen Parteiprinzipien für die Masse.[202] Im Hintergrund allerdings verrieten die Reaktionen auf die Unruhe im Intellektuellenmilieu eine gewisse Hilflosigkeit. Angriffe auf einige Schriftsteller wirkten wie ein Rückfall in die Traditionen des fast vergessenen »Kahlschlag«-Plenums.
Daß die SED den kulturpolitischen Kurs von 1971 nie ausdrücklich widerrief, lag wohl daran, daß sie nicht einräumen konnte, falsche, schädliche, in den Konsequenzen für die eigene Machtsicherung unhaltbare Positionen eingenommen zu haben. So entschied man sich für Beruhigungsfloskeln statt für ideologische Grundsatzdiskussionen. Das konnte allerdings nicht darüber hinwegtäuschen, daß die Kulturpolitik eine heikle Problemzone geblieben war. Dies mußte die FDJ wohl oder übel berücksichtigen.

Kulturkonferenz der FDJ in Leipzig, Referat von Hartmut König, 21. Oktober 1982 (Auszüge)

»[. . .] Liebe Freunde und Genossen!
Wie in der gesamten Arbeit des Jugendverbandes stehen auch in unseren kulturpolitischen Aktivitäten die FDJ-Gruppen und -Grundorganisationen im Mittelpunkt. Hier haben wir die besten Möglichkeiten, um im Arbeitsprozeß und in der Freizeit, beim Lernen und beim Dienst in den bewaffneten Organen die schöpferischen Fähigkeiten, den Spaß und das Vergnügen junger Leute freizusetzen und zu entwickeln. Vergessen wir eines nie: Vom Niveau des geistig-kulturellen Lebens im FDJ-Kollektiv hängt für viele Jugendliche ein Großteil der Anziehungskraft des Jugendverbandes ab.
Seit dem VIII. Parteitag unserer Partei hat sich das durchschnittliche Freizeitvolumen, über das die Jugendlichen unseres Landes verfügen, spürbar erhöht. [. . .]
Eine wesentlich größere Aufmerksamkeit der FDJ-Gruppen und Grundorganisationen erfordert das geistig-kulturelle Leben jener jungen Arbeiter, die im Drei- oder Vierschichtsystem arbeiten. Die Schichtarbeit hat bei den betreffenden Jugendlichen, insbesondere bei jungen Ehepaaren und Eltern, tiefe Auswirkungen auf den gesamten Lebensrhythmus, auf das Familienleben, die Kindererziehung und natürlich auf die kulturellen Bedürfnisse. Wir betrachten es deshalb als eine wichtige Aufgabe des Jugendverbandes, sich überall um eine niveauvolle Freizeitgestaltung der jungen Schichtarbeiter zu kümmern. [. . .]
Ein anderes Problem. Gegenwärtig lebt jeder vierte Lehrling während seiner Ausbildung im Wohnheim, ist also für längere Zeit, manchmal für immer, aus der elterlichen Wohnung ausgezogen und führt in vielen Belangen schon ein selbständiges Leben. In dieser wichtigen Zeit für die Entwicklung des künftigen jungen Facharbeiters trägt die FDJ-Grundorganisation des Betriebes, trägt die FDJ-Gruppe oder die Jugendbrigade eine hohe Verantwortung. Das reicht von der Atmosphäre im Wohnheim bis zum Umgang mit neuen Lehrlingen in den Arbeitskollektiven. [. . .]
Es hat auch sehr viel mit unserem Kulturverständnis zu tun, wenn die große Mehrzahl junger Leute in der Arbeits- und Freizeit eine niveauvolle Atmosphäre sucht und allen Erscheinungen von asozialem Verhalten, Arbeitsbummelei, Rowdytum oder Alkoholmißbrauch mit dem notwendigen Quantum Mut begegnet.
Und noch etwas: Größere Aufmerksamkeit in unseren FDJ-Kollektiven gebührt den Beziehungen

zwischen Jungen und Mädchen, den Problemen junger Ehen und der Erziehung der Kinder. Es darf uns nicht gleichgültig sein, wenn ein junger Mensch mit solchen Fragen persönlich nicht zurecht kommt. Deshalb sollte auch über Probleme der Partnerschaftsbeziehungen und des Familienlebens, die einen jungen Menschen bewegen – bei aller Behutsamkeit, die hier nötig ist –, unter FDJ-Mitgliedern offen gesprochen werden.
Wenn von Kultur und gesunder Lebensweise die Rede ist, so gehört die sportliche Betätigung selbstverständlich dazu. [. . .] Wenn es aber noch immer zu viele Jugendliche sind, deren physische Leistungen nicht den Anforderungen entsprechen, und wenn so manche Krankschreibung auf ungesunde (also auch unsportliche) Lebensweise zurückzuführen ist, so wird deutlich, daß wir auch auf dem Gebiet, um im Bild zu bleiben, tüchtig trainieren müssen. [. . .]
Am ›Jugendtourist‹-Reiseprogramm in der DDR waren in diesem Jahr bereits 1,3 Millionen Jugendliche des In- und Auslands beteiligt. 161 514 Jugendliche reisten im vergangenen Jahr mit dem Jugendreisebüro der FDJ ins sozialistische Ausland.
Liebe Freunde! Als die wohl beliebtesten Stätten sinnvoller Freizeitgestaltung haben sich die Jugendklubhäuser und Jugendklubs der FDJ bewährt. Wir verfügen gegenwärtig über 285 Jugendklubhäuser. Das sind 48 mehr als 1976. Die Zahl der Jugendklubs stieg von 4327 im Jahre 1976 auf gegenwärtig 6915. Mit besonderer Freude hat die Jugend den Beschluß unserer Parteiführung aufgenommen, im laufenden Fünfjahrplan 150 neue Jugendklubs der FDJ im Rahmen des komplexen Wohnungsbaus in Zentren der werktätigen Jugend zu errichten. [. . .]
Niemandem, liebe Freunde und Genossen, ist es ein Geheimnis, daß in der Interessenskala Jugendlicher das Bedürfnis nach Geselligkeit, nach Musikhören und Tanzen ganz oben steht. Um dem gerecht zu werden, haben der Jugendverband und die staatlichen Organe viel unternommen, um mehr und niveauvollere Jugendtanzveranstaltungen zu organisieren. Allein 1981 stellte unser Staat 23 Millionen Mark für die Stützung der gesetzlich geregelten Eintrittspreise zur Verfügung. Von 1978 bis 1981 stieg allein in den gastronomischen Einrichtungen die Zahl der Jugendtanzveranstaltungen von 111 000 auf 164 000. [. . .]
Der Hauptanteil der Jugendtanzveranstaltungen wird von über 6000 Amateurdiskotheken gestaltet, und nicht selten werden hervorragende Leistungen der einen Moderatoren durch die Niveaulosigkeit anderer in Mißkredit gebracht. Wir schlagen dem Ministerium für Kultur vor, gemeinsam mit der FDJ darüber zu beraten, wie die Arbeit vor allem mit den nebenberuflichen Diskosprechern noch stärker der großen kulturpolitischen Verantwortung gerecht werden kann, die jeder Schallplattenunterhalter trägt. Der Umfang dieser Verantwortung erklärt sich bereits aus dem Fakt, daß Diskoveranstaltungen bei uns jährlich mindestens 50 Millionen Besucher zählen. Nehmen wir an, daß jeder Diskobesucher nur drei Stunden tanzen und Musik hören geht, so sind das 150 Millionen Stunden. Was passiert in dieser Zeit ästhetisch und ideologisch? Welche Musik gibt da den Ton an?
So falsch es ist, zu sagen, die Jugend wolle nur die Disko, so falsch wäre es, die Bedeutung der Diskotheken im Freizeitverhalten Jugendlicher zu verkennen. Vielmehr muß es allen Veranstaltern von Diskoabenden darum gehen, daß Notenbild und Weltbild übereinstimmen. *(Beifall)*
Ganz klar, liebe Freunde: Über den Beliebtheitsgrad von Rockmusik brauche ich in diesem Kreis kein Wort zu verlieren. Das betrifft sicher auch andere Genres der Unterhaltungskunst. Wir schätzen die Leistungen unserer Rockmusiker außerordentlich hoch ein. Ihr Verdienst ist es nicht nur, daß Rock in deutscher Sprache in der DDR seine Geburtsstätte hat, sondern auch, daß sich bei uns in den vergangenen 15 Jahren eine wirklichkeitsverbundene, das Lebensgefühl junger Leute recht genau treffende Tanzmusik herausgebildet hat, mit der sich nahezu jeder Jugendliche unserer Landes identifiziert und die auch international anerkannt wird. Mit den Aktionen ›Rock für den Frieden‹ und ›Soli-Beat‹, mit dem Lied ›Der blaue Planet‹, das zum ersten Mal öffentlich auf einer Singeveranstaltung der FDJ im August 1981 auf dem Berliner Bebelplatz erklang, mit Auftritten in vielen Ländern Europas haben unsere Rockgruppen auch einen konkreten Beitrag zum Kampf gegen die NATO-Hochrüstung geleistet und den Friedenswillen der Jugend der DDR dokumentiert. [. . .]
Natürlich gilt es dabei auch, darauf Einfluß zu nehmen, daß sich das breite Spektrum gerade unserer Rockmusik nicht wieder verengt. Genau das liegt nämlich in der Absicht unseres Gegners, der mit einem gewaltigen Aufwand dabei ist, ein zum Teil äußerst primitives Rockrepertoire als große neue Mode zu verkaufen. [. . .]«

Quelle: Kulturkonferenz der Freien Deutschen Jugend, 21. 10.–22. 10. 1982, Berlin 1982, S. 11 ff.

Krisenerscheinungen verstärken Militarisierung

Der XI. Parteitag der SED hatte zwar große Wirtschaftserfolge bilanziert, doch die tatsächliche Lage war weitaus komplizierter. Die krisenhaften Erscheinungen in der DDR-Volkswirtschaft hatten bereits am Ende der siebziger

Jahre deutlich zugenommen. Die Wachstumsprognosen waren nicht eingetroffen, die Statistiken konnten nur mit Mühe einen schönen Anstrich erhalten.

Besondere Schwierigkeiten bereitete die unausgeglichene Handelsbilanz. Die Milliarden Dollar Schulden im westlichen Ausland waren für die kleine DDR nur schwer zu verkraften.

Die gestiegenen Rohstoffpreise auf dem Weltmarkt belasteten die DDR in besonderem Maße. Die Lieferungen aus der UdSSR konnten die Kalamität zunächst noch überdecken, führte jedoch zum nächsten Problem, der wachsenden Abhängigkeit Ost-Berlins vom ökonomisch unzuverlässigen Moskau.

Der Jugendverband wurde immer dann mobilisiert, wenn es besonders brenzlig geworden war. Die FDJ-Brigaden bauten Wohnungen in Berlin und in anderen Städten der Republik, sie rackerten an den Erdgasleitungen in der Sowjetunion, sie waren in der kostenaufwendigen Entwicklung eines Mikroelektronik-Sektors eingebunden. Die Parteiführung unterstrich die der Jugend zugewiesene Rolle durch einen speziellen Politbürobeschluß. Die Aufgaben blieben ziemlich unscharf formuliert, und die Ergebnisse bewegten sich in einem sehr bescheidenen Rahmen.

Besonders die Jugendlichen empfanden es 1982/83 als Zumutung, welche Versorgungsprobleme die Schuldensituation hervorrief. Um kurzfristig Kredite zurückzahlen zu können, mußten Fleisch, Butter u. a. landwirtschaftliche Produkte auf dem Weltmarkt veräußert werden. Daß für die Bevölkerung, vor allem außerhalb der Hauptstadt Berlin, nicht mehr viel in den Läden zurückblieb, schien die Mächtigen nur wenig zu stören. Honecker bezeichnete das Ganze schlicht als »Rhythmusstörungen« und verniedlichte so ein existenzielles Problem der DDR. Die Motivation für neue Jugendinitiativen und heroische Aufbautaten wurde durch solche Rhetorik nicht gerade gestärkt.

Stellungnahme des SED-Politbüros vom 14. Dezember 1982 zum Bericht der Kreisleitung Mühlhausen über »Erfahrungen bei der Einbeziehung der Jugend in die Meisterung von Wissenschaft und Technik« (Auszüge)

»[. . .] Die Erfahrungen der Kreisparteiorganisation Mühlhausen unterstreichen, daß es von grundsätzlicher Bedeutung für die kommunistische Erziehung der jungen Generation und die Durchsetzung der Wirtschaftsstrategie der Partei ist, das wissenschaftlich-technische Schaffen der Jugend in noch größerer Breite weiterzuführen und auf höheres Niveau zu heben. [. . .] Das Politbüro des Zentralkomitees empfiehlt der Kreisleitung der SED, bei der kommunistischen Erziehung der Jugend noch stärker die Einheit von marxistisch-leninistischer und fachlicher Bildung zu gewährleisten und die ideologische Arbeit mit der Übertragung konkreter Aufgaben zu verbinden. Die Dokumente der 5. Tagung des Zentralkomitees der SED, vor allem das Schlußwort des Genossen Erich Honecker, sowie seine Rede vor dem FDJ-Aktiv am 16. September 1982 und die Thesen zum Karl-Marx-Jahr sind dafür wesentliche Grundlagen. Folgende Aufgaben sind besonders zu beachten:

– *Die Jugend ist noch konkreter mit den Anforderungen vertraut zu machen, die sich aus dem Kampf um die Sicherung des Friedens und die Verwirklichung der Wirtschaftsstrategie ergeben.* [. . .]

– *Das wissenschaftlich-technische Schöpfertum der Jugend ist in allen Betrieben und Genossenschaften noch konsequenter auf die Erfüllung und Überbietung des Volkswirtschaftsplanes zu lenken.* [. . .]

– *In die Bewegung Messe der Meister von morgen und in die Neuererarbeit sind mehr junge Arbeiter, Genossenschaftsbauern, Lehrlinge und junge Ingenieure einzubeziehen.* [. . .]

– *Die Hoch- und Fachschulabsolventen sind zielgerichtet für den Kampf um wissenschaftlich-technische Spitzenleistungen einzusetzen.* [. . .]

– *Die Schüler werden vor allem durch den Erwerb einer hohen Allgemeinbildung auf die Meisterung des wissenschaftlich-technischen Fortschritts in ihrem späteren Beruf vorbereitet.* [. . .]

Auf der Grundlage der 5. Tagung des ZK der SED kommt es darauf an, daß die Kreisleitung und die Grundorganisationen der SED die Leitungen der FDJ befähigen, alle Jugendlichen für die Verwirklichung der Wirtschaftsstrategie der Partei zu mobilisieren. Dazu gehört, daß die Staats- und Wirtschaftsorgane sowie die gesellschaftlichen Organisationen überall dem bewährten Grundsatz folgen, der Jugend Vertrauen zu schenken und ihr Verantwortung zu übertragen. Den jungen Genossen sollten für ihr Wirken im ›Friedensaufgebot der FDJ‹ Parteiaufträge erteilt werden. Ausgehend von den erreichten Ergebnissen ist es erforderlich, in den Jugendbrigaden weitere Parteigruppen zu bilden und in allen Jugendforscherkollektiven den Parteieinfluß zu gewährleisten.«

Quelle: Dokumente der Sozialistischen Einheitspartei Deutschlands. Beschlüsse und Erklärungen des Zentralkomitees sowie seines Politbüros und seines Sekretariats, Bd. 19, Berlin 1984, S. 202 ff.

Obligatorische Wehrerziehung an DDR-Schulen

Die angespannte Lage diente als Rechtfertigung dafür, daß die Militarisierungstendenzen des DDR-Regimes einen neuen kräftigen Schub erhielten. Nahezu beschwörend mahnten führende SED- und FDJ-Funktionäre angesichts der angeblich bedrohlichen militärischen Ambitionen der NATO den erweiterten bewaffneten Schutz des Sozialismus als unbedingte Notwendigkeit an.

Am 1. September 1978 wurde auf Grund einer Direktive des Ministeriums für Volksbildung vom 1. Februar 1978 Wehrunterricht als Pflichtfach für alle Schülerinnen und Schüler der 9. und 10. Klassen eingeführt. Die »sozialistische Wehrerziehung« der Jugend war schon in den fünfziger Jahren und verstärkt seit Ende der sechziger Jahre Teil der Erziehungspolitik der SED. Das Ministerium für Volksbildung gab zum Beispiel 1968 eine sogenannte Aufgabenstellung für die staatsbürgerliche Erziehung der Schuljugend heraus, in der es hieß: *»Die sozialistische Wehrerziehung der Schüler ist fester Bestandteil der klassenmäßigen Erziehung. Sie muß unter Beachtung einer interessanten, erlebnisreichen und emotional wirkenden Tätig-*

Militärische Übung für Schüler im Rahmen der obligatorischen Wehrerziehung *keit differenziert nach verschiedenen Altersgruppen der Jugend und der Kinder gestaltet werden. Es geht darum, bei den Schülern die Bereitschaft zu wecken, jederzeit die DDR, den Sozialismus zu verteidigen.«*

Mit der Einführung des obligatorischen Wehrunterrichts erhielt die sozialistische Wehrerziehung eine neue Qualität. Der Unterricht war in vier zusätzlichen Doppelstunden pro Jahr zu erteilen. Ebenfalls obligatorisch für Jungen und Mädchen war ein geschlossener Lehrgang der Zivilverteidigung von zwei Wochen, parallel dazu wurden die Jungen auf freiwilliger Grundlage in vormilitärischen Lagern von Offizieren der NVA auch an leichten Waffen ausgebildet. Die Planung für die Lager ließ die Freiwilligkeit zweifelhaft erscheinen: 1979 sollten sie 20 Prozent der Jungen aus den 9. Klassen erfassen, bis 1983 fast 100 Prozent.

Der Partei- und Staatsführung war offensichtlich bewußt, daß diese einschneidenden Maßnahmen zur weiteren Militarisierung der Gesellschaft nicht ohne Widerspruch bleiben würden. Darauf deutete der Versuch, die Vorbereitungen so lange wie möglich geheimzuhalten. Doch die Strategie des Volksbildungsministeriums, Eltern und Schüler erst kurz vor Beginn des Schuljahres 1978/79 vor vollendete Tatsachen zu stellen, kam nicht zum Zuge. Die Kirchen sahen sich durch Gerüchte schon vorher veranlaßt, ihre prinzipiellen Bedenken gegen die geplanten Maßnahmen anzumelden. Grundtenor der Verlautbarungen sowohl von katholischer wie von evangelischer Seite war die Sorge, daß der Wehrunterricht die Erziehung zum Frieden ernsthaft gefährdete.

Ein halbes Jahr zuvor hatte Honecker noch versucht, die Beziehungen zwischen Staat und Kirchen zu entspannen. Er traf sich am 3. März 1978 mit Bischof Albrecht Schönherr und dem Vorstand des evangelischen Kirchenbundes und gab den Kirchenmännern die lange geforderte Gelegenheit, dem höchsten Repräsentanten des Staates ihre Probleme vorzutragen. Honecker versprach die positive Regelung einer Reihe strittiger Sachfragen, z. B. kirchlich gestaltete Informationssendungen in den elektronischen Medien. Er billigte den Kirchen ein Recht auf eigenständige Mitarbeit in der sozialistischen Gesellschaft zu, versprach auch christlichen Bürgern Geborgenheit und Perspektive im Sozialismus und vor allem Chancengleichheit. Eine öffentliche Erklärung des Staatsrates bestätigte die Ergebnisse des Gesprächs, was zu Hoffnungen auf einen größeren Spielraum der Kirchen und eine tolerantere Haltung der Behörden berechtigte. Tatsächlich gab es manche Erleichterungen für das kirchliche Leben, vornehmlich im materiellen Bereich. In der Grundsatzfrage der Chancengleichheit im Bildungswesen und der absoluten Dominanz der atheistischen Weltanschauung allerdings änderte sich nichts. Die Volksbildungsministerin, Margot Honecker, verweigerte bis zum Ende der DDR den Kirchen ein Gespräch darüber, und bekennenden christlichen Jugendlichen blieb der Zugang zu höherer Bildung verschlossen. Die Entscheidung zur Einführung des obligatorischen Wehrunterrichts und die damit verbundene Erziehung zum Haß wurde zu einer zweiten Dauerbelastung des Verhältnisses der Kirchen zum Staat.

Wehrerziehung

»In der DDR sind *alle* Pädagogen verpflichtet, zur Wehrerziehung der Kinder und Jugendlichen ihren spezifischen Beitrag zu leisten.So soll zum Beispiel in den naturwissenschaftlichen Fächern eine Grundlage für das Verständnis militärischer Fragen geschaffen werden. Dazu eine Mathematikaufgabe, die Schüler in der achten Klasse zu lösen haben:

›Bei einer feindlichen Luftlandeoperation werden im Rücken der eigenen Truppen Luftlandepanzer abgesetzt. Nach dem Öffnen der Fallschirme sinken die Panzer aus einer Höhe von 1000 m mit konstanter Geschwindigkeit von 12 m/s. Es herrscht Windstille. In 3000 m Entfernung vom voraussichtlichen Aufsetzpunkt befindet sich die Feuerstellung eines Flak-Geschützes und 500 m von der Feuerstellung entfernt in Richtung Aufsetzpunkt ein 80 m hoher Berg.

a) Welche Höhe über dem voraussichtlichen Aufsetzpunkt ist von der Geschützstellung aus nicht einzusehen?

b) Welche Zeit hat deshalb der Geschützführer zur Vernichtung des Zieles in der Luft zur Verfügung, wenn das Geschoß die Strecke in etwa 4 s zurücklegt?‹

Im Physik- und Chemieunterricht werden Kernwaffen und chemische Kampfstoffe behandelt, wobei die ausführliche Bezugnahme auf deren verbrecherischen Einsatz durch die ›Imperialisten‹ auf entsprechende emotionale Reaktionen abzielt. Eine Funktion des Biologieunterrichts ist die Vorbe-

Dem Teilnehmer am
Nationalen Jugendfestival der DDR
– Verbandstreffen der FDJ 1984
wird diese

URKUNDE

über
die erfolgreiche Teilnahme
am

Schießtraining

der
Volkspolizei – Bereitschaften –
im Zentrum
„Wir schützen unser sozialistisches Vaterland"
überreicht

Berlin, Juni 1984

reitung auf die für Mädchen obligatorischen Lehrgänge in Zivilverteidigung.
›Wirkungsvolle Potenzen für die Entwicklung der Verteidigungsbereitschaft‹ sieht man auch im ›gemeinsamen Marschgesang‹. Die Lieder sollen im Musikunterricht ›auch in Einheit mit dem Marschieren‹ geübt werden.
Wehrpropaganda als integraler Bestandteil des gesamten Unterrichts, fakultative Arbeitsgemeinschaften zu Grundfragen der Militärpolitik, Wehrsport und vormilitärische Ausbildung in der Schule, bei der FDJ und in der GST – das alles soll die Wehrmotivation festigen, die Jugendlichen auf den ›Ehrendienst‹ in der NVA vorbereiten und der ›zielgerichteten Gewinnung‹ von Bewerbern dienen.
Insbesondere die Kirchen warnen seit langem vor den Gefahren einer immer intensiver betriebenen Militarisierung. Als Alternative zur Wehrpflicht fordern sie einen ›sozialen Friedensdienst‹. Doch in den Schulbüchern der DDR werden Bedenken gegen die Wehrpolitik der SED an keiner Stelle auch nur angedeutet. Nicht einmal die gesetzlich festgelegte Möglichkeit, den Wehrdienst unter bestimmten Voraussetzungen in waffenlosen Baueinheiten der NVA abzuleisten, wird erwähnt.«

Aus: Gisela Helwig (Hrsg.): Schule in der DDR, Edition Deutschland Archiv, Köln 1988, S. 102 f.

Die FDJ und auch die Pionierorganisation waren in die Wehrerziehung mit besonderen Aufgaben eingebunden. Für die sechs- bis vierzehnjährigen Pioniere gab es Geländespiele, Puzzles zum Thema Übungen der NVA, militärischen Modellbau, Wettbewerbe im Schießen und Keulenwerfen, Karten- und Kompaßlesen sowie regelmäßige Treffen mit Einheiten der DDR-Streitkräfte. Jährlicher Höhepunkt war das Wintermanöver »Schneeflocke« unter Aufsicht der NVA und der SED-Kampfgruppen. Die FDJ organisierte gemeinsam mit den Schulen und der GST wehrsportliche Wettkämpfe für Jungen und Mädchen mit Handgranatenweitzielwurf, Luftgewehrschießen, 10-km-Märschen, Tarnung, Geländeübungen.

»Der Friede muß bewaffnet sein!«

1982 wurde das Landesverteidigungsgesetz novelliert. Außerdem verabschiedeten die Volkskammerabgeordneten ein neues Wehrdienstgesetz. Der sogenannte NATO-Doppelbeschluß wurde zum Anlaß für eine extensive Feindbildbeschwörung genommen, vornehmlich zum innenpolitischen Gebrauch, denn eine außenpolitische Eskalation sollte vermieden werden.

Wehrdienstgesetz der DDR vom 25. März 1982 (Auszüge)

»§ 1
Grundlegende Bestimmungen über den Wehrdienst
(1) Durch den Wehrdienst sichert die Deutsche Demokratische Republik ihren Bürgern die Wahrnehmung ihres Rechtes und die Erfüllung ihrer Ehrenpflicht, den Frieden und das sozialistische Vaterland und seine Errungenschaften zu schützen.

(2) Mit dem Wehrdienst leisten die Bürger der Deutschen Demokratischen Republik einen bedeutenden Beitrag zur Erhaltung und Festigung des Friedens, zur Stärkung der sozialistischen Staatsmacht und zum sicheren Schutz des Aufbaus und der Errungenschaften des Sozialismus vor jeglichen Angriffen seiner Feinde.
(3) Mit dem Wehrdienst ihrer Bürger stärkt die Deutsche Demokratische Republik als Teilnehmerstaat des Warschauer Vertrages die Einheit und Verteidigungsfähigkeit der sozialistischen Militärorganisation und trägt zur Erfüllung ihrer internationalen Bündnisverpflichtungen bei.
(4) Der Wehrdienst ist so zu gestalten, daß die Landesverteidigung jederzeit gewährleistet ist.
(5) Während der Mobilmachung und im Verteidigungszustand sind in bezug auf den Wehrdienst alle Maßnahmen zu treffen, damit die Deutsche Demokratische Republik unverzüglich jeden bewaffneten Überfall abwehren und ihre völkerrechtlichen Verpflichtungen erfüllen kann. Die für die Mobilmachung und den Verteidigungszustand notwendigen Maßnahmen sind rechtzeitig vorzubereiten.
[. . .]
§ 3
Pflicht zum Wehrdienst
[. . .]
(3) Der allgemeinen Wehrpflicht unterliegen alle männlichen Bürger der Deutschen Demokratischen Republik (nachfolgend Wehrpflichtige genannt) vom 18. Lebensjahr an bis zum 31. Dezember des Jahres, in dem sie das 50. Lebensjahr vollenden. Bei Fähnrichen und Offizieren endet sie mit dem 31. Dezember des Jahres, in dem sie das 60. Lebensjahr vollenden.
[. . .]
(5) Während der Mobilmachung und im Verteidigungszustand können weibliche Bürger der Deutschen Demokratischen Republik vom 18. Lebensjahr an bis zum 31. Dezember des Jahres, in dem sie das 50. Lebensjahr vollenden, in die allgemeine Wehrpflicht einbezogen werden. Das gilt für die Vorbereitung der Mobilmachung und des Verteidigungszustandes entsprechend, soweit dazu in diesem Gesetz etwas festgelegt ist.
[. . .]
§ 4
Freiwilliger Wehrdienst
Die Bürger der Deutschen Demokratischen Republik haben unabhängig von der allgemeinen Wehrpflicht das Recht, auf Grund ihrer freien Entscheidung Wehrdienst zu leisten. Für weibliche Bürger gelten in diesen Fällen die Festlegungen für die männlichen Bürger entsprechend.
[. . .]«

Quelle: Neues Deutschland (B) vom 27./28. April 1978.

Als 1985 das XII. FDJ-Parlament in Berlin zusammentrat – es sollte die letzte Veranstaltung in einem solchem Rahmen sein –, hatte der gesamte Ablauf wenig Überraschendes und schon gar nichts Spektakuläres zu bieten.
In der Tradition dieser Veranstaltungen standen beklatschte Einmärsche von Jungen Pionieren, bejubelte Auftritte der Gastdelegationsleiter und die auf dem VIII. Parlament 1967 eingeführte, von großem Pomp begleitete Begrüßung einer »Ehrenformation« der bewaffneten Kräfte, allen voran Uniformierte der Nationalen Volksarmee, die mit wehenden Fahnen, Trommelwirbel und Fanfarenspiel aufmarschierten.
Angesichts der weltweiten und auch im sozialistischen Lager lauthals verkündeten Bemühungen um die Sicherung des Weltfriedens wirkte das Spektakel, welches der Jugendverband 1985 veranstaltete, anachronistisch und deplaziert.

Sechsjähriger

Er durchbohrt Spielzeugsoldaten mit Stecknadeln. Er stößt sie ihnen in den Bauch, bis die Spitze aus dem Rücken tritt. Er stößt sie ihnen in den Rücken, bis die Spitze aus der Brust tritt.
Sie fallen.
»Und warum gerade diese?«
»Das sind doch die andern.«

Aus: Reiner Kunze: Die wunderbaren Jahre, Frankfurt am Main 1976, S. 10.

Siebenjähriger

In jeder Hand hält er einen Revolver, vor der Brust hat er eine Spielzeugmaschinenpistole hängen.
»Was sagt denn deine Mutter zu diesen Waffen?«
»Die hat sie mir doch gekauft.«
»Und wozu?«
»Gegen die Bösen.«
»Und wer ist gut?«
»Lenin.«
»Lenin? Wer ist das?«
Er denkt angestrengt nach, weiß aber nicht zu antworten.
»Du weißt nicht, wer Lenin ist?«
»Der Hauptmann.«

Aus: Reiner Kunze: Die wunderbaren Jahre, Frankfurt am Main 1976, S. 11.

Fahnenappell

Montagmorgen stand der Direktor der Erweiterten Oberschule in X. in Uniform neben der Fahne – in der Uniform eines Offiziers der Nationalen Volksarmee, in der er den Appell nur zu bestimmten Anlässen abnahm. »Und es geht nicht«, sagte er, »daß ein Schüler die Offiziere der Nationalen Volksarmee als dumm und halbgebildet bezeichnet. Von diesen Schülern müssen wir uns trennen.«
(Der Leiter des Wehrkreiskommandos hatte N., Arbeitersohn und Schüler der elften Klasse, für die Offizierslaufbahn werben wollen. Ob er am Beispiel des Direktors nicht sähe, hatte der Leiter des Wehrkreiskommandos gesagt, wie allseitig gebildet Offiziere seien. N. hatte geantwortet, er habe eher den Eindruck, der Direktor sei »einseitig gebildet«: Seine Erziehungsmethoden bewirkten, daß in der Schule nur noch gelernt und kaum mehr gedacht werde.)
Die Fahne war noch nicht wieder eingeholt – das Einholen fand am Sonnabend statt –, als der Schüler N. gegen elf Stimmen und bei einer Enthaltung aus der Freien Deutschen Jugend ausgeschlossen wurde.
(Vorher hatte eine Elternbeiratssitzung stattgefunden, nach der Eltern ihre Tochter aus dem Bett geholt hatten. »Daß du ja nicht für den stimmst! . . . Daß du ja nichts zugunsten von dem sagst!« Der Elternbeiratssitzung waren Klassenversammlungen gefolgt. »Wer für N. stimmt, entfernt sich vom Standpunkt der Arbeiterklasse.« Schließlich hatte jeder der Schüler, die als Diskussionsredner ausgewählt worden waren, eines der schwarzen Steinchen zugeteilt bekommen, aus denen das schwarze Bild zusammengesetzt werden sollte: Überheblichkeit . . . Thesen zur Verunsicherung der Mitschüler . . . Radikale Ansichten. Dabei hatte eine Schülerin enttäuscht, indem sie gefragt hatte, wieso dann N. würdig gewesen wäre, Berufsoffizier zu werden.)
Dreimal noch duldete es die Fahne, daß der Schüler N. unter ihr stand, während sie aufstieg, mit zunehmender Höhe immer gemessener, um die Mastspitze exakt beim letzten Fanfarenstoß des Fanfarenzugs zu erklimmen. Dann wurde N. vom Unterricht beurlaubt. Seines nächsten Freundes nahm sich der Klassenlehrer an. »Wenn Sie den von unserer Seite gebrochenen Kontakt zu N. aufrechterhalten sollten, können wir ganz leicht den Kontakt zu Ihnen abbrechen.«
(Der Leiter des Wehrkreiskommandos sagte zur Mutter des N.: »Ich habe die Äußerung Ihres Sohnes weder als Beleidigung meiner Person, noch als Beleidigung der Offiziere der Nationalen Volksarmee empfunden. Aber ich kann Ihnen in diesem Fall nicht helfen.«)
In Berlin wurde dem Antrag der Schule auf Relegierung des Schülers N. stattgegeben.
(»Ich teile Ihnen hierdurch mit, daß Ihr Sohn . . . von allen Erweiterten Oberschulen der Deutschen Demokratischen Republik ausgeschlossen wurde. Die Gründe und Ursachen sind Ihnen bekannt. Wir hoffen, daß diese Maßnahme dazu führt, daß Ihr Sohn . . . zur Einsicht kommt im Hinblick auf sein Verhalten gegenüber den Anforderungen, die an einen jungen Staatsbürger der Deutschen Demokratischen Republik gestellt werden müssen.«)
Zu bestimmten Anlässen steht der Direktor der Erweiterten Oberschule in X. in Uniform neben der Fahne.

Aus: Reiner Kunze: Die wunderbaren Jahre, Frankfurt am Main 1976, S. 61 f.

»Begrüßung« des XII. Parlaments der FDJ 1985 durch eine Ehrenformation der bewaffneten Kräfte der DDR

»Tagungsleiter Hartmut König:
[. . .]
Liebe Freunde!
Wir begrüßen jetzt eine gemeinsame Delegation der Nationalen Volksarmee, der Grenztruppen der DDR und der Zivilverteidigung der DDR, der Deutschen Volkspolizei und der anderen Organe des Ministeriums des Innern, des Ministeriums für Staatssicherheit und seines Wachregiments ›Feliks Edmundowitsch Dzierzynski‹ sowie der Zollverwaltung der DDR.
(Begrüßung des Parlaments durch die gemeinsame Delegation, die mit einem Marschgesang in den Sall einmarschiert; starker, rhythmischer Beifall; die Delegierten und Gäste erheben sich von den Plätzen)
Kommandierender der Ehrenformation: *Hauptmann Grüning*
(Hornsignal und Trommelwirbel)
Kommandierender:
Ehrenformation! Stillgestanden!
Das Gewehr über!
Im Gleichschritt – marsch!
(Einsatz des gemeinsamen Musikkorps mit dem Lied ›Denn zu jeder Stunde‹, Teilnehmer der Begrüßungsdelegation stimmen ein. Einmarsch der Ehrenformation, starker, rhythmischer Beifall der Delegierten und Gäste)
Kommandierender:
Ehrenformation! Halt!
Gewehr ab!
Achtung! Präsentiert das Gewehr!
Zur Meldung – die Augen links!
Genosse Eberhard Aurich!
Die Ehrenformation von Mitgliedern der FDJ-Organisationen der Nationalen Volksarmee, der Grenztruppen der DDR und der Schutz- und Sicherheitsorgane zur Begrüßung des XII. Parlaments der Freien Deutschen Jugend angetreten!

Kommandierender Hauptmann Grüning!
Eberhard Aurich:
Danke schön!
Kommandierender:
Augen geradeaus!
Gewehr ab!
Rührt euch!
(Sprechchöre: Die bewaffneten Organe – sie leben hoch! Unsere FDJ-Mitglieder in Uniform – sie leben hoch!)
Grußansprache an das XII. Parlament der Freien Deutschen Jugend durch eine Ehrenformation der Nationalen Volksarmee, der Grenztruppen der DDR und der Zivilverteidigung, der Deutschen Volkspolizei und der anderen Organe des Ministeriums des Innern, des Ministeriums für Staatssicherheit und seines Wachregimentes ›Feliks Edmundowitsch Dzierzynski‹ sowie der Zollverwaltung der DDR
Liebe Delegierte des XII. Parlaments der FDJ!
Werte Gäste!
Auch in diesen Stunden stehen Zehntausende FDJ-Mitglieder Schulter an Schulter mit unseren Waffenbrüdern auf Friedenswache, schützen zuverlässig die Staatsgrenzen und den Luftraum unseres Landes und gewährleisten verantwortungsbewußt und diszipliniert die staatliche Sicherheit und öffentliche Ordnung. In ihrem Namen überbringen wir euch, den Delegierten und Gästen des XII. Parlaments der FDJ, die herzlichsten Kampfesgrüße. *(Starker Beifall, Hochrufe auf die bewaffneten Organe)*
Wir sind beauftragt, dem höchsten Forum unseres sozialistischen Jugendverbandes zu melden:
Die jungen Armeeangehörigen, Grenzsoldaten, Volkspolizisten, Tschekisten und Zollkontrolleure leisten im ›Ernst-Thälmann-Aufgebot der FDJ‹ einen aktiven Beitrag zur zuverlässigen Erfüllung des Klassenauftrages, den uns der X. Parteitag der SED gestellt hat. Mit neuen Initiativen für hohe Kampfkraft, Gefechts- und Einsatzbereitschaft bereiten wir den XI. Parteitag der SED vor. Dabei stehen die 3430 Freunde mit in vorderster Reihe, die bisher als Kandidat in die Reihen der SED aufgenommen wurden. *(Beifall)*
[. . .]
Lieber Genosse Eberhard Aurich!
Im Auftrag der FDJ-Organisationen in der Nationalen Volksarmee, den Grenztruppen der DDR und der Zivilverteidigung, der Deutschen Volkspolizei und der anderen Organe des Ministeriums des Innern, des Ministeriums für Staatssicherheit und seines Wachregiments ›Feliks Dzierzynski‹ sowie der Zollverwaltung der DDR überreiche ich dir eine Kassette mit unseren bisherigen Ergebnissen im ›Ernst-Thälmann-Aufgebot der FDJ‹.
Freundschaft!
(Die Delegierten und Gäste erheben sich von den Plätzen und spenden lang anhaltenden, rhythmischen Beifall. Der Kommandierende übergibt eine Kassette mit den Ergebnissen der FDJ-Organisationen der bewaffneten Kräfte im ›Ernst-Thälmann-Aufgebot der FDJ‹ an Eberhard Aurich.)
Tagungsleiter Hartmut König:
Liebe Genossen!
Im Namen aller Pioniere und FDJler danken wir euch sehr herzlich für eure hervorragenden Leistungen im ›Ernst-Thälmann-Aufgebot der FDJ‹ und die unserem XII. Parlament übermittelten Grüße. *(Beifall, Hochrufe auf die bewaffneten Organe)*
In kampferfüllter Zeit leistet ihr einen großen persönlichen Beitrag zum zuverlässigen Schutz unseres sozialistischen Vaterlandes und für die Erhaltung des Friedens. Wir sind der festen Gewißheit, daß ihr auch künftig Schulter an Schulter mit unseren Klassen- und Waffenbrüdern der Sowjetunion und der anderen Staaten der sozialistischen Gemeinschaft euer Bestes geben werdet, um den Feinden des Sozialismus keine Chance zu lassen.
Unsere FDJler im Waffenrock – sie leben hoch! *(Sprechchor: Hoch-hoch-hoch! Stürmischer Beifall, rhythmisch werdend, und Lied: Hoch solln sie leben!)*
Kommandierender:
Wir erwidern den Dank mit einem dreifachen militärischen Hurra!
(Alle Mitglieder der Ehrenformation antworten: Hurra, hurra, hurra! Stürmischer Beifall, Sprechchor: Unsere bewaffneten Organe sind . . . 7, 8, 9, 10 – Klasse!)
Tagungsleiter Hartmut König:
Und wir antworten mit einem dreifachen militärischen Hurra! *(Stürmischer Beifall, Hurrarufe)*
Kommandierender:
Ehrenformation stillgestanden!
Das Gewehr über!
Rechts bzw. links um!
Im Gleichschritt – marsch!
(Unter dem starken, rhythmischen Beifall der Delegierten und Gäste marschiert die Ehrenformation der bewaffneten Kräfte aus dem Tagungssaal. Das gemeinsame Musikkorps spielt den Yorckschen Marsch.)«

Quelle: XII. Parlament der Freien Deutschen Jugend. Berlin, Hauptstadt der DDR, 21. bis 24. Mai 1985, Berlin 1985, S. 183 ff.

Gegen den Konfrontationskurs der Supermächte: Verhandeln statt schießen

Im Herbst 1982 hatte Helmut Kohl (CDU) die Kanzlerschaft in der Bundesrepublik übernommen. Das Verhältnis der Supermächte blieb anhaltend zugespitzt. Die Sowjetführung war angesichts des siechenden Generalsekretärs Leonid Breshnew zu wichtigen Entscheidungen nicht in der Lage. Sein Tod im November 1982 wirkte wie eine Erlösung und brachte wieder etwas Bewegung in die festgefahrenen Ost-West-Beziehungen.

DDR und Bundesrepublik versuchten in den ersten beiden Jahren der neuen Bundesregierung nicht nur, das Niveau ihrer Beziehungen zu halten, sie suchten auch nach neuen Wegen. Der bayerische Ministerpräsident Franz Josef Strauß (CSU), der in der Vergangenheit nicht selten als Gegner geregelter Beziehungen zwischen beiden deutschen Staaten hervorgetreten war, stieg 1983 überraschend in den direkten Dialog mit DDR-Vertretern und der SED-Führung ein. Die maßgeblich durch seine Mitwirkung zustande gekommenen Milliardenkredite von 1983 und 1984 retteten die DDR vor den schlimmsten Zahlungsschwierigkeiten.

Verwirrung stiftete Erich Honecker dagegen vor allem in Moskau. Als die Sowjetführer 1983 nach der Umsetzung des Nachrüstungsteils des NATO-Doppelbeschlusses die Genfer Gespräche mit den USA abbrachen, rief Honecker dazu auf, weiter zu verhandeln. »Jetzt erst recht«, proklamierte er vor dem SED-Zentralkomitee. Die Kremlführer wußten im Gegenzug seinen für September 1984 geplanten Besuch in Bonn zu verhindern. Die Westpolitik Honeckers machte die Sowjetführung zusehends mißtrauischer. Ohne Plazet aus Moskau wurden finanzielle Absprachen in großem Maßstab zwischen Ost-Berlin und Bonn getroffen, auf manchen Ebenen etablierten sich deutsch-deutsche Kontakte, auch zwischen der FDJ und westdeutschen Jugendorganisationen. 1982 kam eine Vereinbarung über den Jugendtourismus zwischen der Verbandsführung in Ost-Berlin und der Leitung des Deutschen Bundesjugendringes (DBJR) zustande. Beide Seiten stimmten darin überein, daß *»der Jugendtourismus die Zusammenarbeit zwischen der FDJ und dem DBJR vertiefen wird«.*[203] Der Austausch sollte erheblich ausgeweitet werden und allen interessierten Jugendlichen offenstehen. So weit, so gut. Die entscheidende Einschränkung bestand jedoch darin, daß die im jeweiligen Land üblichen Modalitäten als Grundlage anerkannt wurden. Damit konnte die FDJ nach ihren Kaderrichtlinien verfahren. Nur die politisch aktivsten Mitglieder kamen in Betracht. Selbst von denen blieben regelmäßig einzelne im Westen, was in jedem Falle hektische Betriebsamkeit im Zentralrat auslöste. Wichtig für die innerdeutschen Beziehungen war jedoch, daß überhaupt Begegnungsmöglichkeiten für Jugendliche geschaffen wurden.

Auch die Bedingungen für Auftritte westdeutscher Künstler in der DDR verbesserten sich Anfang der achtziger Jahre. Im Zusammenhang mit den jährlichen Konzerten »Rock für den Frieden«, die von der FDJ organisiert wurden, avancierten bundesdeutsche Rockmusiker zu potentiellen »Bündnispartnern«. Das Hin und Her um Auftritte Udo Lindenbergs jenseits der Mauer lieferte ein beredtes Zeugnis für die Grenzen der Möglichkeiten.[204]

1982 rückte Lindenberg in den Medien der DDR immer stärker ins Blickfeld. Sein Engagement in der bundesrepublikanischen Friedensbewegung wurde gewürdigt, ein Auftritt im Osten ins Auge gefaßt. Doch plötzlich schien diese Chance verspielt. Sein Song »Sonderzug nach Pankow« gab SED-Generalsekretär Erich Honecker Anfang 1983 faktisch der Lächerlichkeit preis:

»Honey, ich glaub', du bist doch eigentlich auch ganz locker
ich weiß, tief in dir drin, bist du doch eigentlich auch'n Rocker
du ziehst dir doch heimlich auch gerne mal die Lederjacke an
und schließt dich ein auf'm Klo und hörst West-Radio.«

Ein fest geplanter Auftritt im Palast der Republik im Oktober 1983 schien nun unvorstellbar. Lindenberg bemühte sich im Sommer 1983 dennoch intensiv um Schadensbegrenzung. In einem Brief an Honecker bat er diesen um Entschuldigung und verwies auf die Notwendigkeit, überall in der Welt die Bemühungen um die Sicherung des Friedens zu verstärken. Im September unterstützte Egon Krenz, 1. Sekretär des FDJ-Zentralrates und Politbürokandidat, bei Honecker persönlich die »Rehabilitierung« Lindenbergs. Der SED-Chef ließ Verhandlungsbereitschaft erkennen und genehmigte schließlich die Einladung. Krenz argumentierte in einem Rundschreiben an die 1. FDJ-Bezirkssekretäre beschwichtigend, daß damit das Repertoire Lindenbergs nicht unkritisch gesehen werde, ganz

im Gegenteil, alle Jugendfreunde, die hier Vorbehalte hätten, sollten dies auch zum Ausdruck bringen.
Am 25. Oktober 1983 stand Udo Lindenberg im Rahmen einer Veranstaltung mit dem Titel »Für den Frieden der Welt – Weg mit dem NATO-Raketenbeschluß!« für fünfzehn Minuten vor über 4000 handverlesenen Berliner FDJlern und Parteikadern auf der Palastbühne in Ost-Berlin. Millionen vor den Fernsehschirmen erlebten die Show und seine abschließenden Worte: *»Wir wollen keine Raketen, weder in der Bundesrepublik noch in der DDR.* [. . .] *Wir freuen uns, hier für den Frieden zu singen und im Juni nächsten Jahres auf eine Tournee durch die DDR gehen zu können.«*
Dazu sollte es nicht kommen. Obwohl Lindenberg in der Bundesrepublik heftige Kritik für seine »Anbiederung« bei den DDR-Oberen erhielt, was die Verantwortlichen in Ost-Berlin durchaus erfreuen konnte, mehrten sich in der Führung der SED und der Staatssicherheit Bedenken und Warnungen. Nachdem die Kölner Band BAP im Januar 1984 vor einer vereinbarten Tournee durch zwölf Städte der DDR kurzfristig wieder ausgeladen wurde, weil sie sich geweigert hatte, die Titel in Abstimmung mit FDJ-Kulturfunktionären auszuwählen, und Lindenberg sich kritisch dazu äußerte, wurden die Planungen für neue Auftritte des Wahl-West-Berliners im Osten endgültig auf Eis gelegt.
Drei Jahre später, als Honecker seine Reise nach Bonn vorbereitete, übersandte Lindenberg dem SED-Chef eine Lederjacke. Honecker revanchierte sich mit einer Schalmei und einem in freundlichen Worten abgefaßten Brief, den die »Junge Welt« unter dem Titel »Die Jacke paßt« veröffentlichte. Das politische Klima sollte vor dem Besuch Honeckers in Bonn nicht gefährdet werden. In Wuppertal konnte Udo Lindenberg Erich Honecker im September 1987 noch eine Gitarre überreichen und seinen Auftrittswunsch erneuern – kurze Zeit später wollte man angesichts innenpolitischer Zuspitzungen in der DDR davon lieber nichts mehr wissen.
Die von der FDJ verantworteten Konzerte im Rahmen des »Festivals des politischen Liedes«, die Konzerte »Rock für den Frieden«, auch mehrere Einzelauftritte brachten immer wieder Sympathiebekundungen und Begeisterung für westliche Musikkünstler. Die DDR-Jugend nahm alle möglichen Entbehrungen in Kauf, um so etwas einmal live mitzuerleben. Die hoffnungsvolle Phase von Anfang bis Mitte der achtziger Jahre war jedoch bald vorüber. Wie ein Tropfen auf dem heißen Stein verdampften die schwachen Hoffnungen der jungen Generation und verstärkten Resignation und Ablehnung.

Jugendleben außerhalb der Reglementierung

Anfang der achtziger Jahre verbreitete sich auch in der DDR eine bis dahin weitgehend verhinderte »autonome« Jugendbewegung. Da gab es plötzlich Punks und Autonome; da erfuhr eine von der Staatsjugend unabhängige Friedensbewegung einen gewaltigen Aufschwung; da erfreute sich die kirchliche Jugendarbeit eines wachsenden Zulaufs.
Das Auftreten von Punks und anderen »merkwürdigen Gestalten« löste zunächst sehr heftige staatliche Reaktionen aus, auch aus der Bevölkerung kam der Ruf nach polizeilichen Maßnahmen. Doch schon bald hatte sich zumindestens die großstädtische Bevölkerung an die Existenz solcher Minderheiten gewöhnt. In der DDR-Gesellschaft war das eine bedeutende Veränderung, die nicht ohne Auswirkung auf die Entwicklung in den späten achtziger Jahren bleiben sollte.

DDR-Lebenswelt von »Punks« und »Autonomen«, etwa 1981/82

»Punkbewegung, kirchliche Jugendarbeit und der Zugang der neuen Generation zur Kunst sind – bei aller Verschiedenheit ihrer Absichten und Formen – die hauptsächlichen Wege, auf denen heute eine jugendliche Minderheit in der DDR versucht, Ohnmacht, Anonymität und Nischendasein hinter sich zu lassen.
Im Frühjahr 1981 lud die Ost-Berliner Evangelische Studentengemeinde zu ihrer Frühjahrsfete. Im Hof des alten Kirchengebäudes in der Invalidenstraße ging es zunächst recht bunt-alternativ zu: Kasperletheater für die Kleinen, die sich auch mit Farbe bemalen durften, ein Flohmarkt, eine Ausstellung von umweltkritischen Zeichnungen und Fotomontagen, Rockmusik.
Am späten Nachmittag änderte sich das Bild. In kleinen Gruppen oder allein schlichen leibhaftige DDR-Punks auf das Kirchengrundstück. Wenn ein

Rockkonzert von Bruce Springsteen in der Radrennbahn Berlin-Weißensee, Sommer 1988

Wartburg der Volkspolizei langsam vorbeipatroullierte, verschwanden die Schopflosen hinter einer Litfaßsäule oder im Gebüsch eines nahegelegenen Parkplatzes. Sie hatten sich verabredet, weil bei der Fete eine Punk-Band auftreten sollte. Von den Veranstaltern hatte keiner so recht durchgeblickt, sonst wäre die Gruppe wohl nicht eingeladen worden.
Die Latzhosen staunten nicht schlecht, als bei den ersten Klängen der Musik der wilde Rempeltanz der etwa zwei Dutzend Punks einsetzte, die bis dahin apathisch herumgesessen hatten. Die Frage, ob sie in ihrer schwarzen Montur und mit ihren bunten Haarsträhnen auch in die Schulen und Lehrwerkstätten gingen, verneinten damals noch viele. Nur die Mutigsten erzählten stolz, ›so in der S-Bahn gefahren zu sein‹.«

Aus: Wolfgang Büscher/Peter Wensierski: Null Bock auf DDR. Aussteigerjugend im anderen Deutschland, Reinbek 1984, S. 20.

Die Arbeit der FDJ setzte sich dagegen in den »altbewährten« Formen fort. Daran änderten auch die 1979 und 1987 durchgeführten Nationalen Jugendfestivals des Verbandes nicht viel. Ganz in der Tradition der Deutschlandtreffen, allerdings ohne die spezifische gesamtdeutsche Komponente, trafen sich wieder Hunderttausende in der Hauptstadt Berlin. Neben den üblichen großen politischen Manifestationen: Übergabe roter Ehrenbanner an FDJ-Grundorganisationen, »Kampfdemonstration« Hunderttausender auf der Karl-Marx-Allee, Musik- und Sportschau im »Stadion der Weltjugend«, gab es viel Kultur, Sport und Trubel auf den Straßen und Plätzen der Stadt.
Eine gefährliche, weil politisch relevante Konkurrenz erwuchs der FDJ Ende der siebziger Jahre im Windschatten des Dialogs der SED mit den Kirchen in der autonomen Friedensbewegung. Sie trat etwa zeitgleich mit der im Westen Deutschlands unter dem Schutz der evangelischen Kirche an die Öffentlichkeit. In wachsendem Maße zog sie junge Menschen an, die gesellschaftliche und politische Fehlentwicklungen nicht nur im Westen, sondern auch in der

Friedenswerkstatt 1982 in Berlin-Lichtenberg

DDR beim Namen nennen und gegen die Raketenrüstung in West und Ost protestieren wollten. Den einseitig antiwestlichen Parolen der FDJ setzten sie die biblische Symbolik »Schwerter zu Pflugscharen« entgegen. Die Staatsmacht ging mit drakonischen Maßnahmen dagegen vor. Christliche Friedensparolen wurden nicht geduldet, Aufnäher mit der Losung »Schwerter zu Pflugscharen« von Polizisten, Lehrern und FDJ-Helfern gewaltsam entfernt. Doch auf die Dauer brachte das der Bewegung nur neuen Zulauf.

Schwerter werden zu Pflugscharen in Wittenberg am 24. September 1983

»Am Samstagabend soll es passieren, im Hof zwischen der staatlichen Lutherhalle und dem kirchlichen Lutherhaus am Ende der Collegienstraße in Wittenberg. Der Amboß steht schon da, mehr als tausend Menschen gruppieren sich um ihn. Eine Gruppe macht Musik, Dias werden auf die Außenwand des Lutherhauses projiziert. Die Menge wartet auf ein ungewöhnliches Schauspiel. Ein muskulöser Mann mit einem Schwert in der Hand tritt hinter den Amboß. ›Den kenn' ich‹, sagt ein Jugendlicher, ›der war hier in Wittenberg Kunstschmied, jetzt schafft er in 'nem VEB.‹ Der Schmied beginnt seine Arbeit, bringt das Schwert in einer Esse zum Glühen, läßt den Hammer niedersausen. Die Jugendlichen fallen in den Rhythmus der Schläge ein, klatschen mit. Eine halbe Stunde lang, unterbrochen von Ruhepausen, bearbeitet der Schmied das Metall. Die Schwertspitze krümmt sich, aus der Waffe wird eine Pflugschar. Pastor Schorlemmer begleitet das Spektakel mit kurzen Ansprachen, er verkündet seine Vision, daß ›wir Spieße zu Sicheln, Raketenmäntel zu Wasserbehältern, Zerstörer zu Passagierdampfern, Kampf- zu Rettungshubschraubern‹ machen, daß ›Träume in Wirklichkeit‹ umgesetzt würden.
Für die anwesenden Jugendlichen symbolisiert die Amboß-Aktion an diesem 24. September in Wittenberg vor allem den Sieg über die staatliche Verfolgung ihres Abzeichens. Als ›schweren Symbolfehler‹ hatte der Sachsen-Bischof Johannes Hempel

zwei Wochen zuvor die eineinhalbjährige Verbots- und Verfolgungspraxis bezeichnet, die nunmehr ein Ende gefunden habe. Volkspolizisten, Chefs und Lehrer betätigten sich so lange als Jäger und Sammler, bis sie den größten Teil der Zehntausende von ›Schwerter-zu-Pflugscharen‹-Aufnäher einkassiert hatten. Heute können ihn junge Leute – sofern sie das Abzeichen noch haben – weitgehend unbehelligt tragen. ›Viel Vertrauen‹ sei, so Bischof Johannes Hempel, ›vor allem unter der Jugend zerstört worden‹.«

Quelle: Wolfgang Büscher/Peter Wensierski: Null Bock auf DDR. Aussteigerjugend im anderen Deutschland, Reinbek 1984, S. 133 f.

Das Regime kam zunehmend in Begründungsnot, denn die offizielle Friedenspropaganda wurde von der Unterdrückung der jungen Leute im eigenen Land dementiert. Zu Beginn der achtziger Jahre bemühte sich deshalb die FDJ, die autonome Friedensbewegung zu vereinnahmen. Sie duldete deren Losungen und Aktionsformen, übernahm sogar manches selber und versuchte, sich an die Spitze der Bewegung zu stellen. Ihre sterilen Kampfparolen bekamen phantasiereiche Nachbarn: »Give Peace a Chance« – »Lieber aktiv als radioaktiv« – »Sonne statt Reagan«. Die FDJler trugen selbstgenähte Stirnbänder, die der Kirchenjugend abgeguckt waren.

Sogenannte aktuell-politische Gespräche sollten den Diskussionsbedarf der kritischen Jugend decken und zugleich kanalisieren. Ein anhaltender politischer Erfolg blieb der FDJ versagt. Ihr ging es nicht darum, Spielraum für neue Ideen und kritisches Bewußtsein zu schaffen. Sie sollte vielmehr im Auftrag der Partei die spontanen Bewegungen unter Kontrolle bringen und politischen Einfluß auf sie gewinnen. Die jungen Menschen aber wollten ja gerade der Reglementierung und dem ideologischen Zwang entfliehen. Sie schufen sich eigene attraktive Möglichkeiten für lebendige Diskussionen und unorthodoxe gesellschaftliche Aktivitäten.

Schreiben des Politbüros des ZK der SED zum Nationalen Jugendfestival der Freien Deutschen Jugend vom 20. Juni 1984

»Das Politbüro des ZK der SED nahm am Dienstag in Anwesenheit des Sekretariats des Zentralrates der FDJ zum Verlauf und zu den Ergebnissen des Nationalen Jugendfestivals der DDR Stellung. Im Ergebnis der Aussprache stellte das Politbüro fest, daß unsere Partei, unser ganzes Volk stolz sein können auf die Leistungen der jungen Erbauer des Sozialismus. Im 35. Jahr der DDR wurde das Verbandstreffen der FDJ eine machtvolle und beeindruckende Manifestation der Verbundenheit der Jugend mit der Politik unserer Partei und unserem sozialistischen Staat der Arbeiter und Bauern. Vor aller Welt wurde die feste Einheit von Sozialismus und Jugend, von Sozialistischer Einheitspartei Deutschlands und Freier Deutscher Jugend demonstriert.

Der Eröffnungsappell auf dem Marx-Engels-Platz, die Kampfdemonstration der 750 000, die inhaltsreichen Begegnungen der Partei- und Staatsführung mit den Festivalteilnehmern, das bewegende Abschlußkonzert der 15 000 Mitglieder des Zentralen Musikkorps und der Bezirksmusikkorps der FDJ und ihrer Pionierorganisation ›Ernst Thälmann‹, die vielfältigen Veranstaltungen, insbesondere die Leistungen, die in Vorbereitung des Verbandstreffens zur Stärkung der DDR vollbracht wurden, zeigen, daß die Jugend der DDR in vorderster Reihe der Kämpfer für Frieden und Sozialismus steht. Den Klassenfeinden westlich unserer Grenze wurde eine entschiedene Abfuhr erteilt. In kampferfüllter Zeit brachte die FDJ zum Ausdruck, daß unsere Republik als Heimstatt des Friedens, des Sozialismus und der Menschenwürde auf deutschem Boden der imperialistischen BRD eine ganze historische Epoche voraus ist.

Alles verbindet die Jugend mit ihrem sozialistischen Vaterland, der Deutschen Demokratischen Republik, ihr gehören ihre Liebe, ihre Treue und ihre Tat. Nichts verbindet sie mit dem imperialistischen System. Alles verbindet sie mit ihrer Zukunft, dem Sozialismus.

Mit ihrem Friedensaufgebot geht unsere Freie Deutsche Jugend politisch und organisatorisch gestärkt dem 35. Jahrestag der DDR entgegen. Es erfüllt uns mit großer Freude, daß die Jugend im Geiste des Berliner Treffens den Nationalfeiertag vorbereitet.

Das Politbüro dankt allen Gruppen und Grundorganisationen der FDJ, den Kreis- und Bezirksorganisationen, dem Zentralrat der FDJ und seinem Organisationsbüro für die hervorragende Arbeit bei der Vorbereitung und Durchführung des Nationalen Jugendfestivals der DDR. Unser Dank gilt gleichzeitig den Berlinerinnen und Berlinern, die sich erneut als gute Gastgeber erwiesen.

Unsere Partei wird auch künftig der Freien Deutschen Jugend bei der Heranbildung klassenbewußter Kämpfer für Frieden und Sozialismus stets mit Rat und Tat zur Seite stehen.«

Quelle: Dokumente der Sozialistischen Einheitspartei Deutschlands. Beschlüsse und Erklärungen des Zentralkomitees sowie seines Politbüros und seines Sekretariats, Bd. 20, Berlin 1986, S. 108 f.

Eberhard Aurich, 1. Sekretär des FDJ-Zentralrats 1983 bis 24. November 1989

Im Dezember 1983 gab es einen Führungswechsel an der FDJ-Spitze. Eberhard Aurich, zuvor als 2. Sekretär des Zentralrats nicht sonderlich in Erscheinung getreten, eher technokratisch veranlagt, löste Egon Krenz ab, der als »Kronprinz« ins Politbüro der SED einzog. Krenz avancierte unverzüglich zum Vollmitglied des SED-Führungsgremiums sowie zum ZK-Sekretär für Sicherheits- und für Jugendfragen.

Eberhard Aurich
Geb. am 10. Dezember 1946 in Chemnitz; Vater Arbeiter; Oberschule, Abitur mit Berufsausbildung zum Betonfacharbeiter; 1954–60 Freundschafts- bzw. Gruppenratsvorsitzender in der Pionierorganisation »Ernst Thälmann«, 1960 FDJ; 1965–69 Studium an der Pädagogischen Hochschule Zwickau, Diplomlehrer für Deutsch und Staatsbürgerkunde; 1967 SED; 1969–71 Mitarbeiter und 1971/72 Sekretär der FDJ-Bezirksleitung Karl Marx-Stadt; 1972–77 stellvertretender Abteilungsleiter im FDJ-Zentralrat, 1977-89 Mitglied des Zentralrates der FDJ; 1977–80 1. Sekretär der FDJ-Bezirksleitung Karl-Marx-Stadt; 1980–83 2. Sekretär und 1983–24. November 1989 1. Sekretär des Zentralrates der FDJ; 1981–89 Mitglied des ZK der SED; 1981–29. Januar 1990 Abgeordneter der Volkskammer und 1981-86 Mitglied ihres Präsidiums, 1986–29. Januar 1990 Mitglied des Staatsrates.

Quelle: DDR: Wer war wer?, Berlin 1994.

Der Kaderwechsel löste im Verband keine Impulse aus. Der Aufstieg von Krenz hätte als Antrieb verstanden werden können, neue Ideen zu entwickeln, den neuen Anforderungen Rechnung zu tragen. Nicht einmal im Hintergrund wurden in den Führungsetagen solche Überlegungen angestellt.
Angesichts der andauernden ideologischen Halsstarrigkeit der Moskauer Vorgaben, repräsentiert durch den schwerkranken Generalsekretär Konstantin Tschernenko, mochte eine gewisse Zurückhaltung verständlich erscheinen.

Das hatte Honecker in den Jahren zuvor jedoch nicht daran gehindert, eine begrenzt eigenständige Außenpolitik anzupreisen. In der Innenpolitik blieben die Fesseln angelegt. Die Jugend suchte nach Auswegen.

Ablehnung des »neuen Denkens«

Im März 1985 starb binnen dreier Jahre der dritte sowjetische Generalsekretär. Ein genereller Wechsel des Führungspersonals der KPdSU stand bevor, eine Erneuerung der unter Tschernenko endgültig verkrusteten sowjetischen Politik konnte erwartet werden. Honecker und Kohl gratulierten am 12. März 1985 in Moskau nicht nur Michail Gorbatschow zu seinem Amt als neuer sowjetischer Parteiführer, sie trafen sich auch zu einer wichtigen politischen Unterredung.

Dies war der Auftakt zu einer folgenreichen Auffrischung der deutsch-deutschen Beziehungen. Noch 1985 einigten sich die beiden deutschen Regierungen auf ein Kulturabkommen, und die erste deutsch-deutsche Städtepartnerschaft (Saarlouis – Eisenhüttenstadt) kam zustande, beides Vorhaben, die über ein Jahrzehnt lang aussichtslos schienen. Die Zahlen der Westreisegenehmigungen für DDR-Bürger unterhalb des Rentenalters explodierten förmlich: von 66 000 im Jahr 1985 bis auf 1,4 Millionen in den Folgejahren. Die Messen in Leipzig und Hannover wurden von Spitzenpolitikern beider deutscher Staaten besucht; Minister aus der DDR und der Bundesrepublik reisten immer häufiger nach Bonn bzw. Ost-Berlin.

Die Entspannung in Deutschland paßte seit Gorbatschow wieder in das Konzept der Moskauer Globalpolitik. Dennoch blieben bei wichtigen Entscheidungen auch unter Gorbatschow Konsultationen und die Zustimmung der sowjetischen Führung notwendig.

Der Staatsbesuch in Bonn, den Honecker seit Anfang der achtziger Jahre anstrebte, wurde mit Rücksicht auf die Abrüstungsgespräche der Großmächte auch von der Gorbatschow-Führung weiter blockiert. Andererseits wurden die Freiräume, die Gorbatschow den Ostblockstaaten gewährte, von der Honecker-Führung sehr kritisch beäugt. Sie fürchtete wie schon Anfang der siebziger Jahre eine innere Aufweichung als Folge der Entspannung nach außen. Die DDR wurde immer stärker gegen Gorbatschows Glasnost- und Demokratisierungspolitik abgeschirmt.

Auch die FDJ-Arbeit richtete sich auf Kontinuität, keineswegs auf Erneuerung, obwohl sich die Rahmenbedingungen unübersehbar veränderten.

Beschluß des ZK der SED vom 7. März 1986: Grußadresse zum 40. Jahrestag der FDJ

»Das Zentralkomitee der Sozialistischen Einheitspartei Deutschlands übermittelt allen Mitgliedern und Funktionären des sozialistischen Jugendverbandes anläßlich des 40. Jahrestages der Freien Deutschen Jugend herzliche Glückwünsche.

Die Gründung der FDJ am 7. März 1946 ist ein historisches Datum in der Geschichte unseres Volkes. Mit der Schaffung einer einheitlichen demokratischen Massenorganisation der Jugend wurde die entscheidende Lehre aus den Folgen der Zersplitterung der deutschen Jugendbewegung gezogen. Hervorgegangen aus den antifaschistischen Jugendausschüssen, in denen das einheitliche Handeln der jungen Generation geschmiedet wurde, hat die Freie Deutsche Jugend hervorragenden Anteil am Werden und Wachsen unserer Deutschen Demokratischen Republik. Mit ihren Leistungen im ›Ernst-Thälmann-Aufgebot der FDJ‹ zur Vorbereitung des XI. Parteitages der SED schreiben die Mitglieder der FDJ von heute neue bleibende Kapitel in der Chronik vorbildlicher Leistungen der revolutionären jungen Garde für Sozialismus und Frieden.

Unter Führung der Partei der Arbeiterklasse bewährt sich die FDJ als Stoßtrupp des Neuen bei der weiteren Gestaltung der entwickelten sozialistischen Gesellschaft. Sie ist der zuverlässige Helfer und die treue Kampfreserve unserer Sozialistischen Einheitspartei Deutschlands. Das Programm der SED gibt der jungen Generation Richtung und Ziel bei der Verwirklichung ihrer Ideale und Lebensziele in unserer sozialistischen Gegenwart und für die kommunistische Zukunft.

Als sozialistische Patrioten und proletarische Internationalisten verwirklichen die Mitglieder des Jugendverbandes in vorderster Reihe die auf das Wohl des Volkes und die Bewahrung des Friedens gerichtete Politik der SED. Beispielhaft ist ihr Einsatz für die allseitige Stärkung und den sicheren Schutz unseres sozialistischen Vaterlandes – beim Ringen um höchste Leistungen im sozialistischen Wettbewerb, bei der Meisterung von Wissenschaft und Technik, beim Lernen und Studieren, bei der Verteidigung der sozialistischen Errungenschaf-

ten. Engagiert nehmen sie ihre demokratischen Rechte und Pflichten wahr. Initiativreich wirken sie bei der Gestaltung einer niveauvollen und anregenden Freizeit. Im praktischen Leben machen sie sich den Lebenssinn der Kommunisten zu eigen. Untrennbar verbunden mit dem Leninschen Komsomol und den Jugendorganisationen der sozialistischen Bruderländer, fest verankert in der demokratischen Jugend- und Studentenbewegung, leistet die FDJ einen weltweit anerkannten Beitrag im Kampf für Frieden, Freundschaft und antiimperialistische Solidarität.
Das Zentralkomitee der Sozialistischen Einheitspartei Deutschlands ist zutiefst überzeugt, daß in der Freien Deutschen Jugend auch in Zukunft klassenbewußte Kämpfer für den gesellschaftlichen Fortschritt heranwachsen, die sich als aktive Erbauer und standhafte Verteidiger des Sozialismus bewähren. Dabei werden Euch die Kommunisten unseres Landes weiterhin vertrauensvoll unterstützen.
Allen Mitgliedern und Funktionären der FDJ wünschen wir weitere Erfolge im Kampf für Frieden und Sozialismus, Glück, Schaffenskraft und Gesundheit.«

Quelle: Dokumente der Sozialistischen Einheitspartei Deutschlands. Beschlüsse und Erklärungen des Zentralkomitees sowie seines Politbüros und seines Sekretariats, Bd. 21, Berlin 1989, S. 49 f.

Daß Veränderungen in der Politik des Sozialismus unvermeidlich bevorstanden, war sogar in offiziellen Gremien in der DDR nicht völlig zu übersehen. Die Jugendforscher in Leipzig, nach der Auflösung des ZK-Instituts für Meinungsforschung 1979 die einzigen übriggebliebenen Demoskopen in der DDR, reklamierten immer wieder Mißstände in Teilbereichen und die kritischen, z. T. bereits besorgniserregenden Trends unter den »Jugendfreunden« (worauf für die Zeit ab 1988 noch einzugehen ist). Auch Einzelpersonen, Sozialwissenschaftler, Schriftsteller, Künstler mahnten – allein, es bewirkte nicht viel. Manchen Prominenten gestand die Partei sogar eine Veröffentlichung zu, wohl um »Dampf abzulassen«, doch die realen Ursachen für die um sich greifende Aufsässigkeit ignorierten die Mächtigen. In ganz besonderer Weise verschliefen die Berufsrevolutionäre im Jugendverband den Zug der Zeit. Der Ausreden bildeten sich viele heraus: Hoffen auf die natürliche Ablösung der SED-Gerontokratie, Warten auf die Durchsetzung der Politik Gorbatschows, Prinzipientreue gegenüber der marxistisch-leninistischen Weltanschauung, Glaube an die Allmacht der Partei . . .
Die DDR-Jugend erfreute es schon, wenn ein Nestor der ostdeutschen Geisteswissenschaften wie Jürgen Kuczynski, ein politischer Freund Honeckers, seine »Weisheiten«, anknüpfend an Alltagsbeobachtungen, in einem Buch verbreitete, das zunächst gar nicht erscheinen sollte, schließlich aber zu einem Ost-Bestseller wurde.

Der »Generationenunterschied« aus der Sicht des Wissenschaftlers Jürgen Kuczynski

»Wenn in unserer Republik heute fast jeder fünfte Erwachsene (über 25 Jahren) Parteimitglied ist, dann gibt es natürlich eine Generationen-, ja eine Charakterlücke zwischen den Alten und der großen Masse der Parteimitglieder, und auch eine Lücke zwischen Eltern und Kindern, haben doch die Eltern noch die schweren Anfangsjahre unserer Republik erlebt. Wie anders müssen die alten Genossen von vor 1933 sein, die in der Illegalität oder Emigration von der Partei erzogen wurden, in ihr arbeiteten, als die Genossen aus der Zeit von 1945 und später. Auf der anderen Seite habe ich so manche zu Genossen, die 1945 und später der Partei beitraten, mit denen ich über unsere gegenwärtigen Probleme so sprechen kann, daß ich den Unterschied von bisweilen Jahrzehnten im Parteibeitritt nicht bemerke. Dann bricht der Generationsunterschied aber doch wieder auf, etwa wenn wir auf alte Zeiten zu sprechen kommen und ihnen diese ganz fremd sind; oder auch wenn ich spüre, wie Phrasendrescherei und Zuckerbäckerei sie ganz unbewußt den Klassikern oder unseren Erfahrungen in alter Zeit entfernt haben, und ich sie hart und brutal anpacke.
Also, mein Guter, natürlich gibt es Generationengegensätze. Keine Entwicklung geht auf die Dauer kontinuierlich vor sich. Das wäre auch generell und für immer scheußlich, denn dann würde eine Gesellschaft nichts wirklich Neues leisten, sondern im gleichen Trott behaglich, ohne qualitative Sprünge von einer Generation zur anderen fortschreiten. Diskontinuität ist selbstverständlich bei jedem Fortschritt – auch wenn manche Marxisten die Grundlehre der Klassiker vergessen haben, daß der Fortschritt sowohl kontinuierlich als auch diskontinuierlich verläuft und der größere Fortschritt der diskontinuierliche ist. In der Überbewertung der Kontinuität, die Du so oft noch bei uns findet, wie auch in dem Abscheu vor Widersprüchen kommt nur eine defensive, kampfunlustige, auf Ruhe bedachte Haltung zum Ausdruck. Kontinuität und Diskontinuität – jede an ihrer richtigen Stelle. Kontinuität zwischen Generationen wäre falsch. Konti-

nuität aber des Kampfes, der natürlich seinen Sinn und Inhalt ändert, bedeutet Kontinuität an der rechten Stelle.«

Aus: Jürgen Kuczynski: Dialog mit meinem Urenkel. Neunzehn Briefe und ein Tagebuch, Berlin – Weimar 1983, S. 44 f.

Im wachsenden Stellenwert der Kirche spiegelte sich in diesen Jahren der endgültige Einflußverlust der FDJ wider. Im gleichen Maße, wie der Einfluß der FDJ auf die Jugendlichen abnahm, stieg die Anerkennung für kirchliche Initiativen. Dies bezog sich nicht auf die klerikale Arbeit der Kirchen. Gemeint war die Jugendarbeit »vor Ort«, waren die Aktivitäten der Jungen Gemeinden, die unkonventionellen Handlungen der jungen Pfarrer.
FDJler, die gar nichts mit dem christlichen Glauben verband, fanden hier die Diskussionsatmosphäre, die sie in ihren Kreisen so schmerzlich vermißten, und Themenangebote, die für offizielle Veranstaltungen in der DDR undenkbar erschienen.

Warum es so viele Jugendliche zur Kirche zieht

Gerlinde
»Ich war in der 10. Klasse mal GOL-Sekretärin von der Schule, und das ist von der FDJ so ziemlich die höchste Funktion als FDJler, und war parallel dazu in der Jungen Gemeinde und habe versucht, so ein bißchen was da einzubringen von Themen von der Gemeinde oder Gespräche, oder Probleme so in die Gruppe zu bringen, und hatte damals noch das Glück, daß mein FDJ-Sekretär auch von der Jungen Gemeinde war. Das war wirklich nur ein Minimum, was wir da irgendwie verwirklichen konnten, aber es lief nicht so schlecht. Wenn ich als Christ in einer Gruppe unter Christen bin, ist es nicht so wichtig, als Christ aufzutreten, viel wichtiger für mich ist, Außenstehenden begreiflich zu machen, was ich eigentlich will. Auf meiner Arbeitsstelle wissen das nicht so viele. Man hat mich nicht danach gefragt, und wir haben auch kaum Gespräche gehabt. Aber in der Schule z. B. war es so, daß es viele wußten, und sie wußten auch, daß ich GOL-Sekretärin war und parallel dazu in die Junge Gemeinde ging. Da gab es zwar auch manchmal ein bißchen Ärger, und man hat mich so ein bißchen vor die Alternative gestellt; ich soll mich nun entscheiden zwischen dem Junge-Gemeinde-Zeichen und dem FDJ-Zeichen. Und da habe ich versucht zu artikulieren, daß es für mich auch zu vereinbaren geht, und das ging auch. Für meinen Teil kann ich sagen, daß ich mich nicht irgendwie anders fühle, daß es für mich irgendwie eine gewisse Alternative war, was sich aber jetzt gewandelt hat. Ich fühle mich jetzt mittendrin unter den anderen, und ich glaube auch, daß ich das, woran mir liegt und was ich denke, so auch anderen Leuten gegenüber verständlich machen kann, obwohl ich genau weiß, daß es öfter ein paar Schwierigkeiten gibt.«

Aus: Haase/Reese/Wensierski (Hrsg.): VEB Nachwuchs. Jugend in der DDR, Reinbek 1983, S. 88.

Verheerend wirkte sich die Ablehnung von Perestroika und Glasnost bei der Jugend aus. Bereits 1986 schwenkte Honecker auf einen Kurs ein, der das Beispiel der Sowjetunion entwertete und nur noch den nationalen Kurs der SED als »zukunftsweisend« propagierte. Das neue Denken sollte für die DDR nicht gelten. Im Jugendverband nahmen die Verantwortlichen die entsprechenden Richtlinien wie »Apparatschiks« auf. Sie demonstrierten Verständnis oder »eigneten« sich die Richtlinien »an«. Nur wenige verfielen ins Grübeln, was oft in Ratlosigkeit mündete. Keiner brachte den Mut auf, zu widerstehen und gegensätzliche Meinungen einmal offen zu äußern. Sie glaubten tatsächlich, sie hätten viel zu verlieren.

Notiz Eberhard Aurichs über Bemerkungen Erich Honeckers in der Sitzung des ZK-Sekretariats am 21. Januar 1987

»Weil Du [Eberhard Aurich] gerade da bist, noch einige Bemerkungen. Du fährst doch zum Komsomolkongreß. Ich habe gestern Genossen Dobrynin gesagt, was in der Sowjetunion gemacht wird, ist ihre Sache. Wir haben nicht die Absicht, neben der FDJ andere Organisationen zu gründen.
Zweitens: Wir haben doch 13 000 Leute beim Gasleitungsbau in der UdSSR. Sie arbeiten unter schweren Bedingungen, im Sommer bei 40 Grad plus, im Winter dasselbe unter Null. Sie sind jetzt kritisiert worden, weil in der DDR die Sowjetunion so idealisiert werde. Ich habe darauf geantwortet: Wir haben schon zur Sowjetunion gehalten, da lief man dort noch in Bastschuhen.
Drittens: Das betrifft die schöpferische Arbeit bei uns, die Jugendbrigaden und Jugendforscherkollektive, politisches Lied usw. Ich habe gesagt, wir haben die Jugend als Stoßtrupps der Durchsetzung der Schlüsseltechnologien eingesetzt.
Und viertens: Der Enkelvergleich. Natürlich sagen die Jugendlichen, ihr (die Alten) habt im Vaterländischen Krieg gekämpft, dafür danken wir euch, aber wir wollen heute tanzen und denken, was wir wollen.

Ich habe gesagt, ich habe auch Enkel: Neulich wurde ich von ihm interviewt: Genosse Honecker, was sagst Du zu den Ausfällen Kohls gegen die DDR? Das ist ein Dummkopf. Aber, Genosse Generalsekretär, in der Zeitung hast Du geschrieben, daß Du für gute Beziehungen bist. Aus Friedensgründen! Dann hat er mich noch nach der Zukunft gefragt.
Das entscheidende ist doch, wie die Enkel erzogen werden. Bei uns gibt es die Oberschule und den Kindergarten, ab 7. Klasse den Polytechnischen Unterricht, mehrjährige Berufsausbildung, zum Teil mit Abitur. Genosse Gorbatschow konnte sich ja davon überzeugen . . . Bei uns gilt der alte Grundsatz: Die Lehrer lehren, die Schüler lernen. Dort gibt es jetzt aber solche Ideen, die Direktoren zu wählen. Wir halten an solchen bewährten Grundsätzen fest.
Es gibt Grundsätze des Marxismus-Leninismus, wir halten daran fest, selbstverständlich unter Beachtung konkreter historischer und nationaler Bedingungen. Wie denkst Du darüber. Oder hast Du die Absicht, die FDJ aufzulösen.
Ich habe noch daran erinnert, an meinen Besuch in der Lenin-Schule. Nun, das seien revolutionäre Zeiten gewesen, sagte Genosse Dobrynin. Sie sind auch heute revolutionär. Das solltet Ihr wissen, wenn Ihr zum Kongreß fahrt.«

Quelle: SAPMO-BArch, DY 24/AA 277.

Dieses Verhalten der Führung reizte zu deutlichen Protesten und erstem offenen Widerstand. Zu Pfingsten 1987 ergab sich die Gelegenheit für Ost-Berliner Rockfans, einem Festival auf der Freifläche vor dem Reichstagsgebäude in West-Berlin zuzuhören. Östlich des Brandenburger Tores kamen an die 3000 Jugendliche zusammen. Sie interessierte eigentlich nur die Rockmusik, aber der Einsatz von Polizei und Sicherheitskräften in Zivil provozierte politischen Protest. Die Massen sangen die »Internationale«, riefen »Die Mauer muß weg« und »Wir wollen Freiheit«.
Die Jugendlichen gerieten mit den Uniformierten aneinander. An diesem und am nächsten Abend gab es zahlreiche Verhaftungen. Die Zwischenfälle ließen in den Chefetagen der DDR die Alarmglocken schellen. Doch der FDJ-Zentralrat suchte nicht nach den realen Ursachen der gesellschaftlichen Konfliktlage, er fand sie wie eh und je im Westen und in »negativen Elementen« zu Hause.[205]

»Interner Standpunkt« des Zentralrats der FDJ zu den Pfingst-Vorkommnissen 1987 in Berlin

»Am 10. Juni nahm das Sekretariat des Zentralrats der FDJ zu den Vorkommnissen über Pfingsten 1987 im Zusammenhang mit der Durchführung von Rockkonzerten in Westberlin Stellung und beriet über sich daraus ergebende Schlußfolgerungen für die Tätigkeit der FDJ.
Der 1. Sekretär des Zentralrats der FDJ, Eberhard Aurich, informierte zu Beginn über die von der Volkspolizei festgestellten Tatbestände: Am 6./7. und 8. 6. 1987 versammelten sich mehrere hundert Jugendliche (von Tag zu Tag mehr) in der Nähe des Brandenburger Tores/Unter den Linden, um Rockkonzerten in Westberlin zuzuhören. Im Verlaufe der Abende kam es durch einzelne Jugendliche zu provokatorischen Äußerungen und durch Westreporter initiierte Eskalation der Stimmung. Dies veranlaßte die VP, die Ansammlung aufzulösen und einige Jugendliche zur Feststellung der Personalien vorübergehend festzunehmen. Unter dem Publikum befanden sich von Tag zu Tag mehr Schaulustige sowie offensichtlich auch Bürger Westberlins, wie durch Mitarbeiter der FDJ beobachtet wurde (außergewöhnlich starkes Parken von Westberliner Pkw), in der Nähe des Ortes.
Bewertung der Vorkommnisse:
Es handelte sich eindeutig um eine gezielt organisierte Provokation gegen die DDR, ihre auf Dialog gerichtete Friedenspolitik und speziell gegen die Jugendpolitik. [. . .]
Es zeigte sich, daß unter bestimmten Bedingungen RIAS II und andere Medien in der Lage sind, im Zusammenspiel mit feindlichen Kräften in der DDR (Eppelmann/Hirsch) ein bestimmtes negatives Potential zu mobilisieren sowie andere Jugendliche zu interessieren.
Welche Bedingungen konnten genutzt werden?
1. Ein äußerst geschickt gewählter Ort, der eine Präsenz der FDJ aus politischen Gründen nicht ermöglicht und die Sicherheitskräfte zu umsichtigstem, aber notwendigem Handeln zwingt (Schutz der Staatsgrenze).
2. Ungefestigte politisch-ideologische Überzeugungen *bei einem geringen Teil von Jugendlichen*
– ungenügend klassenmäßige Position zur BRD mit nationalistischer Tendenz (›Mauer weg!‹, ›Deutschlandlied‹);
– ungenügendes Verhältnis zur Staatsmacht (›Bullen‹);
– demagogische Verwirrung im Zusammenhang mit innenpolitischer Entwicklung in der Sowjetunion (›Völker, hört die Signale‹, ›Gorbatschow‹, ›Internationale‹); siehe auch gegenwärtiger Aufputz von Udo Lindenberg mit ›Hammer und Sichel‹ und ›CCCP‹;
– Unklarheiten in Menschenrechtsfragen;

– ›Fanverhalten‹, keine Diskussionsbereitschaft, Einfluß der westlichen Rockmusik.
3. Kontakte der Westmedien zu bestimmten negativen politischen Kräften in Berlin.
4. Geschicktes Nutzen, daß zu Pfingsten kein vergleichbares zugkräftiges Ereignis stattfand (wobei es unter den beschriebenen Konstellationen auch kein vergleichbares Ereignis gibt!).
5. Der Schwerpunkt der FDJ lag Pfingsten in Gera (Führung der FDJ komplett in Gera, Apparat des Zentralrats bis auf Diensthabende in Gera, Jugendhochschule in Gera, 4 Sekretäre der Bezirksleitung Berlin in Gera, 1. Kreissekretäre in Gera).
Eine Lageeinschätzung durch den Zentralrat und FDJ-Bezirksleitung drei Tage vorher ergab keine Notwendigkeit, diese Entscheidung grundsätzlich zu verändern. Der politische Dienst wurde gewährleistet, Agitatoren waren im Einsatz. Es erfolgte keine Mobilisierung des FDJ-Aktivs in Berlin, obwohl dazu die FDJ-Leitungen in der Lage gewesen wären.«

Quelle: SAPMO-BArch, DY 24/AA 88.

Pyrrhussieg: Honecker in Bonn

1987 wurde zu einem der wichtigsten Jahre in den Beziehungen der DDR zur Bundesrepublik. Nach vielen Schwierigkeiten und erneuerten Moskauer Einwänden kam Honeckers Besuch in Bonn und verschiedenen Bundesländern im September doch zustande. Die Reise des SED-Generalsekretärs und seine politischen Gespräche waren für ihn persönlich zweifellos der Höhepunkt seiner politischen Laufbahn und seiner Bemühungen um die Anerkennung der DDR als gleichberechtigter deutscher Staat.
In seiner saarländischen Geburtsstadt Neunkirchen ließ er sich zu der Bemerkung hinreißen, daß der Tag kommen werde, *»an dem Grenzen uns nicht mehr trennen, sondern vereinen, so wie uns die Grenze zwischen der Deutschen Demokratischen Republik und der Volkrepublik Polen vereint«*[206]. Daran knüpften sich Spekulationen und Hoffnungen insbesondere junger DDR-Bürger auf Westreisemöglichkeiten. Aber zu grundsätzlichen Änderungen in der Reisegenehmigungspraxis kam es nicht.

Information Eberhard Aurichs an Egon Krenz vom 8. September 1987 über Meinungsäußerungen von FDJ-Mitgliedern zum offiziellen Besuch Erich Honeckers in Bonn:

»[. . .] Dominierend ist die Auffassung, daß der Besuch ein Erfolg der beharrlichen Dialogpolitik der DDR ist und einen wichtigen Beitrag zur Friedenssicherung leisten wird. Dem persönlichen Wirken des Genossen Erich Honecker wird dabei hoher Wert beigemessen.
So kommt zum Ausdruck, daß
– beide Staaten an der Trennlinie zwischen den Gesellschaftssystemen und militärischen Blöcken besondere Verantwortung für Abrüstungsschritte und vertrauensbildende Maßnahmen haben. Große Bedeutung wird der Bekräftigung der beiderseitigen Erklärung, daß von deutschem Boden nie wieder Krieg ausgehen darf, und der Erklärung des Bundeskanzlers zu den Pershing-1a-Raketen beigemessen.
– die Gestaltung der Beziehungen, wie es zwischen zwei souveränen Staaten üblich ist, Einfluß ausübt auf die Berechenbarkeit der politischen Situation in Europa und die effektivere Zusammenarbeit beider Staaten im gegenseitigen Interesse.
Weitverbreitet herrscht Stolz über die praktische Anerkennung der DDR als souveränem Staat, was im Zustandekommen des Besuches sowie in seinem Ablauf gesehen wird.
Bei einigen Jugendlichen entstehen daraus Fragen, ob der Besuch zur Respektierung der DDR-Staatsbürgerschaft und zur Beseitigung der Erfassungsstelle Salzgitter führen kann.
Einzelne Jugendliche bringen Unverständnis und Ablehnung dazu zum Ausdruck, daß Bundeskanzler Kohl in Anwesenheit von Genossen Erich Honecker das Wiedervereinigungsziel der BRD bekräftigte. Demgegenüber wird hervorgehoben, daß Genosse Erich Honecker gemeinsame Anknüpfungspunkte in den Vordergrund stellte.
Einzelne Fragen richten sich auf Diepgens Anwesenheit beim Empfang des Bundeskanzlers für Genossen Erich Honecker.
Erwartungen, die mit den Ergebnissen des Besuchs verknüpft werden, richten sich bisher
– vor allem auf eine weitere Verstärkung des Reiseverkehrs in die BRD, darunter mit ›Jugendtourist‹;
– auf die Intensivierung der Wirtschaftsbeziehungen mit Auswirkungen auf das Konsumgüterangebot in der DDR;
– auf gemeinsame Vorhaben im Umweltschutz;
– auf die Erweiterung des Kulturaustausches.
[. . .]«

Quelle: SAPMO-BArch, DY 24/E 13108.

Die Beziehungen der SED zur SPD erreichten mit dem Dokument »Der Streit der Ideologien und die gemeinsame Sicherheit« vom August 1987 eine neue Ebene. Brisant waren für die SED besonders jene Passagen, in denen sich die ostdeutschen Kommunisten und die westdeutschen Sozialdemokraten gegenseitig zugestanden, sowohl reform- wie friedensfähig zu sein.[207] Die geforderte »Kultur des politischen Streits« in der künftigen ideologischen Auseinandersetzung verwirrte die alten Kader in der DDR vollständig. Sowohl Mitglieder der SED als auch oppositionelle Kritiker der SED-Herrschaft beriefen sich auf die Positionen des Dokuments, wenn sie kontroverse Meinungen äußerten. Schon im Oktober 1987 sah sich deshalb der ZK-Sekretär für Ideologie, Kurt Hager, genötigt, solche Auslegungen des Papiers zu dementieren.

Offensichtlich hatte die Parteiführung die innenpolitischen Folgen der unterschriebenen Positionen falsch eingeschätzt. Die Partei- und Staatsmacht zeigte sich unversöhnlich; der Repressionsapparat wurde mobilisiert. Die letzte Chance, das politische System zu öffnen und damit zu stabilisieren, wurde so vertan.

Die gesellschaftlichen Widersprüche waren nicht mehr zu kitten. Besonders auf wirtschaftlichem Gebiet kündigte sich das Desaster an. Die Ökonomie stagnierte, die Ausrüstung der Betriebe war verschlissen, die ökologischen Probleme weiteten sich aus, der technologische Rückstand nahm beträchtliche Ausmaße an. Das veraltete Kommunikationsnetz war den Anforderungen der modernen Wirtschaft ebensowenig gewachsen wie das Verkehrswesen. Wenn ein Loch gestopft wurde, riß man das nächste auf. Auch nach vierzig Jahren konnte eine stabile Versorgung der Bevölkerung nicht gewährleistet werden.

Die vielbeschworene Sozialpolitik schuf keinen Ausgleich. Doch die Zeiten waren vorbei, in denen die Menschen in der DDR und insbesondere die Jugend diese Zustände als unabänderlich hinnahmen. Verzweifelt verlangte auch die FDJ-Führung von ihren Mitgliedern mehr Verständnis für die komplizierte Lage. Die Jugendlichen sollten nicht immer nur neue Forderungen stellen, sondern sich auf die Grundwerte besinnen, die der Sozialismus geschaffen habe. Die politischen und ökonomischen Probleme der Gesellschaft waren aber nicht mehr wegzureden. Die DDR-Jugend erlebte die tiefste gesellschaftliche Krise ihres Staates. Wie würde sie darauf reagieren?

Agonie und Untergang (1988–1990)

VII

Endzeitsymptome

Scheinbar ging auch in den späten achtziger Jahren alles »seinen Gang«. Die FDJ konstatierte in schöner Regelmäßigkeit eine stabile politische Lage unter den Jugendlichen. Die Verbandsarbeit sei erfolgreich, anstehende Probleme würden »einer Lösung zugeführt«. Das »neue Denken« in Moskau, das seit Herbst 1985 zunächst auf außenpolitischem Gebiet sichtbar geworden war, hinterließ in der DDR kaum Spuren. Alles sei in Ordnung, hieß es, und in Anlehnung an eine der für Erich Honecker typischen Redewendungen: Das Erreichte ist noch nicht das Erreichbare. Die von Glasnost und Perestroika ausgehenden Impulse wurden zunächst ignoriert, später zunehmend bekämpft. Das SED-Politbüro diktierte weiterhin, was zu geschehen hatte, und der FDJ-Zentralrat gehorchte, wie seit vielen Jahren und trotz einiger intern geäußerter Bedenken.
Der Verband formulierte in seinen Beschlüssen und Direktiven keinerlei eigene Standpunkte. Er vermied es lediglich, der Pro-Gorbatschow-Stimmung der DDR-Jugend offen und frontal entgegenzutreten. Die Situation in der UdSSR wurde so vorwiegend unter dem Blickwinkel von Skepsis und Zweifeln betrachtet. Die »Umgestaltung« in der UdSSR konnte die DDR-Jugend doch nur verwirren und in die Arme des »Klassenfeindes« treiben.

Vorlage für das SED-Politbüro vom 29. Januar 1988: Information des Zentralrats der FDJ über Versuche des Klassenfeindes, verstärkt politisch-ideologischen Einfluß auf die Jugend zu nehmen

»[. . .] *Welche hauptsächlichen aktuellen Erscheinungen kennzeichnen die Wirkungen gegnerischer Ideologien unter Teilen der Jugend?*
[. . .] In zunehmendem Maße werden antisozialistische Ideologien bei einem Teil der Jugendlichen in dekadentem, asozialem und rowdyhaftem Verhalten sowie Handlungen gegen die sozialistische Staatsordnung sichtbar.
Es ist dabei eine sehr personenbezogene differenzierte Einschätzung erforderlich, weil sich die Vorliebe für eine bestimmte Moderichtung bei vielen Jugendlichen mit antisozialistischem Verhalten bei nur einigen Jugendlichen mischt.
Die Vorliebe für einzelne Musikstile ist zu unterscheiden von politischen und moralischen Verhaltensweisen in einzelnen Gruppierungen.
Gruppierungen haben in der Regel einen sogenannten harten Kern und einen größeren Kreis von Sympathisanten, die sowohl in ihrem Äußeren als auch in ihren Verhaltensweisen nicht in extremer Form in Erscheinung treten. Es gibt Jugendliche, die nur in ihrer Freizeit ihr Äußeres verändern und sich nur kurzzeitig und weniger intensiv einer Gruppierung zuwenden
Die FDJ bleibt dabei, jeden Jugendlichen vor allem an seiner Haltung und seinen Leistungen für den Sozialismus und nicht an seiner äußerlichen Erscheinung zu messen.
[. . .] Durch den westlichen Einfluß zeigen sich in der DDR unter bestimmten Teilen der Jugend auch folgende Erscheinungen, deren Anhänger sich überwiegend in Gruppierungen zusammengeschlossen haben:
Punks (übersetzt: Dreck oder Mist) [. . .]
Skinheads (übersetzt: Hautkopf, Glatzkopf). [. . .]
Heavy-metal-Fanklubs (übersetzt: Schwermetall) [. . .]
In der DDR haben sich noch andere Gruppierungen, wie z. B. der ›*Popper*‹, ›*New Romantics*‹ und ›*Gruftis*‹ herausgebildet. [. . .]
Bei allen Richtungen gibt es Abweichungen. Es gibt auch Verwischungen zwischen den einzelnen Gruppierungen. Aufgrund der unterschiedlichen Interessen kommt es oftmals zu tätlichen Auseinandersetzungen zwischen Anhängern dieser Gruppen.
Die Zuwendung zu westlichen Massenmedien ist in allen Richtungen stark ausgeprägt. Bestimmte feindliche Parolen und Leitsprüche werden übernommen und nachgeahmt.
Trotz intensiver gegnerischer Einwirkung hat die Zahl der Anhänger solcher Erscheinungen und Gruppierungen nicht wesentlich zugenommen. Festzustellen sind jedoch größere Brutalität und Gewaltanwendung in der Öffentlichkeit, insbesondere bei den ›Skinheads‹ und ›Heavy-metal‹-Anhängern. Die Anhänger isolieren sich durch ihr aggressives Verhalten und ihr Aussehen weitge-

hend von der Umwelt. Die Mehrzahl der Jugendlichen lehnt diese Gruppierungen ab, ohne jedoch bereits offen dagegen aufzutreten. [. . .]
Schlußfolgerungen
[. . .] Konsequent müssen alle – auch die kleinsten Erscheinungen von Neofaschismus, von Antisemitismus, von Ausländerhaß und von Rowdytum unterbunden werden. Es ist zu sichern, daß *alle* Jugendlichen von der politisch-ideologischen Arbeit erfaßt werden.
Auf der Grundlage dieses Beschlusses sind durch alle Kreisleitungen der FDJ Maßnahmen auszuarbeiten, wie abgestimmt mit den örtlichen staatlichen Organen und gesellschaftlichen Organisationen einheitlich und koordiniert intensiver Einfluß auf Jugendliche genommen wird, die sich unserem Wirken entziehen, insbesondere auf Anhänger
– von negativen Erscheinungen, wie Punker, Skinheads, fanatisierte Heavy-metal-Anhänger und dergleichen, sowie von
– ›Friedens-, Öko- und alternativen Gruppen‹, die mit konterrevolutionären Zielen unter dem Deckmantel der Kirche tätig sind.
Das Ziel dieser Maßnahmen muß sein, die Gruppierungen und Gruppen aufzulösen, die Mehrheit ihrer Anhänger für Aktivitäten der FDJ zu gewinnen und die Initiatoren zu isolieren. [. . .]«

Quelle: SAPMO-BArch, DY 30/IV 2/2039/58.

Im Verlaufe des Jahres 1988 verschärfte sich die Situation in der DDR. Seit dem Spätherbst 1987, nach dem Besuch Honeckers in Bonn, wurden die »Daumenschrauben« gegen Kritiker inner- und außerhalb der SED angezogen. Mit demonstrativer Härte ging die Staatsmacht bereits im November 1987 rigoros gegen die »Umweltbibliothek« in der Berliner Zionskirchengemeinde vor. Im Januar 1988 kam es am Rand der Liebknecht-Luxemburg-Demonstration in Berlin-Friedrichsfelde zu schweren Zwischenfällen. Demonstranten mit systemkritischen Losungen wurden verhaftet. Es folgten spektakuläre Ausweisungen und Gerichtsverfahren. Die innenpolitische Lage nahm den Charakter eines permanenten Spannungszustands an.
Alarmierend war das Auftreten von Skinheads in der Öffentlichkeit. Nach spektakulären Vorfällen im Oktober 1987 kam es zu ersten Gerichtsverfahren mit in der Revision nochmals verschärften Urteilen.
Diese Ereignisse zeigten ein wachsendes jugendpolitisches Problemfeld in der DDR an. Die üblichen Integrationsmechanismen griffen offensichtlich nicht mehr. Jugendliche Neonazis, oder was man dafür hielt, waren im antifaschistischen Musterland nicht vorgesehen. Sie galten als dem Sozialismus wesensfremd. Die Skinheads erschienen so als unmittelbare Vorboten der Systemkrise.[208]

Untersuchungsergebnisse der Volkspolizei Berlin im Falle der Beschuldigten Bu., Ew., Br. und Bz. vom 5. Dezember 1987

»Zu den am 27. 11. 1987 vor dem Stadtbezirksgericht Berlin-Mitte angeklagten Bu., Ew., Br. und Bz. hat die Kriminalpolizei des Präsidiums der Volkspolizei Berlin im engen Zusammenwirken mit der zuständigen Diensteinheit der Bezirksverwaltung für Staatssicherheit Berlin folgenden staatsrechtlich relevanten Sachverhalt ermittelt und Beweismittel geschaffen:
1. Die Beschuldigten fuhren nach vorheriger gemeinsamer Absprache von der Gaststätte ›Sputnik‹ in der Greifswalder Straße mit weiteren Personen zur Zionskirche, um dort gegenüber den Besuchern eines nicht angemeldeten Punkkonzertes mit Gewalttätigkeiten vorzugehen.
2. An der Straßenbahnhaltestelle Kastanienallee/Ecke Zionskirchstraße belästigte die Gruppe dort wartende Bürger. Es wurde herausgearbeitet, daß Bu., Br. und Ew. sich aktiv beteiligten. Diese Gruppe begann die Gewalttätigkeiten mit den Rufen ›Sieg heil‹, ›Heil Hitler‹, ›Kommunistenschweine‹, ›linke Schweine‹, ›ihr kriegt jetzt was‹ und ›schlagt die Kommunistenschweine tot‹.
3. Alle vier Beschuldigten waren in einer Gruppierung vor der Zionskirche präsent, die auf die Besucher des Rockkonzertes eingeschlagen haben. Ein Teil der Gruppierung drang in die Kirche ein und ging auch hier gegen Konzertbesucher vor, darunter waren Bu., Br. und Ew. [. . .]
Auf Grund der politischen und sachlichen Wertung des Sachverhaltes wurden Ermittlungsverfahren wegen Rowdytum gemäß § 215 (1) Strafgesetzbuch gegen die vier Täter eingeleitet, weil sie begründet verdächtig waren, sich an einer Zusammenrottung beteiligt zu haben, die aus Mißachtung der öffentlichen Ordnung und der Regeln des sozialistischen Gemeinschaftslebens Gewalttätigkeiten und grobe Belästigungen gegenüber den Konzertbesuchern begingen. [. . .]
In der Verhandlung stand ein Teil der Zeugen nicht vollständig zu den vor dem Untersuchungsorgan gemachten Aussagen. Als wesentliche Ursache ist dafür die Angst vor Repressalien durch andere Skinheads zu sehen. Auf dieses Problem machte ein Teil der Zeugen bereits während der Ermittlungshandlungen aufmerksam, einzelne Personen

Demonstranten der »Kirche von unten« beim Evangelischen Kirchentag 1987 in Ost-Berlin

wollten aus diesem Grund nicht öffentlich aussagen. [. . .]«

Quelle: SAPMO-BArch, DY 30/IV 2/2039/313.

Die FDJ versuchte, mit »bewährten«, seit 40 Jahren üblichen Mitteln auf die Veränderungen und neuen Erscheinungen zu reagieren (z. B. mit der Polit-Kampagne »FDJ-Aufgebot DDR 40«). Vorfällen wie den Skinhead-Skandalen stand der Jugendverband allerdings hilflos gegenüber. Die fortwährende Schuldzuweisung auf »imperialistische Machenschaften aus der BRD« konnte keinen mehr zufriedenstellen. Angesichts des überall zu verzeichnenden Unmutes in der Bevölkerung reagierte die SED mit zunehmender Härte.

Der Fall Ossietzky-Schule

»›Lebenslänglich kein Abitur‹, bedeutete einen Ausschluß aus der Schule für Jugendliche in der DDR. Im Herbst 1988 werden Schülerinnen und Schüler der Erweiterten Oberschule (EOS) ›Carl von Ossietzky‹ in Ost-Berlin aus der Schule ausgeschlossen (relegiert). Der Anlaß: Sie haben kritische Artikel verfaßt und sie an einer von der Schulleitung genehmigten Wandzeitung veröffentlicht. Hinzu kommt eine spontan durchgeführte Unterschriftensammlung. Zwei Wochen später werden sie relegiert, weil, wie man im Ministerium für Volksbildung meint, ihr Ziel darin bestanden habe, ›durch Verbreiten gegnerischer Auffassungen eine Opposition zum Staat und zu seinen Beschlüssen innerhalb der Schülerschaft der EOS zu formieren‹. [. . .]
Was genau ist im Herbst 1988 an der Oberschule in Berlin-Pankow passiert?
Die Institutionalisierung eines öffentlichen Meinungsforums in der EOS ›Carl von Ossietzky‹ ging auf einen Vorschlag der FDJ an der Schule zurück. Der Direktor und die Parteileitung stimmten zu. Insgesamt herrschte im Vergleich zu anderen Erweiterten Oberschulen ein eher ›liberales‹ Klima. Von den übergeordneten Partei- und Verwaltungsstellen wurde die ›Speaker's Corner‹ allerdings nicht kritiklos hingenommen. Die Parteisekretärin der Schule hatte sich mit ihrer Kreisleitung, der Direktor mit der Schulbehörde auseinanderzusetzen. Eine Entscheidung fiel nicht, die ›Speaker's Corner‹ wurde geduldet. Zwei Jahre später gab es

auch an anderen Schulen Bestrebungen, das Modell der ›Carl-von-Ossietzky-Schule‹ zu übernehmen. SED-Bezirkssekretär Schabowski empfahl bei Schulungsveranstaltungen der FDJ das Beispiel zur Nachahmung.
Im September 1988 stellt einer der ausgehängten Diskussionsbeiträge den Sinn von Militärparaden in Frage. Der Autor, ein Schüler der 11. Klasse, reicht seinen Artikel nach positiven Reaktionen, die sowohl aus Teilen der Schüler- wie auch der Lehrerschaft kommen, als Unterschriftenliste in der Schule herum. Eine Genehmigung des Schulleiters hat er nicht eingeholt. Der Text wird von 38 der insgesamt etwa 160 Schülerinnen und Schüler spontan unterschrieben. Auf Druck der Schulleitung ziehen 30 ihre Unterschrift wenige Tage später wieder zurück. Von den übrigen acht werden auf Anweisung des Ministeriums für Volksbildung unter Mitwirkung von Partei, Lehrern, Eltern und FDJ vier relegiert, zwei werden umgeschult und zwei erhalten Verweise.«

Aus: Tilman Grammes/Ari Zühlke: Ein Schulkonflikt in der DDR. Leitfaden zum Dokumentenband. Arbeitshilfen für die politische Bildung, hrsg. von der Bundeszentrale für politische Bildung, Bonn o. J., S. 7.

Das von der SED statuierte Exempel an der »Ossietzky«-Schule konnte die Jugendlichen nicht mehr einschüchtern. Überall gärte es. In einem Bericht der Hauptschulinspektion des Ministeriums für Volksbildung an die SED- und die FDJ-Führung vom 28. Oktober 1988 hieß es:
»Die FDJ-Leitung der Klasse 9b der 9. Oberschule Berlin-Marzahn hat am 25. 10. 1988 ein Plakat folgenden Inhalts an der Klassenwandzeitung veröffentlicht: ›Woran denkt ihr, wenn ihr den Namen DDR hört?‹ Ziel der FDJ-Leitung war es, Mitschüler zur Diskussion herauszufordern. Am 26. 10. 1988 entdeckte ein Fachlehrer folgende ›Antworten‹: ›Ich will raus!‹ – ›Keine Fahrt in den Westen!‹ – ›Die Mauer muß weg!‹ – ›Mangelerscheinungen‹ – ›Ohne Beziehungen geht nichts, für Westgeld geht alles‹.
Am 26. 10. 1988 wurde die Wandzeitung durch den stellvertretenden Direktor entfernt. Anregung zu dieser Art der Herausforderung der Diskussion hatte die FDJ-Leitung durch ihren Propagandisten im FDJ-Studienjahr, Genossen Patricio Potros, erhalten, der Mitarbeiter der Bezirksleitung Berlin der FDJ ist. Auf eine Anfrage von Schülern beim Direktor der Schule, ob ›Meckerecken‹ erlaubt wären, erfolgte eine eindeutige Absage – trotzdem und mit Berufung auf die Empfehlung des Genossen der Bezirksleitung veröffentlichte die FDJ-Leitung das Plakat mit der o. g. Frage.«[209]
Der »Fall Ossietzky-Schule« löste in der DDR landesweite Solidaritätsbekundungen aus. Rund 30 Gruppen, zum größten Teil unter dem Dach der Evangelischen Kirche organisiert, forderten eine Reform des Bildungswesens. Schriftsteller und Kirchenvertreter setzten sich für die bestraften Schülerinnen und Schüler ein. Auch die westdeutschen Tageszeitungen berichteten ausführlich über den Vorfall. Die Führung der Blockpartei LDPD registrierte mit Sorge die starre Haltung ihrer »führenden Partei«. Nach einem Gespräch mit dem LDPD-Vorsitzenden Manfred Gerlach am 2. November 1988 notierte sich Eberhard Aurich:
»Auf seine Bitte empfing ich den Vorsitzenden der LDPD, Manfred Gerlach, zu einem Gespräch. Zu Beginn seiner Ausführungen informierte Manfred Gerlach darüber, daß sich das junge LDPD-Mitglied Jörg Richert (zugleich Mitglied des Zentralrats der FDJ) mit einer mündlichen Eingabe an den Parteivorstand der LDPD gewandt habe. Er habe darüber informiert, daß sich viele Jugendliche an ihn als Leiter eines Jugendklubs der FDJ in Berlin gewandt und ihn gebeten haben, sich dafür zu verwenden, den Ausschluß einiger Jugendlicher von der Ossietzky-Oberschule aus der FDJ und ihre Relegierung von der EOS zu überprüfen. Manfred Gerlach habe sich daraufhin sachkundig gemacht und festgestellt, daß man sich an viele Persönlichkeiten gewandt habe und nur zum Teil Antwort erhalten habe (M. Gerlach hatte vor sich eine Zuarbeit seines Apparates, wo u. a. die Namen St. Hermlin, J. Kuczynski, E. Krenz vermerkt waren).
Manfred Gerlach sei besorgt, ob hier im Hinblick auf so junge Leute mit geeigneten Mitteln gearbeitet worden sei. Er benutzte dies als Anlaß und habe deshalb um das Gespräch ersucht, weil nach seinen Beobachtungen er befürchtet, daß die FDJ Gefahr laufe, viele Teile der Jugend nicht mehr zu erreichen. An einigen EOS werde die FDJ-Arbeit nur noch durch Lehrer zusammengehalten, viel weniger durch die FDJ-Mitglieder selbst. Ihm seien Signale bekannt, daß immer mehr informelle Gruppen entstünden.«[210]
Die Reaktion der DDR-Machtorgane auf die

Ereignisse an der Erweiterten Oberschule »Carl von Ossietzky« in Berlin-Pankow zeigte, welche Brisanz die DDR solchen Vorfällen zumaß. Verhältnismäßig geringfügige Abweichungen von der vorgegebenen »politisch-ideologischen Linie«, noch dazu von einigen wenigen Schülern, wurden mit scharfen Sanktionen beantwortet. Das Volksbildungsministerium unter Margot Honecker schlug einen geradezu militanten Kurs gegen potentielle Abweichler ein, ganz im Sinne der parteiinternen Restriktionsdrohungen der SED-Führung »gegen Nörgler und Meckerer« vom Frühjahr 1988. Mit verhaltener Passivität versuchte der FDJ-Zentralrat zunächst noch, Zeit zu gewinnen. Doch die Einheitsjugendorganisation manövrierte sich Ende 1988 endgültig ins politische Abseits. Sollte die Freie Deutsche Jugend zuvor noch ein bescheidenes Ansehen unter der Jugend genossen haben, so verspielte es die Verbandsleitung zu diesem Zeitpunkt, u. a. sichtbar am Fall der »Ossietzky«-EOS und seinen regionalen Auswirkungen, endgültig und unwiederbringlich.

Information der FDJ-Bezirksleitung Berlin »über politische Ereignisse in FDJ-Kollektiven der Schuljugend und Lehrlinge« vom 8. November 1988 (Auszüge)

»[. . .] Im Zusammenhang mit den Ereignissen an der EOS ›Carl von Ossietzky‹ gibt es Aktivitäten der Schülerin der Klasse 11/1, Jeanine H. ([geb.] 1971) aus der EOS ›Heinrich Schliemann‹ in Berlin-Prenzlauer Berg. Sie ist mit dem relegierten und aus der FDJ ausgeschlossenen Kay F. befreundet. Jeanine inszenierte im direkten Kontakt zur feindlichen Gruppe eine Gesprächsrunde in der Wohnung von Kay F., um ›die Wahrheit über die EOS in Berlin-Pankow‹ zu verbreiten. Am 24. 10. 1988 fand ein solches Treffen unter Beteiligung von 5 Schülern statt. [. . .]

In enger Abstimmung mit den Leitungen der SED auf Kreis- und Bezirksebene sind Maßnahmen zur politischen Unterstützung der FDJ-Leitung festgelegt. Vor Ort wirkt besonders die Kreisvorsitzende der Pionierorganisation Prenzlauer Berg und Sekretär Schuljugend, Genossin Steffi N.

Alles wird zielgerichtet so geleitet, daß Zuspitzungen vermieden werden und in den FDJ-Kollektiven offen und kameradschaftlich prinzipielle politische Diskussionen geführt werden.

Tangiert wird dieses Problem auch von Handlungen einzelner Kräfte der Kirche. Am 28. Oktober 1988 kam es in der Zionskirche zu einem sogenannten ›Informationsgottesdienst‹, an dem neben den Eltern der relegierten Schüler auch weitere 300 Bürger teilnahmen. Hier wurde unter anderem dazu aufgerufen, sich mit den Schülern der EOS ›Heinrich Schliemann‹ zu solidarisieren.

Am 4. November 1988 fand in der Gethsemane-Kirche in Berlin-Prenzlauer Berg eine ähnliche Veranstaltung statt, an der etwa 100 Menschen teilnahmen. Hier spielte o. g. EOS zwar keine direkte Rolle; dennoch wurde durch den Pfarrer geäußert, das Problem der unrechtmäßigen Behandlung der Pankower Jugendlichen der ›Friedensdekade der evangelischen Kirche‹ erneut vorzutragen.

[. . .] In der 33. POS in Berlin-Prenzlauer Berg kam es in den letzten Tagen zu heftigen Diskussionen im Zusammenhang mit der Erarbeitung einer neuen Hausordnung, die durch den Direktor in Kraft gesetzt wurde.

Die Lehrer der 8. Klasse K. und der 10. Klasse B. (beide SED) wiegelten Schüler auf, eine Reihe von Veränderungen zur Hausordnung vorzutragen. [. . .]«

Quelle: SAPMO-BArch, DY 24/AA 487.

Die Reaktionen auf das Verbot der deutschsprachigen sowjetischen Monatszeitschrift »Sputnik« setzten ein deutliches Zeichen für den Stimmungsumschwung, mit dem es die Partei und der Jugendverband nun zu tun bekam.

Am 19. November 1988 war aus den Tageszeitungen der DDR zu erfahren gewesen, daß das vielgelesene sowjetische Digest von der Postzeitungsliste gestrichen sei. Die kurze Begründung enthielt die Behauptung, der »Sputnik« brächte *»keinen Beitrag, der der Festigung der deutsch-sowjetischen Freundschaft dient, statt dessen verzerrende Beiträge zur Geschichte«*. Einige Tage später, am 24. November, mußte die Wiedergabe eines Kommentars aus der Düsseldorfer DKP-Zeitung »Unsere Zeit« im SED-Zentralorgan dazu herhalten, den *»vielen Fragen und heftigen Reaktionen«* in der Bevölkerung zu begegnen. Am 25. November wandte sich ein redaktioneller Leitartikel im ND *»Gegen die Entstellung der historischen Wahrheit«*.

Gleichzeitig mit dem »Sputnik«-Verbot wurden fünf sowjetische Spielfilmproduktionen, die sich kritisch, aus antistalinistischer Sicht, mit der Geschichte der Sowjetunion nach der Oktoberrevolution von 1917 beschäftigten, so »Die Kommissarin«, »Und morgen war Krieg« oder »Der kurze Sommer des Jahres 1953«, in der DDR vom Spielplan abgesetzt, obwohl sie offi-

ziell im Rahmen des »17. Festivals des sowjetischen Films« angelaufen waren.
Was eigentlich hatte den Unwillen des SED-Generalsekretärs erregt? Honecker persönlich ordnete das »Sputnik«-Verbot an. Das Oktober-Heft der Moskauer Zeitschrift befaßte sich in seiner deutschsprachigen Ausgabe mit dem Thema »Stalin und der Krieg«. Sechs größere Artikel rechneten mit dem Generalissimus und seiner Rolle vor dem Zweiten Weltkrieg und während des Krieges ab. Ausführlich wurde dargestellt, wie der Georgier die sowjetische Armeeführung in den dreißiger Jahren dezimiert hatte, welche Sorglosigkeit gegenüber Warnungen vor Hitlerdeutschland an den Tag gelegt worden war und welche historische Bewertung dies alles heute erfahren müsse. Die Quintessenz lautete: *»Den Krieg hat das Volk gewonnen.«*
In der deutschen Übersetzung wurde mit Zwischenüberschriften besonders herausgestellt, daß die KPD mit ihrer von Stalin ausdrücklich unterstützten Sozialfaschismustheorie, die die Sozialdemokratie zum »Hauptfeind« erklärte, Schuld an der »Machtergreifung« Hitlers auf sich geladen habe und daß ohne Stalin Hitler gar nicht möglich gewesen wäre. Honecker zeigte sich entsetzt.
Eine vom Zentralrat der FDJ zusammengestellte »Information über erste Reaktionen von Jugendlichen auf die Mitteilung über das Streichen der Monatszeitschrift ›Sputnik‹ von der Postzeitungsliste« konstatierte: *»Die Mitteilung der Pressestelle des Ministeriums für Post- und Fernmeldewesen der DDR stieß bei den Jugendlichen aller Bereiche auf Unverständnis und löste Diskussionen aus. Diese reihen sich in die Debatten zu Fragen des Verhältnisses von Demokratie und Machtausübung, von Demokratie und eigener Mitwirkung ein. Die Einstellung des ›Sputnik‹-Vertriebes wird oft zum Anlaß genommen, um Grundsatzfragen zur Politik von Partei und Regierung aufzuwerfen.«* Weiter hieß es: *»Der Partei- und Staatsführung mangele es offensichtlich an Vertrauen gegenüber der DDR-Bevölkerung.«*[211] Heftige Reaktionen gab es vor allem an den Universitäten, Hoch- und Fachschulen. FDJ-Grundorganisationen an der Friedrich-Schiller-Universität Jena, der Ernst-Moritz-Arndt-Universität Greifswald, der Karl-Marx-Universität Leipzig oder der Fachschule für Klubleiter Meißen protestierten gegen die Verbote und richteten Eingaben an den Zentralrat. ZK-Sekretär Egon Krenz wurde am 16. Januar 1989 von Eberhard Aurich darüber informiert, daß eine umfassende Beschwerde der FDJ-Organisation am Forschungszentrum Mikroelektronik Dresden in Berlin eingegangen sei. Darin hieß es u. a.: *»Wir geben unserer Hoffnung Ausdruck, daß der* Sputnik *wieder erscheint oder fundiert an mehreren Heften nachgewiesen wird, daß er politisch nicht mehr tragbar ist. Dieser Nachweis dürfte von dem Charakter des* Sputnik *als Digest der sowjetischen Presse her sehr schwierig werden, solange die Zeitschriften, woher er seine Beiträge nimmt, weiter in der DDR vertrieben werden.«*[212] Auch die Spielfilmverbote wurden heftig kritisiert.
Ein stellvertretender Abteilungsleiter des Zentralrates sei in die sächsische Metropole entsandt worden. Er habe nach einer großen Aussprache mit Partei- und Jugendverbandsfunktionären verschiedener Leitungsebenen am 12. Januar 1989 in Dresden melden müssen, *»daß [. . .] keine grundlegenden Veränderungen im Denken vieler Freunde eintraten«.*[213] Allerdings habe er die FDJ-Leitung des Betriebes auf die Propagierung des *»Klassenstandpunktes«*, ein festes *»Vertrauen«* in die SED und die Bedeutung der *»Planerfüllung«* orientiert. Doch derart hohle Phrasen beeindruckten damals selbst die eigenen Verbandsfunktionäre an der Basis nicht mehr.

Eingabe der FDJ-Leitung der Sektion Theologie, Universität Jena, an den FDJ-Zentralrat vom 21. November 1988 betreffs der Presseberichterstattung über den Besuch Nicolae Ceauşescus in der DDR und einer fehlenden Stellungnahme der FDJ zur Situation in Rumänien

»Mit Befremden und Erschrecken nahmen wir, die FDJ-Leitung der Sektion Theologie an der F[riedrich-]S[chiller-]U[niversität] Jena, die Berichterstattung über den Besuch Nicolae Ceausescus in der DDR im Organ der FDJ ›Junge Welt‹ zur Kenntnis. Wir vermissen in allen Berichten eine kritische Stellungnahme zur realen wirtschaftlichen, politischen und sozialen Lage in der S[ozialistischen] R[epublik] Rumänien. Unsere eigenen Erfahrungen, die wir bei Aufenthalten in Rumänien und in Gesprächen dort gesammelt haben, decken sich nicht mit den Informationen, die wir der ›Jungen Welt‹ vom 18. und 19. 11. 88 entnehmen können.

Es fehlen u. a. Berichte über:
- die katastrophale Versorgungslage, die ihre Ursache in der Diskrepanz zwischen Wirtschafts- und Sozialpolitik hat,
- das autoritäre und repressive politische System, das nicht unseren Vorstellungen einer sozialistischen Demokratie entspricht,
- die Verletzung der Rechte nationaler Minderheiten,
- krasse Einschränkungen der Möglichkeiten rumänischer Bürger zur Begegnung und Kontaktaufnahme mit Menschen anderer Länder (z. B. keine Möglichkeit der Einladung rumänischer Bürger in die DDR, Verbot privater Übernachtungen für Ausländer).

Da wir diese Kluft zwischen Realität und Information feststellen, fühlen wir uns mit unseren eigenen Erfahrungen in der Berichterstattung der ›Jungen Welt‹ nicht vertreten. Daraus ergeben sich zwei generelle Anfragen an Sie:
1. Warum bezieht die FDJ zur Situation in Rumänien keine eigene kritische Position?
2. Wir erleben täglich, daß die Informationsmöglichkeiten der DDR-Bürger einschneidend beschränkt werden – jüngstes Beispiel ist das Verbot der sowjetischen Zeitschrift ›Sputnik‹. Deshalb stellt sich uns auch in diesem Zusammenhang die Frage:
Warum trägt die FDJ durch ihre Medien nicht zu einer korrekten und verantwortungsbewußten Information der DDR-Bevölkerung, insbesondere der Jugendlichen, bei?
Wir bitten zur Klärung dieser Fragen um ein Gespräch mit einem kompetenten Vertreter des Zentralrates der FDJ!«

Quelle: SAPMO-BArch, DY 24/AA 231.

Reaktionen von FDJ-Mitgliedern und -Grundorganisationen im Hochschulbereich auf das »Sputnik«-Verbot, November/Dezember 1988

»[. . .] An der Friedrich-Schiller-Universität Jena erscheinen trotz der Aussprachen durch die U[niversitäts-]P[artei-]L[eitung] und FDJ-Leitung mit den Sektionssekretären verschiedene Briefe, die vor allem das Problem der Streichung des ›Sputnik‹ von der Vertriebsliste betreffen. [. . .]
1. Die FDJ-Leitung der Sektion Theologie der Friedrich-Schiller-Universität gab am 23. 11. 1988 mittags in der G[rund-]O[rganisations]-Leitung einen Brief an den Zentralrat der FDJ ab, der zu diesem Zeitpunkt bereits abgesandt war. In diesem Brief wird Unverständnis und Unmut über die Entscheidung zum ›Sputnik‹ geäußert und Empörung zu der Art der Berichterstattung in der ›Jungen Welt‹ über den Aufenthalt von Nicolae Ceausescu ausgedrückt, da diese Meldungen im Gegensatz zur realen Situationin der SR Rumänien stünden. Die Theologiestudenten fordern eine Stellungnahme der FDJ dazu. Dieser Brief wurde als Eingabe abgesandt.
2. Vor allem in der Sektion Sprachwissenschaft ist trotz der gemeinsamen Beratung der UPL und der GOL mit den Funktionären der Sektionen das allgemeine Gären unter Studenten und Lehrkräften mit auffälligen Aktivitäten verbunden. Der FDJ-GO-Leitung und damit dem Sekretär für Studenten der Bezirksleitung der FDJ Gera liegt ein Brief an Eberhard Aurich vor, der noch nicht abgesandt ist. In diesem Brief geht es um die Streichung des ›Sputnik‹. Eberhard Aurich und die verantwortlichen Genossen im ZK der SED werden um Antwort gebeten. Bei Revidierung der Entscheidung zum ›Sputnik‹ würde sich, so der Briefinhalt, die Antwort erübrigen. Da es am Montag nachmittag in dieser Sektion verschiedene spontane Protestbriefe, verbunden mit Unterschriftensammlungen gab, hat die AO-Leitung diese verschiedenen Aktivitäten in Form des jetzt vorliegenden Briefes ›kanalisiert‹. Der Brief ist vom A[bteilungs-]O[rganisations]-Sekretär unterzeichnet.
3. Der Sekretär der AO-Leitung der FDJ in der Sektion Literatur- und Kunstwissenschaften gab in der GO-Leitung einen Briefentwurf an den Zentralrat der FDJ ab, der in der AO-Leitung verfaßt wurde. Auch hier wird die Hoffnung ausgedrückt, daß die Streichung durch die Regierung zurückgenommen wird. Der Zentralrat der FDJ wird als Interessenverteter aufgefordert, mit aller Konsequenz darauf hinzuwirken. [. . .]
Generell sind viele Diskussionen in diesen Tagen von Unverständnis für die Entscheidung, den ›Sputnik‹ nicht mehr zu vertreiben, gekennzeichnet. Die Funktionäre in den Gruppen und Grundorganisationen beziehen im wesentlichen die gleichen Positionen wie ihre Freunde. Hauptamtliche Funktionäre sind nach Diskussionen bereit, die Entscheidung zu vertreten, äußern jedoch, daß ihnen die Argumente bzw. sogar das persönliche Verständnis dafür fehlen. Viele Funktionäre sagen, daß mehr Freunde die Entscheidung anerkennen würden, wenn es über die Medien oder die Parteistrukturen ausführliche inhaltliche Begründungen für die Einstellung des Vertriebes gegeben hätte. Die Äußerungen von Mitgliedern und Funktionären konzentrieren sich auf folgende Positionen:
1. Werden wir für unreif, unfähig gehalten, uns inhaltlich mit den Artikeln auseinanderzusetzen?
2. Das Nichtvertreiben von sowjetischen Zeitschriften ist der DSF abträglicher als der Inhalt des Sputniks.
3. Es erfolgt eine Öffnung hinsichtlich westlicher Massenmedien (z. B. Verkabelung von Görlitz, um Westfernsehen empfangen zu können) und im Gegensatz dazu eine Abschottung gegenüber Offenheits- und Umgestaltungsdiskussion in der SU.
4. Die Diskussion zu Fragen der Entwicklung in der SU muß nun fast ausschließlich auf der Grundlage

von Informationen aus den westlichen Medien geführt werden. (Die Studenten wollen sie führen.)
5. Es gibt große Lücken in der Geschichtsaufarbeitung in der DDR und der UdSSR. Der ›Sputnik‹ leistet einen äußerst wichtigen Beitrag auf diesem Gebiet. [. . .]
Der 2. Sekretär der Kreisleitung der FDJ der Karl-Marx-Universität Leipzig informierte am 22.11.1988 telefonisch, daß an der Universität ›totales Unverständnis über die Entscheidung herrsche‹, weder FDJ-Funktionäre noch Genossen in der Lage seien, die Entscheidung zu begründen oder zu erklären und auch die Genossen der Kreisleitung der SED keine Argumente geben könnten.
Der stellvertretende GO-Sekretär der Handelshochschule Leipzig teilte am 22. 11. 1988 telefonisch mit, daß es breite Diskussionen zum ›Verbot des Sputnik und zum Absetzen bestimmter sowjetischer Filme in den Kinos‹ gäbe. Die Parteileitung könne in der Situation keine Unterstützung geben. Als Reaktion würden FDJ-ler bereits aus der DSF austreten. [. . .]
Am 23. 11. 1988, 10.40 Uhr informierte der 1. Sekretär der Bezirksleitung Rostock, Frank Bernig, fernschriftlich darüber, daß an der Moritz-Arndt-Universität Greifswald im Studentenwohnheim III an einer Wandzeitung ein Entwurf eines Briefes ausgehängt war, in dem FDJler ihr Unverständnis zur Streichung des ›Sputnik‹ von der Vertriebsliste bekundeten. Dieser Brief wurde durch die GO-Leitung eingezogen. [. . .]«

Quelle: SAPMO-BArch, DY 24/AA 231

Auch die sowjetischen Genossen zeigten sich alles andere als begeistert. Ende Januar 1989 traf in Moskau der Sektorleiter der Abteilung Internationale Verbindungen des KPdSU-Zentralkomitees, Valentin Koptelzew, mit einem Arbeitsgruppenleiter des FDJ-Zentralrats zusammen. Aurich, der Krenz den entsprechenden Bericht am 25. Januar übermittelte, bezeichnete dies als einen *»außergewöhnlichen Vorgang«.*[214] Koptelzews Aussagen zum »Sputnik«-Verbot wurden sehr ausführlich wiedergegeben und enthielten ungewöhnlich offene Einschätzungen seitens der KPdSU-Führung. Koptelzew wurde wie folgt zitiert: *»Es gibt bei uns eine Theorie, daß die Führung der SED die Veröffentlichung im ›Sputnik 10/88‹ zum Anlaß genommen hat, die Bevölkerung der DDR, die Mitgliedschaft in der Partei und in der FDJ zu disziplinieren und auf die Linie der Partei einzuschwören. Wir verstehen euer prinzipielles Herangehen, das darauf gerichtet ist, die politisch-ideologische, die innenpolitische Stabilität in der DDR zu wahren und unter allen Umständen zu sichern. Das ist auch im Interesse der Perestroika in der Sowjetunion, im Interesse der Entwicklung der anderen sozialistischen Länder. Die Sorge der KPdSU geht in die Richtung, daß die von der SED unternommenen Maßnahmen im Zusammenhang mit dem ›Sputnik‹ und anderer Presseunterlassungen objektiv gegen die selbst gewollte innere Stabilität wirkt und verstößt. Es ist an euch selbst zu entscheiden, ob ihr mehr Stabilität erreicht habt oder die Instabilität zugenommen hat.«*[215] Der FDJ-Funktionär vermied eine direkte Antwort. Die Ausreisezahlen wenige Monate später sprachen für sich.
Die im Zentralrat zu dieser Zeit vorgelegten Lageeinschätzungen wiesen ein erhebliches Maß an Realitätsferne, Wunschdenken und Selbstüberschätzung aus. Bis Anfang 1989 wurde die Situation unter den Jugendlichen stark positiv überzeichnet und die gesamte Arbeit des Jugendverbandes immer noch als insgesamt erfolgreich »abgerechnet«.

DDR-Jugendforschung im Abseits

Eine der regelmäßig vom FDJ-Zentralrat ausgearbeiteten »Analysen der politisch-ideologischen Situation unter der Jugend« vom 1. August 1988 stellte z. B. eine *»stabile«* politische Lage heraus. An manchen Stellen tauchten die realen Probleme auf: massivere Diskussionen unter der Jugend; Ungeduld gegenüber Zuständen in den Betrieben; Hinnahme der Sozialpolitik als Selbstverständlichkeit. Diese Akzente wurden von stereotypen, wider besseres Wissen verbreitenden Slogans einer *»festen Verbundenheit«* der Jugendlichen mit der DDR, einer *»einmütigen«* Zustimmung zur SED-Politik und zur Person Erich Honeckers überdeckt. Wenn abschließend darauf verwiesen wurde, *»daß viele Jugendliche – auch Funktionäre – sich nicht immer konsequent mit den Auffassungen des Gegners konkret, parteilich und ideologisch konsequent auseinandersetzen bzw. seine Wirkungen auf die Jugend unterschätzt werden«*[216], hatte dies mit der realen Situation nichts mehr zu tun. Hier war die Sprache Ausdruck des in Schemata und Blockaden befangenen Geistes.

Probeaufstellung zum 1. Mai 1986 in der Ost-Berliner Karl-Marx-Allee

Und irgendwelche »Maßnahmen der FDJ zur Verbesserung der politisch-ideologischen Arbeit mit allen Jugendlichen« (beschlossen vom SED-Politbüro am 2. Februar 1988 und im Sekretariat des Zentralrats am 22. November 1988)[217] mußten trotz der verbalen Orientierung auf eine stärkere Berücksichtigung von Freizeitinteressen ohne Wirkung bleiben, weil sie niemanden mehr erreichten und interessierten.

Im übrigen wiederholten sich in der Analyse vom August 1988 alle Standardformeln, die bereits im Oktober 1987 dem Sekretariat des Zentralrats vorgelegen hatten. Die »Analyse der politisch-ideologischen Situation unter der Jugend der DDR« von 1987 und die von 1988 waren völlig identisch aufgebaut, enthielten dieselben Haupteinschätzungen, variierten lediglich in bezug auf das aktuelle Umfeld (1987 stand der Honecker-Besuch in der Bundesrepublik im Mittelpunkt des Interesses, 1988 wurde das Internationale Treffen über kernwaffenfreie Zonen, welches inzwischen in Berlin stattgefunden hatte, besonders hervorgehoben).[218] Man machte sich bewußt etwas vor, ging allen unbequemen Diskussionen aus dem Wege und entwickelte politische Konzepte für eine Scheinwelt.

Alle Warnsignale wurden vernachlässigt. Insbesondere das Zentralinstitut für Jugendforschung in Leipzig wies in seinen Analysen und Studien auf die sich rapide verschlechternden Trends bei den Stimmungen und Meinungen zur innenpolitischen Situation hin. Vor den wachsenden Gefahren wurde vom ZIJ immer eindringlicher gewarnt, bereits Ende 1988 sagten die Leipziger einen explosiven Ausbruch voraus.

Der Leiter des Leipziger Instituts, Walter Friedrich, hatte am 28. Juli 1987 ein geheimes Material an Egon Krenz, seit 1983 Politbüromitglied und ZK-Sekretär, gesandt. Das dreißigseitige Papier führte detailliert Veränderungen im Denken und Verhalten, in den Wertvorstellungen und in der gesamten Lebensweise junger Leute in der DDR auf, es versuchte, Erklärungen dafür zu finden, und deutete einige Lösungsmöglichkeiten an.[219] Friedrichs Material nannte als her-

ausragende Veränderungen der letzten Jahre: Rückgang der schulischen und beruflichen Leistungsmotivation, Forderung nach einer gesellschaftlichen Diskussionsatmosphäre ähnlich der in der Kirche, verstärkte Westorientierungen (Reiseproblematik) sowie Zunahme von Kriminalität.
Ein Autorenkollektiv des ZIJ erarbeitete 1988 erstmals ein »Komplexmaterial zur Lage unter der Jugend«. Es enthielt eine ganze Reihe von brisanten Umfrageergebnissen und statistischen Übersichten, denen die wichtigsten Kritikpunkte zu entnehmen waren: Informationspolitik, Demokratie/Offenheit, Versorgungsfragen, Reisebeschränkungen, Preispolitik, Umweltpolitik, wirtschaftliche Effektivität. Mit der DDR fühlten sich nur noch 31 Prozent der Befragten *»vollkommen verbunden«*. Vertrauen in die SED hatten 47 Prozent nicht mehr.[220]
Separat hatte Friedrich die Untersuchungsresultate gewertet. Seine »Expertise zur Lage der Jugend 1988« schickte er am 30. Juni an Krenz persönlich. Einige Monate nach den Vorfällen am Rande der Liebknecht-Luxemburg-Demonstration in Berlin, aber noch vor dem »Sputnik«-Verbot verwies dieses Material bereits einleitend auf die zunehmend kritische Haltung der DDR-Jugend gegenüber allen Unzulänglichkeiten und Mängeln im gesellschaftlichen Alltag. Die Schlußfolgerung lautete: *»Diese Kritik ist als konstruktiv zu bewerten. Das große Kritikpotential unserer Jugend muß politisch genutzt werden.«*[221]
Zusammenfassend wurde herausgestellt, daß von *»historischer Aufbruchsstimmung«*, von *»Zukunfts- und Siegeszuversicht«* nicht mehr gesprochen werden könne. Selbstanspruch und Selbstbewußtsein der Jugend als Motivationspotential müßten endlich erkannt und in der Gesellschaft handlungswirksam umgesetzt werden. Von Vorstellungen der Harmonie und Konfliktfreiheit sei Abstand zu nehmen, die Probleme wären in einer *»komplexen und vielschichtigen«* Wirklichkeit nur mit der Jugend gemeinsam zu bewältigen.

ZIJ-»Geheimstudie« von Prof. Walter Friedrich zur Lage unter der Jugend vom Juni 1988 (Auszüge)

»[. . .] Mit Nachdruck soll unterstrichen werden, daß die in unseren Vorjahresberichten genannten massiven Veränderungsprozesse im Bewußtsein und Verhalten unserer Jugend weiter fortgeschritten sind. Die zwischenzeitlich durchgeführten Forschungen bestätigen übereinstimmend die damals getroffenen Einschätzungen, besonders im Bereich des ideologischen Bewußtseins. Diese Trendprozesse haben sich teilweise in den zurückliegenden 12 Monaten noch verstärkt, verlaufen jetzt noch schneller als in früheren Jahren.
Neu ist, daß nun auch die Studenten in starkem Maße von diesen Trends betroffen sind, sie schienen lange Zeit davon weniger berührt zu sein.
So sind heute alle Schichten unserer Jugend von solchen Prozessen einer kritischeren Bewertung (kritischen Distanz, geringeren Engagiertheit) zu bestimmten ideologischen, gesellschaftlichen Tatbeständen erfaßt, auch wenn es – bezogen auf ideologische Inhalte oder Trendintensität – erhebliche Unterschiede zwischen den Schichten geben kann.
Das drückt sich z. B. aus:
– in der Einstellung zum Jugendverband
Die Kritik an der FDJ nimmt weiter zu, wird immer häufiger und lauter von Jugendlichen aller Schichten geäußert. Daher werden teilweise auch nicht begründete Argumente vorgetragen, die mitunter sogar im Gegensatz zur eigenen Erfahrung stehen, oft durch eigene Aktivität verändert werden können. Stereotype bilden sich heraus.
Das immer wieder vertretene Generalargument ist: die FDJ kümmert sich zu wenig um die wirklichen und vielfältigen Interessen der Jugendlichen, dekretiert zu viel, arbeitet mit alten Methoden, bietet zu wenig Freiraum für die Selbstbestimmung und Selbsttätigkeit der Mitglieder.
Diese Urteile und Stimmungen begünstigen ein passives Verhältnis zu den Aktivitäten des Jugendverbandes.
Die Zahl der Jugendlichen, die die FDJ verlassen, nimmt zu. Viele Schüler, Lehrlinge, Studenten sind nur Mitglied aus Gewohnheit, Disziplin oder weil sie irgendwelche Folgen für sich befürchten. Die Ansprüche an die FDJ sind gestiegen, v. a. was die Berücksichtigung spezieller und individueller Interessen, des Selbständigkeitsstrebens und Selbstbewußtsein der Jugendlichen betrifft, aber die FDJ arbeitet im Prinzip mit unveränderten Methoden.
– in der Einstellung zur sozialistischen Demokratie
Unsere Jugend will aktiv sein, will in Schule, Betrieb, Freizeit ihre persönliche Meinung einbringen, die verschiedensten Probleme mitdefinieren und danach mit lösen helfen.
Aber sie erfährt nach wie vor – innerhalb und außerhalb der FDJ – zuviel Gängelei und Bevormundung, wird zu oft mit fertigen Standpunkten, Postulaten, häufig noch von Leitern, Erziehern, Funktionären autoritär vermittelt, konfrontiert. Die zahlreichen Möglichkeiten unseres gesellschaftli-

chen Lebens werden nicht genügend ausgeschöpft. Junge Leute erleben sich zu wenig als Mitgestalter, als vollwertiger Akteur der sozialistischen Demokratie. So können diese Möglichkeiten nicht genügend produktiv für ihre Persönlichkeitsentwicklung, für die Verstärkung ihres gesellschaftspolitischen Engagements werden – so wie es die sozialistische Jugendpolitik verlangt. [. . .]

– in der Einstellung zum Marxismus-Leninismus

Der Marxismus-Leninismus wird heute von noch weniger Jugendlichen als Leitfaden des persönlichen Handelns, als »Lebensphilosophie« erkannt und akzeptiert. Er wird zwar in seinen Grundaussagen zur Kenntnis genommen und in seinen humanistischen Werten anerkannt. Aber die Jugendlichen geben an, daß sie in ihm wenig konkrete Antworten auf ihre konkreten Lebensfragen finden, auf die Fragen, die ihnen der gesellschaftliche Alltag stellt (Politik, Ökonomie). Die Art seiner Vermittlung, das, was und wie der Marxismus-Leninismus den Jugendlichen nahe gebracht wird, findet nicht ihr Interesse. [. . .]

– in der Einstellung zur Sowjetunion

Das positive Wertungsverhältnis zur Sowjetunion hat sich weiter stark abgeschwächt. Nur unter jungen Genossen, unter Studenten und EOS-Schülern herrscht eine stärkere Anerkennung der/ und Sympathie zur SU vor.

Mit Ausnahme der Person *Gorbatschows*, die nach wie vor auch bei Jugendlichen populär ist, wird die Sowjetunion immer weniger als attraktiv bewertet. Ich komme darauf nochmals zurück.

– in der Einstellung zur SED

Auch gegenüber unserer Partei deutet sich eine zunehmende kritische Einstellung an. Es gibt Anzeichen für die wachsende Verbreitung bestimmter stereotyper Urteile wie etwa:

- die Partei vertuscht die Probleme,
- sie führe nicht revolutionär, sondern bremse die Prozesse,
- sie stehe gegen Gorbatschow und Perestroika.

Viele Genossen seien aus Karrieremotiven in der Partei. Parteifunktionäre hätten zu große Privilegien. Die Parteiführung sei überaltert etc.

Ein weiteres Symptom dafür ist die wachsende Zurückhaltung, Mitglied der Partei zu werden, die Vorbehalte und das Zögern bei der Kandidatengewinnung, vor allem bei jungen Arbeitern.

– in der Einstellung zur Informationspolitik

Im vergangenen Jahre hat sich die Kritik junger Leute an der Informations- und Medienpolitik weiter verschärft. Nur wenigen sagt die politische Berichterstattung in den Medien zu.

Am besten schneidet noch die ›Junge Welt‹ ab, besonders kritisch wird die ›Aktuelle Kamera‹ beurteilt.

Gefordert wird immer wieder eine schnellere Berichterstattung (nicht erst einige Zeit *nach* den Westmedien), eine objektivere Bewertung mancher politischer Ereignisse (keine Schwarz-Weiß-Malerei), vor allem aber mehr Offenheit in der Darstellung unserer Wirklichkeit, der Widersprüche und Probleme, die aus dem Alltag gut bekannt sind. [. . .]

– in der Einstellung zur Arbeit

Junge Leute zeigen vor allem dann eine hohe Leistungsbereitschaft und Arbeitsleistung, wenn der Arbeitsprozeß gut organisiert und störungsfrei ist, wenn das Kollektiv (bei harmonischen Beziehungen) vorbildlich arbeitet, wenn die Arbeit einen gewissen Handlungsspielraum für Eigenaktivität läßt, wenn sie gut und gerecht entlohnt wird.

Die konkrete Arbeitsmotivation unterliegt aber einer deutlichen Veränderung. ›Ich-ferne‹ Motive, auf die Gesellschaft oder auf abstrakte Werte gerichtete, treten zurück, verlieren an Kraft, ›ichnähere‹ Motive, die auf den persönlichen Nutzen und Sinn gerichtet sind, treten stärker hervor.

Die Arbeit wird unter unseren gesellschaftlichen Bedingungen durchaus nicht automatisch zum ersten Lebensbedürfnis, das quasi an sich, aus sich heraus oder aus vorwiegend ideellen Motiven wirkt. Zur Zeit sind eher gegenläufige Prozesse zu beobachten: Die utilitaristische Seite der Arbeitsmotivation wächst an. [. . .]

Weitere wichtige Gegenstände der kritischen Diskussion Jugendlicher sind *Versorgungsprobleme* aller Art (z. B. fehlende Ersatzteile, schleichende Preiserhöhungen, immer mehr Exquisit-Artikel, zu teure technische Geräte/Vergleich mit Intershop), sowie Probleme des Umweltschutzes. [. . .]

Deshalb ist es realistisch, die Jugend der 90er Jahre nicht vom Standpunkt ihrer immer harmonischer und konfliktfreier verlaufenden Persönlichkeitsentwicklung, ihrer immer weiteren Annäherung, Anpassung an unsere Wertorientierungen zu betrachten, sondern ihre zukünftige Mentalität, Verhaltens- und Lebensweise als Resultat der komplexen und vielschichtigen gesellschaftlichen Wirklichkeit, des realen gesellschaftlichen Seins der 90er Jahre zu prognostizieren, zu konzipieren. [. . .]«

Quelle: SAPMO–BArch, DY 30/IV 2/2039/246.

Mit den Materialien von 1988 hatte die Kritik des ZIJ an der Entwicklung der Jugendpolitik eine bis dato unbekannte Deutlichkeit erlangt. Der verantwortliche ZK-Sekretär Egon Krenz nahm die Analysen durchaus zur Kenntnis. Er schritt auch nicht gegen weitere Ausarbeitungen ein. Andererseits beförderte er die hochbrisanten Informationen auch nicht weiter. Über diese Untersuchungen wurde weder im FDJ-Zentralrat noch in den höchsten SED-Gremien gesprochen.

Am 21. November 1988, drei Tage nach dem Verbot des »Sputnik«, versuchte Friedrich mit einer neuen, nunmehr theoretisch verdichteten Ausarbeitung, der Parteiführung den Ernst der Situation vor Augen zu führen. Die »Reflexionen über geistig-kulturelle Prozesse in der DDR« kündigte er gegenüber Krenz ausdrücklich als brisant an.
Die Analyse ging von der Einschätzung aus, daß die Verantwortlichen in der DDR die sich vollziehenden Umbruchsprozesse *»im Denken, Fühlen und Verhalten der Menschen, der Jugend wie der gesamten Bevölkerung nicht klar genug zur Kenntnis«* nähmen. Dies resultiere aus einer allgemeinen Unterschätzung der geistig-kulturellen Lebensprozesse der Menschen, aus einem schlechten Umgang mit Informationen und aus einem ignoranten Verhältnis zur Wirklichkeit.[222] Ein Fazit lautete: *»An der Überlegenheit des Sozialismus wird immer mehr gezweifelt. Die Nichtöffnung in Richtung der Perestroika-Strategie spitzt alles noch zu.«*[223]
Die Beweisführung gipfelte im (sprachlich immer noch verklausulierten) Benennen der Konsequenzen, wenn die realen Umbrüche und mentalen Veränderungen weiter vernachlässigt würden: *»Die Identifikation der Bevölkerung mit unseren Zielen und Werten, mit der Politik unserer Partei, kann nur erhöht werden, wenn wir zu bedeutenden neuen Formen im Umgang (Information, Offenheit, demokratische Mitgestaltung) mit den Menschen finden. Anderenfalls werden sich die Menschen in den nächsten 1–3 Jahren weiter, und zwar in einem bedrohlichen Ausmaß von uns entfernen.«*[224]
Die vorhergesagte Situation trat bereits wenige Monate später ein. Im Frühjahr 1989 brach die finale Krise der realsozialistischen DDR-Gesellschaft aus. Der Einheitsjugendverband war weder konzeptionell noch praktisch-politisch und schon gar nicht personell darauf vorbereitet.

Selbstzweifel und Durchhalteparolen

Seit Anfang 1989 versuchte die politische Führung der DDR-Einheitsjugendorganisation zögerlich, der zugespitzten Lage Rechnung zu tragen. In den internen Materialien waren die Krisensymptome zwar erkannt und Besorgnis geäußert worden, in der politischen Praxis war jedoch alles beim alten geblieben.

»Junge Welt«-Interview mit Erich Honecker vom 8. Februar 1989 (Auszüge)

»Genosse Erich Honecker, in Deiner Rede zum 70. Jahrestag der Gründung der KPD hast Du Karl Liebknecht zitiert: ›Himmelhoch schlagen die Wogen der Ereignisse – wir sind es gewohnt, vom Gipfel in die Tiefe geschleudert zu werden. Aber unser Schiff zieht seinen geraden Kurs fest und stolz dahin, bis zum Ziel. Und ob wir dann noch leben werden, wenn es erreicht wird – leben wird unser Programm; es wird die Welt der erlösten Menschheit beherrschen. Trotz alledem!‹ Ist diese Aussage unanfechtbar?

Auf jeden Fall. Die Geschichte hat es unter Beweis gestellt. Dies sowohl im nationalen als auch im Weltmaßstab. Heute weht die rote Fahne des Sieges und der Völkerbefreiung bereits über einem Drittel der Erde. Von der Elbe bis zum Stillen Ozean, vom Stillen Ozean bis zur Karibik. Über 1,5 Milliarden Menschen sind dabei, den Weg, den uns Marx, Engels und Lenin gewiesen haben, zu beschreiten. [. . .]
Wenn man einmal einen als richtig erkannten Weg eingeschlagen hat, dann muß man ihn weitergehen. Man muß diejenigen, die sich noch nicht auf diesem Wege befinden, für ihn gewinnen. Darin besteht unser politischer Auftrag als Kommunisten. Ist doch das, was wir erstreben, das Schönste und Lohnendste, was man überhaupt erstreben kann: die Befreiung der Menschheit von Ausbeutung und Unterdrückung, eine Welt ohne imperialistische Kriege, eine Welt des Friedens.
Ich erinnere mich gut, wie mir mein Vater damals, in den Tagen der Novemberrevolution 1918 und in den Jahren der revolutionären Nachkriegskrise, auf seine einfache Art erklärte, warum die Reichen reich und die Armen arm sind, woher die Kriege kommen, wer an ihnen verdient und wer unter ihnen leidet. Das war einleuchtend. Ich gewann ein klares Weltbild. Ich nahm mir vor, mein Leben dem Kampf für eine Welt des Sozialismus und des Friedens zu widmen. An dieser Lebensaufgabe habe ich festgehalten, bis heute.
Ein klares Weltbild ergibt sich also aus dem Marxismus-Leninismus. Nun behaupten manche Leute, der Marxismus-Leninismus sei aufgrund verschiedener Ereignisse in anderen sozialistischen Ländern überholt. Davon kann selbstverständlich keine Rede sein. Das findet allein schon seinen Ausdruck in der Tatsache, daß entsprechend den von Marx und Engels aufgedeckten Gesetzen der Entwicklung der menschlichen Gesellschaft der Sozialismus die einzige Alternative zum Kapitalismus ist.

Ich stimme mit Euch völlig überein, daß es darauf ankommt, jedem Jugendlichen noch besser zu helfen, die vielfältigen politischen Tagesereignisse richtig einzuordnen, sie anhand der Grundwahrheiten unserer marxistisch-leninistischen Weltanschauung zu bewerten. Es ist gut, daß die FDJ immer wieder auf diese Weise an die politisch-ideologische Arbeit herangeht.

Welches ist dabei die wichtigste Grundwahrheit?

Daß der Sozialismus, wie ich schon sagte, die einzige Alternative zum Kapitalismus ist. Das ist die entscheidende Frage. Junge Menschen müssen wissen und fühlen, daß unsere Politik, das Handeln unserer Republik entsprechend ihrer historischen Mission Glück und Zukunft für die junge Generation bedeuten. In den Kämpfen unserer Zeit nimmt die Jugend eine aktive Lebensposition ein, wenn jeder Jugendliche den von harten Klassenkämpfen, Widersprüchen und Konflikten begleiteten, aber stets erfolgreichen Weg unseres Arbeiter-und-Bauern-Staates wirklich kennt und sich mit den Perspektiven unserer Entwicklung identifiziert. Je klarer sein Bild von Freund und Feind, von der Welt und von seinem sozialistischen Vaterland ist, um so aktiver wird diese Lebensposition sein. [. . .]

Du hast auf dem 7. Plenum des ZK der SED betont, daß unser Lebensstandard in der DDR im Grunde genommen höher sei als der in der BRD.

Tatsache ist: Wir haben in der DDR ein Wohnungsbauprogramm, das seinesgleichen sucht. Seit 1971 haben wir allein dadurch die unmittelbaren Lebensbedingungen von mehr als der Hälfte unserer Bevölkerung von Grund auf verbessert, die neue Wohnungen erhielt. Ihr seht ja, wie gegenwärtig in Berlin (West) und in der Bundesrepublik die Menschen demonstrieren, damit die Wohnungsnot beseitigt wird. So geht es zum Beispiel in West-Berlin gegenwärtig um den Bau von 3000 Wohnungen. Zur gleichen Zeit schaffen wir in der Hauptstadt der DDR jährlich mehr als 30 000 Wohnungen.
Nehmen wir andere Fragen, die Vollbeschäftigung, daß jeder junge Mensch die Möglichkeit hat, einen Beruf zu erlernen, daß jeder junge Mensch die Chance hat, in Bereiche aufzusteigen, die ihm vorher verschlossen waren. Nehmen wir einen einfachen Förster bei uns. Das war früher ein großer Herr, neben dem Pfarrer und dem Lehrer die Persönlichkeit, die vom Grafen zu seinen Festen eingeladen wurde. Bei uns ist es eine Selbstverständlichkeit, daß man einen solchen Beruf erlernen kann. Ich spreche nicht allein vom Zugang zu den Hoch- und Fachschulen, sondern auch vom Sturm der Jugend auf die Kulturstätten [. . .]. Das alles ist anders als in der westlichen Welt, abgesehen von dem Inhalt, der manchen nicht zufriedenstellt. Vom Standpunkt dessen, was man zum Lebensniveau zählt, einschließlich des Prinzips ›gleicher Lohn für gleiche Arbeit‹ – all das ist bei uns besser als in der westlichen Welt. Das ist ein Vorzug, den man nicht bestreiten, nicht außer acht lassen kann. [. . .]«

Quelle: Junge Welt vom 8. Februar 1989.

In zwei aufeinanderfolgenden Sitzungen beriet das Sekretariat des FDJ-Zentralrats im Februar 1989 erneut die »politisch-ideologische Situation« der Jugend. Die am 28. Februar bestätigte Fassung des Ergebnisprotokolls deutete erstmals eine selbstkritischere Sicht an. Am Beispiel der regionalen Situation in Rostock wurde festgestellt, *»daß einer realen Lageeinschätzung über das Denken und Handeln der Jugendlichen im Verantwortungsbereich der Bezirksleitung ausgewichen wurde«*[225]. Statt dessen hätten *»Wunschvorstellungen«* das Bild bestimmt. Außerdem reifte die Erkenntnis, *»daß sich die Schwerpunkte der Fragen in der politischen Diskussion hin zur inneren Entwicklung in der DDR verschieben«*[226].
Ein deutlicher Seitenhieb gegen Gorbatschow durfte nicht fehlen, doch gab es neben einer umfangreichen Aufzählung kritischer Punkte in den innenpolitischen Diskussionen unter Jugendlichen einen qualitativ neuen Aspekt: Am Beispiel der massiven Ablehnung des für Mai 1989 geplanten FDJ-Pfingsttreffens wurden *»grundsätzlich ablehnende Haltungen zur Politik der SED«* betont. Dieser Versuch, den Schwarzen Peter der führenden Partei zuzuschieben, löste in der SED-Führung nicht gerade Begeisterung aus.
Natürlich fehlten erneut weder haarsträubende Fehleinschätzungen noch völlig unrealistische Direktiven an die unteren Leitungsebenen.[227] Doch die Verbandsspitze kam nicht umhin, auf den Druck der Basis zu reagieren und sich den deutlich verstärkten Krisenmomenten zuzuwenden. Etwas Konstruktives erwuchs daraus freilich nicht. In den folgenden Wochen inszenierte die FDJ-Führung das letzte FDJ-Pfingsttreffen, kämpfte um eine höhere Beteiligung im Studienjahr und nahm mit großem Aufwand als Verband an den »Weltfestspielen der Jugend und Studenten« in der nordkoreanischen Hauptstadt Pjöngjang teil.

Das letzte Pfingsttreffen wurde vom 12. bis 15. Mai 1989 wieder mit großem Aufwand in Berlin gefeiert. Hunderttausende Jugendliche aus allen Teilen des Landes waren herbeigeholt worden. Unzählige politische, kulturelle und sportliche Veranstaltungen fanden statt. Höhepunkt war die traditionelle Abschlußdemonstration am Pfingstsonntag – live im DDR-Fernsehen übertragen. Stundenlang defilierten Jugendliche, ausgestattet mit Plakaten und »Wink-Elementen« (Fähnchen, Tüchern oder Wimpeln) in der Ost-Berliner Karl-Marx-Allee an der Partei- und Staatsführung mit Honecker an der Spitze vorbei. Dieser hatte am Tag zuvor ein Treffen mit ausgesuchten FDJ-Funktionären im Haus des SED-Zentralkomitees arrangieren lassen. In Anwesenheit prominenter »Freunde der Jugend«, besonders aus den Bereichen Wissenschaft, Kultur, Kunst und Sport, wurde die vorbehaltlose Zustimmung der DDR-Jugend zum politischen Kurs der SED-Führung zum Ausdruck gebracht. Dieser Zuspruch erwies sich auch als bitter nötig. Die offenen, sehr kritischen Diskussionen im Land verstärkten sich gerade in jenen Tagen. Nach den offensichtlichen Fälschungen der Kommunalwahlergebnisse vom 7. Mai 1989 und der offiziellen Unterstützung der DDR für die blutige Niederschlagung der Studentenrevolte auf dem Platz des Himmlischen Friedens in Peking Anfang Juni nahmen viele Menschen kein Blatt mehr vor den Mund.

Wenige Tage nach dem Pfingsttreffen brachen die ersten DDR-Bürger bereits nach Ungarn auf. Die Regierung in Budapest hatte Anfang Mai beschlossen, die Grenzbefestigungsanlagen zu Österreich abzubauen. Vornehmlich junge DDR-Bürger, manche hatten noch Pfingsten im Blauhemd den ungeliebten Führern von Partei und Staat in Ost-Berlin zugewunken, versuchten ihr Glück, um auf abenteuerlichen Wegen in die Bundesrepublik Deutschland zu gelangen. Ende August warteten etwa 1400 DDR-Bürger in Budapest darauf, daß die ungarische Regierung die Grenze nach Österreich für DDR-Flüchtlinge öffnet. Trotz scharfer Proteste der DDR konnten nach der Freigabe am 11. September allein bis zum Ende des Monats über 25 000 DDR-Bürger auf diesem Wege in die Bundesrepublik übersiedeln.

Information des FDJ-Zentralrates zu Reaktionen von Jugendlichen auf die illegale Ausreise von DDR-Bürgern, Oktober 1989

»[. . .] Im Mittelpunkt der Diskussionen stehen gegenwärtig die Gründe für das illegale Verlassen der DDR, was zu heftigen Debatten über innenpolitische Fragen und Probleme sowie deren Klärung führt, wie sie in der Analyse über die politisch-ideologische Situation unter der Jugend enthalten sind. [. . .] Daß die BRD-Regierung und ihre Medien dies als Aktion gegen den Sozialismus stabsmäßig organisiert haben, wird weit weniger diskutiert.

Insgesamt wird deutlich, daß es vielen Freunden, auch vielen Leitungen der FDJ, schwerfällt, die Ereignisse klassenmäßig zu bewerten. Sie verweisen in diesem Zusammenhang auf mangelnde bzw. fehlende Informationen und Argumentationen durch die DDR-Medien. [. . .]

Sehr differenziert stellt sich das Meinungsbild bezüglich der ›Flüchtlinge‹, aber auch der Antragsteller dar:

- Die sollen alle gehen lassen, die wollen.
- Auf viele kann man verzichten. Sie haben sowieso nur geschludert.
- Warum gehen so viele hochqualifizierte Fachkräfte?
- Die sollen die Kosten für ihre Ausbildung zurückerstatten. Dann sollen sie abhauen.
- Wieso sind so viele junge Leute dabei?
- Die DDR kann sich diesen ›Ausverkauf‹ nicht leisten.
- Viele laufen doch nur im Sog mit anderen mit.
- In den Beiträgen im Westfernsehen sind immer wieder Familien mit Kleinkindern zu sehen. Das ist besonders schlimm.
- Offenbar haben diese Leute in der DDR keine Chancen mehr gesehen.

Sehr intensiv wird nach den Gründen für ein solches Verhalten gefragt. Als mögliche Ursachen werden zumeist genannt:

- mangelnde sozialistische Demokratie,
- Alltagsprobleme,
- mangelnde Reisemöglichkeiten,
- Konsumdenken,
- Privilegien für Funktionäre,
- Abenteurertum,
- Wegrennen vor privaten Problemen.

Direkt darauf angesprochen, ob das für sie auch Gründe wären, die DDR zu verlassen, verneinen dies die Freunde, fordern aber gleichzeitig die Beseitigung von Problemen und Unzulänglichkeiten in der DDR. Einige Freunde äußern, daß sie es

verstehen, wenn es Leute gibt, für die dies Grund genug sei, die Republik zu verlassen.
Während in einigen Kollektiven die Auseinandersetzung mit ›Verrätern‹ sehr scharf geführt wird, bewegt dies andere Kollektive nicht. (›Sie sind weg, was sollen wir da noch reden‹)
Der Punkt, daß die Arbeit der Flüchtlinge mit übernommen werden (besonders Gesundheitswesen und Sozialwesen) muß, wird auch reflektiert:
- wird wortlos mit übernommen.
- Das ist zuviel. Das ist nicht mehr zu schaffen.
- Die haben uns im Stich gelassen. [. . .]

Immer wieder wird gefragt, welche Schlußfolgerungen die Partei- und Staatsführung nun auf außen- und innenpolitischem Gebiet ziehen wird. In diesem Zusammenhang wird eine Rückkehr der ›Verräter‹ in die DDR prinzipiell abgelehnt. Die Zusicherung von Straffreiheit für rechtzeitig zur Besinnung gekommene ›Besetzer‹ wird begrüßt. Diskussionen gibt es jedoch teilweise zur Zusicherung, daß sie wieder an ihren alten Arbeitsplatz zurückkehren können (vor allem Pädagogen, Gesellschaftswissenschaftler).
In den Gesprächen wurde eine wachsende Orientierungslosigkeit unter den Freunden deutlich. Sehr oft lenkt die Diskussion über die ›Massenflucht‹ von anderen aktuell-politischen Fragen ab; es gibt nur noch ein Thema.
Häufig äußern Freunde die Auffassung, daß die Partei- und Staatsführung ohne Erich Honecker ›Kopf- und konzeptionslos‹ erscheine. Besorgt wird nach seinem Gesundheitszustand gefragt (›Warum erfährt man nichts? Die Gesundheit Erich Honeckers geht alle an‹).
Vereinzelt ist es den westlichen Medien gelungen, das Gerücht zu verbreiten, daß Erich Honecker bereits verstorben sei.«

Quelle: SAPMO-BArch, DY 24/AA 230.

Diese Entwicklung konnte nicht mehr eingedämmt werden. Die SED-Spitze reagierte mit Durchhalteparolen. Honecker selbst war seit Juli 1989 durch eine schwere Operation an das Krankenbett gefesselt. Sein von ihm kurzfristig eingesetzter Stellvertreter, ZK-Sekretär Günter Mittag, wich allen Diskussionen, selbst im Politbüro, aus. Besonders starrköpfig verhielt sich die Volksbildungsministerin Margot Honecker, die auf einem Lehrerkongreß ihre Ansichten verbreitete. Die Rede galt als politisch-ideologisch »richtungweisend«. Tausenden junger Menschen in der DDR klangen am 1. September 1989, als das neue Schuljahr begann, ihre Worte in den Ohren.

Referat der DDR-Volksbildungsministerin Margot Honecker, auf dem IX. Pädagogischen Kongreß in Berlin am 13. Mai 1989 (Auszug)

»[. . .] Wenn über Fehler, Irrtümer gesprochen wird, die in der Revolution, in der Geschichte, in der Politik gemacht wurden, die man korrigiert, dann muß man gerade der Jugend begreiflich machen: Fehler soll und darf man nicht entschuldigen; ebensowenig darf man leichtfertige Urteile über jene fällen, die in einer bestimmten historischen Situation so oder so gehandelt haben, oder was anders hätte gemacht werden können aus heutiger Sicht. Manche Schreiberlinge halten nicht viel von Objektivität und Wahrheit, sie tun überheblich, aber tun zu wenig, um heutige Probleme zu lösen, und sie verschweigen geflissentlich, daß die junge Gesellschaftsordnung in allen Ländern, die den Sozialismus errichten, ungeachtet vieler heutiger Schwierigkeiten, für die Völker mehr leisten als alle Ausbeuterordnungen. Das ist so in der DDR, in der Sowjetunion, in China, in der ČSSR, in Polen, Ungarn, Bulgarien, Rumänien, Kuba und den anderen sozialistischen Ländern. In kurzer Zeit wurde durch die gewaltigen Anstrengungen der Völker auf dem Wege des Sozialismus Großes erreicht!
Wenn uns junge Leute die Frage stellen, habt ihr uns die Wahrheit über die Entwicklung des Sozialismus in unseren Bruderländern gesagt, dann können wir ruhigen Gewissens antworten: Ja, es ist die Wahrheit. Obwohl in den meisten dieser Länder zuvor große Rückständigkeit herrschte, wurde ein sozialer Fortschritt erreicht, der eine große geschichtliche Leistung darstellt. Dafür steht vor allem die Beseitigung der Ausbeutung des Menschen durch den Menschen, die Überwindung von Massenelend, die Überwindung des Analphabetentums, die Tatsache, daß große schöpferische Kräfte für den wirtschaftlichen, sozialen und kulturellen Aufstieg der Völker freigesetzt wurden.
Vielleicht haben wir manches vereinfacht dargestellt, manche Entwicklung nicht vorausgesehen und von manchen Dingen zu wenig gewußt; vieles aber wird heute von den Feinden aufgebauscht mit dem Ziel, den Sozialismus in Frage zu stellen, Zweifel zu säen. Und so mancher, der weit von sich weisen würde, daß er es mit den Gegnern des Sozialismus halte, spielt leichtfertig und mitunter sehr engagiert in diesem Konzert mit.
Daß alle dem Sozialismus feindlichen Kräfte erneut auf den Plan getreten sind – und sie werden es immer wieder tun –, den Sozialismus aufzuhalten auf seinem Weg, ihm zu schaden, das kann, muß und soll die Jugend durchschauen. Dafür müssen wir ihr den Blick öffnen, damit sie erkennt: Noch ist nicht Zeit, die Hände in den Schoß zu legen, unsere Zeit ist eine kämpferische Zeit, sie braucht eine Jugend, die kämpfen kann, die den Sozialis-

Margot Honecker, Minister für Volksbildung, auf dem IX. Pädagogischen Kongreß 1989 in Ost-Berlin

mus stärken hilft, die für ihn eintritt, die ihn verteidigt mit Wort und Tat und, wenn nötig, mit der Waffe in der Hand. Daß unsere junge Generation so denkt und fühlt, das hat sie gerade kürzlich mit dem Pfingsttreffen der FDJ, mit den Ergebnissen ihrer Arbeit erneut demonstriert.
Unter welchen Zeichen auch immer der Imperialismus den Angriff gegen den Sozialismus führt, mit welchen Verleumdungskampagnen, Embargos und anderen Erpressungsversuchen, eingeschlossen den Export von Konterrevolution und den Versuch, den Sozialismus in der Umarmung zu erdrücken – er wird es nicht schaffen! Aber Wachsamkeit ist immer geboten. Kampflos ergibt sich der Kapitalismus nicht, zumal er gezwungen wurde, der Realität ins Auge zu sehen, daß die Entfesselung eines Krieges im atomaren Zeitalter hieße, mit dem Untergang der ganzen Menschheit, mit seinem eigenen Untergang zu rechnen. [. . .]«

Quelle: Margot Honecker: Unser sozialistisches Bildungssystem – Wandlungen, Erfolge, neue Horizonte. IX. Pädagogischer Kongreß der DDR, 13. bis 15. Juni 1989, Berlin 1989, S. 29 ff.

»Wir wollen raus«

Als Ungarn am 11. September, 0 Uhr, seine Westgrenze für DDR-Bürger öffnete, reagierten die Verantwortlichen in Ost-Berlin entsetzt und fassungslos. Man war mit den Vorbereitungen einer grandiosen Jubelfeier zum 40. Jahrestag der DDR beschäftigt.
Am selben Tag bestätigte der 1. FDJ-Sekretär Eberhard Aurich im Namen des Zentralrats eine »Analyse der politisch-ideologischen Situation unter der Jugend und Schlußfolgerungen für die politisch-ideologische Arbeit der FDJ«, die erstmals auf dieser Ebene die Situation in der DDR umfassend reflektierte und Probleme aus der Sicht der jungen Generation recht offen darlegte.
Während der ersten Septembertage hatten Nachrichten aus den FDJ-Bezirksorganisationen Berlin, Gera und Leipzig die dramatische Zuspitzung der Lage signalisiert.
Angesichts der völlig blockierten Situation in der DDR verwundert es nicht, daß das Material sehr vorsichtig eingeleitet wurde und manche Formulierung abgeschwächt blieb.
Ausgangspunkt war jener Teil der Jugendlichen, der *»unter dem starken Einfluß des Klassengegners die DDR verriet oder verraten will«.*[228] Die beträchtliche Zahl von illegal Ausreisenden und Ausreisewilligen wurde endlich besorgt zur Kenntnis genommen:
»Unter der Jugend besteht zur Zeit insgesamt eine sehr widersprüchliche und teilweise angespannte politisch-ideologische Situation. Einerseits haben die Fragen und die politischen Debatten an Schärfe und Heftigkeit zugenommen, andererseits sind Tendenzen zu beobachten, dem politischen Disput auszuweichen. [. . .] *Selbst breite Kreise des FDJ-Aktivs* [d. h. der Funktionäre – d. A.] *und junge Genossen in der FDJ sind stark verunsichert und brauchen viel verständnisvolle Hilfe bei der klassenmäßigen Bewertung der Ereignisse.* [. . .] *Dieser Angriff des Gegners hat das Vertrauen der Jugend zur SED und ihrer Führung geprüft und bei vielen erschüttert sowie neben schon längere Zeit vorhandenen Fragen Zweifel an der Richtigkeit der Politik der SED aufkommen lassen.«*
Festgestellt wurde im einzelnen:
1. Die Jugendlichen hätten den Eindruck von *»Starrheit und Stagnation«.* Neuen Entwicklun-

gen stelle man sich nicht. Die letzten Parteidokumente würden nicht mehr gelesen.
2. Die Kritik an der Arbeit der Massenmedien sei *»heftiger denn je«*. Die »Aktuelle Kamera« des DDR-Fernsehens und das ND schwiegen sich aus. Regelmäßig würden demzufolge die Westmedien verfolgt.
3. In Vorbereitung des für 1990 einberufenen XII. SED-Parteitages werde eine öffentliche Diskussion erwartet. Bisher spreche allerdings nichts dafür.
4. Die Parteiführung treffe Entscheidungen offenbar nur *»unter Druck äußerer und innerer Einflüsse«*. Dies bestärke den Eindruck einer rein defensiven Politik.
5. Die *»Autorität«* Honeckers nehme *»unter dem Eindruck westlicher Verleumdungskampagnen«* ab. *»Viele Spekulationen blühen zum Gesundheitszustand* [. . .] *Honeckers. Mit dem Parteitag wird eine starke Verjüngung der Führung erwartet.«*
6. Die Partei diskutiere die genannten Fragen nur inoffiziell, schizophren.
7. Alle Veranstaltungen der letzten Zeit wären mit dorthin *»befohlenen«* Teilnehmern abgelaufen. Die Funktionärsreden sprächen niemanden mehr an.

Im politischen Denken der DDR-Jugend lägen die Schwerpunkte bei allen Gesprächen und Debatten eindeutig auf der Entwicklungsperspektive des Sozialismus, insbesondere in der DDR. Konkret bestünden folgende Fragen:
»Ist der Sozialismus tatsächlich die überlegene Gesellschaftsformation? Bestimmt er noch den Gang der Geschichte? Ist er in der Lage, die aktuellen und künftigen Entwicklungsprobleme zu lösen? Kann noch von der Einheit und Geschlossenheit der sozialistischen Staatengemeinschaft ausgegangen werden?«
Die Jugendlichen könnten sich diese Fragen allein nicht mehr beantworten. Erläuterungen, Kommentare, Argumentationen würden schmerzlich vermißt.
Ein besonderes Kapitel seien die Ereignisse und Entwicklungen in der UdSSR: *»Die Zweifel an der Beherrschbarkeit und dem Erfolg der Umgestaltungsprozesse* [. . .] *haben sich – trotz der anhaltend hohen Sympathie für Michail Gorbatschow – beträchtlich verstärkt. Angesichts der sich nicht oder nicht wesentlich verbessernden Lage der Bevölkerung und insbesondere angesichts der nationalistischen, antisowjetischen Tendenzen in den baltischen Sowjetrepubliken und der Nationalitätenkonflikte wird Besorgnis über die weitere Entwicklung in der Sowjetunion geäußert. Gefragt wird, welche Auswirkungen ein Mißlingen der Umgestaltung für die DDR haben würde. Teilweise wird bereits vom Scheitern der Umgestaltung gesprochen.«*
Ähnliches galt für die Entwicklung in Polen und Ungarn. Die DDR-Jugendlichen erwarteten ein Abgehen dieser Länder vom Sozialismus. Insbesondere hinsichtlich Ungarns gingen viele Jugendliche davon aus, daß dieses Land bald aus dem Ostblock ausscheiden werde.
Innenpolitisch seien die Diskussionen über die Niederschlagung der chinesischen Studentendemonstrationen (Juni 1989) *»nicht bewältigt, sondern nur verdrängt«* worden. Auch die Dispute um das Wahlsystem und das Ergebnis der Kom-

DDR-Flüchtlinge im Herbst 1989 im Garten der Botschaft der Bundesrepublik in Prag

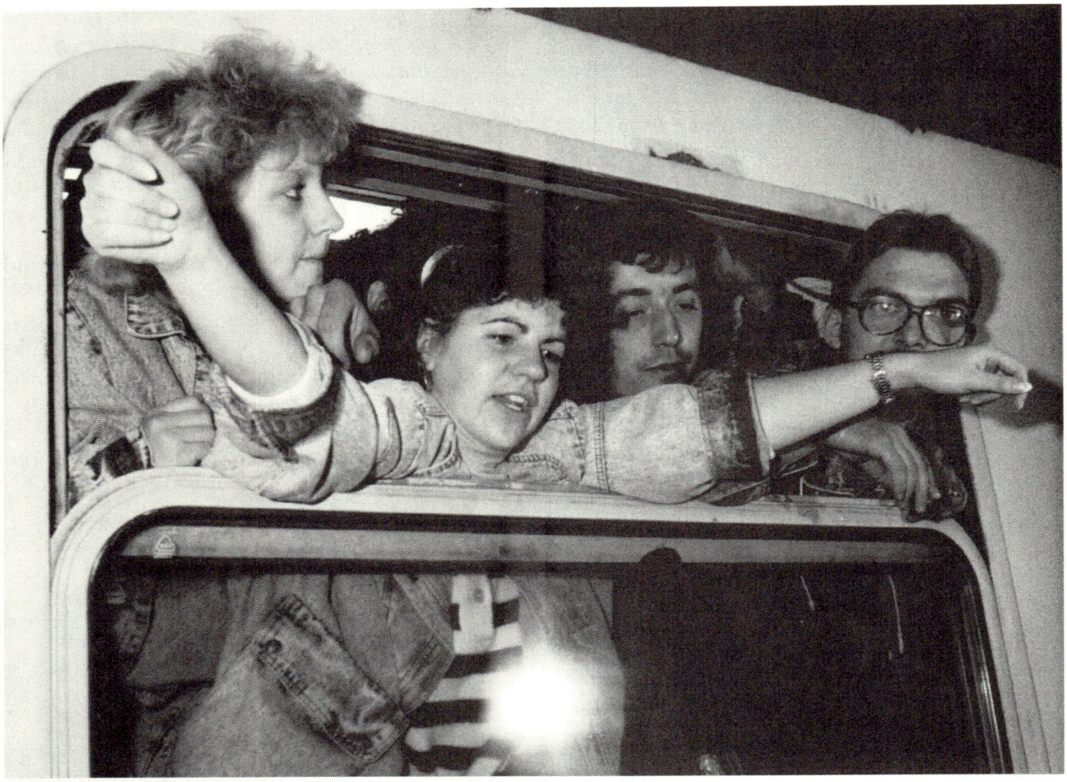

Ankunft von 8000 DDR-Flüchtlingen aus Prag in Hof/Bayern am 5. Oktober 1989

munalwahlen am 7. Mai 1989 seien keinesfalls beendet. Heftige Kritik gebe es im ökonomischen Bereich: *»Veröffentlichungen über das Wirtschaftswachstum werden* [. . .] *zumeist als unrealistisch und ›frisiert‹ angesehen.«* Das Versorgungs- und Preisniveau werde als Gradmesser des Erreichten genommen. Die Bewertung sei entsprechend negativ. Außerdem werde stark an der Realisierung des bis 1990 zu erfüllenden Wohnungsbauprogramms gezweifelt. Schließlich äußerten sich viele Jugendliche in ökologischen Fragen *»konträr zur Politik der DDR«*. Dies alles, nicht zuletzt aber die Nichtverfügbarkeit von Westgeld, führe dazu, daß die Lebensweise in der Bundesrepublik auf die Jugend eine *»große Anziehungskraft«* ausübe. In diesem Zusammenhang werde die Entwicklung der Beziehungen zwischen der DDR und der Bundesrepublik mit *»wachsender Aufmerksamkeit«* verfolgt. Eine Verschlechterung des Verhältnisses sei konstatiert worden. Die absurd anmutende Feststellung, eine Mehrheit der Jugendlichen mache die Bonner Regierungspolitik für die entstandene Lage verantwortlich, unterstreicht den Kompromißcharakter des Materials.

Nochmals wurde aufgeführt, daß die Jugendlichen die Bemühungen der sozialistischen Staaten Osteuropas um Frieden und Abrüstung unterstützten und innerhalb der FDJ viele Möglichkeiten für mehr Demokratie und die bessere Interessenvertretung der Jugendlichen bestünden.

Als Quintessenz wurden organisatorische und inhaltliche *»Schlußfolgerungen für die politisch-ideologische Arbeit der FDJ«* gezogen. Die organisatorischen Vorschläge konzentrierten sich auf traditionelle Veranstaltungsformen innerhalb der Routinearbeit.

Diese September-Analyse beruhte nicht nur auf subjektiven Wahrnehmungen der sich immer weiter zuspitzenden Krisensituation in der DDR. Manche Überlegungen waren aus neueren Studien des Leipziger Zentralinstituts für Jugendforschung abgeleitet, die der FDJ-Führung zur Verfügung standen. Weitere Anstöße kamen von einem im verborgenen betriebenen Forschungsprojekt »Sozialismustheorie« der Humboldt-Universität zu Berlin und von zuweilen mit Kollegen der SPD-Grundwertekommission diskutierenden Experten aus der Akademie für Gesellschaftswissenschaften.

»Wir bleiben hier«

Die Lage in der DDR verschärfte sich indessen weiter. Informelle Gruppierungen traten an die Öffentlichkeit, erste oppositionelle Parteien wurden gegründet. Noch vor den Oktober-Feierlichkeiten eskalierte die Situation an der Botschaft der Bundesrepublik in Prag. Mit Zügen mußten von dort zweimal Ausreisewillige über das Territorium der DDR in den Westen gebracht werden, denen der leidlich genesene Honecker in einem Zeitungskommentar zynisch »*keine Träne*« nachweinte. In Dresden kam es bei der zweiten Durchfahrt der Züge zu bürgerkriegsähnlichen Ausschreitungen. In Leipzig etablierte sich die Montagsdemonstration und wandelte ihren Charakter (vom »*Wir wollen raus!*« über »*Wir bleiben hier!*« zum »*Wir sind das Volk!*«). Während der Feierlichkeiten zum 40. Jahrestag gab es am 7. und 8. Oktober in Berlin und mehreren Bezirkshauptstädten schwere Auseinandersetzungen zwischen Demonstranten und Sicherheitsorganen. Die politische Führung beherrschte die Situation nicht mehr. Am 9. Oktober drohte der Leipziger Montagsdemonstration eine »chinesische Lösung«. Am selben Tage sorgte die »Junge Welt«, Tageszeitung der FDJ, mit ungewöhnlichen Beiträgen für Aufsehen. Anders als in den übrigen Zeitungen vom gleichen Tage, die mit Festtags-

7. Oktober 1989: »Zuführung« von jugendlichen Demonstranten durch die Volkspolizei in Berlin-Prenzlauer Berg

bildern und -artikeln zum 40. DDR-Jubiläum gefüllt waren, wurden Fotos und Artikel veröffentlicht, die auf die Auseinandersetzungen in Berlin und Dresden eingingen. Fast zwei Druckseiten umfaßte ein Brief an den Chefredakteur der »Jungen Welt« aus der Feder des ansonsten als besonders linientreu bekannten ZK-Mitglieds Hermann Kant, der als Präsident des DDR-Schriftstellerverbandes u. a. 1979 bei den Ausschlüssen unbotmäßiger prominenter Autoren aus der Berufsorganisation unrühmlich hervorgetreten war. Am 3. Oktober war die Veröffentlichung des Schreibens zwischen Aurich und Krenz abgesprochen worden.Innerhalb des Politbüros bereitete inzwischen eine Gruppe um Krenz (u. a. Schabowski, Lorenz, Tisch) die Entmachtung Honeckers vor. Unter dem Siegel der tiefsten Verschwiegenheit sammelte man die Kräfte. Die ganze Konzentration galt der Abwahl von Honecker, über eine Konzeption für den Tag danach existierten eher organisatorische als konzeptionelle Vorstellungen.
An Honeckers Medienzensor Joachim Herrmann vorbei erschienen deshalb am 9. Oktober, abgesichert von Krenz, die ungewohnt kritischen Bemerkungen in der »Jungen Welt« zur Situation in der DDR. Kant mahnte darin eine Verständigung im Innern an: *»Kritisch und selbstkritisch, offen, nicht wehleidig, hart und geduldig.* [. . .] *Unter Verzicht auf Pomp und Gepränge und diese elendige Selbstzufriedenheit.«* Das Schlechteste an der DDR in ihrem jetzigen Zustand sei, daß *»es sie so wie derzeit gibt«*[229]. Ein Mitglied des SED-Zentralkomitees hatte die Krise in der DDR erstmals öffentlich und deutlich, im Organ des Jugendverbandes, angesprochen.
Am Vormittag des 9. Oktober 1989 fuhr der Direktor des ZIJ, Walter Friedrich, nach Berlin. Er beschwor Egon Krenz, keinen Gewalteinsatz von Armee und Polizei zuzulassen. Die Demonstration am Abend in der Messestadt ging glücklicherweise friedlich zu Ende. Ein Durchbruch zu Veränderungen deutete sich an.

7. Oktober 1989 in Leipzig, Grimmaische Straße: Aufmarsch der Volkspolizei

An der Entwicklung hatten viele junge Menschen ihren Anteil. Diejenigen, die an den ersten Demonstrationen teilnahmen, erwarben sich zweifellos besondere Verdienste. Auch jene, die laut und deutlich, in Form von Aufrufen oder öffentlichen Erklärungen ihre Stimme erhoben, erreichten beachtliche Wirkung bei der Bevölkerung und der im höchsten Maße sensibilisierten Jugend. Zu nennen wären die Bürgerbewegungen, so das »Neue Forum«, »Demokratie Jetzt« und die neugegründete »Sozialdemokratische Partei«. Zu erwähnen sind die Intellektuellen- und Künstlerinitiativen, wie z. B. das Staatsschauspiel Dresden, das »Berliner Ensemble« oder Mitglieder des Verbandes Bildender Künstler. Eine große Rolle spielten die DDR-Rockmusiker, die sich zu einem recht frühen Zeitpunkt artikulierten, sich beständig »einmischten« und deren Meinung so gewichtig war, daß die Jugendverbandsführung noch einen letzten Versuch unternahm, auf diese Entwicklung Einfluß zu nehmen.

Resolution der DDR-Rockkünstler vom 18. September 1989

»Wir, die Unterzeichner dieses Schreibens, sind besorgt über den augenblicklichen Zustand unseres Landes, über den massenhaften Exodus vieler Altersgenossen, über die Sinnkrise dieser gesellschaftlichen Alternative und über die unerträgliche Ignoranz der Staats- und Parteiführung, die vorhandene Widersprüche bagatellisiert und an einem starren Kurs festhält.
Es geht nicht um ›Reformen, die den Sozialismus abschaffen‹, sondern um Reformen, die ihn weiterhin in diesem Land möglich machen. Denn jene momentane Haltung den existierenden Widersprüchen gegenüber gefährdet ihn.
Wir begrüßen ausdrücklich, daß Bürger sich in basisdemokratisch orientierten Gruppen finden, um die Lösung der anstehenden Probleme in die eigene Hand zu nehmen; dieses Land braucht die millionenfache Aktivierung von Individualität; die alten Strukturen sind offenbar kaum in der Lage dazu. So haben wir den Aufruf des NEUEN FORUM zur Kenntnis genommen und finden in dem Text vieles, was wir selber denken, und noch mehr, was der Diskussion und des Austauschs wert ist.
Wir halten es für überfällig, alte Feindschaften und Vorbehalte abzubauen und zu überwinden. Es ist nun wichtig, daß der politische Wille großer Teile der interessierten Bevölkerung eine positive Entsprechung ›von oben‹ findet. D. h. auch Anerkennung dieser Gruppen, ihre Tolerierung und Einbeziehung in das Gespräch und in die Gestaltung dieser Gesellschaft, wie es die Verfassung der DDR mit ihren Bestimmungen gebietet. Dieses unser Land muß endlich lernen, mit andersdenkenden Minderheiten umzugehen, vor allem dann, wenn sie vielleicht gar keine Minderheiten sind.
Das Anwachsen rechtsextremer und konservativ-nationaler Elemente auch bei uns, das Beliefern gesamtdeutscher Anschauungen ist ein Ergebnis fehlenden Reagierens auf angestaute Widersprüche und historisch unverarbeitete Tatsachen. Linke Kräfte fallen dieser Politik des Festhaltens erneut zum Opfer. Wir wollen in diesem Land leben, und es macht uns krank, tatenlos mitansehen zu müssen, wie Versuche einer Demokratisierung, Versuche der gesellschaftlichen Analyse kriminalisiert bzw. ignoriert werden. Wir fordern jetzt und hier sofort den öffentlichen Dialog mit allen Kräften. Wir fordern eine Öffnung der Medien für diese Probleme. Wir fordern Änderung der unaushaltbaren Zustände. Wir wollen uns den vorhandenen Widersprüchen stellen, weil nur durch ihre Lösung und nicht durch ihre Bagatellisierung ein Ausweg aus dieser Krise möglich sein wird. Feiges Abwarten liefert gesamtdeutschen Denkern Argumente und Vorausetzungen.
Die Zeit ist reif. Wenn wir nichts unternehmen, arbeitet sie gegen uns!
18.09.89
Unterzeichner: Gerhard Schöne, Andre Herzberg, H. E. Wenzel, Jörn Brumme, Joachim Gersdorff, Charly Eitner, Ernst Lembke, Rainer Nawrath, Ingo Griese, Jürgen Ehle, Gerhard Laartz, Carsten Muttschall, Toni Krahl, Martin Schreier, Tamara Danz, Frank Schöbel, Marcus Lönnig, Rüdiger Barton, H. H. Junck, Gerd Sonntag, H. J. Reznicek, Uwe Haßbecker, Jürgen Abel, Lutz Kerschowski, Jürgen Eger, R. Kirchmann, Angelika Weiz, Conny Bauer, Thomas Hergert, Tina Powileit, Wolfgang Fiedler, Kurt Demmler, Beate Bienert, Jens Schultz, Lothar Kramer, Christian Liebig, Matthias Lauschus, Bernd Römer, Tine Römer, D. Halhuber, Norbert Bischoff, Ralf Zimmermann, Heiko Lehmann, Ines Krautwurst«

Quelle: SAPMO-BArch, DY 24/AA 230.

Information des FDJ-Zentralrates über die Vollversammlung der Sektion Rock beim Komitee für Unterhaltungskunst der DDR am 16. Oktober 1989 im Kreiskulturhaus Berlin-Weißensee

»[. . .] Nachdem eingangs von Wolfgang Schubert mit einer vorbereiteten Erklärung zu fairem Umgang in der Diskussion und Kultur des Streits aufgerufen wurde, informierte Toni Krahl als Vorsitzender der Sektion Rock und Versammlungsleiter ausführlich über die Entstehung, den Wortlaut der und die Reaktionen auf die Resolution von Unterhaltungskünstlern vom 18. 9. 1989. Er hob hervor,

daß bisher lediglich das Komitee für Unterhaltungskunst, das die Resolution der Unterhaltungskünstler über ihr ›Dach‹ geholt hat und der Zentralrat der FDJ mit auch schon realisierten Gesprächsangeboten reagiert haben. Es wurde außerdem über zahlreiche Zwischenfälle und Sanktionen berichtet, denen Rockmusiker wegen des Verlesens der Resolution ausgesetzt waren.
In der sehr emotionsgeladenen, insgesamt doch weitgehend sachlichen und konstruktiven Diskussion erneuerte Eberhard Aurich des Angebot der FDJ, auch weiterhin als Partner für Gespräche, Veranstaltungen und die Förderung der Rockmusik zur Verfügung zu stehen und wertete die Resolution der Unterhaltungskünstler als ernst zu nehmende Reaktion auf besorgniserregende Entwicklungen. Er hob hervor, daß die Erklärung des Politbüros der SED vom 11. 10. 1989 auch ein Ergebnis des Engagements der Unterhaltungskünstler und eine Grundlage für einen konstruktiven Dialog zu den wichtigsten Fragen sei, die in der Resolution der Unterhaltungskünstler aufgeworfen wurden. Der von einigen Diskutanten ultimativ aufgeworfene Forderung nach Veröffentlichung der Resolution in der ›Jungen Welt‹ stimmte Eberhard Aurich nicht zu und verwies auf die bisherigen Veröffentlichungen in der ›Jungen Welt‹, die dazu beigetragen haben, über das ernstzunehmende Anliegen der Unterhaltungskünstler zu informieren und Vorwürfe der Staatsfeindlichkeit zurückzuweisen.
Aus der mehrstündigen Diskussion sind drei wesentliche Schwerpunkte hervorzuheben:
1. Heftige Vorwürfe wurden an die Parteiführung gerichtet, weil sie erst sehr spät reagiert habe und sich einem echten Dialog nicht stellte. Trotz der mit viel Beifall aufgenommenen Bemerkungen hat die übergroße Mehrheit für die Bewertung der Politbüroerklärung als einen ›richtigen Schritt‹ zum notwendigen Dialog gestimmt.
2. Außerordentlich scharf wurde die Forderung nach Veröffentlichung der Resolution vom 18. 9. 1989 in *unseren* Medien wiederholt und bekräftigt. Einige wollten davon die Dialogfähigkeit der FDJ abhängig machen, konnten sich jedoch nicht durchsetzen. Die Forderung nach Veröffentlichung konstruktiver Standpunkte in unserer Presse bleibt eine zentrale Forderung der Unterhaltungskünstler und beeinflußt entscheidend das Diskussionsklima.
3. Sehr konkret und nachdrücklich wurde jegliche Gewalt in gesellschaftlichen Auseinandersetzungen abgelehnt und die Forderung erhoben, die Verantwortlichen für Gewalttätigkeit und Repressation gegen friedliche Demonstranten auch auf Seiten der Sicherheits- und Schutzorgane zur Verantwortung zu ziehen. [. . .]
Nach einem langwierigen Abstimmungsprozeß wurde eine Ergänzung zur Resolution vom 18. 9. 1989 angenommen (Anlage). [. . .]«

Quelle: SAPMO-BArch, DY 30, IV 2/2039/246.

Erklärung der Vollversammlung der Sektion Rock beim Komitee für Unterhaltungskunst vom 16. Oktober 1989

»[. . .] Wir erwarten, daß alle Geldstrafen, Vertragskündigungen, verleumderische Nachreden oder sonstige Repressalien gegen unsere Kollegen wegen ihres Umganges mit der Resolution eingestellt bzw. rückgängig gemacht werden. Wir fordern, daß alle offiziellen und inoffiziellen Auftrittsverbote, die in diesem Zusammenhang in den Bezirken und Kreisen ausgesprochen wurden, aufgehoben werden. Wir bilden eine komiteeinterne Kommission zur Erfassung und Klärung derartiger Vorgänge.
Desweiteren fordern wir die Annullierung der ausgesprochenen Ordnungsstrafmaßnahmen, die Zurücknahme ungerechtfertigter gerichtlicher Urteile und Geldstrafen gegen alle Personen, die mit friedlichen Mitteln und gewaltfrei in der Vergangenheit demonstriert haben. Wir solidarisieren uns mit allen Bürgern und Institutionen, die sich im Sinne unserer Resolution und dieser Erklärung engagieren.
Wir erwarten die Öffentlichmachung und Bestrafung aller Personen, auch auf seiten der Ordnungs- und Sicherheitskräfte, die für die Eskalation der Gewalt verantwortlich sind.
Wir appellieren an alle Beteiligten zukünftiger Demonstrationen, egal auf welcher Seite, zivilisiert und grundsätzlich gewaltfrei miteinander umzugehen.
Wir bestehen nach wie vor auf der in unserer Resolution geforderten Presse- und Medienfreiheit, auf der Zulassung basisdemokratisch orientierter Gruppen und fordern uneingeschränkte Reisefreiheit für alle Bürger der DDR und darüber hinaus das bedingungslose Rückkehrrecht für die ehemaligen DDR-Bürger, die legal, halblegal oder illegal die DDR verlassen haben. Wir sind der Meinung, daß viele von ihnen einer Ausreisehysterie zum Opfer gefallen sind, und wir erwarten von unseren Staatsorganen ein eindeutiges Angebot an rückkehrwillige Bürger.
Davon ausgehend, daß die Zuspitzung der jetzigen Situation mit dem Umgang der letzten Wahlergebnisse begann, fordern wir, daß für zukünftige Wahlen Bedingungen geschaffen werden, bei denen das Wahlergebnis die wirkliche Befindlichkeit der Bevölkerung in diesem Land reflektiert.
Abschließend erklären wir, daß wir die in unserem kulturellen Bereich anstehenden und auf dem Kongreß für Unterhaltungskunst angemahnten Veränderungen offensiv vorantreiben werden.«

Aus: Charles Schüddekopf (Hrsg.): »Wir sind das Volk!« Flugschriften, Aufrufe und Texte einer deutschen Revolution, Reinbek 1990, S. 142 f.

Am 9. Oktober 1989 schrieben – nach langem Nachdenken und nach Absprachen mit Egon Krenz und darüber hinaus sogar mit dem UdSSR-Botschafter Wjatscheslaw Kotschemassow – Eberhard Aurich als 1. FDJ-Zentralratssekretär und Staatsratsmitglied, Wilfried Poßner als Vorsitzender der Pionierorganisation und Zentralratssekretär sowie Gerd Schulz als ZK-Abteilungsleiter Jugend und Vorsitzender des Jugendausschusses der Volkskammer an Honecker und damit an das Politbüro.

Vorlage der FDJ-Spitzenfunktionäre Aurich, Poßner und Schulz an das SED-Politbüro: »Einschätzung der politischen Lage unter der Jugend – Schlußfolgerungen für die weitere Vorbereitung des XII. Parteitages der SED und des XIII. Parlaments der FDJ«, 9. Oktober 1989 (Auszüge)

»Lieber Genosse Erich Honecker!
Wir wenden uns in großer Sorge an Dich. Wir sehen es als unsere Verantwortung, angesichts einer angespannten gesellschaftlichen Situation, Dich über die politische Lage unter der Jugend zu informieren.
Wir bitten Dich darum, daß die beiliegende Einschätzung im Politbüro der Partei behandelt wird. Wenn die Jugend der Partei auch künftig wie in den vergangenen 40 Jahren folgen soll, muß jetzt energisch gehandelt werden. Wir sind dazu bereit.
Freundschaft
gez. Wilfried Poßner [. . .],
gez. Eberhard Aurich [. . .],
gez. Gerd Schulz [. . .]

Einschätzung der politischen Lage unter der Jugend
[. . .] Unter veränderten inneren und äußeren Bedingungen der Entwicklung des Sozialismus in der DDR stellt sich die Frage, ob sich die Grundprinzipien der Jugendpolitik der SED als den Gesetzmäßigkeiten sozialistischer Entwicklung entsprechend erweisen und gültig bleiben und wie der Masseneinfluß der FDJ gesichert werden kann.
Alle der Parteiführung in den vergangenen Jahren vorgelegten Analysen wiesen darauf hin, daß die Jugendpolitik der SED von der Partei, der FDJ, dem sozialistischen Staat, der gesamten Gesellschaft mit mehr Konsequenz und schöpferischer durchgesetzt werden muß, wozu es mehr Engagements aller Beteiligten, verstärkter Kontrolle getroffener Festlegungen, vor allem jedoch der überall erwünschten und stets aufmerksam geförderten Mitarbeit der Jugend selbst bedarf. [. . .]
Jugendliche in der DDR empfinden ihre Lebensverhältnisse in grundlegenden Fragen als gesichert. Die soziale Sicherheit wird als wichtig angesehen. Es gibt jedoch eine Reihe von Problemen, die das Vertrauen der Jugend in die Effektivität unserer Planwirtschaft und hinsichtlich der Ernsthaftigkeit der Partei- und Staatsführung zur Lösung jahrelang bestehender Probleme im wachsenden Maße einschränkt.
Das Niveau der Versorgung wird nicht an der Befriedigung der Grundbedürfnisse, sondern zunehmend an den Möglichkeiten zum Ausbau des materiellen Wohlstands gemessen. Die Bedürfnisse und Qualitätsmaßstäbe werden dabei von internationalen Einflüssen geprägt. Auch wirkt eine hohe Kaufkraft. Jugendliche verstehen, daß nicht jeder gleichermaßen alles und zu jeder Zeit haben kann. Sie begreifen jedoch nicht, warum bei uns nicht auch ein Warenangebot wie in entwickelten kapitalistischen Industrieländern möglich sein sollte. Eine Verbesserung auf diesem Gebiet empfinden sie als entscheidende Voraussetzung, das Leistungsprinzip besser durchzusetzen. Daß die Bedürfnisse Ausgangspunkt der Planung im Sozialismus sind, finden sie im Alltag kaum bestätigt. Mitteilungen über erfüllte Pläne stoßen deshalb meist auf Mißtrauen und Ablehnung.
Zu den berechtigten Bedürfnissen Jugendlicher, die nicht genügend befriedigt werden, gehören:
- *Jugendmode* [. . .]
- *Sportbekleidung* [. . .]
- *Kinderbekleidung* [. . .]
- *Mopeds* [. . .]
- *Fahrräder* [. . .]
- *Unterhaltungselektronik* [. . .]
- *Möbel* [. . .]
- *Computer* [. . .]
- *Lebensmittel* [. . .]

Generell verstehen Jugendliche nicht, warum man mit Ausnahme des Grundbedarfs nicht zielgerichtet einkaufen gehen kann, sondern immer ›auf Achse‹ danach sein muß, ob es ›was gibt‹. Sie finden deshalb das Konsumgüterangebot und den Handel in kapitalistischen Ländern in höchstem Maße attraktiv, wo die Losung gilt ›Gut einkaufen – schöner leben‹.
Argumente, die darauf verweisen daß wir im Gegensatz zur ›kapitalistischen Verschwendung‹ bedarfsgerecht planen und produzieren, werden nicht akzeptiert. Grundsätzlich abgelehnt werden die Argumentationen der Parteiführung, daß die DDR über einen höheren Lebensstandard als die BRD verfügt. Sie verweisen auch auf solche Tatsachen wie die oft grauen Häuser, schlechte Straßen, verschmutzte Eisenbahnzüge, den Zustand von Sanitäreinrichtungen, die schlechte Versorgung auf Zeltplätzen und in Urlaubszentren.
Weitere Artikel, nach denen Jugendliche oft vergeblich suchen, sind:
- die ›Junge Welt‹ am Kiosk
- alle Jugendzeitschriften (vor allem ›neues leben‹)

– Schallplatten (vor allem internationale Musik)
– Kassetten (auch internationale Musik)
Verschärft wird das gesamte Problem dadurch, daß man für Westgeld (Schwindelkurs zur Zeit 1:10) im Intershop oder im Schwarzhandel zu all diesen begehrten Artikeln Zugriff hat. Diese ›zweite Währung‹ ist für viele Anlaß, die durch die Verwandtensituation bedingte ›Ungerechtigkeit‹ zu beklagen. Pkw und Telefonanschluß liegen für viele Jugendliche auf legalem Wege in ferner Zukunft (Kauf eines neuen Pkw mit 32 Jahren frühestens!).
– *Wohnungsfrage*
Die Entwicklung auf diesem Gebiet wird anerkannt. Es nehmen jedoch die zweifelnden Fragen zu, ob das Wohnungsproblem 1990 gelöst werden kann. In Dörfern gibt es dank großzügiger Hilfe durch die LPG damit weit weniger Probleme. Ende 1988 gab es 72 548 Wohnungsanträge junger Ehen, die auf eine Wohnung warten. 41 893 verfügten nicht über eigenen Wohnraum. Obwohl die durchschnittliche Wartezeit bei 18 Monaten liegt, gibt es Orte – u. a. Großstädte, wo man wesentlich länger warten muß. In der Um- und Ausbauaktion der FDJ mehren sich die Klagen über die Nichtbereitstellung von ausbauwürdigem Wohnraum, wodurch die FDJ ihre Verpflichtung im FDJ-Aufgebot nicht erfüllte. Ledige Jugendliche beklagen, daß die Annahme ihres Wohnungsantrages verweigert wird (das sei erst ab 26 Jahre möglich, im Gegensatz zur Wohnraumlenkungsordnung). In Wohnheimen wohnen zur Zeit 135 000 Studenten, 105 000 Lehrlinge und 100 000 junge Arbeiter. Im Bereich des Ministeriums für Hoch- und Fachschulwesen wohnen 2000 studentische Ehepaare und 2000 Studentinnen mit Kind in Wohnheimen. Vor allem die über 20jährigen wünschen sich eigenen Wohnraum. [. . .]
In der FDJ sind zur Zeit fast drei Viertel aller Jugendlichen organisiert. Die überwiegende Mehrheit der Pioniere tritt gern in die FDJ ein (ein Zeichen des Erwachsenseins), ist sich jedoch weniger bewußt, welche Anforderungen politische Organisiertheit stellt. Die positive Ausgangsposition beim FDJ-Eintritt gelingt es in den dann folgenden Jahren oft nicht zu bewahren. Die Jüngsten in der FDJ erleben ihren Verband vor allem als eine Organisation, die von ihnen vor allem ein diszipliniertes Wohlverhalten gegenüber Lehrern und Vorgesetzten fordert, weit weniger als Gemeinschaft politisch Gleichgesinnter, als Interessenvertreter in Schule und Territorium und zu selten als Kollektiv, in dem man gemeinsam interessante Unternehmungen vorbereitet und durchführt. In Mitgliederversammlungen und Zirkeln des FDJ-Studienjahres wird zu wenig eine ehrliche Offenheit der Fragestellung und Diskussion gefördert, so daß sich nach und nach bei vielen der Eindruck von Langeweile und wenig Nützlichkeit für das Leben ausprägt, was durch neue Aufgaben und Impulse in der späteren FDJ-Zeit schwer wieder aufzubrechen ist. [. . .]
Jugendliche stört an ihrer FDJ unter anderem das teilweise inhaltsleere Reden ihrer eigenen Funktionäre, die ihre Gedankenwelt nicht erfassen, der formelle Ablauf vieler Veranstaltungen (Rede, Diskussion, Schlußwort – selbst in Gruppen), die fehlende freie Rede untereinander, die ›Vorabnahme‹ von Diskussionsbeiträgen und die zu geringen Möglichkeiten, an der Gestaltung der FDJ-Aktivitäten selbst mitzumachen (sogar gewählte ehrenamtliche FDJ-Funktionäre). Große Zustimmung hat beim Pfingsttreffen 1989 die Möglichkeit gefunden, aktiv das Programm mitzugestalten. Die Stadionrevue und die Abschlußveranstaltung sind vielen emotional in Erinnerung.
Viele wissen nicht um die demokratischen Rechte der FDJ in der Gesellschaft (Jugendgesetz), ihrer Leitungen und ihrer Abgeordneten, weil sie kaum erleben, daß sie gebraucht werden und daß auch einmal etwas von ihnen Angeregtes durchgesetzt wird. Geschieht es doch, wird alles als völlig ›harmonisch‹ dargestellt, so daß sich letztlich der Eindruck verbreitet, man könne sich im Verband gegen nichts wehren. [. . .]«

Quelle: SAPMO-BArch, DY 24/11803.

Es handelte sich hierbei um eine stark überarbeitete und erweiterte Fassung der Zentralratsanalyse vom 11. September.
Die Vorlage war von Krenz plaziert worden. Dieser hatte am 8. Oktober Honecker den eigenen Entwurf einer Erklärung des Politbüros zur Lage im Land übermittelt. Honecker versuchte vergeblich, die Behandlung dieses Papiers auf der Politbürositzung am 10. Oktober zu verhindern. Nach zweitägigen Beratungen wurde die Erklärung in einer abgeschwächten Fassung (redigiert von Herrmann, Krenz, Mittag und Schabowski) angenommen und veröffentlicht. Das Kompromißdokument bezog zu den gesellschaftlichen Problemen zurückhaltend Stellung und stellte partielle Veränderungen in Aussicht.[230]
Die Vorlage der FDJ-Funktionäre wurde von Honecker auf der gleichen Sitzung vor der Diskussion zum Krenz-Papier behandelt. Günter Schabowski bezeichnete es später als Taktik Honeckers, so vorzugehen, um Krenz in die Enge zu treiben und die Annahme der Grundsatzerklärung zu verhindern.

Honecker erklärte in scharfer Form, *»dies sei das erste Mal in der Geschichte der DDR, daß die FDJ-Führung geschlossen die Politik der Partei und ihres Zentralkomitees angreife«.*[231] Er dürfte sich als erster, langjähriger Vorsitzender des Jugendverbandes insbesondere durch die Passagen zur Überalterung der Parteiführung desavouiert gefühlt haben. Diese Stoßrichtung diente als Flankenschutz für das Vorhaben, Krenz zum Nachfolger Honeckers wählen zu lassen.[232]

Honecker forderte sogar die Absetzung des ZK-Abteilungsleiters Schulz als angeblich Hauptverantwortlichen für die Verbreitung des Materials. Krenz blieb in dieser Situation nichts anderes übrig, als diese Vorlage zurückzuziehen. Da Honecker schließlich am 18. Oktober auf der 9. Tagung des ZK der SED seinen Rücktritt erklären mußte, kam es nicht mehr zu personellen Konsequenzen.

War die »Einschätzung der politischen Situation unter der Jugend« tatsächlich ein derartig brisantes, eventuell gar ein Reformansätze verbergendes Dokument?

Drei Punkte hatte man gegenüber dem September-Papier zugespitzt. Zunächst wurden in bisher nicht üblicher Deutlichkeit die Verunsicherungen bezüglich der Beziehungen zwischen DDR und UdSSR angesprochen: *»Viele fühlen sich in ihrer ehrlichen Sympathie für Michail Gorbatschow, der in vielen Fällen ihre Problemsicht auf den von ihnen erlebten Sozialismus trifft, durch* [ein] *kühles und distanziertes Verhältnis der Führung zur UdSSR verletzt. Damit wackelt aber ein Grundwert des Internationalismus im Denken vieler Jugendlicher – die Freundschaft zur Sowjetunion.«*

Anschließend wurden Gefahren aus der nationalen Frage abgeleitet. Es gebe *»einen nicht geringen Teil von Jugendlichen, der aus vielerlei Motiven sich ausdrücklich als ›Deutscher‹ fühlt.* [. . .] *Durch die Normalisierung der Beziehungen zur BRD und das gewachsene Geflecht von Beziehungen (besonders Verwandtenbesuche) haben sich Gedanken über eine mögliche ›Wiedervereinigung‹ stärker verbreitet.«* Nicht nur, daß Westmedien die Hauptinformationsquellen geworden seien und die D-Mark das Leben mitbestimme, inzwischen gebe es faschistoide Tendenzen unter DDR-Jugendlichen, z. B. bei Anhängern der »Republikaner«. Schließlich wurden personelle und inhaltliche Tabus der Honecker-Ära angesprochen. Das Auftreten von Funktionären aller Ebenen, insbesondere von führenden Politikern, lasse jede Originalität und Emotionalität vermissen. Man wolle sich bei Partei und Staat nicht mehr für etwas bedanken, was man selbst durch Arbeit leisten müsse. Und, noch schlimmer, *»der personengebundene Dank an den Generalsekretär der Partei für die Politik wird abgelehnt«.* Das Fazit lautete: *»Als eine entscheidende Ursache für den ungenügenden Dialog der Parteiführung mit der Bevölkerung sehen Jugendliche die Tatsache, daß Mitglieder der Parteiführung, aber auch leitende Genossen in den Bezirken zu alt und nicht dynamisch genug sind. Die Diskussion um Privilegien von Funktionären ist anhaltend und wird auch durch bestimmtes Verhalten einzelner genährt (Debatten um ›Sonderläden‹, Häuser, PKW, Protektion bei Berufswahl, Wohnungen für eigene Kinder, nicht um Gehälter!).«* Diese Einschätzungen zu diesem Zeitpunkt mußten heftige Reaktionen Honeckers auslösen.

Die vorgetragene Argumentation verrät gleichzeitig die konzeptionell-politischen Grenzen der Zentralratsvorlage. An den Dogmen der realsozialistischen Machtausübung wurde nicht gerüttelt. Über den Schatten der »führenden Rolle« der SED konnte man nicht springen, die »Einheit von Wirtschafts- und Sozialpolitik« trotz der offensichtlich schlimmen Folgen nicht antasten, das Feindbild kaum abbauen. Schließlich ist zu beachten, daß die Ausarbeitung stark von den politischen Absichten und den Karriereambitionen der Verfasser und der Abstimmung mit dem vermeintlich neuen ersten Mann in Partei und Staat beeinflußt worden war.

Es war kein »Reformkonzept« vorgelegt worden. Man hatte erkannt, daß die Politik der Honecker-Führung ins Verhängnis führt, und versuchte, eine Korrektur zu unterstützen. Eine neue Führungsperson (Krenz) sollte her, die eine neue Mannschaft mitbringen (zumeist in FDJ-Funktionen bewährt) und neue Ideen umsetzen sollte. Dieses altbewährte Muster sozialistischer Herrschaftssicherung funktionierte jedoch Ende der achtziger Jahre im realen Sozialismus nicht mehr.

Solidaritätsaktion für die Verhafteten des 7. Oktober am 28. Oktober 1989 in der Ost-Berliner Erlöserkirche

Rücktritte und letzte Korrekturversuche

Die nach außen reibungslose Ablösung Ulbrichts durch Honecker 1971 ließ sich in der DDR des Jahres 1989 nicht einfach wiederholen. Am 18. Oktober wechselte durch die Entscheidung des 9. Plenums des SED-Zentralkomitees endlich die Führerfigur. Egon Krenz, von 1974 bis 1983 FDJ-Chef, ersetzte Erich Honecker. Doch nach dem Stühlerücken änderte sich nicht viel. Über alternative Konzepte verfügte die Riege des Kronprinzen nicht. Zeit für behutsame Reparaturversuche gab es nicht mehr.

Wie angekündigt, aber angesichts der sich überschlagenden Ereignisse viel zu spät, berief Krenz am 25. Oktober (einen Tag nach seiner Wahl zum Vorsitzenden des DDR-Staatsrates und des Nationalen Verteidigungsrates) eine Tagung des ZK zur politischen Lage im Land für den 8. bis 10. November nach Berlin ein. Am 31. Oktober wurde im Politbüro der Entwurf eines neuen Reisegesetzes beraten. Den überarbeiteten Entwurf veröffentlichte die Tagespresse erst am 6. November. Die Fassung stieß auf breite Ablehnung in der Bevölkerung. Bürger der DDR sollten keinen Anspruch auf konvertible Reisezahlungsmittel haben, die Bearbeitungsfrist der Anträge war auf 30 Tage festgesetzt.

Am 4. November 1989 demonstrierten Hunderttausende auf dem Berliner Alexanderplatz für mehr Demokratie und gesellschaftliche Veränderungen, gegen die führende Rolle der Partei und deren Machtmißbrauch. Die explosive Stimmungslage und die zunehmend heftigere Kritik an der SED hatten Krenz am 3. November veranlaßt, in einer kurzfristig angekündigten Fernsehansprache ein weitergehendes Reformpaket sowie die Rücktrittsabsichten von mehreren Politbüromitgliedern bekanntzugeben. Diese »Nachtrabpolitik« der Parteiführung blieb für die Entwicklung in den folgenden Wochen symptomatisch.

Die parallel eingeleiteten Versuche der »Erneuerung des sozialistischen Jugendverbands« scheiterten ebenfalls. Am 23. Oktober 1989 hatte sich der neue SED-Chef noch an Eberhard

4. November 1989: Großdemonstration auf dem Berliner Alexanderplatz

Aurich gewandt und sich ausdrücklich sowohl für die Vorlage vom 9. Oktober als auch für die Mitwirkung an den Beschlüssen der 9. Tagung des ZK bedankt.[233]
Für eine kurzfristig beabsichtigte Aussprache zwischen den Führungsgremien von SED und FDJ blieb jedoch keine Zeit mehr. In einer Vorlage vom 24. Oktober, vom Sekretariat des FDJ-Zentralrats zum Beschluß erhoben, definierte Aurich die »neue FDJ« als sozialistische, antifaschistische, internationalistische, parteiunabhängige, demokratische, einheitliche Jugendorganisation. Der Rettungsversuch erwies sich trotz des einkalkulierten »drastischen Mitgliederrückgangs« als illusorisch.

Beschluß des Sekretariats des FDJ-Zentralrats vom 7. November 1989: »Nach selbstkritischer Bilanz auf der 12. Tagung des Zentralrats. Für eine neue FDJ«

»[. . .] Wir sind im Aufbruch hin zu einem erneuerten Sozialismus in der DDR, zu wahrer Demokratie und Freiheit. Wir wollen in einem modernen, einem attraktiven Land leben und dafür arbeiten. Wir wollen hier zu Hause sein.

Wie kann uns dabei ein Jugendverband nützlich sein?

Nur so – meinen viele –, wenn er vor allem eines tut: konsequent sich den *Interessen* junger Leute zuwendet und sie vertritt. In der Gesellschaft, im Betrieb, in der Genossenschaft, im Institut, in der Schule, an der Universität, der Hoch- und Fachschule, im Truppenteil, im Jugendklub, im Dorf und im Wohngebiet, in den Volksvertretungen, überall.

Kann das die FDJ?

So, wie wir jetzt sind, nicht. Nicht als Organisation, in der gegängelt, bevormundet und in die von allen Möglichen hineingeredet wird. Nicht, wenn zu viel von oben, zu wenig von unten kommt. Wir wollen anders sein.

Schaffen wir das?

Ja, aber nur so: Der Wille der Mitglieder muß bestimmen, was im Verband geschieht. Das wäre der erste Schritt zu einer *neuen* FDJ. [. . .]

Wie wollen wir unbedingt sein?

Antifaschistisch, internationalistisch, freundschaftlich, brüderlich, solidarisch, antirassistisch, dem Frieden verpflichtet.
Wir wollen eine breite sozialistische Jugendorganisation, in der viele freiwillig ihre politische Heimat finden und ihren Interessen nachgehen können.
Viele fordern: Die neue FDJ soll *selbständig* sein und eine eigenständige Position vertreten. Wir brauchen Garantien, daß es im Jugendverband demokratisch zugeht und wir wirklich selbst entscheiden können.

Was tun?

- mit allen reden und über Ideen und Vorschläge streiten
- arbeiten, lernen, studieren
- junge Leute in die Leitung der FDJ wählen
- eine neue Wahlordnung erarbeiten
- in öffentlicher Diskussion ein neues FDJ-Statut schaffen
- wie von uns vorgeschlagen, ein völlig anderes Jugendgesetz durch die Jugend selbst entwerfen
- die Pionierorganisation und ihr Statut umgestalten
- überall ein freies geistig-kulturelles Leben entfalten
- den Verband von bürokratischem Ballast befreien
- die ökonomischen Initiativen ökonomisieren und von Zahlenhascherei befreien
- eine neue ›Junge Welt‹ konzipieren und mit ›elf 99‹ und DT 64 gut zusammenarbeiten
- ein neues, partnerschaftliches Verhältnis zu allen Parteien und Organisationen entwickeln
- eine neue Position zu den Kirchen einnehmen.

[. . .]
Aktuelle Forderungen des Sekretariats des Zentralrats der FDJ
Analyse der Ursachen der Krise in der DDR
Einberufung der Volkskammer, eine neue Regierung mit dem Gesicht zum Volke
Anerkennung der Bürgerbewegungen, die sich zur Verfassung bekennen
zeitlich reduzierte Wehrpflicht und ziviler Ersatzdienst
Demokratie, überall Wahrheit und Offenheit
Recht auf freie Meinungsäußerung überall und gegenüber jedermann
Wirtschaftsreform [. . .]
Reform des Bildungswesens [. . .]
Hochschulreform [. . .]
mehr Zuwendung für Sorgen junger Leute [. . .]
eine singbare Nationalhymne der DDR, Neugestaltung der Jugendweihe.«

Quelle: SAPMO-BArch, DY 24/11708.

Nach dem Rücktritt Honeckers und der Wahl von Krenz zu seinem Nachfolger hatte die FDJ-Führung wohl gehofft, sich in die Reformbewegung einreihen und so einen Teil ihres Einflusses bewahren zu können. Auf der 10. ZK-Tagung der SED, die am 8. November 1989 begann, versuchte Eberhard Aurich, die FDJ nachträglich als Hort des Widerstandes darzustellen: »*Als wir die Schnauze so richtig voll hatten, unter dem Eindruck dessen, was sich um den 40. Jahrestag zugespitzt hatte, und sich drei Mitglieder des Zentralkomitees (Eberhard Aurich, Wilfried Poßner, Gerd Schulz) am 9. Oktober in einem Brief an den Generalsekretär mit einer Einschätzung wandten, wurde diese Einschätzung* [...] *vom damaligen Generalsekretär als größter Angriff der FDJ auf die Parteiführung in 40 Jahren bezeichnet, im Politbüro verteilt und als Mittel benutzt, den jetzigen Generalsekretär gegebenenfalls daran zu hindern, die Wende einzuleiten.*«[234] In völliger Verkennung der Situation glaubte der Zentralrat auf seiner 12. Tagung am 26. und 27. Oktober 1989, über ausreichenden Handlungsspielraum zu verfügen, um Reformen von oben durchzuführen und den Status quo zu bewahren. In enger Anlehnung an die SED, die eine »Wende« eingeleitet habe, verkündete Eberhard Aurich in seinem Referat seine Vorstellung, »*daß unsere Probleme von uns mit Mut zur Wahrheit und zur Offenheit aufrichtig benannt werden. Die großen Möglichkeiten demokratischer Mitbestimmung sollen überall genutzt werden können. Ein ernstgemeinter innenpolitischer Dialog auf vielen Ebenen wurde eröffnet.* [...] *Veränderungen in der Wirtschaftspolitik sind angekündigt. Versorgungsfragen sollen mehr Aufmerksamkeit finden und gelöst werden. Das Leistungsprinzip soll konsequent in vollem Umfang durchgesetzt werden.*«

Dies und weiteres waren zwar gute Vorsätze, doch es gab kein neues, überzeugendes Gesamtkonzept. Auf die entscheidende Frage, wohin die FDJ eigentlich gehen will, antwortete Aurich: »*Junge DDR-Bürger wollen einen modernen, einen lebendigen und schöpferischen Sozialismus unter Führung der SED, in dem sie ihre Vorstellungen vom Leben verwirklichen können. Die FDJ unterstützt alle, die dafür eintreten.*« Auf dieser inhaltlich bescheidenen und politisch eher unattraktiven programmatischen Grundlage konnte der Jugendverband nur noch defensiv agieren.

Die Situation war dem Staatsjugendverband längst entglitten. Die Jugendlichen hatten von der Gängelung durch die FDJ genug. Ende Oktober/Anfang November 1989 bildeten sich überall in der DDR spontan Interessenvertretungen, Gruppen und Verbände. Sie schlossen sich den verschiedenen Kräften der Wende an, gingen z. T. aus ihnen hervor und betätigten sich an den Aktionen des politischen Umbruchs in der DDR. Viele beteiligten sich an den großen und kleinen Demonstrationen oder in der Menschenkette für die »Erneuerung« des Landes vom 3. Dezember, die durch das ganze Land gebildet wurde, sowie schließlich am Wahlkampf.

Im November 1989 hatten sich verschiedene neue Jugendverbände und -vertretungen gebildet, so der »Unabhängige Studentenrat« der Berliner Humboldt-Universität, die »Christlich-Demokratische Jugend« (CDJ) und die »Jungliberale Aktion« (Julia). Hinzu kamen bald der »Landjugendverband«, der »Verband Demokratischer Schuljugend«, die »Jugend des Demokratischen Aufbruchs«, der »Deutsche Regenbogen« sowie linke Aktions- bzw. Initiativgruppen und ein »Sozialistischer Studentenbund« (SSB). Die Szene gestaltete sich bunt und ziemlich unübersichtlich.

»Flugblatt der Jugend«

»Null Bock auf FDJ!? Wir wollen keine Generation von Mitläufern mehr sein! Wir haben die Schnauze voll von Bevormundung und Gängelung und wollen nicht mehr Kampfreserve und Handlanger einer Partei sein, deren Politik viele unsere Freunde fortgetrieben hat. Auf wie viele sollen wir noch verzichten müssen?

Wir fordern:

1. Abschaffung des Organisationszwanges!
2. Die Möglichkeit der Bildung von neuen Jugendverbänden unterschiedlicher Prägung (aber keine Chance für Faschos und andere gewaltverherrlichende Gruppen).
3. Neue Verteilung der staatlichen Gelder für Jugendarbeit.
4. Trennung von einseitiger ideologischer Ausrichtung.
5. Politische Meinung darf nicht mehr zensiert werden.
6. Abschaffung des Wehrkundeunterrichts und der vormilitärischen Ausbildung.
7. Einrichtung des zivilen Ersatzdienstes und des Rechtes auf Wehrdienstverweigerung.
8. Eigenverantwortlichkeit der Jugendklubs.

Um unsere Forderungen durchzusetzen, müssen wir alle anfangen, unsere Angst zu überwinden und unseren Mund nicht mehr zu halten, sondern selbst aktiv zu werden.

Jugendliche auf der Delegiertenversammlung des ›Demokratischen Aufbruch – sozial, ökologisch‹

Berlin, 29. 10. 1989«

Die Grenze ist offen

Das 10. ZK-Plenum der SED bestätigte am Nachmittag des 9. November 1989 eine Umlaufvorlage des Ministerrates. Politbüromitglied Günter Schabowski verkündete den historischen Beschluß – verfrüht – am Abend auf einer internationalen Pressekonferenz in Berlin: Genehmigungen für Reisen in die Bundesrepublik würden ab sofort kurzfristig erteilt und nur in besonderen Ausnahmefällen verweigert. Unverzüglich könnten Personen, die die DDR verlassen wollten, Visa für eine ständige Ausreise erhalten. Reisen und ständige Ausreisen könnten über alle Grenzübergänge erfolgen. Wenige Stunden später strömten Tausende von Ost- nach West-Berlin, zum größten Teil, ohne kontrolliert zu werden.

Die Nacht vom 9. zum 10. November 1989 hatten die Menschen in der DDR sehr verschieden, in den meisten Fällen aber überglücklich erlebt. Als das Gremium, welches die Entscheidung darüber gefällt hatte, am 10. November um 9 Uhr wieder zusammentrat, feierten noch Tausende Menschen im Ost- und Westteil Berlins den Fall der Mauer. Tausende gingen in der ganzen DDR nicht zur Arbeit, machten sich zu einem Besuch des »Westens« auf den Weg. In den folgenden Tagen reisten Millionen aus der DDR, darunter fast die gesamte Jugend des Landes, in das Bundesgebiet oder nach West-Berlin. Sie erlebten den anderen deutschen Staat erstmals mit eigenen Augen und kehrten mit neuen, sie oft überwältigenden Eindrücken zurück.

Die 13. Zentralratstagung der FDJ am 24. und 25. November entschied das persönliche Schicksal der bisherigen Führung des Jugendverbandes mit Eberhard Aurich an der Spitze, noch bevor die gerade erst neu gewählten Leitungsgremien der SED, Politbüro und Zentralkomitee, von ihrer eigenen Mitgliederschaft in ihr »letztes Gefecht« gedrängt wurden.

In einem internen Strategiepapier schlug Aurich seine eigene Ablösung als 1. Sekretär der FDJ vor[235] und formulierte »Zur künftigen Rolle der FDJ in der DDR«: *»Ziel des Jugendverbandes darf nicht mehr Bildung und Erziehung der Jugend sein. Er darf nicht mehr – wie bisher – die Jugendlichen unterweisen, was sie zu tun und zu lassen haben. Die Mitglieder sind nicht für den Jugendverband, sondern der Jugendverband ist für die Mitglieder da.* [. . .]
Es muß in der Öffentlichkeit deutlich bewußt gemacht werden, es handelt sich um einen Bruch mit der bisherigen (diskreditierten) Konzeption – deshalb NEUE FDJ.«[236] Die neue *»sozialistische Jugendorganisation«* sollte *»antifaschistisch, internationalistisch«* und *»parteiunabhängig«* die *»Interessen der Jugend selbständig und verantwortungsbewußt«* vertreten.[237] Als *»absehbare Konsequenzen«* sah Aurich einen *»drastischen Mitgliederrückgang«* voraus. Viele haupt- und ehrenamtliche FDJ-Funktionäre würden abgewählt werden, *»FDJ-Organisationen werden zahlungsunfähig«,* und es sei damit zu rechnen, daß *»Angriffe auf FDJ-Eigentum* [. . .] *zunehmen«* werden. Aber: *»Diese Entwicklung muß jedoch sein, sonst löst sich die FDJ von allein auf.«*[238]

Rücktrittsrede Eberhard Aurichs auf der 13. Tagung des FDJ-Zentralrats, 24. November 1989

»[. . .] Liebe Freunde! Da wir die Tagesordnung geändert haben, setze ich gleich hier fort an dieser Stelle und unterbreite gleich die Vorschläge, die mit den Kaderfragen in Verbindung stehen.

Zunächst können wir sagen, das gehört auch zu den Ereignissen der letzten Woche, daß Kaderentscheidungen in der Sozialistischen Einheitspartei Deutschlands auch an uns nicht spurlos vorbeigegangen sind. Einige unserer Besten haben teilweise kurzfristig wichtige Funktionen übernommen. [. . .]

Es muß aber auch hinzugefügt werden, andere FDJ-Funktionäre wurden oder werden abgewählt, fühlen sich den Aufgaben nicht mehr gewachsen oder haben nicht mehr das Vertrauen ihrer Kollektive. Das ist in vielen Fällen, man muß es so sagen, persönlich tragisch. Aber Erneuerung ohne Erneuerung der Kader wird es nicht geben. Das ist die Wahrheit, der wir nicht ausweichen können, so schwer dies persönlich manchem fallen mag.

Zurücktreten von der Funktion gehörte in den vergangenen Wochen aus unterschiedlichsten Gründen zum Alltagsbild unserer politischen Landschaft. Teilweise geschah das, ohne auch nur ein Wort der Rechenschaft abzulegen. Das Büro und das Sekretariat des Zentralrates sind nach wie vor der Meinung, daß für die Leitung des Jugendverbandes aus solch undurchsichtigen Gründen kein Grund zu einem Rücktritt besteht. Wir haben alle redlich gearbeitet, wir stehen zur Freien Deutschen Jugend vor und nach der Wende, für die wir uns

ehrlichen Herzens eingesetzt und die wir mit bewirkt haben. Lügen und Verleumdungen über uns, die in jüngster Zeit zunahmen, haben wir aus gutem Grund auch öffentlich zurückgewiesen.
Wir schlagen aber heute vor, eine Reihe verdienstvoller Funktionäre aus den Reihen des gewählten Zentralrates aus objektiven Gründen zu verabschieden und allen für ihren großen Einsatz für den Verband den aufrichtigen Dank der FDJ zu sagen. Eine neue Freie Deutsche Jugend, und das geht nicht anders, braucht neue Leute. Das ist der Vorgang, der, und daran liegt ja auch ein bestimmtes Maß an Unglück, lange herangereift ist und nunmehr endgültig vollzogen werden sollte. Wir verlassen nicht die FDJ ohne Rechenschaft. Wir geben guten Gewissens den Staffelstab der Verantwortung für die FDJ weiter.
Ich schlage vor, in Übereinstimmung mit ihnen, folgende Jugendfreunde aus dem Zentralrat der Freien Deutschen Jugend zu verabschieden und sie damit zugleich von allen leitenden Funktionen in der FDJ zu entlasten:
Eberhard Aurich, Günter Bohn, Lutz Busch, Roland Claus, Phillipp Dyck, Klaus Eichler, Uwe Erfurt, Hannelore Falk, Karl-Heinz Figas, Manfred Freitag, Hanjo Gliemann, Lutz Godau, Alfred Groß, Wieland Gründwald, Renate Gubbe, Jürgen Heinrich, Axel Henschke, Helmut Hopf, Jürgen Hönow, Hartmut König, Werner Krumbein, Marita Lorenz, Martina Menzel, Martina Pfefferkorn, Wilfried Poßner, Petra Schmidt, Hans Sattler, Andrea Schubert, Gerd Schulz, Matthias Schulz, Hans-Dieter Schütt, Gabriele Tschada, Volker Voigt, Peter Wegner, Hans-Joachim Willerding, Eva-Maria Wolf, Ralph-Jürgen Wolter, Kurt Zahn.
Es ist nicht übertrieben, mit diesen Freunden geht ein Berg an Erfahrungen. Freunde, es ist aber unabdingbar.
Deshalb unterbreite ich diesen Vorschlag, möchte hier nur anfügen, die Freunde, die hier berufene Funktionäre sind, zum Beispiel Abteilungsleiter im Zentralrat, sind damit nicht von der Berufungsfunktion entbunden.
Ich möchte, und das kann dann mit zur Diskussion stehen, als 1. Sekretär des Zentralrates der Freien Deutschen Jugend vorschlagen, und bitte ihn, hier einfach vorzukommen und ihr sollt dann hier später darüber sprechen: Ralf Wagner, Sekretär der FDJ-Grundorganisation der Hochschule für Ökonomie, Berlin [. . .].«

Quelle: SAPMO-BArch, DY 24/11564.

Der von Aurich vorgeschlagene Kandidat, das war bereits symptomatisch, verlor die Wahl gegen den bisherigen Chef der Bezirksleitung der FDJ in Dresden, Frank Türkowsky. Das neue Sekretariat unter Türkowsky konnte den Zerfall der FDJ nicht aufhalten.

Frank Türkowsky
Geb. am 14. April 1959 in Görlitz; Abitur; Mitglied der FDJ und der SED; hauptamtlicher FDJ-Funktionär; Studium an der Parteihochschule beim ZK der SED, Diplomgesellschaftswissenschaftler; 1988 2. Sekretär, 1989 1. Sekretär der FDJ-Bezirksleitung Dresden; von November 1989 bis Januar 1990 1. Sekretär des FDJ-Zentralrates

Quelle: Andreas Herbst/Winfried Ranke/Jürgen Winkler: So funktionierte die DDR. Bd. 3: Lexikon der Funktionäre, Reinbek 1994, S. 347.

Inzwischen mehrten sich die Vorwürfe gegen Partei- und Staatsfunktionäre aller Hierarchieebenen. Sie hätten sich durch Amtsmißbrauch und Korruption bereichert. Inbesondere die höchsten Kader der Honecker-Ära waren belastet worden. Forderungen nach einem »Runden Tisch« hatte das Politbüro am 22. November zustimmend aufgegriffen.
Die Delegiertenwahlen in der SED offenbarten einen dramatischen Vertrauensverlust der Führungsgremien. Innerhalb von 14 Tagen waren alle 1. SED-Bezirkssekretäre abgelöst worden. Ende November/Anfang Dezember spitzte sich die Situation nochmals zu. Am 1. Dezember erstattete eine Kommission zur Untersuchung von Amtsmißbrauch und Korruption vor der Volkskammer ihren ersten Bericht. Die alte SED-Führung sah sich schweren Vorwürfen ausgesetzt. Die Generalstaatsanwaltschaft ermittelte. Die Partei mußte zudem am 1. Dezember in der Volkskammer die Streichung ihrer Führungsrolle aus der Verfassung hinnehmen. Die explosiven Vorgänge in Bulgarien und der ČSSR verstärkten die aggressive Stimmung gegenüber der SED.
Am 3. Dezember 1989 traten auf einer außerordentlichen, kurzfristig einberufenen Tagung das Politbüro und das ZK der SED geschlossen zurück. Erich Honecker und elf weitere Mitglieder der früheren Partei- und Staatsführung wurden aus der Partei ausgeschlossen. Ein provisorischer Arbeitsausschuß übernahm die Vorbereitung des Krisenparteitages, der noch für den Dezember einberufen worden war. Dort kam schließlich die Wahl einer völlig neuen Leitung mit Gregor Gysi an der Spitze zustande. Die

SED erhielt den Zusatz »Partei des Demokratischen Sozialismus« (PDS).
Das Ende der alten SED-Herrschaft bedeutete den Untergang der DDR. Als die Losung auf den Demonstrationen vom *»Wir sind das Volk!«* zum *»Wir sind ein Volk!«* wechselte, hatte die Partei ihre bisherige Allmacht bereits verloren. Die deutsche Einheit war bald darauf der einzige realpolitische Ausweg.

Zurück nach Brandenburg

Die FDJ war zum Zentralen Runden Tisch, der erstmals am 7. Dezember 1989 zusammentrat, lediglich als nicht stimmberechtigter Beobachter zugelassen worden. Daraufhin richtete sie einen »Runden Tisch der Jugend« ein, der im Zentralratsgebäude tagte. Hier konzentrierten sich die Debatten vor allem auf das Verbandsvermögen, die Immobilien oder die Medien des alten Verbandes. Ein erbitterter Streit brach aus. Die Gesellschafter der Jugendheim GmbH, u. a. Rechtsträger des Gebäudekomplexes Unter den Linden in Berlin-Mitte, versuchten, das Eigentum zu »privatisieren«. Am Runden Tisch der Jugend bemühte sich die FDJ um eine Verbesserung ihres Stimmenanteils durch die Zulassung scheinbar unabhängiger Untergruppierungen. Schließlich eskalierte der Zwist um das Eigentum. Das umbenannte »Haus der Jugend« kam unter Treuhandverwaltung.[239]
Während des Besuchs von Bundeskanzler Helmut Kohl bei Ministerpräsident Hans Modrow am 19./20. Dezember in Dresden wurde eindrucksvoll demonstriert, wohin es die Mehrheit der DDR-Bürger drängte. Sie wollte nicht eine neuartige, aber weiterhin sozialistische DDR, sondern den staatlichen Zusammenschluß, die Vereinigung Deutschlands im Zeichen der sozialen Marktwirtschaft, so wie sie in der Bundesrepublik aufgebaut worden war.
Der Jugendverband reagierte darauf mit dem starren Festhalten an der angeblichen Alternative DDR. Den Einheitsbefürwortern wurde entgegengehalten: *»Und sie wissen nicht, was sie tun«.*[240]
Doch die programmatischen Entwürfe erreichten die vermeintlichen Addressaten kaum noch. Nur noch eine Minderheit folgte den Zielen des ehemaligen Einheitsjugendverbandes, der den »radikalen Bruch« mit der »alten FDJ« auf seiner letzten, der 14. Zentralratstagung am 14. Dezember 1989 »endgültig« deklariert hatte. Wer wollte sich noch derart »revolutionär«, wie es die Freie Deutsche Jugend weiterhin definierte, für einen Sozialismus einsetzen, der nun die Beinamen humanistisch, demokratisch und solidarisch erhielt? Andererseits war das Profil sehr verwaschen, z. B. galt die weltanschauliche Bindung nicht mehr als Kriterium der Mitgliedschaft. Was man nicht mehr wollte, erschien zwar einleuchtend, was man angesichts des dringenden Perspektivbedarfs anstrebte, blieb indessen unscharf und wenig überzeugend.

Programmentwurf der FDJ, Januar 1990

»Wir sind junge Leute, die sich Gedanken über die Gegenwart und Zukunft unseres Landes machen, die eine humanistische, demokratische, ökologische und sozial gerechte Gesellschaft in der DDR wollen, als sozialistische Alternative auf deutschem Boden.
Wir sind junge Leute, die von der Gesellschaft erwarten, daß die Grundrechte der Jugend auf gleichberechtigte Teilnahme am politischen Leben, Arbeit und Erholung, Bildung, Freude und Frohsinn, auf ein glückliches Leben in Frieden gesichert werden, die gewillt sind, die Grundrechte durchzusetzen, die nicht nur fordern und nehmen, sondern auch mitverändern und geben.
Wir sind junge Leute, die kameradschaftlich miteinander umgehen, die einander solidarisch helfen, die gemeinsam etwas erleben wollen, deshalb schließen wir uns in einem Verband zusammen, um Politik zu machen für unser Land.
Wir sind ein demokratischer, politischer, selbständiger Jugendverband, der unabhängig von Parteien für die Rechte und Interessen seiner Mitglieder kämpft, Konzepte für die Jugendpolitik in alle Bereiche der Gesellschaft einbringt und mit anderen Parteien, Organisationen und Bewegungen zusammenarbeitet. Als linker politischer Verband orientieren wir uns am fortschrittlichen, humanistischen und wissenschaftlichen Gedankengut aus Vergangenheit und Gegenwart. Insbesondere an linken, revolutionären, sozialistischen und marxistischen Ideen und Idealen engagieren wir uns im Kampf gegen Faschismus, Rassismus und Nationalismus und distanzieren wir uns von jeder Art politischen Extremismus und allen Erscheinungsformen des Stalinismus. Unsere Chance, die wir uns schaffen und nutzen wollen, ist eine nach humanistischen, demokratischen und sozialisti-

schen Prinzipien gestaltete Gesellschaft. Das heißt für uns Herausbildung einer Vertragsgemeinschaft und konföderativer Strukturen zwischen souveränen Staaten im Rahmen der Entwicklung eines friedlichen und einigen Europas, ohne Bevormundung und Vereinnahmung. Öffentliche Information und Meinungspluralismus, Rechtstaatlichkeit und Selbstbestimmung der Menschen, marktorientierte Wirtschaft, die die stärkere Einbindung in die internationale Arbeitsteilung ermöglicht. Nicht zu Lasten der Umwelt und Menschen, sondern durch sie bestimmt in ihrem Interesse. Gleichberechtigung und solidarisches Verhalten der Menschen zueinander, insbesondere Sicherheit für sozial schwächere Gruppen. Gleichheit der individuellen Entwicklung eines jeden und Schaffung entsprechender Möglichkeiten dafür zur Bildung, Kultur und Freizeit im Zusammenleben der Menschen. Förderung von Umweltbewußtsein und -verhalten, friedliches und solidarisches Zusammenleben mit allen Völkern ohne Ausplünderung der Entwicklungsländer. Für eine solche demokratische Republik arbeiten wir, gleichberechtigt mit allen demokratischen Kräften zusammen.
Deshalb treten wir ein für die Durchsetzung der Grundrechte der Jugend, deren Verankerung in der Verfassung und im Jugendgesetz, die Sicherung der parlamentarischen und außerparlamentarischen Interessenvertretung der Jugend auf allen Ebenen. Die staatliche Anerkennung von Jugendräten und Vertretungen mit gesetzlich verbrieftem Mitsprache- und Entscheidungsrecht, verbindliche staatliche Regelung zur Sicherung der Finanzierung der Jugendarbeit auf allen Ebenen. Den Erhalt und Ausbau von Freizeiteinrichtungen für die Jugend in Stadt und Land. Die Durchsetzung der gesetzlichen Bestimmung zur Arbeit mit Jugendförderungsplänen, auch an den Oberschulen. Die Schaffung von kommunalen Betreuungszentren und Möglichkeiten für Lebenshilfe, die Anerkennung und Durchsetzung der UNO-Konvention über die Rechte des Kindes durch Parlament und Regierung und die Unterstützung der Kinderbewegung. Die Schaffung eines demokratischen Jugendrings, in dem wir gleichberechtigt und eigenständig mitarbeiten.
Frieden und Freundschaft, Solidarität und antifaschistische Aktionsgemeinschaften in der demokratischen Weltjugendbewegung. Die Interessen, Bedürfnisse, Neigungen und Ansprüche jedes Mitgliedes bestimmen die Aktivitäten in unserem Verband. Unser Programm verlangt Aktivität jedes Mitgliedes. [. . .]«

Quelle: Kongreß für einen neuen sozialistischen Jugendverband am 27. und 28. Januar 1990 in Brandenburg. Abschrift eines Tonbandmitschnittes.

Am 27. und 28. Januar 1990 kehrte die FDJ an die Stätte ihrer Gründung zurück. Der Brandenburger Kongreß vereinte nochmals 1785 Delegierte mit dem für die FDJ außergewöhnlich niedrigen Durchschnittsalter von 23 Jahren, die über die Zukunft des Verbandes befinden sollten.
Nach langen, kontroversen und emotionsgeladenen Debatten erhielt der Programmentwurf die Zustimmung der Mehrheit der Delegierten. Er wurde den Mitgliedern zur weiteren Diskussion übergeben. Der Name des »sozialistischen Jugendverbandes« blieb erhalten. Er wurde künftig mit »fdj« abgekürzt, um die Trennung von der alten Organisation sichtbar zu machen. Inhaltliche Fragen blieben in einem unendlichen Verfahrens- und Abstimmungsmarathon weitestgehend auf der Strecke. Zum Schluß kam es zur Wahl der 25jährigen Krippenerzieherin Birgit Schröder, bisher 1. FDJ-Sekretär der Stadtbezirksleitung Magdeburg-Nord, als neuer Vorsitzenden. Doch selbst die der FDJ nahestehende Presse mutmaßte, daß ein Neubeginn des Verbandes auf der Grundlage des Kongresses an der Havel scheitern würde.
Mit dem Brandenburger Kongreß war der Verband aus der Defensivposition nicht herausgekommen. Zeitlich nahezu parallel hatte Ministerpräsident Hans Modrow mit dem Konzept »Deutschland, einig Vaterland!« die deutsche Einheit als unvermeidlich erkannt. Zugleich war der Wahltermin vom Mai in den März vorverlegt worden. Die sozialistische Jugend hatte nicht mehr viel zu bestellen.
Anfang 1990 bemühte sich der Rumpfverband der Freien Deutschen Jugend um ein Wahlbündnis mit politisch nahestehenden Gruppen. Zusammen mit der »Deutschen Jugendpartei«, der »Grünen Jugend« und dem »Marxistischen Jugendverband Junge Linke« wurde die Alternative Jugendliste für die Volkskammerwahlen geschaffen. Das Bündnis konnte erst am 22. Februar 1990 geschmiedet werden. Bis zur Wahl am 18. März verblieb nicht mehr viel Zeit. Die ersten freien Parlamentswahlen im Osten Deutschlands, welche einen überwältigenden Sieg der »Allianz für Deutschland« aus CDU, DSU und Demokratischem Aufbruch brachten, fiel für die Alternative Jugendliste ernüchternd aus: 0,13 Prozent

der Stimmen, kein einziger Sitz in der neuen Volkskammer.
Der Verband zerbröselte danach rapide. Im März wurde die Pionierorganisation »Ernst Thälmann« endgültig für aufgelöst erklärt. Der Zerfall der FDJ war nicht aufzuhalten.[241] Die Jugend in der DDR hatte andere Organisationsformen und politische Betätigungsfelder gefunden. Längst war die einstige Monopoljugendorganisation nur noch eine unter vielen. Schlagzeilen machte sie nur noch, als ruchbar wurde, daß sich ehemalige Spitzenfunktionäre mit billigen Krediten und Nutzungsverträgen über FDJ-Immobilien einen goldenen Start in die Marktwirtschaft verschafft hatten.[242] Im vereinten Deutschland schrumpfte die fdj zur Bedeutungslosigkeit.

Anmerkungen

1 IV. Parlament der Freien Deutschen Jugend. Messehalle Leipzig, vom 27. bis 30. Mai 1952, Berlin (Ost) o. J., S. 80 ff.
2 Ebd., S. 236 f.
3 Junge Welt vom 30. Mai 1952.
4 IV. Parlament (Anm. 1), S. 245 f.
5 Der Bundesbeauftragte für die Unterlagen des Staatssicherheitsdienstes der ehemaligen Deutschen Demokratischen Republik (BStU), MfS / Zentralarchiv, Allg. S 6/52, Band 18.
6 BStU, MfS / Zentralarchiv, Allg. S 6/52, Band 16.
7 Die Verfassung der Freien Deutschen Jugend. Nach den vom IV. Parlament der Freien Deutschen Jugend Pfingsten 1952 in Leipzig einstimmig angenommenen Abänderungen und Ergänzungen, Berlin (Ost) 1952, S. 11 ff.
8 Abteilung Verbandsorgane. Bericht über die Entwicklung des Verbandes vom III. Parlament – IV. Parlament. Mai 1952, Stiftung Archiv der Parteien und Massenorganisationen der DDR im Bundesarchiv (SAPMO-BArch), DY 24/ A 8.322.
9 Wolfgang Leonhard: Die Revolution entläßt ihre Kinder, Köln 1992 (1. Auflage 1955), S. 440.
10 Erich Loest: Durch die Erde ein Riß. Ein Lebenslauf, Hamburg 1981, S. 104.
11 Heinz Boberach: Jugend unter Hitler. Sonderausgabe, Bindlach 1990, S. 28, (1. Auflage Düsseldorf 1982). Alle weiteren Zitate vgl. ebd.
12 Alle Zitate in: Jugend auf neuem Wege. Hrsg. vom Zentraljugendausschuß für die sowjetische Besatzungszone, Berlin 1945, S. 15.
13 Protokoll des VII. Weltkongresses der Kommunistischen Internationale. Moskau 25. Juli–20. August 1935 (ungekürzte Ausgabe), Bd. 1, Erlangen 1974, S. 360 f.
14 Vgl. Die Brüsseler Konferenz der KPD (3.–15. Oktober 1935), herausgegeben und eingeleitet von Klaus Mammach, Berlin (Ost) 1975, S. 581.
15 Ebd., S. 115 f.
16 Alle Zitate ebd., S. 353 ff.
17 Peter Erler/ Horst Laude/ Manfred Wilke (Hrsg.): »Nach Hitler kommen wir«. Dokumente zur Programmatik der Moskauer KPD-Führung 1944/45 für Nachkriegsdeutschland, Berlin 1994, S. 265 ff., hier: S. 268 f.
18 Ebd., S. 287.
19 Gerhard Keiderling (Hrsg.): »Gruppe Ulbricht« in Berlin April bis Juni 1945. Von den Vorbereitungen im Sommer 1944 bis zur Wiedergründung der KPD im Juni 1945. Eine Dokumentation, Berlin 1993, S. 216 ff.
20 Vgl. Wilhelm Pieck - Aufzeichnungen zur Deutschlandpolitik 1945–1953. Hrsg. von Rolf Badstübner und Wilfried Loth, Berlin 1994, S. 50.
21 Besprechung in der Zentralverwaltung für Volksbildung zur Schaffung eines vorbereitenden Jugendausschusses für die sowjetische Besatzungszone, SAPMO-BArch, DY 30/ IV 2/ 16/5.
22 Manfred Klein: Jugend zwischen den Diktaturen. Mainz 1968, S. 11 ff.
23 Die Jugendarbeit unter den neuen Bedingungen in Deutschland, unterzeichnet von Erich Honecker am 18. Oktober 1945, SAPMO-BArch, NY 4036/726.
24 Vgl. die Abschrift einer »Stellungnahme des Evangelisch-Lutherischen Landeskirchenamtes Sachsen zu den Presseangriffen gegen die Junge Gemeinde« von 1953, in der auf verschiedene Absprachen mit der sowjetischen Besatzungsmacht verwiesen wird: SAPMO-BArch, DY 24/ A 11.882.
25 Die Jugendarbeit (Anm. 23).
26 Die undatierte, acht Seiten umfassende Analyse war eine Anlage zu dem Bericht Honeckers über »Die Jugendarbeit« (Anm. 23).
27 Protokoll über die Sitzung des Jugendausschusses am 16. Oktober 1945, SAPMO-BArch, DY 30/ IV 2/16/5.
28 SAPMO-BArch, NY 4036/726.
29 Referat des Genossen Robert Bialek auf der Bezirkskonferenz der Jugendausschußleiter und Jugendsekretäre aller Kreise am 10. Oktober 1945, SAPMO-BArch, NY 4036/726.
30 Jugendabteilung der BL-Sachsen, Bericht für das ZK. Zur Arbeit unter der Jugend im Lande Sachsen, vom 30. Dezember 1945, SAPMO-BArch, NY 4036/726.
31 SAPMO-BArch, DY 30/ IV 2/16/217.
32 Vgl. Bericht des Zentralen Jugendausschusses vom 9. August 1945, SAPMO-BArch, DY 30/ IV 2/16/212.
33 Arbeitstagung des Zentralen Jugendausschusses gemeinsam mit den Landes- und Provinzialdelegierten und dem Berliner Hauptjugendausschuß am Montag, dem 3. Dezember 1945, in Berlin, SAPMO-BArch, DY 24/ A 3.350.
34 Protokoll der Sitzung des Zentralen Jugendausschusses am 30. Oktober 1945, SAPMO-BArch, DY 24/ A 3.350.
35 Alle Zitate: Arbeitstagung des Zentralen Jugendausschusses (Anm. 33).
36 SAPMO-BArch, NY 4036/726.
37 Schreiben der Abteilung Jugend des Sekretariats des Zentralkomitees der Kommunistischen Partei Deutschlands an die Bezirksleitungen der KPD vom 27. Februar 1946, SAPMO-BArch, RY 1/ I 2/5/42.
38 Zit. nach der vom Ersten Parlament der Freien Deutschen Jugend verabschiedeten Fassung. Erstes Parlament der Freien Deutschen Jugend. Brandenburg an der Havel, Pfingsten 1946, Berlin o. J. [1947], S. 198.
39 Vgl. Michael Herms: »Zur Stalinisierung der West-FDJ 1949 bis 1952«, in: Helga Gotschlich (Hrsg.): »Links und links und Schritt gehalten . . .«. FDJ: Konzepte – Abläufe – Grenzen, Berlin 1994, S. 97 ff.
40 Vgl. Roland Gröschel/ Michael Schmidt: Trümmerkids und Gruppenstunde. Zwischen Romantik und Politik. Jugend und Jugendverbandsarbeit im ersten Nachkriegsjahrzehnt, hrsg. vom Landesjugendring Berlin, Berlin 1990.
41 SAPMO-BArch, DY 24/ A 10.494.
42 Erstes Parlament (Anm. 38), S. 202 f.
43 Bericht über den Verlauf des Ersten Parlaments der Freien Deutschen Jugend, SAPMO-BArch, DY 24/ A 2.001.
44 Alle folgende Zitate: Erstes Parlament (Anm. 38).
45 Ebd., S. 52.
46 Bericht über das vom 8.–10. Juni 1946 stattfindende Parlament der Freien Deutschen Jugend in Brandenburg an der Havel, SAPMO-BArch, DY 24/ A 3.823. Alle weiteren Zitate ebd.
47 Erstes Parlament (Anm. 38), S. 177 f.
48 Vgl. das Protokoll über die erste Sitzung des Sekretariats des Zentralrates am 14. Juni 1946, SAPMO-BArch, DY 30/ IV 2/16/33.
49 Bericht über den Aufbau und die Zusammensetzung des Jugendausschusses bei der deutschen Zentralverwaltung für Volksbildung, Januar 1946, SAPMO-BArch, NY 4036/726.

50 Vgl. Zentralrat der Freien Deutschen Jugend, SAPMO-BArch, DY 30/ IV 2/16/77.
51 Die nachfolgenden Angaben zur Verbandsstatistik sind dem Bericht über die Entwicklung und Tätigkeit der Freien Deutschen Jugend vom 7. März 1946 bis 31. Dezember 1946 entnommen, SAPMO-BArch, DY 30/ IV 2/16/2.
Die überlieferten Verbandsstatistiken weichen leicht voneinander ab. Die FDJ mußte im Verlauf des Jahres 1947 einräumen, daß die Mitgliedererfassung unzureichend war. Aus diesem Grund werden die Mitgliederzahlen im folgenden gerundet angegeben.
52 Errechnet auf der Grundlage der Volkszählungsergebnisse von 1946 und der statistischen Angaben des FDJ-Jahresberichtes 1946. Vgl. Statistisches Zentralamt (Hrsg.): Volks- und Berufszählung vom 29. Oktober 1946 in der sowjetischen Besatzungszone Deutschlands. Band IV. Sowjetische Besatzungszone, Berlin 1949, S. 2 f.; SAPMO-BArch, DY 30/ IV 2/ 16/2.
53 Bericht über die Entwicklung und Tätigkeit (Anm. 51).
54 So erschienen 1946/47 Heimabendhefte zu »Maxim Gorki. Ein Dichter und Kämpfer« (Heft 4), »Heiteres vom jungen Goethe« (Heft 8), »Heinrich Heine. Sein Leben und sein Werk« (Heft 9), »Verbannte und Verbrannte. Schriftsteller, die wir nicht lesen durften« (Hefte 10 und 13) sowie »Charles Dickens« (Heft 12).
55 II. Parlament der Freien Deutschen Jugend. Meißen 23.–26. Mai 1947. Stenographischer Bericht, Berlin 1948, S. 59.
56 Vgl. den Arbeitsbericht der Abteilung Sport bis einschließlich September 1946, SAPMO-BArch, DY 24/ A 3.405.
57 Vgl. Bericht über die Entwicklung und Tätigkeit (Anm. 51).
58 Nach Helmut Schelsky war das Motiv der »Nützlichkeit« einer Organisation nach dem Krieg für die Jugend Westdeutschlands ausschlaggebend, dieser beizutreten. Vgl. ders.: Die skeptische Generation. Eine Soziologie der deutschen Jugend, Düsseldorf – Köln 1957, S. 467.
59 Vgl. die statistischen Monatsberichte der SED, SAPMO-BArch, DY 30/ IV 2/5/1367.
60 Edith Baumann: Die Geschichte der deutschen Jugendbewegung, Berlin 1947, S. 32.
61 Stenographisches Protokoll der 1. Konferenz der Jugendsekretäre der Sozialistischen Einheitspartei Deutschlands vom 30. Juli bis 1. August 1946 in Kühlungsborn, SAPMO-BArch, DY 30/ IV 2/16/197.
62 SAPMO-BArch, DY 30/ IV 2/16/217.
63 Vertraulich! Bemerkungen des Vorsitzenden des Leninistischen Kommunistischen Jugendverbandes, N. Michailow, in der Unterredung mit den Genossen Honecker und Baumann, ausgefertigt in 10 Exemplaren am 6. August 1947, SAPMO-BArch, DY 24/ A 3.825.
64 Karl Heinz Jahnke/Inge Pardon: »Die Herausbildung freundschaftlicher Beziehungen zwischen der FDJ und dem Leninschen Komsomol (1946–1949)«, Beiträge zur Geschichte der Arbeiterbewegung (BzG) 2/1975, S. 291 ff., hier: S. 297.
65 SAPMO-BArch, DY 30/ IV 2/1/19.
66 Milovan Djilas: Gespräche mit Stalin, Frankfurt am Main 1962, S. 195.
67 Protokoll der 6. Tagung des Zentralrats der FDJ vom 15. bis 16. April 1947, SAPMO-BArch, DY 24/ A 2.104.
68 Horizont, 3. Jg., 27. 1. 1947 (Nr. 2) und 12. 2. 1948 (Nr. 3).
69 Dokumente zur Geschichte der Freien Deutschen Jugend, Band 1, Berlin (Ost) 1960, S. 138 f.
70 Vgl. ebd., S. 151 ff.
71 Die Jugend an die Spitze aller Wettbewerbe. Erklärung des Zentralrates der Freien Deutschen Jugend zum Wirtschaftsplan der Sozialistischen Einheitspartei Deutschlands. In: Dokumente (Anm. 69), S. 151 ff.
72 9. (23.) Tagung des Parteivorstandes der Sozialistischen Einheitspartei Deutschlands am 14./15. April 1948 im »Zentralhaus der Einheit«, SAPMO-BArch, DY 30/ IV 2/1/44.
73 Neues Deutschland vom 30. Juni 1948.
74 Vgl. Wörterbuch zur sozialistischen Jugendpolitik, Berlin (Ost) 1975, S. 124.
75 Entschließung über die Jugendarbeit des FDGB, Anlage zu einem Schreiben der Abteilung Arbeit und Soziales im Sekretariat des Zentralrates an die entsprechende Abteilung des FDJ-Landesvorstandes Thüringen, SAPMO-BArch, DY 24/ A 10.848.
76 14. Tagung des Zentralrates der FDJ vom 21. bis 23. Juli 1948, SAPMO-BArch, DY 24/ A 2.113.
77 14. (28.) Tagung des Parteivorstandes der Sozialistischen Einheitspartei Deutschlands am 20./21. Oktober 1948 im »Zentralhaus der Einheit«, SAPMO-BArch, DY 30/ IV 2/1/55.
78 Aktennotiz der Organisationsabteilung des Sekretariats des Zentralrates, betr.: Ergebnis der Konferenz der Volksbildungsminister der SBZ am 19. Dezember 1948 in Berlin, ausgefertigt am 21. Dezember 1948, SAPMO-BArch, DY 24/ A 6.094. Der Abschnitt über den Pionierverband stützt sich im weiteren vor allem auf den instruktiven Aufsatz von Leonore Ansorg: »›Für Frieden und Sozialismus – seid bereit!‹ Zur politischen Instrumentalisierung der Jungen Pioniere von Beginn ihrer Gründung bis Ende der 1950er Jahre«, in: Jürgen Kocka (Hrsg.): Historische DDR-Forschung. Aufsätze und Studien, Berlin 1993, S. 169 ff.
79 Der organisatorische Stand des Verbandes der Jungen Pioniere vom Monat April 1949, 9. Juni 1949, SAPMO- BArch, DY 24/ A 7.986.
80 Von 2,6 Mio. schulpflichtigen Kindern gehörten im Dezember 1949 mehr als 800 000 und im Dezember des Folgejahres 1,3 Mio. dem Pionierverband an. Vgl. die statistischen Monatsberichte der Abteilung Verbandsorgane des Zentralrats der FDJ, SAPMO-BArch, DY 24/ A 7.986.
81 Bericht über die Formen des Klassenkampfes, wie sie in der FDJ zutage treten, unterzeichnet von Horst Brasch, Landesvorsitzender der FDJ in Brandenburg am 10. November 1948, SAPMO-BArch, DY 30/ IV 2/16/215.
82 Dokumente (Anm. 69), S. 193.
83 Aktennotiz der Organisationsabteilung des Sekretariats des Zentralrates (Anm. 78).
84 Referat Hermann Axens über »Der Weg der FDJ zur Organisation der jungen Generation«, gehalten auf der Tagung des Zentralrates am 21. September 1946, SAPMO-BArch, DY 24/ A 2.101.
85 Jahresbericht der Abteilung Schulen – Hochschulen beim FDJ-Zentralrat für das Jahr 1947, SAPMO-BArch, DY 24/ A 8.080.
86 Ab 1949 Arbeiter- und Bauernfakultät, Studieneinrichtung zur Erlangung der Hochschulreife an den Universitäten der DDR.
87 4. Tagung des Zentralen Hochschulausschusses der SED, am 7. und 8. Februar 1948, SAPMO-BArch, DY 30/ 2/ 101/78, zit. nach: Sabine Grunwald: »Demokratie als Herrschaftsinstrument. Die Studentenratswahlen in der DDR 1950«, Deutschland Archiv 7/1993, S. 834 ff., hier: S. 836 f.
88 Vgl. Hans-Uwe Feige: »Die Leipziger Studentenopposition (1945–1948)«, Deutschland Archiv 9/1993, S. 1057 ff., hier: S. 1066 f.
89 Vgl. Marianne und Egon Erwin Müller: ». . .stürmt die Festung Wissenschaft!« Die Sowjetisierung der mitteldeutschen Universitäten seit 1945, Berlin 1953, S. 165.
90 Nach den Statistiken der FDJ studierte rund ein Prozent der ca. 470 000 FDJler, während im Wintersemester 1946/47 an acht Universitäten der SBZ rund 13 364 Studenten eingeschrieben waren. Vgl. Die organisatorische Entwicklung der FDJ, Stand 1. Juli 1947; SAPMO-BArch, DY 24/ A 798.
91 Jahresbericht der Abteilung Schulen – Hochschulen (Anm. 85).
92 Vgl. III. Parlament der Freien Deutschen Jugend. Leipzig, vom 1. bis 5. Juni 1949, Berlin o. J. [1952], S. 40 ff.
93 Vgl. Horst Köpke/Friedrich-Franz Wiese: Mein Vaterland ist die Freiheit. Das Schicksal des Studenten Arno Esch, Rostock 1990.

94 Vgl. Müller/Müller (Anm. 89), S. 179 ff.
95 Alle weiteren, nicht ausgewiesenen Zitate vgl. das Protokoll des III. Parlaments (Anm. 92).
96 Tatsächlich war Fred Müller zeitweilig Landesvorsitzender der FDJ Mecklenburg gewesen.
97 Vgl. im weiteren: Die Verfassung der Freien Deutschen Jugend. Hrsg. vom ZR der FDJ, Berlin (Ost) o. J.
98 SAPMO-BArch, DY 24/ A 359.
99 Zit. nach: Siegfried Suckut: »Die Entscheidung zur Gründung der DDR. Die Protokolle des SED-Parteivorstandes am 4. und 9. Oktober 1949«, Vierteljahrshefte für Zeitgeschichte 1/1991, S. 125 ff., hier: S. 161.
100 Dokumente zur Geschichte der Freien Deutschen Jugend, Band 2, Berlin (Ost) 1960, S. 160, 164.
101 SAPMO-BArch, DY 24/ A 2.390.
102 Ebd.
103 Junge Welt vom 6. Juni 1950.
104 SAPMO-BArch, DY 24/ A 2.397.
105 Vgl. Michael Mitterauer: Sozialgeschichte der Jugend, Frankfurt am Main 1986, S. 229.
106 SAPMO-BArch, DY 30/ IV 2/16/96.
107 III. Parlament (Anm. 92), S. 43 f.
108 SAPMO-BArch, DY 30/ IV 2/16/96.
109 Beschluß der Sitzung des Sekretariats des ZR vom 9. März 1950, SAPMO-BArch, DY 24/ A 2.395.
110 SAPMO-BArch, DY 24/ A 2.400. Die Zahl der Funktionäre, die vom ZR-Sekretariat bestätigt werden mußten, war natürlich beträchtlich höher. So waren im Frühjahr 1950 in den 159 Kreisverbänden der FDJ allein 1.431 Sekretäre zu bestimmen; SAPMO-BArch, DY 24/ A 359.
111 SAPMO-BArch, DY 24/ A 2.395.
112 SAPMO-BArch, DY 30/ IV 2/16/96.
113 SAPMO-BArch, DY 24/ A 2.400.
114 Gerd Friedrich: Die Freie Deutsche Jugend. Stoßtrupp des Kommunismus in Deutschland, Köln 1951, S. 7.
115 Die Regierung der Deutschen Demokratischen Republik hilft der Jugend. Dokumente der Deutschen Demokratischen Republik. Heft 5. Hrsg. vom Amt für Information der Regierung der Deutschen Demokratischen Republik, o. O. u. J., S. 43 ff.
116 Neues Deutschland vom 13. Juli 1952.
117 Wilhelm Pieck – Aufzeichnungen (Anm. 20), S. 359.
118 Vgl. Benno Hafeneger/Michael Buddrus: Militärische Erziehung in Ost und West. Ein Lesebuch zur Kriegsbegeisterung junger Männer. Band 4: Nachkriegszeit und fünfziger Jahre, Frankfurt am Main 1994, S. 119 f.
119 Christian Stappenbeck: »›Tarnorganisation für Kriegshetze und Spionage‹. Der geheime Plan zur Liquidierung der Jungen Gemeinde 1953«, Utopie konkret 9/1990, S. 66 ff., hier: S. 66.
120 Abteilung Verbandsorgane – Information, Berlin, den 24. Juli 1952. Information Nr. 52 über die Arbeit der »Jungen Gemeinde«, SAPMO-BArch, DY 24/ A 11.893.
121 Abteilung Verbandsorgane, Berlin, den 6.5.1952. Information Nr. 34. Die Arbeit der Jungen Gemeinde, SAPMO-BArch, DY 24/ A 11.893.
122 SAPMO-BArch, DY 24/ A 11.894.
123 Diesen Begriff gebrauchte Honecker in einem Fernschreiben an die 1. Sekretäre der FDJ-Bezirksleitungen im April 1953, vgl. Hermann Wentker: »›Kirchenkampf‹ in der DDR. Der Konflikt um die Junge Gemeinde 1950–1953«, Vierteljahrshefte für Zeitgeschichte 1/1994, S. 95 ff., hier: S. 105.
124 SAPMO-BArch, DY 24/ A 11.891.
125 Der Beschluß »Über Maßnahmen zur Gesundung der politischen Lage in der Deutschen Demokratischen Republik« der KPdSU-Führung ist von Rolf Stöckigt in BzG 5/1990, S. 648 ff., hier: S. 654, veröffentlicht worden.
126 Vgl. H. Wentker (Anm. 123), S. 124.
127 Vgl. dazu: Der Tag X – 17. Juni 1953. Die »Innere Staatsgründung« der DDR als Ergebnis der Krise 1952/54, hrsg. von Ilko-Sascha Kowalczuk, Armin Mitter und Stefan Wolle, Berlin 1995, S. 49.
128 SAPMO-BArch, NY 4090/516.
129 Dokumente zur Geschichte der Freien Deutschen Jugend, Band 3, Berlin (Ost) 1964, S. 22.
130 Gert Noack: »Das Führungspersonal der Freien Deutschen Jugend zwischen 1945 und 1955«, in: Jahresbericht 1992. Institut für zeitgeschichtliche Jugendforschung. O.O. [Berlin] u.J. [1992], S. 91 ff., hier: S. 92.
131 Statut der Sozialistischen Einheitspartei Deutschlands, Beschluß des IV. Parteitages der SED vom 30. März bis 4. April 1954, in: Dokumente der Sozialistischen Einheitspartei Deutschlands, Band V, Berlin (Ost) 1956, S. 112.
132 V. Parlament der Freien Deutschen Jugend. Erfurt, vom 25. bis 27. Mai 1955, Berlin (Ost) o. J., S. 181 f.
133 Ebd., S. 39.
134 Ebd., S. 296.
135 Vgl. ebd., S. 172.
136 Vgl. Die DDR vor dem Mauerbau. Dokumente zur Geschichte des anderen deutschen Staates 1949-1961, hrsg. von Dierk Hoffmann/Karl-Heinz Schmidt/Peter Skyba, München – Zürich 1993, S. 306.
137 Vgl. Peter Skyba: »Die FDJ im Tauwetter - Tauwetter in der FDJ?«, in: H. Gotschlich (Anm. 39), S. 206 ff., hier: S. 208.
138 Die DDR vor dem Mauerbau (Anm. 136), S. 226.
139 SAPMO-BArch, DY 30/ IV 2/16/82.
140 SAPMO-BArch, DY 24/ A 5.736.
141 P. Skyba (Anm. 137), S. 213.
142 Abgedruckt in: Dokumente der Sozialistischen Einheitspartei Deutschlands, Band VI, Berlin (Ost) 1958, S. 11 ff.
143 Neues Deutschland vom 18. März 1956.
144 Aktennotiz aus dem Staatssekretariat für Hochschulwesen über einen geplanten Einsatz von Kampfgruppen der SED an der Berliner Humboldt-Universität, 1. 11. 1956, abgedruckt in: Die DDR vor dem Mauerbau (Anm. 136), S. 260 f.
145 Karl Schirdewan: Aufstand gegen Ulbricht. Im Kampf um politische Kurskorrektur, gegen stalinistische, dogmatische Politik, Berlin 1994, S. 116.
146 Die Entschließung der 16. Tagung des Zentralrates der FDJ: Die FDJ – die sozialistische Jugendorganisation der Deutschen Demokratischen Republik, ist abgedruckt in: Dokumente zur Geschichte der Freien Deutschen Jugend, Band 4, Berlin (Ost) 1963, S. 11 ff.
147 Junge Welt vom 27./28. April 1957 (Beilage).
148 Dokumente (Anm. 146), S. 15.
149 Junge Welt vom 21. März 1958.
150 Dokumente (Anm. 146), S. 391 f.
151 Entschließung der 16. Tagung des Zentralrates der FDJ vom 25. April 1957, in: ebd., S. 15 f.
152 Vgl. Gesetzbuch der Arbeit (GBA) vom 12. 4. 1961, GBl. I S. 27 ff.
153 Abriß der Geschichte der deutschen Arbeiterjugendbewegung. Entwurf. Teil II. Von 1945 bis 1964, Berlin (Ost) 1966, S. 335.
154 Wörterbuch zur Sozialistischen Jugendpolitik, Berlin (Ost) 1975, S. 123 f.
155 Stichwort »Jugendweihe«, in: So funktionierte die DDR. Band 1. Hrsg. von Andreas Herbst/Winfried Ranke/Jürgen Winkler, Reinbek 1994, S. 445 ff. Alle weiteren Zitate ebd.
156 Deutsche Lehrerzeitung vom 18. Januar 1958.
157 VI. Parlament der Freien Deutschen Jugend, Rostock, vom 12. bis 15. Mai 1959, Berlin (Ost) o. J. [1959], S. 26 f.
158 Abgedruckt in: Dokumente (Anm. 146), S. 349 ff.
159 Ebd., S. 387ff.
160 Geschichte der Freien Deutschen Jugend, Berlin (Ost) 1982, S. 331.
161 Abriß der Geschichte (Anm. 153), S. 341.
162 Abteilung Org.-Instrukteure. Berlin, 30. 10. 1961: Die Mitgliederentwicklung des Verbandes im Zeitraum vom 30. 6. 1955 bis 30. 6. 1961 (Zentrale Zusammenfassung), SAPMO-BArch, DY 24/ A 8.337.
163 Dokumente (Anm. 146), S. 368.
164 Matthias Brings: »›Bierologen, Hottbubis und unsere

Ordnungsgruppen‹«, Junge Generation 10/1959, zit. nach: Heinz Kersten: »Jugend als Planfaktor. Das VI. Parlament der FDJ in Rostock«, SBZ-Archiv13/1959, S. 194 ff., hier: S. 196 f.
165 Bericht der Strafverfolgungsorgane über die Kriminalität, behandelt im Politbüro am 21. 4. 1959, abgedruckt in: Die DDR vor dem Mauerbau (Anm. 136), S. 330 ff.
166 VI. Parlament (Anm. 157), S. 28 f.
167 Ebd., S. 45.
168 III. Hochschulprogramm der FDJ, beschlossen auf der 17. Tagung des Zentralrates der FDJ vom 11. und 12. September 1957, in: Dokumente (Anm. 146), S. 73.
169 Kommuniqué des SED-Politbüros vom 7. Februar 1961 »Zu Problemen der Jugend«, abgedruckt in: Dokumente der Sozialistischen Einheitspartei Deutschlands, Bd. 8, Berlin (Ost) 1962, S. 367 ff.
170 Bericht der Hauptverwaltung der Deutschen Volkspolizei über die Abwanderung im ersten Halbjahr 1961, 7. 8. 1961, abgedruckt in: Die DDR vor dem Mauerbau (Anm. 136), S. 394. Nach der westdeutschen Statistik waren es 103 159.
171 Neues Deutschland vom 16. Juni 1961.
172 Erich Honecker: Aus meinem Leben, Berlin 1980, S. 206.
173 Bereits im Juli 1961 waren an den wichtigsten Übergangen von Ost- nach West-Berlin im Sinne der SED vermeintlich zuverlässige FDJ-Funktionäre postiert worden, die DDR-Jugendlichen den Zugang in den anderen Teil der Stadt verwehren sollten.
174 Der vollständige Text der Rede ist abgedruckt bei Ulrich Mählert: »Walter Ulbricht über die Aufgaben der FDJ im August 1961«, Deutschland Archiv 8/1994, S. 892 ff. Die folgenden Zitate vgl. ebd.
175 Vgl. Michael Rauhut: Beat in der Grauzone. DDR-Rock 1964 bis 1972 – Politik und Alltag, Berlin 1993, S. 59.
176 SAPMO-BArch, DY 30/IV 2/2111/7.
177 Vgl. M. Rauhut (Anm. 175), S. 63.
178 Vgl. SAPMO-BArch, DY 24/8420.
179 Jugendgesetz der DDR vom 4. Mai 1964, in: Staatliche Dokumente zur sozialistischen Jugendpolitik in der Deutschen Demokratischen Republik, Berlin o. J. [1971], S. 21.
180 Vgl. Beschluß des Zentralrats der FDJ vom 10. November 1964, SAPMO-BArch, DY 24/2835.
181 Vgl. Horst Dähn: »Jugend, FDJ und Religion am Vorabend des 21. August 1968«, in: H. Gotschlich (Anm. 39), S. 253 f.
182 Vgl. Kerstin Thöns: »Jugendpolitik in der DDR zwischen staatlichem Erziehungsanspruch und Selbstgestaltungsinteresse«, in: ebd., S. 237.
183 Vgl. dazu SAPMO-BArch, DY 30/IV 2/1/188.
184 Vgl. SAPMO-BArch, DY 24/9415.
185 Vgl. ebd., 10278.
186 Bericht des Politbüros an die 11. Tagung des Zentralkomitees der Sozialistischen Einheitspartei Deutschlands, Berlin 1966, S. 61 f.
187 Vgl. Geschichte der FDJ (Anm. 160), S. 403.
188 Vgl. dazu Monika Tantzscher: »Maßnahme Donau und Einsatz Genesung«. Die Niederschlagung des Prager Frühlings 1968/69 im Spiegel der MfS-Akten, Berlin 1994.
189 Vgl. Internationale Beratung der kommunistischen und Arbeiterparteien. Moskau 1969, Berlin 1969, S. 12 ff.
190 Vgl. Dokumente zum nationalen Dialog, Berlin 1966.
191 Gesetzblatt der DDR, Teil II, Nr. 72, 7. Juli 1966, S. 464.
192 Ebd., S. 465.
193 Vgl. Detlef Nakath: Erfurt und Kassel (Hefte zur DDR-Geschichte 24), Berlin 1995.
194 Vgl. Protokoll der Verhandlungen des VIII. Parteitages der Sozialistischen Einheitspartei Deutschlands, Berlin 1971, S. 34 ff.
195 Vgl. Verfassungen deutscher Länder und Staaten. Von 1816 bis zur Gegenwart, Berlin 1989, S. 519.
196 Vgl. ebd., S. 495.
197 Vgl. Hermann Axen: Zur Entwicklung der sozialistischen Nation in der DDR, Berlin 1973.
198 Vgl. Wolfgang Junker: Das Wohnungsbauprogramm der Deutschen Demokratischen Republik für die Jahre 1976 bis 1990. 10. Tagung des ZK der SED, 2. Oktober 1973, Berlin 1973.
199 Vgl. Protokoll der Verhandlungen des IX. Parteitages der Sozialistischen Einheitspartei Deutschlands im Palast der Republik in Berlin, 18. bis 22. Mai 1976, Bd. 2, Berlin 1976, S. 209 ff.
200 Ebd., S. 240.
201 Vgl. Geschichte der Freien Deutschen Jugend (Anm. 160), S. 554.
202 Vgl. Manfred Jäger: Kultur und Politik in der DDR. 1955–1990, Köln 1994, S. 187 ff.
203 SAPMO-BArch, DY 24/E 15431.
204 Vgl. dazu insbesondere Michael Rauhut: »Schalmei und Lederjacke. Der ›Fall‹ Udo Lindenberg«, in: Jahresbericht 1993. Institut für zeitgeschichtliche Jugendforschung, Berlin 1993, S. 275 ff. Die folgenden Zitate sind dem Beitrag entnommen.
205 Vgl. Michael Rauhut: »Musik kennt keine Grenzen. Politische Hintergründe internationaler Rockkonzerte in der DDR der Endachtziger«, in: H. Gotschlich (Anm. 39), S. 304 ff.
206 Neues Deutschland vom 11. September 1987.
207 Kultur des Streits. Die gemeinsame Erklärung von SPD und SED. Stellungnahmen und Dokumente, Köln 1988, S. 17.
208 Vgl. Hans-Georg Golz: »›Kopien‹ und ›Nachäffer‹. Rechtsextreme Gewalt im letzten Jahrzehnt der DDR«, in: Gisela Helwig (Hrsg.): Rückblicke auf die DDR, Köln 1995, S. 208 ff.
209 SAPMO-BArch, DY 24/E 13110.
210 Ebd.
211 SAPMO-BArch, DY 24/AA 231.
212 Ebd., AA 281.
213 Ebd.
214 Ebd.
215 Ebd.
216 Ebd. 11480.
217 Vgl. ebd., 11500.
218 Vgl. ebd., 11480.
219 Vgl. SAPMO-BArch, DY 30/IV 2/2039/246.
220 Vgl. ebd., DY 24/AA 521.
221 Ebd.
222 Vgl. ebd.
223 Ebd.
224 Ebd.
225 SAPMO-BArch, DY 24/11527.
226 Ebd.
227 Im Entwurf der Analyse vom 21. Februar 1989 konstatierte man z. B. – trotz gegenteiliger ZIJ-Aussagen – ein wachsendes Interesse der FDJ-Mitglieder an DDR-Geschichte. Es erging die Anweisung, Jugendlichen entgegenzutreten, die auf eine Friedensfähigkeit des Westens verwiesen.
228 SAPMO-BArch, AA 90 (wie die folgenden Zitate).
229 Junge Welt vom 9. Oktober 1989.
230 Vgl. Neues Deutschland vom 12. Oktober 1989.
231 Zit. bei: Egon Krenz: Wenn Mauern fallen. Die Friedliche Revolution, Wien 1990, S. 37.
232 Vgl. Günter Schabowski: Das Politbüro. Ende eines Mythos, Reinbek 1990, S. 85 ff.
233 SAPMO-BArch, AA 97 (wie die folgenden Zitate).
234 Neues Deutschland vom 11./12. November 1989, abgedruckt in: Deutschland Archiv 12/1989, S. 1452 ff.
235 SAPMO-BArch, ZPA, IV 2/2039/322, Bl. 72.
236 Ebd., Bl. 75.
237 Ebd., Bl. 76.
238 Ebd., Bl. 85.
239 Vgl. Arnold Freiburg: »Die FDJ nach Honecker. Chronik eines Abgangs«, Deutschland Archiv 4/1990, S. 517 ff.
240 Junge Welt vom 15. Dezember 1989.
241 Vgl. A. Freiburg (Anm. 239), S. 517 ff.
242 Vgl. Der Morgen vom 1. Juni 1990.

Literatur

Abriß der Geschichte der deutschen Arbeiterjugendbewegung. Entwurf. Teil II: 1945–1964, Berlin (Ost) 1966.

Ammer, Thomas: Universität zwischen Demokratie und Diktatur. Ein Beitrag zur Nachkriegsgeschichte der Universität Rostock, Köln 1969.

Boberach, Heinz: Jugend unter Hitler, Düsseldorf 1982.

Borkowski, Dieter: Für jeden kommt der Tag . . . Stationen einer Jugend in der DDR, Berlin 1990.

Breßlein, Erwin: Drushba! Freundschaft! Von der Kommunistischen Jugendinternationale zu den Weltjugendfestspielen. Mit einem Vorwort von Johano Strasser, Frankfurt am Main 1973.

Buddrus, Michael: Die Organisation »Dienst für Deutschland«. Arbeitsdienst und Militarisierung in der DDR. Mit einem Vorwort von Ulrich Herrmann, Weinheim – München 1994.

Deutsche Jugend zwischen Krieg und Frieden 1944–1946. Hrsg. von Ingo Koch und dem »Studienkreis für Jugendgeschichte und -forschung. Darstellung und Vermittlung e. V.«, Rostock 1993.

Dokumente zur Geschichte der Freien Deutschen Jugend. 4 Bde., Berlin (Ost) 1960 ff.

Freiburg, Arnold/ Christa Mahrad: FDJ. Der sozialistische Jugendverband der DDR, Opladen 1982.

Friedrich, Gerd: Die Freie Deutsche Jugend. Stoßtrupp des Kommunismus in Deutschland, Köln 1953.

Friedrich, Walter/Hartmut Griese (Hrsg.): Jugend und Jugendforschung in der DDR. Gesellschaftspolitische Situationen, Sozialisation und Mentalitätsentwicklung in den achtziger Jahren, Opladen 1991.

Füssl, Karl-Heinz: Die Umerziehung der Deutschen. Jugend und Schule unter den Siegermächten des Zweiten Weltkriegs 1945–1955, Paderborn 1994.

Geschichte der deutschen Arbeiterjugendbewegung 1904–1945, Berlin (Ost) 1973.

Geschichte der Freien Deutschen Jugend, Berlin (Ost) 1982.

Geschichte der Freien Deutschen Jugend. Chronik, Berlin (Ost) 1976.

Gotschlich, Helga (Hrsg.): »Links und links und Schritt gehalten . . .«. Die FDJ: Konzepte – Abläufe – Grenzen, Berlin 1994.

Gotschlich, Helga/Michael Herms/Katharina Lange/ Gert Noack: »Das neue Leben muß anders werden . . .«. Studien zur Gründung der FDJ, Berlin 1996

Grammes, Tilmann/ Ari Zühlke: Ein Schulkonflikt in der DDR. Dokumente und Leitfaden/Kommentar. Arbeitshilfen für die politische Bildung, 2 Bände, Bonn 1993.

Gröschel, Roland/Michael Schmidt: Trümmerkids und Gruppenstunde. Zwischen Romantik und Politik: Jugend und Jugendverbandsarbeit in Berlin im ersten Nachkriegsjahrzehnt. Hrsg. vom Landesjugendring Berlin, Berlin 1990.

Dies.: Gruppenleben und politischer Aufbruch. Zur Geschichte der Jugendverbandsarbeit und des Landesjugendringes Berlin zwischen den fünfziger und siebziger Jahren, Berlin 1993.

Hafeneger, Benno/Michael Buddrus: Militärische Erziehung in Ost und West. Ein Lesebuch zur Kriegsbegeisterung junger Männer. Band 4: Nachkriegszeit und fünfziger Jahre, Frankfurt am Main 1994.

Haritonow, Alexandr: Sowjetische Hochschulpolitik in Sachsen 1945–1949, Weimar 1995.

Helmrich, Herbert/Bernd Arndt: Schüler in der DDR. Zwei Erlebnisberichte (1945–1952/1964–1977), München 1980.

Helwig, Gisela: Jugend und Familie in der DDR. Leitbild und Alltag im Widerspruch, Köln 1984.

Hennig, Werner/Walter Friedrich (Hrsg.): Jugend in der DDR. Daten und Ergebnisse der Jugendforschung vor der Wende, Weinheim 1991.

Herms, Michael: Heinz Lippmann. Porträt eines Stellvertreters, Berlin 1996.

Herrmann, Ulrich (Hrsg.): Jugendpolitik in der Nachkriegszeit. Zeitzeugen – Forschungsberichte – Dokumente, Weinheim – München 1993.

Herz, Hanns-Peter: Freie Deutsche Jugend, München 1965.

Hille, Barbara/Walter Jaide: DDR-Jugend. Politisches Bewußtsein und Lebensalltag, Opladen 1990.

Honecker, Erich: Aus meinem Leben, 10. Aufl., Berlin (Ost) 1982.

Jahrbuch für zeitgeschichtliche Jugendforschung 1994/95. Hrsg. von Jan Foitzik/Helga Gotschlich/Sonja Häder/Daniel Küchenmeister/ Katharina Lange/Ulrich Mählert/Peter Skyba, Berlin 1995.

Jahresbericht 1990–1991, 1992, 1993. Institut für zeitgeschichtliche Jugendforschung, O. O. [Berlin] u. J. [1991–1993].

Kaelble, Hartmut/Jürgen Kocka/Hartmut Zwahr (Hrsg.): Sozialgeschichte der DDR, Stuttgart 1994.

Kirchenwitz, Lutz: Folk, Chanson und Liedermacher in der DDR. Chronisten, Kritiker, Kaisergeburtstagssänger, Berlin 1993.

Klein, Manfred: Jugend zwischen den Diktaturen, Mainz 1968.

Koch, Ingo: Bibliographie über die in der Deutschen Demokratischen Republik angefertigten Arbeiten zur Geschichte der Jugendbewegung, Berlin (Ost) 1988 (Schriftenreihe zur Geschichte der FDJ, Bd. 67).

Kocka, Jürgen (Hrsg.): Historische DDR-Forschung. Aufsätze und Studien, Berlin 1993.

Köpke, Horst/Friedrich-Franz Wiese: Mein Vaterland ist die Freiheit. Das Schicksal des Studenten Arno Esch, Rostock 1990.

König, Ingelore/Dieter Wiedemann/Lothar Wolf (Hrsg.): Zwischen Bluejeans und Blauhemden. Jugendfilm in Ost und West, Berlin 1995.

Krause, Christiane: Studenten im Aufbruch. Ein Beitrag nicht nur zur Rostocker Universitätsgeschichte, Rostock 1994.

Krönig, Waldemar/Klaus-Dieter Müller: Anpassung Widerstand Verfolgung. Hochschule und Studenten in der SBZ und DDR 1945–1961, Köln 1994.

Lippmann, Heinz: Honecker. Porträt eines Nachfolgers, Köln 1971.

Loest, Erich: Durch die Erde ein Riß. Ein Lebenslauf, Hamburg 1981.

Lorenz, Klaus-Peter/Jürgen Steinrücke: Grenzen der Einheit. Das Altenberger Gespräch 1947 um einen gesamtdeutschen Jugendring, Heidenheim 1987 (Heft 14 der Schriftenreihe »puls – Dokumentation der Jugendbewegung).

Mählert, Ulrich: Die Freie Deutsche Jugend 1945–1949. Von den »Antifaschistischen Jugendausschüssen« zur SED-Massenorganisation: Die Erfassung der Jugend in der Sowjetischen Besatzungszone, Paderborn 1995.

Materialien der Enquete-Kommission »Aufarbeitung von Geschichte und Folgen der SED-Diktatur in Deutschland« (12. Wahlperiode des deutschen Bundestages.) Hrsg. vom Deutschen Bundestag, Bd. III/3, Baden-Baden – Frankfurt am Main 1995.

Michalzik, Martin: »An der Seite der Genossen ...« Offizielles Jugendbild und politische Sozialisation im SED-Staat. Zum Scheitern der sozialistischen Erziehung in der DDR, Melle 1994.

Modrow, Hans (Hrsg.): Unser Zeichen war die Sonne. Gelebtes und Erlebtes, Berlin 1996.

Mühlen, Patrick von zur: Der »Eisenberger Kreis«. Jugendwiderstand und Verfolgung in der DDR 1953–1958, Bonn 1995.

Müller, Marianne/ Egon Erwin Müller: »... stürmt die Festung Wissenschaft!« Die Sowjetisierung der mitteldeutschen Universitäten seit 1945, Berlin 1953.

Partei und Jugend. Dokumente marxistisch-leninistischer Jugendpolitik, Berlin (Ost)1986.

Poßner, Wilfried: Immer bereit! Kämpfen, spielen, fröhlich sein. Als Pionierchef in der DDR, Berlin 1995.

Rauhut, Michael: Beat in der Grauzone. DDR-Rock 1964 bis 1972. Politik und Alltag, Berlin 1993.

Richert, Ernst: »Sozialistische Universität«. Die Hochschulpolitik der SED, Berlin 1967.

SBZ-Handbuch. Staatliche Verwaltungen, Parteien, gesellschaftliche Organisationen und ihre Führungskräfte in der Sowjetischen Besatzungszone Deutschlands 1945–1949. Im Auftrag des Arbeitsbereiches Geschichte und Politik der DDR an der Universität Mannheim und des Instituts für Zeitgeschichte München herausgegeben von Martin Broszat und Hermann Weber, München 1990.

Schelsky, Helmut: Die skeptische Generation. Eine Soziologie der deutschen Jugend, Düsseldorf – Köln 1957.

Schörken, Rolf: Jugend 1945. Politisches Denken und Lebensgeschichte, Frankfurt am Main 1994 (1. Aufl., Opladen 1990).

Schulze, Edeltraut/Gert Noack (Hrsg.): DDR-Jugend. Ein statistisches Handbuch, Berlin 1995.

Sedler, Karin/Frank-Rainer Schurich/Frank Schumann: Glaubenskrieg. Kirche im Sozialismus. Zeugnisse und Zeugen eines Kulturkampfes, Berlin 1995.

Sieber, Malte/Ronald Freytag: Kinder des Systems. DDR-Studenten vor, im und nach dem Herbst '89, Berlin 1993.

Spittmann, Ilse (Hrsg.): Die SED in Geschichte und Gegenwart, Köln 1987.

Thomson, Stewart: The Bialek Affair. In collab. with Robert Bialek, London 1955.

Ulrich, Andreas/Jörg Wagner: DT 64. Das Buch zum Jugendradio 1964–1993, Leipzig 1993.

Vergangenheitsbewältigung an der Friedrich-Schiller-Universität Jena. Beiträge zur Tagung »Unrecht und Aufarbeitung« am 19. und 20.6.1992. Hrsg. vom Rektor der Friedrich-Schiller Universität, bearbeitet und ergänzt von Hans Richard Böttcher, Leipzig 1992.

Weber, Hermann: Geschichte der DDR. 2. Auflage, München 1986.

Ders.: Die DDR 1945–1990, 2., überarbeitete und erweiterte Auflage, München 1993.

Zilch, Dorle: Millionen unter der blauen Fahne. Die FDJ. Zahlen – Fakten – Tendenzen. Mitgliederbewegung und Strukturen in der FDJ-Mitgliedschaft von 1946 bis 1989 unter besonderer Berücksichtigung der Funktionäre. Band 1: Mitgliederbewegung der FDJ von 1946 bis 1989, Rostock 1994.

Personenregister

Abkürzungen

ABF	Arbeiter-und-Bauern-Fakultät
ADN	Allgemeiner Deutscher Nachrichtendienst
APO	Abteilungsparteiorganisation (der SED)
ARD	Arbeitsgemeinschaft der öffentlich-rechtlichen Rundfunkanstalten Deutschlands (Erstes Deutsches Fernsehen)
BDM	Bund Deutscher Mädel (in der Nazizeit)
BRD	Bundesrepublik Deutschland
CDU	Christlich-Demokratische Union
ČSSR	Tschechoslowakische Sozialistische Republik
CSU	Christlich-Soziale Union
DBD	Demokratische Bauernpartei Deutschlands
DDR	Deutsche Demokratische Republik
DEFA	Deutsche Film-Aktiengesellschaft (der DDR)
DFD	Demokratischer Frauenbund Deutschlands
DKP	Deutsche Kommunistische Partei
DPA	Deutsche Presse-Agentur
DSF	Gesellschaft für Deutsch-Sowjetische Freundschaft
DSU	Deutsche Soziale Union
DTSB	Deutscher Turn- und Sportbund
DVZ	Deutsche Volkszeitung
DWK	Deutsche Wirtschaftskommission
EOS	Erweiterte Oberschule
ESG	Evangelische Studentengemeinde
FDGB	Freier Deutscher Gewerkschaftsbund
FDJ	Freie Deutsche Jugend
EDP	Freie Demokratische Partei
GO	Grundorganisation (in der SED bzw. in der FDJ)
GOL	Grundorganisationsleitung (in der SED bzw. in der FDJ)
GST	Gesellschaft für Sport und Technik
HJ	Hitlerjugend
HO	Handelsorganisation
HV	Hauptverwaltung
JU	Junge Union
KJVD	Kommunistischer Jugendverband Deutschlands
Kominform	Kommunistisches Informationsbüro
KP	Komrnunistische Partei
KPD	Kommunistische Partei Deutschlands
KPdSU	Kommunistische Partei der Sowjetunion
KSZE	Konferenz für Sicherheit und Zusammenarbeit in Europa
KVP	Kasernierte Volkspolizei
KZ	Konzentrationslager
LDP(D)	Liberal-Demokratische Partei (Deutschlands)
LPG	Landwirtschaftliche Produktionsgenossenschaft
ML	Marxismus-Leninismus
NATO	North Atlantic Treaty Organization
ND	Neues Deutschland (Tageszeitung der SED)
NDP(D)	National-Demokratische Partei (Deutschlands)
NKFD	Nationalkomitee »Freies Deutschland«
NKWD	Volkskommissariat für innere Angelegenheiten (in der UdSSR)
NSDAP	Nationalsozialistische Deutsche Arbeiterpartei

NSW	Nichtsozialistisches Wirtschaftsgebiet
NVA	Nationale Volksarmee
PDS	Partei des Demokratischen Sozialismus
POS	Polytechnische Oberschule
PPA	Personalpolitische Abteilung
PVAP	Polnische Vereinigte Arbeiterpartei
RGW	Rat für Gegenseitige Wirtschaftshilfe
RIAS	Rundfunk im amerikanischen Sektor (West-Berlin)
SAG	Sowjetische, später Staatliche Aktiengesellschaft
SAJ	Sozialistische Arbeiterjugend
SAP(D)	Sozialistische Arbeiterpartei (Deutschlands)
SBZ	Sowjetische Besatzungs-Zone
SDS	Sozialistischer Deutscher Studentenbund
SED	Sozialistische Einheitspartei Deutschlands
SMAD	Sowjetische Militäradministration in Deutschland
SNB	Sowjetisches Nachrichten-Büro
SPD	Sozialdemokratische Partei Deutschlands
SS	Schutzstaffel (der NSDAP)
SU	Sowjetunion
TU	Technische Universität
UdSSR	Union der Sozialistischen Sowjetrepubliken
UNO	United Nations Organization
USA	United States of America
VdgB	Vereinigung der gegenseitigen Bauernhilfe
VEB	Volkseigener Betrieb
VP	Volkspolizei
VPKA	Volkspolizei-Kreisamt
VR	Volksrepublik
VVB	Vereinigung Volkseigener Betriebe
WBDJ	Weltbund der demokratischen Jugend
ZIJ	Zentralinstitut für Jugendforschung (Leipzig)
ZK	Zentralkomitee
ZR	Zentralrat

Die Autoren

Ulrich Mählert, Dr. phil., geb. 1968, wissenschaftlicher Mitarbeiter am Forschungsschwerpunkt DDR-Geschichte im Arbeitsbereich IV des Mannheimer Zentrums für Europäische Sozialforschung, Universität Mannheim.
Veröffentlichungen: Die Freie Deutsche Jugend 1945–1949. Von den »Antifaschistischen Jugendausschüssen« zur SED-Massenorganisation: Die Erfassung der Jugend in der Sowjetischen Besatzungszone, Paderborn 1995; Jahrbuch für Historische Kommunismusforschung, Berlin 1993 ff. (seit 1996 Mithrsg.); Redakteur von »Aktuelles aus der DDR-Forschung« (erscheint dreimal jährlich im »Deutschland Archiv«).

Gerd-Rüdiger Stephan, Dipl.-Historiker, geb. 1961; 1979–1984 Geschichtsstudium an der Universität Leipzig, 1988–1990 Aspirant an der Akademie für Gesellschaftswissenschaften; 1975–1986 FDJ-Mitglied. Stipendiat des Stifterverbandes für die Deutsche Wissenschaft, Berlin; Redaktionsmitglied der »Zeitschrift für Geschichtswissenschaft«.
Veröffentlichungen: »Vorwärts immer, rückwärts nimmer!« Interne Dokumente zum Zerfall von SED und DDR 1988/89, Berlin 1994 (Hrsg.); Von Hubertusstock nach Bonn. Eine dokumentierte Geschichte der deutsch-deutschen Beziehungen auf höchster Ebene 1980–1987, Berlin 1995 (mit D. Nakath).

Dank

Die Autoren möchten sich für die überaus hilfreiche Unterstützung bei den Mitarbeiterinnen und Mitarbeitern der Stiftung Archiv der Parteien und Massenorganisationen der DDR im Bundesarchiv (SAPMO-BArch), des Bundesarchivs, Abteilungen Potsdam (BArchP) sowie der Abteilung Bildung Forschung des Bundesbeauftragten für die Unterlagen des Staatssicherheitsdienstes der ehemaligen DDR (BStU) herzlich bedanken. Unser Dank gilt gleichfalls Ilse Spittmann, die das Manuskript mit großem Engagement und Sachverstand lektoriert hat. Für die Unterstützung bei zahllosen technischen und organisatorischen Arbeiten sei Saška Bujić und Rolf Peter (beide Mannheim) sowie Marga Voigt (Berlin) gedankt.

Dr. Ulrich Mählert *Gerd-Rüdiger Stephan*

Bildnachweis

ACDP-Bildarchiv, Konrad-Adenauer-Stiftung: 57
Archiv Deutschland Archiv: 9, 61,117,127
BildArtPhotos Volker Döring: 223
Bundesarchiv Koblenz: 86, 87, 96, 98, 131, 138, 175, 199, 205, 208, 215, 256, 266
Friedrich-Naumann-Stiftung: 71
Gezett (Gerald Zörner): 259
Harald Hauswald/OSTKREUZ: 231, 243, 249
Landesbildstelle Berlin: 15, 25, 27, 68, 83, 225, 232
Martin Naumann: 260
Presse- und Informationsamt der Bundesregierung: 257, 258, 267
Privatarchiv Thomas Ammer: 133
Privatarchiv Hermann Weber: 78, 89
Stiftung Archiv der Parteien und Massenorganisationen der DDR im Bundesarchiv (SAPMO): 10, 36, 39, 40, 43, 46, 65, 75, 77, 106, 125, 154, 157, 158, 163, 188, 192, 219, 234
Verband ehemaliger Rostocker Studenten (VERS): 72